Bertram Kunell

Allgemeine und Kriegs-Geschichte

Bertram Kunell

Allgemeine und Kriegs-Geschichte

ISBN/EAN: 9783743327849

Hergestellt in Europa, USA, Kanada, Australien, Japan

Cover: Foto ©ninafisch / pixelio.de

Manufactured and distributed by brebook publishing software
(www.brebook.com)

Bertram Kunell

Allgemeine und Kriegs-Geschichte

Oesterreichische
Militär-Bibliothek.

Redigirt und herausgegeben

von

Julius Künell,

k. k. Hauptmann im Graf Folliot de Crenneville 75. Infanterie-Regiment.

———

13. Band.

Allgemeine und Kriegsgeschichte.

4. Theil. Neue Zeit II.

———

Wien.

In Commission bei L. W. Seidel und Sohn.

1868.

Allgemeine

und

Kriegs-Geschichte.

Verfaßt von

Bertram Gatti,

k.k. Hauptmann im 73. Infanterie-Regimente, Mitglied der k. k. geographischen Gesellschaft,
gew. Professor an der k. k. Genie-Akademie.

4. Theil.

Neue Zeit II.

Mit 4 lithographirten Tafeln.

(Oesterreichische Militär-Bibliothek 13. Band.)

Wien.

In Commission bei L. W. Seidel und Sohn.

1868.

Inhalt.

II. Zeitalter der Feuerwaffen.

III. Aera. Neue Zeit.

VIII. Periode. Zeit der geworbenen stehenden Heere.
(Fortsetzung.)

Geschichte der Staaten außerhalb Deutschland
in der ersten Hälfte des 17. Jahrhunderts.

Geschichte der Staaten
in der zweiten Hälfte des 17. Jahrhunderts.

Geschichte des 18. Jahrhunderts.

II. Zeitalter der Feuerwaffen.

III. Aera, Neue Zeit.

(Fortsetzung.)

VIII. Periode.

1618 bis 1692.

(Fortsetzung.)

—⚬—

Geschichte der Staaten außerhalb Deutschland

in der ersten Hälfte des 17. Jahrhunderts.

26. Spanien unter Philipp III., 1598—1621. Spanien, durch Familienbande und durch Politik an das Haus Oesterreich, dadurch aber auch an Deutschland innig gebunden, im dreißigjährigen Kriege mit Eifer für die katholische Sache einstehend, beansprucht schon wegen seines Ranges als damals ausgedehnteste Weltmacht der Erde den Vorrang in der historischen Darstellung.

Nachdem am Schlusse des 15. Jahrhunderts die Vereinigung der castilischen und arragonesischen Lande, dann die Eroberung von Granada erfolgt war, nachdem etwa zur selben Zeit und kurz nachher die italienischen Königreiche Sardinien, Sicilien und Neapel, auf dem Boden des jetzigen Frankreichs die Grafschaften Roussillon und Cerdagne, dann Franche-Comté und Artois, ferner aus der Erbschaft des Kaisers Maximilian I. die gesammten Niederlande mit der spanischen Monarchie vereinigt worden, nachdem ferner im Verlaufe des 16. Jahrhunderts fast ganz Amerika, so weit es der heißen und gemäßigten Zone angehört, durch Colon, Cortez, Pizarro und ähnliche kühne Abenteurer unter Spaniens Hoheit gebracht war, nachdem endlich noch Philipp II. nach dem Aussterben der „Unechten Burgundischen Dynastie" des Königreiches Portugal mit seinen ungeheuren und reich gesegneten Colonien in Ostindien, Brasilien und Afrika sich bemächtigte (1580), stand der spanische Staat in einer äußeren Machtausdehnung da, gegen welche die einstigen Weltreiche der Perser, Alexanders des Großen und weiter der Römer fast als klein zu bezeichnen sind. Es waren die Bewohner von 434.000 ☐Meilen, einem Fünftel der gesammten Landoberfläche der Erde dem Zepter der spanischen Habsburger unterthan.

Erwägt man, daß ihre treu verbündeten Vettern in den deutsch-österreichischen und ungarischen Landen herrschten, überdieß die damals noch hoch angesehene, wenngleich in Wahrheit an Bedeutung schon arg herabgekommene deutsche Kaiser-

1 *

krone trugen, so hätte man glauben mögen, daß ohne Einwirkung von Wundern die Macht des Hauses Habsburg für Jahrhunderte in Europa unerschüttert stehen, und dem Welttheile, ja der gesammten Erde Gesetze vorschreiben hätte sollen. Es kam jedoch ganz anders. Zur selben Zeit, da Spanien seine größte äußere Machtentfaltung feierte, war es bereits innerlich angefault und im Ab= sterben begriffen. Kleine, kaum beachtete Völker, an der Spitze jenes der Nieder= länder, hatten die Waghalsigkeit, dem colossalen Staate den Handschuh hinzuwerfen. Wohl mochte die damalige Welt kaum ihren Sinnen trauen, als die vermessenen Empörer, statt augenblicklich erdrückt zu werden, Sieg auf Sieg feierten, und während des Krieges selbst an Macht, Ansehen und Reichthum sichtbar zunahmen, indessen umgekehrt Spanien trotz der Tapferkeit seiner Krieger sichtbar zu ver= bluten und zu verkümmern anfing. Kaum aber war die innere Ohnmacht dieses scheinbar weltbedrohenden Staates den Zeitgenossen aufgedeckt worden, als unter dem Vortritte von Frankreich das halbe Europa in Conspiration sich zusammen= schaarte, um gleichzeitig die Macht der beiden Habsburgischen Häuser zu brechen. Der dreißigjährige Krieg mit seinen Nebenerscheinungen und Corollarien war nichts als die Uebersetzung der erwähnten Gesinnung in die That.

Während die Macht der deutschen Habsburger, welchen Regentenkraft und die Einsicht, in die unerbittlichen Forderungen der Zeit sich zu fügen, keineswegs abzusprechen war, durch die gerade gegen sie mit größter Kraft geführten Stöße des dreißigjährigen Krieges wohl namhafte, doch keineswegs unheilbare Einbußen erlitt, sahen ihre Vettern in Spanien ihre frühere Bedeutung zu weniger als dem Schatten der einstigen herabgemindert, und ihr Reich einem Verfalle preis gege= ben, welcher auch ohne äußerliches Zuthun bereits trostlos und unaufhaltsam schien. Die Verkennung der Zeitbedürfnisse und der Nothwendigkeit, Volk und Staat auf die Bahn der Fortentwickelung zu leiten, das Stagniren auf politi= schem und intellectuellem Gebiete, die Verknöcherung des ganzen socialen Lebens unter der eisernen Faust einer indolenten und herrschsüchtigen Geistlichkeit, welche mit ihrer Inquisition alle Geister beben machte und jeden großen Gedanken im Keime erstickte, die Unterdrückung jeder Theilnahme des Volkes an der Regierung, die Gebundenheit der Staatsgewalt an Kasten und das Emporkommen von Günst= lingen, welche mit ihrem Geiste sich durchaus nicht über die Mittelmäßigkeit erho= ben, kurz die ganzen, am Althergebrachten in jeder Richtung unverbrüchlich haf= tenden Tendenzen der Staatsverwaltung schlugen dem Reiche weit tiefere Wunden, als es die unglücklichsten Kriege hätten thun können. Eine allgemeine Fäulniß ergriff das Mark der Nation, und eine solche Krankheit wird nie oder erst nach Jahrhunderten geheilt werden.

Schon Philipp II. (1556—1598) war, obgleich nach außen mächtiger Vergrößerer des Staates, doch zugleich Begründer des inneren Verfalles. Sein blinder Fanatismus, welcher mit Gewalt alle Unterthanen auf dem einzig als richtig geglaubten Wege zum Himmel erhalten wollte, lähmte den damals noch mächtigen geistigen Aufschwung im Volke; er vernichtete zugleich den National= reichthum gänzlich, so daß selbst die ungeheure Goldeinfuhr aus den Minen Ame= rika's dem financiellen Ruine nicht Einhalt zu thun vermochte; er veranlaßte die Verminderung der Volkszahl, indem die Morisco's (Abkömmlinge der Mauren), die gewerbfleißigsten Bewohner des Landes, in der Zahl einer halben Million dem furchtbaren Drucke durch Auswanderung sich entzogen (1568—1570); er veranlaßte endlich weiter den Aufstand der Niederlande, welcher vom J. 1568 angefangen mit nur wenigen Unterbrechungen durch achtzig Jahre währte, um einerseits mit der vollständigen Ablösung und der Großmachtstellung der nörd= lichen oder protestantischen Landschaften, andererseits mit dem beinahe gänzlichen Ruine des spanischen Ansehens zu schließen. Besonders war es die Seemacht, damit aber auch ein großer Theil der reichsten Colonien Spaniens, welche durch die kühnen Unternehmungen der Holländer für immer abgerissen wurden.

Die Land= und Seekriege der Niederländer, welche hie und da auch von Frankreich und England unterstützt wurden, bilden für den Militär einen der interessantesten Abschnitte der Universalgeschichte, weil der Kampf um strategische Knotenpunkte, insbesondere aber der neuartige Festungskrieg in jenem Zeitraume seine eigent= liche Begründung gewonnen hat. Wir haben den ersten, zugleich wichtigsten Theil jener Kriege im 3. Bande dieses Werkes, S. 176—202 und 211—215 abge= handelt. Die mehr als dreijährige Belagerung (1601—1604) und endliche Ein= nahme von Ostende durch die Spanier, die Fortschritte der Holländer dagegen auf anderen Punkten, und sodann im J. 1609 der Abschluß eines Waffenstillstan= des auf zwölf Jahre waren die Ereignisse, mit welchen die erste Periode des niederländischen Befreiungskampfes zu Ende ging. Die hier genannten Begeben= heiten hatten sich sämmtlich unter Philipp III. zugetragen, welcher im J. 1598 seinem Vater auf dem Throne Spaniens gefolgt war.

Philipp III. (1598—1621) war ein gutmüthiger, aber ungemein schwa= cher Regent, dem Ceremoniel, den Priestern und seinen Ministern bis zur Aengst= lichkeit ergeben. Zuerst führte der Herzog von Lerma eine unumschränkte Herr= schaft; später wurde dieser durch seinen eigenen Sohn, Uzeda (spr. Usseda), ge= stürzt, welcher im Vereine mit dem Emporkömmling Calderon und anderen ebenso ränkevollen als talentlosen Männern das Reich auf der von Philipp II. eröffne= ten Bahn unbekümmert dem weiteren Verderben entgegen trieb. Obgleich das

Staatseinkommen durch Kriege und durch Verschwendungen des Hofes herabge=
kommen war, untergrub man dasselbe neuerdings an einer seiner besten Wurzeln,
indem man im J. 1610 die Reste der Morisco's, noch 600.000 Seelen zählend,
unbarmherzig aus dem Lande trieb; obgleich äußerlich katholisch, waren sie der
Geistlichkeit noch immer anrüchig geblieben! Die Inquisition feierte ihre grauen=
vollen Feste; bereits erstarb jetzt die Forschung der Gelehrten, und nur die Dicht=
kunst stand noch durch einige Zeit in schöner Blüthe, um dann gleichfalls unter
dem eisigen Hauche beständiger Bedrohung abzuwelken. Das von Natur aus
reich begabte, edle und kühne Volk versank immer mehr in Verdummung, Träg=
heit, Schmutz, Armuth und Bettelstolz. Selbst der bisher bewährte Glanz der
spanischen Waffen war seinem Erblinden nahe: es fehlte nicht an kräftigen Armen
und muthigen Herzen; aber wie sollte Förderung in den Formen des Kriegs=
wesens, wie sollten große, geniale Feldherren erstehen in einem Lande, in welchem
überall die speichelleckende Mittelmäßigkeit sich breit machte, in welchem Forschen
und freies Prüfen, Charakter und Selbstständigkeit nicht nur vereinzelte, sondern
zugleich gefährliche Anmaßungen waren? [1]).

Wirklich ergaben die Kriege, welche Spanien unter Philipp III. zu führen
hatte, nur sehr selten günstige Resultate. Zwar ging das riesige Unterfangen des
französischen Königs Heinrich IV., die Macht der beiden habsburgischen Häuser
durch eine Gegenallianz der meisten übrigen europäischen Mächte mit einem Male
gänzlich zu brechen, mit jenem Fürsten selbst zu Grabe (1610, s. 3. Bd. S. 211);
aber in Italien sah sich Spanien durch den Herzog Karl Emanuel von Savoyen
zum Kriege gereizt, weil derselbe das dem Herzoge von Mantua gehörige Mont=
ferrat eigenmächtig sich angeeignet hatte. Der Herzog von Savoyen fand Unter=
stützung bei der Republik Venedig, welche ihm die für die damals ungeheure Summe
von 200.000 Ducaten monatlich an Subsidien zahlte, ferner bei den französischen
Reformirten, später sogar auch bei Maria Medici, der Regentin von Frankreich.
Diese gab nämlich dem Marschall Lesdiguières die Erlaubniß, mit 14.000 Frei=
willigen nach Italien abzugehen (1617). Bei seiner Ankunft fand er die Spanier
in Cantonirungen vertheilt, denen das verschanzte Felizzano, 2½ Meilen west=
lich von Alessandria, Mittel= und Hauptpunkt war. Die starke Stellung der
Spanier, welche an der Festung Alessandria einen mächtigen Stützpunkt hatte,
schien unangreifbar; aber die französischen Generale Lesdiguières, Schomberg

---

[1]) Um 1620 schrieb ein baierischer Gesandter aus Madrid nach München folgende
bezeichnende Worte: „In Spanien ist ein seltsam Regiment, diese Monarchie scheint mehr
durch ein Wunder und besondere göttliche Fürsehung, als durch Staatsmaximen regiert
und erhalten zu werden."

und Rohan, dann Herzog Karl Emanuel führten den mehrseitigen Angriff mit so viel Erwägung und Entschlossenheit aus, daß sie wirklich sich des Schlüssels der ganzen Position bemächtigten und somit den Spaniern die Vereinigung ihrer Streitkräfte unmöglich machten, Letztere büßten in diesen Gefechten über 5000 M. ein. Bald hiernach trat, ohne definitive Entscheidung, in diesen Gegenden eine längere Waffenruhe ein.

Mit Benedig, welches im letzten Kriege gegen Spanien gewesen war, gerieth dieser Staat bald wieder in ernste Zerwürfnisse. Als nämlich der damalige Erzherzog von Innerösterreich, späterer Kaiser Ferdinand II. zum Schutze seiner Unterthanen, der wegen ihrer Piraterie berüchtigten Uskoken in Feindseligkeiten gegen die Republik sich einließ (1615—1617, f. 3. Bd. S. 267—268), wich auch der Herzog von Offuna (spr. Offunja), spanischer Statthalter in Neapel, von Grundsätzen der Neutralität ab, indem er den Uskoken offene Begünstigung gewährte; ja er nährte sogar eine vielverzweigte Verschwörung in Benedig, durch welche die dortige Verfassung gestürzt werden sollte. Diese Umtriebe kamen jedoch bald zu Tage, und Philipp III. sah sich veranlaßt, den Herzog von Neapel abzuberufen (1620). — Folgenreicher war der Antheil, welchen Spanien an den Verwicklungen in Deutschland nahm. In dem Erbfolgestreit um Jülich-Cleve-Berg (3. Bd. S. 261—263, 266) berief nämlich der eben katholisch gewordene Pfalzgraf von Neuburg die Spanier und Belgier zu seiner Hilfe herbei, während sein Gegner der Kurfürst von Brandenburg, wieder Unterstützung bei den Holländern fand (1614). Es schien demnach, als ob der Krieg zwischen diesen und den Spaniern lange vor Ablauf des im J. 1609 geschlossenen zwölfjährigen Waffenstillstandes auf einem fremden Boden sich wieder erneuern sollte. Doch trat auch hier wie zu jener Zeit überall in Deutschland vorderhand noch eine unheimliche Ruhe ein, welche nur Vorläuferin der erschütterndsten Ereignisse war. — Als der Aufstand der Böhmen gegen den Kaiser (1618) den furchtbaren dreißigjährigen Krieg eröffnete, säumte Philipp III. nicht, seinem religiösen und dynastischen Rechtsgefühle und der alten Freundschaft für die deutschen Habsburger Gehör zu geben. Er trat in feste Allianz mit Oesterreich. Aus den Kassen Spaniens, wie erschöpft sie auch waren, flossen ansehnliche Summen nach Deutschland; auch wurde Spinola, so ziemlich der letzte große Feldherr Spaniens, mit 25.000 M. zur Bezwingung der Rheinpfalz abgesandt (1519, 3. Bd. S. 391, 395, 397, 398). Bald war dieses Land ganz in den Händen der Castilier, welche nicht übel Lust bezeigten, dasselbe für sich zu behalten. Doch mußten sie von diesem Verlangen gar bald abstehen, nachdem bei Ablauf des zwölfjährigen Waffenstillstandes (1621) der Krieg in den Niederlanden neuerdings ausgebrochen war.

27. Philipp IV., Valtelliner und Mantuaner Krieg.

Unter Philipp IV. (1621—1665) gestaltete sich der Zustand Spaniens noch trostloser, als er bisher gewesen. Der Herzog von Olivarez, welcher an die Spitze des Cabinets trat, war im Unterschiede von dem eben entlassenen Ministerium zwar uneigennützigen und patriotischen Charakters, aber es fehlte ihm die Tiefe und Kraft des Geistes, um den Kampf gegen die bereits tief eingewurzelten Mißbräuche erfolgreich aufzunehmen. Die fortdauernden Kriege, welche man nicht mehr mit genügender Machtentfaltung zu führen im Stande war, machten neue Steuern und Zölle nothwendig; unter diesen wurden der Handel und die Gewerbe vollends unterdrückt, das financielle Verderben griff immer weiter: Aemter wurden käuflich, Anlehen mußten zu unerschwinglichen Zinsen aufgenommen werden.

Nebst dem von 1621—1648 fortdauernden Kriege in den Niederlanden, mit welchem die Einmischungen in die deutschen Angelegenheiten Hand in Hand gingen, gestalteten sich besonders auch die Streitigkeiten im **Valtellin** sehr folgenschwer. Dieses schmale Alpenländchen, im Quellgebiete der Abda, hatte bis zum J. 1512 zu Mailand gehört, dessen Herzog Maximilian Sforza es damals an Graubündten überlassen hatte. Dieser Freistaat nun, welcher eigentlich aus drei selbstständigen Bauernbündnissen bestand, hatte seither die reformirte Religion herrschend gemacht, und übte nunmehr einen schweren Druck auf die katholischen Valtelliner aus, welche auch sonst mit ihren nunmehrigen Oberherrn nicht sehr zufrieden zu sein Ursache hatten. Vom J. 1617 an fanden wiederholt Auflehnungen der Valtelliner statt. Der spanische Statthalter in Mailand, sowie der aus den Jülich'schen Händeln bekannte Passauer Bischof EH. Leopold, damals Regent in Tirol, hielten es für angemessen, den Valtellinern Schutz zu gewähren. Nebst der Religion verdiente besonders die strategische Lage der Landschaft Berücksichtigung, indem diese mit ihren Alpenpässen eine unmittelbare Verbindung der Lombardie mit den deutsch-österreichischen Landen gewährte; im Besitze dieser Pässe konnten Spanien und Oesterreich sich jederzeit gegenseitig Hilfe leisten, ohne erst bei der Republik Venedig die eventuell erfolglose Bitte um Gewährung des Durchmarsches über die Mark Verona stellen zu müssen.

So begann denn im J. 1621 der Krieg im Valtellin, dessen Bewohner auch von den katholischen Schweizern unterstützt wurden, während die protestantischen Cantone der Eidgenossenschaft, dann bald auch Venedig, Savoyen und besonders Frankreich auf Seite der Graubündtner standen. Bis zum J. 1624 hatte EH. Leopold den größten Theil von Graubündten erobert und sich zum Besitze eingerichtet; aber mit dem von Frankreich und Venedig gespendeten Golde wurde jetzt ein mächtiges Heer aus Schweizern aufgestellt, welches unter dem Marschall Coeuvres mitten im Winter 1625/6 die Oesterreicher und Spanier aus den Gebirgen wieder vertrieb. Die Feindseligkeiten hörten nunmehr ohne förmlichen Abschluß auf. — Nach der vielfach verworrenen, immer aber sehr eigensüchtigen Politik jener Tage waren die Venetianer, obgleich sie in den Baltelliner Händeln mit Frankreich und Savoyen gegen Spanien standen, zur gleichen Zeit ihre Verbündeten gegen Frankreich und Savoyen. Es handelte sich hiebei um Genua. Die Republik wurde nämlich im J. 1625 durch ein starkes französisch-savoysches Heer unter Lesdiguières und Karl Emanuel unvermuthet in ihrer Unabhängigkeit bedroht. Aber die Tapferkeit der Genuesen, die geheime Unterstützung derselben durch Spanien und Venedig, dann die Uneinigkeit der feindlichen Feldherrn machten diese Gefahr bald wieder vorübergehen.

Wir müssen jetzt mit dem schon im 3. Bande (S. 427) erwähnten Mantuanischen Erbfolgestreite uns etwas eingehender befassen. Derselbe dient insoferne mit zur Beleuchtung der damals herrschenden eigenthümlichen Politik, als hier wie in den bisherigen italienischen Händeln, dann in den gleichzeitigen Ereignissen in Deutschland die europäischen Hauptmächte, Frankreich auf der einen, Spanien und der Kaiser auf der anderen Seite sich mit den Waffen in der Hand gegenüber standen, ohne sich offen als Feinde erklärt zu haben. Ueberall wußte Cardinal Richelieu, der ebenso geniale als ränkevolle Leiter der französischen Regierung, kleine Mächte voranzuschieben, mit deren Armen er rastlos wiederholte Schläge gegen das Haus Habsburg ausführte. — Als mit dem Tode des Herzogs Vincenz II. die in Mantua herrschende Linie des Hauses Gonzaga erlosch (26. Dec. 1627), bemächtigte sich Karl I. von Gonzaga, Herzog von Nevers als nächster Verwandter in männlicher Linie sogleich des Landes. Aber auf dasselbe machte der in Guastalla herrschende Zweig der Gonzaga's Ansprüche, sowie andererseits Karl Emanuel I. von Savoyen auf einen Theil des Ganzen, nämlich auf Montferrat. Spanien, welches in Karl von Nevers einen künftigen Pfeiler des französischen Einflusses zu fürchten hatte, nahm sogleich Partei gegen ihn, und suchte den Kaiser Ferdinand II., welchem Mantua als deutsches Reichslehen untergeordnet war, ebenfalls gegen Nevers zu stimmen. Ferdinand, welcher dem Madrider Cabinette vielfach verpflichtet war, dennoch aber ihm zu Liebe die Reichsverfassung nicht gerne verletzen wollte, ließ beim Reichskammergerichte einen jener Processe einleiten, deren Entscheidung gewöhnlich erst von nachfolgenden Generationen erlebt wurde. So weit reichte aber die Geduld von Nevers nicht. Unbekümmert um die kaiserlichen Citationen verharrte er im Besitze von Mantua und erwartete Hilfe aus Frankreich. Im J. 1628 bemächtigten sich aber die Savoyer der Markgraffchaft Montferrat, während gleichzeitig Cafale, die Hauptfestung dieses Landes, von den Spaniern umschloffen und belagert wurde. Nun erschien zwar ein bedeutendes französisches Heer unter Uxelles an den Alpenpäffen, mußte aber, da letztere von den Savohern gut vertheidigt wurden, nach starken Verlusten zurückweichen. Gerade zur selben Zeit aber konnte Richelieu nach der Bezwingung von La Rochelle, dem Hauptplatze der französischen Protestanten (Hugenotten) eine erhöhte Kraft den auswärtigen Angelegenheiten zuwenden. Begleitet vom Könige Ludwig XIII. führte der Cardinal mitten im Winter — gewiß ein außerordentliches Unternehmen! eine starke Armee über den Paß des Mt. Genèvre, erstürmte die savohschen Verschanzungen bei Chaumont und bemächtigte sich am 6. März 1629 der Stadt **Sufa,** eines wichtigen Straßenknotens. Nach einem Gefechte bei dieser Stadt, in welchem Karl Emanuel's Truppen geschlagen wurden, schloß dieser Fürst mit Frankreich einen Vertrag ab: letzterem blieb, außer anderen Vortheilen, Sufa mit dem Debouché der wichtigsten Alpenpäffe überlaffen.

Mit dem bisherigen Gange der Ereigniffe unzufrieden, berief Spanien seinen besten Feldherrn, Spinola, aus den Niederlanden als Vicekönig nach Mailand; zugleich erwirkte Philipp IV. die Absendung von ungefähr 25.000 Wallenstein'schen Soldaten, welche unter Collalto im Winter über das Valtellin nach Italien einrückten und sogleich rings um Mantua Stellung faßten. Auch Spinola ging nunmehr thätig vor, besetzte Montferrat und erneuerte die vor einigen Monaten aufgegebene Belagerung von **Cafale.** Diese Festung, damals für fast ebenso stark geltend als Mantua, wurde jedoch von ihrer französischen Garnison auf das beste vertheidigt; dasselbe geschah auch in Mantua, deffen Umgebung die Kaiferlichen wegen der einreißenden Sumpffieber sehr bald freiwillig räumten. — Zu Anfang 1630 setzte sich Richelieu mit einem starken um Lyon gesammelten Heere, welchem bald auch Ludwig XIII. nachfolgte, gegen die Alpen hin in Marsch, deren Päffe er, protegirt durch den Besitz von Sufa, ohne Schwierigkeit überstieg. Während Savohen sich jetzt wieder enger mit Spanien verband, bemächtigten sich die Franzosen durch eine überraschende Bewegung der festen Stadt Bignerolo, welche sie zum Hauptstützpunkte ihrer Unternehmungen in Italien einzurichten begannen; hiezu schien dieser Platz um so beffer geeignet, weil man hoffen konnte, über zwei nahe befindliche, allerdings noch nicht fahrbar gemachte Päffe (Col della Croce und S. Martino), die unmittelbare Verbindung mit Abries und dem Thale der Durance in Frankreich herstellen zu können. Außerdem eroberten die Franzosen noch mehrere Plätze in Savohen, sowie Saluzzo in Piemont. Doch vermochten sie von da nicht weiter vorzudringen, so daß die Belagerung von Cafale durch Spinola fortgesetzt, jene von **Mantua** durch Collalto im Frühjahre erneuert

werden konnte. Die kaiserlichen Truppen, welche übrigens mit ihren in Wallen=
stein's Schule erlernten Räubereien sich ebenso verhaßt machten, als die nicht minder
zuchtlosen Franzosen, hatten seither ansehnliche Ergänzungen erhalten. Gallas
und Aldringer benützten eine kurze Abwesenheit des bedächtigeren Collalto's und
erkühnten sich, am 17. Juli 1630 einen Sturm auf die noch ganz unerschütterte
und für unbezwinglich gehaltene Festung zu wagen. Wunderbarer Weise gelang
das vermessene Unternehmen, die Stadt wurde genommen, und am nächsten Tage
auch die Citadelle, wohin Karl von Nevers sich geflüchtet hatte, zur Ergebung
gezwungen. Durch drei Tage währte hier Plünderung und Verwüstung. Nun
war der größte Theil der Mantuanischen Lande in der Gewalt der Kaiserlichen,
dagegen sah Victor Amadeus I., welcher im Juli 1630 seinem Vater Karl Ema=
nuel in der Herrschaft über Savoyen und Piemont folgte, große Striche seines
Staates in den Händen der Franzosen. Casale wurde nun endlich von den
Spaniern genommen; aber der Tod von Spinola und Collalto gab Veranlas=
sung, daß für längere Zeit die Waffen fast gänzlich ruhten.

Während diese Ereignisse in Italien vorgefallen, hatte in Deutschland der
Regensburger Fürstentag die unheilvolle Auflösung des kaiserlichen Heeres
durchgesetzt, war ferner Gustav Adolph in Brandenburg gelandet und hatte bis zum
Frühlinge 1631 sich tief nach Brandenburg hinein ausgebreitet (3. Bd. S.426—437,
461—463). Bei den Bemühungen Frankreichs, seinen Schützling Nevers in Man=
tua wieder einzusetzen, war ein gewaltiges Anwachsen der Kriegsverhältnisse in
Italien nahe bevorstehend, während zur selben Zeit die Sammlung aller kaiser=
lichen Streitkräfte zum Schutze des eigenen Herdes dringend geboten schien. Da=
her bevollmächtigte Kaiser Ferdinand II. seinen General Gallas zu einem Friedens=
schlusse mit Frankreich. Die Verhandlungen konnten nun allerdings weder für
Oesterreich und Spanien, noch selbst für Karl von Nevers ein sehr günstiges Re=
sultat ergeben; denn neben ihren Geschäftsträgern waren von anderen Seiten drei
Diplomaten thätig, welche mit raffinirter Schlauheit und mit ungeheurer Elasti=
cität des Gewissens als unübertreffliche Meister ihrer Kunst bastanden. Diese
Männer waren: Richelieu, der französische Premier; Victor Amadeus, dem die
fast sprichwörtlich gewordene Verschmitztheit des Hauses Savoyen im vollsten Maße
eigen war; endlich ein damals noch unbedeutender Priester Namens Mazarini,
der eigentlich nichts als Attaché des päbstlichen Nuntius war, gleichwohl aber mit
geheimen Ränken dem französischen Kabinete außerordentlich nützlich zu werden
wußte. So kam es denn, daß der am 6. April 1631 abgeschlossene Friede von
Chierasco dem Herzoge Karl von Nevers die Herzogthümer Mantua und Mont=
ferrat ungetheilt zusprach, während bei der hierauf erfolgten Ausführung des Ver=

trages es sich herausstellte, daß in Folge eines zwischen Frankreich und Savoyen festgesetzten geheimen Artikels ein bedeutender Strich von Montferrat mit 75 Ortschaften bei Savoyen verblieb, wofür aber Pignerol nebst dem an die Alpenpässe führenden Thale von Perosa an Frankreich überlassen wurde. Dieses Reich behielt sonach festen Fuß und offenen Eintritt in Italien. Nevers, Spanien und der Kaiser mußten es schweigend hinnehmen, daß man sie so arg überlistet hatte.

28. Krieg in den Niederlanden, 1621—1648. Wir haben, um den Zusammenhang nicht zu lösen, der kriegerischen Ereignisse noch nicht ausführlich gedacht, in welche Spanien seit dem Regierungsantritte Philipp IV. im mittleren Europa verwickelt war.

Im J. 1609 war, wie früher erwähnt, unter Vermittlung Frankreichs ein zwölfjähriger Waffenstillstand mit den Niederlanden abgeschlossen worden; im J. 1621 erreichte derselbe sein Ende. Auf dem Zustande der Generalstaaten müssen wir jetzt unsere Blicke weilen lassen. Die vereinigten Niederlande, nämlich Holland, Geldern, Seeland, Utrecht, Gröningen, Friesland und Oberyssel (dann noch Drenthe, welches jedoch in den Generalstaaten nicht stimmfähig war), hatten in einem vierzigjährigen Kriege, der mit dem erwähnten Waffenstillstande im J. 1609 vorläufig einen Abschluß fand, sich die Unabhängigkeit von Spanien erkämpft, während diesem Reiche die südlichen oder katholischen Unterthanen (das jetzige Königreich Belgien) neuerdings Gehorsam leisteten. Noch erfolgreicher als zu Lande, hatten die Holländer zur See gekämpft: hier war Spanien, welches im 16. Jahrhunderte die erste Seemacht der Welt gewesen war, und im J. 1580 durch die Annexion von Portugal auch noch die zweite Kolonialmacht der Erde in sich aufgenommen hatte, zu Anfang des 17. Jahrhunderts von den Niederländern bereits überflügelt. Aus dem ursprünglichen Piratenkriege waren letztere bald zu Unternehmungen im großen Style vorgegangen. Um 1595 waren sie Herren der Molukken, gründeten im J. 1602 eine ostindische Handelscompagnie, und schloßen die Spanier und Portugiesen immer mehr von den Gewässern Hinterasiens, zugleich aber alle Nationen von dem einträglichen Gewürzhandel aus. Mitten während des Krieges, dann zur Zeit der Waffenruhe nahm der Handel der Holländer einen ungeheuern Aufschwung: sie zählten an 1200 große Schiffe mit 60.000 Seeleuten. Fortwährend erweiterte sich ihre Bedeutung in allen Meeren: es entstand eine nordische Fischerei-Gesellschaft (1613), eine westindische Compagnie (1618) und auf Java (spr. Dschawa) die Stadt Batavia (1615) als Sitz eines Generalgouvernements für Ostindien. Die bekanntlich mit den allerreichsten Producten ausgestatteten Inseln Hinterindiens wurden ausschließlich von den Kaufleuten der Niederlande ausgebeutet, zum Theile von ihren

Söldlingen unterjocht. — In gleich hohem Grade wie unternehmend und kriegerisch, war der Handelsgeist der Holländer grausam und schmutzig. Beispielsweise sei hier erwähnt, daß sie den Gewürznelkenbaum überall außer auf Amboina und Banda aus= rotteten, ferner, daß sie oftmals ungeheure Quantitäten der aufgestapelten eigenen Vorräthe verbrannten, um den Preis der Gewürze noch mehr in die Höhe zu treiben, ferner, daß sie die nach Amboina gekommenen Handelsleute Englands, mit welchem Staate Holland befreundet war, auf das grausamste morden ließen, um jede Con= currenz gleich im Keime zu ersticken (1623.)

Ungeachtet ungeheurer Staatsschulden wurde mit seinem Handelsgeiste das holländische Volk doch das reichste der damaligen Welt. Außer dem Reichthum war besonders die Verfassung dieses jüngsten europäischen Staatswesens höchst bemer= kenswerth. Es hatte nämlich jeder einzelne Staat seine besonderen Gesetze und Einführungen, welche alle darauf hinzielten, theils dem Landabel, theils dem Pa= tricierthum der Städte eine beherrschende Geltung zu geben, während dagegen das niedere Volk großentheils sogar unter dem Drucke von Patrimonialherrschaften lag. Aus Abgeordneten der sieben Landschaften wurden die General staaten ge= bildet, welchen die Steuer= und Gesetz=Vorschreibung für allgemeine Bedürfnisse eingeräumt war. In den Generalstaaten hatte jede Landschaft nur eine Stimme, obgleich z. B. Holland allein die Hälfte der ganzen Steuerlast trug. Vorstand der Generalstaaten war der Generalstatthalter, zugleich auch mit der Leitung des ge= sammten Kriegswesens betraut. Er sollte frei gewählt werden, doch blieb die Würde in dem Hause Nassau=Oranien erblich; ganz ähnlich verhielt es sich mit den Statthaltern der einzelnen Staaten. Wir sehen also in den Niederlanden eine zu Gunsten der Geburts= und der Geld=Aristocratie constituirte Föderativ=Re= publik mit einer monarchischen Spitze. Auch werden wir hier wie in andern historischen Fällen die Bemerkung machen, daß das förderative System sich recht gut bewährte, so lange das republikanische Princip die Oberhand behielt; daß aber mit dem Ueberhandnehmen monarchischer Staatsformen dasselbe System nur die Grundlage zu endlosen Reibungen und in Folge dessen zur Abschwächung und Vernichtung jeder einheitlichen Staatsgewalt wurde.

Ein Anfang hiezu zeigte sich in den Niederlanden schon mit Beginn des 17. Jahrhunderts. Prinz Moriz von Oranien, welcher seinem Vater Wilhelm, dem Begründer der niederländischen Unabhängigkeit, im Jahre 1584 in der Würde des Generalstatthalters und auch in dem Ruhme eines trefflichen Feldherrn ge= folgt war, zeigte nicht übel Lust, seine Präsidentschaft einer eigentlich monarchischen Gewalt näher zu bilden. Als Mittel hiezu boten sich ihm die Religions=Streitig= keiten. Wie nämlich in allen andern Ländern die Protestanten, sobald sie mit der

römischen Kirche fertig geworden, sogleich sich selbst in den Haaren zu liegen an=
fingen, vielleicht nur, um nicht aus der Uebung zu kommen, so waren auch in der
reformirten Kirche Hollands die Arminianer oder Remonstranten und ihre
Gegner, die Gomaristen, unabläßig bemüht, sich gegenseitig zu verlästern und
zu verketzern. Arminius wollte mit seinem Anhange von der freien Auslegung der
Schriften, wie sie der Stifter des helvetischen Bekenntnisses selbst gepflegt und an=
empfohlen hatte, seinerseits Gebrauch machen, um manchen starren Dogmen seiner
Kirche eine mildere Deutung zu geben. Sein College an der theologischen Facultät,
Gomarus, glaubte hingegen nicht die leiseste Abweichung von dem Buchstaben Cal=
vins zulässig, und schwur auf dessen Unfehlbarkeit ebenso überzeugt, wie nur je
irgend ein Mönch auf jene des Pabstes.

Auf Seite Armins standen besonders die gebildeten Patricier der Städte,
welche, weil sie zugleich strenge an dem republikanischen Principe der Staatsver=
fassung hingen, eben keiner großen Beliebtheit bei dem Generalstatthalter sich
erfreuten. Letzterer, obgleich sonst ziemlich gleichgültig in Religionssachen, stellte
sich nun auf Seite der Gomaristen; das niedere Volk, immer geneigt, das heftigere
Geschrei für die bessere Beweiseskraft zu halten, gehörte ebenfalls dieser Partei an.
Verschiedene Versuche der Aussöhnung scheiterten an der Unduldsamkeit der Or=
thodoxen; diese gewannen allmälig die Oberhand. Nun benutzte Moriz von Ora=
nien schlau den glühenden Eifer der Prediger und die Kurzsichtigkeit des Pöbels,
um die Remonstranten, unter denen die strengen Republikaner sich befanden, aus
fast allen Aemtern zu verdrängen, und Monarchisten an ihre Stelle zu setzen. Zu=
gleich ließ er, während er zu einer Synode in Dortrecht die Calvinisten aus
allen Ländern einlud, mehrere der angesehensten Arminianer verhaften und ihnen
vor einem parteiischen Gerichtshofe den Proceß machen. Da wurde nun der höchste
Beamte der Republik, der Rathspensionär (beiläufig Staatskanzler) Oldenbarne=
veld, ein Hauptbegründer der niederländischen Freiheit, ehemals Erzieher und
Leiter des Prinzen, jetzt ein Mann von 72 Jahren, zum Tode verurtheilt (24. Mai
1619), und weil er es verschmähte, um Gnade zu bitten, auch wirklich hingerichtet.
Unter jenen, denen ewiges Gefängniß auferlegt wurde, befand sich auch Hugo
Grotius, einer der größten Gelehrten neuerer Zeit; derselbe wurde jedoch nach zwei
Jahren durch seine Gattin in einer Bücherkiste aus dem Kerker geschmuggelt, und war
später schwedischer Gesandter in Paris. Nach den Beschlüssen der Dortrechter Synode
wurde die ganze Partei der Arminianer verflucht und unterdrückt, ihre Prediger, mit Aus=
nahme eines einzigen, der sich zur Abschwörung bequemte, wurden aus dem Lande gejagt.

Moriz von Oranien, welcher auf die Ergebenheit der Massen rechnen durfte,
betrachtete als ein weiteres Mittel zur Erhöhung seiner Macht den Krieg, welcher

eine Vermehrung der aus geworbenen Soldaten bestehenden Armee und ihren innigsten Verband mit dem Oberfeldherrn zur Folge haben mußte. Er hatte schon früher ungerne in den Waffenstillstand mit Spanien gewilligt, und erwartete mit Ungeduld seinen Ablauf. Anders dachte das Patricierthum: auch dieses strebte zur Sicherung der eigenen Unabhängigkeit den Spaniern und ihrem Alliirten, dem Kaiser, durch Unterstützung der deutschen Landfriedensbrecher (Friedrich von der Pfalz, Mannsfeld, Christian von Braunschweig ꝛc., 3. Bd. S. 389—407) arge Verlegenheiten anzuschüren; aber den offenen Krieg, der nur neue Geldopfer beanspruchen konnte, suchten sie ferne zu halten; höchstens wäre ihnen ein solcher zur See erwünscht gewesen, wo Kaperei und die Wegnahme spanischer Kolonien neue Quellen des Reichthums erschließen konnten. In dem Maaße, als der Generalstatthalter durch Verdrängung der Arminianer die leitende Stimme in allen verfassungsmäßigen Behörden sich aneignete, gewann die kriegslustige Stimmung allmälig die Oberhand. Der Jülich'sche Erbfolgestreit (1614) lief in Folge der von den Spaniern gezeigten Nachgiebigkeit noch ohne schwere Folgen ab. Als dagegen nach Ablauf des Waffenstillstandes (1621) das spanische Kabinet in theilweiser Bezugnahme auf die gleichzeitigen Erfolge des Kaisers in Deutschland höher gespannte Forderungen stellte, fiel es der Kriegspartei in Holland nicht schwer, ihre Absichten zum Durchbruche zu bringen. Es begann also im J. 1621 der niederländische Befreiungskrieg vom neuen; nicht nur mit Waffen, besonders auch mit Gold waren die Holländer furchtbare Feinde, weil sie durch fortwährende Anschürung der Unruhen in Deutschland die Spanier jeder Unterstützung von Seite des Kaisers zu berauben wußten. — Ueberhaupt muß der ungeheure und selbst während des Krieges immer wachsende Reichthum der Holländer berücksichtigt werden, will man es sich erklärlich machen, wie dieß Volk von kaum drei Millionen Seelen im Kampfe gegen die ungeheure spanische Monarchie sich zu behaupten vermochte. Gerade in den Zeiten vom 15. bis zum 18. Jahrhunderte hatte das Wort des großen Montecucoli „zum Kriegführen braucht man drei Dinge: Geld, Geld und wieder Geld" seine vollste Berechtigung. Denn in einer Epoche, da weder Milizen, noch ausgehobene Landeskinder im Felde verwendet zu werden pflegten, brauchte ein Kriegsunternehmer nicht einmal einen Acker Land, und einen einzigen Unterthan zu besitzen, um über große Heere zu verfügen, falls nur sein Geldbeutel nie leer wurde. Nur so ist es erklärlich, daß die holländische Armee in einzelnen Kriegsjahren (z. B. 1629—1630) einen Stand von 120.000 M. (1 Soldat auf 25 Seelen) im Felde stehen hatte. Gerade auf dem niederländischen Schauplatze spielte das Geld noch eine größere Rolle als anderswo, weil hier die kostspieligste Art der Waffenthätigkeit, nämlich der Festungskrieg, faſt ausſchließlich im Schwunge war. Erwägt man nun die troſtloſe politiſche und financielle Lage Spaniens, ſo darf man ſich nicht wundern, daß dieſes Reich von der Bedeutung einer Großmacht eben jetzt in demſelben Maße herunter ſank, als Holland zu einer ſolchen ſich erhob. Gold und Speculation mit ein wenig echtem Patriotismus in erſter Linie, tüchtige Feldherren, bezahlte, meiſtens ausländiſche Soldaten und treffliche Seeleute im zweiten Range, dieß waren die Grundlagen für die Weltmacht der Generalſtaaten.

Der Krieg begann im J. 1621 mit der Belagerung und Einnahme (Jänner 1622) von **Jülich** durch Spinola, welcher das Commando über die in der Pfalz verbliebenen Spanier an Cordova übergeben hatte. Während Moriz von Oranien am Rheine ſich beſchäftigte, erſchien Spinola vor der nahe an der Weſter-Schelde gelegenen Hauptfeſtung **Bergen op Zoom**, und begann die Belagerung (18. Juli 1622). Er vermochte aber den ausgedehnten Platz, beſonders an der Waſſerſeite, nicht vollſtändig einzuſchließen, weßhalb Holland die Beſatzung gleich Anfangs auf 5000, ſpäter (26. Aug.) auf 10.000 M. erhöhen und gut verproviantiren konnte. Belagerer und Vertheidiger arbeiteten mit gleichem Eifer über und unter der Erde. Den erſten größeren Erfolg errangen die Spanier erſt am 7. Sept., indem ſie nach einer Minenſprengung ſich in den Beſitz der Nordſchanze ſetzten. Da dieſer den Hafen beherrſchende Punkt von der höchſten Wichtigkeit war, ſo trachteten die Vertheidiger ernſtlichſt nach ſeinem Wiedergewinne. Eine Gegen-mine, die ſie am 28. September ſpringen ließen, und ein Ausfall des engliſchen Oberſten Morgann (ſpr. Morgänn) erwirkten die Delogirung der Spanier. Ob-gleich letztere nunmehr die Annäherungsarbeiten faſt gänzlich einſtellten, machten ſie doch durch fortgeſetztes Bombardement der Stadt und des Hafens den Fall des Platzes nahe bevorſtehend. Doch ſchon rüſtete ſich Oranien zum Entſatze; zuerſt ließ er 6000 M. zu Waſſer als Verſtärkung, beſonders mit dem Hinblick auf Ausfälle, nach der Stadt abgehen; dann zog er den durch Tilly aus dem Elſaß vertriebenen Abenteurer Mannsfeld an ſich, welcher allerdings, nachdem er bei Fleurus (29. Aug.) nur mit äußerſter Anſtrengung das ihm vorangeeilte Corps Cordova's durchbrochen hatte (3. Bd. S. 403), bloß mehr 12.000 M. herbei-führte. Das Heer des Generalſtatthalters war nunmehr zu einer ſolchen Höhe an-gewachſen, daß auch Spinola, um eine Schlacht wagen zu können, die Heran-ziehung aller disponiblen Truppen für nöthig erachtete. Weil aber ein Corps von 12.000 M. gegen alle Erwartung ausblieb, überdieß bei den italieniſchen Regimentern Spinola's eine ſehr gefährliche Meuterei ausbrach, damals kein ſel-tenes Ereigniß, ſah ſich der ſpaniſche Feldherr am 2. October zur ſchleunigſten Räumung der Laufgräben bemüſſigt.

Moriz, welcher bald hiernach einen Ueberfall auf Antwerpen ohne Erfolg versuchte, ward im J. 1623 genöthigt, eine von den Söhnen Oldenbarneveld's und anderen Arminianern gegen sein Leben angesponnene Verschwörung auf das strengste zu ahnden. — Größere militärische Ereignisse kamen erst wieder im J. 1624 vor, als Spinola sich vor **Breda** lagerte (28. Aug.); es war dieß ein Hauptplatz, in einer morastigen und leicht inundirbaren Gegend gelegen. Für die große Ausdehnung und die zahlreichen Werke (15 Bastions, ebenso viele Ravelins, 5 Hornwerke) war jedoch die Besatzung von bloß 6000 M. nicht hinreichend, und mußte wohl durch die Bürgerschaft verstärkt werden. Deßhalb machte Prinz Moriz wiederholte Versuche, Verstärkungen und Proviant in die Festung zu werfen; allein die durch Feldschanzen verstärkte Umschließung und die Wachsamkeit der Spanier vereitelten derlei Unternehmungen. Um die Fortschritte Spinola's durch Bedrohung zu lähmen, lagerte sich nun Moriz mit einem nicht beträchtlichen Heere in der Nähe des Platzes; bald aber mußte er von da weichen, indem die Angreifer durch Oeffnung der von ihnen besetzten Schleusen die Umgebung weithin überschwemmten. Vermuthlich ward diese Inundation auch Ursache jener Seuchen, welche sowohl in der Garnison von Breda als unter den Spaniern zahlreiche Opfer forderten. Ihnen erlag auch der Graf Justinus von Nassau, Bruder des Prinzen Moriz. Aber auch dieser starb um dieselbe Zeit (23. Apr. 1625), und es folgte ihm in der Würde eines Generalstatthalters sein Bruder Friedrich Heinrich. Dieser nahm die Versuche zum Entsatze von Breda sogleich wieder auf, sah sie aber alle an den guten Anstalten Spinola's um so mehr scheitern, weil gerade in der letzten Zeit die Generalstaaten aus Knickerei ihr Heerwesen ausnahmsweise etwas vernachlässigt hatten. Obgleich den Spaniern zweimal große Theile ihres Lagers abgebrannt, ihnen überhaupt viele Zufälligkeiten entgegen waren, zwangen sie doch nach einer Belagerung von neun Monaten die Garnison von Breda zur Capitulation gegen freien Abzug (5. Juni 1625). Zu gleicher Zeit hatte der spanische General van der Berge die kleineren Plätze Klebe und Gennep bezwungen.

Eine Entschädigung für diese Verluste war den Holländern die weitere Ausdehnung ihrer Seemacht, welche in den Gewässern Ostindiens, vorübergehend auch in Brasilien sich herrschend machte. Mit Tunis und Algier erwirkten die Niederländer günstige Verträge (1622); mit Frankreich, welches ihnen Subsidien versprach, traten sie in eine so weit gehende Freundschaft, daß sie trotz ihres zelotischen Calvinismus dem Cardinal Richelier zur Bezwingung des hugenottischen Hauptplatzes La Rochelle mit 16 Schiffen Beistand leisteten. Zur selben Zeit trat Holland auch in eine Allianz mit Karl I. von England unter der beiderseitigen

Verpflichtung, für die Wiedereinsetzung des von den Kaiserlichen vertriebenen Kurfürsten Friedrich V. von der Pfalz thätig zu sein.

Nachdem Spinola wegen des Mantuanischen Erbfolgekrieges nach Italien
abgegangen war, wurde der Krieg in den Niederlanden von beiden Seiten schläfrig
fortgeführt. Friedrich Heinrich von Oranien zog jedoch durch strenge Achtung vor
der Verfassung die in der letzten Zeit gegen Moriz mißtrauisch gewesenen Republikaner wieder an sich, was dem Heerwesen durch größere Geldbewilligungen zu
Gute kam. Mit 36.000 M. begann der Generalstatthalter im April 1629 die
Belagerung von **Herzogenbusch,** welcher Platz, da er noch niemals genommen worden, die „Jungfer von Brabant" hieß. Es waren daselbst sieben Bastions
in einer tiefen, sehr festen Lage und mit einer Besatzung von 3000 M.; später
schlich sich mit Benützung der Ueberschwemmungen noch eine Verstärkung von 800
Spaniern eben dahin durch. Friedrich Heinrich hatte die ersten zehn Tage nach
seiner Ankunft vor Herzogenbusch bloß dazu verwendet, um durch zahlreiche Redouten und Linien sich gegen Entsatzversuche zu sichern. Wirklich fiel diese Circumvallation, verstärkt durch die künstlichen Ueberschwemmungen, so trefflich aus,
daß der Graf van der Berge, welcher mit 40.000 M. zum Entsatze herangerückt
kam, nicht den Angriff auf die Holländer wagte. Die Spanier errangen nun an
anderen Punkten zwar einige kleine Erfolge, dagegen aber ergab sich Herzogenbusch den Niederländern (14. Sept.).

Auch in den folgenden Jahren blieben die Spanier, welche jetzt meistens schlecht
geführt wurden und immer Mangel litten, im Nachtheile. Von großer Wichtigkeit war für sie der Verlust der Maasfestungen Venloo, Röhrmonde und zuletzt des Hauptplatzes Mastricht (22. Aug. 1632). Nachdem aber Philipp IV.
durch den Frieden von Chierasco in Italien die Hände frei bekommen hatte,
wurde der Cardinal-Infant Ferdinand mit ansehnlichen Verstärkungen nach den
Niederlanden abgesandt. Dieser tüchtige Feldherr trug auf seinem Marsche durch
Deutschland sehr viel zu dem Hauptsiege der Kaiserlichen bei Nördlingen bei
(6. Sept. 1634, 3. Bd. 528—532), und erschien dann mit 12.000 M. neuer Truppen auf dem niederrheinischen Schauplatze. Nun aber schlossen Frankreich und die
Generalstaaten einen noch engeren Bund, der auf die gemeinschaftliche Eroberung
und Theilung der spanischen Niederlande abzielte. In den letzteren entspann sich zu
gleicher Zeit eine gefährliche Verschwörung verschiedener großen Herren; die Unklugheit oder aus Grundsatz zweideutige Haltung des englischen Königs Karl I. verrieth aber diese Ränke an Spanien, welches dieselben mit Leichtigkeit unterdrückte.

Zur See waren die Niederländer noch glücklicher als zu Lande: indem sie sich auf
den Ostindischen Inseln allmälig noch mehr befestigten und ausbreiteten, gewannen

sie den Alleinhandel in Hinterasien; seit 1620 hatten sie auch bereits eigene Statthalter eingesetzt in den Küstenstaaten der heutigen nordamerikanischen Union und das Fort Orange (wo jetzt New-York, gegründet 1614) ward daselbst ihr Hauptort, von wo aus sie sich, wenn auch nur mäßig, auf Kosten der Indianerlandeinwärts ausbreiteten; diese Niederlassungen wurden Neu-Niederlande benannt. Im J. 1624 eroberte Admiral Willekens die Hauptstadt von Brasilien, S. Salvador, und in den nächsten Jahren nahmen die Holländer den Portugiesen, beziehungsweise Spaniern, noch Pernambuco, Parahyba, Rio Grande, kurz so ziemlich das ganze Brasilien weg. Ein Seesieg des spanischen Admirals D'Oquendo hatte keine bedeutenden Folgen (1632). Die Holländer befestigten sich vielmehr in ihrem neuen Besitze derart, daß sie im J. 1636 dort über 60.000 M. Land und Seetruppen verfügten. — Ein ansehnlicher Gewinn erwuchs der Westindischen Compagnie der Holländer, indem ihr Admiral Hain im J. 1628 (9. Sept.) eine große spanische Silberflotte (Werth 11 Millionen fl.) wegnahm. — Auch in den europäischen Meeren war die holländische Marine glücklich, indem sie im J. 1628 den spanischen Hafen Dünkirchen, einen Hauptsitz der Kaper, nicht ohne Erfolg blockirte, einige Zeit später aber in den Scheldemündungen entscheidend über die Spanier siegte.

Spanien hatte zu wiederholten Malen den Generalstaaten Friedensanerbietungen machen lassen, welche aber durch die Umtriebe Frankreichs vereitelt wurden. Im J. 1635 entbrannte der Landkrieg mit erneuerter Heftigkeit; allein obgleich ein französisches Corps unter den Marschällen Brezé und Chatillon mit dem Prinzen Friedrich Heinrich sich vereinigte, vermochte doch dieser Feldherr über seinen gewandten Gegner, den Cardinal-Infanten, keine namhaften Vortheile zu erringen. Die Franzosen trennten sich bald von den Holländern; dagegen wurden die Spanier verstärkt durch 15.000 Oesterreicher unter Piccolomini und Jean de Werth. Den Franzosen ganz unerwartet drangen die Kaiserlichen und Spanier im Sommer 1636 plötzlich bis auf bloß 14 Meilen von Paris, ja mit den leichten Truppen bis an diese Stadt selbst vor, und setzten ganz Frankreich umso mehr in Schrecken, weil damals auf der anderen Seite auch Gallas bis nach Burgund vorgerückt war (3. Bd. S. 535—536). Allein ein Zeitverlust von 7 Wochen vor dem kleinen Platze Corbie, welchen der Cardinal-Infant nehmen zu müssen glaubte, die Energie Richelieu's, welcher in kürzester Zeit 50.000 M. aufzubringen wußte, und die Bedrohung von Breda durch die Holländer waren Ursache, daß diese so glücklich begonnene Invasion der Spanier schließlich ohne eigentliches Resultat verblieb. — Im J. 1637 waren die Franzosen und Holländer gegen den wieder allein stehenden spanischen Feldherrn neuerdings zur Offensive

2 *

übergegangen; ihre Unternehmungen gegen Dünkirchen wurden zwar vereitelt, dafür aber eroberte Friedrich Heinrich nach einer eilfwöchentlichen Einschließung Breda zurück (7. Nov.), obgleich der Cardinal-Infant zur Rettung des Platzes alles Mögliche gethan hatte. Die Jahre 1638 und 1639 verliefen ohne große Ereignisse; die Spanier hielten sich wacker. Zur See erlitten sie jedoch von dem berühmten Admiral Tromp wiederholte Niederlagen bei Gravelines und Dün= kirchen. Im J. 1640 trieben sie mit raschen Operationen sowohl die Holländer als die Franzosen zurück, retteten aber nicht das von Frankreich belagerte Arras[1]). Viele Vortheile gingen nach dem Tode des Cardinal-Infanten (Nov. 1641) den Spaniern wieder verloren, indem sein Nachfolger Francesco de Melo (bis 1644) und Castel Rodrigo sich ihren Gegnern nicht gewachsen zeigten. Der erstere erfocht zwar am 18. Mai 1642 bei der Abtei Honnecourt in der Picardie einen Sieg über die Franzosen, welche hiebei über 5000 M., dann ihr ganzes Geschütz und Gepäck einbüßten; aber der Spanier unterließ es, diesen Vortheil gehörig auszu= nützen. Im Frühjahr 1643 begann er die Belagerung von Rocroy, einer fran= zösischen Maasfestung, deren Wegnahme ihm die Straße in die Champagne er= öffnet haben würde. Allein ein französisches Heer unter dem 21jährigen Herzog von Enghien (später unter dem Namen „der große Condé" bekannt) rettete durch eine Schlacht am 19. Mai die Festung, und stellte hier zum ersten Male den Be= weis her, daß unter übrigens gleichen Umständen das noch immer weltberühmte spanische Fußvolk von den damals militärisch nicht sehr hoch geschätzten Franzosen, wenn letztere gut geführt waren, wohl auch vollständig geschlagen werden könne. Die letzteren eroberten hierauf Thionville, später aber unter Commando des Herzogs von Orleans das wichtige Gravelines (28. Juli 1644), dessen kleine Besatzung sich sehr tapfer gehalten hatte. — Im J. 1645 bezwang Prinz Friedrich Heinrich die Stadt Hulst; die Franzosen aber machten erst im folgenden Jahre wieder bedeutende Fortschritte, indem sie Courtray, Winoxbergen und endlich Dünkirchen eroberten; die kleine Besatzung des letztgenannten Platzes hatte den Belagerern jeden Fußbreit Landes, vorzugsweise mit kühnen Ausfällen, streitig ge= macht; da aber das nahe stehende spanische Heer einen Entsatzversuch zu Lande nicht wagte, ein solcher zur See aber wegen der starken holländisch=französischen Flotte unter Admiral Tromp nicht ausführbar schien, so mußte die wichtige Fe= stung, nachdem die Angreifer bereits den Hauptgraben ausgefüllt hatten, am

---

[1]) Als Maximilian I. das von den Franzosen ihm geraubte Arras zurück erhalten hatte (1493), ließ er über ein Thor folgende Spottverse setzen: „Quand les François prendront Arras, les souris mangeront les rats." Ludwig XIII. aber befahl nach der Einnahme im J. 1640 einfach das p in „prendront" wegzumeißeln; der neue Sinn hat sich als richtig ergeben.

10. Oct. an Enghien capituliren. In den letzten Jahren des Krieges führte der von Deutschland her als tüchtiger Kriegsmann bekannte EH. Leopold Wilhelm den Oberbefehl in den spanischen Niederlanden, und erfocht daselbst zahlreiche kleine Erfolge, wurde aber zuletzt von dem großen Condé (Enghien) in der fast nur durch die Reiterei ausgefochtenen Schlacht bei Lens (spr. Lang) mit einem Verlust von 12.000 M., zwei Dritteln des ganzen Heeres, entscheidend geschlagen (20. Aug. 1648).

Die Generalstaaten hatten schon seit längerer Zeit nur ungerne durch den Prinzen Friedrich Heinrich in der Allianz mit Frankreich gegen Spanien sich erhalten lassen. Da letzterer Staat durch den Abfall Portugals (seit 1640), durch den gleichzeitigen Aufstand Cataloniens und durch die dortorts gemachten Fortschritte der Franzosen, durch die bedenkliche Stimmung der italienischen Provinzen und durch die eigene Mißregierung in eine solche Lage gekommen war, daß er auf lange Zeit den gänzlichen Verlust seiner niederländischen Provinzen kaum mehr zu verhindern vermochte, so war Holland umso mehr zum Frieden geneigt, als es jenseits der Meere seinen Besitz, unter andern auch durch die neuerdings (1641) gemachte Eroberung von Malakka nach Wunsch ausgedehnt hatte, und nunmehr fürchten mußte, durch eine weitere Unterstützung der Franzosen in Europa an diesen zuletzt gefährlichere Nachbarn zu erhalten, als es die Spanier jemals gewesen. Daher unterhandelten die Holländer seit 1646 ernstlich zu Münster über einen Frieden mit Spanien. Als nun im März 1647 der allgemein beliebte Generalstatthalter Friedrich Heinrich, der Befürworter der französischen Allianz, gestorben war, nahmen die Generalstaaten weiter keine Rücksicht auf Frankreich, und schloßen, noch vor den übrigen Theilnehmern des Westphälischen Friedens, am 30. Jänner 1648 nach einem achtzigjährigen Kriege einen Vertrag mit Spanien ab. Letzterer Staat sowie zugleich das deutsche Reich erkannten die Generalstaaten als vollkommen abgelöst, als selbstständigen Staat an; Spanien trat denselben verschiedene Städte mit ihren Gebieten ab, darunter Sluys, Hulst, Bergen op Zoom, Breda, Ypern, Grave und Mastricht; diese Bezirke bildeten in der Republik die sogenannten Generalitäts-Lande, welche nicht als gleichberechtigt mit den sieben Staaten, sondern als unterworfen betrachtet wurden. Fernere Bestimmungen des Friedens von Münster bezogen sich auf Ost- und Westindien, wo der dermalige Besitzstand gegenseitig anerkannt wurde; endlich wurden den Holländern noch einige Begünstigungen für ihren Handel zugestanden.

Hier muß noch bemerkt werden, daß Holland zwar mit Portugal, als dieses sich gegen die spanische Herrschaft erhob, befreundet worden war, daß aber demungeachtet vom J. 1644 an die Portugiesen in Brasilien einen Aufstand gegen die dort herrschenden Holländer erhoben, und im zehnjährigen Kriege auch wirklich die Wiedervereinigung dieses Landes mit Portugal erwirkten; doch wurde diese erst im J. 1661 von den Generalstaaten als rechtlich anerkannt. — Dem im J. 1647 gestorbenen Friedrich Heinrich von Oranien folgte erst im nächsten Jahre sein Sohn Wilhelm II. als Generalstatthalter.

29. Spanien bis zum pyrenäischen Frieden, 1640—1659, **Aufstände in Catalonien, Portugal und Italien.** Um die zerrütteten Verhältnisse Spaniens unter Philipp IV. (1621—1665) in Ordnung zu bringen, und dieses in voller Auflösung begriffene Reich wieder als Großmacht herzustellen, wären drei Dinge nöthig gewesen: die Freigebung des durch die Inquisition und die Mönche gefesselten Volksgeistes; die Centralisation der gesammten Staatskraft im modernen Sinne um den Thron; endlich äußerliche Ruhe oder wenigstens fortgesetzte Siege über die Feinde des Staates. Statt dem letzteren Punkte zeigte sich gerade ein allmälig immer ärger werdendes Unterliegen in den Kriegen; einer freiheitlichen Erweckung des Volksgeistes stand die bereits allmächtige Geistlichkeit, stand der König selbst entgegen; um aber wenigstens die Trümmer der Staatskraft einheitlich zu consolidiren, dazu hatte der herrschende Minister Olivarez vielleicht die volle Neigung, wie eben damals Richelieu in Frankreich, keineswegs aber dieselbe halb heroische, halb dämonische Kraft. Der spanische Premier voll patriotischer Absichten, wie sein Collega und Gegner in Frankreich, setzte sich gleich diesem in den Ruf eines Despoten, aber seine Eigenmächtigkeiten hatten keine anderen als negative Resultate.

Unter Karl I. und Philipp II. waren die ständischen Rechte der einzelnen spanischen Königreiche so weit vernichtet worden, daß der ursprüngliche Föderativ-Staat bereits fast ganz zur Monarchie umgewandelt schien. Allein um eine solche vom Throne ausgegangene Umänderung im Volksgeiste selbst wurzeln zu machen, müssen immer in der Dynastie mehre kräftige, siegekrönte Generationen sich folgen. Ein einziger schwacher oder unglücklicher Monarch weckt sogleich die halbentschlafenen Träume von provincieller Größe und Selbstständigkeit wieder. Unter Philipp IV. mußte es umso gewisser derart kommen, weil der stolze, herrschlustige Sinn seines allwaltenden Ministers überall verletzte, zugleich aber auch durch die Schwäche, die nach außen zu Tage trat, die Auflehnung im Inneren mächtig herausforderte. Das Volk von Catalonien, den Castilianern trotz der gemeinsamen Sprache bis zum heutigen Tage in Sitten und Anschauungen fast wildfremd und mit Erbitterung abgeneigt, wollte am wenigsten seine früheren Rechte vergessen, es wollte die Vergewaltigung schon deßhalb nicht länger dulden, weil die Schwäche des spanischen Staates ihm mehr als anderen Stämmen unmittelbar vor Augen lag. Frankreich hatte seine feindlichen Unternehmungen gegen Spanien nicht auf die

Niederlande allein beschränkt; vom J. 1636 an, wurde längs den Pyrenäen, sowie gleichzeitig in Italien, mit abwechselndem Glücke gekämpft. Im J. 1639 und 1640 nahmen die Franzosen die nördlich der Ostpyrenäen gelegene Grafschaft Rous= sillon. Nun hätte dieselbe von den catalonischen Milizen zurück erobert werden sollen; da sie aber hierzu nicht ausreichten, wurden spanische Truppen, nach und nach in ziemlich bedeutender Zahl, nach Catalonien verlegt. Dagegen aber pro= testirten die Bewohner dieses Landes, weil die Einquartierung, die allerdings mit vielem Unfuge verbunden sein mochte, den alten Privilegien zuwider war. Jedoch Catalonien hatte eben gezeigt, daß es sich allein nicht zu schützen wisse, und Spa= nien konnte endlich mit dem besten Willen keine sanfteren Soldaten schicken, als es eben dieselben besaß. — Aus unbedeutenden Anlässen brach der Aufstand am 22. Mai 1640 aus; bald darauf wurde der spanische Vicekönig enthauptet, das ganze Volk erhob sich in Waffen und knüpfte sogleich Unterhandlungen mit Frankreich an. Richelieu, entzückt über die unverhofften Bundesgenossen, die sich ihm anboten, ließ sogleich 4000 M. in Catalonien einrücken. Ihr Anführer Epernon sah sich jedoch, durch seine Kühnheit fortgerissen und dann von den catalonischen Milizen im Stiche gelassen, bald zu einer unrühmlichen Capitulation genöthigt. Andererseits waren aber auch die Spanier nicht im Stande, das von der Bürgerschaft tapfer vertheidigte Barcellona zu erstürmen. Jene mußten sogar über den Ebro zurückweichen.

Mit der Gefahr für Spanien, welche durch die Einmischung Frankreichs in den catalonischen Aufstand wach gerufen wurde, vereinigte sich eine noch größere durch die Empörung Portugals. Vom 12. Jahrhundert bis zum J. 1580 hatte dieses Land als selbstständiges Reich ruhmvoll bestanden; im 16. Jahrhundert war es, Dank seinen kühnen Seehelden, den Entdeckern und Eroberern großer Theile von Ostindien, bis in den Rang einer Großmacht empor gestiegen. Als nun nach dem Aussterben der Burgundischen Dynastie Philipp II. mit Verdrän= gung der näher berechtigten Erben sich zum Herrn des weiten portugiesischen Reiches machte, 1680, mußte der von alter Zeit her bestehende Nationalhaß der beiden Nachbarvölker nur noch lebhafter erwachen; wirklich hatten die Portugiesen nur zu viel Ursache, mit der spanischen Herrschaft unzufrieden zu sein: schmachtend unter dem ungewohnten, von Fremden auf ihr nationales Leben geübten Drucke, sahen sie überdieß seit dem Ausbruche des niederländischen Befreiungskrieges die Quellen ihres Ruhmes und Reichthumes allmälig versiegen, sahen sich dazu ver= urtheilt, schwerer als Spanien selbst die Kosten und Nachtheile eines Krieges zu tragen, der mit Portugals Interessen gar nichts zu schaffen hatte. Die Holländer hielten sich nämlich, sobald sie einmal auch auf den Meeren zum Angriffe sich stark genug fühlten, weit weniger an die eigentlich spanischen Kolonien, als wie vielmehr an die noch reicheren der Portugiesen in Asien. Eine nach der andern ging in die Hände der Holländer über, und dieß alles nur durch die Schwäche jener spanischen Regierung, welche an und für sich in Portugal so bitter gehaßt war.

Unter diesen Umständen verschworen sich etwa 50 adelige Herren mit den reicheren Bürgern von Lissabon zum Sturze der spanischen Herrschaft und zur Wiederherstellung eines eigenen Staates, für welchen im Herzog Johann von Braganza, einem Abkömmlinge des Burgundischen Hauses in weiblicher Linie, bereits der künftige König gefunden war. Ihm gehörte fast ein Drittel des gesammten Grundbesitzes im Lande; auch blickte, eben seiner Abstammung wegen, das ganze Volk auf ihn mit großer Pietät. Er selbst ließ sich jedoch nur halb und halb in die Verschwörung mit hineinziehen; um so energischer aber verfuhren seine Anhänger. Am 1. Decb. 1640 fielen sie plötzlich über die schwache spanische Garnison von Lissabon her, und bewältigten dieselbe fast ohne alles Blutvergießen. In ähnlich leichter Weise schloß sich dann das ganze Land dem Beispiele der Hauptstadt an, und das Gleiche geschah in allen Kolonien, Ceuta in Afrika ausgenommen. Die Verluste aber, welche Portugal durch die Holländer bisher jenseits der Meere erlitten hatte, ließen sich freilich nicht hereinbringen; das einzige Brasilien erwirkte später (1644—1654) wieder seinen Anschluß an Portugal. In diesem Staate war mit Johann IV. das Haus Braganza am 15. Jän. 1641 in die erbliche Königswürde eingesetzt und bald darauf von England, Frankreich, Schweden und Holland anerkannt worden. Die Verschwörung einiger spanisch gesinnter Großen wurde von Johann IV. mit Leichtigkeit unterdrückt (Sommer 1641).

Spanien legte in den Krieg, der jetzt gegen Portugal ausbrach, so wenig Nachdruck, daß letzteres Reich ohne Mühe sich zu behaupten vermochte. Die ganze Macht Spaniens schien kaum genügend, um es an anderen Orten vor neuen Verlusten zu schützen. Während der Krieg in den Niederlanden im Allgemeinen reicher an Niederlagen als an Vortheilen verlief, schien der Verlust Cataloniens bereits unabwendbar zu sein. Ludwig XIII. von Frankreich war selbst an die Spitze des Heeres getreten, welches den Spaniern die Grafschaft Roussillon und die starke Festung Perpignan entriß. Zu gleicher Zeit wurde der französische König als Graf von Barcellona ausgerufen (1641), und die Truppen, welche er nach Catalonien sandte, erfochten zahlreiche kleine Erfolge über die Castilianer, eroberten endlich auch die Hauptfestung Lerida (1642). Jetzt endlich entsetzte Philipp IV. den Herzog von Olivarez, welchem die Schuld an Spaniens Unglück aufgebürdet und mit größerem Rechte ein maßloser Hochmuth und tyrannischer Sinn vorgeworfen wurde, seines Amtes, in welches Don Luis de Haro, ein wohldenkender, aber doch den Verhältnissen nicht gewachsener Mann, gerufen wurde

(1643). Der König Spaniens stellte sich selbst an die Spitze eines Heeres, welches nebst anderen festen Plätzen auch Lerida den Franzosen wieder entriß, und bereits zum zweiten Male in diesem Kriege Tarragona entsetzte. — Im J. 1645 übernahm Harcourt den Befehl über das französische Heer in Catalonien, mit welchem er über seine weniger gewandten Gegner mehrere Vortheile erkämpfte. Sein Nachfolger, Condé und endlich Marschall Schomberg (der ältere) waren gleichfalls tüchtige Feldherrn, und dem letzteren gelang es, im Jahre 1648 wieder bis an den Ebro vorzudringen und nach kurzer Belagerung Tortosa zu erobern.

Bevor wir den weiteren Krieg der Spanier und Franzosen in Catalonien und den Niederlanden betrachten können, scheint es nothwendig, auf die bisher in Italien vorgefallenen Ereignisse unsere Blicke zu wenden. Die Ruhe, welche daselbst im J. 1631 durch den Frieden von Chierasco hergestellt worden, war nur von kurzer Dauer. Der Krieg, welchen Frankreich seit 1635 an Spanien erklärte, mußte auch hier sich geltend machen. Auf Seite Spaniens stand Modena, dagegen Savoyen (Victor Amadeus), Valtellin, Mantua und Parma auf jener der Franzosen. Der Herzog von Rohan führte im J. 1635 ein ansehnliches französisches Heer nach Italien, und schlug zu wiederholten Malen einige österreichische Schaaren, welche den Spaniern zur Hilfe gekommen waren, sowie diese selbst. Aber im folgenden Jahre blieben die Angelegenheiten in der Schwebe, trotz des Sieges, welchen Marschall Crequi bei Tornavento über die Spanier erfocht. Von jetzt an gewannen Letztere aber wieder mehr die Oberhand; sie zwangen im J. 1637 den Herzog von Parma, seiner Verbindung mit Frankreich zu entsagen, und eroberten später auch Vercelli. Bald schloß sich auch Mantua an Spanien an und Savoyen ließ sich nach dem Tode des Herzogs Victor Amadeus, welcher einen heißen Streit um die Regentschaft zur Folge hatte, nur durch große Anstrengungen auf der Seite Frankreichs erhalten. — Während in Oberitalien der Krieg kraftlos und unentschieden fortdauerte, brach im mittleren Theile der Halbinsel eine Fehde zwischen dem Pabste Urban VIII. und dem Herzog Eduard I. von Parma aus (1641). Dieser erfocht im J. 1642 mit kaum 3000 M. insoferne einen Sieg über das päbstliche Heer, als letzteres, obgleich sechsmal den Gegnern überlegen, bei dem ersten Anblicke der parmesanischen Reiter eiligst davon lief, die geistlichen Generale mit inbegriffen. Allein auch die Truppen des Herzogs begnügten sich mit diesem unblutigen Erfolge und stoben bald darauf wegen Soldmangel auseinander. Nachdem im folgenden Jahre der Krieg hier durch die Theilnahme der benachbarten Mächte eine etwas ernstere Gestalt angenommen hatte, brachte im März 1644 ein Vergleich Alles wieder auf den früheren Fuß. Diese unbedeutenden Händel sind insoferne bemerkenswerth, als Frankreichs schlaue Politik von nun an auch in Mittel-italien sich freies Feld zu bereiten mußte. Wirklich mußte der im J. 1644 auf den päbstlichen Stuhl erhobene Innocenz X. gegen seinen Willen sich den Wünschen Frankreichs gefügig zeigen. Der Friede, der zwischen den Staaten Mittelitaliens wieder hergestellt war, erstreckte sich jedoch nicht auf die Spanier und Franzosen. Eine See-Expedition der Letzteren im J. 1646 gegen die spanischen Besitzungen an der Küste von Toscana (stato degli presidii genannt) lief mit großem Verluste ab; sie erneuerten den Versuch im größeren Maaßstabe noch in demselben Jahre, und nahmen ihnen dießmal wirklich mehrere Küstenorte weg.

Gefährlichere Verwicklungen als jene in Ober- und Mittel-Italien schienen gegen Ende des 30jährigen Krieges in den südlichen Theilen der Halbinsel sich bilden zu wollen. Neapel und Sicilien standen jedes, sowie Mailand, unter einem besonderen spanischen Vicekönig. Waren die Statthalter und Beamten, welche vom Madrider Hofe in diesen Provinzen eingesetzt wurden, schon an und für sich als Fremde, dann wegen ihres Stolzes, ihrer Habsucht und Härte verhaßt, so mußte die Erbitterung gegen Alles, was spanisch war, im Verlaufe dieses Krieges umsomehr steigen, weil diese Länder mit schweren Abgaben belastet wurden. Adel und Klerus waren aber auch hier im Besitze besonderer Rechte und nur im geringen Grade von den Steuern betroffen, obgleich diesen Ständen fast das ganze Grundeigenthum gehörte. Es sollten also auch hier die niederen Stände fast allein die Sorge für die Erhaltung des Staatswesens tragen, trotzdem daß gerade sie am wenigsten mit seinen Interessen verwachsen waren. In Mailand, bei einer regsamen und eben deßhalb wohlhabenden Bevölkerung, konnten die Statthalter die Saiten etwas straffer anziehen, ohne daß es deßhalb zum Aeußersten zu kommen brauchte; aber unter den Bewohnern von Neapel und Sicilien, bei welchen Trägheit, Feigheit und Maulmacherei sich um den Vorrang streiten, war die äußerste Grenze der Belastungsfähigkeit mit dem Momente erreicht, in welchem das Volk für den Staat Opfer auf Kosten seiner Bequemlichkeit hätte bringen müssen. Nun verlangte aber der Madrider Hof bei den durch den Krieg ihm auferlegten Bedürfnissen von den Vicekönigen immer größere Beisteuern, welche, weniger weil sie übermässig, als weil sie ungewohnt waren und in verfehlter Weise, meistens nur vom Proletariate, eingehoben wurden, den heftigsten Unwillen wach riefen. Zudem waren die Vicekönige, de los Veles in Sicilien und de los Arcos in Neapel, gerade die Männer dazu, um durch ihr hochmüthiges und gewissenloses Benehmen selbst ein anständigeres Volk zum Ungehorsam aufzureizen. — So brach denn am 20. Mai 1647 zuerst in Sicilien eine gewaltige Empörung aus. Militär war fast keines auf der Insel vorhanden; Morden und Rauben kam überall auf die Tagesordnung. Erst ein neuer Vicekönig, der Kardinal Trivulzio, mußte durch verſöhnliche Maßregeln die ohnedem planloſe Revolution in kurzer Zeit zu erſticken. (1648).

Schlimmer kam es in Neapel. Die daſelbſt eingehobene Verzehrungs= ſteuer ward Veranlaſſung zu einem wilden Tumulte (7. Juli 1647), in welchem das Volk alle Schranken der Geſetzlichkeit durchbrach. An der Spitze der tobenden Maſſen befand ſich ein Fiſcher Maſaniello (eigentlich Thomas Aniello), ein junger ungebildeter Mann, welcher mit ſeiner glühenden, volksthümlichen Beredtſamkeit eine ſo unbedingte Herrſchaft über die zahlloſen Lazzaroni gewann, daß ſie auf ſeinen bloßen Wink lärmten oder ſchwiegen, mordeten oder ruhig waren, ja für Momente ſogar faſt etwas wie Herzhaftigkeit zeigten. Der Vicekönig zog ſich in das Caſtel S. Elmo zurück, und überließ die Stadt, in welche nun auch 50.000 Landleute ſtrömten, ihrem Schickſale. Gleichzeitig begann er Unterhandlungen mit den Volksführern, wobei er es an Eidbrüchen und anderen Niederträchtigkeiten nicht fehlen ließ. Mehr als ſein eigener Verſtand nützte der ſpaniſchen Sache der Unverſtand Maſaniello's, welcher, kaum zum Gefühle ſeiner Allgewalt gelangt, ſich mit einem bettelhaften Hofſtaate umgab, und ſeinen Spießgeſellen halb ver= ächtlich, halb furchtbar wurde. Seine maßloſe Strenge, ſeine Eigenmächtigkeiten und häufig ſinnloſen Handlungen berechtigten zu der Annahme, daß er auf ſeiner ſchwindelnden Höhe wohl gänzlich übergeſchnappt ſei. Nun beging aber der Herzog de los Arcos, ſtatt die mit dem zunehmenden Wahnſinne ihres Führers nothwendig eintretende Ernüchterung der Menge abzuwarten, eine grenzenloſe Dummheit: durch ſeine Soldaten ließ er Maſaniello in einer Kirche erſchießen (16. Juli), und geſtaltete dadurch dieſen Thoren, der wenige Tage ſpäter von ſeinen eigenen An= hängern verhöhnt oder zerriſſen worden wäre, zu einem Märtyrer ihrer Sache. Es kam zu neuen Balgereien zwiſchen dem Pöbel und den ſpaniſchen Soldaten, welche letztere ihrer geringen Zahl wegen ſich auf die Kaſtelle beſchränken mußten. Neapel erklärte ſich jetzt zu einer Art von Republik, und trachtete mit Mazarin, dem der= maligen Leiter der franzöſiſchen Politik, in engere Verbindung zu treten; wirklich zögerte Frankreich nicht mit Ermunterungen, um hier in Neapel einen Erſatz für die eben damals zum Frieden ſich neigenden Niederländer zu gewinnen, und den Spaniern neue Verlegenheiten und Verluſte zu bereiten. — An der Spitze des Pöbels in Neapel ſtand jetzt Anneſe, ein Proletarier von wenig bedeutendem Cha= rakter; ihm an die Seite drängte ſich der franzöſiſche Herzog Heinrich von Guiſe, welcher als Abkömmling des Lothringiſchen Hauſes mit der bis ins 15. Jahrhun= dert in Neapel herrſchend geweſenen Dynaſtie der Anjou's blutsverwandt war, und deshalb jetzt auf den Thron dieſes Landes Anſpruch machen zu können meinte. Guiſe, von den Neapolitanern zum Anführer ihrer Kriegsmacht erhoben, war übrigens ein zwar ritterlicher, aber eitler, unüberlegter und leichtfertiger Mann, welcher ebensowenig den Neapolitanern zu nützen wußte, als diese ihm. Frankreich hatte nun allerdings eine Flotte und einige Truppen unter dem Herzog von Richelieu zur Unterstützung von Guise abgesandt, wobei Mazarin jedoch wohl nur die Absicht verfolgte, letzteren als Werkzeug zu benützen und dann bei Zeiten in den Winkel zu stellen.

Richelieu vermochte den Neapolitanern keine Hilfe zu leisten, indem die spanische Flotte, nominell unter dem Commando des 18jährigen Don Juan d'Austria (nicht zu verwechseln mit dem gleichnamigen großen Feldherrn unter Philipp II.), in einem ungemein blutigen Seetreffen zwar nicht einen eigentlichen Sieg erfocht, aber doch den Franzosen die Landung bei Neapel unmöglich machte. Im Jän. 1648 zog sich die französische Flotte sogar bis zur Insel Elba zurück; in Neapel aber kam es zu Thätlichkeiten zwischen Guise und Annese, in welchen der Erstere eine Art Sieg davontrug: an der Spitze weniger Reiter ritt er einer zahllosen Menge von Lazzaroni entgegen, ließ über ihre Köpfe hinweg feuern, und sah sie sogleich nach allen Seiten auseinander stäuben. Bald hierauf ließ sich Annese mit einem kleinen Anhange von den Spaniern gewinnen (März); durch eine List brachte man es dahin, daß Guise mit seiner kleinen Schaar von Tapferen für einige Tage aus Neapel sich entfernte, und während dieser Zeit öffnete Annese in der Nacht zum 1. Apr. 1648 den spanischen Truppen die Thore der Stadt. So klein auch die Zahl der eindringenden Königlichen war, sie genügte vollkommen, um die Menge der Neapolitaner in panischen Schrecken zu jagen und ihnen jeden Gedanken an ferneren Widerstand zu benehmen. Kurz darauf fiel auch Guise in die Hände der Truppen, und wurde nach Spanien gebracht, im J. 1652 aber frei gelassen. Die Ruhe in Neapel war nun wieder hergestellt; die Spanier verfuhren aber sogleich wieder mit der alten Willkür, und ihren Gehilfen Annese belohnten sie damit, daß sie ihn nach kurzer Zeit unter oberflächlichen Gründen hinrichteten.

Mit dem Abschlusse des westphälischen Friedens (1648) gestalteten sich die Verhältnisse Spaniens um ein Bedeutendes besser. Einer der feindlichen Hauptstaaten, Holland, hatte die Waffen niedergelegt; die italienischen Provinzen waren wieder beruhigt; nur mit Portugal und Frankreich dauerten die Feindseligkeiten fort. Während aber das erstere Reich schon zufrieden war, wenn nur seine eigene Unabhängigkeit nicht gefährdet wurde, sah Frankreich aus Ursache eines in seinem Innern ausgebrochenen Bürgerkrieges, welchen die sogenannte Fronde verursachte (1649—1653) sich außer Stande, in die äußeren Angelegenheiten den früheren Nachdruck zu legen. Don Juan d'Austria als Admiral. EH. Leopold Wilhelm als General in den Niederlanden, verfochten Spaniens Sache in tüchtiger Weise. Ersterer eroberte die Plätze an der Küste von Toscana, sowie auch Casale in Piemont zurück, bald darauf auch ganz Catalonien. Die Bewohner dieses Landes hatten bald Ursache gehabt, mit ihrer neuen französischen Regierung nichts weniger als zufrieden zu sein; sie leisteten daher jetzt wieder theilweise den Casti= lianern Hilfe, welche vom J. 1650 an immer größere Fortschritte machten. Im Herbste 1651 umschloß Mortora auf der Landseite, Don Juan zur See die Hauptstadt **Barcellona,** welche die Franzosen unter de la Motte tapfer ver= theidigten. Ungeachtet der zahlreichen Ausfälle setzten sich die Spanier allmälig in den Besitz mehrerer vorgeschobener Werke, und entzogen durch Zerstörung einer Wasserleitung der Bevölkerung einen großen Theil ihres Trinkwassers. Zum Entsatze der Festung erschien im Sommer 1652 eine französische Flotte unter de la Ferrière, welche aber von Don Juan mit der gleich starken spanischen Marine kräftig zurückgewiesen wurde. Ebenso unglücklich für Frankreich verlief ein schwa= cher zu Lande gemachter Entsatzversuch (4. Sept.). Am 12. Oct. mußte die Garnison nach hartnäckiger Gegenwehr von 13 Monaten den Platz übergeben. Nun mach= ten sich die Spanier auch noch zu Herren der sonstigen Plätze, und ganz Catalo= nien wurde, nachdem es fast durch 13 Jahre französisch gewesen, wieder dem recht= mäßigen Könige unterwürfig. Die weiteren Kriegsvorfälle längs den Pyreuäen und in Italien hatten keine große Bedeutung.

Wechselreicher entwickelten sich die Ereignisse in den spanischen Nieder= landen. Im März 1652 umschloßen die Spanier mit fünf abgesonderten Quar= tieren die Festung **Gravelines,** und bemächtigten sich sogleich des Fort St. Philipp, wodurch die Zufuhr zu Wasser abgesperrt wurde. Am 20. März begann man die Laufgräben und zugleich die Beschießung des Platzes aus bloß 16 Stücken. Ob= gleich die Artillerie der Festung den Angreifern vielen Schaden zufügte, gelangten letztere endlich dahin, mit wiederholten Stürmen der Vorstadt Grönstadt und der zugehörigen Werke sich zu bemächtigen (11. Mai). Ohne Hoffnung auf einen Ent= satz capitulirte wenige Tage später (17. Mai) die bloß noch 1400 M. zählende Garnison. — Im Sommer desselben Jahres begann der EH. Leopold Wilhelm die Belagerung von **Dünkirchen** (31. Aug.). An der Seite von spanischen Schiffen fand sich dießmal auch ein englisches Geschwader unter Admiral Blake (spr. Blehk) ein, um den Hafen zu sperren. Von dieser vereinigten Flotte wurden 30 franzö= sische Schiffe unter dem Herzog von Vendôme, als sie die Stadt zu entsetzen trach= teten (2. Sept.), fast bis zur Vernichtung geschlagen. Da der wichtige Platz von Lebensmitteln fast ganz entblößt war, so ging er schon am 16. September in die panier über.

Vom J. 1653 an waren die Franzosen wieder etwas glücklicher. In den spanischen Niederlanden herrschte, besonders in der Heeresleitung, fortan großer Zwiespalt, indem der an die Stelle des Erzherzogs getretene Don Juan durch die Ränke seines als Kriegsmann weit mehr wie als Mensch ausgezeichneten Mitfeldherrn Condé in seinen meisten Entwürfen durchkreuzt wurde; der letztgenannte Prinz hatte nämlich, nachdem er mit der Fronde in Frankreich kein Glück gehabt hatte, auf spanischer Seite die Waffen gegen sein Vaterland ergriffen. Mit diesen beiden Heerführern vereint stand dort ferner noch der Herzog Karl IV. von Lothringen, ein ritterlicher, aber allzu sehr nach Abenteuern lüsterner Herr, welchen die Spanier seiner unverläßlichen Haltung wegen selbst in Gewahrsam setzten. Dafür gingen seine Truppen bald darnach zu den Franzosen über (1655.)

Indem bei den Spaniern jetzt Mangel an Einheit in der obersten Heeresleitung sich geltend machte, die Franzosen dagegen mehrmals durch die Anwesenheit ihres jungen Königs, Ludwig's XIV., höher angeregt wurden, gewannen sie auf diesem Platze allmälig wieder die Oberhand. Im J. 1654 belagerte Turenne Stenay, während ihrerseits die Spanier vor dem wichtigeren **Arras** lagen. Beide Plätze standen beiläufig zu gleicher Zeit (Aug.) auf dem Punkte, zu erliegen. Aber Turenne sandte noch zur rechten Zeit einige Verstärkungen ab, welche sich glücklich nach Arras hineinwarfen. Zugleich marschirte der Marschall mit allen vor Stenay nicht unbedingt nöthigen Truppen gegen Arras hin, war aber doch nicht stark genug, um die Belagerer in ihren starken Verschanzungen anzugreifen; wohl aber verstand er es, durch die Besetzung einzelner Posten die Zufuhren in das spanische Lager ungemein zu erschweren. Bevor nun Arras auf das Aeußerste gebracht war, ergab sich Stenay; diesen Glücksfall benützte Turenne augenblicklich, um durch rasche Herbeiziehung der bisher vor Stenay gestandenen Truppen zu einer Entsatzschlacht die nöthige Stärke zu gewinnen. Um zwei Uhr Morgens am 25. Aug. begannen die Franzosen ihren Sturmangriff auf die Circumvallation der Spanier. Es entspann sich nun eine sehr blutige und noch mehr verworrene Schlacht, in welcher trotz der Anstrengungen Condé's nach mehrfachen Wechseln die Franzosen Sieger blieben, eine große Beute gewannen und zugleich Arras befreiten. Erwähnen wollen wir hier einer Kriegslist, welche Turenne in dieser Schlacht mit Erfolg anwendete: er ließ nämlich, weil der ganze Angriff bei Nachtzeit stattfand, gegen jene Werke, welche er nicht anzugreifen gedachte, einzelne Soldaten vorgehen; an straff gespannten Seilen trugen sie brennende Lunten, wodurch die Spanier zu dem Glauben verleitet wurden, daß ganze Linien von Musketieren daselbst im Anmarsche seien. — Im zweiten Feldzuge später zahlten die Spanier dem Marschall Turenne mit gleicher Münze. Er hatte zu Anfang Juni 1656 die Belagerung der schwach besetzten Festung **Valenciennes** begonnen; da das niedere Ufergelände der Schelde überschwemmt war, so gab es vom Anfang an große Schwierigkeiten zu überwinden; überdieß mußten die Franzosen, um den Platz ganz einzuschließen, zwei getrennte Aufstellungen nehmen: Turenne am rechten, La Ferté auf dem linken Ufer des Stromes; zwischen ihnen beiden stellte nur eine einzige Brücke unterhalb der Stadt eine nothdürftige Verbindung, und auch diese mit Umwegen, her. Demungeachtet machten die Belagerer ziemliche Fortschritte, und sicherten sich zugleich durch eine starke Circumvallation. Am 16. Juli erschien ein den Angreifern an Stärke gleiches Heer (20.000 M.) von Spaniern unter Don Juan d'Austria auf dem rechten Ufer der Schelde, und fing an, ganz nahe bei Turenne sich zu verschanzen; gleichzeitig schlug es sechs Brücken über die Schelde, so daß es ungewiß blieb, welchen der beiden Abschnitte des französischen Lagers es angreifen wolle. Trotzdem versäumte Marschall La Ferté jede Vorsichtsmaßregel und war daher vollkommen überrascht, als die in der Nacht zum 17. Juli auf das linke Ufer übergegangenen Spanier seine Linien mit größter Heftigkeit anfielen. Binnen einer halben Stunde war das Gefecht derart entschieden, daß die Truppen des La Ferté nach einem Verluste von 4000 M. und 400 Officieren an Gefangenen ganz aus einander gesprengt wurden. Mit dem Reste des Heeres zog sich Turenne bloß auf zwei Meilen vom Schlachtfelde zurück, und bewahrte eine so feste Haltung, daß die Sieger ihn nicht anzugreifen wagten.

Schon im nächsten Jahre gestaltete sich die Sachlage für Spanien wieder ungünstig, indem der damalige Dictator von England, Cromwell, der frühere Alliirte Philipp's IV., es für gut befunden hatte, jetzt mit Frankreich in Verbindung zu treten. Jedoch mußte dieser schlaue Politiker es so einzuleiten, daß die Vortheile dieses Bundes nur seinem Staate zufallen konnten; letzterem sollte nämlich das zunächst erobernde Dünkirchen als Eigenthum verbleiben. Während englische Geschwader (schon seit 1656) verschiedene spanische Küsten und Colonien beunruhigten, plünderten, auch wohl wegnahmen, mußte Turenne im J. 1657 nach der Wegnahme von Dünkirchen trachten. Allein seine wohlüberlegten Operationen wurden durch die ebenso trefflichen Gegenzüge Condé's zum Scheitern gebracht, und der ganze Feldzug verlief ohne Resultat.

Eine entscheidende Wendung brachte erst das letzte Kriegsjahr, 1658. Turenne, verstärkt durch 6000 Engländer, eröffnete zu Anfang Juni die Laufgräben vor Dünkirchen; Ludwig XIV. selbst wohnte dieser Belagerung bei, welche von den Spaniern Anfangs als ganz ungefährlich betrachtet wurde. Bald aber hielt es Don Juan für nothwendig, den Entsatz der Festung zu bewerkstelligen. Er nahm fich hiebei, vielleicht durch falsche Nachrichten über die Gefahr des Platzes getäuscht, nicht einmal die Zeit, um verschiedene Verstärkungen abzuwarten; mit einem Heere, das beträchtlich schwächer war, als das wohlverschanzte der Franzosen, gingen die Spanier auf dem schmalen Raume vor, welcher rechts vom Meere, links vom Kanal von Furnes begrenzt, und mit wellenförmigen, verschlungenen Dünenreihen bedeckt ist (13. Juni). Am 14. Juni rückte Turenne aus seinen Verschanzungen hervor, und es entspann sich sonach die **Schlacht auf den Dünen.** Gegen die Spanier vereinigten sich mehrere Umstände, so ihre geringe Zahl, ihr gänzlicher Mangel an Geschütz, welches in dem grundlos tiefen Sande den Truppen nicht hatte folgen können, endlich die Entblößung des rechten Flügels, welcher sich nicht bis unmittelbar an den Strand ausdehnen durfte, weil er sonst von den dort befindlichen Schiffen der Engländer beschossen worden wäre. Statt seine Reiterei zur Sicherung der Flanken zu verwenden, mußte Don Juan des beschränkten Raumes wegen sie zum Theil in acht Linien hinter einander aufstellen, wo sie dann nur sehr wenig leisten konnte. Aus diesen Ursachen fiel es den Franzosen und Britten nicht allzu schwer, gleich Anfangs eine des grundlosen Sandes wegen fast ungangbare, hohe Düne zu nehmen, welche den rechten Flügel der Spanier beherrschte; zugleich wurde vom Strande her deren rechte Flanke umgangen. Der eine Flügel Don Juan's wurde daher nach kurzem Gefechte vollständig geworfen, während der andere unter Condé noch einige Zeit sich tapfer hielt. Um Mittag aber war auch Condé im vollen Weichen, die Spanier, welche über 7000 M. verloren hatten, fanden erst Schutz in den Mauern von Furnes. In Folge ihrer Niederlage ergab sich Dünkirchen am 23. Juni. Nunmehr nahmen die Franzosen, denen ihre Gegner im freien Felde sich nicht mehr stellen konnten, noch mehrere andere feste Plätze, darunter Furnes, Gravelines, Oudenarde und Ypern.

Schon seit einiger Zeit waren Friedensverhandlungen eingeleitet worden; nach manchen Schwierigkeiten kam im Mai 1659 ein Waffenstillstand zum Abschuß. Nach 25 Conferenzen zwischen Mazarin und de Haro wurde auf der Pfaueninsel des Flüßchens Bidassoa in einem Pavillon, durch welchen mitten die Grenze hindurchging, am 7. Novb. 1659 der **Pyrenäische Friede** unterzeichnet. Derselbe bestimmte, daß die Tochter Philipp's IV., Maria Theresa, bei ihrer Vermählung mit Ludwig XIV. auf alle ihre eventuellen Erbansprüche in Spanien zu verzichten habe, ferner daß der Herzog von Condé in Frankreich, sowie Karl IV. von Lothringen (dieser bisher von Spanien gefangen gehalten), in ihre Besitzungen wieder einzusetzen seien; doch hatte der letztgenannte Fürst einige Städte, darunter Pfalzburg und Saarburg, nebst einer 30 Stunden langen Etappenstraße nach dem Elsaß hin an Frankreich zu überlassen. Sehr groß waren die Gebietsabtretungen, welche von Spanien zu Gunſten Frankreichs gemacht wurden. Es waren dieß faſt das ganze Artois, dann in den benachbarten Landſchaften viele wichtige Städte, worunter Gravelines, Landrecy, Le Quesnoy, Thionville, Montmédy, Avesnes, Charlemont und Philippeville, endlich im Süden ganz Rouſſillon mit der Feſtung Perpignan und der Graffſchaft Conflans. An England überließ Spanien Dünkirchen und die Inſel Jamaika.

30. Frankreich vom Tode Heinrich's IV. bis zum Miniſterium Richelieu, 1610 — 1624. Furchtbar waren die Schäden geweſen, welche Frankreich in der zweiten Hälfte des 16. Jahrhunderts durch die achtmal erneuerten Bürgerkriege zwiſchen den Hugenotten (Anhängern Calvins) und den Katholiken erlitten hatte. Als nach dem Ausſterben des Hauſes Valois die Dynaſtie der Bourbons, welche bisher nur in Navarra und Bearn geherrſcht hatte, den franzöſiſchen Thron beſtieg (1589), ſchien der Religionskrieg insbeſondere in Folge der von Spanien aus den Katholiken geſpendeten Unterſtützung noch größere und unabſehbare Dimenſionen annehmen zu wollen, bis dann die verſöhnende Handlungsweiſe Heinrichs IV., vorzüglich ſein Uebertritt zur römiſchen Kirche (1593) und der Erlaß des Edictes von Nantes (1598) den lang entbehrten Frieden herſtellten. (3. Bd. S. 161—175, 202—211.)

Frankreich, welches zur ſelben Zeit vom fremden Drucke befreit und wieder Großmacht wurde, als das deutſche Reich in ſeiner inneren Machtfülle allmälig abzuwelken anfing (15. Jahrhundert) genoß, Dank dem weiſen und toleranten Geiſte Heinrich's IV. den Vortheil, zu Anfang des 16. Jahrhunderts die religiöſen Stürme bis auf einzelne Wirbel ſo ziemlich geſtillt zu ſehen, während eben zu dieſer Zeit in Deutſchland eine unheimliche Spannung der wild aufgeregten Gemüther dem Ausbruche des furchtbaren Krieges der dreißig Jahre voranging. Nun war es ſeit dem Wiedererblühen des franzöſiſchen Staates, vorzüglich aber ſeit Franz I. (1515—1547), der leitende Gedanke der franzöſiſchen Könige geweſen, die im deutſchen Reiche beſtändig lebende Oppoſition gegen die Kaiſer beſtens auszunützen, um auf dieſe Weiſe zuerſt die Macht der deutſchen, ſpäter wohl auch jene der ſpaniſchen Habsburger zu brechen, und in ſolcher Weiſe die Hegemonie in Europa an Frankreich zu übertragen. Dieſem Grundſatze getreu hatten alle die letzten Könige des Hauſes Valois, wie wüthende Feinde des Proteſtantismus im eigenen Hauſe ſie auch waren, denſelben drüben in Deutſchland fortwährend unterſtützt und zu erneuerten Auflehnungen gegen die kaiſerliche Autorität ermuntert. Auch Heinrich IV., obgleich in anderen Dingen ſehr von der Politik ſeiner Vorgänger abweichend, hatte gerade dieſen Zielpunkt mit allem Feuer ſeines Geiſtes in das Auge gefaßt. Zur ſelben Zeit, als in Deutſchland die Union der Refor-

mirten sich gebildet hatte, als unter der schwachen Regierung von Rudolph I. jeder
Tag neuen Zunder an die Leidenschaft der Massen legte (3. Bd. S. 248—264), faßte
der König von Frankreich den Plan, im Vereine mit Venedig, Savoyen, den Nieder=
ländern und den deutschen Protestanten die Macht der beiden Habsburgischen Häuser
mit einem Male zu Gunsten der Bourbons niederzuwerfen. Während Heinrich IV.
mit den Vorbereitungen zu diesem riesigen Unternehmen beschäftigt war, traf ihn
der Tod durch die Hand des fanatischen Schwärmers Ravaillac (14. Mai 1610).
Heinrich IV., die wahre Verkörperung des französischen Nationalcharakters in allen
Fehlern und Tugenden, war ein wahrer Vater seiner Unterthanen, ein zweiter Be=
gründer des Staates geworden. Ackerbau, Gewerbe und Handel erblühten aus
dem Verderben, in welches sie durch die langen Religionskriege gestürzt waren; das
Volk wurde wohlhabend, gebildet, es lernte sich fühlen und einträchtig beisammen
stehen; der Staatsschatz war geordnet und gefüllt, wie unter wenigen gleichzeitigen
oder auch späteren Regierungen; die Kriegsmacht, welche bei der Erschöpfung nach
langen Kriegen und durch die Herbeiziehung zahlloser Ausländer sehr in Verfall
gerathen war, wurde auf das Beste geregelt. Kurz Frankreich hatte bei dem Hin=
scheiden Heinrichs IV. bereits ernstlich die Miene, als ob es alle anderen Reiche
Europas an äußerer und innerer Entwicklung überflügeln wollte.

Maria von Medici, welche nach dem Tode ihres Gemahls sich der Regent=
schaft für ihren erst neunjährigen Sohn Ludwig XIII. bemächtigte, war an einem
jener italienischen Höfe großgewachsen, an denen Ränke um kleine persönliche In=
teressen, äußerliche Frömmelei und leichtfertige Vergnügungen, hohler Prunk und
Verschwendung, Unterdrückung der Schwachen und Angst vor den Starken zu Hause
waren. Wirklich war ihre Regierung von Anfang an der Gegensatz der vorherge=
gangenen. Geleitet von ihrer aus Florenz mitgebrachten Kammerfrau und dem
Gatten derselben, Concini, welcher unter dem Namen Marquis d'Ancre zum fran=
zösischen Marschall emporgeschraubt wurde, wußte sich die Königin gegenüber den
von Heinrich IV. mühsam im Zaum gehaltenen Großen des Reiches keinen anderen
Rath zu schaffen, als daß sie deren Verbindungen immer durch Bestechung einzelner
Mitglieder zu lösen suchte, dadurch aber eben nur zu neuen Meutereien und noch
größerer Unverschämtheit einlud. Auf diese Weise vergeudete sie in kurzer Zeit ohne
namhafte äußere Verwicklungen die von Sully angehäuften Ersparnisse, und er=
weckte, als selbe erschöpft waren, gefährliche Auflehnungen der Großen, welche zwar
immer mit dem Flitterwerk irgend eines patriotischen Titels aufgeputzt waren, in
Wirklichkeit aber nur die Zwecke gemeiner Habsucht verfolgten. Es würde uns zu
weit führen, wollten wir in dieses wirre Netz von Ränken und Corruption näher
eingehen; nur das Wichtigste davon sei hier angeführt.

Nachdem im J. 1614 ein Friede mit den bewaffneten Großen durch bedeu=
tende Zugeständnisse erkauft worden, glaubte die Königin Mutter ihre Autorität
nicht besser sicher stellen zu können, als indem sie ihren erst 13jährigen Sohn für
großjährig erklären ließ; an der Sache selbst wurde dadurch nichts geändert. Dem
von den Aufständischen früher ausgesprochenen Verlangen gemäß, welches ihnen
jedoch keineswegs aus dem Herzen gegangen war, berief Maria Medici für den
Octb. 1614 die General stände, bestehend damals aus 132 Edelleuten, 140
Geistlichen und endlich aus den Vertretern des dritten Standes, welches jedoch nur
höhere Beamte waren. Diese Versammlung, welcher die Großen nicht ohne Be=
sorgniß entgegen geblickt hatten, blieb ohne wichtige Resultate; bemerkenswerth ist
sie besonders deshalb, weil durch weitere 175 Jahre, nämlich bis 1789, die Ge=
neralstände nicht wieder einberufen wurden. — Indem aber die Regierung der
Maria Medici den Ständen von 1614 Einiges von den königlichen Rechten auf=
geopfert hatte, gerieth sie in einen Streit mit den Parlamenten, welcher von da
an sich oftmals erneuerte. Man verstand unter Parlament in Frankreich nichts
anderes, als einen obersten Gerichtshof; es gab deren im ganzen Staate bei sechs=
zehn, worunter das Parlament von Paris eine sehr hervorragende Bedeutung hatte.
Aus der alten Einführung, daß jedes Gesetz, um in dem Sprengel eines Parla=
ments rechtskräftig zu werden, früher bei demselben eingetragen sein müsse, maßten
sich diese Gerichtshöfe allmälig die Befugniß an, jene Einregistrirung verweigern
und dadurch die bezüglichen Gesetze rechtsunkräftig machen zu dürfen. Sie gelangten
somit zu einer namhaften politischen Bedeutung, die ursprünglich durchaus nicht in
dem Wesen ihrer Institution enthalten war. Weil seit Franz I. die Stellen der
Parlamentsräthe sowie der meisten anderen hohen Magistrate käuflich und bezie=
hungsweise vererblich geworden waren, auch immer ein namhaftes Kapital reprä=
sentirten, so bildete sich in diesen Behörden ein gewisser Corps=Geist aus, der sie
im Interesse ihrer Bedeutung zur Opposition gegen die jeweilige Regierung ge=
wissermaßen verpflichtete. Den unbefugten Widerstand der Parlamente zu brechen,
hatten die Könige von Frankreich ein sehr einfaches Mittel, das sogenannte Lit de
justice, welches später besonders bei Ludwig XIV. sehr beliebt war: es brauchte
nämlich der König nur mit feierlichem Gefolge persönlich in der Rathssitzung zu
erscheinen, und den Befehl zur Einregistrirung irgend eines Gesetzes zu ertheilen,
was dann pünktlich auch geschah. Diese Parlamente mit ihren Befugnissen und Tenden=
zen müssen ganz besonders beachtet werden, weil sie in den folgenden Zeiten und vor=
züglich noch zu Anfang der großen Revolution eine sehr wichtige Rolle gespielt haben.

Im J. 1615 entstand bereits ein längerer Zwist zwischen dem Hofe und
dem Parlament, dann aber, nachdem dieser beigelegt worden, wieder eine bewaffnete

3 *

Fehde zwischen dem Hofe und einer neuen Adels-Conföderation, an deren Spitze der Prinz von Condé (Vater des nachmaligen „großen" Condé) sich befand. Die Regierung schaffte sich dadurch Frieden, (1616), daß sie den angeblichen Verfechtern der Volksrechte außer hohen Titeln und Würden noch für mehr als sechs Millionen Livres zum Nachtheile des Staatsschatzes als Abfindung verabfolgte. Aber noch weit größere Summen wurden unter dieser kraftlosen Regentschaft an Gnadengaben und für Sinecuren, alles nur zum Vortheile der hochadeligen Familien, verausgabt. Trotzdem aber blieb eine eigentliche Ruhe und gesetzliche Ordnung aus vielen Landschaften noch immer verbannt. — Bei dem allmälig heranreifenden König war ein junger Mann von geringem Adel, Luynes, in hohe Gunst gekommen, und Marschall D'Ancre, der eigentliche Regent von Frankreich, bemühte sich selbst, ihn in die Höhe zu bringen. Luynes war nämlich an Geist, Charakter und Muth ganz unbedeutend, er jedoch wie Ludwig XIII. selbst hätten nicht an dem Hofe der Maria Medici aufwachsen müssen, um nicht Lust an Ränken und den Ehrgeiz der Eitelkeit zu fassen. Konnten Andere ohne hohe Begabung regieren, warum sollten sie es nicht auch ebenso gut oder vielmehr schlecht treffen? Ludwig XIII. und Luynes stellten sich ganz unterwürfig gegen die Wünsche der Königin; sie boten sogar selbst ihre Hand dazu, um den wieder einmal verdächtig gewordenen Prinzen von Condé an den Hof zu locken und dann verhaften zu lassen. Unterdessen hatte aber Luynes den König darauf aufmerksam gemacht, daß nicht dieser selbst, sondern der im ganzen Lande verhaßte D'Ancre der wahre Herrscher von Frankreich sei. Erfüllt von Zorn und Neid gegen diesen verächtlichen Günstling seiner Mutter versprach der junge König seinem Gardehauptmann Vitry den Marschallsstab, wenn er D'Ancre ermorden würde. Im Vereine mit Strolchen der niedersten Art führte Vitry am 24. Apr. 1617 die Schandthat wirklich aus; die Königin Mutter wurde unter Aufsicht, die Witwe D'Ancre in Haft gesetzt; Vitry wurde für seine Heldenthaten Marschall von Frankreich, Luynes aber die eigentliche Seele der Regierung. Er bewies sich ebenso kraftlos und noch hochmüthiger als sein Vorgänger; der König selbst war und blieb eine Nulle; Jagd, Spiele und Ergötzungen kleinlicher Art nahmen alle Zeit, die ihm von seinen Andachtsübungen belassen blieb, vollends in Anspruch.

Noch vor der Ermordung des Marschalls D'Ancre, welcher bald auch die Hinrichtung seiner Witwe folgte, hatte ein französischer Bischof als Staatsmann eine bedeutende Rolle zu spielen begonnen. Es war dieß Armand du Plessis, Seigneur de Richelieu, welcher als Sprößling einer hochadeligen Familie schon mit 22 Jahren Bischof von Luçon (1607) und später Staatssecretär des Aeußern (1616) geworden war. Die Verbannung der Königin Mutter vom Hofe zog auch jene Richelieu's nach sich, der zu Avignon, also auf päbstlichem Gebiete, internirt verbleiben sollte. Als aber Maria Medici nach kurzer Zeit unter Theilnahme vieler Großen die Waffen gegen den König oder eigentlich gegen Luynes erhob, be= nützte Letzterer den verbannten Bischof, um einen Frieden zu vermitteln (Apr. 1619). Dieser war aber nur von ganz kurzer Dauer; wieder war es Richelieu, der eine Aussöhnung zwischen der Königin Mutter und ihrem Sohne zu Stande brachte. Bei diesen Anlässen zeigte er jedoch sich ziemlich zweideutig, indem es ihm weniger darum zu thun war, eine Partei kräftig zu vertreten, als vielmehr sich selbst un= entbehrlich zu machen.

Den Fehden der Hofparteien folgten sogleich neue Religionskriege, hervorgerufen durch Schmälerung der im Edicte von Nantes den Hugenotten ein= geräumten Rechte. Der Aufstand, den letztere unter Rohan und seinem Bruder Soubise im südlichen Frankreich erhoben (1620), ward um so gefährlicher, weil die Protestanten eine geschlossene, bewaffnete Menge bildeten, und sich auf zahl= reiche feste Plätze stützten. Ueberhaupt war zu diesen Zeiten die Geltung der königl= lichen Befehle ungemein beschränkt; die großen Herren, welche sich durch ihre frü= heren Auflehnungen die Statthalterschaft in vielen Provinzen und Festungen heraus gefochten hatten, verschafften ihren Befehlen daselbst mehr Geltung, als die Re= gierung des Königs den ihrigen. Die Großen verfügten über Truppen, welche mittelst der dem Hofe abgepreßten Summen leicht zu einer furchtbaren Stärke er= hoben wurden; umgekehrt war aber die Kriegsmacht, die unmittelbar unter den Be= fehlen der Regierung stand, keineswegs sehr beträchtlich und eben damals in Folge der Vernachlässigung seit dem Tode Heinrich's IV. nicht mehr viel werth. — Im J. 1621 stand Luynes, nunmehr sogar zum Connetable (Generalissimus) erhoben, im Süden mit einem Heere, welches den Streitkräften der Hugenotten überlegen war. Aber arm an persönlichem Muthe, noch ärmer an Feldherrn=Begabung erfocht Luynes nur mäßige Vortheile. Uebrigens starb er bereits am 14. Dec. Der tüch= tige Marschall Lesdiguières, welcher zum Danke für seinen Uebertritt zur römischen Kirche Connetable wurde, war im J. 1622 im Felde glücklich; übrigens würde sich der Krieg wohl sehr in die Länge gezogen haben, wenn nicht die französischen Vor= fechter des Protestantismus, gerade so wie die deutschen, bei ihren Auflehnungen weit mehr den persönlichen Vortheil als die Religion im Auge gehabt hätten; sich für die letztere zu opfern, das überließ man dem gemeinen Volke zur Strafe da= für, daß es thöricht genug war, sich mit heiligen Lockungen ködern zu lassen. Dem von Lesdiguières gegebenen Beispiele folgten rasch die bisher reformirten Herzoge von Bouillon und Chatillon, und auch Rohan unterließ nicht, in dem Frieden, welchen er zu Montpellier mit dem Könige abschloß (18. Oct. 1622), sich selbst die

Summe von 200.000 Thalern zusichern zu lassen; übrigens wurden auch der Masse der Protestanten in diesem Frieden ihre früheren Rechte und der Besitz der Festungen La Rochelle und Montauban zugestanden. Die Bemühungen der Maria Medici verschafften um diese Zeit dem Bischof Richelieu den Kardinalshut und zugleich einen Sitz im französischen Kabinete (29. April 1624). Von diesem Zeitpunkte datirt ein entscheidender Wendepunkt in dem Gange der ganzen europäischen Politik.

31. Frankreich unter Richelieu, 1624—1642. Zwei große Entwürfe bezeichnen Richelieu's Politik: zuerst die Aufrichtung eines allgewaltigen Thrones über den Trümmern der alten Adelsgröße und der Sonderinteressen; für's zweite die rastlose Untergrabung der bisher mächtigsten Fürstenhäuser, um nach ihrer Hinwegräumung eine Hegemonie Frankreichs über ganz Europa herzustellen. In der letzteren, besonders gegen die Habsburger so ungemein feindseligen Tendenz war Richelieu als Nachfolger Heinrich's IV., in der ersterwähnten als Epigone Ludwig's XI. zu betrachten. Er übertraf jedoch seine beiden Vorbilder an Scharfblick, Zähigkeit und in der Kunst, seinen Gebilden eine lange Dauer zu sichern. Ihm hatte das Königthum in Frankreich jenen starren Absolutismus zu danken, welcher den Staat zu einer nie geahnten Kraft und Bedeutung erhob, freilich aber auch unter späteren Regenten, welche nicht das Wohlbefinden des Ganzen, sondern nur ihr eigenes im Auge hatten, den Untergang des Reiches selbst vorbereitete. Bedenkt man, daß Richelieu nicht selbst König, daß seine Stellung häufig sehr erschüttert war, daß er fortwährend mächtige Parteien im Innern niederzuhalten hatte, und deshalb nur Bruchtheile der Staatsmacht für die auswärtigen Verhältnisse erübrigte, daß er überhaupt fast gar nicht mit roher Kraft, nur durch die Ueberlegenheit seiner Combinationen zu operiren vermochte, so wird man umso mehr erstaunen müssen, daß dieser Politiker, wohl der feinste aller Zeiten, so trefflich seine Zwecke zu erreichen vermochte. Allerdings aber darf man nicht vergessen, daß Richelieu der verkörperte Macchiavellismus war, daß er außer jenen zwei Principien, die wir genannt haben, keine anderen kannte, und daß er buchstäblich sich an den Satz hielt, der Zweck heilige die Mittel. Moral im staatsrechtlichen Sinne war bei ihm keine zu suchen, desto mehr Berechnung der menschlichen Schwächen und scharfsinnige Erfassung derselben im geeignetsten Momente.

Richelieu war vermöge der geistigen Ueberlegenheit kaum der Leiter seiner Amtsgenossen im Staatsrathe und dadurch des ganzen Reiches geworden, als die Kraft seiner Politik sich bereits weithin fühlbar machte. Ihre erste Aeußerung war gegen Spanien gerichtet, welches nunmehr sich gezwungen sah, seine Pläne im

Baltelin fahren zu lassen (§. 27). Die gleichzeitigen Absichten des französischen und savoyschen Hofes auf Genua (§. 27) blieben ohne Resultat, weil Richelieu vorerst mit den Hugenotten Frankreichs fertig zu werden trachtete. In Folge der ihnen in früheren Verträgen gegebenen Begünstigungen bildeten dieselben einen eigentlichen Staat im Staate. Aus Anlässen unbedeutender Natur griffen dieselben im Süden Frankreichs zu den Waffen (1624); Rohan und Soubise waren wieder ihre Anführer, letzterer wußte sogar eine kleine Flotte zu schaffen. Aber da England und Holland, obgleich protestantische Staaten, die Königlichen unterstützten, so mußten die Hugenotten schließlich froh sein, als sie Richelieu in einem neuen Frieden bei dem Genusse ihrer früheren Rechte beließ (Nov. 1625).

Eine Hauptsorge Richelieu's war es, bei dem Könige, den er bereits ganz beherrschte, niemand Anderen zu Einfluß gelangen zu lassen. Die Königin Mutter, die frühere Gönnerin des Ministers, bekam seine Eifersucht in solchen Dingen schwer zu fühlen, noch mehr aber der Bruder des Königs, Gaston. Es war dieß ein zuchtloser, ränkevoller junger Mann, ohne allen Geist und Charakter, ein eitler Geck, welcher, weil Ludwig XIII. noch keine Kinder hatte, sich als Thronerben betrachtete, aber die Zeit nicht erwarten konnte, in welcher ihm von selbst die höchste Autorität im Lande zugefallen sein würde. Die große Bedeutung Richelieu's war diesem Prinzen ein Dorn im Auge; deßhalb stiftete er eine Conspiration, welche jedoch dem Minister nicht lange verborgen blieb. Dem Könige wurde die Sache viel ärger vorgestellt als sie war, und leicht erhielt Richelieu die Ermächtigung, gegen den Prinzen und seine Anhänger mit aller Strenge vorzugehen. Nun hatte der Cardinal nichts Eiligeres zu thun, als einerseits den Prinzen verächtlich zu machen und um seinen Credit zu bringen, anderentheils an den Anhängern desselben, worunter Personen mit königlichem Blute, ein Marschall und andere hohe Herren waren, ein Beispiel zu statuiren, woraus Frankreich ersehen könne, daß auch die Personen des Hofes selbst bei Verschwörungen gegen die königliche Autorität in Hinkunft nicht mehr straflos wie bisher ausgehen würden. Gaston zeigte sich unmännlich über alle Erwartung; in Furcht gejagt auf der einen Seite durch das strenge Auftreten seiner Richter, anderentheils in seiner Eigenliebe geschmeichelt durch die ihm angebotenen drei Herzogthümer und reiche Einkünfte, verrieth er seine Anhänger ohne Bedenken, und belastete sie sogar mit noch größerer Schuld, als sie wirklich hatten. Der Marschall d'Ornano und der Großprior Vendôme (illegitimer Bruder des Königs) starben im Kerker, der Graf von Chalais, obgleich bei Ludwig XIII. in besonderer Gunst stehend, auf dem Schaffote (24. Aug. 1626). Diese und einige ähnliche Strafurtheile mochten jeden Großen zum Nachdenken auffordern, ob es wohl noch an der Zeit sei, selbst König spielen zu wollen.

Richelieu ging nun daran, den Staatshaushalt etwas ökonomischer einzu=
richten, zu welchem Behufe er nebst anderen Stellen auch die des Connetables
und des Reichs=Admirals aufhören machte. In der äußeren Politik trat um
diese Zeit zwischen Frankreich und England, dessen Regierung unter der Leitung
von Buckingham (spr. Böckinghäm) damals ganz ohne Halt und System war,
eine starke Entfremdung ein, obgleich der englische König Karl I. mit der Schwe=
ster Ludwig XIII. vermählt war (seit 1624). Die Spannung zwischen beiden
Staaten zeigte sich bei einem neuen Kriege der Hugenotten. England gab
durch trügerische Versprechungen Veranlassung, daß die französischen Reformirten,
wieder unter Leitung der Herzoge von Rohan und Soubise, zu Anfang 1627
einen neuen Aufstand erhoben. Richelieu, im ersten Feldzuge vom Könige beglei=
tet, stellte sich selbst an die Spitze des Heeres, das gegen die Hugenotten auszog,
und machte seiner neuen Charge als Generallieutenant (damals so viel wie Stell=
vertreter des Kriegsherrn) alle Ehre. Auf dem Marsche nach dem Süden wurden
mehrere kleine Plätze genommen, und im Sommer 1627 die Belagerung von
La Rochelle begonnen. Diese Hafenstadt war der wohl befestigte und schwer
angreifbare Hauptplatz der Hugenotten; besondere Vorrechte hatten bisher der
Stadt eine fast republikanische Ausnahmsstellung im Staate gewährt. In ihrer
jetzigen Auflehnung wurden die Bewohner wesentlich ermuntert durch eine starke
englische Flotte, welche unter Buckingham einen Theil der nahe bei La Rochelle
gelegenen Insel Rhé wegnahm.

Richelieu traf seine Anstalten in ausgezeichneter Weise: nachdem 14 fran=
zösische Schiffe durch die englische Flotte bei Rhé sich Bahn gebrochen und die
in einem Fort daselbst noch stehenden Truppen verproviantirt hatten (28. Sept.),
setzte der Marschall Heinrich Schomberg sich mit einem stärkeren französischen
Corps auf der Insel fest, und zwang Buckingham, nach bedeutenden Verlusten
sich wieder einzuschiffen und das Weite zu suchen. Unterdessen hatte Riche=
lieu selbst seine Arbeiten gegen La Rochelle begonnen: da es schwierig
schien, dem Platze nahe zu kommen, so trachtete der Cardinal, ihn bloß
auszuhungern. Auf der Landseite erfolgte die vollständige Einschließung ohne
Mühe; zur See aber schien eine solche kaum thunlich, indem die französische
Flotte nicht stark war und jeden Tag auf das Wiederkommen der Engländer ge=
faßt sein mußte. Zum Ersatz für die mangelnde Mitwirkung der Flotte erfand
und vollführte Richelieu ein riesiges Werk: es war nämlich die Stadt mit ihrem
Hafen durch einen tiefen Kanal verbunden, welcher nicht unter 4400' breit war;
dieser ganze Meeresarm wurde nun mit einem riesigen und soliden Damme quer=
über verbaut, so daß die Stadt thatsächlich vom Meere abgesperrt war; nur in

der Mitte des Dammes war eine Lücke von 4° Breite ausgespart, um die Ausgleichung des Wassers zu ermöglichen; aber auch dieses Thor wurde durch versenkte Schiffe verschlossen. Ueber den Winter 1627/8 wurde diese ungeheure Arbeit vollendet, ohne daß die Britten versucht hätten, selbe zu stören. Erst im Mai 1628, nachdem die Noth in La Rochelle schon sehr fühlbar geworden, erschien eine englische Flotte vor dem neuen Riesendamme, wagte es aber nicht, sein gefährliches Thor zu forciren, und kehrte daher bald wieder heim. Zu Ende August wollte Buckingham mit einer dritten Flotte eben in See stechen, als ihn der Dolch eines fanatischen Puritaners traf (23. Aug.); hierüber verzögerte sich die Abfahrt um vier Wochen. Auch diese Flotte begnügte sich nach ihrer Ankunft vor La Rochelle mit einer eintägigen ganz harmlosen Kanonade und kehrte dann wieder zurück. Damit war den Bewohnern der Stadt auch der letzte Hoffnungsschimmer erblichen; ihre Lage war bereits seit Monaten herzzerreißend gewesen. Schon im Sommer war man genöthigt, die Weiber und Greise aus der Stadt zu vertreiben; da aber die Belagerer sie nicht durchließen, so erlagen sie massenweise dem Hungertode. Als längst schon Alles aufgezehrt war, was man sonst für menschliche Nahrungsmittel hält, hatte man noch auf Gott und die Engländer gerechnet und sich weiter gehalten; so kam es denn, daß zur Zeit, als die Stadt nach 14monatlicher Umschließung sich endlich an die Königlichen ergab (28. Oct. 1628), man die Zahl der (meistens an Hunger) Verstorbenen auf ungefähr 15.000 und noch mehr schätzte, und daß von der ganzen Besatzung nicht mehr als 64 Franzosen und 90 Engländer übrig geblieben waren.

Die Bedingungen, welche Richelieu der Stadt gewährte, waren im Ganzen milde. Dem Cardinal lag nämlich jetzt nichts so sehr im Sinne, als der Mantuanische Erbfolgestreit (§. 27). Durch persönliches Erscheinen an der Spitze eines Heeres zwang Richelieu den Herzog von Savoyen zu einem vorläufigen Vergleiche, eilte dann rasch nach Frankreich zurück, und gab dem Kriege gegen die Hugenotten, welcher auch nach dem Falle von La Rochelle nicht aufgehört hatte, eine entscheidende Wendung. Rohan, von England verlassen, welches mit Frankreich Frieden schloß (Apr. 1629), und von Spanien zwar ermuntert, aber nicht unterstützt, sah sich bemüssigt, den von Richelieu gewährten Frieden von **Nismes** (28. Juni 1629) als eine königliche Gnade, nicht, wie bisher, als einen Vertrag zwischen gleichberechtigten Parteien, anzunehmen. Dieses Friedens-Edict nahm den Protestanten für immer ihre Waffenplätze und ihre politische Sonderstellung im Staate, bestätigte ihnen aber die vollkommen freie Ausübung ihres Cultus. Es war also mit diesem Edicte der Grundsatz der Toleranz in das Staatsleben eingebürgert, und zugleich das kirchliche Recht von dem politischen scharf getrennt. Dieser Friede hat dem französischen Staate die Ruhe und seine gedeihliche Entwickelung gesichert; vergleicht man seine Bedingungen mit dem gleichzeitigen Restitutions=Edicte in Deutschland (3. Bd. S. 430—432), so kann man nicht umhin, in dem Unterschiede der staatsmännischen Auffassung zwischen dort und hier die Ursachen zu dem starken Erblühen des einen, zu dem argen Verfalle des anderen Reiches klar zu erblicken. In Frankreich wie in Deutschland hatte im J. 1629 die katholische Staatsgewalt über die religiös= politischen Separationsgelüste einen vollständigen Triumph gefeiert; aber während der französische Kirchenfürst als echter Politiker sich begnügte, nur die staatliche Einheit herzustellen, die Religion dabei ganz seitwärts zu lassen, richtete sich in Deutschland die Absicht der Sieger weit weniger auf den eigenen Vortheil, als auf jenen der Kirche: diese sollte den Lohn der Siege davontragen, die nicht von ihr erkämpft waren, und diese bei den Besiegten so verhaßte Nutznießerin verdarb dann sich selbst sowie dem Reiche die bisherigen Erfolge vollständig. Es liefert diese Parallele einen deutlichen Beweis, welche schädlichen Folgen es für einen Staat haben kann, wenn er sich selbst zum bloßen Diener der Kirche hergibt; ihre und seine Interessen gehen abgesondert für sich.

Mittlerweile nahm der Mantuanische Erbfolgekrieg seinen Fort= gang. Es ist uns bereits bekannt, wie die Kaiserlichen und die Spanier große Vortheile erfochten, sie aber im Frieden von Chierasco (6. Apr. 1631) sämmtlich wieder aufgeben mußten. Dieser Friede sicherte den Franzosen fortwährend einen großen Einfluß auf die Angelegenheiten von Italien, wodurch sie auch hier die Macht der beiden Habsburgischen Häuser fortan in Schach zu erhalten vermochten. Wofür Karl VIII., Ludwig XII. und Franz I. eine Menge blutiger Kriege ohne Erfolge geführt hatten, das fiel dem feinen Cardinal ohne viel Anstrengung, bloß durch kluge Benützung der Umstände fast wie von selbst zu. Frankreichs Macht= verhältnisse waren, besonders auf militärischem Gebiete, keineswegs sehr bedeu= tend; aber Richelieu verstand es, mit Versprechungen, Intriguen und etwas Geld fremde Arme seinem Staate dienstbar zu machen. Nicht von den Franzosen waren die Vortheile von Chierasco für Frankreich erkämpft worden, sondern von den Schweden! Richelieu war es, der den großen Kriegshelden Gustav Adolph als Mauerbrecher gegen das Haus Habsburg in Bewegung setzte; mit dem Ver= trage von Bärwalde (23. Jän. 1631, 3. Bd. S. 464) war der Schweden= könig, unbeschadet des hochtrabenden Titels eines Vertheidigers deutscher Freiheit und Religion, eigentlich nichts anders geworden als ein Condottiere im Solde Frankreichs. Wohl ist es wahr, daß Gustav Adolph selbst viel zu feiner Politiker war, als daß er nicht seine eigenen Vortheile weit über jene von Frankreich gesetzt

hätte, damit dem Cardinal gar manche Verlegenheit bereitend; aber dem Haupt=
zwecke der französischen Politik, das alte deutsche Reich mit Ausnahme des Titels
ganz zum Einsturze zu bringen, bewies sich Gustav Adolph nur zu sehr als geeig=
netes und dienstieifriges Werkzeug.

Mittlerweile hatten Maria Medici und ihr Sohn Gaston von Orleans
neue Ränke angesponnen, und die Stellung Richelieu's bei dem schwachen Könige
bedeutend erschüttert. Aber wie wenig dieser auch befähigt war, selbst zu regieren,
er hatte doch die Einsicht, um auf Richelieu's Seite die Einheit und den Ruhm
von Frankreich, im Gefolge seiner Angehörigen aber bloß Zwietracht, Bürger=
krieg und Schwäche zu erblicken. Der Cardinal gewann somit entschieden die
Oberhand; wieder mußte ein Marschall (Marillac) das Schaffot besteigen;
Maria Medici wanderte ins Exil (1631), und starb in dürftigen Umständen,
ihrem Sohne sehr zur Schmach, zu Köln (1642). Nur G a s t o n gab seine Partie
noch nicht für verloren. Dieser fiel im J. 1632 von Belgien aus, wohin er sich
geflüchtet hatte, mit einem kleinen Heere nach Frankreich ein; gleichzeitig erhob
für ihn der Marschall Montmorency, Statthalter von Languedoc, dann der Her=
zog Karl IV. von Lothringen, Schwager Gaston's, die Waffen. Aber die Königs=
lichen blieben auf allen Punkten Sieger, so namentlich in der Schlacht bei
Castelnaudary (1. Sept. 1632), wo Gaston, als Commandant des Centrums,
nicht das Mindeste that, um seinem tapferen Freunde Montmorency Hilfe zu
leisten. Denselben Mangel an Muth bewies Gaston auch fernerhin, indem er,
um die Verzeihung des Königs zu erkaufen, die Freunde, welche ihr Alles für ihn
eingesetzt hatten, unbedingt der Rache Richelieu's überließ. Marschall Montmo=
rency, ein vielfach verdienter Feldherr, letzter Sprößling seines uralt berühmten
Hauses, allgemein verehrt und beliebt, wurde am 30. Oct. 1632 hingerichtet, auf
daß, so hoffte der Cardinal, in Zukunft Niemand thöricht genug sei, um sein
Schicksal an den charakterlosen Prinzen Gaston zu binden. Auch gegen die übri=
gen Anhänger des letzteren wurde mit großer Strenge verfahren; unbekümmert
um den Protest der Parlamente hatte Richelieu eine Art Kriegsgericht (chambre
de justice) errichtet, welches mit Staatsverbrechern den kürzesten Proceß
machte. Zur Abwehr neuer Verschwörungen errichtete Richelieu zuerst im großen
Maßstabe eine g e h e i m e P o l i z e i, welche gleich nach ihrem Entstehen bis in
alle Classen der Gesellschaft weit verzweigt und allgemein gefürchtet wurde.

Den Haß gegen die Anhänger Gaston's übertrug der Cardinal auch auf den
Herzog Karl IV. von Lothringen. Obgleich Frankreich an das deutsche Reich nicht
den Krieg erklärt hatte (in Wirklichkeit aber war er bereits ausgebrochen), wurde
Lothringen zu wiederholten Malen von den Franzosen überschwemmt; der Bruder

des Herzogs, Cardinal Franz, sah sich endlich genöthigt, zu Neufville einen Vergleich abzuschließen (6. Sept. 1633), laut welchem das Land militärisch ganz in die Hände der Franzosen fiel. Karl IV. entsagte lieber der Regierung, als daß er in diesen Vertrag gewilligt hätte; er kämpfte von nun an als kaiserlicher, später als spanischer General, zerfiel sodann mit Spanien, und kehrte erst mit dem Pyrenäischen Frieden in den Besitz seiner Staaten zurück.

Die Gefangennahme des Kurfürsten von Trier durch spanische Truppen, weil derselbe, seiner Reichspflichten uneingedenk, die Festungen des Erzbisthums den Franzosen eingeräumt hatte, zog nun endlich eine offene Kriegserklärung Frankreichs an Spanien nach sich (19. Mai 1635). Die Franzosen richteten ihre Angriffe vorzugsweise gegen die spanischen Niederlande, in Deutschland aber traten sie besonders dann mit Kraft auf, wenn durch Siege der Kaiserlichen die Angelegenheiten der Schweden eine mißliche Wendung nahmen. Auf diese Weise erreichte es das französische Cabinet, den Krieg fast ins Endlose zu verlängern und damit das deutsche Reich gründlich zu zerstören. Die Ereignisse des Krieges in Deutschland, Belgien, Italien und Catalonien sind uns von früheren Orten her bekannt (3. Bd. S. 461—564, 4. Bd. §§. 28, 29).

Während Richelieu Frankreich auf dem Wege der Größe führte, ruhten die Verschwörungen gegen seine Stellung immer nur auf kurze Zeit. Im J. 1636 hatten es seine Feinde sogar auf sein Leben abgesehen; die Ausführung des Mordplanes wurde nur durch die Unentschlossenheit verhindert, welche Gaston von Orleans im entscheidenden Momente zeigte. Im J. 1641 wurde eine neue Empörung unter Leitung des Grafen von Soissons zur Ausführung gebracht, scheiterte aber mit dem Tode des Führers, welchen ein Pistolenschuß von unbekannt gebliebener Hand verursachte. Für eine neue Verschwörung unter Leitung des Großstallmeisters Cinqmars ließ sich sogar Ludwig XIII., der Bevormundung durch den Cardinal überdrüssig, halb und halb gewinnen. Allein als Richelieu, von seiner Polizei trefflich bedient, dem Könige den Beweis herstellte, daß die Verschwornen durch Rückgabe aller gemachten Eroberungen sich Spaniens Mitwirkung erkaufen wollten, überließ Ludwig XIII. die Schuldigen der verdienten Strafe. Cinqmars, obgleich ein besonderer Günstling des Königs, wurde hingerichtet (12. Sept. 1642); Gaston, der abermals umfassende Aussagen gegen seine Freunde gemacht hatte, mußte das Land meiden; andere hohe Herren wurden in entsprechender Weise gestraft. Dieß war der letzte Triumph des Cardinals, längst schon war er körperlich zur Ruine geworden, während sein Geist die volle Frische bewahrte. Der 4. Dec. 1642 war der Todestag des 58jährigen Richelieu, des Staatsmannes, welcher, ohne König zu sein, das absoluteste Königthum im civilisirten Europa hergestellt hatte. Richelieu war, dieß ist nie zu leugnen, ein rücksichtsloser Despot, aber ein Despot, wie er fast allen Nationen in je zwei, drei Jahrhunderten einmal zu wünschen wäre. Er hatte einen Staat übernommen, kraftlos nach außen, zerrissen im Innern; einen Thron hatte er vor sich, der in jeder Provinz weniger galt, als der Sitz des Statthalters; religiöse und aristokratische Factionen bildeten für sich Staaten im Staate, welchen kaum Anderes als der Titel der Souverainität fehlte; mit den Anmaßungen der großen Geschlechter vereinigten sich jene des bürgerlichen oder Beamten-Adels, welcher den Vortheil und die Geltung seiner Kaste weit mehr als die Freiheit des Bürgerthums und die Macht des Thrones im Sinne hatte. Wie war dieß in Richelieu's neunzehnjähriger Staatsverwaltung Alles anders geworden! Nun gab es ein Gesetz für Groß und Klein, dem jeder sich beugen mußte, der Wille des Königs und demnach unter guten Königen der Vortheil des Staates und der Nation war der bindende Kitt für das Ganze; in solcher Weise mochte Frankreich dann auch fernerhin die erste Continentalmacht Europa's bleiben, welche es durch Richelieu's äußere Politik eben wurde. Wie für die Bedeutung des Staates, so war der Cardinal zugleich besorgt gewesen für das Wohl der Nation; Beförderung des Handels und der Gewerbe, Anlage von Colonien und Verkehrswegen, Vergrößerung der Seemacht waren Dinge, die Richelieu, trotz seiner Geschäftsüberhäufung, nie aus dem Auge verlor. Vieles that er für die Belebung der Literatur, wenngleich die von ihr damals eingeschlagenen Bahnen nicht eben als sehr glückliche bezeichnet werden können; übrigens hat die im J. 1635 gestiftete Académie française sich wenigstens das eine Verdienst erworben, die Sprache des Landes zu reinigen, in feste Formen zu bringen, und ihr damit einen Vorzug vor allen gleichzeitigen zu verschaffen, welcher ihr den Rang als Weltsprache unmittelbar neben der griechischen und lateinischen für Jahrhunderte anwies. Gegenüber solchen Verdiensten konnte man bei Richelieu's Stolz und Prunk, womit er weit den bescheidenen König überragte, bei seiner Rachgier, seinen Erpressungen, Härten und selbst Grausamkeiten, ja selbst bei seiner Tyrannei noch immer ein Auge zudrücken. Spanien und Deutschland mögen in Richelieu ihren bösen Dämon erkennen, aber für Frankreich war er der Genius der Größe.

32. Frankreich unter dem Ministerium Mazarin, 1643 —1661. Auf seinem Todtenbette hatte Richelieu dem Könige zum Nachfolger im Ministerium den Cardinal Mazarin (eigentlich Mazarini) empfohlen, welcher schon während des Mantuanischen Erbfolgekrieges als gewandter Diplomat bemerklich geworden, und seit 1639 in französische Dienste getreten war. Wirklich nahm ihn Ludwig XIII. in das Cabinet auf, starb aber bald darnach (14. Mai

1643), nachdem er eine aus sieben Personen bestehende Regentschaft für seinen noch kindlichen Thronfolger angeordnet hatte. Ludwig XIII. hat, wie kurz nach ihm in Oesterreich Kaiser Leopold I., nicht durch eine außerordentliche Persön= lichkeit und eigene staatsmännische Größe, wohl aber durch das Vertrauen und die Hingebung, welche beide ihren tüchtigsten Dienern bewiesen, für die Größe und das Wohl des Reiches besser gesorgt, als es viele hochstrebende Fürsten an= derer Zeiten mit rastloser Selbstthätigkeit vermocht haben. Bis zum J. 1638 war Ludwig XIII. ohne Nachkommen geblieben, und der charakterlose Gaston von Orleans galt bis dahin als Thronerbe. Nach einer zweiundzwanzigjährigen Ehe des Königs mit der schönen, aber von ihm lange Zeit vernachlässigten Anna von Oesterreich, einer Tochter Philipp's III. von Spanien, erblickte zum Staunen der Welt und zum großen Aerger Gaston's, ein Kronprinz, Ludwig XIV., das Licht der Welt (5. Sept. 1638), und brachte, ein gutes Vorzeichen für seine künftige Raub= gier, gleich drei Zähne mit. Diesem Prinzen folgte zwei Jahre später ein zweiter, Philipp, welcher Stammvater des heutzutage bestehenden Hauses Orleans wurde.

Kaum war die von Ludwig XIII. eingesetzte Regentschaft mit seinem Tode in Wirksamkeit getreten, als verschiedene Große, welche in diesem Rathe keine Stimme gefunden hatten, sich anheischig machten, der Königin Witwe allein die Vormundschaft für ihren erst fünfjährigen Sohn zu verschaffen. Diese Männer, die beiden Beaufort, Vater und Sohn, dann der Bischof von Beauvais, hofften nämlich, über die Regentin einen beherrschenden Einfluß auszuüben. Wirklich mußte das Parlament die Königin Witwe als alleinige Regentin aner= kennen (18. Mai 1643), aber ihre Gehilfen sahen sich bald schmählich enttäuscht. Sie selbst wurden ganz einfach bei Seite geschoben, dagegen stieg Mazarin zum Range eines Premier=Ministers empor, und übte auf Anna von Oesterreich genau denselben Einfluß aus, wie vordem Richelieu auf Ludwig XIII. Seinem Vor= gänger im Amte war Mazarin an Feinheit, Menschenkenntniß und in den groß= artigen Zwecken ebenbürtig, keineswegs aber an eherner Festigkeit und Charakter= stärke; dafür war aber der schlaue Römer unerschöpflich in Ränken und Kniffen aller Art, womit er seine Feinde mehr schlangenartig zu umstricken, als gleich einem Löwen niederzureißen wußte. Uebrigens war Mazarin augenblicklich ebenso verhaßt als ehedem Richelieu, ja sogar noch mehr; denn seine übel gedeutete Stellung zur Regentin, seine geringe und ausländische Herkunft, endlich sein wahrhaft schmu= tziger Geiz dienten als Handhaben, um ihn bei der Menge verächtlich erscheinen zu lassen, was bei Richelieu's imposanter Despotie geradezu unmöglich gewesen wäre.

Mazarin brachte die Königin dahin, den Krieg in Deutschland, Italien und Spanien gegen die Interessen ihrer nächsten Angehörigen mit dem größten Eifer

fortführen zu laffen. Mittlerweile aber hatte der Minifter die größten Anfech=
tungen im Innern zu beftehen. Mit dem zurückgefetzten Adel vereinigten fich die
Parlamente und die Maffen des Volkes gegen ihn. Vorzugsweise waren es
die willkürlichen Steuererhebungen, welche das Volk aufreizten. Schon unter
Richelieu war der Abgabendruck außerordentlich fchwer empfunden worden; ver=
ftärkt wurde derfelbe noch durch die fehlerhafte Manipulation im Steuerwefen,
indem das Volk vielleicht dreimal fo viel zahlen mußte, als wirklich dem Staate
felbft zu Gute kam; ein großer Theil wurde von den Steuerpächtern verfchlungen,
welche überdieß dem Aerar gegen wucherifche Zinfen Vorfchüffe machten, und das
Volk in der unverfchämteften Weife ausfaugten. Der Finanzminifter, Emery, ein
Italiener, an Habgier mit Mazarin zu vergleichen, fprach offen den Satz aus,
daß es zweierlei Gewiffen gebe, ein ehrliches in Privatangelegenheiten, ein rück=
fichtslofes und ungebundenes in Staatsfachen.

Im J. 1644 wagte es die Regierung, zwei Räthe des Parifer Parlaments,
welches gegen eine neue Abgabe ernfthafte Vorftellungen erhoben hatte, für kurze
Zeit in Verhaft zu fetzen. Im folgenden Jahre übernahm der erft achtjährige
König felbft nicht ohne eine gewiffe Feftigkeit den Vorfitz in einem lit de justice,
vermöge deffen dann 18 Steueredicte rechtskräftig gemacht wurden. Aber troz
diefer ftarken Auflagen und des maffenhaften Aemterverkaufes war in Frankreich doch
fo wenig noch ein Auskommen erzielt, daß viele Befoldungen Jahre hindurch nicht
ausbezahlt wurden; der Krieg, Verfchwendung und Gnadengaben des Hofes und
die Habfucht der Minifter beanfpruchten allzu große Summen. Als nunmehr in
Paris eine Verzehrungsfteuer eingeführt wurde, welche befonders das arme Volk
fehr belaftete, erhob das Parlament neue heftige Befchwerden, unterftützt von dem
Unwillen des Bürgerthums im ganzen Reiche und der eigenfüchtigen Oppofition
einer ftarken Adelspartei, welche gerne die verworrenen Zuftände unter der Regent=
fchaft der Maria Medici wieder heraufbefchworen hätte. Viele der angefehenften
Familien, darunter welche vom königlichen Blute, wie der ältere Condé, fein Sohn
Conti, feine Tochter, die galante Herzogin von Longueville, dann das Haus
Bouillon, befonders aber Franz von Gondi (nachmals als Cardinal von Retz
bekannt), Coadjutor des Erzbifchofs von Paris, hatten in diefen Angelegenheiten
die Hand im Spiele. Gondi übte, obgleich ein verrufener Wüftling, vermöge
feines geiftlichen Amtes und feines hellen Verftandes, einen großen Einfluß auf
das Priefterthum und das Volk von Paris; vorzüglich von ihm gingen die jetzt
entftehenden Unruhen aus. — Obgleich Mazarin durch reiche Vortheile, die er
einigen Häuptern der Gegenpartei zufchanzte, und durch die Entlaffung Emery's,
den Sturm zu befchwichtigen fuchte, gab das Parlament den Widerftand nicht

auf. Gestützt auf den Sieg, welchen eben damals die königlichen Waffen bei Lens erfochten hatten (§. 28), wagte die Regierung jetzt ernstere Schritte; aber die Verhaftung von zwei hervorragenden Parlamentsmitgliedern (26. Aug. 1648) hatte nur den sogenannten zweiten Barrikadentag (der erste war im J. 1588 gewesen) zur Folge; die Bevölkerung machte Miene, den Hof belagern zu wollen. Dieß hatte von Seite des letzteren die Freilassung der beiden Parlamentsräthe, zugleich aber auch die Rückberufung des Siegers von Lens aus den Niederlanden zur Folge. Derselbe, früher Herzog von Enghien genannt, hatte nach dem Tode seines Vaters (Dec. 1646) den Namen Condé angenommen; im Unterschiede von seinem Vater und seinen Geschwistern Conti und Madame de Longueville, welche der Opposition angehörten, neigte sich der berühmte Feldherr auf die Seite der Regierung, so lange nämlich, als seine Herrschsucht und seine Habgier, sowie andererseits seine Verachtung gegen die Anmaßungen des Beamtenadels, hier freies Feld vorfinden konnten.

Bevor wir die inneren Unruhen weiter verfolgen, müssen wir bemerken, daß um diese Zeit der Krieg Frankreichs gegen das deutsche Reich durch den Westphälischen Frieden mit großen Vortheilen für den Staat der Bourbons eben beendigt wurde; die äußere Politik von Richelieu und Mazarin hatte darin den vollständigsten Triumph gefeiert, indem den Franzosen nebst ansehnlichen Gebietsvergrößerungen die Einmengung in die inneren Angelegenheiten des zerrissenen deutschen Reiches und so ziemlich die erste Stimme in dem europäischen Völkerconcerte für die Zukunft gesichert schien. Dieser Triumph gestattete dem Cardinal Mazarin, im Staate selbst jetzt mit größerer Festigkeit aufzutreten; auch war Aussicht vorhanden, zur Sicherung seiner Stellung jetzt einige Truppen herbeiziehen zu können, obgleich der Krieg gegen Spanien auf drei Hauptbühnen noch durch viele Jahre sich fortzog (§. 29).

Die Fronde, wie man von nun an die OppositionsPartei zu nennen pflegte, ließ sich selbst durch die von Condé zu Gunsten des Hofes getroffenen kriegerischen Vorbereitungen noch immer nicht einschüchtern. Sie zwang vielmehr die Regierung zu einem Vergleiche (24. Oct. 1648), in welchem die Forderungen des Parlaments fast sämmtlich zugestanden wurden. Selbstverständlich war der Hof darauf bedacht, diese Schlappe sobald als möglich auszuwetzen. Vor allem begab er sich aus dem Bereiche der Bürgerschaft hinweg nach St. Germain (6. Jänner 1649); die Königin, und was schwerer war, der wenig muthvolle Cardinal ließen sich jetzt endlich von Condé zu eigentlichen kriegerischen Maßnahmen bestimmen. Der Feldherr hatte zwar nicht genug Truppen bei sich, um Paris selbst anzugreifen, aber er bezog solche Stellungen um die Stadt, wodurch dieser die Zufuhren sehr erschwert wurden. Es war somit der förmliche Bürgerkrieg ausgebrochen. Nun erklärte das Parlament den Kardinal als Feind des Vaterlandes (8. Jän.); ganz Paris stellte sich unter die Waffen: jedes der 16 Quartiere wollte ein eventuell sehr zu verstärkendes Regiment aufstellen; überdieß sollten 10,000 M. Fußvolk und 5000 Reiter angeworben werden. Die adeligen Frondeurs, an ihrer Spitze Conti als Generalissimus, Gondi, dann die Herzoge von Bouillon, Longueville, Elboeuf, Brissac, Beaufort und viele andere große Herren, versprachen gleichfalls mit ihren Truppen in das Feld zu rücken. Die geistvolle und leichtfertige Herzogin von Longueville hielt die Fäden der Revolution, welche überhaupt stark mit Gardinen=Interessen verquickt war, in ihren schönen Händen. Mehrere auswärtige Parlamente erklärten sich gleichfalls gegen die Regierung, und in verschiedenen Provinzen brach bereits der Aufstand aus. Die Gefahr für den Hof wurde noch gesteigert, als der Vicomte von Turenne, Bruder des Herzogs von Bouillon, das Heer, mit welchem er in Deutschland so viele Erfolge erkämpft hatte, zur Unterstützung der Fronde herbeiführen wollte. Aber Mazarin ließ zur rechten Zeit 800.000 Livres unter die Oberste dieses Heeres vertheilen; und da die Truppen Turenne's zur Mehrzahl aus Deutschen bestanden, denen der Name Mazarin ebenso gleichgültig war, als Parlament, so nahmen dieselben keinen Anstand, wieder zur Treue gegen die Regierung zurückzukehren. Turenne mußte sich nach den Niederlanden flüchten, wo er durch einige Zeit für Spanien gegen Frankreich kämpfte.

Unterdessen hatte Condé, obgleich er bloß 12.000 M. unter sich hatte, bei allen Zusammenstößen um Paris Vortheile über die Bürgertruppen erfochten; im Ganzen wurde der Krieg jedoch nur läßig betrieben. Der hauptsächlich von dem patriotischen Präsidenten Molé erwirkten Mäßigung des Parlaments war es zuzuschreiben, daß im März 1649 ein neuer Friede abgeschlossen wurde, sehr zum Mißfallen des Pöbels sowie der aufständischen Edelleute; denn es war in diesem Vertrage wohl für die verfassungsmäßigen Volksrechte, nicht aber für die Vortheile Einzelner gesorgt. — Die Freundschaft zwischen Condé und Mazarin vermochte nicht lange sich zu erhalten; jeder war in seiner Weise zu herrschsüchtig und stolz auf die eigenen Verdienste, als daß sie neben einander bestehen hätten können. Der hochmüthige Condé insbesonders trat mit solcher Brutalität am Hofe auf, daß letzterer es vorzog, lieber bei den bisherigen Frondeurs eine Stütze zu suchen. Es kam sonach eine geheime Verbindung zwischen den bisherigen Todfeinden Mazarin, Gondi, Gaston von Orleans u. A. zu Stande. Nun wurden die Brüder Condé und Conti und ihr Schwager Longueville plötzlich in Haft gesetzt (18. Jän. 1650). Den großen Herren aber, deren Feindschaft man zu fürchten hatte, wurde ihre Zustimmung zu dem Verhalten des Hofes mit hohen Aemtern und anderen Preisen abgekauft. Turenne, jetzt aus dem Exil zurückberufen, trat jedoch auf die Seite der Gefangenen, sammelte zu ihrer Befreiung einige Truppen, und vereinigte sie mit dem spanischen Statthalter der Niederlande, dem EH. Leopold. Desgleichen regte die Herzogin von Longueville die Provinzen, in welchen ihre Angehörigen Statthalter gewesen, Bouillon aber die Landschaften Limousin und Burgund auf; endlich war in ganz Frankreich ein großer Theil des Adels, der in Condé den Vorfechter seiner ererbten Anmaßungen verehrte, zur Theilnahme an dem neuen Aufstande entschlossen. Diese ganze Partei wurde die neue Fronde genannt, zum Unterschiede von der alten, deren Häupter jetzt theilweise zur Regierung sich hielten.

In dieser gefährlichen Empörung stellte sich Mazarin selbst an die Spitze der Truppen, welche, freilich nicht durch sein Verdienst, allmälig den größten Theil des Reiches zur Ruhe zwangen. Aber während in den verschiedensten Theilen des Landes noch gekämpft wurde, war Turenne mit spanischen Hilfstruppen bis nahe an Paris vorgedrungen; er wurde jedoch dann von Mazarin und dem Marschall Du Plessis bei **Rethel** angegriffen (15. Dec. 1650), und mit einem großen Verluste zurückgeworfen. Aber die Waffenerfolge der Königlichen konnten die Ruhe nicht für die Dauer begründen: gerade die anscheinend wieder befestigte Stellung des Kardinals war Ursache, daß jetzt die alte Fronde für die neue zu agitiren anfing, und daß namentlich durch die Bemühungen Gondi's Paris mit einem neuen Aufstande drohte. Mazarin glaubte sogar sich jetzt derart gefährdet, wie noch nie; er entfloh, zuerst nach Le Havre, später sogar in's Ausland nach Köln. Das Parlament erklärte ihn in Bann. Nun glaubte auch die Königin in Paris sich nicht mehr sicher; und in Wirklichkeit drangen unter Anführung Gondi's die Frondeurs bis in das Schlafgemach der Regentin, und erzwangen von ihr den Befehl zur Freilassung der gefangenen Prinzen.

Die geschehene Vereinigung der alten mit der neuen Fronde ließ für das Königthum das Schlimmste befürchten. Aber den Rathschlägen Mazarin's folgend, der von Köln aus im geheimen Briefwechsel mit der Regentin verblieb, brachte diese mit Ränken aller Art eine Trennung ihrer Gegner zu Stande. Erleichtert wurde ihr dieß Beginnen durch die Unklugheit dieser Gegner, indem die adeligen Frondeurs unter dem Widerspruche des Parlamentes zu Paris gesetzwidrige Versammlungen abhielten und das Mittelalter aus seinem Grabe heraufbeschwören wollten, während andferseits Condé vermöge seines hochfahrenden und zänkischen Gemüthes gleichzeitig mit dem Abel, dem Parlamente, mit Gondi, Turenne und Bouillon sich überwarf. Bald sah Condé sich mit einer neuen Verhaftung bedroht, der er nur durch die Flucht entkam (6. Juli 1651). Wieder zurückberufen und nothdürftig versöhnt, hatte derselbe mit seinem jetzigen Hauptgegner, dem Coadjutor

Gondi, in feierlicher Parlamentssitzung eine Scene von solcher Heftigkeit und Brutalität, wie sie wohl selten zwischen einem königlichen Prinzen und einem hohen Prälaten vorgekommen sein mag. Die Stimmung der Parteien kündete einen neuen Bürgerkrieg für die nächsten Zeiten an. Die Königin, um ihrer Regierung eine höhere Sanction zu geben und damit eine festere Stellung zwischen den Parteien zu erlangen, ließ am 5. Sept. 1651 in einem lit de justice Ludwig XIV. für majorenn erklären. Trotz des würdevollen Benehmens, das den 14jährigen König bei jeder Gelegenheit auszeichnete, war er doch noch viel zu kindlich, als daß er nicht die Regierung nach wie vor ganz in den Händen seiner Mutter gelassen hätte. Condé suchte den Knoten, den die Parteien geschürzt, mit dem Schwerte zu zerhauen, und begann, der spanischen Unterstützung sicher, einen neuen Bürgerkrieg. In Guyenne standen er und die Königlichen sich gegenüber. Während er aber mit lose zusammengerafften Schaaren nur nothdürftig seinen alten Kriegsruhm zu bewahren vermochte, erschien auf einmal Mazarin mit einigen tausend Mann, die er in Deutschland geworben hatte, wieder auf dem französischen Boden. Die Verwicklung war jetzt so ungeheuerlich, daß das Pariser Parlament zu gleicher Zeit Condé, der sich mit den Feinden des Staates in Bund gesetzt hatte, und seinen Gegner Mazarin, welcher aus der Verbannung mit Gewalt zurückkehrte, als Hochverräther erklären mußte. Unbekümmert darüber bewirkte Mazarin die Vereinigung seiner Truppen mit dem Hoflager zu Poitiers (28. Jänner 1652), und nahm nun sogleich seine Stelle im Staatsrathe wieder ein.

Der Krieg nahm seinen Fortgang. Condé entfaltete seine alte Größe, siegte über ein königliches Corps bei Blesneau (6. Apr. 1652), und wagte sich dann mit kühnen Bewegungen bis in die Umgebung von **Paris.** Turenne, welcher das königliche Heer jetzt befehligte, erfocht über die von Condé im Süden zurückgelassenen Abtheilungen mehrere Erfolge, und wandte sich dann gleichfalls gegen Paris hin, um diese vorderhand neutral verbliebene Stadt vor Condé zu schützen. Nach mancherlei interessanten Zügen beider Feldherrn kam es am 1. Juli 1652 zu einem blutigen Straßenkampfe in der Pariser Vorstadt S. Antoine. Turenne von der einen, La Ferté von der andern Seite griffen ihren Gegner mit Kühnheit an, und sperrten ihm alle Auswege. Trotz seines heldenmüthigen Widerstandes wäre Condé verloren gewesen, wenn ihm nicht eine Dame unverhoffte Rettung verschafft hätte. Die Prinzessin von Montpensier, Tochter des Herzogs Gaston von Orleans, hatte schon früher sich Mühe gegeben, Paris auf die Seite Condé's zu ziehen; aber das Parlament war selbst da noch standhaft geblieben, als in einem Volksaufstande seine Mitglieder am Leben bedroht, mehrere auch wirklich verwundet wurden. Während des Gefechtes am 1. Juli ließ sich die Prinzessin nicht länger halten, sie be-

4 *

mächtigte sich des Commandos in der Bastille, und richtete das Geschütz dieses Forts auf die königlichen Truppen; angeblich soll sie selbst sogar den ersten Schuß losgebrannt haben. Was aber für Condé noch weit wichtiger war, die Herzogin bewog unter Einem die Bürger, das Antonsthor zu öffnen, durch welches dann Condé mit den Resten seiner Tapferen den Rückzug in die Stadt gewann. Trotz der gegentheiligen Bemühungen von Gondi, welcher seit Kurzem zum Kardinal von Retz erhoben worden war, gewann die Partei von Condé jetzt unter verschiedenen Gewaltscenen in Paris die Oberhand, und stellte eine eigene Regentschaft für Frankreich unter Gaston von Orleans und Condé auf. Letzterer erwartete nur noch den Anmarsch von 25,000 Spaniern, um dann mit aller Kraft die Offensive zu ergreifen. Während nun Turenne mit dem königlichen Heere durch eine feste Stellung bei Compiégne die Spanier rückzuhalten suchte, that Mazarin das Gleiche durch die Schlauheit, mit welcher er den spanischen Feldherrn Argwohn gegen Condé einzuflößen wußte. Aber gleichzeitig hielt es Mazarin doch für nothwendig, der allgemeinen Volksstimmung durch eine neue Selbstverbannung, diesmal jedoch bloß nach Sedan, Rechnung zu tragen (Aug. 1652). Wirklich beruhigte sich das Volk nun allmälig, die Pariser selbst ersuchten den jungen König um seine Rückkehr in ihre Stadt, und Condé hatte unter solchen Umständen nichts anderes mehr zu thun, als mit dem Rest seiner Truppen abzuziehen und ganz in spanische Dienste überzutreten. Von nun an finden wir ihn immer an der Spitze jener Heere, welche gegen sein ganzes Vaterland, nicht bloß gegen eine Partei darin, die Waffen führten. Mittlerweile war Ludwig XIV. nach Paris rückgekehrt, der Aufstand erlosch an allen Orten, Frankreich war beruhigt. Selbst Mazarins Rückkunft (8. Febr. 1653) wurde von den Parisern sogar mit Jubel begrüßt. Die Hauptanführer der Fronde waren von nun an bedeutungslos. Orleans, seine Tochter Montpensier und der Cardinal von Retz fielen in Ungnade, der Prinz Conti heirathete eine Nichte Mazarins, Frau von Longueville ging zur Buße für ihre Leichtfertigkeiten ins Kloster. Turenne aber verfocht Frankreichs Waffenehre gegen Condé in der glänzendsten Weise.

Im J. 1659 endete der Pyrenäische Friede (§. 29.) den Krieg, welcher durch 24 Jahre zwischen Spanien und Frankreich gewährt hatte. Die Vortheile welche dem letzteren Staate darin gewährt wurden, waren ungemein bedeutend, und befestigten die hohe Stellung, welche Frankreich durch Richelieu und Mazarin gewonnen hatte. Besonders aber war es die in diesem Reiche mehr als anderswo gefestigte Geltung der königlichen Autorität, der vollendete Absolutismus, welcher von nun an dem französischen Staatswesen die außerordentliche Kraft eines vollkommen einheitlichen Willens in allen Unternehmungen verlieh. Die beiden Fronden waren die letzten Lebensäußerungen jenes aristokratischen Selbstständigkeits-

Dünkels, der vordem die Kraft des Staates so oftmals gebrochen hatte. Nur der Beamten-Adel in den Parlamenten wagte noch hier und da einen leisen Wider=stand gegen die königlichen Befehle; aber Ludwig XIV., ein gelehriger Schüler Mazarins, war gar nicht der Mann dazu, um sich von irgend wem, am wenigsten von bürgerlichen Magistraten, einschüchtern zu lassen. Der König war noch nicht 16 Jahre alt, als er einmal auf die Nachricht, daß das Pariser Parlament sich eigenmächtig versammelt habe, rasch von Vincennes dahin eilte, und mit Stiefeln, Sporen und Reitpeitsche der verblüfften Versammlung in den kräftigsten Aus=drücken sein Mißfallen kund gab; kurz darnach schickte er sogar einige Räthe in die Verbannung. Aus solchen Beispielen mochten die Franzosen klar erkennen, wessen sie sich von dem jungen Monarchen zu versehen hatten.

Mazarin hat auch für die Hebung der Künste und Wissenschaften, dann des National=Wohlstandes viel gethan. Letzterem aber trat er selbst wieder hindernd entgegen, besonders durch das blutsaugende Steuersystem, an dessen Spitze ein ebenso großer Gauner als Verschwender, Marquis Fouquet, stand. Mazarin war übrigens ehrlich genug, auf seinem Todtenbette den König vor diesem Menschen zu warnen, und ihm bessere Männer, darunter den trefflichen Colbert, anzuem=pfehlen. Ueberhaupt zeigte der Cardinal überall, daß er es in erster Linie mit sich, nebenbei aber auch mit dem Staate ehrlich meine. Das Vermögen, welches er in einer 18jährigen Staatsverwaltung zusammengescharrt hatte, wird von Einigen auf 230 Millionen Livres geschätzt! Das Meiste davon fiel seinen Neffen und Nichten zu. Letztere, den wenig bedeutenden Namen Mancini führend, wurden an die ersten Herren Frankreichs vermählt; eine derselben, Olympia, Gemahlin des Prinzen Eugen Moriz von Savoyen, Grafen von Soissons, ward die Mutter des großen Feldherrn Eugenius von Savoyen; eine andere, Maria, war die Jugend=liebe Ludwig's XIV., welcher sie durchaus heirathen wollte; aber der Cardinal widersetzte sich trotz seiner Vorliebe für seine Nichten diesem Vorhaben, und er=wirkte aus Politik die Vermählung des Königs mit einer spanischen Infantin. Am 9. März 1661 starb Mazarin, der gelehrige Schüler Richelieu's und ge=wandte Lehrer Ludwig's XIV., welche drei Männer zusammen den ideal absoluten Staat in Frankreich herstellten. Die Gegner der Regierung waren beim Tode des Cardinals entweder todt oder machtlos, der junge König fand freie Bahn vor sich.

33. Großbrittanien unter Jakob I. (VI.) Bis zum Anfange des 17. Jahrhunderts waren die großbrittanischen Inseln noch in zwei Reiche unter zwei verschiedenen Dynastieen getheilt: in dem weitaus größeren Staate England mit Irland herrschten die Tudor's (spr. Tjudr, seit 1485), in Schottland die Stuart's (sp. Stjuört). Die Geschichte dieser Staaten während des 16. Jahrhunderts war ungemein verworren, wechselreich und blutig (3. Bd. S. 153--158, 215—228); doch waren es keineswegs großartige äußere Kriege, sondern vielmehr nur innere Umgestaltungen, welche die angelsächsischen und kel= tischen Völker dieser Insellande in beständigem Allarme erhielten. Wie überall im civilisirten Europa jener Zeit arbeitete auch hier die Religionsfrage an den Hebeln der Politik.

In Schottland war bis in die zweite Hälfte des Jahrhunderts hinein die Regierung eifrig katholisch verblieben, während weitaus die Mehrzahl des Volkes dem Calvinischen Bekenntnisse in seiner strengeren Form, dem sogenannten Pres= byterianismus, sich hingegeben hatte. Dieser Zwiespalt im Vereine mit vielen öffent= lichen Aergernissen, welche sich die Königin Maria Stuart zu Schulden kommen ließ, gab Veranlassung zur Vertreibung der Fürstin, welche bei ihrer Base, der englischen Königin Elisabeth ein Asyl suchte, aber nur einen Kerker fand (1568). Der Sohn der Maria, Jakob VI., in den Grundsätzen des Calvinismus erzogen, trat Anfangs unter einer Regentschaft, später selbstständig die Regierung von Schottland an.

England mit Irland sah unter seiner durch Geist und Charakterstärke gleich ausgezeichneten, dabei aber des Gemüthes entbehrenden Königin Elisabeth (1558—1603) den Grund zu seiner Weltmachtstellung gelegt, ebenso aber auch die Keime einer großen Revolution sich im Stillen entwickeln. Hier wie damals überall in Europa war es ebenfalls die Religion, welche alle politischen Fragen sättigte. Heinrich VIII., Vater der Elisabeth und König von 1509—1547, ein leidenschaftlicher und sinnlicher Tyrann, dabei eingebildeter Gelehrter, hatte zuerst die politischen Freiheiten seines Landes so ziemlich vernichtet, und aus rein per= sönlichen Gründen, dem Katholicismus abschwörend, der damals ganz charakter= losen und sklavischen Nation eine neue Religionsform im Verordnungswege oc= troyirt. Diese sogenannte Hochkirche war eben so weit vom Katholicismus, als von den protestantischen Confessionen entfernt: von dem ersteren behielt sie fast alle Dogmen, von den anderen nahm sie fast nichts als die Absonderung von Rom an; statt des Pabstes stellte sich der König selbst als unfehlbares Oberhaupt der neuen Kirche hin; die Klöster wurden eingezogen, dagegen die reich dotirten Bi= schöfe beibehalten; ebenso lebten die Sacramente und die meisten Ceremonien des römischen Cultus in dem anglikanischen fort. — Unter den nachfolgenden Beherrschern Englands, sämmtlich Kindern Heinrichs VIII., u. z. unter Eduard VI. (1547—1553), Maria (1553—1558), und Elisabeth gewann die anglikanische oder Episcopal = Kirche eine festere Begründung, obgleich die erzkatholische Maria ihr feindlich entgegen getreten war. Zwar wurde nach Heinrich VIII. die Hochkirche mehr vom Zwange und vielgegliederten Rituale befreit, und dadurch) den anderen proteſtantiſchen Confeſſionen mehr genähert; trotzdem aber erſchien ſie vielen Engländern noch immer allzu papiſtiſch gefärbt, und immer zahlreicher wurden die Bekenner des ſtreng calviniſtiſchen Bekenntniſſes, welches im benachbarten Schottland damals bereits vollſtändig herrſchend war. Nach der Sitte der Zeit geſtaltete ſich die kirchliche Oppoſition zugleich zu einer politiſchen, und ſchon Eliſabeth mußte am Schluſſe ihres Lebens erfahren, daß das unter der Dynaſtie der Tudors ſcheintodt geweſene Parlament noch immer Lebenszeichen zu geben vermochte.

Obgleich die allerdings nicht ganz unverſchuldete Hinrichtung der Maria Stuart (1586) einen Schandfleck im Leben der Eliſabeth bildet, kann man nicht umhin, die Regierung dieſer Fürſtin als ungemein geiſtvoll, charakterfeſt und folgenreich zu bezeichnen. Zur Entwicklung der Induſtrie, des Seehandels und einer Kriegsmarine wurde erſt unter ihr ein tüchtiger Grund gelegt; die jungfräuliche Königin muß noch heute als die Stammmutter des Nationalreichthums und der Weltbedeutung Großbrittaniens verehrt werden. Da mit Eliſabeth das Haus Tudor ausſtarb (1603), ſo ward nun als nächſter Anverwandter der ſchottiſche König unter dem Namen Jakob I. zugleich König von England mit Wales und Irland. Dieſes Reich Großbrittanien war allerdings noch kein einheitlicher Staatsverband, ſondern den einzelnen Landen verblieben vorderhand ihre eigene Verfaſſung mit Parlament, und ihre eigenen Geſetze.

Wir müſſen noch einen Blick auf die kirchlichen Zuſtände der vereinigten Reiche werfen. Bereits wurde geſagt, daß in England die Hochkirche, in Schottland die Calviniſche Confeſſion, auch Presbyterianismus genannt, mit ihren ſehr demokratiſchen Formen herrſchend war. Von letzterer zweigten ſich verſchiedene, fanatiſch ſtrenge Secten ab, und gewannen ſowohl in Schottland als England zahlreiche Anhänger; in Irland dagegen war und blieb die Maſſe des Volkes katholiſch. Obſchon König Karl in Schottland Bekenner der presbyterianiſchen, in England dagegen Bekenner und zugleich unumſchränktes Haupt der Episcopal=Kirche war, obſchon ferner officiell die beiden Kirchen als wenig differirende Zweige derſelben proteſtantiſchen Confeſſion dargeſtellt wurden, war doch eben dieſe Verquickung der ariſtokratiſchen und hierarchiſchen Grundformen in der einen, mit den demokratiſchen Ideen in der zweiten, den ſtrengſten Calviniſten ein ſolcher Gräuel, daß ſie immer weiter bis in das Extreme der demokratiſch = kirchlichen Tendenzen ſich verloren. Die ſtreng geſinnten Presbyterianer dieſer Art, in Schottland bald überwiegend, wurden Puritaner genannt. Noch weiter gingen die Independenten, welche gar keine Prieſter (Presbyter) mehr anerkannten; Predigen und weltliche Autorität ſollten nur ſolchen Perſonen was immer für eines Standes zuſtehen, welche ſich hierzu vom göttlichen Geiſte ausdrücklich berufen fühlen würden.

Jakob I., obgleich puritanisch erzogen, neigte sich als Oberhaupt der anglika=
nischen Kirche der letzteren um so entschiedener zu, weil sie dem unbeschränkten König=
thume, auf welches er so gerne losgesteuert wäre, principiell keine Hindernisse ent=
gegensetzte. Hiermit aber begegnete Jakob dem Geiste der Völker, in welchem der Cal=
vinismus immer weiter seine Wurzeln trieb: je mehr der König die politische Ver=
fassung seiner Staaten zu umgehen und zu bedrohen wagte, desto mehr Förderung
gab er den demokratischen Ideen der Puritaner; die kirchliche Opposition wuchs
mit der politischen innigst zusammen. Mancherlei Anlässe zur Unzufriedenheit
wurden dem Volke geboten. So wurde das Parlament oft Jahre lang nicht ein=
berufen; seinen großen Geldbedürfnissen suchte der König zu genügen durch will=
kürlich erhobene Zölle und durch Strafgelder über die Papisten. Die sogenannte Pul=
ververschwörung, indem nämlich zwölf Katholiken am 5. Nov. 1605 den
König und das ganze Parlament in die Luft sprengen wollten, aber rechtzeitig
hieran verhindert wurden, hatte eine noch härtere Bedrückung der römischen Kirche,
ferner die Ausschließung der Katholiken von allen Aemtern zur Folge. Wie sehr
auch die fanatischen Protestanten mit diesen, besonders in Irland schwer fallenden
Bedrückungen einverstanden waren, so fanden sie doch für sich selbst genug Ursache
zur Klage. Besonders beschwerlich fiel den Engländern die leichtsinnige, inconse=
quente und gefährliche Staatsverwaltung durch die Günstlinge des Königs, welche
im Lande selbst wie Könige schalteten. Seit beiläufig 1615 war Georg Villiers,
später zum Herzog von Buckingham (spr. Böckinghämm) erhoben, die Seele der
Regieruug. Dieser eingebildete und unverständige Gek arbeitete mit allem Eifer
dahin, eine Vermälung des Kronprinzen mit einer Erzkatholikin, nämlich einer
spanischen Prinzessin, zu Stande zu bringen. Da nun zu dieser Zeit die Regie=
rung auch in ihren Verfolgungen gegen die Katholiken nachließ, da Jakob I. ferner
aus Rücksicht für Spanien den Gemahl seiner Tochter, den Kurfürsten Friedrich
von der Pfalz, im Kampfe gegen den Kaiser (3. Bd. S. 389—407) nicht unterstützte,
so begann bei den unduldsamen und fanatischen Puritanern, deren Stimmen be=
reits überwiegend wurden, der Argwohn aufzusteigen, daß der König sich und die
Hochkirche dem gefürchteten Papismus noch näher schwenken wolle. Uebrigens zer=
schlug sich das Project zu einer Verbindung zwischen England und Spanien an
dem Hochmuth und Eigensinn der beiderseitigen Minister (1623). Dagegen dau=
erten die Klagen in Großbrittanien über Bedrückungen und Verfassungsverletzun=
gen fort, und das Parlament, dessen Einberufung nach langen Zwischenräumen
doch immer wieder nöthig wurde, fing allmälig an, mit großem Trotze dem König=
thume entgegen zu stehen. Das Unterhaus, aus wohlhabenden Edelleuten und den
reichen Vertretern der Städte gebildet, zeigte sich bereits stark vom puritanischen

Geiste durchdrungen und eifersüchtiger, als es je unter den Königen des Hauses Tudor gewesen, seine verfassungsmäßigen Rechte überwachend. Nach einer durchaus nicht weisen und bedeutenden Regierung hinterließ Jakob I., welcher zugleich ein streitsüchtiger, gelehrter Theologe und leichtfertiger Genußmensch gewesen war, bei seinem Tode (27. März 1625) ein in steigender Gährung begriffenes Reich seinem Sohne Karl I.

Es muß hier bemerkt werden, daß unter Jakob I. die eigentliche Begründung jener Colonien statt fand, welche heute als Nordamerikanische Union bastehen. Die bezüglichen Küsten waren schon im J. 1497 durch Sebst. Cabot aufgefunden, von Elisabeth später (1584) dem berühmten Seemanne Walter Raleigh (spr. Rahli) geschenkt worden, und erhielten damals den Namen Virginia. Die Niederlassungen, welche Raleigh hier versuchte, hatten aber alle keinen Bestand. Erst im J. 1606 begann eine regelrechte und fortschreitende Colonisirung; Jakob I. bestätigte damals zwei Handelscompagnien; die eine erhielt das Land vom 34.—40.° N. B., welchem der Name Virginia verblieb; die andere wurde Eigenthümerin vom 40.—46.°, welche Küsten den Namen Neu-England erhielten. Als Enclave von diesem Gebiete umschlossen verblieb jedoch zwischen den 40.—42.° Neu-Niederland im Besitze der Holländer. Die erwähnten Colonien der Engländer gewannen unter mannigfachen Wechseln des Schicksals bald einen ziemlichen Aufschwung, besonders durch zahlreiche Einwanderung von Katholiken und Puritanern, welche unter Karl I. dem im Mutterlande herrschenden Drucke zu entfliehen trachteten. In Virginia, wo im J. 1630 die Einfuhr der Negersclaven ihren Anfang nahm, wurde vorzüglich der Tabakbau wichtig.

34. Großbrittanien unter Karl I. bis 1640. Karl I., welcher mit Henriette Marie, einer französischen Prinzessin, vermählt war, mußte schon wegen der Duldung des Katholicismus an seinem Hofe auf ein starkes Mißtrauen bei seinen streng protestantischen Unterthanen gefaßt sein. Er selbst vermehrte dasselbe durch eine allzu offenkundige Hinneigung zu der Hierarchie und den prunkvollen Ceremonien, welche die römische Kirche so ungemein von dem helvetischen Bekenntnisse unterscheiden. Obgleich nun Karl I. keineswegs der schulmeisterlich strenge Pedant wie sein Vater, obgleich sein Auftreten königlich, sein Leben unbescholten war, ließ doch auch er sich von denselben Irrthümern befallen, welche einen fortwährenden Zwiespalt zwischen Jakob I. und dem Volke genährt hatten. Karl räumte dem ererbten Günstlinge und Minister, dem verhaßten Buckingham, noch größere Gewalt ein als bisher, Karl suchte nicht nur der Hochkirche alleinige Geltung in allen drei Königreichen mit Gewalt zu verschaffen, sondern er strebte zugleich, dieselbe äußerlich noch näher dem römischen Cultus zu bringen,

Karl glaubte ferner, was in einem conſtitutionellen Staate eine gefährliche Mei=
nung bleibt, an ein unbedingtes Königthum von Gottes Gnaden, und kümmerte
ſich deßhalb um Herkommen und Verfaſſung nur inſoweit, als dieſelben ſeinen
Anſchauungen, Verſchwendungen und Experimenten keinen Zaum anzulegen geeig=
net waren. — Bereits war aber der o p p o ſ i t i o n e l l e Geiſt im Volke, genährt
durch ſchwärmeriſchen Religionseifer, ſo lebendig geworden, daß jeder Verſuch, ihn
zu unterdrücken, nur zu größerer Thätigkeit ihn weckte, und daß er den zahlreichen
Sünden der Regierung gegen die Verfaſſung ebenſo zahlreiche Vergehen gegen
die königliche Autorität entgegenſtellte. Die Fehler häuften und vergrößerten ſich
auf beiden Seiten: Verachtung der Volksrechte und des Volksglaubens, dann
Zweideutigkeit in den gegebenen Verſprechungen vom Throne her, Trotz und Auf=
lehnung bei den Repräſentanten des Volkes, Starrſinn und fanatiſcher Zelotis=
mus auf beiden Seiten konnten ſchließlich nur zu einer Kataſtrophe führen.

Da das regelmäßige Einkommen der Krone ſehr unbedeutend war (unge=
fähr 5 Millionen fl. jährlich), ſo mußten die Könige Englands ihre Zuflucht zu
dem Parlamente nehmen, um ſich von demſelben alljährlich Subſidien in Geſtalt
von Steuern und Abgaben bewilligen zu laſſen. Eben deßhalb war für den Staat,
ſollte ſeine Maſchine nicht ins Stocken gerathen, eine vollkommene Harmonie
zwiſchen Regierung und Volksvertretung unerläßlich nothwendig. Karl I. bedurfte
gleich von ſeiner Thronbeſteigung an beträchtliche Summen, theils wegen ſeiner
leichtfertigen Geldgebarung, theils auch wegen der auswärtigen Verhältniſſe:
denn England unterſtützte jetzt den Kurfürſten Friedrich, dann den däniſchen
König Chriſtian IV. in ihren Unternehmungen gegen den Kaiſer und hatte zu=
gleich auch einen Krieg gegen S p a n i e n begonnen. Obgleich nun die auswärtige
Politik im Sinne des Volkes war, bewilligte das erſte Parlament (1625) der
Regierung nur die unbedeutende Summe von 100.000 Pfd., denn es wollte durch
die Finanzverlegenheiten, die es dem König bereitete, ihm größere Duldung gegen
die D i ſ ſ e n t e r s [1]) und noch härtere Unduldſamkeit gegen die Katholiken ab=
trotzen: zwiſchen dieſen zwei Angeln bewegte ſich nämlich dasjenige, was die
Britten unter religiöſer Freiheit damals verſtanden — und beiläufig auch heute
noch verſtehen. Der König löſte nun das Parlament von 1625 ſowie jenes des
nächſtfolgenden Jahres auf; letzteres war bereits weiter gegangen, und hatte ſo=
gar eine Anklage gegen Buckingham erhoben. — Weil das Unterhaus mit fortge=

---

[1]) Das Wort „Diſſenter" bezeichnet bei den Engländern im weiteren Sinne alle
jene Chriſten, welche ſich nicht zur herrſchenden Hoch= oder Epiſcopal=Kirche bekennen;
im engeren und gewöhnlicheren Sinne aber eben dieſelben mit Ausſchluß der Katholiken,
demnach Presbyterianer, Independenten, Quäcker u. dgl.

festem Trotze dem Könige weder die Mittel zu den laufenden Ausgaben noch zur Tilgung der bereits auf eine Million Pfd. angewachsenen Staatsschuld bewilligte, so war Karl I. in Wirklichkeit gezwungen, ohne verfassungsmäßige Bewilligung Steuern vorzuschreiben und gewaltsam zu erpressen. Dahin gehörte vorzugsweise das Tonnen= und Pfundgeld (Tonnage and Poundage), eine Abgabe von Ein= und Ausfuhr, welche seit Heinrich VII. jedem Monarchen auf Lebenszeit, dem dermaligen Könige aber bloß für ein Jahr bewilligt worden war. Karl I., das Herkommen als Verjährungsrecht auffassend, schrieb demnach diese Steuer ohne Ermächtigung weiter vor; zugleich erhob er sehr starke Zwangsanleihen von den Städten und den reicheren Grundbesitzern, plagte die Widerspenstigen mit Einquartierungen, und steckte Einzelne in die Kerker, Aermere aber unter die Truppen.

Unterdessen hatte England nach einer verunglückten Seeexpedition gegen Cadix (1625) den Krieg gegen Spanien nur lässig fortführen können. Die täglich wachsende Mißstimmung des Volkes hoffte der Minister Buckingham durch Unterstützung der Stadt La Rochelle in ihrer Auflehnung gegen Frankreich beseitigen zu können; allein die wiederholten Seezüge der Engländer hatten keinen Erfolg; als Buckingham zu einem letzten Versuch in Portsmouth (spr. Ports= mösh) sich einschiffen wollte, wurde er daselbst von einem puritanischen Schwärmer, Felton (spr. Felt'n) am 23. Aug. 1628 ermordet. Die bald darauf dennoch erfolgte Expedition nach La Rochelle lief neuerdings schmählich für England ab (§. 31). Bevor Buckingham, der leichtfertige Rathgeber zweier Könige, sein gewaltsames Ende gefunden, hatte das am 17. März 1628 eröffnete dritte Parlament den Kampf gegen die Regierung mit Energie fortgesetzt. Zwar waren vom Könige kurz vorher mehrere versöhnliche Maßregeln, darunter die Freigebung vieler politischer Gefangenen, angeordnet worden, aber Karl I. verdarb selbst den guten Eindruck wieder, indem er dem Parlamente klar ankündete, daß er nöthigenfalls auch ohne seine Einwilligung sich Geld verschaffen werde. Nun aber stellte das Unterhaus mit besonnener Kraft seine Klagen und Forderungen auf, bedrohte den damals noch lebenden Buckingham neuerdings mit einem Processe, und machte Miene, die Steuern wieder zu verweigern. Diese beiden Eventualitäten zu verhindern, entschloß sich der König nachzugeben und die vom Parlamente vorgelegte Petition of rights (spr. Petisch'n of reits, „Bitte um Rechte") zu einem Staatsgrundgesetze zu erheben (6. Juni 1628). Hierin wurde bestimmt, daß Niemand Steuern oder Darlehen ohne Bewilligung der beiden Häuser zu geben brauche, daß die übermäßigen Einquartierungen und die willkürlichen Einkerkerungen aufzuhören haben. Trotz dieser Zugeständnisse von Seite der Krone wurde doch bezüglich des Tonnen= und Pfundgeldes ein Einverständniß mit dem Parla=

mente nicht erzielt; der König sah sich veranlaßt, dieses zu vertagen, die be=
anständeten Abgaben aber nach wie vor einzutreiben.

Als vertrauter Minister stand seit Buckingham's Tode dem Könige Went=
worth (spr. Uentworßh) zur Seite. Dieser, ehemals einer der tüchtigsten Oppo=
sitionsredner, ausgezeichnet durch Geist und Kenntnisse, war ganz zur königlichen
Partei übergetreten und sogar entschiedener Absolutist geworden. Mit aller Kraft
seiner Begabung strebte er dahin, den Gegensatz zwischen Krone und Parlament
einfach durch Unterdrückung des letzteren hinwegzuräumen, und dann den unum=
schränkten Willen des Königs zum Besten des Landes wirken zu lassen. Er wollte
der Richelieu Englands werden. War der frühere Minister, Buckingham, verhaßt
wegen seines leichtsinnigen Hochmuths und seiner Inconsequenz, so mußte Went=
worth noch im höheren Grade gefürchtet sein wegen seiner mit Starrheit und
klugem Sinne verfolgten Tendenzen, angefeindet ferner als Renegat seiner ehe=
maligen Ansichten. Uebrigens hätte er vielleicht wirklich dem Könige Siege errin=
gen können, wenn letzterer außer der absoluten Herrschaft in politischen Dingen
nicht auch eine solche im Gebiete der Religion angestrebt hätte. Hier war der
Bischof Laud (spr. Lahd) der Leiter und zugleich das Werkzeug des Königs. Karl I.
hielt sich nämlich ganz an den Wahlspruch seines Vaters „Kein Bischof, kein
König," und wollte demnach die Puritaner, welche nur einfache Priester ohne
Rangsunterschied zuließen, gleich den übrigen Secten unter die Pyramide einer
Hierarchie hinwerfen, deren Spitze, wie es die Hochkirche wollte, in der Person des
Königs zu erblicken gewesen wäre. Laud nun, ein rechtlicher aber starrköpfiger
Mann, der unbedingt nur das als gut gelten ließ, was ihm gut schien, trachtete
die englische Kirche in ihrem Cultus noch pomphafter und stolzer zu gestalten als
bisher, sie äußerlich dem Papismus noch näher zu bringen, er setzte weiter bei dem
Könige harte Verfolgungen der Puritaner durch. Viele ihrer Priester, aus ihren
Pfarren vertrieben, irrten arm und glaubenseifrig wie die Apostel im Lande umher,
predigten wie diese in Fluren und Wäldern vor zahllosen Mengen, und schadeten in
ihrer Dürftigkeit der Hochkirche mehr, als diese mit allem Prunke ihres Reich=
thums je wieder gut machen konnte. Denn nicht nur der gemeine Haufen hörte mit
Andacht die glühenden Predigten dieser Schwärmer, auch die Bürger, viele Edel=
leute und Parlamentsmitglieder wandten sich einer Lehre zu, welche die Gleichheit vor
Gott und dem ewigen Gesetze, den Widerstand gegen jeden Frevel auf ihre Fahnen
geschrieben hatte. Indem der König Politik und Religiöses in einander schlang,
bewirkte er, daß die Opposition im Staate mit jener in der Kirche sich verschmolz.

Schon das Parlament von 1629 kämpfte mit Heftigkeit gegen die starre
Herrschaft der Hochkirche, sowie zugleich gegen den Papismus und die Arminianer,

deren gemäßigter und freisinniger Calvinismus (§ 28) für ungläubige Frivolität
galt. Das Unterhaus verstieg sich hiebei sogar zu entschieden revolutionären
Schritten, welche dann die Auflösung des Parlaments durch den König zur Folge
hatte (10. März). Um nun einigermaßen der großen Geldbedürfnisse entledigt zu
sein, schloß Karl I. nach erfolglosen Kriegen Frieden mit Frankreich und
Spanien (14. Apr. 1629 und 5. Nov. 1630). Von nun an beschloß er ohne Parlament zu regieren; dabei aber wurden nicht nur die bisherigen ungesetzlichen
Steuern beibehalten, sondern auch neue auf viele der wichtigsten Lebensbedürfnisse
eingeführt; am meisten böses Blut erregte jedoch das sogenannte Schiffsgeld,
angeblich zur Erhaltung der Seemacht. Sehr nachtheilig auf die Industrie wirkten
ferner zahllose Monopole, welche bei dem Könige um Geld zu haben waren. Zugleich wurden die Dissenters von allen Aemtern ausgeschlossen und derart bedrückt, daß viele zur Auswanderung in die amerikanischen Colonien sich ent-
schloßen. Um die Widerspenstigen, deren Menge immer größer wurde, ihren
ordentlichen Richtern zu entziehen, dienten die Sternkammer und die hohe
Commission; erstere war ein vom Königthum selbst willkürlich bestelltes Gericht für Staatsverbrechen, letztere aber eine geistliche Behörde für Vergehen gegen
die Hochkirche. Beide Gerichte machten sich im höchsten Grade verhaßt, da sie
wegen unbedeutender Vergehen über geachtete Männer barbarische Strafen, z. B.
Pranger, Stäupen und Ohrenabschneiden, verhängten. Selbstverständlich wurden
die Verurtheilten Märtyrer in den Augen des Volkes.

Unter diesen Umständen mußte die Erhebung des herrschsüchtigen Laud zum
Erzbischofe von Canterbury (spr. Käntrbörri), also zum Primas von England als
ein wahres Unglück betrachtet werden. Nun fürchteten die Presbyterianer noch
mehr als früher, zu halben Katholiken umgestaltet zu werden, mit dem Unterschiede nur, daß ihr Pabst nicht in Rom, sondern zu London als König thronen
würde. Wirklich führte Laud alsbald in der Liturgie einige Neuerungen ein,
welche an die römische Kirche erinnerten. Verhängnißvoll wurde der Versuch, die
Hierarchie und Liturgie der Hochkirche auch in Schottland zur vollen Geltung
zu bringen. Hier war durch Jakob I. mehr der Schein als die Wesenheit der
Episcopalkirche über dem demokratischen Unterbaue des reinen Presbyterianismus
aufgerichtet worden, der König hatte hier keinen Anspruch auf die leitende Stimme
in allen geistlichen Dingen. Im J. 1637 wollte nun Karl I., von Laud geleitet,
auch in Schottland eine Kirchenordnung, den Priester- und Kirchenschmuck wie in
England einführen. Allein das weiße Chorhemd, in welchem der Dechant von
Edingburgh am 23. Juli in der Cathedrale erschien, bewirkte einen förmlichen
Aufruhr, der im ganzen Lande bald die Beleidigung und Mißhandlung der

sämmtlichen Bischöfe zur Folge hatte. Nun bestand in Schottland seit 1588 der Covenant, eine Verbindung aller Stände zur Fernhaltung des Papismus und aller seiner Ceremonien. Auf Grundlage desselben bildeten sich jetzt in Edinburgh vier Ausschüsse, Tafeln genannt, welche bei dem Gehorsam, den ihre Anordnungen im ganzen Lande fanden, eine förmliche Volksregierung zur Seite der königlichen darstellten. Der neue Covenant, welcher Widerstand gegen jede Neuerung in Kirchensachen, sonst aber Gehorsam gegen den König zur Pflicht machte, wurde von unzähligen Massen Volkes feierlich beschworen (1. Mai 1638).

Obgleich nun endlich Karl I. zum Nachgeben sich anschickte, hielten die mißtrauischen Puritaner zu Glasgow (spr. Gläsgo), trotz des königlichen Verbotes, eine Presbyterial=Synode ab (Nov. 1638), und beschlossen auf demselben sogar die Aufstellung einer eigenen Covenants=Armee. Richelieu verabfolgte den Unzufriedenen 200.000 Kronen; der Oberst Leslie, welcher früher in schwedischen Diensten gestanden, leitete die Organisation der neuen Truppen. Bald hatten die Aufrührer auch alle festen Plätze des Landes in ihre Gewalt gebracht. Nun säumte der König nicht, auch seinerseits durch Aufbietung des englischen Adels, denn stehende Truppen hatte er nur in sehr geringer Zahl, ein Heer gegen die Schotten zu versammeln. Im Sommer 1639 standen bei Berwick (spr. Berrick) die beiden Armeen einander gegenüber: eine aber war weniger tüchtig als die andere. Weil nun jede Partei von der Beschaffenheit ihrer Truppen sich kaum einen günstigen Ausgang versprechen durfte, so kam es vorderhand noch zu einem Vertrage, laut welchem ein neu zu berufendes Parlament über die Streitpunkte entscheiden sollte. Der König, dessen Geldmittel bereits erschöpft waren, entließ nun sein Heer, während die Covenants=Truppen nur zum Scheine ihre Waffen ablegten. Nun begann wirklich eine neue Versammlung im Namen des schottischen Volkes mit dem Könige zu unterhandeln; da man aber von beiden Seiten gleich eigensinnig blieb, so schien abermals die Entscheidung von den Waffen abhängig. Der herrschsüchtige und stolze Minister Wentworth, welchen Karl I. vor Kurzem zum Grafen von Strafford (spr. Sträfförd) erhoben hatte, meinte, „daß man die Schotten mit Peitschenhieben zur Vernunft bringen müsse," und rieth dem Könige, zur Einberufung des englischen Parlamentes, um von diesem die Mittel zum Kriege gegen Schottland bewilligt zu erhalten. Nach eilfjähriger Unterbrechung trat denn das Parlament in London wirklich zusammen; dasselbe schien Anfangs sich so ziemlich zur Mäßigung zu neigen, bis die unvorsichtig hochmüthige Aeußerung des Staatssecretärs Vane (spr. Wähn), daß der König nur alle geforderten Subsidien oder gar nichts nehmen werde, die bessere Stimmung mit einem Male verdarb. Karl I. sah sich deßhalb auch jetzt wieder zur Auflösung des Parlaments genöthigt (3. Mai 1640).

35. Das lange Parlament und der Beginn des Bürgerkrieges, 1640—1642. Durch erzwungene Geschenke und Anleihen brachte Karl I. so viel Geld zusammen, um ein Heer von 19.000 M. Fußvolk und 2000 Reitern im Lande selbst auszuheben; das Volk hatte jedoch diese noch ungewöhnliche Art der Rekrutirung an vielen Orten durch Widerspänstigkeit verzögert, weßhalb denn die Schotten dem Könige an den Grenzen zuvorzukommen vermochten. Ein Treffen bei Newburn am Tyne (spr. Njubörn, Tein), in welchem die Schotten siegten (28. Aug. 1640), hatte den Rückzug des ganzen königlichen Heeres zur Folge. Karl I. sah sich genöthigt, mit den Covenantern, welche sich über die drei nördlichen Grafschaften von England ausbreiteten, neue Verhandlungen anzuknüpfen. Diese wurden von den Schotten absichtlich in die Länge gezogen, weil sie wußten, daß die Mittel des Königs nicht lange zur Erhaltung seines ohnedem nur unwillig dienenden Heeres ausreichen würden.

Die englischen Pairs, welche Karl I. in seiner Verlegenheit zu sich berief, drangen mit Eifer darauf, daß ein neues Parlament einberufen werden müsse. Ein Theil jener Lords aber ging weiter und schloß mit den Covenantern einen Vertrag, laut welchem diese für ihr ferneres bewaffnetes Verweilen in den Grenzgrafschaften ansehnliche Subsidien von England beziehen sollten. Am 3. Nov. 1640 trat das neue Parlament zusammen; gleich Anfangs erwies es sich, daß in demselben die fanatische Partei der Puritaner die Oberhand besitze. Weit entfernt, die Schotten zum Ablegen der Waffen und zur Räumung Englands zu zwingen, zahlte ihnen das Parlament vielmehr für ihr Bleiben 300.000 Pfd. an Subsidien; dagegen wurden die Beiträge für das königliche Heer spärlich bewilligt und unvollständig ausgefolgt, woraus zu ersehen war, daß das Parlament letzteres offenbar allmälig auseinander treiben, jenes der Covenanter aber später gegen den König gebrauchen wollte. Entschieden zeigte sich eine revolutionäre Stimmung; dem Unterhause und vielen Lords war es offenbar nicht mehr um die Wiederherstellung der verfassungsmäßigen Zustände, sondern um die völlige Unterdrückung des Königthums und der Hochkirche zu thun: die Puritaner träumten sich ein neues Reich Gottes auf Erden, in welchem nur die Frömmigkeit im streng calvinistischen Sinne Anspruch auf Ansehen und Macht geben sollte, vorausgesetzt natürlich, daß jene Frömmigkeit mit dem in England immer unerläßlichen Reichthume gepaart sein würde: Gold und Gott sollten fortan die einzigen Regenten im Reiche sein. Bei diesen Tendenzen, die so schnurstracks jenen des Königs und seiner Freunde zuwiderliefen, war es nur zu natürlich, daß alle Beschlüsse der Sternkammer und der Hohen Commission aus jüngster Zeit sowie diese Gerichte selbst umgestoßen, daß das Schiffsgeld als aufgehoben, die Beamten aber, welche im

Sinne der Regierung sich hatten verwenden lassen, als strafbar erklärt wurden. Selbstverständlich erfolgten unter Einem vom Unterhause aus die Anklage des Ministers Strafford (Wentworth) und viele Anmaßungen, welche weit über die Rechte der beiden Häuser hinaus in das Gebiet der offenen Revolution spielten.

In dem Wunsche, seinen Rath aus dem Proceßverfahren zu retten, bewilligte Karl I. die meisten der von den beiden Häusern aufgestellten Forderungen, darunter auch die, daß das Parlament wenigstens in je drei Jahren einmal versammelt werden müsse. Aber auch die Nachgiebigkeit des Königs, welcher sogar aus der Opposition sein neues Ministerium bildete, rettete nicht mehr seine Freunde; Strafford führte seine Vertheidigung vor dem Oberhause mit edler und gründlicher Beredsamkeit (22. März. 1641 u. f. w.); kein einziges Verbrechen, das den Tod nach sich zog, konnte ihm nachgewiesen werden; das Oberhaus neigte sich daher zur Freisprechung. Aber das Unterhaus beschloß unter der Führung von Hampden (spr. Hämb'n), Pym und dem jüngeren Vane, daß auch eine Summe von mehreren kleineren Verbrechen zur Schöpfung des Todesurtheils berechtige; dieser Beschluß wurde im Unterhause unter terroristischen Maßregeln durchgesetzt, indem ein Pöbelhaufe von mehreren Tausenden das Gebäude gleichsam belagerte (2. Mai.); ja die pietistischen Schreckensmänner gingen noch weiter, indem sie die 59 Parlamentsglieder, welche gegen jene Verdrehung des Gesetzes gestimmt hatten, durch Anheftung ihrer Namen in allen Straßen dem Zorne des Pöbels preis gaben, um so für die Zukunft jede loyale Meinung durch Furcht zu ersticken.

Karl I. suchte vergebens, den Gouverneur des Tower (spr. Tau'r) zu bestechen, daß er seinen Gefangenen freilasse. Ebenso fruchtlos blieb der Versuch des Königs, das Unterhaus von der Verfassungswidrigkeit seines Verfahrens zu überzeugen. Das Urtheil hing nun von dem Hause der Pairs ab; aber auch dieses war durch Einschüchterung bereits um seine Stimmfreiheit gebracht worden; von 80 Pairs, welche der Untersuchung über Strafford beigewohnt hatten, erschienen am 8. Mai, dem Tage des Gerichtes nur 45, und auch da ergab sich für die Verurtheilung bloß eine Majorität von sieben Stimmen. Nun war es am König, das Urtheil zu bestätigen oder zu verwerfen; allein die Stimmung des Pöbels ward bereits im höchsten Grade bedrohlich, und Strafford schrieb edelsinnig seinem Gebieter, daß es besser sei, einen treuen Minister als das Königthum selbst aufzuopfern. Widerstrebend unterzeichnete Karl nach einander das Todesurtheil seines Freundes und ein Gesetz, durch welches der König sich verpflichtete, das dermalige Parlament nicht ohne dessen Zustimmung aufzulösen. Mit edler Würde starb Strafford am 12. Mai unter dem Beile, ein Mann, der zwar ein Gegner war der Verfassung, keineswegs aber seines Vaterlandes.

Das Unterhaus setzte sich jetzt keine Schranken mehr in seinen legislatorischen Handlungen, mit welchen es weit über das Billige und Verfassungsmäßige hinausgriff. In seiner Noth wußte der König sich keinen andern Rath, als nochmals mit den Schotten es zu versuchen; denn obgleich fanatische Schwärmer und Anreger der jetzigen Unruhen, schienen sie doch noch immer ehrliche Royalisten, was viele Engländer keineswegs mehr waren. Das Parlament zu London fing nun allerdings an, sich ein wenig zu fürchten; weil es während der Abwesenheit des Königs sich vertagen mußte, so bestimmte es für die Zeit vom 9. Sept. bis 20. Oct. 1641 zwei Ausschüsse mit ausgedehnten, gesetzwidrigen Vollmachten. Früher aber eilte das Parlament noch, mit den Schotten einen Frieden herzustellen, und demnach sowohl das bisher von England bezahlte Heer des Covenants wie jenes des Königs nach Auszahlung der Soldforderungen aufzulösen, auf daß sie nicht etwa beide vereint ihre Waffen gegen den englischen Republikanismus kehren möchten. Am 14. Aug. 1641 war Karl I. in Edinburg angekommen, wo ein ebenso stürmisches Parlament tagte, wie jenes in London war. Aber indem die Schotten bei ihrer Auflehnung keine eigentlich destructiven Hintergedanken verfolgten, gelang es dem König, hier Befriedigung zu geben, und mit besseren Hoffnungen nach London zu kehren. Auch hier äußerte sich bei der Ankunft des Königs (25. Nov. 1641) das Volk günstig und vertrauensvoll; aber gerade die Rückkehr zu geordneten und verfassungsmäßigen Zuständen war dasjenige, was die Führer des englischen Parlaments jetzt am meisten zu verhindern suchten; sie waren mit ihren revolutionären Absichten schon zu weit gegangen, als daß sie einen Stillstand oder eine Umkehr gefahrlos hätten wagen dürfen. Falsche Gerüchte über die Bewegungen in Irland mußten ihre neuen Minen gegen das Königthum laden.

Irland war für die Britten ein erobertes Land, in welchem nur das Recht des Stärkeren galt. Die eingebornen Kelten wurden wie Pariah's behandelt und in einer Weise bedrückt, die bei dem auf seinen Freiheitssinn so stolzen englischen Volke unbegreiflich wäre, wenn man nicht wüßte, daß gerade die eifrigsten Demagogen, die für sich alle denkbare Ungebundenheit verlangen, häufig die ärgsten Despoten sind gegen alle Andersdenkenden. Indem nun weitaus die Mehrzahl des irischen Volkes der römischen Kirche treu blieb, fand das englische Parlament die auf der Nachbarinsel von der Regierung ausgeübten Thyranneien noch immer zu milde. Jakob I. hatte die Unbilligkeit seiner Vorfahren bereits bis an die äußerste Grenze getrieben. Durch Abschaffung der heimischen Gesetze und Gerichte, dann der Clanverfassung, ferner durch eine räuberische Vertreibung vieler Grundeigenthümer aus ihren Gütern, welche herbeigerufenen Engländern verliehen wurden, endlich durch die strengen Gesetze gegen den Katholicismus hatte er die Geduld des

5

gänzlich verarmten und moralisch vernichteten Volkes auf die härteste Probe gestellt. Zwar hatte dann Karl I. im J. 1628 ein Gesetz erlassen, welches den ferneren Beraubungen ein Ziel setzte, aber die Härte, mit welcher Strafford von 1632 an durch mehrere Jahre die Verwaltung des Landes führte, regte wieder in anderen Richtungen das Volk zur Unzufriedenheit auf. Die Iren hatten jedenfalls mehr Recht zur Empörung als die Engländer, und als das Londoner Parlament auch hier wie sonst überall die königlichen Truppen reducirte, brach im J. 1641 mit raschem Anwachsen ein furchtbarer Aufstand aus, dessen Grausamkeiten weniger der Regierung als den verhaßten englischen Eindringlingen fühlbar wurden. 120.000 der letzteren sollen hierbei um das Leben gekommen sein.

Eben in dem Umstande, daß die Iren bei ihrer Empörung gegen das Princip des Königthums keine Feindschaft äußerten, fand das englische Parlament die Handhabe, um den in London freundlich aufgenommenen König zu verdächtigen, und die Anklage über eine Verschwörung zu erheben, welche angeblich zwischen dem Hofe, den Bischöfen der Hochkirche und den Papisten zum Sturze der brittischen Verfassung ausgebrütet worden wäre. Es gelang den Demagogen Londons, den leichtgläubigen Pöbel irre zu führen; die Stellung des Königs war mit dem einen Schlage mehr als je erschüttert, und viele anglikanische Bischöfe waren fortan nicht mehr ihres Lebens sicher. Nachdem die Nachgiebigkeit Karl's bisher nur üble Früchte getragen, entschloß er sich zu gewaltthätigen Schritten, welche überhaupt seinem Wesen mehr zusagten. Aber der Moment war übel gewählt; die Macht des Parlaments war eben jetzt wieder befestigt, und der Versuch, fünf seiner kecksten Sprecher zu verhaften, schlug dem Könige vollständig fehl; ja seine eigene Auto=rität, die er dabei in das Spiel brachte, erlitt dadurch nur eine gewaltige Einbuße (3. Jän. 1642). Die Bürgerschaft von London stellte sich für das Parlament unter die Waffen, ihm zum Schutze eilten Tausende von Landleuten und Seesol=daten herbei; das Parlament verfügte auch bereits über geworbene stehende Truppen, deren Oberbefehl dem Grafen Leicester (spr. Lester) und einem Kriegsrathe über=tragen war. Die fünf mit Verhaftung bedroht gewesenen Deputirten kehrten, nach=dem sie einige Tage sich verborgen gehalten, in einem förmlichen militärischen Triumphzuge in das Unterhaus nach Westminster zurück (11. Jän.). Dafür aber fingen die loyal gesinnten Mitglieder beider Häuser mehr und mehr an, sich von den Sitzungen ferne zu halten, weil die Demagogen durch terroristische Gesetze und noch mehr durch die Fäuste des künstlich aufgereizten Pöbels jeden Unbefangenen am Leben bedrohten. Auch König Karl sah sich bereits so gefährdet, daß er am Abend des 10. Jän. London verließ, um im nördlichen England ein Heer aus seinen Anhängern, den sogenannten Cavalieren, zu bilden. Noch machte er einen

Verfuch, mit dem Parlamente sich zu verständigen; weil aber im Unterhause die
Revolutions = Partei längst die Oberhand hatte, die Pairs hingegen aus Mangel
an moralischem Muth ihre constitutionelle Würde nicht zu wahren wußten, so
maßte sich das Parlament die ganze Executive im Staate an. Es beauftragte die
Commandanten der festen Plätze, den Befehlen des Königs keine Folge zu leisten;
es ernannte die Lordlieutenants, welchen die Milizen der Grafschaften unterge=
stellt sind; es schloß die Bischöfe und die katholischen Lords von der Theilnahme
am Parlarmente aus, u. s. w. Während Truppenaushebungen dem Könige für
alle Zeiten vom Parlamente untersagt wurden, nahm es sich selbst dieses Recht
heraus, und drohte jedem, der gegen die Errichtung eines Heeres auch nur peti=
tioniren würde, mit der Strafe des Hochverrathes. Bei dem starren Festhalten des
Parlaments an allen diesen Forderungen blieb dem Könige dann freilich nichts An=
deres als die Waffenentscheidung übrig.

36. Der englische Bürgerkrieg, Feldzüge 1642—1644.

Bei fast allen Revolutionen in industriellen, demnach mit einem starken Bürger=
thume versehenen Staaten, drängt sich uns die Beobachtung auf, daß es die Mi=
norität des Volkes war, welche über die Mehrzahl den Sieg davon trug. Auch in
vollkommen constitutionellen Staaten ist nämlich nicht nur der Kriegerstand mit
seiner Tendenz für die Staatsgröße, sondern auch die Menge und der Kern der
Nation, der Bauernstand, so gut wie gar nicht stimmberechtigt; was sich als seine
Vertretung geberdet, gehört dem Landadel oder den gelehrten Classen an. Diesem
Uebelstande ließe sich nur durch einen noch größeren abhelfen, nämlich durch eine
Vertretung des Landvolkes durch Landleute selbst: bei dem gewöhnlichen Unverstän=
niß dieser Menschen für höhere Staats= und Rechts=Fragen würde man aber in
diesem Falle die ganze Verfassung zum Spielzeug einzelner Parteihäupter herab=
würdigen. Der hier erwähnte, leider wohl nie ganz zu beseitigende Mangel des
Constitutionalismus macht es erklärlich, wie auch in demselben trotz seines sonstigen
Werthes so leicht tiefgreifende Revolutionen zu Stande kommen können. Der
gebildete Mittelstand sucht im Gefühle seiner geistigen Ueberlegenheit sich auch nach
oben noch mehr geltend zu machen, seine Führer, Advokaten, Professoren, reiche
Geschäftsleute bauen nach abstracten Begriffen ein ideales, daher unmögliches
Staatssystem auf; läßt nun in Folge eines zwischen der Krone und den besitzenden
Classen bestehenden Zerwürfnisses ein Theil des Adels oder Clerus in seiner son=
stigen conservativen Gesinnung nach, so treibt das Staatsschiff ohne Steuerung vor
dem Sturme; das Gleichgewicht der Kräfte ist gestört; und in Wirklichkeit sind es am
Schlusse einige Parteihäupter, welche im Namen des Volkes, aber gegen seine
Neigung, unter dem Titel der Freiheit, Gleichheit und des Gesetzes eine anarchische

Despotie über das gesammte Volk sich anmaßen und erringen. — Auf dem Wege zu einem gänzlichen Umsturze befand sich auch der brittische Staat, seitdem es den Führern des Unterhauses gelungen war, einzelne Pairs zu sich heranzuziehen, die Gegner ihrer Meinungen aber durch Schrecken einzuschüchtern und theilweise zu vertreiben. Wirklich wurde der Anhang des Königthums in dem Maße, als dem Volke die Augen aufgingen, täglich größer; aber längst schon war unter dem legalen Vorwande der Verfassung eine ganz ungesetzliche Macht dem Parlamente eigen geworden; es besaß den Titel des Rechtes und durfte es sich erlauben, diejenigen, welche das wahrhaftige Recht vertheidigten, als Empörer zu behandeln: jede siegreiche Usurpation hat, wie immer die Gewalt, alle unselbstständigen, zaghaften und nicht fernehin denkenden Geister, damit die Schätze des Reiches und die Mehrzahl der Menschen unter ihrer Herrschaft. Zwar versammelten sich bei Karl I. zu York viele Mitglieder des Unter= und des Oberhauses; viele Grafschaften im Norden und Westen von England erklärten sich für die königliche Sache; ja selbst die Irländer, so sehr sie auch unter den Tudor's und Stuart's gelitten hatten, und vielleicht auch die Schotten trotz ihrer puritanischen Schwärmerei schienen für den König noch zu gewinnen; die Royalisten aber standen der factischen Gewalt nur mehr als zerrissene, unlenksame und unbemittelte Partei gegenüber, und traten nur vereinzelt und schon halb entmuthigt für ihre Ansicht ein. Dagegen verfügte das Parlament über die Staatseinkünfte, über London und die meisten Städte, über die festen Plätze, über stehende Truppen und Milizen, endlich über die Flotte. Der Süden und Westen des Landes folgte unbedingt der Revolutionsregierung; das Volk, durch sie bisher nur von schweren Lasten befreit und in seinem religiösen Gefühle befriedigt, hatte nicht den Scharfblick, um die Endziele der fortdauernden Auflehnung für jetzt schon auch nur zu ahnen.

Mehrere Monate waren in fruchtlosen Verhandlungen zwischen Karl und dem Parlamente verstrichen; letzteres hatte mittlerweile sein Heer auf 22.000 M. zu Fuß und mehr als 4000 Reiter gebracht; ein Sicherheitsausschuß von 15 Mitgliedern leitete die Kriegsangelegenheiten. Seinerseits hatte der König durch Verpfändung seines Schmuckes und durch freiwillige Geschenke einige kleine Summen für den Krieg aufgebracht; im August 1642 entbot er die ihm ergebenen Edelleute nach dem Sammelplatze Nottingham (spr. N—hämm). Von hier aus wandte er sich nach den Grenzen von Wales (spr. Uäls), verstärkte sich durch zuströmende Cavaliere bis auf beiläufig 16.000 M., und zog dann dem etwas stärkeren, aber an Geschütz ärmeren Parlamentsheere entgegen; letzteres wurde vom Grafen Essex, die königliche Armee aber von Lord Lindsay (spr. L—seh) befehligt. Auf dem **Edgehills** (spr. Edschhills), einem Höhenzuge nördlich von Oxford (spr. Oxförd) trafen die beiden Heere auf einander (23. Oct. a. St. [1]). Beiderseits waren die Truppen noch sehr mangelhaft organisirt, daher übte das durch drei Stunden fortgesetzte Artilleriefeuer auch mehr Wirkung durch seinen Lärm als durch seine Geschosse; vom Parlamentsheere liefen sogleich 2000 M. von dannen. Bei dem späteren Nahegefechte herrschte auf beiden Seiten eine furchtbare Verwirrung; doch gelang es dem Prinzen Ruprecht von der Pfalz, welcher einen Theil der königlichen Reiterei commandirte, den ihm gegenüberstehenden Flügel gänzlich zu schlagen; statt aber jetzt dem eigenen bedrängten Centrum zu Hilfe zu eilen, stürzten sich die Cavaliere Ruprechts hitzig in die Verfolgung und sodann plündernd auf das Gepäck ihrer Gegner. So blieb im Ganzen die Schlacht unentschieden; die Königlichen hatten sehr große Verluste (4000 M.) an Todten und Gefangenen, dann an Geschütz und Fahnen (6, beziehungsweise 30 Stück), trotzdem aber vermochte Essex nicht, ihnen die Fortsetzung ihres Weges nach Oxford hin zu verwehren. Von hier aus streifte Prinz Ruprecht bis in die Umgebung von London. Ueber ganz England verbreitete sich jetzt ein heftiger, für einen Bürgerkrieg aber doch nicht allzu grausamer Kampf zwischen den Cavalieren und den Rundköpfen; dieß nämlich war der Spitzname, womit die Anhänger des Parlaments, glatt geschorene Puritaner, von der Gegenpartei ausgezeichnet wurden.

Nachdem im Winter der König durch einige in Niederlanden und in Deutschland geworbene, daher geschulte Truppen verstärkt worden war, behielten die Royalisten zu Anfang 1643 das Uebergewicht im fortgesetzten kleinen Kriege. Sie schlugen, meistens unter der Führung Ruprechts und durch Ueberfall oder gewandte Umgehungen, ihre Gegner, obgleich diese im Allgemeinen an Zahl stärker waren. Ein größerer Sieg der Kavaliere (13. Juli) bahnte ihnen den Weg nach **Bristol** (spr. Brist'l), damals der zweitgrößten Stadt in England; am 25. Juli wurde sie von Prinz Ruprecht erstürmt; dieser wandte sich sonach an die Belagerung von Gloucester (spr. Gloster). Nun aber machte das Parlament größere Anstrengungen, um das verlorene Gleichgewicht herzustellen; Soldaten wurden überall gepreßt, die Stadt London stellte freiwillig vier Miliz-Regimenter in das Feld. Mit beiläufig 14,000 M. setzte sich Essex nach dem Westen in Marsch; da er von den leichten Truppen des Königs fortwährend geneckt wurde, und die Reiterei der

---

[1] A. St. bedeutet „alten Styl," nämlich Zeitangaben nach dem Julianischen Kalender, welcher bei den Katholiken zwischen 1582—1587, in den protestantischen Ländern erst seit 1699 u. s. w. durch den verbesserten Gregorianischen Kalender verdrängt wurde; bei den orientalischen Christen ist aber ersterer noch heutzutage herrschend. Im 17. Jahrh. war der erste Monatstag a. St. dem 11., im 18. Jahrh. dem 12., im 19. dem 13. Tage neuen Styles gleichbedeutend. Der 23. October a. St. ist gleich dem 2. November n. St.

Rundköpfe jener der Cavaliere bisher weder an Zahl noch an Tüchtigkeit gewachsen war, so mußte Essex mit großer Vorsicht durch möglichst bedecktes Terrain vorrücken. Endlich erschien er bei Gloucester, was den König zur Aufhebung der Belagerung veranlaßte (5. Sept.). Nun handelte es sich für Essex darum, ungefährdet den Rückweg anzutreten; aber obgleich er durch Demonstrationen seine Gegner Anfangs täuschte, gewannen diese später in Eilmärschen ihm doch einen Vorsprung ab, und stellten sich auf seiner Rückzugslinie bei **Newbury** (spr. Njubörri) am 20. Sept. a. St. auf. Der Kampf wurde diesmal von beiden Seiten mit großer Tapferkeit, aber ohne hervorragende Manöver durchgeführt. Beide Theile rühmten sich schließlich des Sieges, der eigentlich keinem geworden war; übrigens vermochte Essex seinen Weg fortzusetzen.

Die Vortheile, welche den Königlichen im Allgemeinen bisher geworden waren, hatten jedoch ein neuerliches Auftreten der Schotten zur Folge. Das englische Parlament war von Anfang an besorgt gewesen, ihre Freundschaft sich zu erhalten; bei der Abdankung des schottischen wie des königlichen Heeres zu Ende 1641 hatte das Parlament vorsichtiger Weise einen Theil der schottischen Truppen beibehalten und zum Kampfe gegen die empörten Irländer verwendet. Nun wurden diese Truppen von dort zurückberufen, wonach selbstverständlich der Aufstand in Irland wieder größere Verbreitung gewann. Seinerseits hatte auch der König in Irland eine Heeresmacht unter dem Grafen Ormond stehen; obgleich fast nur aus katholischen Iren bestehend, kämpften diese Truppen daselbst gegen ihre Landsleute mit vollster Pflichttreue. — Dem englischen Parlamente kam bei seinen Absichten auf die Schotten der Nationalcharakter dieses Volkes sehr zu Statten: Kampfesmuth, religiöser Eifer, Mißtrauen, Schlauheit und Geldgier sind seine hervorragendsten Eigenschaften. Nun hatte zwar Karl I. ihnen alles, was sie wollten, zugestanden; unglücklicher Weise stand aber dieser Fürst nicht mit Unrecht in dem Rufe, es mit seinem Worte nicht genau zu nehmen, vielmehr in seiner Politik immer zweideutig zu sein. Ein vollständiger Sieg des Königs in England hätte möglicher Weise auch eine Bedrohung der schottischen Freiheiten zur Folge haben können. Indem das englische Parlament die Schotten nun auf dieser Seite packte, säumte es nicht, ihnen auch sonstige Lockungen zu bieten; und so kam es denn, daß im Jän. 1644 ein neues Covenantsheer von 20.000 M. unter Leslie zur Unterstützung der Rundköpfe über die Grenze schritt.

Nun mußte auch der König daran denken, sich irgendwie zu verstärken. Die Gelegenheit dazu kam ihm von Irland; die Aufständischen daselbst, welche eigentlich sonst nichts wollten als nur einiges Menschenrecht und etwas Duldung für ihre katholische Religion, nahmen gerne den ihnen angebotenen Waffenstillstand an, und verpflichteten sich sogar, dem Könige monatlich 30.000 Pfd. zu zahlen; in Folge der Waffenruhe konnte jetzt Ormond fünf Regimenter dem Könige nach England zusenden. Sie waren jedoch kaum in England gelandet, als Lord Fairfax (spr. Färfäx), welcher schon seit dem vorigen Jahre die Truppen des Parlamentes in den nördlichen Grafschaften Englands mit Erfolg commandirte, bei **Nantwich** (spr. Näntitsch) mit überlegenen Kräften über das kleine Corps der Königlichen herfiel und es aufrieb (25. Jän. 1644). Fairfax nebst seinem Untergeneral und eigentlichen Leiter Cromwell, dann ein anderes Corps Parlamentstruppen unter Graf Manchester (spr. Mäntschest'r) vereinigten sich sofort mit den Schotten. Diesen gegenüber konnte der Graf Newcastle (spr. Njukaß'l), welcher die Königlichen im Norden commandirte, sich nur nach York zurückziehen und sich hier einschließen. Mittlerweile standen Karl I. und Prinz Ruprecht im südwestlichen England dem Grafen Essex gegenüber. Auf die Kunde von der Lage der Dinge im Norden brach Prinz Ruprecht mit seinen Truppen sogleich dahin auf. Sein Erscheinen hatte die Folge, daß die Rundköpfe von der bereits durch drei Monate fortgesetzten Belagerung von York abstanden. Ruprecht aber folgte ihnen, um eine Schlacht zu liefern; ungefähr 23.000 M. hatte er bei sich; jedenfalls mußte das feindliche Heer um ein Bedeutendes stärker sein. Bei **Marston moor** (spr. Marst'n muhr) trafen die beiden Armeen am 2. Juli a. St. auf einander. Nach einem heißen Schlagen siegte der linke Flügel der Königlichen, aber ihr rechter und ein Theil des Centrums wurden geworfen; im Laufe des Gefechtes schwenkten sich die beiden Schlachtordnungen so herum, daß jede beinahe auf die früher von der andern innegehabte Stelle zu stehen kam. Um neun Uhr Abends begann erst ein letzter Entscheidungskampf; Cromwell mit seinen Reitern war es, der jetzt die Cavaliere in vollständige Flucht jagte. Weil beide Heere zuletzt mit der Front gegen ihre Rückzugslinie gekämpft hatten, demnach die Königlichen jetzt von York abgeschnitten waren, so betrug ihr Verlust, besonders an Gefangenen, weit mehr als die Hälfte ihres Heeres. Diese Niederlage mußte für sie ungeheure Nachwirkung haben; York, die wichtigste Stadt im Norden, mußte bald darnach den Parlamentstruppen sich ergeben, und letztere gewannen die Oberhand in den benachbarten Grafschaften, welche am treuesten zur Sache des Königs gehalten hatten.

Diese Schlacht, sowie einige frühere Gefechte stellten den Beweis her, daß die taktische Ueberlegenheit sowohl in den Truppen als in der höheren Führung sich bereits entschieden auf der Seite der Rundköpfe befand. Die Sache war auch ganz natürlich. Der König hatte nicht die Mittel, um stehende Truppen zu erhalten; er war auf den guten Willen seiner Cavaliere angewiesen; abgesehen nun von Disciplin und Subordination, an welchen Eigenschaften die adeligen Banner

ebenso Mangel hatten, als dafür Ueberfluß an kleinlichen Kabalen und an Ueber=
muth, fehlte es den Cavalieren an der nöthigen taktischen Uebung, für welche ihr
glänzender Muth nicht genügenden Ersatz leistete: diese Banner kamen und gingen
nach ein paar Monaten wieder, andere traten an ihre Stelle; das ganze Heer be=
stand fortwährend aus Rekruten, aus tapferen dabei aber unlenksamen Rekruten.
Nicht besser stand es mit der Heerführung: Prinz Ruprecht war, wie dieß häufig
vorkommt, ein prächtiger Reiterführer, desto trauriger aber als Feldherr; was er
mit dem Auge fassen und mit dem Schwerte erreichen konnte, das warf er ohne
Gnade nieder; aber er hatte nicht die Begabung, um viele Aufgaben zu gleicher
Zeit, wie es für den Heerführer nothwendig ist, neben einander zu verfolgen, nach
ihrem Werthe abzuschätzen, und alle einzelnen Waffenstöße nur gerade ebensoweit
durchzuführen, als es im Sinne der Gesammtwirkung angezeigt schien. — Ganz
anders war es bei dem Parlamentsheere. Die Milizen, welche dasselbe ur=
sprünglich gebildet hatten, waren durch ihr stetes Beisammenbleiben bereits zu
stehenden Truppen umgewandelt worden, sie hatten unter anfänglichen Niederlagen
die beste Schule, jene der Erfahrung, durchgemacht. Ihr fanatischer Religionseifer
erfüllte sie mit einer Begeisterung und einer heiligen Weihe, durch welche ihnen
Mühsal und Entbehrung, Kampf und Tod für ihre Sache zu glänzenden Lockungen,
Gehorsam und Mannszucht zu gottgefälligen Opfern gemacht wurden. Aber ihrem
religiösen Idealismus fehlte, wie es bei echten Britten nicht anders denkbar ist,
keineswegs die prosaisch praktische Grundlage: gute und sichere Bezahlung machte
den Dienst für Gott und Vaterland noch einmal so süß; unter dem Mantel einer
mehr als christlichen Demuth barg sich ein glühender Ehrgeiz, der hier, nicht aber
im königlichen Heere, auch dem Bauernsohne Befriedigung versprach; die Armee
endlich fing bereits an, sich als den eigentlichen Staat im Staate zu fühlen.

Das Parlament ließ es der Armee an nichts fehlen. Bereits erpreßte das=
selbe Steuern über Steuern, wie sie Karl und Strafford in ihrer Machtfülle nie=
mals auszuschreiben gewagt hätten. Das Einkommen des Staates wurde auf die
vordem für unmöglich geglaubte Summe von 1¾ Millionen Pfund hinaufge=
schraubt, und dieß nur aus jenem Theile des Landes, der eben in den Händen der
Parlamentstruppen war. Die Gewalt der Musketen und die nicht minder eindring=
liche Ermahnung der gegen den „papistischen" König wutherfüllten Prediger ver=
anlaßten das Volk zu Leistungen, welche im gewöhnlichen Wege der Regierung
nie zu erwarten gewesen wären. Ein großer Wetteifer und die offene Concurrenz
um den höheren Rang mußten dem Heere der Rundköpfe vortreffliche Generale
schaffen. Die Bedeutendsten unter ihnen waren Essex, Fairfax und Cromwell. Was
die beiden ersteren und viele andere hochadelige Officiere des Parlamentsheeres

betrifft, so war neben ein bischen Ueberzeugung von ihrer Sache vorzugsweise der Wunsch ihnen Leitstern, sich geltend zu machen. Sie wollten wirklich nur das Parlament zum Träger der ganzen Executive, zum Herren von England machen; ganz natürlich! das englische Parlament ist das Paradies des Geburts= und des Geld= Adels; nur ihrer Kaste, noch mehr aber sich selbst glaubten diese Lords zu dienen, indem sie das Königthum ganz, nur den Namen ausgenommen, zu vernichten trachteten. Bald aber sollten sie es erfahren, daß Adel und Reichthum wohl Revolutionen zu schaffen, nicht aber sie zu hemmen vermögen, daß die einmal entfesselten Leidenschaften keine Beschränkung durch das Herkommen mehr zulassen, sondern den vollsten Sieg nur den excessiven Charakteren und den destructiven Tendenzen verschaffen.

Olivier Cromwell war noch lange Zeit untergeordneter Truppenführer unter jenen Lords, als er diese, ohne daß sie es ahnten, bereits wie Marionetten herumzuschieben anfing. Geboren im J. 1599 aus adeliger, aber unbedeutender Familie, später Student, dann Lüstling und Verschwender, fühlte er plötzlich den Geist des Herrn über sich kommen und wurde ein Frommer im Lande. Es war dieß zur selben Zeit, in welcher die kirchliche Opposition gegen das Königthum sich mächtig zu regen anfing; ihr Sieg mußte früher oder später erfolgen; deßhalb wurde Cromwell nicht blos fromm, sondern geradezu Fanatiker und Volksprediger; in seinen Gesprächen glich er einer lebenden Bibel, so vollgepfropft waren sie mit Citaten und Wendungen aus den heiligen Büchern. Die Secte, der er sich zuwandte, war die fast verrückt scheinende der Independenten, welche jede hergebrachte Autorität als ein Werk des Teufels betrachtete. Schon deshalb mußte sie einem Manne wie Cromwell behagen, weil er, vermöge seines Charakters, sobald nur einmal tabula rasa im Staate gemacht war, dann leicht auf die höchste Stelle Anspruch machen konnte. Seit 1628 fing er an, eine Rolle im Parlamente zu spielen; jedoch im Frieden vermochte er mit seiner abstoßenden und schmutzigen Persönlichkeit und mit seiner Beredsamkeit, welche mit ihrer verworrenen Schwärmerei nur für die Massen eine zündende Wirkung haben konnte, durchaus keine hervorragende Rolle zu spielen. Anders war es im Kriege. Aus Glaubensgenossen, die in ihm einen Simson und Makkabäer verehrten, brachte er im J. 1643 vierzehn Schwadronen Reiter auf; wohlhabende Fanatiker waren es, welche, unbeugsam in ihrem Muthe, folgsam aus Ueberzeugung, in der Vernichtung der Gegner ein gottgefälliges Werk erblickten. Außer den Waffenthaten, welche Cromwell mit seinen Tapferen verrichtete, erwuchs ihm noch größeres Ansehen durch den moralischen Einfluß, welchen er im Heere gewann. Fairfax, obgleich ein tüchtiger Feldherr, beugte sich ganz der höheren Intelligenz seines Untergenerals; die Massen fingen an, in Cromwell ihren eigentlichen Leitstern zu erblicken. Die Secte der

Independenten gewann nach und nach mehr Ausbreitung, und es war voraus zu sehen, daß dieselbe das Parlament, dem sie jetzt so eifrig diente, dereinst über den Haufen werfen und die Herrschaft des Säbels aufrichten werde.

Wir kehren zu den Kriegsereignissen zurück. Die vollständige Niederlage, welche die Royalisten im Norden Englands erlitten hatten, ward ihnen Aneiferung zu größerer Thätigkeit auf den anderen Schauplätzen. Zu diesen gehörte von nun an auch S ch ott la nd, indem nämlich der Marquis von Montrose in den Gebirgen jenes Landes einige Clans der Hochschotten und geworbene Irländer um sich versammelte, und bis nach P e r t h (spr. Perßh) hin sich ausbreitete. Nicht minder glücklich kämpfte der König im Südwesten von England. Sein Gegner, Graf Effer, welchem vielleicht die Revolution schon allzuweit gediehen schien, versäumte durch einige Zeit die Gelegenheit, den Cavalieren an den Leib zu gehen. Vom Sicher=heitsausschuß zu größerer Energie aufgefordert, wagte sich Effer unvorsichtig in die schmale Halbinsel C o r n wa ll (spr. Kornuahl); sogleich zogen sich in seinem Rücken mit überlegenen Kräften drei Heerhaufen der Königlichen zusammen, und drängten ihn in der Sackgasse immer weiter vor, bis er sich bei Loftwithiel zwischen ihnen und dem Meere eingeschlossen sah. Effer für seine Person flüchtete sich in einem Boote, seine Truppen aber mußten in einer Kapitulation den Königlichen ihre Waffen ausliefern, um dafür nach Portsmouth die freie Ueberfahrt zu erlangen. — Bald hatte das Parlament durch Aufbietung vieler Milizen und durch Herbei=ziehung des Lords Manchester und des Generals Cromwell eine dem Könige sehr überlegene Südarmee aufgebracht. Effer führte dieselbe neuerdings gegen Westen vor, und lieferte dem Könige bei **Newbury**, auf einem schon vom vorigen Jahre bekannten Felde, am 27. Octb. 1644 eine Schlacht. Vergebens boten die Cava=liere alle Kraft des Muthes auf; mit Verlust ihres Gepäckes und Geschützes, dann zahlreicher Mannschaften mußten sie in später Nacht ihren Rückzug gegen Oxford antreten. Somit war zu Ende 1644 das königliche Banner aus ganz England, ausgenommen nur einige Städte im Norden, dann Wales und die Landschaften am Severn bis über Bristol hinaus, durch die Rundköpfe verdrängt.

37. Der englische Bürgerkrieg bis zur Gefangenschaft des Königs. Durch geheime Ränke brachte Cromwell es dahin, daß um diese Zeit der Heerbefehl ganz in die Hände seiner Partei gelegt wurde. Es wurde näm=lich im Parlamente die sogenannte S el b s t e n t s a g u n g s = B ill (self – denying act) durchgesetzt, laut welcher Niemand zugleich Truppenführer und Mitglied eines der beiden Häuser sein sollte. Dadurch wurden Effer, Manchester u. A. von ihren Stellen in der Armee enthoben; der Oberbefehlshaber war jetzt Fairfar, unter ihm stand zunächst Skippon (spr. Skipp'n); der dritte im Range, in Wirklichkeit aber

der Erste an Einfluß, war der Generallieutenant Cromwell. Letzterer, welcher Mit=
glied des Unterhauses war, wußte zu seinen Gunsten eine Ausnahme von dem oben
erwähnten Gesetze zu erwirken; die Armee selbst erklärte nämlich, daß Cromwell
ihr unentbehrlich sei, und das Parlament wagte bereits nicht mehr, seine Verord=
nungen hier geltend zu machen. Zu eben dieser Zeit richtete Cromwell sich das
Heerwesen ganz für seine Zwecke ein; die Regimenter wurden nach dem von ihm
gegebenen Muster umgestaltet, eine Menge höherer Officiersstellen wurden nach
seinem Ermessen besetzt. So kam es nun, daß in der Armee die Independenten
entschieden die Oberhand bekamen, während das Parlament vorwiegend aus der
nicht ganz so radicalen Partei der Presbyterianer (Puritaner) zusammengesetzt war.
Das Heerlager selbst bot nun ein Schauspiel, wie es in der Geschichte wohl einzig
dasteht; Männer wie Cromwell, Skippon, Ireton (spr. Ei'rt'n) predigten am
Morgen mit demüthiger Miene und verdrehten Augen wider die Kinder Belials
und von dem neuen Jerusalem, am Nachmittage führten sie ihre Lämmlein in
Regimenter gereiht wider die Feinde; Bußpsalmen singend badeten sich dann diese
Lämmlein im Blute der Baalskinder.

Das Parlament hatte mittlerweile die bischöfliche Kirche umgestoßen, und
den Presbyterianismus zur Staatskirche erklärt; dieß hinderte aber die In=
dependenten nicht, obgleich sie fast nur im Heere vorhanden waren, immer offener
nach der Herrschaft in England zu streben. Uebrigens war die neue Staatskirche
gegen die Episcopalen und die Papisten im höchsten Grade verfolgungssüchtig; so
mußte denn auch der greise Erzbischof Laud, nachdem er seit vier Jahren im
Kerker gehalten worden, am 10. Jän. 1645 das Schaffot besteigen. Die
Parlamentspartei, welcher allmälig es vor ihren Werkzeugen, den Truppen, zu
bangen anfing, trat um dieselbe Zeit in Unterhandlungen zu Uxbridge (spr.
Uxbridsch) mit dem Könige; dieselben gaben aber bei dem Mißtrauen aller Par=
teien gegen einander wieder kein Resultat.

In Schottland führte Montrose über den Winter 164⁴/₅ einen ritter=
lichen, an Abenteuern reichen Krieg gegen den Covenant, an dessen Spitze der
Marquis Argyle (spr. Ahrdscheil) stand. Die Hochschotten trugen wiederholt die
königlichen Banner bis in die Ebenen herunter, mußten dort aber immer wieder
vor den regulären Truppen des Covenants zurückweichen; letztere hingegen wagten
nicht, ihren flinken Gegnern in das Gebirge hinein zu folgen. — Wichtiger
gestalteten sich die Ereignisse im mittleren England. Während Fairfax mit
seinem Heere in den südwestlichen Grafschaften die Königlichen vollends zu ver=
nichten trachtete, benützte Karl I. die Entblößung des mittleren Englands, um
sich hier wieder etwas auszubreiten. Allein sein Heer zählte bloß 6000 M. Fuß=

volk und 5000 Reiter; wäre es stärker gewesen, so hätte es vielleicht im fortge=
setzten nördlichen Marsche die Verbindung mit den Hochschotten Montrose's
anstreben können. Fairfax wenigstens hielt es bald für nothwendig, den Bewe=
gungen des Königs entgegen zu treten; von der Belagerung verschiedener Plätze
abstehend, wandten sich die Rundköpfe plötzlich gegen Norden, und trafen bald
auf das Heer des Königs. Dieser, welcher sein Heer dem des Parlamentes an
Zahl nicht gewachsen wußte, trat den Rückzug an; allein die Kampflust der
Cavaliere und die Gefahr, in welche ihre Hinterhut durch die heftig nachdrän=
genden Rundköpfe gebracht wurde, veranlaßten den König am 14. Juni 1645,
bei **Naseby** (spr. Nehsbi) unweit Northampton (spr. Norßhhämmt'n) zur
Schlacht sich aufzustellen. Dieselbe nahm beiläufig denselben Gang wie alle bis=
herigen. Prinz Ruprecht warf mit seiner Reiterei den einen Flügel der Gegner,
jagte demselben zu weit nach, griff dann erfolglos den Geschützpark der Feinde
an, und kam gerade zur rechten Zeit auf das Schlachtfeld zurück, um hier — die
volle Niederlage der Seinen mit anzuschauen. Es hatte nämlich Cromwell, der
die Reiterei am rechten Flügel des Parlamentsheeres führte, seine Gegner nach
einem heißen Kampfe geworfen, dieselben aber nur durch wenige Truppen ver=
folgen lassen; mit der Mehrzahl seiner Regimenter wandte sich Cromwell allso=
gleich nach dem Centrum hin. Hier standen die beiderseitigen Fußtruppen; die
königlichen, obgleich weit schwächer an Zahl, hatten jene des Parlaments bereits
zum Wanken gebracht, als Cromwell plötzlich mit seinen Reitern die Flanke der
Royalisten anfiel. Nun gewann Fairfax Zeit, sein Fußvolk wieder zu ordnen
und vorzuführen; vergebens wandte der König persönlich viel Muth und Ent=
schlossenheit auf, um die Vernichtung seines Centrums zu hindern. Dieselbe war
mehr wie halb vollendet, als Ruprecht zurückkehrte. Wohl trachtete er jetzt, das
durch seine Schuld Versäumte gut zu machen; aber seine Regimenter weigerten
sich, den Kampf zu erneuern. Während nun der König persönlich an der Spitze
seines letzten Reserveregimentes die Uebrigen zu neuem Muthe aneifern wollte,
fiel ein schottischer Edler in unzeitigem Diensteifer dem Rosse Karl's in die Zügel,
und wandte dasselbe nach rückwärts. Diese unfreiwillige Flucht des Königs ward
nun Vorbild für alle übrigen Truppen, welche in wilder Verwirrung ihre Ge=
nerale mit sich rissen. Der Verlust des königlichen Heeres betrug außer allem
Geschütz mehr als die Hälfte des Ganzen, und mit diesem einen Schlage konnten
die Hoffnungen Karls so ziemlich als gebrochen gelten.

Ungebeugten Muthes setzte er übrigens den Kampf fort; er selbst begab sich
nach Wales und später (Sept.) nach Oxford, aber vergebens waren seine Bemü=
hungen, ein neues Heer aufzubringen. Prinz Ruprecht ging nach Bristol, um

diese wichtige Stadt in Vertheidigungszustand zu setzen. Unterdessen fielen die meisten Städte, die dem Könige treu geblieben waren, in die Hände der Rund=köpfe. Nur vom äußersten Norden her blinkte noch ein Strahl der Hoffnung. Montrose hatte nämlich am 15. August bei Kilsyth (spr. K—ißh) einen Sieg, weit größer als seine bisherigen sechs, über die Covenantstruppen davongetragen. Aus allen Gegenden Schottlands strömten jetzt adelige Schaaren dem Sieger zu; Glasgow und Edinburg selbst schienen ihm offen zu stehen. In Folge dieser Ereignisse eilten die in England stehenden Schotten nach ihrer Heimat zurück; dadurch bekam der König wieder etwas Luft, und wollte eben mit den Resten seiner Treuen den Entsatz von Bristol bewerkstelligen gehen, als der unvermu=thete Fall dieses seines Hauptplatzes die Sachlage mit einem Male veränderte. Ruprecht hatte noch am 12. August dem Könige geschrieben, daß Bristol vier Monate lang ganz gut sich halten könne; erst zu Anfang Sept. erschien Fairfax vor der Stadt, aber schon am 10. überlieferte sie ihm der Prinz. Ein schlagender Beweis für die Ansicht, daß Reitertactik und kleiner Krieg (in beiden war der Prinz ausgezeichnet), Festungskrieg und der Feldkrieg im größeren Style vier sehr verschiedene Dinge sind, und daß der Meister des einen Faches gar oft, ja mei=stens ein verzagter Stümper in zwei oder drei der anderen sein wird! — Der Unglücksbotschaft aus Bristol folgte eine vom Norden her auf dem Fuße nach. Montrose, dessen Truppen zu einem Kriege auf unbekanntem Terrain viel zu wenig disciplinirt und geschult waren, wurde von dem nach Schottland zurückge=kehrten Leslie am 13. Sept. bei Selkirk vollständig überfallen und bis zur Vernichtung geschlagen; mit Mühe entkam Montrose nebst einigen Reitern dem Blutbade, um in Hochschottland wieder einige Häuflein zu sammeln.

Nach diesen verschiedenen Schlägen verfügte der König nur noch über wenige Tausende, die in verschiedenen kleinen Plätzen zerstreut waren; Karl selbst war zu Anfang 1646 in Oxford enge eingeschlossen. Mit der Doppelzüngigkeit, welche sehr viele Schuld an allen seinen Unfällen hatte, verhandelte er zugleich mit dem Parlamente in England und Schottland, mit den Independenten, mit Irland und Frankreich; eben deshalb traute ihm Niemand und seine Friedensvorschläge blieben ohne Gehör. Um nicht dem englischen Parlamente sich überliefern zu müssen, faßte Karl den verzweifelten Entschluß, zu den Schotten zu fliehen. Am 5. Mai 1646 traf er im Lager der Covenants=Truppen vor Newark (spr. Njuark) ein. Hier wurde er Anfangs zwar zurückhaltend, aber doch mit der gebüh=renden Achtung behandelt. Die Versuche der Schotten, ihn zur Annahme der presbyterianischen Glaubensform zu bekehren, wies Karl mit der zwar unpoliti=schen, aber edlen Hartnäckigkeit der Ueberzeugung zurück. Ebenso weigerte er sich, die vom Londoner Parlament ihm vorgeschlagenen Bedingungen anzunehmen, weil sie ihm weniger als den Schatten eines Königsthums belassen hätten. Nun triumphirten wieder die Independenten, deren Rolle bei einer Versöhnung der Parteien kläglich zu Ende gegangen wäre. Das englische Parlament forderte jetzt von den Schotten die Auslieferung des Königs. In der Wahl, entweder von England mit Krieg überzogen zu werden, oder von demselben die rückständigen Subsidien mit 400.000 Pfd. ausgezahlt zu erhalten, entschieden sich die Schotten, hauptsächlich über Einwirkung ihrer Geistlichkeit, sehr bald für den Verkauf ihres Königs; am 30. Jänner 1647 wurde dieser an die Engländer überliefert, welche ihn nach Holmby in der Grafschaft Northampton in einen engen Gewahrsam brachten. Da schon bei der Flucht des Königs zu den Schotten Montrose, dem ausdrücklichen Wunsche Karls folgend, die Waffen niedergelegt hatte, und auch in England sowie in Irland die noch übrigen Royalisten von den Rundköpfen bezwungen waren, so erschien jetzt der Bürgerkrieg als beendet, und ein weniger blutiges, aber nicht minder unheilvolles Spiel verworrener Ränke trat an seine Stelle.

38. Ausgang Karls I., 1647—49. Nachdem Karl I. in die Hände des Parlamentes von Westminster übergegangen, demnach politisch vernichtet war, hätte man füglich die baldige Wiederaufrichtung irgend einer friedlichen Staatsordnung erwarten dürfen. Dazu aber ließ es die Partei der Independenten, nämlich die Armee, nicht kommen. Sie stand ganz unter der Leitung von Cromwell, welcher unter der Maske eines halb verrückten Schwärmers eine außerordentlich kalt berechnende Vernunft, und in seinen salbungsvollen, alttestamentarisch klingenden Sermonen eine seltene Doppelzüngigkeit verbarg; derart, daß unter seiner Leitung die Parlamentsregierung immer mehr unterminirt wurde, während er selbst noch als eifriger Schützer derselben galt, und daß er an unsichtbaren Fäden von unscheinbarer Stelle aus bereits die Maschine des Staates leitete.

Obgleich durch Uebertritt und Nachwahlen die Partei der Independenten im Parlamente etwas stärker geworden war, fand sich doch eine große Majorität noch immer für die ursprünglich angestrebte Staatsform eines sehr beschränkten Königthums, nicht aber einer militärischen Oligarchie gestimmt. Daher beschloß das Parlament nach der nunmehrigen Beendigung des Bürgerkrieges eine starke Reduction der Armee; die beibehaltenen Regimenter aber sollten vorzugsweise zur Bewältigung der Irländer verwendet werden. Bei dem Umstande aber, daß die Soldaten, obgleich ehemals Land- und Gewerbsleute, ihrem neuen Leben bereits größeren Geschmack abgewonnen hatten, — bei dem ferneren Umstande, daß das Parlament den Covenant (Presbyterianismus) auch dem Heere auf-

zwingen wollte, und aus unzeitiger Sparsamkeit für Auszahlung der Soldrück=
stände und für die Versorgung der Entlassenen keine Anstalten traf, fand
Cromwell nicht viele Mühe, die Regierung von Westminster ganz unter eine mi=
litärische Bevormundung zu bringen. Es entstand nämlich, ohne daß der eigent=
liche Urheber dabei sichtbar wurde, ein sogenannter Kriegsrath, welcher nichts
Anderes war als ein militärisches Gegenparlament mit zwei Häusern: das eine
aus Officieren, das andere aus je zwei Soldaten von jeder Compagnie zusam=
mengesetzt. Dieser Kriegsrath unterwarf alle Anordnungen des Parlamentes
seiner Beurtheilung; selbstverständlich verwarf er die ganze Armeereduction, und
schüchterte durch seine drohende Haltung die legitimere Regierung bis zur vollen
Nachgiebigkeit ein; ja der Kriegsrath verstieg sich bis zu der Anmaßung, daß das
Parlament erneuert und die Armee als eigentliche Repräsentantin der Nation be=
trachtet werden müsse. Cromwell, der alles dieß auf das Beste in Scene gesetzt
hatte, spielte dabei den Unbefangenen; Erstaunten, ja Entrüsteten, konnte aber bei
den Friedensmännern keinen Glauben mehr finden. Nun hielten es die Indepen=
denten rathsam, mit ihren Plänen offener hervorzutreten. Am 3. Juni 1647
erschien der Fähnrich Joyce (spr. Einß, ein früherer Schneider) plötzlich mit einem
Schwarm Reiter vor dem Schlosse Holmby, dessen Commandant im Namen des
Parlaments den König strengstens zu bewahren, jedoch auch zu schützen hatte.
Aber dem Commandanten weigerten seine Soldaten den Gehorsam, und ließen
Joyce ein. Dieser bedeutete dem König, daß er am nächsten Morgen abzureisen
habe. Als Karl I., so wird erzählt, den Fähnrich um seine Vollmacht fragte, wies
dieser auf seine Soldaten oder, nach einer anderen Sage, auf seine Pistole. „Die
Vollmacht ist deutlich und leserlich genug", sagte der König lächelnd, und ließ sich
am 4. Juni von den Soldaten nach Newmarket in der Gegend von Cambridge
entführen (spr. Njumarket, Kämbridsch); von Fairfax, der von diesem Gewalt=
schritte selbst nichts wußte, wurde der König mit achtungsvoller Verlegenheit,
von Cromwell mit eisiger Kälte empfangen.

Das Parlament glaubte noch immer, die Geister, die es beschworen hatte,
auch wieder bannen zu können. Zwischen Selbstvertrauen und Furcht gerieth es
in ein haltloses Schwanken, schloß einmal über Verlangen der Armee eilf seiner
tüchtigsten Mitglieder von den Sitzungen aus, nahm sie dann wieder auf und
verjagte dafür die wenigen Independenten aus seinen Reihen; ein neuer Cove=
nant, vom Parlament und der Bürgerschaft Londons ausgefertigt, enthielt die
Verpflichtung, den König nöthigen Falls mit Waffengewalt aus dem Gewahrsam
der Truppen nach Westminster zu bringen. Wilde Volkshaufen tummelten sich
um das Parlamentshaus; Waffen wurden gerüstet: die Puritaner, bisher Sieger

über die Hochkirche, waren nunmehr in der Lage, gegen die Independenten sich
vertheidigen zu müssen. Aber das Kriegsgeflunker der ehrsamen Spießbürger und
des im Allgemeinen überall feigen Straßenpöbels erwies sich bald als Seifen=
blase; ohne nur Widerstand zu versuchen, sah London am 6. August 1647 den
Lord Fairfax, der nur mehr der Spielball des Kriegsraths war, so wie dieser der
Spielball Cromwells, mit bloß vier Regimentern einziehen; in den nächsten zwei
Tagen folgten die übrigen Truppen mit Cromwell nach. Nun wurde das Parla=
ment gezwungen, alle dem Heere mißfälligen Erlässe zurückzunehmen; komisch
klingt es, daß im Oberhause nur ein einziger Lord anwesend war, seine erzwun=
gene Stimme aber gleichwohl als giltiger Beschluß dem Unterhause unter dem
Titel einer Vorlage aufgedrungen wurde.

Die zahllosen Parteiwirren des classischen Alterthums, die Revolution in
England sowie später jene in Frankreich und viele ähnliche Umwälzungen sollten
dem gebildeten und wohlhabenden Mittelstande für ewige Zeiten als Lehre dienen,
daß er seine Geltung im Staate nie übermäßig zu erweitern trachten soll, will er
nicht Gefahr laufen, sie schließlich ganz zu verlieren. Eine doctrinäre Principien=
reiterei steigert sich vom berechtigten Widerstande gegen Mißbräuche in der Regie=
rung gar leicht bis zum Angriffe gegen die Grundformen des Staates, somit zur
Revolution; mit ihrem Anwachsen verlieren aber eben die Waffen der Doctrinärs
in demselben Maße an Schärfe, wie dagegen die physischen Waffen und der Charakter
der Truppenführer an Geltung gewinnen. Die bürgerliche Intelligenz führt die
Staatsumwälzung herbei, die Kriegsleute genießen ihre Früchte zum Verderben
des Mittelstandes selbst. So stand es auch in England seit dem Sommer 1647.
Eine Möglichkeit, sich wieder zur Herrschaft emporzuschwingen, schien den Pres=
byterianern nur von einem eben damals entstandenen Zerwürfnisse in der Armee
selbst zu erwachsen. Cromwell hatte sich nämlich mit dem jetzt zu Hamptoncourt
(spr. Hämmt'nkohrt) verwahrten König Karl in Unterhandlungen eingelassen; bei
der beiderseitigen Arglist und Unzuverläßigkeit ergaben dieselben zwar kein Resul=
tat, aber für Cromwell hatten sie die Folge, daß seine Stellung in der eigenen
Partei augenblicklich erschüttert, und die Disciplin der letzteren gelockert war.
Unter diesen Umständen gewann mit einem Male die Partei der Levellers eine
überraschende Bedeutung; es waren dieß Fanatiker, welche weltliche wie geistliche
Autorität, Unterschied des Ranges wie des Vermögens zugleich abgeschafft wissen
wollten. Sechzehn Regimenter überreichten auf einmal (1. November) eine in ähn=
lichem Sinne abgefaßte Erklärung; das ganze Heer war in meuterischer Bewe=
gung. Cromwell, von Fairfax begleitet, versammelte zuerst jene Regimenter,
welche die gemäßigteren schienen; durch die fast dämonische Gewalt, welche er wie

vordem Wallenstein über die Truppen besaß, brachte er mit allerlei Reden und Versprechungen ein Regiment nach dem anderen zum Gehorsam zurück; ein einziges Regiment Fußvolk verharrte in seiner Meuterei; da sprang Cromwell mitten in die Reihen herein, riß mit kühner Hand 14 der ungestümsten Schreier heraus, und ließ vor den Augen der verblüfften Kameraden einen davon auf dem Flecke erschießen. Dieses verwegene Selbstbewußtsein der Autorität hatte die Wirkung, daß keine Truppe fernerhin einen Widerspruch wagte, und daß die Herrschaft Cromwells mehr als jemals befestigt war.

Während dieser Vorgänge war Karl aus Hamptoncourt entflohen (12. November), aber gleich darnach auf der Insel Wight (spr. Wueit) in neue Haft genommen worden. Wieder unterhandelten hier sowohl das schottische als das englische Parlament mit ihm; die Bedingungen des letzteren fand der König abermals unannehmbar; in Folge dessen aber triumphirte jetzt die Partei der Independenten um so offener im Parlamente, und wagte bereits von einer Republik zu sprechen. Dagegen aber nahmen die Schotten, obgleich die heftigsten Puritaner dagegen waren, nicht nur den vom Könige ihnen gebotenen Vertrag an, sondern sie beschlossen sogar, ein Heer von 40.000 M. zum Schutze des Königthums und des Covenants zu stellen. Seitdem nämlich in England die Independenten zur vollen Herrschaft gekommen waren, hatten die Schotten allerdings Ursache genug, ein weiteres Zusammengehen mit dem Nachbarlande für unrathsam zu halten. Dieses loyale Verhalten der Schotten gab das Signal zu einem neuen Bürgerkriege. Ormond, welcher im J. 1647 die von den königlichen Truppen in Irland besetzten Provinzen den Rundköpfen hatte überlassen müssen, erschien jetzt wieder auf der Insel (1648), und kämpfte an der Spitze eines aus Protestanten und Katholiken gemischten Heeres gegen die Gewalthaber. In Wales und vielen anderen Gegenden Englands erhoben sich gleichfalls die Cavaliere wieder, obgleich ihre Kampfmittel nach der Einziehung aller geistlichen und sehr vieler weltlicher Güter durch die Sieger sehr heruntergebracht worden waren. Sie hatten deshalb einen sehr schweren Stand, indem sich Fairfax und Cromwell schon im Frühjahre gegen sie wendeten. Der erstere Feldherr hatte, weil er als Presbyterianer nicht gegen die Schotten kämpfen wollte, den Oberbefehl förmlich in die Hände Cromwells übergeben. Die Cavaliere leisteten überall einen tapferen Widerstand; so konnte z. B. das kleine Pembroke (spr. P — ok) erst nach sechswöchentlicher Belagerung durch Cromwell genommen werden. Die Saumseligkeit der Schotten aber ward Ursache, daß noch in der ersten Hälfte des J. 1648 die Rundköpfe überall die Oberhand gewannen.

Die Schotten gingen gleichsam nur mit halbem Willen in den Kampf. Es fehlte ihnen, da sie für den „papistischen" König einstehen sollten, die sanatifche Begeifterung der früheren Kriegszüge; ja viele ihrer Prediger erklärten das jetzige Unternehmen geradezu als eine Saat Beelzebubs. Als nun gar nach dem Ueberschreiten der Grenzen Englands (8. Juli) eine Schaar von Cavalieren den Covenantstruppen sich anschloß, da glaubten die frommen Puritaner sich schon förmlich im Bunde mit dem Satan; wirklich mußten die Royalisten abgesondert marschiren und lagern, weshalb man ihnen den Dienst der Avantgarde zuwies. Uebrigens war das schottische Heer zwar 17.000 M. stark, aber schlecht ausgerüstet; sein Anführer, der Herzog von Hamilton (spr. Hämmilt'n), war zwar ein General aus Gustav Adolph's Schule, machte ihr aber durchaus keine Ehre. Er operirte nach seinem Einrücken auf den Boden Englands mit der vollendetsten Schläfrigkeit, so daß Cromwell die Zeit fand, von den südwestlichen Landschaften rechtzeitig nach dem Norden zu eilen und am 17. August 1648 bei Preston (spr. P—st'n) seine Gegner anzugreifen. Zunächst waren es nur die 5000 Cavaliere, welche südlich vom Flusse Ribble die ganze Macht Cromwells aufhalten sollten. Durch vier oder fünf Stunden leisteten sie einen heldenhaften Widerstand; endlich wurden sie aufgerieben, nachdem Hamilton nicht einen Mann zu ihrer Unterstützung vorgesandt hatte. Dieß kam ihm übrigens theuer genug zu stehen, indem die Parlamentstruppen gleich darauf in die Stadt Preston selbst eindrangen, hier ein ziemliches Blutbad anrichteten, und die Schotten zum Rückzuge zwangen. Cromwell folgte ihnen mit Eifer nach, und sprengte in den nächsten Tagen sie noch gänzlich aus einander; bald darnach stand er selbst auf dem schottischen Boden. Hier schloß er einen Vertrag mit dem Lande und ging dann im October nach England zurück. Fairfax hatte in den südlichen Landschaften die Cavaliere bereits niedergeschlagen.

Die Unterhandlungen des gefangenen Königs mit den legislativen Gewalten von England und Schottland konnten während der von dem revolutionären Heere Cromwells erkämpften Erfolge selbstverständlich zu keinem Abschlusse gedeihen. Leider goß der König auch jetzt noch Oel in das von seinen Feinden angeschürte Feuer, indem er, seines in erster Linie doch nur weltlichen Amtes uneingedenk, zwar in politischen Dingen sich ungemein nachgiebig erwies, weniger aber in gewissen religiösen Aeußerlichkeiten, welche im Grunde nicht viel mehr als Lappalien waren. Als das englische Heer aus Schottland rückkehrte, mußte das Parlament und das Volk Englands vor seinen angeblichen Schützern erzittern. Und mit Recht: frechere Rechtsverletzungen, als sie jetzt von diesem Heere im Namen der Verfassung verübt wurden, sind selbst in den Despotien des Orientes nicht oft vorgekommen. Bereits war der König auf das Schloß Hurst in einen düsteren Kerker gebracht worden. Nun aber besetzte eines Tages (7. September 1648) der Oberst

Pride das Parlamentsgebäude, nahm 40 Mitglieder desselben in Verhaft, und schloß mit Ausnahme von etwa 50 wüthenden Independenten alle anderen Volksvertreter von ihrer Amtsthätigkeit aus. So weit war nur durch die Ausschreitung der Opposition England herabgekommen, daß dasselbe Volk, welches früher die Verhaftung einiger des Hochverrathes angeklagten Parlamentsmitglieder dem Könige als schwerstes Verbrechen angerechnet hatte, eine solche Vergewaltigung und Verstümmlung seiner einzig noch halbwegs legalen Regierung durch anmaßende Usurpatoren nur mit stummer Entrüstung hinnehmen durfte.

Der Rumpf des Parlamentes, blindlings den Weisungen Cromwells gehorchend, beschloß nebst anderen Handlungen einer maßlosen Willkür auch noch die Aburtheilung des Königs vor einem sogenannten hohen Gerichtshof. Von 135 beliebig ernannten Mitgliedern hatte doch die größere Hälfte, obgleich der Partei der wüthendsten Fanatiker angehörig, noch so viele Scheu vor dem zu begehenden ungeheuern Verbrechen, um von den Sitzungen ferne zu bleiben. Die Uebrigen aber unter dem Vorsitze des finsteren Advokaten Bradshaw (spr. Brädschah) säumten nicht, nach einer mehrtägigen Verhandlung den Angeschuldigten, „Karl Stuart" als „Tyrann, Verräther, Mörder und Landesfeind" zum Tode zu verurtheilen. Wohl machte sich während der wenigen Tage bis zur erfolgten Hinrichtung im ganzen Volke Londons ein aus Unwillen und Bestürzung gemengtes Gefühl geltend; am Richtplatze selbst schien der Unwille zur plötzlichen That reifen zu wollen; aber diesem Pöbel, dessen verwegenes Geschrei gegen die kraftlose Regierung so viel zum Gelingen der Revolution beigetragen hatte, lähmte jetzt die Furcht vor einigen Tausenden eherner Krieger die Arme. Am 30. Jänner 1649 endete Karl I., nachdem er in seinem Unglücke mit großer Würde sich betragen hatte, auf dem Schaffote. Seine Geschichte gibt eines der häufigen, leider nicht immer genug gewürdigten Beispiele von der Gefahr, welche in der demüthigen Unterordnung der Staatszwecke unter die kirchlichen Interessen liegt. Nicht ohne tiefe Gründe behauptet der philosophische Historiker Hume (spr. Hjuhm), daß alle politischen Acte des Königs, wie sehr sie auch gegen die Verfassung verstießen, nie zur Revolution, wenigstens nicht zu einer solchen geführt hätten. Was den König unter das Henkerbeil warf, das war „der Chorrock, das Geländer um den Altar, die vorgeschriebenen Verbeugungen, wenn man demselben nahte" u. s. w.

39. Verhältnisse der nordischen Staaten bis um das Jahr 1648. Bis in das 16. Jahrhundert war Polens Präponderanz im Norden unbestritten geblieben. Im gedachten Zeitraume aber fing Rußland an, unter drei kräftigen Monarchen mit Polen zu rivalisiren. Beide Staaten waren aber um das Jahr 1600 um ein Namhaftes heruntergekommen: Rußland durch furchtbare Thronwirren, welche dem Aussterben des Rurik'schen Hauses folgten, Polen aber durch seinen langdauernden und im Ganzen unglücklichen Krieg gegen das eben mächtig emporstrebende Schweden (3. Bd., S. 232—239). Letzteres hatte bald auch in Rußland und gegen Dänemark mehrfache Kriege zu führen, und der ganze Norden Europas war im Anfang des 17. Jahrh. von den blutigsten Unruhen durchtobt.

Schweden, welches unter Karl IX., noch mehr aber unter seinem Sohne, Gustav II. Adolf (seit 1611) sich zur Großmacht zu erweitern anfing, schloß im Jahre 1613 mit Dänemark einen Frieden, welcher allerdings mehr für letzteren Staat als für Schweden günstig lautete. Dagegen fiel im Frieden von Stolbowa (27. Februar 1617) zwischen Rußland und Schweden an den letzteren Staat Kexholm nebst den wichtigsten Plätzen in Ingermanland und Karelien. Zwischen Schweden und Polen brach im J. 1621 der durch mehrere Waffenstillstände unterbrochene Krieg mit erneuter Heftigkeit aus, und wurde nach vielfältigen Siegen Gustav Adolfs erst am 6. Sept. 1629 unter französischer Vermittlung durch den Waffenstillstand zu Altmark beendet (3. Bd., S. 426), in welchem den Schweden die in Westpreußen gemachten Eroberungen vorderhand verblieben. Als nun Gustav Adolf bei seinem Eingreifen in den dreißigjährigen Krieg seine ganze Macht auf dem deutschen Boden benöthigte (3. Bd., S. 432), sah sich nach dem Tode dieses Königs die schwedische Regierung veranlaßt, den Altmärker Vertrag im J. 1635 auf weitere 26 Jahre zu verlängern, bei dieser Gelegenheit aber auch die westpreußischen Bezirke an Polen zurückzugeben (3. Bd., S. 534). Die unter der Beihilfe Frankreichs in Deutschland während des 30jährigen Krieges von den Schweden errungenen Erfolge, so wie auch ihre Siege und Gebietserwerbungen auf Kosten von Dänemark sind an einer früheren Stelle bereits abgehandelt worden (3. Bd., S. 432—560). Im westphälischen Frieden (1648) wurde Schweden in die Zahl der deutschen Reichsstände aufgenommen, u. z. auf Grundlage des gleichzeitig ihm zuerkannten Besitzes von Vorpommern mit Rügen und einem Theile von Hinterpommern, ferner der Stadt Wismar und der Bisthümer Bremen und Verden. Da Schweden in Folge seiner früheren Kriege Finnland, Karelien rc. bis einschließlich Livland im Besitze hatte, so war die ganze Umsäumung der Ostsee, ausgenommen nur die dänischen Lande sowie ferner die polnischen und brandenburgischen Küsten, den Nachfolgern Gustav Adolf's unterworfen. Schweden galt um diese Zeit für eine der bedeutendsten Mächte Europas, jedenfalls für die erste des Nordens.

Nach dem Tode Gustav Adolfs bei Lützen (1632) hatte seine erst sechsjährige Tochter Christine den schwedischen Thron bestiegen. Bis zum Jahre 1644 führten fünf Reichsräthe, an deren Spitze der ausgezeichnete Kanzler Oxenstjerna stand, die Regenschaft. Christina behielt, nachdem sie selbst zu regieren angefangen, noch durch einige Jahre die Achtung und Zuneigung ihres Volkes; bald aber änderte sich dieses Verhältniß. Anmuthig, fein gebildet, kunstliebend und sogar gelehrt war die Königin zugleich launenhaft, unbeständig, sinnlich und verschwenderisch. Die Heranziehung von Schöngeistern an ihren Hof entschädigte die Unterthanen nicht für die Vernachläßigung der Staatsgeschäfte, für eine übermäßige Begünstigung des Adels, und für ihre Hinneigung zum Katholicismus. Die zweideutigen Beziehungen der Fürstin zu ihrem Stallmeister Monaldeschi und zu anderen Günstlingen wurden ihr umsomehr verübelt, weil mit ihnen eine entschiedene Abneigung gegen jede Vermälung verknüpft war. Schon im J. 1649 bestimmte Christine ihren Vetter, den Prinzen Karl Gustav von Zweibrücken, zu ihrem Nachfolger. Erbittert, allerdings mit Unrecht, über die Unzufriedenheit ihrer Völker, legte sie im Jahre 1654 am 6. Juni die Krone nieder, welche nun auf Karl X. Gustav aus dem Hause Pfalz-Zweibrücken überging [1]).

In **Dänemark** war die lange Regierung Christian's IV. (1588—1648) keineswegs vom Glücke begleitet. Obgleich dieser König begabt und ein ungemein tapferer Krieger war, nahmen doch fast alle Unternehmungen ein schlimmes Ende. Hieran aber war nur die Verfassung schuld, welche dem Adel volle Selbstständigkeit und Herrschaft gewährte, dem Königthume dagegen fast nur den leeren Titel beließ. Der erste Krieg Christians IV., u. z. gegen das damals von allen Seiten angefallene Schweden (1611—1613) lief noch glücklich ab. Als aber Dänemark nach der ersten, für die Protestanten unglücklich abgelaufenen Periode des 30jährigen Krieges im Verein mit dem niedersächsischen Kreise die Waffen gegen den Kaiser und die Liga erhob, (1624—1629, 3. Bd. S. 407—423), war bald die ganze jütische Halbinsel von den kaiserlichen Feldherrn Wallenstein und Tilly erobert, und Christian IV. mußte froh sein, als er im Lübecker Frieden (22. Mai 1629) noch ohne Länderverlust davon kam. Die Fortschritte, welche vom J. 1630 angefangen Schweden auf demselben Schauplatze und gegen denselben Feind machte, mußten dem von jeher auf Schweden eifersüchtigen Dänemark schwere Bedenken er-

---

[1]) Durch ihren Leibarzt und Günstling Bourdelot war der Königin noch während ihrer Regierung Neigung für die römische Kirche eingeflößt worden: Jesuiten, welche in Verkleidung nach Schweden kamen, vollendeten das Werk. Kurz nach ihrer Abdankung schwur Christine öffentlich den lutherischen Glauben ab (zu Innsbruck am 3. November 1655). Sie lebte nun unstät, bald zu Rom, bald zu Paris. Als sie ihren Günstling Monaldeschi wegen seiner Indiscretion zu Fontainebleau ermorden ließ (10. Nov. 1657), mußte sie Frankreich verlassen und verfiel dem harten Tadel von ganz Europa. Auch die Schweden und die Polen, um deren Kronen sie sich bewarb, wollten nichts von ihr wissen. Sie lebte fortan den Wissenschaften, und starb verschollen, von vielen verachtet, zu Rom am 19. April 1689.

wecken. Der nämliche Christian IV., welcher sich früher als Schützer des Prote=
stantismus gegen den Kaiser geberdet hatte, trat im J. 1643 als Alliirter des
Kaisers gegen die Protestanten wieder in die Kampfbühne. Ihm aber blühte das=
selbe Schicksal wie ehedem. Von seinen engherzigen Reichsständen im Stiche ge=
lassen, konnte Christian IV. trotz allen Heldenmuthes es nicht verhindern, daß bald
fast ganz Jüttland, Holland und Schonen von den Schweden besetzt war, welche
bereits auch die Inseln bedrohten. Die Aussicht auf eine wirksame Unterstützung
von Seite der Kaiserlichen war nach dem Scheitern des von Gallas schlecht ge=
führten Heereszuges (1644) gleichfalls vollkommen geschwunden. So mußte sich
Christian IV. zu einem in Brömsebro (Aug. 1645) geschlossenen Frieden her=
beilassen, in welchem den Schweden Jämtland, Herjedalen, Gothland und Oesel
für immer, Halland auf 30 Jahre abgetreten wurde. Außer dem eigentlichen Däne=
mark umfaßte der Staat nur noch Norwegen, Schonen und einige andere Land=
schaften im südlichen Schweden, die Faröer=Inseln, Island und die eben erst ge=
gründeten Kolonien. Diese beschränkten sich auf kleine Besitzungen (Tranquebar
mit Dansburg) in Ostindien. Für die Ausbreitung der Schifffahrt und des Han=
dels, für Verbesserungen im Kriegswesen war Christian IV. in vielfacher Bezie=
hung thätig; leider gelang es ihm nicht, auch die Verfassung auf einen besseren
Fuß zu heben, und damit die wirkliche Macht des Reiches wieder herzustellen. Ihm
folgte sein Sohn Friedrich III. (1648).

Rußland gelangte nach furchtbaren Bürgerkriegen, die dem Aussterben
des Rurik'schen Stammes (1598) gefolgt waren, erst vom J. 1613 an allmälig
wieder in einen geordneten Zustand, nachdem die Abgeordneten des Clerus, des
Adels und der Geistlichkeit den Jüngling Michael Fedorowitsch, welcher in weib=
licher Linie von der erloschenen Dynastie abstammte, auf den Thron erhoben. Er
eröffnete die Dynastie der Romanow's. Michael Romanow (1613—1645) fand
bei seiner Thronbesteigung das Reich in einer furchtbaren Verwirrung. Er mußte
vor Allem daran denken, ihm nach außen Ruhe zu verschaffen, wenn diese auch nur
mit großen Opfern zu erkaufen war. So kam jetzt mit Schweden der Friede von
Stolbowa zum Abschlusse (1617, siehe oben), und bald folgte ein ähnlicher Ver=
trag mit Polen zu Dewilina (11. Dec. 1618); in diesem wurde Smolensk,
Severien und Tschernigow an Polen überlassen, welches Reich sich nunmehr über
den Dnjepr hinaus nach Osten erstreckte. Als von Polen vermöge seiner Freund=
schaft für Oesterreich um das J. 1632 ein neuer Krieg gegen Schweden zu er=
warten stand, glaubte Michael den Moment günstig, um die verlornen Provinzen
zurück zu erobern. Allein er täuschte sich: Polen verlängerte unter Erlangung
namhafter Vortheile seine Waffenruhe mit Schweden, und konnte demnach seine

ganze Kraft gegen Rußland werfen. Letzteres blieb im Nachtheile und mußte im Frieden zu Wiasma (1634) die früher gemachten Abtretungen bestätigen.

Obgleich in seinen äußeren Unternehmungen nicht eben glücklich, ward der Czar Michael doch ein Wohlthäter seines Volkes, indem er mit Geduld und Consequenz dahin gelangte, wieder geordnete Zustände in dem arg zerrütteten Staatswesen herzustellen; er begünstigte auch die Elemente der Civilisation, welche freilich bei den damaligen Russen nur sehr spärliche Wurzeln schlug; mit Persien und China wurden Handelsbeziehungen angeknüpft. Unter dem Sohne Michaels, Alexei I. (1645—1676) erhoben sich zu Anfang seiner Regierung einige Unruhen, die aber bald gedämpft wurden; später aber (seit 1654) erneuerten sich die Kriege gegen Polen, diesmal mit einem glücklicheren Erfolge.

Nach dem Aussterben der Jagellonen (1572) war **Polen** zu einem vollständigen Wahlreiche geworden. Da in den Krönungsbriefen (pacta conventa) jedem neuen Könige neue Adelsrechte abgerungen wurden, so gestaltete sich Polen zu einer vollendeten aristokratischen Republik mit einer fast bedeutungslosen monarchischen Spitze. Der allvermögende Reichstag bestand aus dem Senate, an welchem 17 geistliche, 129 weltliche Würdenträger Theil nahmen, ferner aus dem Hause der Landboten oder Abgeordneten der einzelnen Adelsbezirke. Dieses Haus riß allmälig fast die ganze legislatorische und executive Gewalt an sich; selbst die Beschlüsse über Krieg und Frieden waren von ihm abhängig. Der Adel genoß ungeheure Vorrechte, er war von allen Steuern befreit, der gerichtlichen Gewalt fast gänzlich entzogen, selbst aber im Besitze einer willkürlichen Autorität über seine Leibeigenen. Einen Bürgerstand gab es in ganz Polen fast gar nicht; das sociale Leben erinnerte, wie in Rußland, noch stark an asiatische Rohheit, das politische Treiben aber, das in Rußland durch den beherrschenden Willen des Czars geregelt wurde, glich in Polen allenfalls jenem in Dänemark, nur war es noch zerfahrener und wilder. Das größte Unding aber in der an Unsinn so reichen Verfassung Polens war das Erforderniß der Stimmeneinheit, um irgend einen Beschluß rechtskräftig zu machen. Fiel es einem einzigen der zahlreichen Landboten ein, seinen Kopf aufzusetzen, so hielt er mit seinem liberum Veto, nämlich einer unmotivirten Verneinung die wichtigste Maßregel so lange auf, bis er mit seinem Anhange in einem Tumulte erschlagen oder verjagt war, oder bis der Reichstag sich zur Conföderation erklärte. In einer Versammlung der letzteren Art galt wie überall sonst bei vernünftigen Leuten die Entscheidung durch eine gewisse Stimmenmehrheit; übrigens war die Conföderation, welche ganz ordnungsmäßig auch gegen den König selbst gerichtet sein konnte, an sich schon eine halbe Revolution, und häufig wurde eine ganze daraus. — In einem solchen Staate, in welchem jeder Mensch ein Stück König, niemand aber als der Edelmann ein wirklicher Mensch war, mußte der Untergang des Ganzen früher oder später von selbst erfolgen, selbst dann, wenn keine eifersüchtigen und mächtig emporstrebenden Staaten der Nachbarschaft das Ihrige zu einem solchen Ausgange beitrugen. Obgleich vermöge seiner Ausdehnung und Volkszahl noch zu Anfang des 17. Jahrhunderts eines der größten Staatswesen in Europa, zeigte Polen doch bereits jetzt die innere Schwäche im Kampfe gegen manche früher verachtete Macht. Vergebens war da die sprichwörtliche Tapferkeit der Polen, vergebens ein glühender Patriotismus, der dem Vaterlande zu nützen glaubte, wenn er für seine Mängel und Krebsschäden begeistert eintrat. Der klägliche Tod, welchen das polnische Reich zu den Zeiten von Friedrich II. und Katharina starb, war in seinen Keimen damals schon Jahrhunderte zählend.

Der dritte Wahlkönig in Polen war Sigismund III. aus dem Hause Wasa (1587—1632). Von seinem Vater erbte er die schwedische Krone, vermochte dieselbe aber gegen seinen vom ganzen Volke begünstigten Oheim Karl IX. nicht zu behaupten. Ein ungemein langwieriger Krieg, in welchem Polen gegen das damals noch schwache Schweden keineswegs Ehre einerndete, führte endlich zu dem Waffenstillstande von Altmarkt (1629, siehe oben). Besseres Glück hatte Polen während des anarchischen Zustandes in Rußland gehabt; es schien sogar durch einige Zeit (1610), als ob letzteres Reich ganz mit Polen vereinigt werden sollte. Neue Unruhen, besonders aber die Erhebung des Hauses Romanow auf den russischen Thron machten diese Hoffnung zu nichte; wohl aber erhielt Polen von Rußland, weil diesem Ruhe das augenblicklich nothwendigste Bedürfniß war, im Frieden von Dewilina eine sehr namhafte Gebietsvergrößerung zugestanden. Wladislaw IV. (VII.), welcher früher für sehr kurze Zeit Herrscher von Moskau gewesen war, folgte im J. 1632 seinem Vater Sigismund auf dem Throne. Noch bewies Polen den Russen gegenüber einige Ueberlegenheit in einem kurzen Kriege, welcher in dem Frieden von Wiasma (1634) seinen Abschluß fand. Bei der Verlängerung des Waffenstillstandes mit Schweden im J. 1635 erhielt Polen seine von Gustav Adolf weggenommenen westpreußischen Lande, ohne daß es für diesen reichen Gewinn das Schwert zu ziehen brauchte. Die Versuche, welche Wladislaw behufs Verbesserung der Verfassung machte, scheiterten an dem Widerstande der privilegirten Classen; ebenso wenig Erfolg hatten seine Hoffnungen auf Wiedervereinigung der Protestanten und der griechischen Orthodoxen mit der römischen Kirche. Der blinde Eifer, mit welchem der König für die letztere auftrat, sowie Eingriffe in das nationale Leben gaben die Veranlassung zu einem gefährlichen Aufstande der Kosaken in der Ukraine. Dieses vor langen Zeiten aus russischen Flüchtlingen entstandene Volk war den polnischen Königen immer eine der verläßlichsten

Stützen ihrer Macht gewesen, indem dasselbe gesetzlich zur Beistellung von 40.000 Kriegern verpflichtet war und seine Leistungen nicht ebenso sehr, wie der polnische Adel, von dem eigenen Belieben abhängig machte (3. Bd., S. 288).

Auch unter dem Nachfolger Wladislaw's, seinem Stiefbruder Johann II. Kasimir (seit 1648) dauerte der von den Tataren unterstützte Aufstand der Kosaken fort, und nahm, weil die Parteistreitigkeiten Polens eine große Machtentfaltung abermals nicht zuließen, bald ungemein bedeutende Dimensionen an. Endlich begaben sich, geleitet von ihrem Hetman Chmielnicki, die Kosaken unter die Herrschaft von Rußland (1654). Selbstverständlich kam es hierüber zum Kriege zwischen Polen und Rußland, und bei dem bald darnach erfolgten Eingreifen Schwedens wurde nunmehr auch das äußere Ansehen Polens ebenso sehr angegriffen, wie es durch eigene Schuld das innere Staatsleben schon längst war.

Geschichte der Staaten in der zweiten Hälfte des 17. Jahrhunderts.

40. Kriege im Norden von 1654 bis zum Frieden von Oliva. Karl X. Gustav von Schweden, in der Schule seines Oheims Gustav Adolf aufgewachsen, glühte vom Drange nach Ruhm und Eroberung, und würde in der ersten Reihe bedeutender Feldherrn zu zählen sein, wenn er nicht immer zu vieles auf einmal angestrebt und darüber seine Kräfte in verschiedenen Richtungen zersplittert hätte. Eben bei seinem ungestümen Vorwärtsdrängen unterließ er es, auf seinen Kriegszügen die erforderlichen Zwischenbasirungen durchzuführen; so kam es dann, daß er zwar ungemein schnell ungeheure Eroberungen machte, sie aber fast ebenso schnell wieder verlor. Diese Bemerkungen drängen sich bei der Betrachtung des großen nordischen Krieges von 1654—60 uns auf, welcher im Uebrigen zwar eine Menge von einzelnen Thaten, aber wenige für die Kunst denkwürdige Momente bietet.

Während durch den Abfall der Kosaken der Krieg zwischen Polen und Rußland im J. 1654 mit Heftigkeit ausbrach, und der Czar persönlich Smolensk, sein Feldherr Scheremetjeff Witepsk eroberte, beging der polnische König die Unvorsichtigkeit, dem eben auf den schwedischen Thron berufenen Karl X. Gustav die Anerkennung zu versagen. Nichts konnte dem Letzteren erwünschter sein, als in so wohlfeiler Weise die Gelegenheit zum Bruche des noch immer bestehenden verlängerten Waffenstillstandes von Altmark zu finden. Im J. 1655 hatte Polen demnach gleichzeitig gegen die Schweden, Russen und Kosaken zu kämpfen, während als polnische Alliirte vorderhand bloß die am schwarzen Meere wohnenden Tataren, dann der Kurfürst Friedrich Wilhelm von Brandenburg gelten konnten. Letzterer Fürst war es, welcher gerade in diesem Kriege den Grund zur künftigen Großmachtstellung von Preußen legte, allerdings im höheren Grade durch Schlauheit der Politik als durch Waffenthätigkeit, überhaupt durch ein Verhalten, welches nicht gerade als loyal und moralisch korrekt bezeichnet werden kann. Auf die Verhältnisse von Brandenburg mit Preußen müssen wir hier einen flüchtigen Rückblick werfen. Nach der Umwandlung des ehemaligen Deutschordens-Landes Preußen in ein weltliches Herzogthum unter einem Zweige des Hauses Hohenzollern (1525, 3. Bd., S. 233) hatte die polnische Krone die ehemals vergebens angestrebte Ausbreitung an der Ostsee reichlich gefunden. Das neue Herzogthum war den polnischen Königen lehenspflichtig; früher aber schon (1466, 2. Bd., S. 419) war der reichste und wichtigste, an den Weichselmündungen gelegene Theil von Preußen gänzlich dem polnischen Reiche einverleibt worden. — Als nun auch die Länder des ehemaligen Schwertordens zum Theile gänzlich an Polen fielen (Liepland nämlich, dagegen Esthland an Schweden), theils aber als weltliches „Herzogthum Kurland" der polnischen Krone zinsbar wurden, übte die letztere an den südöstlichen Küsten der Ostsee insolange einen beherrschenden Einfluß, als nicht das mächtigere Emporstreben Schwedens, begünstigt von dem inneren Verfalle der polnischen Adelsrepublik, hier neue Machtgruppirungen schuf.

So lange im Herzogthume Preußen ein abgesonderter Zweig des Hauses Hohenzollern herrschte, blieb dieses Land enge an die polnischen Staatsinteressen geknüpft. Im J. 1618 wurde das Herzogthum aber nach dem Aussterben seiner Dynastie mit Brandenburg vereinigt. Die Hohenzollern in Brandenburg waren nun einestheils für ihr Kurfürstenthum Stände des deutschen Reiches, andererseits für Preußen Lehensträger von Polen. Zufällig ergaben sich aus dieser Zwitterstellung keine politischen Conflicte, weil Polen mit den Kaisern auf einem guten Fuße blieb. Dagegen aber trachtete „der große Kurfürst" Friedrich Wilhelm (1640—88) seine Staaten in jeder möglichen Weise zu heben, und namentlich Preußen von dem Verbande mit Polen zu lösen. Nach dem dreißigjährigen Kriege, in welchem auch der große Kurfürst gleich seinem Vorgänger nur eine untergeordnete, von allen Parteien arg mißhandelte Stellung eingenommen hatte, ging er energisch daran, die übergroßen Rechte seiner Landstände, so insbesondere ihr Befugniß zur Bewilligung von Steuern und Truppen, zu beschränken, Ordnung in die gesammte Verwaltung zu bringen, durch Hereinziehung von Colonisten und durch Begünstigung der bürgerlichen Gewerbe den in jüngster Zeit ganz zerstörten Nationalreichthum neu zu beleben, endlich auch durch die Aufstellung von stehenden Truppen eine zwar noch nicht große, aber sehr tüchtige Armee zu schaffen. Unter diesen Umständen wurde Brandenburg-Preußen in den neuen Krieg zwischen Schweden und Polen hereingezogen, in welchem es vermöge seiner Lehenspflicht auf Seite des letzteren Staates zu stehen berufen war. Diese Aufgabe faßte Friedrich Wilhelm jedoch nur in dem Sinne auf, um nothdürftig zur eigenen Sicherstellung in jeder Wendung den Schein zu wahren, dabei aber unabläſſig den eigenen Vortheil zu verfolgen. Er begnügte sich demnach, vorderhand 5.000 M. zur Verstärkung nach Preußen zu senden.

Gleich nach Beginn des Krieges im J. 1655 äußerte sich die Zerrissenheit Polens und die Ueberlegenheit der schwedischen Waffen. Nach einem unbedeutenden Scharmützel überlieferten die Wojewoden von Posen und Kalisch ihr Corps von 15.000 M. und zugleich ihre Provinzen dem schwedischen FM. Wittenberg, welcher aus Pommern über Brandenburg dahin vorgerückt war. Mit Wittenberg vereinigte sich dann zu Konin Karl X. selbst, und zog nach Warschau, von wo der König Johann Casimir über Krakau nach Schlesien flüchtete. Warschau ergab sich den Schweden, ebenso auch in kürzester Zeit Krakau (17. Oct. 1655). Auch gegen Westpreußen richteten die Schweden ihre Waffen, fanden aber hier einen größeren Widerstand, namentlich bei den tapferen Bürgern von Danzig. In dem einen Feldzuge 1655 hatten die Schweden die ganze Westhälfte des polnischen Reiches, Preußen ausgenommen, durchschritten und zugleich erobert. In derselben Zeit hatten aber auch die Russen und Kosaken ihren verheerenden Krieg gegen Polen fortgesetzt; um ärgeren Schicksalen zu entgehen, unterwarf sich Litthauen dem schwedischen König, welchem nun so ziemlich ganz Polen mit Ausnahme der südöstlichen Provinzen gehorchte.

Ein außerordentlicher Vortheil für Schweden war es, daß der Kurfürst Friedrich Wilhelm, anscheinend gezwungen, auf die Seite Karl's X. übertrat, ihm als König von Polen die Anerkennung und Huldigung leistete (15. Juni 1656) und seine Truppen nunmehr gegen Polen kämpfen ließ. Dagegen aber wandten sich die Kosaken, nachdem sie schon durch einige Zeit eine zweideutige Rolle gespielt hatten, nunmehr offen wieder auf die Seite des Königs Johann Kasimir; das Gleiche thaten viele polnische Magnaten, welche früher ihrem Fürsten eidbrüchig gewesen waren. Von den Priestern gegen die jetzigen Herren des Landes, die lutherischen Schweden aufgeregt, erhob sich an vielen Orten das Landvolk, und gefährdete im kleinen Kriege die Eroberungen Karl's X. umso mehr, weil dieselben ungeheuer ausgedehnt, aber nirgends durch feste Zwischenlinien gesichert waren.

Von großer Wichtigkeit ward das Verhalten Rußlands. Nachdem dieser Staat die im Frieden zu Dewilina und Wiasma abgetretenen Provinzen bereits zurück erobert, überdieß die Kosaken an die russische Herrschaft geknüpft hatte, fand er kein Interesse mehr daran, das ohnedem schon ungemein mächtige Schweden zu unterstützen. In dem Vertrage von Niemec (1656) gab Johann Kasimir Kiew, Smolensk, Tschernigow u. A. dem Czar zurück, der von jetzt zu seinen sonstigen Titeln den eines Herrschers von Klein= und Weiß=Rußland annahm. Rußland ließ nunmehr den Polen einigen Beistand, indem es Truppen nach Liefland einfallen ließ, und auch wirklich Dorpat und Narwa eroberte, während Kosaken und Tataren im Süden gleichfalls einige Waffenthaten für Johann Kasimir verrichteten.

Während dieser Vorfälle hatte sich Karl X. in Galizien und den benach= barten Provinzen ohne einen festen Kriegsplan herumgetrieben, und die Plätze Zamosc und Przemysl nicht einzunehmen vermocht; letztere Festung hatte den Schweden sogar „wunderbar und uneinnehmbar“ geschienen. Später gerieth Karl X. im Palatinat Sandomir vor den ihn rings umgebenden polnischen Truppen und Insurgenten in eine sehr gefährliche Lage, aus welcher er nicht ohne bedeutende Opfer nach Warschau entkam (Apr. 1656). Während in Litthauen mehrere schwedische Regimenter durch den Landsturm vernichtet wurden, ging Karl X., statt seine Kräfte möglichst zusammenzuziehen, noch immer nach der Eroberung neuer Gebiete aus. Zunächst wandte er sich nach Westpreußen, wo zwar Marienburg den Schweden gefallen war, dagegen aber Danzig auf das tapferste sich hielt. Den Abzug des Schwedenkönigs an die Weichselmündungen hin benützte Johann Kasimir, um aus dem ihm treu verbliebenen Galizien an der Spitze eines Heeres von 60.000 M., theils Polen, theils Tataren, nach War= schau zu ziehen und diese Stadt wieder zu erobern (1. Juli). Bereits aber war Karl X., im Vereine mit dem bereits offen auf seine Seite getretenen Kurfürsten Friedrich Wilhelm im vollen Anmarsche nach Warschau. Beide Fürsten führten 14.000 Schweden und 16.000 Brandenburger in den Kampf gegen eine doppelte Uebermacht. Bei der Warschauer Vorstadt **Praga** kam es zu einer dreitägigen Schlacht (18.—20. Juli 1656). Die Sturmangriffe, welche am ersten Tage gegen die Verschanzungen der Polen unternommen wurden, ergaben kein Resul= tat. Am zweiten Tage vollführten die Alliirten ein sehr denkwürdiges Manöver, für welches sich wenige Pendants in der Kriegsgeschichte finden. Während nämlich der Kurfürst, welcher den linken Flügel der Schlachtstellung bildete, die nunmeh= rigen Gegenangriffe der Polen und der tatarischen Reiter standhaft zurückwies, maskirte er zugleich die Manöver des Königs, welcher mit dem bisherigen rechten Flügel treffenweise links hinter den Brandenburgern vorüber abmarschirte, und nun seinerseits den linken Flügel einnahm. Dieser Flügel, unter Einem vorge= nommen, nahm die feste Stellung der Polen bereits drohend in die Flanke. Das schwierige und zeitraubende Manöver, womit das ganze Gesechtsfeld eine andere Gestaltung annahm, wurde mit außerordentlicher Präcision und Festigkeit durchgeführt; letztere war im höchsten Grade nothwendig, da die Tataren sich alle Mühe gaben, die Entwicklung der schwedischen Colonnen zu stören, und bei dieser Gelegenheit sogar die Person Karl's X. auf das höchste gefährdeten. Endlich aber waren sie doch zurückgeschlagen, und der zweite Kampfestag endete für die Alliirten mit dem Gewinne einer vielversprechenden Stellung. — Diesen Vortheil nützten die Alliirten am nächsten Tage auf das kräftigste aus; im allseitigen Angriffe rollten sie ihre Gegner in wirre Haufen zusammen, sprengten sie aus einander, und erfochten einen vollständigen Sieg. Nach dem ungeordneten Rückzuge der Polen wurde nun Warschau von den Alliirten erstürmt und geplündert.

Unterdessen waren die Russen, nunmehrige Feinde Schwedens, mit Uebermacht nach Lievland und bis nach Preußen vorgedrungen; der Kurfürst Friedrich Wilhelm sah sich dadurch genöthigt, von Warschau aus zum Schutze seiner Staaten sich nordwärts zu wenden. Aber der polnische Feldherr Gonziejewski schlug am 8. Oct. ein schwedisch-brandenburgisches Corps vollständig und öffnete sich damit den Weg nach jeder beliebigen Richtung in Preußen, so daß dieses Land für das Haus Hohenzollern momentan verloren schien. Durch fromme Versprechungen gelang es dem Kurfürsten, einen dreimonatlichen Waffenstillstand mit Rußland und Polen zu erwirken; allein kaum hatte er Zeit und die Arme wieder freier bekommen, als er am 20. Nov. mit Schweden einen neuen Allianzvertrag zu Labiau abschloß. In diesem wurde Karl X. Gustav abermals als König von Polen, der Kurfürst dagegen zum ersten Male als souveräner Herzog von Preußen anerkannt. Noch im Decb. überfiel Karl X. einige polnische Abtheilungen in ihren Winterquartieren und brachte ihnen empfindliche Verluste bei.

Auf den übrigen Schauplätzen war im Feldzuge 1656 nichts Wesentliches vorgefallen. Im Süden hatte sich Krakau gegen die polnischen Angriffe gehalten, jedoch konnte der Besitz dieses Platzes, welcher über 60 Meilen von der Operationsbasis der Schweden (Ostpreußen) fast ganz ohne verbindende Zwischenpunkte in einem insurgirten Lande gelegen war, für Karl X. kaum mehr von Wichtigkeit sein. Aehnliches galt auch bezüglich der zweiten Hauptstadt Polens, Warschau, wo gleichfalls eine schwedische Garnison sich hielt. Die Erfolge Karl's X. auf dem Schlachtfelde konnten, wie man sieht, nicht leicht andere als vorübergehende Resultate ergeben, da sie auf falschen strategischen Ideen erwuchsen. Noch im Sommer 1656 hatte sich in dem Fürsten Georg II. Rakoczy von Siebenbürgen ein neuer Speculant auf die polnische Krone gezeigt. Derselbe ließ sich in Unterhandlungen mit den Kosaken, den polnischen Magnaten und den Schweden ein. Mit den letzteren schloß er einen bindenden Vertrag, und brach dann zu Anfang 1657 mit 60.000 M. nach Galizien ein. Diese bedeutende Macht aufzustellen war dem Fürsten umso leichter, als ihm vom Sultan eine Art Oberhoheit über die Wallachei und Moldau verliehen worden war. Uebrigens war die Pforte mit dem diesmaligen Verhalten ihres Vasallen im hohen Grade unzufrieden, was er später auch schwer bezahlen mußte.

Nachdem das Auftreten Rakoczy's die Befürchtung erwecken mußte, daß Schweden neuerdings das Uebergewicht erhalten werde, verband sich zu Anfang 1657 Dänemark mit dem Kaiser zur Unterstützung Polens. Es nahm also dieser nordische Krieg fortwährend noch größere Dimensionen an. Rakoczy war ohne große Kämpfe in Krakau eingetroffen (30. März), hatte sodann seine Vereinigung mit dem von Norden herangezogenen Schwedenkönige (1. Apr.), und mit diesem zusammen den Weichselübergang bei Zawichost bewerkstelligt. Nach kurzer Belagerung wurde Brze sc erobert, dann aber der Marsch nach Warschau angetreten. Hier trennte sich Karl X. von den Siebenbürgern, um rasch auf Dänemark sich zu werfen, welches mittlerweile Truppen in das (schwedische) Herzogthum Bremen hatte einfallen lassen. Zu gleicher Zeit fand aber auch Rakoczy seine Lage in Warschau nicht mehr behaglich, nachdem 17.000 Oesterreicher unter Hatzfeld gegen Krakau im Anmarsche waren, und ebenso auch der polnische Kronfeldherr Czarnecki sich nach den Verbindungen der Siebenbürger bewegte; überdieß waren zur selben Zeit auch kaiserliche und polnische Kriegsvölker nach Siebenbürgen selbst eingebrochen. Czarnecki zwang nach glücklichen Gefechten den Fürsten zu einem schimpflichen Räumungsvertrage (23. Juli); die Tataren aber, welche an diesen Ausgleich sich nicht kehrten, erschlugen den Siebenbürgern auf ihrem ferneren Rückzuge noch 11.000 Mann. — Arm an Mannschaft und Ehre, überdieß beladen mit dem Zorne der Pforte, kehrte Rakoczy von seiner eitlen Unternehmung zurück. Unterdessen hatte Hatzfeld noch im Juli vor Krakau sich gelagert, und nach einigen Wochen diese Hauptstadt Polens wieder für den rechtmäßigen König in Besitz genommen (30. Aug.). — Czarnecki, welcher über Aufforderung Dänemarks dem schwedischen Könige in die jütische Halbinsel folgen sollte, übersetzte zwar mit seinen Völkern schwimmend die Oder, wurde aber dann aus Deutschland zurückberufen, weil die von den Polen angerichteten Verwüstungen in civilisirten Ländern doch zu böses Blut machten.

Der „große Kurfürst" hatte nach dem Auftreten der Kaiserlichen und dem schmählichen Rückzuge der Siebenbürger einen neuen Calcul gezogen und war zu dem Resultate gekommen, daß das Blatt sich vollständig gewendet habe. Daraus folgerte er, daß auch er sich wieder einmal wenden müsse; denn er liebte es, auf der Seite des Stärkeren zu stehen. So schloß er denn, nachdem er schon früher durch einige Zeit sich zuwartend verhalten hatte, am 19. September 1657 mit Polen einen ewigen Bund zu Wehlau. Er wurde nunmehr auch vom rechtmäßigen Könige Polens als Souverain in Preußen anerkannt, und verpflichtete sich dafür zur Stellung eines kleinen Hilfscorps. In Liefland und im eigentlichen Polen fiel im J. 1657 und 1658 weiter nicht mehr viel Bemerkenswerthes vor, ausgenommen nur, daß unter den ukrainischen Kosaken ein blutiger Zwiespalt ausbrach, in Folge dessen sich die dießseits des Dnjepr Wohnenden wieder unter die Herrschaft Polens zurück begaben. Dieß aber ward Ursache, daß Rußland sich jetzt von der Theilnahme für Polen zurückzog, und im J. 1659 sogar wieder den Krieg gegen diesen Staat eröffnete. Einer der wichtigeren Punkte an der Weichsel, T h o r n, wurde im Sommer 1658 von den Polen durch Aushungerung bezwungen. Da nunmehr auch die österreichischen Kriegsvölker die Polen in Preußen unterstützten, so waren von den im ersten Feldzuge Karl's X. gemachten riesigen Eroberungen zu Ende 1658 nur mehr wenige Spuren vorhanden.

Desto glücklicher war aber Karl X. in D ä n e m a r k. Mit kaum 12.000 (Anfangs sogar bloß 6.000) Mann begann er im Sommer 1657 seine Unternehmungen in Holstein. Gleichzeitig drangen die Schweden auf der skandinavischen Halbinsel in die Landschaft Schonen ein, und ebenso entbrannte auch zur See der Krieg. Im letzteren hatten Anfangs die Schweden, später die Dänen die Oberhand. In Skandinavien waren die Dänen, zuletzt unter persönlicher Anführung des Königs Friedrich III. noch glücklicher, indem sie mehrere Treffen nach einander gewannen. Alle diese Erfolge der Dänen wurden aber gänzlich erdrückt durch ihr gleichzeitiges Unglück auf dem Hauptschauplatze. Noch im Herbste 1657 waren die Schweden in Jütland und bis an den kleinen Belt vorgedrungen. Hier verfiel nun Karl X. mit der ihm eigenen Erfindungsgabe und Verwegenheit auf eine Operation, wie sie mit größeren Truppencorps wohl sonst niemals vorgekommen ist. Als der Belt, welcher 1/8—5 Meilen breit und 24 bis 160 Fuß tief ist, vollkommen zugefroren war (Jän. 1658), vollführten die Schweden über das Eis einen ganz geordneten Kriegsmarsch. An den Küsten von Fühnen stellten sich aber bereits dänische Truppen in Bereitschaft, um theils durch Einschlagen des Eises, theils mit den Waffen selbst den kühnen Gegnern die Landung zu verwehren. Ihnen gegenüber angekommen, formirten die Schweden ihre Schlachtstellung; bei dieser Gelegenheit brach an einzelnen Stellen die Eisdecke und ein paar Compagnien, in Reih' und Glied stehend, sanken in die Tiefe. Das schwedische Corps aber lieferte trotz dieses Anblickes mit gewohntem Muthe den Dänen die sogenannte S c h l a c h t a u f d e m E i s e, in welcher Karl X. abermals einen vollständigen Sieg errang.

Mit gleicher Kühnheit, nunmehr selbst breitere Canäle auf dem Eise überschreitend, gehen die Schweden nach Langeland, Laaland, Falster, endlich nach Seeland über. Die wichtigsten Plätze auf den Inseln (ferner gleichzeitig auch Drontheim in Norwegen) fallen den Schweden in die Hände. Die Dänen, welche im Bewußtsein einer beträchtlichen Seemacht auf ihren Eilanden sich vollkommen sicher geglaubt hatten, sahen mit Bestürzung die Schweden vor Kopenhagen erscheinen. Der Mangel an einheitlicher Kraft in der Regierung sowie die Entfernung der alliirten Truppen von Preußen, Polen und Oesterreich lassen kaum einen Schimmer der Hoffnung aufkommen. Wohl oder übel mußte Dänemark den Frieden, der ihm zu Roeskilde (Rothschild) dictirt wurde, sich gefallen lassen. In demselben mußte es Alles, was es früher her noch im südlichen Schweden besessen, so Schonen, Blekingen, Bahus (ebenso das schon von 1645 zeitweilig überlassene Halland), ferner Drontheim und Bornholm an Schweden als Eigenthum überlassen (28. Febr. 1658).

Nicht zufrieden mit den in diesem kurzen Kriege gemachten werthvollen Eroberungen, durch welche sein Hauptreich Schweden erst gut arrondirt wurde, brach Karl X. nach wenigen Monaten den Frieden von Rothschild, und landete mit ansehnlichen See- und Land-Streitkräften auf der Insel Seeland. Aber an der Stelle der Bestürzung, welche bei der ersten Bedrohung von **Kopenhagen** daselbst geherrscht hatte, zeigte sich jetzt eine heilige Begeisterung. Die höchsten Würdenträger und zarte Damen nahmen Schaufel und Scheibtruhe zur Hand, um an den Wällen zu arbeiten; die Studenten griffen zu den Waffen, in den Arsenalen wurde Tag und Nacht gerüstet (Aug. 1658). Als nun die Flotte und die Landarmee der Schweden vor Kopenhagen erschienen, brannten die Bewohner selbst ihre Vorstädte nieder; von den verlassenen Vorwerken aus begannen die Schweden ihre Angriffsarbeiten. Aber die Dänen, im Unglücke neu geboren, waren jetzt ganz andere Leute als wenige Monate früher. Denn wahr ist es, daß ein Volk nie schwächer, nie so haltlos und schwankend ist, als im blinden Vertrauen auf sein Glück, nie aber stärker und erhabener, als wenn es mit Bewußtsein gegen die Launen des Glückes ankämpft. In den verschiedenen Ausfällen erfochten die Kopenhagner mehrfache Vortheile; bald verjagten sie die Schweden aus ihren Laufgräben, bald verbrannten sie ihnen mehrere Schiffe. Selbst eine mehrtägige Beschießung mit glühenden Kugeln brachte den Heldensinn der Städter nicht zum Wanken. Während solcher Weise Karl X. zum ersten Male in seinem Leben durch mehrere Wochen keinen Fortschritt zu machen im Stande, und Kronburg in diesem Feldzuge seine einzige Erwerbung war, hatten sich von allen Seiten schwere Wolken wider ihn aufgethürmt, die ihn sammt seiner vermessenen Eroberungslust zu zerschmettern drohten.

Kaiser Leopold, Polen, Brandenburg und die Generalstaaten traten für das arme Dänemark in die Schranken. Am 29. Oct. lief eine holländische Flotte in den Sund ein, griff sogleich die stärkere schwedische Seemacht an, durchbrach sie und zwang sie zum Abzuge. Zu Lande setzte Karl X. noch immer die Belagerung fort, obgleich seine Anwesenheit jetzt an anderen Punkten sehr wünschenswerth gewesen wäre. Aus Polen waren nämlich, wie weiter oben erwähnt, im J. 1658 die Schweden bereits vertrieben, in Preußen hielten sie mühsam noch einige Plätze. — Drontheim in Norwegen war nach einem Siege des dänischen Generals Reichwein vom letzteren wieder genommen worden; Bornholm hatte selbst die schwedische Herrschaft abgeworfen. Erst auf die sichere Kunde, daß Czarnecki mit 5.000 Reitern, der Kurfürst Friedrich Wilhelm mit 16.000, die kaiserlichen Generale Spork und Montecuculi mit 11.000 M. im vollen Anzuge auf Jütland seien, gab Karl X. endlich die Belagerung von Kopenhagen auf, nachdem er noch am 11. Feb. 1659 einen letzten fruchtlosen Sturm gewagt hatte. Er setzte sich nunmehr auf Fühnen und Langeland fest. Vergebens versuchten die Alliirten mit allem Aufwande von Erfindungsgabe und Kühnheit, den Uebergang nach Fühnen zu bewirken [1]. Da die Schweden mit ihren Schiffen den kleinen Belt beherrschten, die Holländer aber sich nicht herbeiließen, sie von dort zu vertreiben, so blieben die Alliirten durch einige Monate auf die Halbinsel Jütland beschränkt. Da beging Karl X., der überhaupt vom Nachgeben nichts wissen wollte, die Unvorsichtigkeit, die angebotene Friedensvermittlung der Seemächte kurzweg zurückzuweisen. Nun endlich durften die holländischen Admirale kräftiger vorgehen und die Canäle um Fühnen herum wenigstens theilweise von den Schweden säubern. Die Dänen landeten nun bei Kirtemünde, ihre Alliirten, darunter vorwiegend die Kaiserlichen, bei Middelfahrt, wo die Schweden bei ihrer Annäherung eine Strandbatterie von 30 Stück schmählich im Stich gelassen hatten. Nach der Vereinigung der verschiedenen Abtheilungen siegten die Alliirten über die geringeren schwedischen Streitkräfte, letztere unter dem Befehle von Horn, bei Nyborg (14. Nov. 1659), eroberten ganz Fühnen und machten einige Tausend Gefangene. Karl X. selbst war rechtzeitig nach Schweden zurückgekehrt.

Im J. 1659 hatten die Russen wegen des Abfalles einiger Kosaken= stämme den Krieg gegen den König von Polen wieder aufgenommen. Aber der letz=

---

[1] Die bewundernswertheste Schwimmproduction neuerer Zeit kam bei dieser Gelegenheit vor. Am 1. Jänner 1659 (im Originale 1658, was wahrscheinlich ein Irrthum ist) durchschwammen drei polnische Reiter=Regimenter unter Czarnecki, nachdem sie früher das Eis an den Ufern hatten aufhauen lassen, den kleinen Belt, und überfielen mit dem besten Erfolge eine von den Schweden besetzte kleine Insel (vielleicht Fanö?).

tere, von Tataren, Kosaken und kaiserlichen Truppen unterstützt, trieb nicht nur die Russen mit großen Verlusten zurück, sondern eroberte auch die meisten von den Schweden bis jetzt noch in Preußen innegehabten Plätze. Zwischen Schweden und Polen dauerte übrigens der Krieg noch bis zum J. 1667 fort, während er auf den übrigen Schauplätzen schon viel früher erloschen war. — Karl X. hatte nach seiner Vertreibung aus den dänischen Inseln sich auf Norwegen geworfen und daselbst die Belagerung von ein paar Festungen begonnen. Wahrscheinlich hätte die Friedensliebe der anderen Mächte noch lange auf Gewährung warten müssen, wenn nicht der Tod den unruhigen Friedensfeind, Karl X. Gustav, in seinem 37. Lebensjahre abgerufen hätte (zu Gothenburg, 23. Febr. 1660). Sein Sohn Karl XI. war erst fünf Jahre alt; obgleich also in Folge dieses Umstandes, sowie der in der letzten Zeit den Schweden beigebrachten Schlappen die Sachlage jetzt eine ganz andere war als in den ersten Jahren dieses Krieges, stand doch der Ruhm der schwedischen Waffen und die Friedensliebe ihrer Gegner so groß da, daß letztere sich sogar mit sehr nachtheiligen Bedingungen zufrieden stellten. In rascher Folge kamen folgende Friedensschlüsse zu Stande: 1) zu Oliva bei Danzig (3. Mai 1660) zwischen Schweden, Polen und Preußen: Liefland, Esthland und Oesel blieben dem schwedischen Reiche, Kurland dagegen bei Polen, — die Souveränität von Preußen wurde nochmals anerkannt. 2) zu Kopenhagen zwischen Schweden und Dänemark (16. Juni 1660): die im Frieden zu Roeskilde von Dänemark abgetretenen Provinzen blieben dem schwedischen Reiche, ausgenommen Drontheim und Bornholm, welche an Dänemark zurückfielen; letzterer Staat hatte demnach von da an ganz seinen heutigen Umfang, dazu aber noch ganz Norwegen und die Oberhoheit in Schleswig und Holstein. 3) Zu Kardis zwischen Schweden und Rußland, auf Grundlage des Friedens von Stolbowa.

41. Schweden und Dänemark bis 1699. In Schweden war nach dem Tode Karl's X. für dessen minderjährigen Sohn und Nachfolger Karl XI. (1660—97) eine vormundschaftliche Regierung eingesetzt worden, welche sogleich sich beeilte, die im vorigen Paragraphe berichteten Friedensschlüsse in's Werk zu setzen. Zusammengesetzt im Wesentlichen aus den fünf ersten Kronbeamten und unter dem Einflusse des Reichsrathes stehend, förderte die Regentschaft vorzugsweise die Interessen des Adels, welcher wieder eine dominirende Stellung im Staate einnahm. — Wie schon früher einmal (1654) versuchte Schweden unter der dermaligen Regentschaft neuerdings die freie Stadt Bremen dem Herzogthume gleichen Namens, welches im Westphälischen Frieden schwedisch geworden war, vertragswidrig einzuverleiben. Allein die energische Einsprache des deutschen Reiches machte die bezüglichen Versuche wieder rückgängig. Im Uebrigen

stand Schweden noch immer unter den angesehensten und gefürchtetsten Staaten
Europas da, und die übrigen Mächte buhlten um seine Freundschaft.

Obgleich Karl XI. im J. 1672 selbst die Regierung angetreten hatte, blieb
er durch längere Zeit unter dem Einflusse einer Partei, welche Schweden den
Interessen Frankreichs dienstbar machte. In der Hoffnung, von Pommern aus
noch weiter in Deutschland um sich greifen zu können, nahm Karl XI. vom Jahre
1675 Antheil an dem damaligen Raubkriege Ludwig's XIV. gegen Holland und
dessen Alliirte. Nach leichten Anfangserfolgen, indem nämlich das eben wehrlose
Brandenburg großen Theiles von den Schweden besetzt wurde, wendete sich das
Blatt vollständig: der „große Kurfürst" kehrte von dem rheinischen Kriegsschau-
platze rasch in die eigenen Staaten zurück, und brachte den Schweden bei Fehrbellin (18. Juni 1675) eine entschiedene Niederlage bei. Dieser Schlacht folgten
noch größere Erfolge der Brandenburger und Dänen; indem in kurzer Zeit die
Mehrzahl der schwedisch=deutschen Besitzungen in ihren Händen war, stellte es sich
bereits ziemlich deutlich heraus, daß die von Gustav Adolf und Oxenstierna durch
schlaue Benützung der Umstände gewonnene Großmachtstellung Schwedens auf
keinen soliden, d. h. natürlichen Grundlagen ruhte, und schon jetzt, in der zweiten
Generation, zu verfallen anfing. Schweden, welches vor Kurzem noch dem halben
Deutschland seinen Willen als Gesetz hinzustellen gewohnt war, konnte sich jetzt
seiner Feinde, namentlich der bis dahin wenig beachteten Brandenburger gar nicht
mehr erwehren. Es wäre auch jedenfalls nicht ohne große Verluste aus diesem
Handel getreten, wenn nicht Frankreich auf das wärmste sich seines Alliirten ange=
nommen hätte. So aber waren es nur kleine Gebiete von Pommern, welche in
den Friedensschlüssen von Nymwegen und St. Germain en Laye die schwedische
mit der brandenburgischen Flagge vertauschten (1679). Dieser Krieg hatte den
Schweden aber über 100.000 M. gekostet und eine Staatsschuld von 50 Mil=
lionen Thalern verursacht.

An dem unglücklichen Ausgange dieses Krieges hatte die nach dem Tode
Karl's X. zu Gunsten der Aristokratie vollzogene Verfassungs=Aenderung die
meiste Schuld getragen; denn in Schweden lag, wie gleichzeitig in Polen und
Dänemark, zu viele politische Selbstständigkeit und Macht in den Händen der Par=
teien, als daß für die Gesammtheit der Nation eine bedeutende Kraftäußerung
ermöglicht gewesen wäre. Insbesonders war das Staatseinkommen durch die Ver=
schenkung, Verpfändung und Veräußerung vieler Krongüter an den von Abgaben
fast ganz befreiten Adel im hohen Grade vermindert worden; mit Zustimmung des
Reichstages von 1680 wurden viele solche Güter (10 Grafschaften, 70 Baro=
nien 2c.), falls nicht untadelhafte Rechtstitel für selbe beigebracht werden konnten,

7 *

vom Staate unbarmherzig eingezogen. Gleichfalls auf dem Reichstage von 1680 wurden die übergroßen Befugnisse des Reichsrathes wieder zugeschnitten. In der nächsten Zeit (1682) wurden die Rechte des Königs und das Erbfolgegesetz noch schärfer hingestellt. Die wesentlichste Stütze des Thrones bei diesen Reorganisationen war die Land= und See=Macht, welche nach dem letzten unglücklichen Kriege von Karl XI. wieder auf einen sehr ansehnlichen Fuß gebracht wurde. Wie gleich=zeitig in Dänemark war jetzt auch in Schweden ein fast unumschränktes König=thum geschaffen worden; da aber neben dem letzteren in Schweden der Reichsrath in der früheren Zusammensetzung fortbestand, so war vorauszusehen, daß derselbe bei der ersten günstigen Gelegenheit die eben verlorene Geltung wieder zu erringen wissen würde.

Die harten Eigenmächtigkeiten, welche der König sich erlaubte, schufen im Staate viele Unzufriedene, die meisten in Liefland. Patkul, ein dortiger Edelmann, welcher die Privilegien seiner Mitstände mit allzu warmem Eifer vertheidigte, entzog sich nur durch die Flucht dem Tode. Derselbe spielte in den späteren Zeiten noch eine namhafte, gegen Schweden gekehrte Rolle. — Im Allgemeinen war die Regierung Karl's XI. als sehr segensreich zu bezeichnen. Sie brachte wieder Ord=nung in die ganz zerrütteten Finanzen, schuf neue Handelsverbindungen, förderte die Wissenschaft: mit friedlichen Maßnahmen wurde das im Kriege geschädigte Ansehen des Staates wieder hergestellt. Ganz anders, nämlich ausschließlich militärisch gestaltete sich die Regierung von Karl XII., welcher im Jahre 1697 seinem Vater auf dem Throne folgte.

Die drei größeren Kriege, welche Dänemark binnen 35 Jahren (bis 1660) mit gleich unglücklichem Erfolge geführt hatte (§. 39, 40), konnten nicht verfehlen, einen bitteren Unwillen gegen die Aristokratie zu erwecken. Denn da sie alle Vortheile der Herrschaft genoß, hätte man erwarten sollen, daß sie auch alle Pflichten derselben, insbesonders die Vertheidigung des Landes, eifrig sich ange=legen sein ließe. Dieß war aber keineswegs gewesen: in dem letzten Kriege gegen Karl XII. hatte das fast rechtlose Landvolk und noch mehr das Bürgerthum Gut und Blut für das Vaterland eingesetzt, während die Masse des Adels sich engher=zig, indolent, fast wie unbetheiligt verhalten hatte. Umso leichter fiel es dem Könige Friedrich III., auf dem unter niederdrückenden Erinnerungen einberufenen Reichstage von 1660 bei dem Bürgerthum und der Geistlichkeit williges Gehör für seine Reformpläne zu finden. Es wurde demnach die unbedingte Erblichkeit des Thrones und die Abschaffung der Krönungscapitulationen, durch welche sonst jeder neue König gebunden worden war, für immer ausgesprochen. Norwegen folgte diesem Beispiele (1661), und da in den nächsten Jahren auch der Reichsrath und

Reichstag aufhörten, so war in Dänemark jetzt eine vollkommen unumschränkte Monarchie geschaffen. Aus dem einen Extreme, der Ungebundenheit eines Standes, hatte man sich in das andere, die Ungebundenheit der Krone, treiben lassen. Friedrich III. benützte die ihm übertragene Gewalt zu mancher nachhaltigen Verbesserung im Staate. Er schaffte viele der bisherigen Reichsämter ab, belebte den Handel, namentlich durch Gründung der Stadt Altona, und schuf zuerst ein eigentliches stehendes Heer sowie die Scheerenflotte. In seinem Geiste fuhr sein Sohn Christian V. fort (1670—1699). Wichtig waren die neu erschienenen Gesetzbücher für Dänemark und Norwegen (1683, 87). In den äußeren Unternehmungen war Christian V. nicht sehr glücklich; mit Ausnahme des einen im Vereine mit Brandenburg gegen Schweden geführten Krieges (1675—79), nach welchem die gemachten Eroberungen zurückgestellt werden mußten, waren die Unternehmungen Christians ganz nach dem Vorbilde Ludwig's XIV. auf Beraubung der Nachbarländer abgesehen. Doch hatte Dänemark in seinen Versuchen gegen die politische Integrität von Hamburg und Holstein=Gottorp nur vergebens Blut und Geld geopfert. Das Recht dieser Länder wurde durch die mächtige Einsprache des deutschen Reiches und der Seemächte bestens vertheidigt (1679 bis 1689). Auf dem dänischen Throne folgte nach Christian's Tode Friedrich IV.

42. Polen und Rußland bis zum großen (2.) nordischen Kriege. Der Krieg zwischen Polen und Rußland, welcher als Fortsetzung des ersten nordischen Krieges noch bis 1667 ohne bedeutenden Erfolg beiderseits fortgeführt wurde [1], endete in einem Frieden zu Andrissow (14. Jän. 1667). Im Wesentlichen bestätigte derselbe ganz die Bedingungen des Waffenstillstandes von Niemec (1656, §. 40), und es blieben sonach für alle kommenden Zeiten die ehemals polnischen Provinzen jenseits des Dnjepr dem russischen Reiche einverleibt. Unglücklich wie gegen die äußeren Feinde, deren Abwehr meistens nur durch den Schutz von anderen Mächten ermöglicht gewesen war, erwies sich unter Johann II. Kasimir das Polenreich auch im Innern. Religionsstreitigkeiten, herbeigeführt durch den übertriebenen Katholicismus des Hofes, gestalteten sich noch während des äußeren Krieges zu blutigen Kämpfen. Dieser Zerwürfnisse müde, legte der König Johann Kasimir die Krone nieder (16. Sept. 1668), und kehrte in den Priesterstand zurück, dem er vor seiner Thronbesteigung angehört hatte. Mit ihm schloß die Reihe der drei Könige Polens aus dem schwedischen Hause Wasa.

---

[1] Das polnische Heer stand, nachdem ihm Jahre lang kein Sold ausgezahlt wurde, von 1661—1663 in offener Auflehnung gegen den Staat, erfocht aber gleichwohl zur selben Zeit mehrere glänzende Siege über die Russen, die überhaupt unterhalbwegs gleichen Umständen den Polen und Schweden nicht gewachsen waren.

Nach heftigen Wahlstreitigkeiten gewann jene Partei die Oberhand, welche nunmehr wieder einen Einheimischen auf den Thron gesetzt wissen wollte. Die im J. 1669 auf Michael Wisnowiecki gefallene Wahl läßt sich jedoch als keine glückliche bezeichnen. Der neue König war ein unbedeutender Charakter und durchaus nicht imposant genug, um seinen ehemaligen Standesgenossen Achtung und Gehorsam abzuzwingen. Daher verfiel das Reich einer furchtbaren Zerrüttung, welche nur noch ärger wurde, als in Folge der ungeschickten Regierung die polnischen (nämlich westlich vom Dnjepr wohnenden) Kosaken unter die Hoheit der Pforte sich begaben (1671). In dem nun ausgebrochenen Kriege waren die Polen Anfangs ziemlich glücklich, sahen sich aber bald von Geld und damit von der gesammten Kriegskraft stark entblößt. Die Türken, Kosaken und Tataren eroberten im Feldzug 1672 die starke Festung Kamieniec Podolski und belagerten durch drei Wochen Lemberg. Während dieser Zeit schloßen die polnischen Bevollmächtigten einen für ihr Land sehr schmählichen Vergleich ab, in Folge dessen die Türken Galizien zu räumen begannen. Inzwischen hatte aber der Kronfeldherr Johann Sobieski, welcher auf einem anderen Schauplatze, u. z. hauptsächlich gegen die Tataren stand, die polnische Sache ruhmvoll verfochten; er weigerte dann auch dem jüngst geschlossenen Vergleiche seine Zustimmung und riß das Reich zur Fortsetzung des Krieges mit. Im Octb. 1673 überschritt Sobieski den Dnjestr, worauf die Fürsten der Moldau und Wallachei mit ihren Truppen zu ihm übertraten. Nun war Sobieski stark genug, um das türkische Hauptheer im Lager bei Choczim einzuschließen, letzteres am 10. Nov. nach kurzen, aber blutigen Stürmen zu erobern und dabei das türkische Heer derart aufzureiben, daß bloß 3.000 M. entkamen. Hiernach ergab sich Choczim den Siegern. An dem Tage der Schlacht starb der König Wisnowiecki. Die Bewunderung des siegreichen Feldherrn Sobieski war so groß, daß der versammelte Reichsrath sich nicht nur, was selten war, zu einer vernünftigen Königswahl entschloß, sondern auch, was noch seltener war, hiebei eine vollendete Einmüthigkeit bewies (21. Mai 1674). Der neue König Johann III. Sobieski ging, ohne erst seine Krönung abzuwarten, sogleich an der Spitze einiger Verstärkungen in die Ukraine ab. Daselbst hatten die Kosaken stark um sich gegriffen, büßten aber nach der Ankunft Sobieski's alle ihre Vortheile wieder ein. Nach mehrfachen Wechseln des Glückes zog sich im Sommer 1675 der Krieg wieder in die Nähe von Lemberg. Um diese Stadt zu sichern, wagte Sobieski an der Spitze von 2.000 Reitern den Kampf gegen 40.000 Türken und zwang diese wirklich zum Rückzuge (24. Aug.). Trotz der Tapferkeit der Polen gestaltete sich ihre Lage doch selbst nach Siegen immer wieder mißlich, denn die trostlose Verfassung ließ selbst in bedrängten Zeiten die Aufstel-

lung einer angemessenen Truppenmacht nicht in's Leben treten. Selbst die kriege=
rische Gewandtheit Sobieski's schien eine entscheidende Katastrophe nicht mehr
abwenden zu können, als im Herbste 1676 ein Heer von angeblich 80.000 Türken
und 130.000 Tataren den König, welcher bloß 10.000 M. unter sich gehabt
haben soll, in seinem bloß durch eine Wagenburg verschanzten Lager bei
Zurawno (im Stryer Kreise) eingeschlossen hielt. Durch mehrere Wochen be=
haupteten sich hier die Polen heldenmüthig, mußten es aber doch für eine beson=
ders günstige Laune des Glückes erklären, daß ihnen die Türken unter diesen
Umständen noch einen sehr billigen Frieden gewährten (17. Oct. 1676). — Vom
J. 1683 kämpfte Sobieski als Alliirter Oesterreichs wieder gegen die Türken,
trug vieles zum Entsatze von Wien bei, und errang sich neue Lorbeern; an Resul=
taten war aber auch dieser Krieg sehr arm, weil die Kriegsmacht Polens für seine
Größe immer viel zu klein verblieb. — Obgleich einer der bedeutendsten Könige
in der polnischen Geschichte verlor Sobieski später doch die Liebe seines Volkes und
erlebte mancherlei Kränkungen, woran seine allzu große Nachgiebigkeit gegen seine
hochmüthige und ränkevolle Gattin, eine französische Marquise, die meiste Schuld trug.

Nach dem Tode Sobieskis (17. Juni 1696) bewarben sich um den so wenig
beneidenswerthen Thron der französische Prinz von Conti und der sächsische Kur=
fürst August II. mit allem Aufwand von Intriguen und Bestechungen. Die zehn
Millionen Thaler, welche der Kurfürst an die Wähler spendete, um ihren Patrio=
tismus auf die rechte Fährte zu leiten, und seine Rüstungen und Versprechungen,
daß er der polnischen Macht wieder auf die Beine helfen wolle, trugen über die
Bemühungen des Rivalen endlich den Sieg davon; im J. 1691 gelangte das
sächsische Kurhaus auf den polnischen Thron, mußte aber zugleich von der luthe=
rischen Confession, in welcher es seit ihrem Erstehen im gewissen Sinne das Protek=
torat und die angesehenste Stellung eingenommen hatte, zum Katholicismus über=
treten; diesem ist die Dynastie seither, selbst nach dem Verluste der polnischen Krone,
treu geblieben. — Unter August II. wurde der Krieg gegen die Pforte fortgeführt;
der König selbst drang nach Türkisch=Podolien ein; wichtiger aber für Polen waren
die Siege, welche in diesem Kriege von den Oesterreichern erkämpft wurden. Der
Vermittlung des kaiserlichen Hofes war es vorzugsweise auch zu danken, daß Polen im
Frieden von Karlowitz Podolien mit der Festung Kamieniec zurückerhielt (1699).

Rußland gewann durch den ersten nordischen Krieg, wie oben erwähnt
wurde, alles Land bis an den Dnjepr von Polen zurück. Während dieses Krieges
hatten die Tataren sich zu Herren von Astrachan gemacht, wurden aber bald wieder
von dort vertrieben (1659). Ebenfalls unter dem Czar Alexei I. breitete sich die
russische Macht tiefer nach Asien hinein aus. Die Kosaken eroberten Daurien und

mehrere Plätze am Amur, worüber China zu den Waffen griff. Allein gegen die besser ausgerüsteten und geführten, auch muthigeren Kosaken vermochten die zahlreichen Chinesen nichts auszurichten, weshalb sie von ihren Versuchen gegen die gefährliche Nachbarschaft bald wieder abstanden.

Unter den vielen Empörungen gegen den Czar Alexei ward keine so gewaltig, als jene des Stenko Razin, des Hetmans der donischen Kosaken. Dieser Aufstand nahm seinen Anfang mit der Plünderung einer dem Czar gehörigen, und nach Astrachan bestimmten Carawane. Razin führte sodann mit Umgehung von Astrachan seine Flottille aus der Wolga in das kaspische Meer, und lief in den Uralfluß ein. In diesen Gegenden schlug er russische Truppen, setzte dann aber seine Raubzüge längs den persischen Küsten fort (1667). Ein zweiter Häuptling der Kosaken, Criwoi, kam jetzt längs der Wolga herabgefahren, schlug in diesem Strome ein überlegenes Geschwader der Moskowiter, und vereinigte sich dann auf offener See mit Razin. Die Freibeuter trieben nun ihr Unwesen an den Küsten Persiens weiter, bis der Statthalter von Ghilan mit einem beträchtlichen Heere heranzog. Allein Razin lockte die Perser in einen Hinterhalt, und brachte ihnen einen Verlust von 10.000 M. bei. Aber auch die Kosaken waren bereits sehr geschwächt, und nahmen daher, als sie nach dem südlichen Rußland zurückgekehrt waren, den ihnen vom Czar angebotenen Ausgleich an (1669). Noch vor Jahresfrist erneuerten sie ihre Empörung und diese nahm um so eher große Dimensionen an, als auch die russische Bauerschaft in vielen Gegenden mit den Kosaken gemeinschaftliche Sache machte; der Krieg war überhaupt mehr gegen die Grundbesitzer und Reichen als gegen den Staat gerichtet. Razin drang längs der Wolga aufwärts bis Simbirsk; die wichtigsten Städte dieser Gegend, und sogar Astrachan, waren bereits in die Hände der Rebellen abgefallen; die gegen dieselben entsandten Strelitzen waren großentheils nach Ermordung der eigenen Officiere zu den Empörern übergetreten. Erst gegen Schluß des Feldzuges 1670 gewann Rußland durch einige Siege wieder das Uebergewicht, und zwang endlich die Insurgenten, sich nach dem Don hin zurückzuziehen. Hier aber trat den abgefallenen Kosaken ein neuer legitimer Hetman entgegen, und trug wesentlich dazu bei, die Ruhe wieder herzustellen. Razin wurde später ergriffen, und hingerichtet (1671).

Unter Alexei I. brach noch ein Türkenkrieg aus (1672), dessen Schluß der Czar jedoch nicht mehr erlebte. Unter seiner Regierung waren viele Colonien und neue Ortschaften, Gewerbstätten und Bergwerke angelegt, auswärtige Künstler hereingezogen, auch durch den Holländer Buttler das erste russische Kriegsschiff erbaut, endlich durch den Kosaken Deschnew die Behringsstraße (1648) entdeckt worden. Alexei hinterließ aus seiner ersten Ehe drei Kinder Fedor III., Iwan und Sophia, aus seiner zweiten mit Natalie Narischkin noch einen dritten Sohn, Peter. — Fedor III. (1676—1682) führte den Türkenkrieg nicht ohne Glück weiter. Entstanden war derselbe in Folge des Abfalls der Zaporogischen Kosaken (unter den Strom=schnellen des Dnjepr wohnend), welche sich in den Schutz der Pforte begeben hatten (1672). Schon nach ein paar Jahren kehrten sie jedoch freiwillig wieder in den Verband mit Rußland zurück, und die Türken nebst den Tataren vermochten weiter keine bleibenden Vortheile zu erfechten. Der im J. 1680 abgeschlossene Friede von Radzin führte im Wesentlichen Alles auf den früheren Stand zurück. Fedor III., ein einsichtsvoller und milder Fürst, trachtete wie sein Vater, die Russen zu civili=siren. Um den Anmaßungen der Bojaren, insbesonders ihren erblichen Ansprüchen auf die wichtigsten Aemter für immer die Grundlage zu entziehen, und sonach dem wahren Verdienste den Weg zu bahnen, verfiel Fedor auf das echt asiatische Aus=kunftsmittel, die für die Geschichte ungemein wichtigen Geschlechtsbücher kurz=weg verbrennen zu lassen (1682).

Fedor hatte nicht seinen leiblichen Bruder Iwan, welcher körperlich und geistig schwach war, sondern den Stiefbruder Peter zum Erben des Reiches bestimmt. Dieser, später mit dem Beinamen „des Großen" geschmückt, zeigte bereits hohe Talente, obgleich er erst zehn Jahre zählte. Die ehrgeizige Großfürstin Sophia trachtete aber so=gleich das Testament des verstorbenen Czars umzustoßen, um in Iwans Namen selbst die ganze Herrschaft auszuüben. Sie bediente sich der Strjelitzen, jener rus=sischen Prätorianer, welche den Hof beständig bewachten, und zugleich bedrohten (3. Bd., S. 287). Aufgeregt von Sophia und ihrem Minister Galyzin erhoben diese Truppen einen furchtbaren Aufstand, ermordeten viele Anhänger des jungen Czars und setzten es durch, daß Iwan und Peter gemeinschaftlich den Titel, Sophia aber das Amt der Regierung führen solle (1682). Sie selbst jedoch war von den Strjelitzen fast wie bevormundet, regierte dennoch aber mit einer ziemlichen Festig=keit. Sie schlug mehrere Aufstände nieder, schloß mit Polen einen vortheilhaften Vergleich (1686), und trat sonach in Allianz mit diesem Reiche gegen die Tataren am schwarzen Meere. Der Staat der letzteren hatte sich im 15. Jahrhunderte gebildet, als das Mongolische Hauptreich in Europa, der Kiptschak, theils durch innere Unruhen, theils durch die Waffen der Moskowiter zertrümmert wurde (2. Bd. S. 420). Das neue Tatarenreich umfaßte für gewöhnlich die Krim und Taurien von den Mündungen des Dnjepr bis zu jenen des Don; doch waren die Begrenzungen sehr wechselnd, weil die Tataren fast immer in Kriegen mit den Russen oder Polen lagen. Schon um das J. 1480 wurde das Tatarenreich, nachdem die Osmanen den Genuesen ihre bisherigen Besitzungen am schwarzen Meere entrissen hatten, der hohen Pforte zins=bar. Noch durch ein weiteres Jahrhundert galten sie den Russen als ihre gefährlichsten

Feinde und drangen zu wiederholten Malen bis unter die Mauern von Moskau vor. Erst nach unglücklichen Feldzügen am Schlusse des 16. Jahrhunderts sank die Bedeutung der Tataren in rascher Progression, da Rußland unter dem Hause Romanow einen gesicherten inneren Abschluß gewonnen hatte. Die Khane der Krimm wurden, um gegen Rußland sich zu behaupten, von der Pforte gänzlich abhängig, nach Belieben ein= oder abgesetzt, von türkischen Paschas controlirt. Seither traten sie auch meistens nur als Hilfstruppen der Türken in den verschiedenen Kriegen auf. So wurden die Tataren auch bei dem großen Kriege von 1683 bis 1699, welchen die Pforte gegen Oesterreich führte, mehrfach ins Mitleid gezogen. Gleich zu Anfang dieses Krieges, als Sobieski an der Seite der Kaiserlichen kämpfte, waren die Tataren mit dem türkischen Heere in solchen Mengen nach Ungarn ge= zogen, daß ihr Land fast wehrlos verblieb (1683). Diesen Umstand benützten die Bojaren der Moldau und Wallachei, obgleich auch sie Vasallen der Pforte, demnach pflichtmäßig Alliirte der Tataren waren, um im Vereine mit den Ko= saken nach Taurien einzubrechen, daselbst gräßlich zu rauben und 200.000 Menschen grausam zu ermorden. Ein kleines türkisches Corps, welches den Tataren zur Hilfe abgeschickt wurde, genügte, um die christlichen Barbaren zu wiederholten Malen in die Flucht zu jagen und fast aufzureiben. Die Tataren selbst wurden im wei= teren Verlaufe des Krieges vorzugsweise gegen Polen verwendet.

Rußland, welches nach dem Besitze der Küsten am schwarzen Meere lüstern sein mußte, trat im J. 1686 in einen Bund mit Polen und mittelbar mit Oester= reich. Im nächsten Jahre drang nun Galyzin unter glücklichen Kämpfen bis gegen Perekop, mußte hier aber zurück, indem die weichenden Feinde die ungeheuren Steppen dieser Gegend in Brand gesteckt hatten, außerdem das meistens aus Rei= tern bestehende Heer der Russen großen Mangel litt. Bei Anlaß einer um diese Zeit ausgebrochenen Empörung der donischen Kosaken setzten die Russen einen neuen Hetman, den durch seine romantischen Schicksale bekannten Mazeppa ein. Die weiteren Unternehmungen gegen die Tataren, an welchen sich auch der junge Czar Peter betheiligte, ergaben kein namhaftes Resultat; von 1689 an schliefen sie ganz ein, um erst mehrere Jahre später durch Peter wieder geweckt zu werden. — Schon vom J. 1687 an, hatte der damals 15 Jahre alte Czar Peter in die Regierung selbstständig einzugreifen begonnen, sehr zum Mißfallen der „Selbst= herrscherin" Sophia, welche einen tödtlichen Haß gegen ihren Stiefbruder faßte. Sie reizte demnach die Strjelitzen zu einer neuen Empörung auf, durch welche Peter zur gänzlichen Verzichtleistung auf die Herrschaft gezwungen werden sollte (1689). Aber der Fürst erhielt rechtzeitig Nachricht, und flüchtete sich in das Drei= einigkeitskloster bei Moskau, in welchem er auch früher schon (1682) ein Asyl gegen die Verschwörer gefunden hatte. Er zog hierher ein ihm treu gebliebenes Regiment der Strelitzen und seine sonstigen Anhänger, deren es namentlich unter den jüngeren und auf Bildung bedachten Russen viele gab. Sophia sah, nachdem ihr die Ueberraschung nicht gelungen war, ihre Macht und ihren Anhang schwinden, und konnte es nicht verhindern, daß Peter sie auf Lebenszeit in die finstere Zelle eines Klosters, ihren Günstling Galyzin auf eine öde Insel im weißen Meere bannte. Peter I. hielt nun im Sept. 1689 als Selbstherrscher seinen Einzug in Moskau; sein Bruder Iwan blieb bis zu seinem Tode (1696) nur dem Namen nach Mitregent. Von dem Momente der Alleinherrschaft Peters beginnt die Europäisirung und damit die eigentliche und bleibende Weltbedeutung des russischen Reiches.

43. Rußland unter Peter dem Großen bis zum zweiten nordischen Kriege. Von Natur aus mit einem genialen Scharfsinne und einer gigantischen Energie ausgestattet, bedurfte Peter I. nur einiger Anleitung und Erziehung, um bewundernswerthe Thaten zu vollführen. Es lag der Trieb und die Kraft zu mächtigen Schöpfungen in seiner Seele schlummernd, und harrte nur des Schlagwortes, welches ihn wecken sollte, und das da lautete: „Bildung ist Macht.“ In den letzten Unruhen hatte der Hauptmann Lefort, ein eingewanderter Schweizer, das ganze Vertrauen des Czaren gewonnen. Lefort wies den hellen Geist des Fürsten auf den Unterschied der Machtstellung hin, welchen europäische Bildung vor asiatischer Barbarei gewährt. Mit dem ganzen Feuereifer seiner Seele erfaßte Peter das Ziel, seinen Staat mit der Bildung, den Künsten und Staatseinrichtungen des Abendlandes zu sättigen. Das Verdienst und die Befähigung sollte die Ansprüche der Geburt, allgemeine Strebsamkeit die bisherige Indolenz ersetzen; die Geistlichkeit selbst, bisher an Bildung nicht viel über dem Bauernstande stehend, sollte im Vereine mit Beamtenthum und einem neu zu bildenden stehenden Heere die alliirten Mächte des Staates in seiner großen Culturaufgabe werden. In dem Glauben, in seinem Werke niemals rasch und allwaltend genug vorgehen zu können, wandte der Czar seinen Blick sogar auf bloße Aeußerlichkeiten: selbst die weite asiatische Kleidung und der Vollbart der Russen sollte den Moden des Abendlandes weichen. Gerade der Angriff auf diese unwesentlichen, aber dem gemeinen Manne geheiligten Dinge, dann die dem Pfaffenthume zugefügten Verletzungen stimmten den großen Haufen feindlich; die Zurücksetzung und Verachtung der barbarisch rohen und zugleich knechtischen Adelsgeschlechter erweckten einen noch lebhafteren Haß in denjenigen Klassen, welche in ihrer Gesammtheit allein bisher die russische Regierung dargestellt hatten. Endlich mußte die Bevorzugung der Bildung und demzufolge der Ausländer das ganze Volk der Altrussen im hohen Grade erbittern. Denn wie bei der Schwäche der menschlichen Natur der Neid sich mit größtem Grimme gegen diejenigen zu richten pflegt, deren Ueberlegenheit er wider Willen anerkennt, ohne das Talent und die Charakterstärke zur Erhebung auf die gleiche Stufe in sich zu fühlen, so ist es von jeher Eigenschaft aller unkultivirten und im geringeren Grade kulturfähigen Völker gewesen, den gebildeteren Fremden mit einem in Verachtung maskirten neidvollen Hasse zu betrachten, ihn nur gezwungen als Lehrer und Werkzeug für die wichtigsten Organisationen zu gebrauchen, dann aber, wenn sie sich selbst dem Bedürfnisse des Importes von Intelligenz entwachsen wähnen, mit ebenso großer Thorheit als Undankbarkeit ihrem Widerwillen die Zügel schießen zu lassen. Beispiele hiefür finden sich überall nahe genug. Man darf sich übrigens nicht wundern, daß das russische Volk unter Peter dem Großen und selbst bis in die neuesten Zeiten nur mit dem Lacke der Civilisation, mit den Formen des europäischen Staats- und Volks-Lebens seine angestammte Barbarei umhüllte, blieb doch sein großer Apostel der Civilisation in seinem innersten Wesen Zeitlebens ein asiatischer Despote! Trunksucht, ein unzähmbarer Jähzorn, welcher zu Knüttel und Messer seine Zuflucht nahm, eine maßlose Grausamkeit gegen Widersacher, Verachtung der gesammten Menschheit und Knechtung der individuellen Freiheit und selbst des Gesetzes unter die eigenen despotischen Launen, übertriebene Ruhmgier und Selbstsucht bildeten die Schattenseiten an einem Charakter, dessen Scharfblick und Thatkraft an das Ideale grenzte.

Die heroische Energie, welche dem großen Selbstherrscher gegeben war, machte es ihm allein möglich, dem Hasse eines ganzen Volkes zum Trotze seine wohldurchdachten Reformen in's Werk zu setzen. Fürs erste schien es ihm nöthig, ein stehendes Heer halb nach französischen, halb nach deutschen Mustern in den Grundzügen zu schaffen, welches gegen äußere und innere Feinde gleich verläßlich schiene und insbesonders als Gegengewicht der gefährlichen Strjelitzen dienen könnte. Als erster Stamm für ein solches Heer entstanden, vorwiegend aus Ausländern gebildet, das Preobrashenskische und das Semenow'sche Regiment, beide noch heute bestehend. Diese Truppe, unter die Befehle des Schotten Gordon gestellt, hatte bald eine Stärke von 5000 M. Um dieselbe herum reihten sich nach und nach andere Truppenkörper, in dem Maße, als sich intellektuelle Kräfte zu ihrer Aufstellung vorfanden. — Unausgesetzt war Peter der Große bemüht, ausländische Land- und See-Officiere, aber auch Künstler und Handwerker unter lockenden Aussichten nach Rußland zu ziehen, um überall die Keime einer höheren Bildung zu pflanzen. Schon in den ersten Jahren von Peters Selbstherrschaft waren seine Blicke auf die See gerichtet, indem er fühlte, daß Rußland ohne maritime Verbindung mit dem Westen ewig nur ein Stück Asien bleiben würde. So ging denn der Czar auch bereits an die Errichtung einer kleinen Flotte, fast könnte man sagen, bevor er noch ein Meer für selbe hatte. Vor der Eroberung von Asow, die ihm den Zutritt zum schwarzen Meere eröffnete, besaß er bereits sechs größere und ebenso viele kleinere Kriegsschiffe, welche auf einem Nebenflusse des Don ausgerüstet wurden (1695). Noch im J. 1689 wurde zwischen Rußland und China zu Nertschinsk ein Grenzvertrag geschlossen. Dagegen benützte Peter die Abschwächung der hohen Pforte, deren Krieg gegen Oesterreich noch immer fortdauerte, und zwar entschieden zu ihrem Nachtheile, um gleichfalls wieder die Waffen gegen den Sultan und die Krimmischen Tataren zu ergreifen. Das Trachten des Czars ging nämlich nach nichts so sehr, als nach dem Besitze von Asow, einer Stadt, welche, am Ausflusse des Don in das schwarze Meer gelegen, für die Tataren wenig, für die Russen ungemeine Wichtigkeit haben mußte.

In dem Türkenkriege, welcher im J. 1695 seinen Anfang nahm, waren noch die altartigen, sehr bunten und schlecht organisirten Heereskörper vorherrschend; man mußte trachten, durch die Menge der Krieger zu ersetzen, was ihnen an taktischer Geübtheit und Tüchtigkeit fehlte. Daher verwendete Peter im ersten Feldzuge zwei Heere, wovon das eine, 100.000 M. stark, unter Scheremetjeff, längs des Dnjepr abwärts vordrang, und mehrere feste Plätze der Tataren wegnahm; das zweite Heer, in welchem Gordon die Land-, Lefort die See-Truppen befehligte, wurde vom Czar selbst begleitet, und ging geraden Wegs auf Asow los, welche Stadt damals ihrer festen Werke wegen berühmt war. Zwar nahmen die Russen zwei Thürme, welche den Don beherrschten, in blutigen Stürmen, vermochten aber weiter keine Fortschritte zu machen, da es mit ihrer Artillerie und ihrem Geniewesen noch sehr schlecht stand, überdieß dem Platze die Verbindung zur See offen verblieb. Die Russen verloren in diesem Feldzuge 30.000 M., ohne entsprechende Resultate gewonnen zu haben. Für den nächsten Feldzug sandten Kaiser Leopold und andere befreundete Fürsten dem Czaren Ingenieurs und Artilleristen, und mit besseren Aussichten wurde im Frühjahre 1696 die Belagerung von Asow in regelrechter Weise wieder eröffnet. Diesmal wirkte auch die Flottille unter Lefort kräftig mit, indem sie sechzehn türkische Schebeken eroberte, und die Hauptflotte der Osmanen sich bestens vom Leibe hielt. Auch zu Lande drängten die Russen ihre Gegner aus den Außenwerken allmälig in den Nogau zurück, und errichteten zugleich einen Angriffscavalier, welcher bis zu einer mit den Wällen gleichen Höhe emporwuchs. Da zur selben Zeit auch bereits Mangel in der Stadt herrschte, so ergab sich dieselbe ohne Bedingungen. Von dem zweiten Heere Rußlands waren in diesem Feldzuge zwei beträchtliche Siege erkämpft worden.

Im nächsten Jahre (1697) konnte der Czar nichts Großes unternehmen, weil eine neue Verschwörung von Strjelitzen und Bojaren zum Ausbruche kam, welche mit Strenge unterdrückt wurde. Unmittelbar darnach verließ Peter seine Staaten, nachdem er die nöthige Fürsorge getroffen hatte, um durch eigenen Augenſchein die Civiliſation und die Einrichtungen des Abendlandes kennen zu lernen. Als ſcheinbar untergeordnetes Mitglied einer Geſandtſchaft, an deren Spitze Lefort ſtand, reiſte der Czar über Lievland und Deutſchland nach Holland, weiterhin nach England und Wien. In Saardam bei Amſterdam arbeitete er, um den Schiffs= bau praktiſch kennen zu lernen, durch ein paar Wochen als gemeiner Zimmermann auf einer Werfte. Ebenſo widmete er in England ſeine größte Aufmerkſamkeit nur der Marine. Der Aufenthalt Peters in Wien wurde unterbrochen durch die Nach= richt von einem neuen Aufſtande der Strjelitzen. Eiligſt reiſte der Czar nach Moskau zurück, wo er nach einer mehr als einjährigen Abweſenheit eintraf (Sept. 1698).

Während der Reiſe Peters war der Krieg gegen die Türken und Tataren nicht ohne Glück fortgeſetzt worden. Doch hatte der Czar ſelbſt einen größeren Nachdruck ge= hemmt, indem er vom Auslande her ſeine in der Ukraine ſtehende Armee näher gegen Polen hin beorderte, um nöthigen Falls den eben gewählten König Auguſt II. gegen ſeine Widerſacher zu unterſtützen. Unter dieſen an der polniſchen Grenze dislocirten Truppen befanden ſich auch vier Regimenter Strjelitzen, wie denn über= haupt der Czar nach den früheren Auflehnungen dieſes Corps die Politik gebraucht hatte, daſſelbe längs den verſchiedenen Grenzen des Reiches zu vertheilen. Die erwähnten vier Regimenter marſchirten gerade auf Moskau los und hofften, ſich durch zahlreiche Altruſſen zu verſtärken. Aber General Gordon traf ſo kluge und energiſche Maßregeln, daß der Czar bei ſeiner Rückkunft den Aufſtand vollſtändig unterdrückt fand und nur die Beſtrafung zu verhängen hatte. Letztere fiel nun ſehr bar= bariſch aus; vor den Fenſtern der Großfürſtin Sophia, welche von ihrer Zelle aus angeblich die Strjelitzen aufgehetzt haben ſollte, wurden 28 Galgen errichtet, und an dieſen durch mehrere Wochen Executionen vollzogen. Seine eigene Gemahlin Eudoxia, welche das Altruſſenthum begünſtigte, ſchickte der Czar in ein Kloſter; endlich wurden die Corps der Strjelitzen aufgelöst (vollſtändig erſt im J. 1705) und an ihrer Stelle neue Infanterie=Regimenter errichtet.

Zu dieſer Zeit hatte der Czar, welcher um jeden Preis feſten Fuß an der Oſtſee faſſen wollte, bereits mit Dänemark einen Offenſivbund gegen Schweden abgeſchloſſen. Dagegen nahm der Krieg gegen die Türkei einen matten Fortgang bis zum Frieden von Karlowitz; hier kam zwiſchen Rußland und der Pforte zu= erſt nur ein längerer Waffenſtillſtand zum Abſchluſſe, welchem aber im nächſten Jahre (1700) ein dreißigjähriger Frieden folgte. Aſow und damit der Zutritt zu den ſüdlichen Meeren blieb bei Rußland.

Unmittelbar nach ſeiner Rückkehr aus der Fremde eilte der Czar, obgleich bald mit einem neuen, größeren Kriege beſchäftiget, an die Verwerthung der eben gewonnenen Anſchauungen. Er verbeſſerte die Staats= und beſonders die Finanz=

verwaltung nach großentheils deutschen Mustern, legte den geistlichen Gütern Steuern auf, beschränkte den Eintritt in die Klöster, welche früher eine ungeheure Arbeitskraft dem Staate entzogen hatten, errichtete ferner zu Moskau eine ausgedehnte Buchdruckerei und ließ nützliche Werke theils neu verfassen, theils übersetzen, alles dieß zum großen Gräuel der Altrussen. Im Wehrfache wurde gleichfalls unausgesetzt gearbeitet. Auch der Andreasorden nahm jetzt seinen Ursprung (1699).

44. Die ersten Jahre der englischen Republik. Die Erklärung Großbrittaniens zur Republik und die Hinrichtung des Königs Karl I. (30. Jän. 1649¦, §. 38) erweckte sowohl in dem presbyterianischen Schottland wie in dem vorwiegend katholischen Irland einen furchtbaren Sturm der Aufregung. Auf der letztgenannten Insel hielt der noch vom König Karl eingesetzte Statthalter Ormond die Waffen in den Händen, war aber mit seinen zwar zahlreichen aber undisciplinirten irischen Schaaren nicht im Stande auf die Länge sich zu behaupten. Bei der Belagerung von **Dublin** verlor er durch einen Ausfall der Besatzung 5000 M., und mußte hiernach rasch abziehen. Nun erschien Cromwell selbst, nachdem er früher in England einen Aufstand der überspannten Levellers niedergeschlagen hatte, mit beiläufig 16.000 M. auf der Insel, und nahm nach einer Belagerung Drogheda, einen Hauptwaffenplatz der Royalisten, im dritten Sturme weg; die ganze Besatzung ließ er über die Klinge springen. Obgleich nun das republikanische Heer durch Seuchen beträchtliche Verluste erlitt, galt doch der furchtbare Name Cromwell allein schon mehr als ein Sieg und schlug die eingeschüchterten Gegner nieder. Bis zu Anfang 1650 war Irland so ziemlich bewältigt, und damit einem trostlosen Schicksale verfallen. An 40.000 männliche Irländer sollen von da an, dem Beispiele vieler Vorfahren folgend, in auswärtige Kriegsdienste getreten sein; die Kriegsgefangenen, auch viele Weiber wurden von den Siegern in das bald nach dieser Zeit eroberte Jamaika gebracht, um in den Zuckerplantagen die sonst den Negern aufgebürdete Arbeit zu verrichten. Fast noch schlimmer erging es den im Vaterlande Verbliebenen. Der katholische Gottesdienst, von Staatswegen ausgerottet, flüchtete sich in Höhlen und Sümpfe; eben dort bargen sich, allen Qualen des Elends trotzend, zahllose Schaaren von Flüchtlingen, welche sich dem grausamen Drucke des in Permanenz erklärten Kriegsgesetzes zu entziehen trachteten. — Unterdessen hatte der tapfere Montrose neuerdings die königliche Fahne zuerst auf den Orkaden, dann in Hochschottland entfaltet. Allein bevor seine aus Deutschland mitgebrachten 500 M. durch Zulauf ansehnlich verstärkt werden konnten, wurden dieselben durch überlegene Kräfte der Covenanter überfallen und zersprengt. Der ritterliche Montrose, bei dieser Gelegenheit gefangen, büßte seine Gesinnungstreue am Galgen (21. Mai 1650).

Bedeutendere Folgen schien das Verhalten des schottischen Parlamentes selbst haben zu wollen. Ungeachtet dasselbe eben erst dem Unternehmen Montrose's, eines sogenannten Papisten, feindlich entgegen getreten war, erklärte es doch unmittelbar darnach die von ihm verkämpfte Sache für die eigene. Nicht minder abgeneigt der jetzigen republikanischen Säbelherrschaft und den Anmaßungen einer spärlichen Secte, wie ehedem dem absoluten Königthume und der Hochkirche, riefen die finsteren, aber charakterfesten Puritaner selbst den Prinzen von Wales in das Land herein, und proklamirten ihn als König Karl II. Freilich mußte dieser dem Covenant und der presbyterianischen Kirche beitreten, zu deren starren Dogmen und Formen die durch kein Unglück gebesserten lockeren Sitten des jungen Fürsten in einem seltsamen Contraste standen. Selbstverständlich waren vom Anfange an die Aussichten für eine Sache nicht allzu günstig, in welcher die Günstlinge des Hauptes auf der einen, und seine wahren Diener auf der anderen Seite einander halb verachteten, und sich lieber auswichen als aufsuchten. — Karl II. war am 23. Juni 1650 unter einer Escorte von sieben holländischen Kriegsschiffen auf schottischem Boden gelandet. Bereits war vom Covenante ein ziemlich zahlreiches Heer aufgebracht. Derselbe General Leslie, welcher zu wiederholten Malen die Königlichen, und erst jüngst noch den braven Montrose niedergeschlagen hatte, führte jetzt das königliche Heer von Schottland. Mittlerweile hatte sich Cromwell von seinen Creaturen im englischen Parlamente zum Oberbefehlshaber aller Armeen erklären lassen, und rückte mit ungefähr 16.000 Mann erprobter Kerntruppen in Schottland ein. Die Covenantstruppen, zahlreicher, aber weit weniger kriegsgewandt, hatten bei **Dunbar** (spr. Dönnbahr) eine vortreffliche Stellung angenommen. Cromwell wagte keinen Angriff und mußte sich, nachdem Entbehrung und Krankheit bei ihm eingerissen war, sogar zum Rückzuge entschließen. Bei den damaligen Verhältnissen wäre der moralische Eindruck dieses Rückzuges allein von der Bedeutung einer entscheidenden Schlacht gewesen: unzählige Gegner der dermaligen Revolutionsregierung lauerten in allen Winkeln der drei Königreiche nur auf das erste Zeichen einer veränderten Sachlage; jeder Fuß Landes, den die Engländer im Weichen zurücklegten, rief Hunderte von Royalisten aus der Erde empor; ja es war möglich, daß Cromwell selbst, welchen nur der Ruf einer dämonischen Unbesiegbarkeit gehoben hatte, mit diesem Rufe selbst in das frühere Nichts wieder stürzen konnte. Umgekehrt stellte das Vorgehen der Schotten behufs Annahme einer Schlacht augenblicklich weniger als das Gleichgewicht her; abgesehen davon, daß nach dem Aufgeben der Terrainvortheile die Wahrscheinlichkeit des Erfolges für die Schotten geringer war als für ihre Gegner, waren in der Alternative einer Schlacht folgende Eventualitäten ins Auge zu fassen: siegten die Schotten, so beschleunigten sie damit nur das Weichen ihrer Feinde und damit den Aufstand der Legitimisten, sie gewannen mehr an Zeit als an sonstigen Resultaten, entschieden war damit noch nichts; wurden aber umgekehrt die Schotten geschlagen, so war jede Schilderhebung in anderen Gegenden unmöglich gemacht, die königliche Sache überhaupt so gut wie verloren.

Wir haben diese politischen Umstände ganz besonders hervorzuheben für nöthig erachtet, weil sie eine jener Anomalieen bezeichnen, in welchen eine Abweichung von den ewigen Regeln der Kriegskunst, ein Fehler, wenn man so sagen will, für den denkenden Heerführer Gesetz wird. Einer der ersten Grundsätze der Wissenschaft lautet, daß kein strategischer Erfolg einen wirklichen Werth habe, so lange er nicht durch den taktischen Schlag in die eigentlich zermalmende Thätigkeit tritt. Aus dem angeführten Beispiele ersehen wir aber, daß ein Ueberwiegen der rein strategischen Vortheile (und zu diesen gehören in erster Linie die politischen Momente) so ungemein folgenschwer sein kann, daß es unklug wäre, den taktischen Schlag sogleich folgen zu machen, außer es wäre an ihn eine sehr große Wahrscheinlichkeit des Erfolges bereits geknüpft. — Leslie, der schottische Feldherr, schien vollständig diesen Erwägungen Raum zu geben, und wollte von einem Hervorbrechen aus seiner günstigen Stellung nichts wissen. Anders aber die Parlamentsredner und Prediger; diese glaubten den Feind auch taktisch geschlagen, weil er strategisch zurückwich. Ihrem Andrängen mußte Leslie sich beugen. Mit Recht durfte Cromwell, als er die Covenanter von den Höhen herab ziehen sah, seinen Freunden zurufen: „Sie kommen hernieder, der Herr hat sie in uns're Hand gegeben." Am 3. Sept. 1650 war sonach die Schlacht bei Dunbar, in welcher die größere Gewandtheit der Engländer den vollständigen Sieg über die noch einmal so starken Schotten gewann; letztere verloren 12.000 M., worunter 9000 Gefangene. Cromwell eroberte sonach Edinburgh und Leith; Karl II. aber, welcher eben erst gekrönt worden, zog nach einiger Zeit den Rest seiner Truppen in eine neue feste Stellung unweit S t i r l i n g, welche er fast unangreifbar gestaltete.

Immer in Anhoffnung einer günstigen Wendung, welche aber aus den bereits systemlosen Aufständen in Schottland und Irland kaum noch zu erwarten war, hatte Karl II. bereits ein Jahr lang in dem mittelschottischen Gebirge sich gehalten, als seine Lage sich verzweifelt gestaltete. Lambert, ein sehr tüchtiger General Cromwells, hatte nach Verdrängung eines royalistischen Haufens, festen Fuß im Rücken des Königs gefaßt und ihm ein weiteres Festhalten seiner Stellung unmöglich gemacht. Es war mit diesem Vorgange, wie früher schon durch die Aufstellung Wallensteins bei der alten Feste (3. Bd., S. 499) ein Vorspiel zu dem schachspielartigen Positionskriege gegeben, welcher im Laufe des Jahrhdts. in

8

Montecuccoli und Turenne seine größten Meister fand. — Karl II. faßte einen verzweifelten Entschluß. Ohne irgendwo mehr einen Rückhalt, eine Spur von Basis zu besitzen, brach er mit bloß 14.000 M. geraden Weges nach England hinein auf. Es leuchtete ihm hiebei ein leiser Schimmer der Hoffnung, daß die einst zahlreich gewesenen Royalisten dieses Landes sich um ihn schaaren würden; eben deswegen nahm er seinen Weg gegen Wales hin, dessen Bewohner treue Anhänger seines Vaters gewesen waren. Allein die bereits eingeschüchterten Royalisten verhielten sich zuwartend, der Entschluß des Königs konnte demnach ihm nur eine traurige Katastrophe bereiten. — In Eile hatte Cromwell, nach Zurücklassung von 7.000 M. unter Monk in Schottland, ein Heer von 40.000 M. gesammelt, mit welchem er am 3. Sept. 1651, dem Jahrestage von Dunbar und zugleich Geburtstage Cromwells, den Königlichen bei Worcester (spr. Wurster) zum Entscheidungsschlage entgegentrat. Wie vorauszusehen, wurden die Royalisten gänzlich aufgerieben. Karl II. entkam unter Verkleidungen und romantischen Gefahren nach Frankreich.

Mit den Schlachten von Dunbar und Worcester war die sogenannte Republik, oder, was dasselbe sagen will, das anonyme Königthum Cromwells gesichert. Monk in Schottland, die Schwiegersöhne des Usurpators in Irland schlugen den Widerstand, wo derselbe noch sich zu erheben wagte, in kurzer Zeit nieder. Der Zustand der großbrittanischen Staaten war während und nach den letzten Bürgerkriegen trauriger als jemals unter der Regierung des sogenannten Thrannen Karls I. Von den unvermeidlichen Lasten des Krieges, von der Verwüstung und dem Steuerdrucke wollen wir gar nicht sprechen, da später an die Stelle der Leiden ein ungemeiner Wohlstand trat. Aber das Volk selbst, in dessen Namen alle diese Kriege geführt wurden, befand sich in einem Zustande bejammernswerther Knechtung. Von einer Herrschaft des Gesetzes, von einer festgeregelten Regierung war schon längst keine Rede mehr. Das Rumpfparlament, welches sich durch Gesinnungsgenossen verstärkt hatte, führte durch einige Zeit nach dem Tode Karl's I. noch den Titel der Herrschaft, verabscheut von neun Zehnteln der Bevölkerung, mißachtet von den 40.000 Königen des Landes, den Soldaten Cromwells. Um auf diese, seine angeblichen Willensträger sich stützen zu können, mußte dieses sogenannte lange Parlament jedem Winke der Soldadesca sich gefügig erweisen. Zu seinem Unglücke nahm dieses Parlament sich heraus, einen Schein von eigenem Willen zu äußern. Die Folge hievon war, daß es durch Cromwell unter argen Schmähungen aus einander gejagt wurde (20. Apr. 1653), und nicht wieder zusammentrat. Nun stellte sich ein Staatsrath, meistens aus Officieren bestehend, an die Spitze der Executive; ihm wurde ein echt pietistisches Unterhaus

aus beliebig zusammengesuchten Mitgliedern an die Seite gesetzt. Als aber dasselbe wunderbarer Weise seinem Schöpfer Cromwell einige Schwierigkeiten machte, mußte es den Weg seiner Vorgänger spazieren, und General Lambert arbeitete binnen drei Tagen eine neue Verfassung aus. Die Einfachheit des Elaborates ließ, seiner Entstehungsdauer angemessen, nichts zu wünschen übrig. Es wurde ein Parlament von 400 Mitgliedern und ein Staatsrath ins Leben gerufen; die Wirksamkeit dieser Behörden bestand im Wesentlichen darin, dasjenige gut zu heißen, was Cromwell gethan hatte oder thun wollte. Letzterer wurde nämlich auf Lebensdauer zum Lord Protector der Republik mit entschieden monarchischen Rechten erhoben (12. Dec. 1653). Die Regierung nebst Parlament von Schottland und Irland wurde durch Cromwell ganz mit der englischen vereinigt.

45. Auswärtige Verhältnisse unter Cromwell und seine letzten Jahre. Die englische Republik hatte mit dem Siege von Worcester den Abschluß ihrer inneren Kriege kaum in das Werk gesetzt, als sie sich bereits wieder in feindlichen Verhältnissen befand, diesmal aber gegenüber dem Auslande. Während nämlich die meisten Staaten Europas um die Freundschaft Englands wetteifernd buhlten, ja gerade das übermäßig conservative und erzkatholische Spanien in der Anerkennung der neuen Republik allen anderen Staaten den Vorrang ablief, zeigten die Generalstaaten von Anfang an eine feindselige Haltung. Man hätte glauben mögen, daß gerade diese beiden Mächte, England und Holland von Natur aus zur innigsten Freundschaft berufen sein müßten: beide waren Republiken, entstanden auf Grundlage des streng calvinistischen Bekenntnisses; beide hatten auch fernerhin noch die alten, katholischen Großmächte zu fürchten; in beiden blühten die bürgerlichen Gewerbe und war Regsamkeit zu Hause; beide endlich waren mit ihren Aussichten vorzugsweise auf die See angewiesen. Aber trotz dieser vielen Analogien oder vielmehr eben wegen derselben konnte ein freundliches Zusammengehen derselben kaum auf die Dauer stattfinden. Schon die Eifersucht im Welthandel allein, höher angefacht durch die annäherungsweise gleiche Weltlage beider Staaten machte Conflicte zwischen ihnen ziemlich wahrscheinlich.

Die Begünstigung der Stuarts in Holland fand auf englischem Boden ihren Widerhall in der wichtigen Navigations=Acte (1651). Indem sie bestimmte, daß kein Schiff fremder Nation andere als von dieser Nation selbsterzeugte Waaren nach Großbrittanien einführen dürfe, versetzte sie dem Handel der Holländer einen äußerst empfindlichen Stoß, denn diese hatten bisher vorzugsweise den Verkehr der verschiedensten Weltgegenden vermittelt, ohne viele eigene Producte in den Handel zu bringen. Umgekehrt mußte, so lange überhaupt das System schützender Zwangsmaßregeln in der Nationalökonomie vorwaltete (— bis in die neuesten Zeiten —) das erwähnte Gesetz auf den Handel der Britten selbst ungemein fördernd einwirken; denn wollten dieselben auf ausländische Producte nicht fast gänzlich verzichten, so mußten solche nunmehr in den meisten Fällen auf englischen Schiffen herangeführt werden. — Noch vor der Kriegserklärung begannen von Seiten Englands die Feindseligkeiten mit Wegnahme vieler holländischer Schiffe. Mit einer Schlacht im Canal (29. Mai 1652) zwischen dem Niederländer Tromp und einer ansehnlichen brittischen Flotte unter Blake (spr. Blehk) eröffnete sich der eigentliche Krieg, welcher in vielen Beziehungen als sehr folgenschwer zu bezeichnen ist. Bisher hatten die Niederländer nach ihren Siegen über die Spanier für die ersten Seeleute der neueren Zeit gegolten; sie hatten diese Erfolge vorwiegend ihren leichten, flinken und fast ausschließlich durch Segel bewegten Schiffen, sowie der darauf basirten Manövrirkunst zu danken gehabt (3. Bd., S. 377). Nun hatten aber die Engländer unter Elisabeth und den beiden Stuarts gleichfalls eine ansehnliche Marine zu errichten angefangen, u. z. im technischen Principe nach den Vorbildern der Holländer, in der Détail=Ausführung der einzelnen Schiffe massiver und auf eine größere momentane Feuerwirkung berechnet. Die Niederlande standen hier zur See den Engländern in derselben Weise gegenüber, wie in späteren Gelegenheiten zu Lande Oesterreich den Preußen: in dem Verhältnisse des selbstbewußten Meisters zu dem einstigen Lehrling, der sich auf eigene Füße zu stellen gewagt hatte. Aber in beiden Fällen hatte der Lehrling sich nicht mit der ihm eingetrommelten Kunst begnügt, sondern war forschend und prüfend auf höhere Stufen emporgestiegen, als sie sein einstiges Vorbild geträumt hatte.

Dem analog waren auch die Erfolge des Krieges. Die holländischen Seeleute, kampfgewohnt, gestählt im Bewußtsein ihres Ruhmes, abgehärtet und kaltblütig in der Gefahr, konnten sich fast gar nicht dem Glauben hingeben, daß sie, von tüchtigen Helden geführt, von gleichen oder geringeren Kräften besiegt werden könnten. Sie bewiesen die zäheste Ausdauer und Entschlossenheit; dennoch vermochten sie nur nothdürftig das Gleichgewicht zu erhalten. Es stellte sich immer deutlicher heraus, daß von diesem Zeitpunkte an die Hegemonie in den Weltmeeren auf England bereits überzugehen anfing. Mehrere bedeutende Kämpfe fanden im Laufe des Jahres 1652 in dem Meere zwischen England und Holland statt; der Gesammterfolg blieb zweifelhaft. Eine besonders große Schlacht zwischen 80 brittischen und 76 niederländischen Kriegsschiffen währte zu Anfang 1653 an der Küste von **Portland** durch drei Tage; die Holländer verloren 11 Schiffe und 3500 M., retteten aber gleichwohl den größten Theil des durch sie bedeckten Convoi's von 300 Kauffahrern. Nach einem für Holland günstigen Gefechte im Mit=

telmeere bei Elba ereignete sich am 3. Juni 1653 wieder eine Hauptschlacht in der Nordsee bei **Nieuport;** Monk commandirte 100 große brittische Schiffe; die an Zahl, jedoch nicht nach der Größe der Fahrzeuge gleich starke Flotte der Generalstaaten wurde von Tromp, Ruyter (spr. Reuter) und Cornelius van Witt befehligt; trotz des zähesten zweitägigen Widerstandes mußten schließlich die Holländer nach großen Verlusten in ihre Häfen sich flüchten. Aehnlich war der Ausgang einer anderen Schlacht bei Scheveningen (10. Aug.), wo der tapfere Tromp (der Aeltere) mit 32 Schiffen den Untergang fand.

Jan van Witt, welcher jetzt holländischer Rathspensionär war, setzte bei den Generalstaaten die Ausschließung der Familie Oranien von der Erbstatthalterwürde durch. Damit war ein wichtiger Wunsch der englischen Republik erfüllt, und der Frieden kam nun auf billige Bedingungen zu Stande (15. Apr. 1654): die Navigations-Acte blieb von England beibehalten, im Uebrigen wurde Alles auf den frühern Fuß gesetzt.

Zu dieser Zeit dauerten die Feindseligkeiten zwischen Frankreich und Spanien als Fortsetzung des dreißigjährigen Krieges noch fort (siehe §. 29). Beide Mächte bewarben sich um die Freundschaft Cromwells. Letzterer, lüstern nach spanischen Besitzungen in Westindien, ließ im J. 1655 den Krieg gegen Spanien eröffnen. Gleichzeitig ging eine Flotte unter Blake in das Mittelmeer, bedrohte Livorno, dann Algier und Tunis, beschoß das letztere mit großem Erfolge, und erzwang in den beiden Barbareskenstaaten die Freigebung der Sclaven von brittischer Nationalität. Ein Angriff einer anderen englischen Flotte auf S. Domingo wurde von den Spaniern glänzend zurückgeschlagen; dagegen eroberten die Engländer kurz darnach ohne Schwertstreich das wichtige Jamaika. Es folgten nun weitere Siege der Briten in den westindischen Gewässern, sowie in Europa die Eroberung von Mardyk und des wichtigen Hafenplatzes Dünkirchen (§. 29). Im Pyrenäischen Frieden (1659) verblieb sowohl Jamaika als Dünkirchen den Engländern.

Den Ausgang dieses Krieges, der so wesentlich die brittische Seeherrschaft mitbegründen half, hatte Cromwell nicht erlebt. Er war nach Beendigung der Bürgerkriege unausgesetzt bestrebt gewesen, den gänzlich gesunkenen Wohlstand des Landes wieder zu beleben und geordnete Verhältnisse herzustellen. Beides ist ihm denn auch vorzüglich gelungen, wie denn Cromwell überhaupt unter die größten Staatsmänner aller Zeiten gehört, abgesehen natürlich von seinem Hange zur Auflehnung gegen legitime Gewalten und zur Ausübung einer angemaßten Despotie. Das im J. 1656 zusammengetretene, ungemein willfährige Parlament trug dem glücklichen Usurpator sogar die Krone an; im Hinblick aber auf das noch immer republikanisch gesinnte Heer wagte er selbe nicht anzunehmen. Dagegen wurde dem Protector aber die Wahl seines Nachfolgers und der Mitglieder eines neugeschaffenen Oberhauses (1658) zugestanden; letzteres aber war schon nach der Art seiner Entstehung von sehr nichtssagender Natur. Der Haß einerseits der Royalisten, andererseits der echten Republikaner ließ sich durch die von Cromwell begründete Siegesgröße und innere Wohlfahrt nicht bestechen und heftete sich mit heißem Zorne an jeden seiner Schritte. Zahlreiche Mordversuche, welche gegen Cromwell gemacht wurden, füllten sein ohnedem düsteres Gemüth mit brütendem Argwohn; von Menschenscheu, Angst und Gewissensbissen gequält war er im Vollgenusse seiner Macht unglücklicher als einer seiner Unterthanen, denen er Ruhe und Wohlstand wiedergegeben hatte. Emporgekommen wie ein Tyrann des Alterthums, aber auch in seiner Seele zerrissen wie ein solcher starb Cromwell am 3. September 1658.

46. Das Ende der englischen Republik. Karl II. Die Völker Großbrittaniens, welche mit außerordentlicher Zähigkeit am Althergebrachten, namentlich an aristokratischen Staatsformen hangen, sind ebenso wenig als die vermöge ihrer Unbeständigkeit und des individuellen Ehrgeizes haltlosen Franzosen zur Aufrechthaltung einer republikanischen Verfassung auf die Dauer geeignet. Cromwells Freistaat, aufgebaut aus religiösem Fanatismus, politischer Halsstörrigkeit, militärischem Trotze und frecher Despotie, zusammengekittet nur durch den eisernen Charakter des Gründers, hatte nach dem Tode dieses Mannes die sichere Aussicht, bald wieder in seine losen Elemente zu zerfallen. Dieses Ende konnte umso weniger ausbleiben, als der Sohn und Nachfolger Cromwells in dem Amte eines Lord Protectors, Richard Cromwell, ein Mann ohne Gesinnung und Thatkraft, bloß dem Wohlleben ergeben war. In kurzer Zeit äußerte sich im ganzen Staate eine arge Zerfahrenheit, indem drei Gewalten, der Protector, das Parlament und die Armee im beständigen Hader sich gegenseitig durchkreuzten. Fleetwood (spr. Flitwudd), der Schwager Richard Cromwells, und General Lambert standen an der Spitze des Heeres, und erzwangen zuerst die Auflösung des Parlamentes (22. April), bald auch die Abdankung des Protectors (25. Mai 1659). Der kalt berechnende Monk, unter welchem die Armee in Schottland stand, hielt sich vorderhand noch zuwartend, um später von den Umständen Nutzen zu ziehen.

Nachdem nunmehr das Rumpf-Parlament, welches kaum noch 40 Mitglieder zählte, wieder einberufen, gleichzeitig aber ein militärischer „Sicherheits-Ausschuß" mit der Regierung betraut wurde, entstand eine furchtbare Anarchie, da beide Behörden in gleich hohem Grade verhaßt waren. Alle Republikaner und Royalisten, London und viele andere Städte, dann die Flotte und ein Theil der

Landarmee traten in die Opposition. Auch der schlaue Monk lüftete jetzt seine Maske, und zog, ohne ein bindendes Programm aufzustellen, mit seinen Truppen nach England herein. Von allen Parteien angeklagt und verlassen, konnten der kraftlose Fleetwood und der kühne Lambert ihre Macht nicht länger behaupten, der Letztere mußte sogar in den Tower wandern. — Dem jetzt ergänzten, sowie dem kurz darauf neu gewählten Parlamente erwies sich Monk scheinbar willfährig, wobei er aber im Geheimen seine Pläne mit Klugheit verfolgte. In dem neuen Parlamente, welches am 25. April 1660 zusammentrat, hatten bereits die Royalisten die Oberhand; weitaus die Mehrzahl des Volkes war durch die blutigen Bürgerkriege und durch die Republik, welche abwechselnd als Tyrannei und Anarchie sich geäußert hatte, bereits hinlänglich ernüchtert, um das Königthum und damit bleibende Zustände herbeizuwünschen. Monk, das Parlament, London und fast jede öffentliche Stimme vereinigten sich nunmehr, um zum Erstaunen von ganz Europa die Stuarts aus der Verbannung wieder auf den Thron zu berufen. Man ging hiebei mit solcher Hast zu Werke, daß man es sogar unterließ, andere Zusagen als bezüglich der Gewissensfreiheit und einer Amnestie sich auszubedingen. Am 8. Mai 1660 wurde Karl II. als König ausgerufen, kurz darnach (29. Mai) hielt er unter allgemeinem Jubel seinen Einzug in London.

In ihrer Verbannung hatten die Stuarts, wie in neueren Tagen ein geistreicher Mann von den Bourbons behauptete, nichts gelernt, aber auch nichts vergessen [1]. Karl II. lebte und waltete unmittelbar nach seiner Rückkehr in einer Weise, wie wenn es nie auf Erden eine Staatsumwälzung gegeben hätte oder auch nur geben könnte. Trotz der zugesagten Amnestie wurde gegen die allerdings verabscheuungswürdigen Rädelsführer der Revolution mit Strenge vorgegangen; viel gefährlicher aber war die Intoleranz in Kirchensachen, welche sich trotz des gegebenen Versprechens sogleich geltend machte, allerdings zum großen Gau-

---

[1] Es ist eine eigenthümliche Erscheinung, daß einige Dynastien, wie die der Stuarts und Bourbons, aus dem Wechsel von Glück und Unglück so gar wenig gelernt haben, und daß auf sie das Sprüchlein „durch Schaden wird man klug" keineswegs passen will. Diese traurige Thatsache würde unerklärlich bleiben, wenn man sich nicht erinnern wollte, daß häufig an Höfen die Erziehung der Fürstenkinder sehr einseitig geleitet, die öffentliche Meinung wie eine böse Zugluft ängstlich ferne gehalten und die Nation, die Welt nur aus der Ferne und durch gefärbte Gläser betrachtet wird. Wie schwer wird es da dem Fürsten, sich ein richtiges Urtheil zu bilden! Die Umgebung von selbstsüchtigen Schmeichlern und beschränkten Räthen verleitet ihn, die Ursachen von Unglücksfällen immer dort zu suchen, wo sie nicht oder nur spärlich sind, nämlich unten oder auch in wenig bedeutenden Nebenerscheinungen. Das Verhalten des Fürsten und seiner Umgebung muß für fehlerfrei gelten. Philosophie, welche zu unbefangenen Urtheilen uns anleitet, ist für keinen Stand so segensreich als für den Höchsten. Die größten Monarchen pflegten daher auch immer scharfblickende Denker zu sein.

dium des brittischen Janhagels. In allen drei Reichen wurde die Hochkirche wieder in die Herrschaft gesetzt. An 2000 puritanische Seelsorger wurden darüber aus ihren Pfründen gejagt; viele derselben trieben sich auf Haiden und in Wäldern herum, predigten dort und erweckten den Unwillen großer Volksmassen gegen die Stuarts auf's Neue. Am meisten Aufregung herrschte in Schottland, wo übrigens den Presbyterianern eine halbe Duldung (Indulgenz) gewährt war. Diese genügte aber den strengen Puritanern nicht, sie trotzten in ihren Conventikeln mit den Waffen der gesetzlichen Gewalt; sie ließen sich lieber fangen, foltern, hängen, als daß sie in religiösen Dingen das als Gnade nur halb genommen hätten, was sie als ihr gutes Recht im ganzen Umfange zu fordern sich berechtigt glaubten.

Die innere Staatsverwaltung nahm, abgesehen von den oberwähnten Fehlern, Anfangs einen ganz guten Gang an, indem Clarendon (spr. Klärend'n, von ihm stammt auch eine vorzügliche Geschichte der Revolution) die Regierung scharfsinnig und im Einverständnisse mit dem Parlamente führte. Letzteres zeigte sich in den ersten Jahren ungemein willfährig, die Geldbewilligungen ausgenommen. Mit dem votirten Staatseinkommen von 1,200.000 Pfund hätte nur dann das Auslangen für die nothwendigen Ausgaben erzielt werden können, wenn der König nicht für unnöthige so große Summen beansprucht hätte. Er lebte jedoch in Saus und Braus, war verschwenderisch für Lustbarkeiten und Maitressen, und steckte deshalb immer arg in der Klemme. Um sich dieser zu entreißen, richtete der leichtfertige Fürst die äußere Politik Englands in der Weise ein, nicht um Ehre, sondern nur um Geld zu gewinnen. Die Freundschaft des brittischen Staates wurde eine feile Waare auf dem europäischen Markte. Unwillen und Beschämung in der ganzen Nation erweckte der Verkauf der erst jüngst mit englischem Blute erworbenen und für den Staat so ungemein wichtigen Stadt Dünkirchen mit Mardyk an Frankreich um den Preis von 5 Millionen Livres.

Ein Krieg Englands gegen Holland, welcher im J. 1664 aus Anlaß verschiedener Grenzstreitigkeiten in den Colonien ausbrach, wäre bei einer günstigen Wendung den Interessen und Wünschen der Britten allerdings sehr erwünscht gewesen; das Parlament bewilligte deshalb auch für diesen Krieg die in jenen Zeiten erstaunlich hohe Summe von 3,500.000 Pfund, wovon der König jedoch wieder einen großen Theil auf seine persönlichen Bedürfnisse verwendete. Deshalb war der Erfolg am Schlusse eben nicht ein solcher, wie ihn England erwartet haben mochte. Das erste Kriegsjahr verlief unter wenig bedeutenden Kämpfen in ferneren Meeren. Eine der größten Seeschlachten ereignete sich im Sommer 1665 im englischen Meere, wo englische Schiffe unter den Befehlen des Herzogs von York, Bruders des Königs, und Monk's über die an Schiffszahl fast gleich starken

Holländer siegten; letztere verloren 6000 M. und bei 20 ihrer besten Schiffe. Da=
gegen hatte ein Angriff der Engländer auf ein bei Norwegen im Hafen von
Bergen liegendes Geschwader der Generalstaaten keinen Erfolg (3. Aug.). Ein be=
merkenswerther Nebenumstand bei diesem Treffen war es, daß der dänische König
Friedrich III., an dessen Gebieten das Gefecht stattfand, im Geheimen die Eng=
länder ausgiebig unterstützte, während wieder der dänische Commandant zu Ber=
gen auf dieselben ein sehr wirksames Feuer eröffnen ließ. In Folge des Gefechtes
bei Bergen erklärte sich Dänemark nach einiger Zeit für die Generalstaaten; das=
selbe thaten auch Kurbrandenburg und Frankreich. Zu Lande unterstützten diese
Staaten ihre Verbündeten dadurch, daß sie den nach Holland mit 20.000 M.
eingefallenen Bischof von Münster wieder zur Ruhe zwangen (April 1666); wirk=
samer noch war die Hilfe, welche Frankreich zur See leistete.

Nachdem durch Gerüchte von dem Nahen eines französischen Geschwaders
die Britten sich zu einer Detaschirung von 20 Segeln hatten verleiten lassen,
nahm die holländische Flotte am 11. Juni 1666 die Schlacht gegen die eben=
falls beiläufig 80 Segel zählenden Engländer an; Monk auf der einen, Ruyter
auf der anderen Seite rangen hier mit einer bewundernswerthen Zähigkeit; die
Schlacht währte nicht weniger als vier Tage, kostete beiden Theilen sehr große
Opfer, brachte aber keinem einen entschiedenen Sieg; doch waren die Verluste der
Engländer weitaus die größeren. Dagegen schlugen sie ein Geschwader ihrer
Gegner am 25. Juli in der Nähe der Themsemündungen, jagten sie in die nieder=
ländischen Häfen zurück und verbrannten zahlreiche Schiffe. Während nunmehr
Holland die von Karl II. vorgeschlagenen Friedensverhandlungen absichtlich in
die Länge zog, erschien im Juni 1667 Ruyter plötzlich und unerwartet in der
Themse, eroberte die Festung Sherneß, sprengte die den Medway=Strom
sperrende Kette und verbrannte zu Chatham (spr. Tschäthäm) zahlreiche Kriegs=
schiffe der Britten. Letztere mußten, da Ruyter in der Themse aufwärts vordringen
zu wollen schien, sich nicht anders zu helfen, als indem sie an vielen Orten Schiffe
versenkten und eiligst Batterien aufwarfen. Ruyter aber wandte sich an die Süd=
küsten von England, bedrohte hier die wichtigsten Kriegshäfen, und kehrte dann
rasch in die Themse zurück. Die Bestürzung, welche seine letzten kühnen Züge und der
geringe Widerstand, den er hiebei gefunden, in England verursachten, beschleunigte
den Abschluß des Friedens von Breda (31. Juli 1667). In diesem behielt jeder
Theil dasjenige, was er während des Krieges gewonnen hatte: demnach England die
Neu=Niederlande (jetziger Staat New=York und New=Jersey), Holland dagegen Suri=
nam nebst einigen kleineren Colonien. Die Navigationsacte blieb aufrecht erhalten,
jedoch mit einigen zu Gunsten der Holländer abgemilderten Bestimmungen.

Es wird hier am Orte sein, auf die sonstigen Colonien der Britten welche bereits wichtig zu werden anfingen, einen Blick zu werfen. In Amerika waren schon zur Zeit der Elisabeth viele Reisen unternommen und mehrere Land= schaften dem Namen nach für England in Besitz genommen worden, so insbeson= ders Virginia. Es folgten dann Niederlassungen in Carolina (1622), auf verschiedenen Inseln Central=Amerika's, in Pennsylvanien (1680). In Ostin= bien hatten die verschiedenen Ansiedlungen der Britten Anfangs kein Glück; allein im J. 1623 nahmen sie, nachdem sie bereits Herren von Madras waren, den Portu= giesen Ormuz weg, von wo aus ein lebhafter Handel betrieben wurde. Die Perser überließen ihnen Bender Abassy; Karl II. erhielt als Heiratsgut seiner portugiesischen Gemahlin das wichtige Bombay (1662); es entstanden nun und vergrößerten sich die Colonien zu Benkulen (1669), und Kalkutta (1683) nebst zahlreichen Factoreien.

Furchtbare Unglücksfälle hatten während des letzten Krieges das englische Volk betroffen. Eine Seuche wüthete durch zwei Jahre (1665, 1666) und raffte in London allein während eines Sommers (1665) 100.000 Bewohner hin; im Jahre darauf wurden 13.000 Häuser, zwei Drittel vom damaligen London, ein Raub der Flammen. Alle diese Dinge, im Vereine mit dem unbefriedigenden Aus= gange des letzten Krieges und mit dem leichtsinnigen Treiben am Hofe, waren nicht wohl darnach angethan, um das Volk in rosiger Laune zu erhalten. Sein Unwille richtete sich vorzugsweise gegen den Minister Clarendon, welcher denselben am wenigsten verdiente. Aber auch Karl II. wurde gegen diesen Staatsmann kälter und kälter gestimmt: einestheils, weil der letztere als streng gesinnter Protestant in der Verfolgung der Dissenters, und damit auch der dem Könige bereits theuer gewordenen Katholiken den Wünschen der Hochkirche und des Parlaments ein allzu willfähriges Werkzeug war; andererseits aber auch, weil Clarendon den Liebschaften des Königs manchmal abwehrend in den Weg trat, und ebenso auch, ohne die Verfassung zu verletzen, dem Könige unmöglich das für dessen Privatvergnügungen gewünschte Geld zu verschaffen vermochte. Selbstverständlich fanden sich am Hofe Männer genug, welche die Consequenz des Ministers als Trotz und Ungehorsam bezeichneten, sich selbst aber dem Könige als gefügigere Werkzeuge seines Willens anboten. Clarendon mußte nach einer ebenso unklugen als ungerechten Anklage durch das Unterhaus, seinen zahlreichen Feinden weichen und es bildete sich nun das berüchtigte Ministerium Cabal (1669), aus fünf Männern bestehend, denen um Geld ihre eigenen Seelen feil gewesen wären, vielmehr noch Englands Ehre und Wohlfahrt. [1]) Eine schmähliche Thätigkeit des neuen Ministeriums äußerte

---

[1]) Diese fünf Minister hießen: Clifford, Ashley (Shaftesbury), Buckingham, Ar= lington und Lauderdale. Durch die Zusammenziehung der fünf Anfangsbuchstaben bilde=

sich in dem Verhalten zu Holland und Frankreich. Als Ludwig XIV. von Frank=
reich mit seinen Raubplänen gegen die Nachbarstaaten offen hervortrat, und die
spanischen Niederlande zu verschlingen drohte, hatten England, Holland und
Schweden zum Schutze des in seinen heiligen Rechten bedrohten Spaniens im J.
1668 eine Tripel=Allianz geschlossen, durch welche Frankreich zum Frieden
von Aachen genöthigt wurde. Empört über die Frechheit von ehrlichen Leuten,
welche ihm sein Geschäft des Stehlens mitten im besten Fortgang zu stören ge=
wagt hatten, warf Ludwig XIV. seinen ganzen Ingrimm auf die Niederländer.
Um aber sicher zu gehen, trachtete er Allianzen unter seinen bisherigen Gegnern
zu gewinnen. Wo hätte er mit größerer Wahrscheinlichkeit welche suchen sollen, als
im damaligen England, dessen Ministerium und König ihre politischen Ansichten
und ihre Consequenz, den Wohlstand, die Interessen und das Blut Englands um
sehr bescheidene Summen feil hatten? So entstand jetzt ein Bündniß Englands
mit Frankreich (22. Mai 1670), dessen Resultat nur die Machtvermehrung des
Störenfried's von ganz Europa, Ludwig's XIV., sein konnte. In dem Kriege,
welchen Karl II. jetzt gegen die Generalstaaten zur See und in den Colonien führte,
erndtete er nur Schmach; diese Unternehmung, sowie bereits auch der König selbst
waren im Lande so unpopulär, daß das Parlament schließlich die Mittel zur
Weiterführung desselben verweigerte. Karl II. mußte demnach zu einem Frieden
zu Westminster (19. Febr. 1674) mit den Generalstaaten sich bequemen, in
welchem die letzteren, obgleich sie gegen übermächtige Feinde gestritten hatten, ohne
allen Verlust davonkamen. Den Britten waren aber während des Krieges gegen
3000 Kauffahrer von den Holländern gekapert worden. [2])

Mehr noch als durch die schmachvollen Verhältnisse zum Auslande und das
gedankenlose Wohlleben des Hofes wurde die brittische Nation gegen Karl II. in
einer Angelegenheit erbittert, in welcher er vor dem Forum des unbefangenen Ur=
theils größer dasteht, als das Volk selbst. Dieß war seine nunmehrige Tole=
ranz in religiösen Dingen; allerdings ging dieselbe nicht aus eingehender Prüfung
und humanen Ideen, sondern nur aus persönlichen Gefühlen hervor. Die Stuarts
neigten sich nämlich nach ihrer Wiedereinsetzung entschieden der katholischen Kirche
zu. Jakob, Herzog von York, der Bruder und präsumtiver Nachfolger des Königs
trat im J. 1671 offen zur römischen Kirche über. Auch Karl II. selbst war, wie sich
bei seinem Tode später herausstellte, im Geheimen Katholik, und hätte wahrschein=

---

ten die Engländer den Spitznamen Cabal, als Bezeichnung für das ganze ränkevolle
Collegium. Von dort ist das Wort „Cabale" entstanden und in verschiedene Sprachen
übergegangen.
[2]) Von den Details dieses Krieges, sowie von der ferneren auswärtigen Politik
Englands wird in der Geschichte Ludwigs XIV. Einiges erwähnt werden.

lich) auch öffentlich das Bekenntniß abgelegt, wenn ihn nicht die Abmahnungen Ludwig's XIV. und die Gefahren eines solchen Schrittes noch glücklich zurückgehalten hätten. Der Kryptokatholicismus des Königs wurde jedoch dem Volke hinlänglich offenbar schon in der Entlassung Clarendon's, welche ihm theilweise zuzuschreiben war, noch mehr aber in dem T o l e r a n z e d i c t e. Ohne Zustimmung des Parlamentes erlassen, hob dasselbe die harten Strafgesetze gegen die sämmtlichen Dissenters auf, erregte aber hiermit bei dem so ungemein unduldsamen Volke Englands einen heftigen Sturm. Das von jetzt an gegen den König mißtrauische und oppositionelle Parlament nöthigte denselben bald zur Zurücknahme des Edictes und zum Erlasse der T e s t a c t e, welche bis in die neuesten Zeiten (bis 1828) ein Staatsgrundgesetz Großbrittaniens geblieben ist. Dieses Gesetz bestimmte, daß Alle, welche das königliche Supremat in Kirchensachen anzuerkennen und das Abendmahl nach dem anglikanischen Ritus zu nehmen verweigern, kurz Alle, welche sich zu einer anderen als der Hochkirche bekennen, für immer unfähig sein sollten, irgend eine Stelle im Civil- oder Kriegsdienste oder im Parlamente anzunehmen (März 1673). Man sieht, daß diese Verordnung, welche vielleicht fast die Hälfte aller Unterthanen der höheren Staatsbürgerrechte gänzlich beraubte, in ihrem Geiste der spanischen Inquisition nahe genug verwandt ist, wenn gleich die Welt nicht müde wurde, Spanien nur als einen Sitz der Despotie und des Fanatismus, das englische Parlament dagegen als einen Hort des Liberalismus zu bezeichnen. — In Folge der Testacte legte auch der Herzog von York als Katholik sein Amt eines Großadmirals nieder, welches er recht rühmlich geführt hatte; viele andere tüchtige Männer folgten diesem Beispiele. Bis in die neuesten Zeiten äußerte sich die Ungerechtigkeit der Testacte dem Staate selbst zum großen Nachtheile: große Massen der Bevölkerung, so in Irland sieben Achtel und mehr waren ohne jede Vertretung, ja es waren die als ihre Vertreter sich geberdenden Männer (Anglikaner) vielmehr die heftigsten Gegner ihrer natürlichen Rechte. Die Iren waren und blieben Pariahs in Großbrittanien, das Elend, die Verkommenheit und die Auswanderungslust des geknechteten Volkes fanden nur in der Intoleranz der Engländer ihre dauernde Begründung. Besonders niederdrückend und schädlich war der Einfluß der Testacte im Heerwesen: der größte Heldenmuth und geniale Feldherrnbegabung machten die Lieutenants = Charge demjenigen unerreichbar, dem der anglikanische Bischof nicht ein höheres Wesen dünken wollte. Der Eintritt kriegslustiger Irländer und Schotten in fremde Kriegsdienste, wo sie sich vielfach großen Ruhm erwarben, ist vorzugsweise aus den genannten Quellen herzuleiten.

47. Karl II. bis zu seinem Ende. Die schmähliche Politik des Ministeriums Cabal hatte nach Beendigung des Krieges den Sturz desselben zur

Folge, welchen das Parlament mit Eifer betrieben hatte. Dennoch ließ der König auch ferner, aus Ursache seiner beständigen Geldklemme, englische Truppen unter seinem natürlichen Sohne, dem Herzoge von Monmouth (spr. Monnmöbßh) im Solde Frankreichs stehen, und bezog selbst auch ansehnliche Summen von Lud= wig XIV. Da letzterer seinen Krieg gegen die Niederlande und Deutschland noch immer fortsetzte, das englische Volk aber immer lauter zur Allianz mit Holland drängte, machte sich Karl II. gegen einen Jahresgehalt von 200.000 Pfund ver= bindlich, seinen Staat in der Neutralität zu erhalten. Aber schon im nächsten Jahre (1678) sah sich Karl zu einer Verbindung mit den Generalstaaten gedrängt. Allein der schlaue König Frankreichs eilte jetzt, seine Gegner zu trennen, und in den Frie= densschlüssen von Nymwegen (1679) für seine Monarchie große Vortheile her= auszuschlagen. — Einen guten Eindruck im brittischen Volke hatte es gemacht, daß König Karl die Töchter seines Bruders Jakob von York, welche an dem Ueber= tritt ihres Vaters zur römischen Kirche nicht Theil genommen hatten, an prote= stantische Fürsten vermählte, u. z. Maria an Wilhelm von Oranien, Generalstatt= halter der Niederlande, und Anna an einen dänischen Prinzen. Für die Erbfolge in England gewannen diese Heirathen später eine beträchtliche Bedeutung.

Mittlerweile dauerten in den brittischen Reichen die grausamen Verfolgungen der Puritaner und der Katholiken fort. Erstere machten in Schottland böses Blut; die ungerechte Behandlung der Papisten erschien aber den sämmtlichen Protestanten noch immer viel zu milde. Auf den blinden Verfolgungseifer selbst der gebildeten Classen Englands rechnete der Graf von Shaftesbury (spr. Schäftsbörri), welcher ehedem, damals noch Ashley (spr. Aeschli) genannt, ein Mitglied des Ministeriums Ca= bal gewesen war; durch abenteuerliche und gewissenlose Anklagen von Katholiken hoffte er die mit Recht auf ihm lastende Verachtung der Britten in Dankbarkeit und Zu= neigung zu verwandeln, und auf diese Weise sich wieder in das Kabinet zu schwin= deln. Von erbärmlichen Leuten wurde eine Fabel ersonnen, laut welcher eine Ver= schwörung von zahlreichen Katholiken gegen das Leben des Königs im Werk war; als Zeugen traten ein paar notorische Schurken auf; das Unterhaus wurde von Shaftesbury bearbeitet und ganz für seine Pläne gewonnen. Der König hatte nicht den Muth, die Angeklagten, von deren Unschuld er überzeugt war, gegen den Haß der englischen Torquemada's zu schützen. Mehrere seiner treuesten Diener, Pairs von England und zahlreiche Priester wurden hingerichtet, Andere in die Kerker ge= worfen. Der Angriff des Parlaments auf den Katholicismus hatte jedoch noch ein anderes wichtiges Ziel, nämlich die Ausschließung des Herzogs von York von der Thronfolge. In diesem Punkte erwies sich Karl II. jedoch vollkommen unbeug= sam. Als nach der Auflösung des bisherigen Parlamentes (1679) ein neues sich nicht minder zu Anklagen geneigt zeigte, glaubte der König dadurch sich helfen zu können, daß er nun den charakterlosen Shaftesbury, weil er das Haupt der Opposition war, in das Kabinet berief. Der neue Minister aber trat feindlich wie früher gegen den Hof auf, und wirklich sprach sich jetzt das Parlament laut für die Ausschließung York's vom Erbfolgerecht aus, wenn auch ohne Erfolg. Von dem nämlichen Parlamente wurde die berühmte **Habeas-Corpus-Acte** durchgesetzt (1679), welche heute nicht nur in England als ein Staatsgrundgesetz besteht, sondern mit ihren wesentlichsten Bestimmungen auch in allen andern konstitutionellen Staaten sich eingebürgert hat. Dieselbe hat den Zweck, die bürgerliche Freiheit zu schützen und bestimmt demnach, daß Verhaftungen, außergewöhnliche Umstände ausgenommen, nur auf Grund eines von dem ordentlichen Richter erlassenen Befehles vorgenommen werden dürfen, und daß überhaupt selbst der König ohne gesetzlichen Grund nicht über die Freiheit der Staatsbürger zu verfügen habe.

Obgleich Karl II. den ihm mit Recht widerwärtigen Shaftesbury aus dem Ministerium jagte, und auch zu wiederholten Malen das Parlament vertagte oder auflöste, wußte doch der Führer der Opposition immer neue Processe gegen harmlose Katholiken anzuspinnen und damit zugleich die Aufregung gegen den Herzog von York noch zu schüren. Von dessen Ausschließung machte das Parlament schließlich die Geldbewilligungen abhängig; da wurde die Sache dem Könige doch endlich zu arg, und er beschloß fortan ohne Parlament zu regieren (1681). — Es zeigt sich uns hier ein Gang der politischen Wirren ganz analog zu demjenigen, wie er unter Karl I. sich gestaltet hatte. Anfangs war es in beiden Fällen der König, welcher den Rechten und Interessen des Volkes kein Gehör schenkte, das Staatseinkommen verschleuderte, und eine heftige Opposition weckte; aus einem berechtigten Widerstande ging aber die Volksvertretung bald zu einem solchen über, in welchem sie ihre Launen und Neigungen als Gesetz hingestellt wissen wollte, und weit über die Befugnisse hinausgriff, die ihr durch die Verfassung gegeben waren. Mit solchen Anmaßungen forderte sie dann wieder den Hof zum Versuche der Reaction heraus und das Ende solcher Reibungen konnte nicht leicht etwas Anderes als eine vollständige Revolution sein. Die Befürchtung einer solchen nach den Erfahrungen der letzten vierzig Jahre war eben in den besitzenden Mittelklassen dermalen so lebhaft und so überwiegend, daß Karl II. eine Menge Freunde für seine Politik dort fand, wo seinem Vater nur erbitterte Gegner gestanden waren. Der gesunde Verstand war jedenfalls auf Seite dieser Mittelpartei; denn der Opposition im Parlamente war es, wenn man von ihrem Führer Shaftesbury auf seine nächsten Freunde schließen darf, weit weniger um Principe, welche im Grunde noch ziemlich unangetastet waren, als um sich selbst zu thun. Sollte der Bürgerstand jetzt wieder, wie er es vor kaum einer Generation gethan, Bürgerkriege heraufbeschwören, Wohlstand, Freiheit, und Leben einsetzen, um einigen gewandten Rednern warme Sitze im Ministerium oder andere Aemter zu verschaffen, Leuten, von welchen die Ehrlichen verblendet und bockbeinig, die Weitsehenden aber theilweise nur Spitzbuben und Schurken waren?

Von dem Zeitpunkte an, da eine Partei im Lande energisch auf die Ausschließung des legitimen Zweiges der Stuarts von der Thronfolge hinarbeitete, die andere aber ihr ebenso kräftig entgegen trat, entstand statt der früher üblichen Losungsworte die Bezeichnung von Whig's (spr. Wuiks) und Tory's. Die Namen sind bis zum heutigen Tage geblieben. Die Tory's, ehemals Anhänger des Hauses Stuart, gelten dermalen im Allgemeinen als die Vorfechter der streng aristokratischen Verfassung und des konservativen Elementes, die Whig's selbstverständlich als ihre Gegner; in neuesten Zeiten sind die Gegensätze der beiden Parteien nicht mehr so scharf festgehalten, und zahlreiche andere politische Schulen haben sich neben und zwischen den ihren gebildet.

Karl II. konnte mit so großer Bestimmtheit auf die Friedensliebe des Mittelstandes bauen, daß er nicht blos ohne und gegen die Verfassung regierte, sondern ungestraft sogar die Bahn des Absolutismus beschritt. Er erhob und erpreßte Gelder ohne Bewilligung, nahm den großen Städten unter nichtigen Vorwänden ihre Freiheitsbriefe, und gab sie ihnen nur gegen große Geldsummen, aber auch da arg beschnitten wieder zurück. Endlich zahlte der König seinen Gegnern mit einer Münze, welche nicht ganz so schlecht war, als die früher von Shaftesbury und dem Parlamente gegen die Katholiken in das Spiel gebrachte. Der Hof machte nämlich die Entdeckung der sogenannten Ryehouse-Verschwörung (spr. Reihaus). An derselben hatten die vorzüglichsten Führer der Whig's, darunter viele wackere Männer (Russel, Sidney), aber auch viele anerkannte Schurken theilgenommen. Die letzteren hatten es wirklich auf das Leben des Königs und seines Bruders abgesehen, wovon die Ersteren höchst wahrscheinlich nichts wußten. Ob Shaftesbury, der mit vielen anderen Lords an der Verschwörung Theil nahm, zur ersten oder zweiten Hälfte gehörte, mag hier unentschieden bleiben. Die Regierung selbst machte nicht viel Federlesens mit der Untersuchung einer größeren oder geringeren Schuld bei jedem Einzelnen; mit harter Strenge, welche übrigens doch nur ein matter Abklatsch der früher von den Whig's gegen die Katholiken geübten grausamen Ungerechtigkeit war, verurtheilte sie viele angesehene Häupter der Whig's zum Tode oder Kerker (1683). Shaftesbury entzog sich dem Henkerbeile durch die Flucht nach Holland. Der Herzog von Monmouth, auf welchen ein Theil der Verschwörer die Krone übertragen haben wollte, (die Anderen waren für die Republik), kam wegen seiner nahen Verwandtschaft mit dem königlichen Hause straflos davon.

Einige der Gerichteten waren bei dem Volke in hohen Ehren gestanden; demungeachtet fanden die Schritte des Königs vollste Billigung, weil endlich doch alles, was er sich im Namen des Königthums erlaubte, nur gemüthliche Spielerei war, gegenüber den zwischen 1640—1660 unter dem Deckmantel der Freiheit ver= übten Gräuelthaten. Der blinde Gehorsam gegenüber der königlichen Gewalt war für die Meisten jetzt der erste politische Glaubensartikel, und das höchste wissen= schaftliche Institut des Landes, die Universität Oxford (spr. Oxförd) erklärte die Lehre, daß die königliche Gewalt vom Volke ausgehe, als eine Lästerung gegen Gott. Im Unterschiede von Karl I., der für gleiche Bestrebungen auf dem Schaffote starb, sah Karl II. am Ende seines Lebens sich dem Ziele einer absoluten Monarchie schon sehr nahe stehend, obgleich er die dahin führende Bahn fast wider Willen betreten hatte. Sterbend empfing Karl II. die Sacramente der katholischen Kirche (3. Febr. 1685).

48. Jakob II. Die definitive Vertreibung der Stuarts. Wie sehr die Opposition und selbst der Freiheitsgedanke der Engländer nach den früheren Uebertreibungen bereits gebrochen war, zeigte sich bei der ohne Widerstand bewirkten Thronbesteigung des bisherigen Herzogs von York, Jacob II. Gegen ihn als Katholiken hatte sich ehemals die Auflehnung zweier verschiedener Parlamente mit Erbitterung gerichtet gehabt; dagegen ging das nach langer Pause nunmehr neugewählte Parlament in seiner Willfährigkeit so weit, daß es dem jetzigen Könige das von Karl II. zuletzt eigenmächtig bezogene Einkommen nicht etwa auf ein Jahr, sondern verfassungswidrig auf Lebenszeit bewilligte. Wirklich war Jakob Anfangs bemüht, allen billigen Wünschen gerecht zu werden; nur zu bald aber hatte er seine schönen Versprechungen vergessen.

Die Herzoge von Monmouth und Argyle (spr. Ardscheil) hatten im Ver= trauen auf die große Anzahl der gegen Jakob II. von früher her gestimmten exal= tirten Whig's in den nördlichen Gegenden einen Aufstand erregt. Zu ihrem Schrecken fand derselbe aber nur eine sehr geringe Theilnahme. Beide Herzoge wurden von den Königlichen ohne große Mühe geschlagen, gefangen und hingerichtet. Nun aber trat die stolze Willkür des Königs auf einmal zu Tage. Mehrere Tausende seiner ehemaligen Gegner wurden der Theilnahme an diesem Aufstande beschuldigt, sehr viele darunter gewiß mit Unrecht. Manche wurden ohne Proceßverfahren hinge= richtet, man zählte 330 Urtheile auf den Tod, über 800 auf Deportation lautend. Es war eine Art monarchischer Schreckensregierung eingeführt. Allein selbst die hier gezeigte Grausamkeit und Verfassungsverletzung hätte den Thron Jakobs nicht zum Wanken gebracht, wäre er nicht in den politischen Erbfehler seines Hauses verfallen. Auch er machte sich zum blinden Sclaven der Kirche, u. z. jener römischen Kirche, deren Name allein auf gebildete Engländer den Eindruck macht, wie ein schauerliches Ammenmärchen auf kleine Kinder. Von Jesuiten blindlings geleitet, verübte der König jetzt eine Verletzung der Verfassung nach der andern, u. z. lauter solche Verstöße gegen dieselbe, welche seiner Person und der Krone nichts nützten, aber in der Meinung der Unterthanen größeren Schaden anrichteten, als was immer für eine Art von Gewaltthätigkeit.

Jakob II. maßte sich vorerst das Recht an, einzelnen Personen Dispensationen von den bestehenden Grundgesetzen ertheilen zu können. Demzufolge erließ er zahlreichen Katholiken seines Heeres die Ablegung des Test-Eides und ließ sie in raschen Sprüngen von Stelle zu Stelle gelangen; umgekehrt wurden viele Officiere der Whigpartei abgedankt, welche zur Mehrzahl dann in die Dienste des holländischen Generalstatthalters traten. Die Beförderung in angesehene Staatsämter wurde als Preis für den Uebertritt zur katholischen Kirche fast öffentlich angeboten; und da es genug Leute gab, welchen es um eine Taufe mehr eben nicht ankam, so waren den gesinnungstüchtigen Protestanten die Aussichten auf Fortkommen im Staatsdienste fast ganz benommen. Jakob II. machte seinen Hof vorwiegend katholisch, ließ daselbst zum Aerger seiner Unterthanen Kirchenfeierlichkeiten in prunkender Weise abhalten, eröffnete, was noch übler aufgenommen wurde, den Jesuiten eine Schule in London, gestattete die Ausübung der katholischen Religion an allen Orten, entsetzte mehrere protestantische Prediger aus ungenügenden Gründen ihrer Aemter, entließ dagegen, was allerdings nur billig war, alle wegen Verweigerung des Test-Eides von früher her verfolgten Personen aus den Kerkern; gestattete, daß den Protestanten in Irland, welche so lange das römisch gesinnte Volk auf das ärgste gepeinigt hatten, nun mit der gleichen Elle gemessen wurde, und setzte mehrere anglikanische Bischöfe, welche sich seinen Anordnungen nicht fügten, kurzweg in den Kerker. Das gräßlichste Verbrechen in den Augen der Engländer beging aber der König, als er, freilich ohne Genehmigung des Parlaments, alle auf Uebertretung von kirchlichen Bestimmungen lautenden Strafgesetze für ungültig erklärte, und damit beinahe eine vollkommene Toleranz einführte. Zu England kam nun der Thron eines katholischen Fürsten in's Schwanken durch die angeordnete Gewissensfreiheit, im ganzen übrigen Europa nur durch den Gewissenszwang! dafür behaupten aber die Engländer, das einzige wirklich freisinnige Volk in Europa zu sein[1]). — Eigentlich war es nur Bestechung und Ueberredung, nicht Gewaltthätigkeit,

---

[1]) Die puritanischen Schotten erklärten unter Jakob II.: „Toleranzgewährung liegt nicht im Bereiche der weltlichen Obrigkeit und ist unvereinbar mit Gottes Geboten!" Daß sie es mit der Intoleranz sehr ernst meinten und wenigstens gerecht, nämlich gegen jeden auch nur um ein Geringes Andersdenkenden gleichmäßig verfuhren, hatten sie erst in jüngster Zeit bewiesen, als sie den für die anglikanische Hochkirche allzu eifrig wirkenden Erzbischof Sharp grausam ermordeten.

womit Jakob II. für den Papismus Propaganda machte. Aber das Schreckbild der=
selben regte doch selbst den Mittelstand aus seiner Apathie auf. So lange der
König keine anderen Erben hatte, als seine beiden gut protestantischen Töchter,
ließ man in Hoffnung auf eine bessere Zukunft sich noch die Gegenwart gefallen.
Als aber die Königin zum allgemeinen Staunen eines gesunden Knaben genas
(10. Juni 1688), da glaubte ganz England in dem kleinen Weltbürger schon den
echten Antichrist erblicken zu müssen. Es verbreitete sich sogar das Gerücht, und
fand zahllose Gläubige, daß das Kind von den Papisten untergeschoben sei. Nun=
mehr nahm die Mißstimmung der Britten eine gefährliche Wendung an.

Wie früher erwähnt, war Maria, die Tochter des Königs, an Wilhelm III.
von Oranien, den Generalstatthalter der Niederlande, vermählt; diesem Ehe=
paare war vor der Geburt des jüngsten Stuart der Thron von England bestimmt
gewesen. Auf Wilhelm III. blickten demnach alle unzufriedenen Britten mit Hoff=
nung und Vertrauen; viele englische Officiere waren schon früher in seine Dienste
getreten; sechs ganze Regimenter, welche noch von Karl II. an die Generalstaaten
ausgeliehen worden waren, traten im Jahre 1688 in deren Dienste über. Holland
hatte nämlich mit dem deutschen Reiche und anderen Staaten einen Bund gegen
Frankreich geschlossen; Jakob II., im Geheimen immer mit Ludwig XIV. ver=
bündet, rief jetzt jene Truppen zurück, aber nur 36 Officiere mit sehr wenig Mann=
schaften leisteten der Mahnung Folge. Vergebens gab diese Thatsache vereint mit
dem Kokettiren der Whig's nach Holland hinüber dem englischen König eine ernste
Warnung; vergebens erhob auch Ludwig XIV. seine Stimme und bot seinem
Freunde französische Hilfe an. Jakob II. erkannte den Vulkan nicht, auf dem sein
Thron stand, denn die Todtenstille um denselben schien eine lange Ruhe zu verheißen.

Wilhelm III. von Oranien hatte mit seinem großen Ahnen gleichen Namens,
dem Begründer der niederländischen Freiheit, die Scharfsichtigkeit und Verschlossen=
heit seiner Gedankenwelt gemein. Es fiel ihm nicht schwer, seinen Schwiegervater
in dem Glauben zu erhalten, daß die in den Niederlanden eben betriebenen Rü=
stungen nur den Franzosen gälten. Von sieben der angesehensten englischen Lords
in einer Adresse förmlich aufgefordert (30. Juni), den König Jakob II. zu ent=
thronen, beschleunigte Wilhelm seine Rüstungen allmälig mit weniger Zurückhal=
tung. Endlich gingen dem englischen Könige die Augen auf über die Gefahr, in
welcher er schwebte. Nun auf einmal aus dem vollsten Selbstvertrauen in bange
Furcht stürzend, widerrief Jakob II. rasch alle Verordnungen, welche ihm in der
öffentlichen Meinung so viel geschadet hatten. Jetzt aber war es zu spät dazu. Am
5. Novb. 1688 landete Wilhelm III. mit 14.000 M. an der englischen Küste bei
Torbay; mehrere höhere Officiere, darunter Churchill (spr. Tschörtschill, der

nachmals so berühmte Herzog von Marlborough) traten offen auf seine Seite; einige führten sogar ihre Truppen mit hinüber. Die gesammte Flotte und weitaus die Mehrzahl der Pairs erklärte sich gleichfalls offen für Oranien. Der rathlose König begann mit seinem Schwiegersohne zu unterhandeln und berief ein Parlament auf den 15. Jän. 1689 zusammen. Zugleich wich er aber mit seinen unverläßlichen Truppen von Salisbury gegen London zurück; seine nächsten Verwandten und Günstlinge verließen ihn, selbst die Universität Oxford, Festungen und ganze Grafschaften fielen ab. Nun entschloß sich Jakob II. zur Flucht (11. Dec.), wurde jedoch nach wenigen Tagen aufgefangen und nach London zurückgebracht. Hier war unterdessen eine provisorische Regierung eingesetzt worden, hinderte es aber nicht, daß der Pöbel sein Müthchen an den Katholiken kühlte. Am 17. Dec. rückten bereits holländische Truppen in der Hauptstadt ein, wenige Tage darnach flüchtete Jakob II. zum zweiten Male und gelangte glücklich nach Frankreich, welches ihn gastfreundlich aufnahm (23. Dec.). — Wilhelm III., den Schein der Usurpation möglichst vermeidend, berief zur Erledigung der Thronfolgefrage National-Conventionen der Schotten und Engländer nach Edinburgh und London, welche ohne Rückhalt den Thron als erledigt erklärten. Am 6. Febr. 1689 übertrugen das englische Ober- und Unterhaus das Recht der Herrschaft auf Wilhelm III. und seine Gemahlin Maria, und setzten damit das Haus Oranien an die Stelle der Stuarts. Jeder katholische, oder nur mit einer Katholikin vermählte Prinz wurde für immer von dem Thronfolgerechte ausgeschlossen. Es erfolgte nunmehr eine „Erklärung der Rechte des englischen Volkes" (bill of rights, 13. Feb.) in welcher die Grundrechte der englischen Verfassung nochmals erläutert und feierlich verkündet wurden. Das von Jakob II. ausgeübte Dispensationsrecht wurde dem Königthume abgenommen.

Dem Beispiele der Engländer folgte in allen Dingen auch Schottland; aber in Irland erhob die Majorität des Volkes, allerdings fast nur aus armen und ungebildeten Leuten bestehend, die Waffen für das Haus Stuart und zugleich für den Katholicismus. Der dortige, von Frankreich unterstützte Aufstand konnte erst nach mehreren Jahren unterdrückt werden. Der Name Orangisten („Orangemen," spr. Orrändschmen), welcher damals den Anhängern der neuen Dynastie gegeben wurde, ist bis zum heutigen Tage als Bezeichnung für die kleine, aber mächtige Partei in Irland geblieben, welche die dortigen katholischen Volksmassen fast wie rechtlos unter dem Drucke des englischen Adels und Clerus gebeugt erhält.

49. Die Niederlande vom Westphälischen Frieden bis zur Erhebung Wilhelm's III. Im westphälischen Frieden war die Unabhängigkeit der sieben vereinigten Provinzen sowohl von Spanien als vom deutschen Reiche anerkannt worden (1648, §. 28). Als Generalstatthalter der Republik fungirte damals Wilhelm II. (1648 — 1650); er strebte, wie es sein Oheim Moriz gethan, nach der Machtvollkommenheit eines Königs, und gerieth hierüber besonders mit den Ständen der Provinz Holland in Streit, zugleich aber auch das Mißtrauen sämmtlicher Republikaner erweckend. Letztere drangen insbesonders auf die Verminderung des stehenden Heeres, welches im Frieden dem freien Bürgerstaate nicht nur eine Last, sondern auch zugleich eine große Gefahr däuchte. An der Spitze der streng republikanischen Partei standen die Brüder van Witt, welche wichtige Stellen in der Republik bekleideten und großes Ansehen im Volke genossen. Zu einem offenen Zerwürfnisse zwischen ihnen und dem Generalstatthalter kam es aus Anlaß des Krieges in Brasilien. Während nämlich die Generalstaaten nach dem westphälischen Frieden einige Jahre hindurch in Europa Frieden hatten, und auch während des damals noch fortdauernden Krieges zwischen Frankreich und Spanien sich neutral verhielten, ging ihnen das wichtige Brasilien verloren, eine Erwerbung, welche sie früher während ihrer Schilderhebung gegen Spanien auf Kosten der Portugiesen gemacht hatten (§. 28). Nun hatte zwar das Haus Braganza, als es in dem von der spanischen Herrschaft befreiten Portugal den Thron bestieg (1640), das Eigenthumsrecht der Holländer über Brasilien allerdings anerkannt; die Bedrückungen aber, denen die Nachkommen der Portugiesen durch die niederländischen Staathalter und Soldaten ausgesetzt waren, riefen einen Aufstand der Creolen hervor (1645), welcher immer größere Dimensionen annahm und von England und Portugal Unterstützung erhielt. Insbesonders fügte der kühne Abenteurer Calvacante den Holländern viele Nachtheile zu. Der Admiral Cornelius van Witt konnte gegen die Creolen gleichfalls nichts ausrichten und kehrte ohne einen Befehl von Seiten der Generalstaaten mit seiner schwer hergenommenen Flotte nach Europa zurück. Diese Eigenmächtigkeit diente dem Generalstatthalter zum Vorwande, um nicht nur den Admiral, sondern auch dessen Bruder Jan van Witt, nebst fünf anderen Deputirten, welche im republikanischen Sinne Opposition getrieben hatten, auf dem Schlosse Löwenstein in Haft setzen zu lassen. Die große Aufregung des Volkes in Folge dieses Gewaltschrittes und die tumultarische Befreiung des Admirals durch dasselbe, bestimmten den Generalstatthalter, mit der gegnerischen Partei, welche man die Löwensteiner nannte, einen Vergleich einzugehen.

Erst einige Tage nach dem kurz darauf erfolgten Tode Wilhelm's II. (6. Nov. 1650) wurde ihm ein Sohn Wilhelm (III.) geboren. Vergebens bemühte sich die Witwe, eine Tochter Karl's I. von England, die Staaten dahin zu bewegen, daß sie auf den jungen Prinzen die Würde seines Vaters übertragen möchten. Da die Souveränitätsgedanken des Verstorbenen und seine geheimen Vereinbarungen mit Frankreich zuletzt ziemlich offenkundig geworden waren, gewannen die Löwensteiner

unter den Brüdern van Witt entschieden die Oberhand und richteten das Staats=
wesen im streng republikanischen Sinne ein. Sogar das Kriegswesen verlor die
Einheitlichkeit der obersten Leitung und wurde dem Staatsrathe untergestellt. Zu
eben dieser Zeit erhob Cromwell seinen S e e k r i e g gegen die Niederlande, dessen
Vorfälle und Ausgang wir bereits kennen gelernt haben (§. 45). Im Einverständ=
nisse mit dem jetzigen Rathspensionär Jan van Witt stellte Cromwell bei den
Friedensverhandlungen die Forderung auf, daß die Stuarts aus den Niederlanden
vertrieben, die ihnen nahe verwandten O r a n i e r für immer von der Würde eines
Statthalters und Generalcapitäns ausgeschlossen bleiben sollten (1654). Ander=
Erlässe, im Sinne der Löwensteiner herausgegeben, schienen gleichfalls dazu geeignet,
um jeden Anklang an eine Monarchie für immer ferne zu halten. Blos in den Staaten
Friesland und Gröningen behielten die Oranier auch jetzt noch die Oberhand.

Nach der Gewohnheit starrer Republikaner ließen die Witt's die früher so
treffliche L a n d a r m e e allmälig in Verfall gerathen. Schon jetzt äußerten sich die
Folgen hievon, indem im J. 1654 die Holländer gänzlich aus Brasilien vertrieben
wurden, und in einem späteren Frieden (1661) ihre Ansprüche auf dieses reiche
und große Land gegen eine namhafte Geldentschädigung vollständig an Portugal
abtraten. Erst in den ferneren Kriegen, wie sie nachmals durch die Raubgier Frank=
reichs den friedliebenden Holländern abgenöthigt wurden, traten im größeren Maß=
stabe die aus der demokratischen Vernachlässigung des Heerwesens hervorgegan=
genen Nachtheile klar hervor. — Größere Sorgsamkeit widmeten die leitenden
Staatsmänner der F l o t t e: dieselbe erschien einerseits den republikanischen Ge=
walthabern minder gefährlich, andererseits aber lag in ihr das unumgänglich noth=
wendige Mittel, um den ausgebreiteten Welthandel und die demselben entfließenden
Reichthümer des städtischen Patricierthums zu schützen. Die Niederlande behaup=
teten auch nach der Ausschließung der Oranier ihr großes Ansehen im europäischen
Völkerconcerte, und Jan van Witt leitete, mehr durch seinen persönlichen Einfluß
als durch den Machtumfang seiner Stellung, die inneren und äußeren Staatsan=
gelegenheiten mit Kraft und Würde, wenngleich in der Hauptsache immer nur zum
Vortheile seiner, nämlich der geldaristokratischen Partei.

Bei dem bedrohlichen Umsichgreifen S c h w e d e n s rings um die Ostsee, zur
Zeit Karl's X. (§. 40) mußten auch die Holländer für die Freiheit ihres Handels
in jenen Gegenden besorgt werden. Daher liehen sie von 1655 angefangen, zu
wiederholten Malen den Brandenburgern, Polen und Dänen ihren Beistand,
immer jedoch nur in einem solchen Maße, um thunlichst ein Gleichgewicht der Kräfte
im baltischen Meere aufrecht zu erhalten. Die Friedensschlüsse von Oliva, Kopen=
hagen und Karbis entsprachen demnach den Interessen Hollands, welches hierbei

eine vermittelnde Rolle gespielt hatte. — Sowohl Ludwig XIV., welcher nach seinem Charakter jeden Liberalismus und jede Art von Vielregierung im Grunde des Herzens verabscheute, als auch Karl II. von England, dem die Erinnerung an seine Vertreibung aus Holland (1654, nach dem Frieden mit Cromwell) im Gedächtnisse haften blieb, lauerten auf eine günstige Gelegenheit, um ihren Zorn an den niederländischen Republikanern auszulassen. Im J. 1664 begann England einen See- und Colonial-Krieg gegen Holland, welches sich jedoch seiner Gegner kräftigst erwährte und im Frieden von Breda mit Ehren, und theilweise sogar mit Vortheil sich aus dem Handel zog (1667, §. 46). — Die Colonien der Holländer waren noch immer die ausgebreitetsten und einträglichsten, obgleich in der zweiten Hälfte des 17. Jahrhunderts die Engländer und Franzosen mit Erfolg zu wetteifern anfingen. Zu den früheren Erwerbungen der Holländer in fremden Meeren (§. 28) waren noch die übrigen Theile von Ceylon, Celebes, Malabar u. dgl., Factoreien in Afrika und Hinterasien gekommen. Als die wichtigsten Machtbezirke Hollands in Asien waren Surate, Malabar mit Cochin, Coromandel, Malakta, Celebes, Java, die Molukken, die Südküste von Borneo zu bezeichnen. Batavia blieb die Metropole dieser großen Besitzungen. Energie und Tapferkeit, aber auch schmutzige Gewinnsucht und Grausamkeit bezeichnen jedes Blatt der holländischen Colonialgeschichte. Den Bewohnern von Banda z. B., welche den Holländern im Kampfe gegen die Portugiesen Beistand geleistet hatten, bewiesen sie ihre Dankbarkeit dadurch, daß sie dieselben zu Sklaven machen wollten, dann aber, weil die Bandesen gegen einen solchen Lohn sich sträubten, sie sämmtlich ausrotteten.

Als Ludwig XIV. mit seinen Offensivplanen gegen die Nachbarstaaten offen hervorzutreten und vorerst das ohnmächtige Spanien zu berauben anfing (1667), durchschauten die Niederländer die Gefahr, welche früher oder später auch sie ereilen sollte. Mit Spanien, England und Schweden, lauter ehemaligen Gegnern, schloßen sie nun die Tripelallianz: Folge derselben war der Friede von Aachen (1668), in welchem Frankreich einen Theil des gemachten großen Raubes an Spanien zurückerstatten mußte. Während dieser politischen Verhandlungen hatte die Partei der Oranier im Innern wieder mächtiger sich zu regen angefangen, und es war bereits der Zeitpunkt abzusehen, in welchem sie über die wenig volksthümlichen Grundsätze der Vollblut-Republikaner die Oberhand gewinnen mußte. Dieser Zeitpunkt trat ein, als Ludwig XIV., um Rache an Holland zu nehmen, die Tripelallianz sprengte und im Vereine mit England und anderen Staaten die Republik bis an den Rand des Verderbens brachte. (Von diesem Kriege, welcher von 1672 — 1678 währte, wird in einem folgenden Abschnitte die Rede sein.) Nicht mit Unrecht war die Masse des holländischen Volkes schon bei Beginn dieses Krieges gegen die eben regierende Partei der Löwensteiner, an ihrer Spitze die beiden van Witt, in hohe Erbitterung gerathen. Das Bürgerthum Hollands vermochte gegen den furchtbaren Bund absolutistischer Königshäuser, welcher sich gegen jenes gebildet hatte, keine gleichgewichtige Allianz mit den unbetheiligten europäischen Fürstenhäusern zu Stande zu bringen; zudem war, was noch verhängnißvoller erscheinen mochte, durch die doktrinäre Halsstörrigkeit der strengen Republikaner das noch vor 20 Jahren so ungemein hochstehende Landheer in einen äußerst verwahrlosten und kläglichen Zustand gesetzt worden. Den 120.000 trefflich gerüsteten Kriegern, welche Frankreich allein, von den anderen Mächten abgesehen, gegen die Niederlande in das Feld brachte, vermochten die letzteren kaum 25.000 M. entgegen zu stellen; diese waren sehr mangelhaft ausgerüstet und schlecht oder gar nicht geübt, von durchschnittlich untüchtigen Officieren befehligt; meistens waren Verwandte, Freunde oder wenigstens Anhänger der dermaligen patriotischen Machthaber in die höheren Kriegsämter eingesetzt worden, ohne viele Rücksicht auf verdiente, kriegserfahrene und unterrichtete Officiere, welche aus dem Kriege gegen Spanien noch übrig gewesen waren, nach ihrer Zurückdrängung durch die Parvenus jedoch es vorgezogen, vom Platze abzutreten. Daher durfte man sich nicht wundern, daß nach dem Anrücken der Franzosen eine Festung nach der anderen capitulirte und ganz Holland zur französischen Provinz herabzusinken den Anschein hatte.

Die hier angeführten Thatsachen verdienen in mehr als einer Hinsicht die volle Aufmerksamkeit des denkenden Militärs. Für's Erste wird durch sie constatirt, daß in Staaten, in welchen ein Patriciat des Geldes die beherrschende Stimme führt (so z. B. heutzutage in England und in den Unionsstaaten), die Armee im Frieden wie ein unbequemer Ballast schief angesehen und stiefmütterlich behandelt zu werden pflegt, bis dann die über das Ganze hereinbrechende Gefahr, manchmal zu spät, die Ueberzeugung herbeiführt, daß die freisinnigsten Institutionen und die größten Reichthümer sich selbst nicht zu schützen vermögen, daß ein Wettspiel erleuchteter Geister ohne die Kraft gestählter Arme und Herzen dem andringenden Feinde keinen genügenden Schutzwall entgegenstellt, und daß die überzeugendsten und glühendsten Parlamentsreden noch immer übertönt und todtgeschrieen werden durch den Donner der Kanonen. Endlich ersehen wir, daß auch dort, wo das Bürgerthum in voller Herrschaft steht, dem Nepotismus ebenso viele und oft noch mehr Pforten geöffnet sind, als sogar an solchen Höfen, welche durch Maitressen geleitet werden. Kleinliche Selbstsucht richtet überall, wo Menschen sind, ihren Thron auf, und soll eine wichtige Corporation, z. B. eine Armee, möglichst ihren Zwecken Genüge leisten, so müssen ihr fremdartige Einflüsse erspart bleiben, sie muß aus sich selbst von den Wurzeln bis in die Spitzen hinauf erwachsen.

Die van Witt's hatten es nicht verhindern können, daß der erst 22jährige Prinz Wilhelm III. von Oranien zum Generalcapitän, d. h. Chef des gesammten Heeres, ernannt wurde. Wie aber eingefleischte Doktrinärs eher den Staat opfern, bevor sie einen ihrer Grundsätze verläugnen würden, so warfen auch jetzt noch, da die höchste Kraft in der Heeresleitung nöthig gewesen wäre, die van Witt's dem Oberfeldherrn und dem ersten Admiral (Ruyter) überall Hindernisse in den Weg und beeinträchtigten die Einheit des Commandos, aus Furcht, daß daraus dereinst ihren geliebten Institutionen Gefahr erwachsen könnte. Sie waren, im Ganzen genommen, weit mehr in Angst vor den inneren Gegnern als vor den äußeren Feinden, mochte darüber auch der ganze Staat zu Grunde gehen. Diese vermeintliche Charakterfestigkeit oder, besser gesagt, unvernünftige Prinzipienreiterei beschleunigte nur jene Wendung, welche die Löwensteiner am meisten zu verhindern sich bestrebten. Die Armee und das niedere Volk erkannten weit richtiger als die gebildeten Reichen, was dem Vaterlande in seiner höchsten Gefahr zunächst Noth thue. Eine Einschränkung des Armeebefehles in der Weise, daß dem Generalcapitän weder ein Recht zur Besetzung von Stellen noch auch nur die Leitung der Truppenbewegungen ohne Beeinflussung von bürgerlichen Magistraten gestattet war, konnte unmöglich zu einer möglichst raschen Abstellung der unzähligen eingerissenen Mängel, zu einer gründlichen Reform des Heeres, zu einer Kraft und Flüssigkeit der Operationen das rechte Mittel sein. Der Unwille des Volkes gegen den engherzigen Patriotismus der van Witt's, welche über dem Parteistandpunkte das allgemeine Interesse ganz aus dem Auge verloren, brach sich endlich Luft in wüsten Gewaltthaten, wie sie dem leidenschaftlich erregten Pöbel der ganzen Welt nur als Acte der Gerechtigkeit zu dünken pflegen. Jedenfalls hatten die Anhänger des Hauses Oranien ihre Hände dabei mit im Spiele; nachdem sie die Erhebung Wilhelm's III. zum Statthalter der meisten Provinzen durchgesetzt hatten, ließen sie übertriebene Anklagen gegen die Brüder van Witt erheben; das gemeine Volk, welches im Allgemeinen mit den Fürsten von Geburt mehr Sympathie zu haben pflegt, als mit den Fürsten vom Gelde, warf sich zum Richter in letzter Instanz auf, und riß bei einem wilden Tumulte die beiden van Witt in Stücke (21. Aug. 1672). Sie waren in ihrer Art große Männer und auch, wenn man die Partei für das Vaterand nehmen will, wie viele thun, große Patrioten gewesen. Zwei Jahre später mitten während des Krieges, welchen Wilhelm von Oranien zwar mit wenig Glück, aber mit großer Einsicht und Tüchtigkeit führte, wurde die Erblichkeit der Statthalterwürde der Familie Oranien zuerkannt (1674). Die Machtvollkommenheit Wilhelm's III., welche gleichzeitig sehr erweitert wurde, gestaltete seine Stellung nunmehr ungefähr gleichbedeutend mit jener eines constitutionellen Königs.

**50. Die ersten Jahre der Selbstregierung von Lud=
wig XIV.** Vielfach ist in diesen Blättern schon des französischen Königs
Ludwigs XIV., des Störenfriedes und eines der bedeutendsten Monarchen von
Europa in der zweiten Hälfte des 17. Jahrhunderts, gedacht worden. Schon im
Alter von fünf Jahren hatte dieser Fürst den Thron bestiegen (1643); doch leitete
bis zum J. 1661 der Minister Mazarin mit unumschränkten Befugnissen die
Regierung. Die außerordentliche Machtentfaltung, welche Frankreich, nicht einmal
aufgehalten durch die inneren Unruhen, dem schlauen Diplomaten Mazarin zu
danken hatte, so insbesondere die Erwerbungen auf Kosten Deutschlands und Spa=
niens, erstere im Westphälischen, letztere im Pyrenäischen Frieden bestätigt, sind an
früheren Stellen gewürdigt worden (§§. 29, 32). Frankreich war jetzt nicht nur für
alle kommenden Zeiten als wirkliche Großmacht in gleicher Bedeutung mit Oester=
reich, in höherer als Spanien, Schweden oder England anerkannt worden, es
hatte zugleich auch eine Menge von eisernen Fäden angesponnen, mit welchen es
die Staatsmänner der fernestehenden Kabinete an sein Interesse gebunden hielt
und ein ununterbrochenes Spiel von diplomatischen Intriguen betreiben konnte.

Ludwig XIV., welcher im Alter von 22 Jahren selbst zu regieren anfing,
war von Natur mit einem gewandten und scharfen Geiste, mit einem ungemein
entschiedenen, thatkräftigen und ehrgeizigen Charakter, mit einem festen und kühnen
Muthe, mit hohem Stolze ausgerüstet. Aber Mazarin hatte mit Absicht die an=
geborne Begabung des jungen Fürsten auf Abwege geleitet, ihm eine mangelhafte,
sogar verfehlte Erziehung gegeben. Statt ihm Humanität und warme Liebe für
sein Volk einzuimpfen, gewöhnte man ihn daran, sein Ich als die Verkörperung
von Frankreich, als den höchsten Zweck aller Lasten und Leistungen der Nation zu
betrachten; statt ihn mit Philosophie und der Befähigung zum unbefangenen, bil=
ligen Urtheile, sowie zur Selbstbeherrschung zu erfüllen, machte man ihn zum
bigotten Sünder, führte ihn zum Glauben, daß er unbedingt seinen Lüsten fröhnen
und das Menschenrecht mit Füßen treten dürfe, wenn er nur fleißig in die Messe
und zur Beichte gehe und vor jedem Mönche andächtig den Hut lüfte. Man ließ
den jungen Fürsten heranwachsen in der Meinung von seiner unendlich über die
Menschheit erhabenen Würde, ohne eine tiefere Bildung für Herz und Geist,
daher in seinem ganzen Thun und Lassen selbstsüchtig und oberflächlich über alle
Maßen. Ihn beherrschten glühender Ehrgeiz und vermessene Eitelkeit, während
wahre, tiefe Ehrliebe ihm fremd war; er breitete Glanz und Ruhm über das
französische Volk, richtete es aber dabei physisch und noch mehr moralisch zu
Grunde; in seinem Satze „L'état c'est moi" jenen Tyrannen des Orientes sich
gleichstellend, welche sich selbst als überirdische Wesen, die Menschheit nur als ein

Werkzeug für ihre Launen betrachten, bildete Ludwig XIV. den Staat in einer Form, in welcher er nur mehr in Aeußerlichkeiten als ein europäisch civilisirtes Gemeinwesen, in seinem tieferen Gehalte aber als eine asiatische Despotie erschien. Ohne Rücksicht auf Gerechtigkeit und menschliches Wohl beraubte Ludwig XIV. seine Nachbaren und knechtete sein eigenes Volk; keine Richtschnur als sein eigenes Belieben anerkennend, wurde er eine Geißel für ganz Europa und zugleich, ob= gleich ein eifriger Förderer der Wissenschaften, ein zerstörender Dämon für die wahre Gesittung, welche größerer Dinge als eines glänzenden Firnisses bedarf. Ludwig XIV. hat das französische Königreich mächtiger gestaltet, als es jemals früher oder später gewesen ist, er aber begründete zugleich den späteren Sturz des= selben, indem bei dem lebhaft erwachten Geiste der europäischen Völker jedes neue Zwangsmittel zugleich ein neuer Keim für eine künftige Revolution werden mußte.

Ludwig XIV. hatte, so lange er sich nicht allzusehr von seinen Maitressen leiten ließ, ein besonderes Geschick in der Auswahl von tüchtigen Männern für schwierige Posten. Von seinen verschiedenen Feldherren werden wir noch fernerhin zu sprechen haben. Hier erwähnen wir zuerst des Kriegsministers Louvois, welcher das gesammte Kriegswesen auf einem neuen, vorzüglichen Fuße organi= sirte, für die Ausrüstung des Heeres in einer Weise sorgte, daß Frankreich durch einen Krieg niemals überrascht werden konnte, dabei die Disciplin und Ordnung auf das Genaueste überwachte. Louvois war ein Mann von einem Stolze, einer Anmaßung und einem Eigensinne, wodurch er allen Personen, zuletzt selbst auch dem Könige, im hohen Grade zuwider wurde; er war zugleich rücksichtslos und grausam bis zum Vandalismus, wie die von ihm angeordneten Verwüstungen in der Pfalz bewiesen; aber für einen Organisator und Leiter der Militärverwaltung hätte Ludwig nicht leicht einen geeigneteren Kopf aufzufinden vermocht. Auch Colbert, die Seele der inneren Staatsverwaltung, zugleich Finanz= und Marine=Minister war nicht ganz frei von Fehlern und irrigen Ansichten, wenn= gleich seine Natur als durchaus edler bezeichnet werden muß wie jene von Lou= vois. Mit ungemeinem Scharfsinne wußte Colbert in kürzester Zeit das Natio= nalvermögen und das Staatseinkommen zu einer früher nicht geahnten Höhe emporzutreiben; dieß war für Ludwig XIV. umso erwünschter, weil er sonst nicht ein so starkes stehendes Heer zu erhalten, nicht einen großen Theil der europäischen Diplomaten und selbst Könige zu bestechen, überhaupt nicht seine großartigen Pläne durchzuführen vermocht hätte. Colbert's und Ludwig's System, den Wohl= stand des Volkes zu heben, um sodann die Steuerkraft desselben möglichst anspannen zu können, sowie die meisten seiner nationalökonomischen Grundsätze gingen ziemlich unverändert später auch zu anderen europäischen Nationen über und haben sich meistens bis zum heutigen Tage in Geltung erhalten. Von einer Milde und Schonung war auch im Finanzwesen keine Rede: nur als gerecht kann man es übrigens bezeichnen, daß Colbert eine strenge Untersuchung der ganzen Finanzgebahrung seit Heinrich's IV. Zeiten anordnete, hiebei Unterschleife von vielen Millionen entdeckte, und mit dem den Finanzpächtern abgezwackten übermäßigen Fette dem dürren Staatsvermögen wieder aufhalf. Dem Handel und den Gewerben wurden die größten Begünstigungen gewährt, wobei man allerdings in hohen Schutzzöllen und ähnlichen Zwangsmitteln eine noch keineswegs vollkommen gereifte Einsicht bekundete. Marseille und Dünkirchen wurden jedoch zu Freihäfen erklärt; der großartige Canal von Languedoc kam durch den geistvollen Ingenieur Riquet zur Ausführung, der Canal von Burgund wurde in Aussicht gestellt. Ebenso begann Frankreich jetzt mit der Erwerbung von Colonien (seit 1664), u. z. vorerst auf mehreren westindischen Inseln, wie Martinique, Guadeloupe ꝛc., ferner auch in Cayenne. Den berüchtigten Freibeutern der amerikanischen Gewässer, den Flibustiern, wurde ein Theil von S. Domingo abgenommen, gleichzeitig wurden Ansiedlungen in Canada, Acadien (Neuschottland) und Louisiana gegründet. Im J. 1672 erbauten die Franzosen auf einem ihnen geschenkten Landstrich Pondischery, welches die Hauptstadt aller ihrer ostindischen Besitzungen verblieb. Es wurde ihnen später (gegen 1700) ein zweiter Landstrich abgetreten, wo sie Carical gründeten. Von da an wuchs ihre Macht ungemein an, bis nach der Mitte des 18. Jahrhunderts die Britten in Ostindien entschieden die Oberhand gewannen.

Der gesteigerte Handel und der Colonialbesitz machten auch eine stärkere Seemacht nöthig. Nachdem Mazarin dieselbe sehr vernachlässigt hatte, mußte Colbert fast ganz von Grund aus bauen; er wandte aber solchen Eifer an diese Sache, daß nach wenig Jahren schon vierzig Linienschiffe vorhanden waren (1672). Auch das Rechtswesen sowie die gelehrten Anstalten standen unter der einsichtsvollen Leitung Colbert's. Es wurden unter Ludwig XIV. verschiedene Akademien („des inscriptions", „des sciences" „des beaux arts") als Ergänzungen zu der seit Richelieu's Zeiten (seit 1629, § 31.) bestehenden Academie française in das Leben gerufen. Gelehrte und Dichter (darunter Racine, Corneille, Molière, Lesage, Boileau, Pascal, Bossuet, Fénélon u. v. A.) eröffneten das goldene Zeitalter der französischen Litteratur, aber zugleich auch, mit wenigen Ausnahmen, eine Schule niedriger Schmeichelei; mit freigebigen Händen lohnte König Ludwig, welcher mehr aus Eitelkeit als aus angeborner Weihe den Mäcenas spielte, die kriechenden Lobeserhebungen in den Werken der Zeitgenossen. Allerdings hat Ludwig XIV. den Beinamen „des Großen", der ihm von vielen gegeben wurde, wohl nicht so sehr seinen eigenen Tugenden als vielmehr den

erkauften Lobhudeleien der in= und ausländischen Schriftsteller zu verdanken ge=
habt. Das blendende Wesen der französischen Gelehrtenwelt, der schillernde Glanz
und die geschmeidige Grazie der dort erschienenen Werke im Vereine mit der vol=
lendeten Ausbildung, zu welcher die französische Sprache jetzt eben gelangt war,
konnten nicht verfehlen, einen nachhaltigen Einfluß auf das Ausland, insbeson=
ders auf Deutschland zu üben, und nicht nur die Sprache, sondern auch die Ge=
schmacksrichtung, die Moden und die Sitten Frankreichs zum großen Nachtheile
des nationalen Wesens für ein Jahrhundert und darüber allerorts heimisch zu
machen. — Sowie die Litteratur wurde auch die Kunst in verschiedenen Zweigen
von Ludwig XIV. und seinem Minister sorgfältig gepflegt; doch wurden auf
diesem Gebiete jene gespreizten und geschnörkelten Manieren herrschend, welche
unter dem Namen des Roccoco=Styles bekannt sind.

Ungeheuer groß und wichtig wurde der Einfluß, welchen der Hof von Ver=
sailles mit seiner Vereinigung von Frömmelei, Kunstliebe, geistiger Verfeinerung
und lasciven Sitten auf die Entwicklung des Charakters der europäischen Mensch=
heit bis in die Zeiten der Revolution hinein übte. Der Hof war das Herz von Paris,
dieses das Herz von Frankreich, letzteres das Herz für die civilisirte Welt.
Keine Geschmacksrichtung war so verfehlt, keine Mode so lächerlich und unbequem,
daß sie nicht überall Nachäffer, u. z. meistens sehr tölpische Nachäffer gefunden
hätte. Wir haben von den Eindrücken der französischen Litteratur und Sitte auf
die geistigen Richtungen anderer Völker hier nicht weiter zu sprechen, aber beson=
ders hervorgehoben muß werden, daß auch die politischen und militärischen Ein=
richtungen Frankreichs in ganz Europa als Muster galten, und daß im 18. Jahr=
hunderte die Duodezfürsten, ja selbst die einfachen Reichsritter in Deutschland zu
zählen waren, welche sich nicht auf den eleganten Despoten à la Louis XIV.
hinauszuspielen versucht hätten. Freilich bleibt ein großer Unterschied zwischen
dem Brüllen des Löwen und dem Quaken des Frosches; aber das Resultat, die
Unterdrückung der nationalen Sitte und Freiheit, die Verknöcherung des öffent=
lichen und socialen Lebens wurde überall erreicht, ob dort auch Könige, hier be=
purpurte Dorfschulzen für dasselbe erglühten. — In Frankreich concentrirte sich
unter Ludwig XIV. das gesammte öffentliche Leben am Hofe. Nur von hier war
Bildung, Ansehen, Einfluß und Macht ausstrahlend. Der Adel Frankreichs, be=
sonders der höhere, zog sich an den Hof, um hier großentheils zuerst sein Ver=
mögen zu verjubeln, dann aber ein neues und oft größeres durch die Gunst des
Königs und seiner Maitressen wieder zu gewinnen. Der Adel repräsentirte in den
Augen des Königs und der Höflinge allein die Nation; dieser Hofadel aber
machte sich zum niedrigen Sklaven der königlichen Launen; er vergab seine eigene

Würde, damit aber auch die der Nation, die der gesammten Menschheit. Frank=
reich fing von seinem Herzen, eben vom Hofe her zu verfaulen an; schon in den
späteren Jahren Ludwig's XIV. glich es einer modrigen Gruft, über welcher
Bacchantinen tanzen. Als tonangebende Nation in Sachen der Mode, Litteratur,
Kunst und Staatseinrichtungen übte Frankreich einen gleichsam magnetischen Ein=
fluß, der außer aller Berechnung stand; mancher Staatsmann des Auslandes
glaubte sich einen Feind Ludwig's XIV., während er wider Willen schon sein
Alliirter war: man bewunderte Frankreich, sollte man da nicht auch mit ihm
sympathisiren? Uebrigens gebrauchten Ludwig XIV. und seine Minister des
Aeußeren auch wirksamere Mittel, als Moden und Tand, um auswärtige Cabi=
nete zur Unterstützung der französischen Pläne zu veranlassen. Ein trefflich orga=
nisirtes Spionirsystem war über Europa ausgebreitet; Minister fast aller Staaten
standen im geheimen Solde Frankreichs, selbst gekrönte Häupter, wie Karl II.
von England und zahlreiche deutsche Fürsten waren um französische Thaler als
Werkzeuge für eine Politik zu haben, welche den Interessen ihrer Staaten und
Völker schnurgerade zuwider lief.

Gestützt auf die enorme Macht des französischen Staates, welche durch
einen Wink des Zepters in jede Richtung gelenkt werden konnte, durfte Lud=
wig XIV. den fast durchwegs vermorschten und unter schwachen Regenten
stehenden Staaten des damaligen Europa's ungestraft einen Schimpf nach dem
anderen anthun. Er begann damit, zuerst gegen Spanien, dann gegen den Papst
unter kleinlichen Vorwänden sich als den Beleidigten hinzustellen und nicht eher
zu ruhen, als bis die genannten Mächte sich zu demüthigen Genugthuungen her=
beigelassen hatten. Selbst der Kaiser Leopold I. ließ sich, um weitere Verwick=
lungen zu vermeiden, dazu herbei, die von seinen Vorfahren geführten Titel eines
„Hauptes der Christenheit" und eines „Grafen von Elsaß" freiwillig aufzugeben.
Ebenso mußte der Kaiser die Gründung eines sogenannten Rheinischen Bun=
des ungestraft sich vollziehen sehen, welchen die drei geistlichen Kurfürsten, Mün=
ster, Schweden als deutscher Reichsstand, Pfalz-Neuburg, Lüneburg, Hessen-Kassel
und viele andere Fürsten (später und nur vorübergehend auch Brandenburg)
unter sich und mit Frankreich abschlossen (1658). Die Mehrzahl der Theilnehmer
gerieth in ein befreundetes und theilweise abhängiges Verhältniß zum französischen
Könige, welcher durch große Geldsummen fortan unter den deutschen Fürsten
Verräther an der Sache des deutschen Reiches als Gehilfen seiner Pläne gewann.

Durch bedrohliche Vertragsbrüche erzwang Ludwig XIV. vom Herzoge von
Lothringen die Abtretung der Festung Marsal und einige weitere Concessionen
(1662—63). Zur selben Zeit (1662) erkaufte Ludwig von dem leichtsinnigen

Könige Englands den wichtigen Hafen Dünkirchen nebst Mardyk. Immer noch hielt jedoch Ludwig mit seinen mächtigen Plänen zur Beraubung der angrenzenden Staaten hinter dem Berge; ja er erwies sich sogar bei einzelnen Gelegenheiten als ein guter Nachbar und dem Anscheine nach aufrichtiger Freund. So gewährte er den Holländern in ihrem Kriege gegen England und den Bischof von Münster eine allerdings sehr wenig bedeutende Unterstützung (1666, §. 46); ebenso sandte er dem Kaiser Leopold ein kleines Hilfscorps unter Coligny, welches an dem Siege über die Türken bei St. Gotthard einen rühmlichen Antheil hatte (1664). Auch auf Candia standen Franzosen, u. z. als Alliirte der Venetianer, den Türken gegenüber (1669). Derlei Freundschaftsbezeugungen waren vielleicht eben nicht mehr als Fühler, um einen ganz genauen Maßstab zur Beurtheilung der europäischen Hauptmächte zu gewinnen.

51. Verhältnisse Spaniens und Portugals; der Revolutionskrieg. Als ein trauriges Beispiel des Verfalles, in welchen Staaten durch Hemmung der geistigen Entwicklung und durch ein Erstarren aller Quellen des öffentlichen Lebens gerathen können, stand Spanien in der zweiten Hälfte des 17. Jahrhunderts da. Die langwierigen Kriege, welche im Westphälischen und im Pyrenäischen Frieden ihren traurigen Abschluß gefunden (§. 28 und 29), hatten die innere Ohnmacht dieser Monarchie bewiesen, welche selbst nach dem Verluste so vieler Provinzen und Colonien an räumlicher Ausdehnung noch immer die größte auf Erden war. Fromme und unbescholtene Monarchen, arm aber an Thatkraft und Einsicht, Minister von mittelmäßiger Befähigung, großer Anmaßung und zum Theile sogar auch von unredlichem Willen sahen die Staatskraft unter ihren Fingern zerbröckeln, ohne daß sie die Ursache dort erkannt hätten, wo sie lag, in der künstlich hervorgerufenen Indolenz, in der frömmelnden Erschlaffung und Verthiertheit des Volkes, in dem schlottrigen Rädergetriebe der altersschwachen Staatseinrichtungen, in der Feßlung aller geistigen Kräfte aus devoter Rücksicht für ein besseres Jenseits.

Nach dem pyrenäischen Frieden glaubte Philipp IV. sich im Besitze der genügenden Kraft, um wenigstens Portugal wieder bezwingen zu können. Gegen dieses Land, welches seit 1640 sich abgelöst und unter dem Hause Bragança als selbstständiges Reich sich gestaltet hatte, war seitdem ein kraftloser Krieg ohne Erfolg geführt worden. Bei den größeren Anstrengungen, welche nunmehr von den Spaniern gemacht wurden, gelang es ihnen, bis zum J. 1663 namhafte Erfolge zu erringen. Alfons VI., welcher im J. 1656 seinem Vater Johann, dem ersten portugiesischen Könige aus dem Hause Bragança, auf dem Throne gefolgt war, würde sich ohne fremden Beistand wohl kaum der Spanier zu erwehren vermocht haben. Aber England und Frankreich, letzteres mit entschiedener Verletzung des pyrenäischen Friedens, ergriffen Partei für Portugal; diesem Staate wurden einige Truppen, und, was noch werthvoller war, der französische Marschall Schomberg [1]) zur Hilfe zugesandt. Dieser ausgezeichnete Kriegsmann verstand es, im hinhaltenden Kriege Zeit zu gewinnen, und mitten während des Kampfes die ganz desorganisirte Armee auf einen sehr guten Fuß, nach französischen Mustern, herzustellen. Zugleich wurden die schläfrigen Granden von Portugal durch den Unwillen des Volkes zu größeren Anstrengungen angetrieben, und vom J. 1663 angefangen sahen die Spanier die von ihrem tüchtigen Feldherrn Don Juan d' Austria (§. 29) bis dahin errungenen Erfolge immer mehr schwinden und zerfließen. Gleich nach der vollendeten Reform seines Heeres ging Portugal mit größerer Entschiedenheit vor, und suchte Schlachten auf, welche es früher ängstlich zu vermeiden getrachtet hatte. Villaflor siegte über die Spanier bei Almexial (spr. Almeschial), 8. Juni 1663; eine noch bedeutendere Schlacht wurde von Schomberg bei Villa viçosa (spr. Wissosa) im J. 1665 gewonnen. Ihre Folge war der Frieden von Lissabon (13. Februar 1668), in welchem Spanien die volle Unabhängigkeit und den Besitzstand Portugals anerkannte. Zu diesem Vertrage hatte Spanien sich vorzugsweise aus dem Grunde entschließen müssen, weil damals die räuberischen Angriffe Frankreichs bereits ihren Anfang genommen hatten. Bevor wir mit denselben uns befassen, wird es des Zusammenhanges wegen angezeigt sein, früher noch die Verhältnisse Portugal's flüchtig in das Auge zu fassen.

Alfons VI. hatte im J. 1662 sich für mündig erklärt, war aber äußerst schwachen, fast blödsinnigen Geistes, dabei aber doch einem unsittlichen Leben ergeben. Seine Gemahlin Elisabeth von Nemours (seit 1666) ließ sich schon im ersten Jahre ihrer Ehe in ein geheimes Einverständniß mit Don Pedro, dem Bruder des Königs, ein. Alfons VI. wurde verhaftet (1667), und verlebte seine übrigen Jahre im Gewahrsam zu Cintra. Die Königin ließ ihre Ehe mit Alfons trennen und vermählte sich mit dem dermaligen Regenten, welcher nach dem Tode seines Bruders (1683) als Pedro II. den Königstitel annahm. — Spaniens König Philipp IV. starb im J. 1665. Für seinen unmündigen und sehr schwächlichen Sohn Karl II. (1665—1700) übernahm dessen Mutter Maria Anna, eine

---

[1]) Frankreich hatte mehrere berühmte Generale des Namens Schomberg. Der eine, Heinrich, that sich unter Richelieu besonders in den französischen Bürgerkriegen hervor (1608 bis 1632); sein Sohn Karl kämpfte mit Auszeichnung vorzugsweise in den Niederlanden und in Catalonien (1632—1648). Der oben im Texte erwähnte Friedrich Hermann Schomberg gehörte ganz einer anderen deutschen Familie an; auch er war einer der tüchtigsten Marschälle von Frankreich, trat aber später bei den Verfolgungen der Protestanten in brandenburgische, zuletzt in englische Dienste, wo er unter Wilhelm III. Generalissimus und Herzog wurde. Drei seiner Söhne waren ebenfalls tüchtige, aber weniger berühmte Generale.

Tochter des Kaisers Ferdinand III. die Regierung. In Wirklichkeit war dort Anfangs der Jesuit Niethard der eigentliche Regent, bis es der nationalen Partei unter Don Juan gelang, diesen mit Recht unbeliebten Pater zu verdrängen. Da jedoch die Königin noch weiter ihren Sohn bevormundete und den Don Juan, einen der wenigen kräftigen Charaktere unter den spanischen Großen, vom Hofe ferne hielt, so blieben die Staatsangelegenheiten in ihrem alten, lebensmüden Gange und Spanien bedurfte der Hilfe der halben Welt, um nur nothdürftig noch weiter zu existiren.

Ludwig XIV. wollte von der trostlosen Lage des Nachbarstaates Nutzen ziehen. Nach dem Tode Philipp's IV. ließ er durch seine rechts= oder besser gesagt unrechtskundigen Gelehrten Ansprüche auf die Franche Comté, auf Flandern, Brabant u. a. Theile der spanischen Niederlande erheben. Mit einer in der Weltgeschichte fast unerhörten Rabulistik bezog er sich hiebei auf das sogenannte Devolutions=Recht. Von diesem Gesetze, dessen Bestimmungen nicht weiter erörtert zu werden brauchen, ist zu bemerken: 1) daß es nur in einzelnen Provinzen galt; 2) daß es sich nur auf Privat=Erbschaftsangelegenheiten bezog, nie aber im staatsrechtlichen Sinne angeführt worden war; 3) daß dasselbe nur für Söhne, nicht aber, wie Ludwig XIV. es wollte, auch für Töchter volle Geltung hatte; 4) endlich daß die Gemahlin des französischen Königs, für welche als Tochter Philipp's IV. dieses Devolutionsrecht jetzt aufmarschiren mußte, überhaupt im spanischen Reiche unter gar keinen Umständen erbberechtigt war, da ihre Verzichtleistung auf alle ähnlich lautenden Ansprüche die Grundbedingung des pyrenäischen Friedens war (§. 29). Wir glaubten dieses Beispiel von der Rechtsauffassung Ludwig's XIV. ausführlicher geben zu sollen, um bei allen ferneren Streitigkeiten desselben mit seinen Nachbaren einfach sagen zu können, daß sie geistesverwandter Natur waren.

Von einem eigentlichen Kriege war nach dem Einrücken der Franzosen in die Niederlande (Juni 1667) eigentlich gar nicht zu sprechen. Die Spanier waren entschieden nicht in der Verfassung, einen halbwegs beträchtlichen Widerstand zu leisten. Ihre spärlich vorhandenen Truppen waren unverläßlich, weil sie durch die längste Zeit keinen Sold erhalten hatten; ebenfalls wegen Geldmangel waren die zahlreichen Festungen jetzt halb verfallen, mit ungenügenden Besatzungen versehen und großentheils von unfähigen Officieren befehligt; Plätze wie Lille, Tournay, Donay, Charleroi, Kortryk fielen großentheils schon bei der bloßen Androhung einer Belagerung, wobei hie und da aber auch das französische Gold die Bedenken des einen oder anderen Commandanten besiegen half. Fast wie im Spazierengehen machten die Franzosen die Eroberung eines großen Theiles der spanischen Niederlande. Ganz Europa gerieth über die schnellen Fortschritte der Franzosen in

Bestürzung: das Gleichgewicht der Staatenmacht schien wesentlich gestört zu werden. Am meisten Aufregung herrschte in Holland gegen den damaligen Staatsleiter van Witt und in Großbrittanien gegen Karl II., weil diese schwachen Politiker, im Geheimen mit Frankreich sympathisirend, durch ihre ganz passive Haltung den Franzosen den größten Vorschub geleistet hatten. Durch den Unwillen der Völker gedrängt schloßen die Generalstaaten mit England und Schweden, dessen damalige Regentschaft um Geld für die eine oder andere Partei zu haben war (§. 41) die Tripel=Allianz (20. Jän. 1668); Holland seinerseits begann sogleich ernst= lich zu rüsten. — Indessen waren aber mitten im Winter französische Heere unter der Führung des Königs und Condés in die Franche Comté eingefallen und ero= berten diese Provinz binnen zwei Wochen (Febr. 1668). Ludwig XIV. hielt es jedoch nicht für gerathen, die Friedensbedingungen, welche von der Tripel=Allianz beiden kriegführenden Mächten dictatorisch angetragen wurden, länger zurückzu= weisen und damit die eben gemachten großen Erwerbungen in Frage zu stellen. Er schloß demnach zuerst mit Spanien einen Vertrag zu St. Germain und kurz dar= nach mit den drei anderen Mächten den Frieden zu Aachen (2. Mai 1668). Spanien erhielt die Franche Comté nebst einigen anderen Bezirken zurück, trat aber an Frankreich mehrere der wichtigsten Plätze in Flandern, Hennegau und Brabant ab; darunter waren: Lille, Douay, Armentières, Bergues, Furnes, Courtray, Tournay, Ath, Oudenarde, Scarpe, Binche, Charleroi, — alle mit ihren Territorien.

Die Schlaffheit der damaligen Staatenlenker konnte den französischen König nur ermuntern, in Zukunft noch kecker seine Raubgelüste zur Schau zu tragen; denn bei seinem ersten Versuche hatte er statt einer Züchtigung eine Gebietsvergrö= ßerung erhalten, welche Frankreichs Nordgrenzen nicht bloß weit besser arrondirte, sondern zugleich auch vermöge der dort befindlichen fortificatorischen Locale günstig gestaltete. Im Gegensatze zu Spanien verwandte Frankreich sogleich Geld, Mühe und Talent zur militärischen Verwerthung der jüngsten Erwerbungen. Der geniale Bauban, welcher früher bereits die Befestigung von Dünkirchen u. a. Plätzen geleitet hatte, gestaltete, zum Gouverneur von Lille ernannt, diesen Platz zu einem Meisterwerke der Kunst und zu einer Festung ersten Ranges; auch leitete er als nunmehriger Generalinspector (seit 1669) aller französischen Festungen die zahl= losen Neubauten, durch welche die früher fast ganz offene französische Nordgrenze ihre seitherige defensive und offensive Bedeutung gewann.

52. Französisch=holländischer Krieg: 1) Eröffnung des= selben, 1672. Die Tripel=Allianz hatte im hohen Grade den Zorn Ludwigs geweckt; insbesonders richtete sich derselbe gegen die Generalstaaten, welche ihn vermöge ihrer systemlosen äußeren Politik unter van Witt eigentlich gar nicht

verdienten. Aber der Haß Ludwig's XIV. gegen republikanische Grundsätze über=
haupt, ferner seine Lüsternheit auf reiche Nachbarländer hätten ihn gewiß auch
ohne jede Aufreizung früher oder später zum Kampfe gegen Holland angespornt. —
Die Leitung der europäischen Kabinete lag damals fast überall in so schlechten
Händen, wie sich Ludwig XIV. für seine Pläne es nur wünschen mochte. Voran
standen in dieser Beziehung die Generalstaaten; sie selbst hatten nach dem
Aachner Frieden die Tripel=Allianz zur Auflösung geführt und demnach dem ehr=
geizigen Nachbarn das Feld geebnet; überdieß waren eben jetzt die Parteien der
Löwensteiner und Oranier heftig im Ringen gegen einander begriffen, der Unwille
des Volkes selbst gegen van Witt war im Zunehmen (§. 49). England, von
Karl II. und dem Cabal=Ministerium auf das schlechteste regiert, war für Gold
und Maitressen jederzeit zu haben; ebenso war Schweden, wo in den ersten
Zeiten Karl's XI. eine oligarchische Sippe das Land nur für den eigenen Vortheil
ausbeutete, dem Meistbietenden sicher. Dasselbe war mit weitaus den meisten
deutschen Fürsten der Fall: viele von ihnen standen bereits im französischen
Solde, andere schienen ohne Schwierigkeit zu gewinnen. Selbst der kaiserliche
Hof zu Wien war den französischen Intriguen zugänglich; die Minister Lobkowitz
und Auersperg waren ganz von Frankreich gewonnen, und arbeiteten, da Kaiser
Leopold I. sich vollständig von ihnen leiten ließ, nicht im Interesse des eigenen, son=
dern nur des französischen Staates. Es blieb also nur das arme und selbst hilflose
Spanien übrig, auf dessen Freundschaft Holland mit Sicherheit rechnen durfte.

Schon im J. 1671 schloß Ludwig XIV. mit England eine Offensiv=, mit
Schweden eine Defensiv=Allianz. In Deutschland, wo insbesondere die drei
Brüder Fürstenberg ihre einflußreichen Stimmen und Stellungen ganz von fran=
zösischen Interessen beherrscht sein ließen, rüsteten im Bunde mit Frankreich der
Kurfürst von Köln und der Bischof von Münster Truppen aus. Um den zur
Freundschaft für Holland geneigten Herzog Franz von Lothringen unschädlich
zu machen, überschwemmte der Marschall Crequi im Sommer 1671 so rasch das
Land, daß der Herzog nur mit Mühe durch die Flucht sich retten konnte. Wie im
30jährigen Kriege Karl von Lothringen (3. Bd., S. 521 ꝛc.) sah sich jetzt auch
Herzog Franz genöthigt, im Auslande als Oberst einiger selbstgeworbener Banden
für seine Heimat und das gute Recht zu kämpfen. Außer diesem Fürsten war bloß
noch der Kurfürst von Mainz, Joh. Phil. von Schönborn, der Sache Hollands
ergeben, konnte ihr aber vermöge der geographischen und militärischen Lage fast
gar nichts nützen. Der große Kurfürst von Brandenburg war zwar auch ent=
schieden gegen Frankreich eingenommen, doch war von ihm eine werkthätige Hilfe kaum
zu erwarten, so lange ihm nicht namhafte Vortheile in Aussicht gestellt werden konnten.

Gleich zu Anfang des Krieges, im Frühjahre 1672, erwies sich die Besitz=
nahme von Lothringen für Frankreich ungemein werthvoll. Sie isolirte die
Franche Comté von den anderen spanisch=deutschen Provinzen und gab dem fran=
zösischen Heere in seinem Operations=Entwurfe eine gute Basis. Louvois mit den
anderen tüchtigen Heerführern Ludwig's XIV. hatte einen Kriegsplan ausgear=
beitet, welcher bezüglich seiner strategischen Ideen dem Zeitalter vorausfliegend
genannt werden kann. Auf dem geraden Wege nach den Niederlanden hin, von der
Oise und Somme längs der Sambre und Schelde nach Norden vorgehend, hätten
die Franzosen — abgesehen von der Verletzung eines neutralen Gebietes — zuerst
die spanischen Niederlande durchschreiten müssen; sie wären hier, ebenso auch in
Nordbrabant auf zahlreiche und theilweise ungemein starke Festungen gestoßen, von
welchen man wenigstens einige in langer Belagerung hätte nehmen müssen. End=
lich wären die Waal, der Rhein und die zahllosen anderen großen Wasserläufe in
ihrem untersten Theile zu überschreiten gewesen: ein solches Unternehmen schien
ungeheuer schwierig und gefährlich, insbesonders auch deshalb, weil die Holländer
durch Oeffnung der Dämme große Strecken Landes zu überschwemmen vermochten.
Die gedachte Operationslinie wäre räumlich zwar die kürzeste, der Zeit nach aber
vielleicht die weiteste gewesen. Der Kriegsplan Ludwig's XIV. ging ganz von
dieser Linie ab: er nahm die Champagne und Lothringen als Basis und den
Landstrich zu beiden Seiten der Maas als Operationslinie an; bis nach Wesel,
auf etwa 35 Meilen von der Grenze, wollte man in nordöstlicher Richtung vor=
gehen, von da aber im beiläufig rechten Winkel erst sich nach Westen zurückwenden.
Als Nachtheil bei dieser Linie erscheint ihre Excentricität, indem sie gleichsam im halben
Bogen auf ihr Hauptobject (Provinz Holland) sich richtete; es wäre demnach den
Gegnern im Bunde mit Spanien ein Leichtes gewesen, von einer centralen Stellung
aus — allenfalls bei Antwerpen und Breda — die Franzosen in ihrem fortge=
setzten Flankenmarsche an jeder beliebigen Stelle energisch anzufallen, oder selbst
ihr Hauptsubject, Paris, vor ihrer Rückkehr zu bedrohen; allein, um eines von
beiden Dingen auszuführen, hätten die Generalstaaten im Vereine mit Spanien
ein sehr starkes Heer aufbringen müssen, was, wie die Franzosen wußten, keines=
wegs so bald zu erwarten stand. — Groß waren die Vortheile, welche die gedachte
Route bot: erstlich traf man hier auf die wenigsten Festungen; ferner bewegte
man sich im Allgemeinen à cheval der Maas und hatte nicht halb so viele und
so schwierige Stromübergänge vor sich; endlich schloß man hier die Niederlande
von Deutschland ab, während man zugleich den Verbündeten der Franzosen es
erleichterte, sich mit diesen zu vereinen. Die Verbündeten eröffneten in den ihnen
unterstehenden Bisthümern Köln und Lüttich dem Heere Ludwig's XIV. zugleich

10 *

feste Punkte zur Anlage von Depôts, so daß schon zu Beginne des Feldzuges die Basis der Franzosen um ein bedeutendes Stück über die eigenen Grenzen hinaus vorgeschoben war. Die Truppen der deutschen Bischöfe mitgerechnet, war das Heer, mit welchem Ludwig XIV. in die Niederlande einbrang, nicht weniger als 120.000 M. stark; während die Gegner kaum 25.000 M., und auch diese im arg verwahrlos'ten Zustande, entgegenstellen konnten (§. 49).

An der Spitze des französischen Heeres standen Ludwig XIV. und Louvois selbst, ferner Condé, Luxemburg, Vauban, Turenne, Crequi, Feldherren vom ersten Range; weiters waren noch die Reichsfürsten von Köln und Münster mit ihren Schaaren. Das niederländische Land- und See-Heer stand unter den Befehlen Wilhelm's III. von Oranien; doch wurden diesem trefflichen Heerführer erst mit dem Sturze der van Witt's die Arme gelöset und die Vortheile einer wirklich einheitlichen Heeresleitung zugewendet. Die Franzosen gingen von ihrem Sammelplatze Charleroi aus (11. Apr. 1672) bis gegen Mastricht am linken Maas-Ufer vor, übersetzten bei Visé den Strom, und ließen die genannte starke Festung sowie die weiter abwärts an der Maas gelegenen Plätze links liegen. Nur nach Maseyk, 4 Meilen unter Mastricht an der Maas, ging eine Division der Franzosen ab und verschanzte sich daselbst, um die Verbindung von Mastricht mit den anderen Plätzen und den Truppen der Holländer zu unterbrechen. Zu diesen Zeiten und auf diesem Schauplatze, auf welchem der Glaube an die ungeheure Bedeutung der Festungen so recht groß gewachsen war, konnte man es für eine staunenswerthe Kühnheit halten, daß Ludwig nur mit Zurücklassung mäßiger Beobachtungs-Corps an Festungen vorüberging, welche in unmittelbarer Nähe seiner Verbindungen lagen. Allein er anticipirte bei dieser Gelegenheit die Ansichten Napoleon's I., daß der strategisch-offensive Werth von festen Plätzen hauptsächlich nur in den lebenden Kriegsmitteln liegt, die aus ihnen ausfallen können, daß also Festungen ohne eine genügende operative Truppenmacht nichts weiter als todte Stücke ungangbaren Landes sind, demnach in gleiche Kategorie mit Hochgebirgswänden oder Sümpfen gehören.

Das französische Heer war mit Verletzung von deutschem Gebiete an den Rhein vorgedrungen und begann daselbst die Belagerung von vier Festungen zu gleicher Zeit. Binnen sechs Tagen waren Orsoy, Rheinsberg, Buderich und Wesel den Angreifern gefallen (Anfangs Juni). Daß Ludwig XIV. hier, wenn nöthig, auch längere Zeit auf die Belagerung der Plätze verwendet hätte, ist aus ihrer Lage sehr begreiflich; ohne ihren Besitz konnte er nirgends einen gesicherten Rheinübergang gewinnen, überdieß befanden sich jene vier Festungen gerade an dem Umbuge der von den Franzosen eingeschlagenen Operationslinie, was ihre Wichtigkeit noch steigerte. — Die Franzosen wandten sich nunmehr nach dem

Inneren der Niederlande hin. Die geringen Streitkräfte der Republik hatten hinter der Yssel (spr. Eissel) Stellung genommen und daselbst starke Verschanzungen aufgeworfen. In ihrem Angesichte glaubte der König bei aller seiner Uebermacht den tiefen und wasserreichen Strom nicht überschreiten zu können. Er beschloß demnach, auf die vom Leck und der Waal, den beiden Hauptarmen des Rheines, umschlossene Insel Betuwe überzusetzen, von wo aus er durch Passirung des nördlichen Stromlaufes (Leck) den Rücken der Gegner und zugleich den Eingang in die Provinz Utrecht gewinnen konnte. Bei Tolhuys unweit Huyssen (uy sprich eu) versuchten die Franzosen zuerst eine Brücke aus den mitgeführten kupfernen Pontons zu schlagen; weil aber die Arbeit sehr langsam von Statten ging und bereits einige, freilich sehr schwache Abtheilungen der Holländer zur Abwehr des Ueberganges im Anmarsche waren, gab Ludwig XIV. seinen früheren Plan auf und muthete seinen Truppen die fabelhaft klingende Aufgabe zu, den Rhein watend und schwimmend zu überschreiten; hiebei muß jedoch berücksichtigt werden, daß die holländischen Ströme in diesem Sommer weit unter dem gewöhnlichen Wasserstande waren. Unter den Edelleuten des Landes fand sich ein Verräther, welcher den Franzosen die noch am ehesten als gangbar zu bezeichnende Stelle des Stromes wies. Daselbst war von beiden Ufern weit hinein seichtes Wasser, so daß nur in der Mitte eine Strecke von ungefähr 200 Schritten Breite zu durchschwimmen übrig blieb; dafür war aber eben hier das Gefälle auch umso bedeutender. Am anderen Ufer hatten sich bereits einige holländische Schaaren eingefunden; aber durch die Pflichtvergessenheit eines Officiers (Franzose von Geburt), welcher sich daselbst zu commandiren weigerte, waren die Vertheidigungsanstalten der Niederländer verzögert worden und überhaupt ganz ungenügend geblieben. Am 12. Juni begannen die Franzosen schwimmend ihren Uebergang, 2.000 Reiter an der Spitze; ihnen folgten andere Reiterschaaren, ferner — in Kähnen — ein paar Dutzend Höflinge zu Fuß. Unterstützt wurde das waghalsige Unternehmen durch ein lebhaftes Feuer der am Ufer aufgefahrenen französischen Kanonen. Die Holländer, welche ihm nicht antworten konnten, wurden durch dasselbe erschüttert, endlich durch die an's Land rückenden Reiterschaaren mit einem namhaften Verluste vertrieben. Aber auch die Franzosen hatten große Opfer gelassen, vorzugsweise in den Fluthen des Stromes.

Mit diesem kühnen Uebergange hatte Ludwig XIV. Fuß in der Landschaft Betuwe gefaßt; war er aber damit seinen eigentlichen Zielen näher gekommen? — Die Franzosen haben das hier geschilderte Unternehmen mit vollen Backen gepriesen; ja Quinch in seiner Histoire militaire de Louis le Grand (Paris 1726, sieben riesige Bände) nennt sie sogar die „glänzendste That unter der Regierung

dieses Königs"; in Wahrheit ist diese Waffenthat den verwegenen Ueberschrei=
tungen von Meeresarmen während des ersten nordischen Krieges (§. 40) als eben=
bürtig an die Seite zu setzen. Dieß bezieht sich jedoch nur auf die originelle Kühnheit
des Unternehmens, keineswegs aber auf das Resultat. Die Franzosen hatten mit
ihrem Manöver eigentlich gar nichts gewonnen; um weiter operiren zu können,
hätten sie jetzt erst Brücken zur Uebersetzung des Fußvolkes schlagen, sie hätten
dann weiter einen zweiten, mindestens gleich schwierigen Uebergang über den Leck
zurück ausführen müssen, da sie auf der Insel Betuwe in Wahrheit nichts zu
suchen hatten. Bei diesem Vorgange wäre so viele Zeit verloren gegangen, daß
Wilhelm von Oranien, wenn er überhaupt sich genügend stark zum Widerstande
fühlte, hinter dem Leck wenigstens ebenso fest sich hätte aufstellen können, als er
bisher hinter der Yssel gestanden war. Bei dem Umstande, daß der Prinz Wilhelm,
welchem überhaupt bloß 13.000 M. für das Feld zur Verfügung standen, jetzt
freiwillig die Ufer der Yssel räumte, ohne jene des Leck zu besetzen, — bei dem ferneren
Umstande, daß der König nach dem Rückzuge der Holländer seine Truppen aus der
Insel zurück beorderte, und nunmehr ohne alle Schwierigkeiten mit dem ganzen Gros
der Armee die Yssel überschritt, wird man mit ziemlicher Richtigkeit den Schluß ziehen,
daß Oranien sich überhaupt nicht befähigt wußte, einen nachhaltigen Widerstand, sei
es an der Yssel oder am Leck, zu leisten, und daß der König auch ohne das erwähnte
Bravourstücklein und den daran geknüpften Zeitverlust seinen nächstliegenden Zweck
erreichen konnte, nämlich den Eingang in die Landschaften westlich der Yssel.

Das französische Heer hatte während dieser Vorgänge mit zahlreichen deta=
schirten Corps den Angriff von festen Plätzen betrieben, welcher auch in der näch=
sten Zeit fortgesetzt wurde. Es klingt wie mährchenhaft, in wie wenig Zeit Dutzende
von diesen sonst so berühmten niederländischen Festungen durch die Franzosen wie
im Schlafe weggenommen wurden; das einzige Nymwegen ließ es bis zum Bresche=
schießen ankommen, und vertheidigte sich am längsten, nämlich — durch volle
sieben Tage (3.—9. Juli); ebenso hielt sich Mastricht den ganzen Feldzug hin=
durch, aber vielleicht auch nur deshalb, weil es gar nicht belagert, sondern nur
beobachtet wurde. Tag für Tag lieferte dem König irgend welche Stadt mit ihrer
kriegsgefangenen Garnison in die Hände. Nur die wichtigsten dieser Plätze seien
hier angeführt; es waren dieß: Knotzemburg, Duisburg, Arnheim, dann das für
unüberwindlich gehaltene Fort Skink (es hatte 2.000 M. Besatzung und ergab
sich nach dem zweiten Tage des Angriffs), Deventer, Zwolle, Hassselt, Tongern,
Bianen, Zütphen (9 Bastionen 2c., bei 2.700 M. Garnison), Utrecht, Gennep,
Grave, Narden, Crêdecoeur u. s. w. An diesen überraschenden Erfolgen der Fran=
zosen, von welchen die Festungen wie Kartenhäuschen umgeblasen wurden, war

zum großen Theile die schlechte Armirung und Ausrüstung der Plätze Schuld; wenige von ihnen hatten bis zu 50 Kanonen und darüber. Im Allgemeinen sieht man auch hier den Grundsatz der neueren Strategie bestätigt, daß nicht viele kleine, sondern nur gutgelegene große Plätze einen wirklichen Werth haben. — Noch größeren Antheil an dem Falle der Festungen als ihre Vernachläßigung hatte die Pflichtvergessenheit und Feigheit der damaligen holländischen Truppen, insbesondere ihrer Commandanten. Weder im Felde noch hinter Mauern thaten sie nur die Hälfte von dem, was sie thun sollten und konnten. Ueberall aber, wo nicht Befähigung und Verdienst, sondern Nepotismus, Glück und allenfalls noch lange Dienstzeit allein die Besetzung der Kriegsämter dictiren, wie damals eben in Holland, wird die Kopflosigkeit der Anführer von den Soldaten bald durchschaut sein, General und Gemeiner werden dann der eine an moralischer, der andere an physischer Muthlosigkeit mit einander wetteifern. Dieß war hier der Fall. Die Holländer gelten sonst für die kaltblütigsten Soldaten der Welt, waren aber jetzt die verzagtesten.

Wilhelm von Oranien suchte durch neue Werbungen die Zahl, — durch strenge Disciplin, indem er einzelne Generale absetzte oder enthaupten ließ, den moralischen Geist der Truppen zu kräftigen. Von Spanien wurden ihm, obgleich noch keine Kriegserklärung erfolgt war, einige Regimenter Verstärkung zugesandt. Demungeachtet mußte der Generalcapitän auch noch die Provinz Utrecht räumen; außer Zeeland, dann Süd- und Nord-Holland waren im Laufe des Sommers 1672 so ziemlich die gesammten Niederlande in die Gewalt der Franzosen gefallen. Nunmehr begannen die Generalstaaten um den Frieden nachzusuchen; allein die Forderungen des französischen und englischen Königs, (Abtretung von weit mehr als der Hälfte des ganzen Gebietes der Republik in Europa, Zahlung ungeheurer Kriegskosten, sogar eine Art von Tributleistung 2c.) waren so unverschämt hoch gegriffen, daß die kriegslustige und wahrhaft patriotische Partei der Oranier in den Niederlanden jetzt entschieden die Oberhand gewann und nach der Vernichtung der Löwensteiner dem Regierungssysteme einen festeren Charakter zu geben vermochte (§. 49). Bereits rüsteten aber auch verschiedene deutsche Staaten, insbesondere Brandenburg und Oesterreich, Truppen aus zur Unterstützung der Niederländer. Damit wurde wenigstens so viel erreicht, daß Ludwig XIV. in seinen weiteren Unternehmungen gegen Holland sich etwas mehr beengt fühlte. — Die Bestialitäten, welche die Franzosen bei ihrem wohlfeilen Siegeszuge sich erlaubten, trugen vieles dazu bei, daß die Bewohner der Städte Anfangs eingeschüchtert und verzagt, später aber aus Verzweiflung heroisch und opfermuthig wurden. Dadurch allein gelang es den Bewohnern der beiden holländischen Provinzen, ihre Reichthümer und zugleich ihr Vaterland zu retten. Bald jedoch wäre es hiezu bereits zu spät gewesen.

Mit einem leichten Streifcorps hatte der Marquis von Rochefort Naarden eingenommen, welches nur mehr drei Meilen von Amsterdam liegt; ohne großes Wagniß hätte er auch noch der Stadt Muiden (spr. Meuden) sich bemächtigen können, welche noch näher an Amsterdam und an der Zuyderfee gelegen ist; hier befindet sich eine Hauptschleuße, mittels welcher man das Wasser der See über das Land ergießen kann. Indem jedoch die Franzosen den Moment der Ueberraschung versäumten, gewann Oranien die Zeit, diesen Punkt genügend zu besetzen, ohne welchen die ferneren Vertheidigungsanstalten nicht ausführbar gewesen wären. Die Bewohner der Provinz Holland, an ihrer Spitze die Amsterdamer, faßten nämlich nach dem Scheitern ihrer Friedensanträge den mannhaften Entschluß, Gut und Leben für ihr Vaterland einzusetzen; sie begannen damit, durch Oeffnung der Schleußen und theilweise Zerstörung der Dämme die Landschaft auf ungeheure Strecken in ein einziges Meer zu verwandeln. Da das Gleiche auch in den noch nicht eroberten Theilen von Flandern und Brabant geschah, so war jetzt auf einmal durch die entfesselten Elemente den Fortschritten der Franzosen ein Halt geboten. Nunmehr verließ Ludwig XIV. das Heer (16. Juli). Dieses nahm an Zahl ab, indem Turenne mit einem Corps von 12.000 M. sich an den Rhein hin wandte, und zwischen Bonn und Köln Stellung nahm. Es waren nämlich die brandenburgischen und kaiserlichen Truppen nach ihrer Vereinigung bei Halberstadt (Sept.) bereits bis an den Rhein vorgerückt, und es schien zu erwarten, daß sie sich entweder in den Elsaß werfen, oder längs dem Rheine abwärts nach Holland selbst vorgehen würden. Nachdem sie in der letzteren Richtung keine Bewegung machten, zog sich Turenne in das Trier'sche, wo er gegen beide Eventualitäten einschreiten konnte; auch aus dem Innern Frankreichs wurden Streitkräfte unter Condé nach Lothringen und Elsaß gezogen, um hier den Kaiserlichen entgegen zu treten. Diese Vorsichtsmaßregeln der Franzosen waren ganz überflüssig; Montecuccoli, der Feldherr der Kaiserlichen, hatte vom Minister Lobkowitz die gemessensten Befehle erhalten, gegen die Truppen Ludwig's XIV. nichts zu unternehmen. Montecuccoli hielt demnach nicht nur die kaiserlichen Truppen unthätig hinter dem Rheine, sondern hinderte auch den mit ihnen vereinigten Kurfürsten Friedrich Wilhelm an jeder Unternehmung. Die deutschen Truppen begnügten sich demnach mit einigen nichtssagenden Märschen am rechten Rheinufer, welche nur Scheinzwecke verfolgten.

Mittlerweile war Wilhelm von Oranien, begünstigt in der Defensive durch die Ueberschwemmungen, und zum Angriffe ermuntert durch die Abschwächung und weite Verstreuung der gegnerischen Truppen, bereits darangegangen, den Franzosen einige ihrer bisher errungenen Vortheile wieder zu entreißen. Er erzielte damit jedoch keinen Erfolg. Durch ausgezeichnet schlaue Bewegungen zuerst nach dem

Süden, dann gegen Tongern, Mastricht und bis über die Röhr hinaus lockte er verschiedene französische Corps auf eine gänzlich falsche Fährte, so daß er, als er dann plötzlich gegen **Charleroi** sich zurück wandte, bei der Berennung dieses Platzes, ungestört zu bleiben hoffte; die Wegnahme der genannten, an der Sambre gelegenen Festung hätte von einer ungeheuren Tragweite sein müssen; für's Erste wäre es dann den Franzosen nicht mehr möglich gewesen, die Blokade von Mastricht fortzusetzen; weiter aber wären selbst alle ihre Eroberungen in den Niederlanden in Frage gestellt worden, da nach einer Unterbrechung ihrer Verbindung an der Sambre alle ihre Convois und Nachschübe einen ungeheuren und gefährdeten Umweg längs der Linie der Mosel hätten einschlagen müssen. Diese Gefahren wurden von den Franzosen vollkommen gewürdigt: der Festungs = Gouverneur Montal, welcher früher durch die seinen Manöver Oraniens sich in's freie Feld hatte verleiten lassen, warf sich jetzt mit Anwendung einer außerordentlich kühnen Kriegslist wieder in den Platz hinein; zugleich beorderte Ludwig XIV. alle Truppen, die in Flandern irgendwo verfügbar standen, zum Entsatze von Charleroi heran. Wilhelm III. war nicht stark genug, um eine Schlacht unmittelbar vor der feindlichen Festung und in weiter Entfernung von seiner Basis wagen zu können, weshalb er von hier wieder unverrichteter Dinge abziehen mußte. — Die von Frankreich mittlerweile an Spanien ergangene Kriegserklärung änderte im Wesentlichen an der Sachlage nichts, da in Wirklichkeit die Spanier schon längst als Alliirte der Holländer gekämpft hatten. Obgleich von den letzteren an den wichtigsten Punkten der Dämme Verschanzungen aufgeworfen worden waren, gestaltete sich ihre Lage mit Einbruch der strengen Kälte doch wieder sehr gefährlich. Der Frost mit seiner festen Decke machte nämlich jetzt die Inundationen gangbar, und Marschall Luxemburg, der nunmehrige Commandant der Franzosen in Utrecht, eilte sogleich, von diesem Umstande Nutzen zu ziehen. Bereits hatte er sehr bedeutende Fortschritte gemacht; da aber brach so plötzlich das Thauwetter herein, daß die Franzosen eiligst zurück mußten und in den Fluthen ziemlich viele Leute verloren.

Auch der Seekrieg hatte im J. 1672 einen energischen Anfang genommen. Einige kleinere Gefechte waren bereits vorgefallen, als die Vereinigung der französischen mit der englischen Flotte die Vorbereitung zu größeren Ereignissen schuf; man zählte in beiden Flotten 70 Linien = und zahlreiche andere Schiffe. Nun liefen auch die Holländer in der Stärke von 72 Linien = und 40 anderen Fahrzeugen unter dem Befehle Ruyter's aus. Dieser berühmte Seeheld steuerte einige Tage neben seinen Gegnern, und schien eine Schlacht vermeiden zu wollen. Als nun aber die Engländer unter dem Herzoge von York und die Franzosen unter D'Estrées in der Bai von Solebay Anker warfen, um Wasser einzunehmen, kam Ruyter am

7. Juni mit vollen Segeln so rasch herangefahren, daß die Alliirten kaum noch Zeit fanden, eine Gefechtsaufstellung zu nehmen. Auch diese war noch mangelhaft, und da die Franzosen an der Schlacht nur einen sehr geringen Antheil nahmen, mußten die Britten den äußersten Heldenmuth aufbieten, um nicht geschlagen zu werden. Trotz einer Dauer vom frühen Morgen bis zum hereinbrechenden Abend ergab die Schlacht kein Resultat. Im weiteren Verlaufe des Jahres ereignete sich zur See nichts Bedeutendes.

53. Französisch=holländischer Krieg. 2) Feldzug 1673.

Wir müssen hier noch einiges über jene Bewegungen des österreichisch=brandenburgischen Heeres nachtragen, welche über den Winter 1672/3 sich vollzogen. Diese Truppen waren zuerst an den Oberrhein gezogen, ohne jedoch den Strom zu übersetzen. Endlich wurden Winterquartiere in dem rauhen und armen Westerwalde bezogen, wo viele Mannschaften und Pferde zu Grunde gingen. Montecuccoli, welcher das falsche Benehmen des Ministers Lobkowitz durchschaut, und in Erfahrung gebracht hatte, daß die Gegner die ihm gewordenen Aufträge ebenso genau kannten als er selbst, legte unwillig den Heeresbefehl nieder, welchen nun der Herzog von Bournonville übernahm. Auch diesem blieben von Wien aus die Hände gebunden. — Mittlerweile hatten die Franzosen des Turenne in den Ländern des Trier'schen Kurfürsten feindlich gehaust, nachdem letzterer Koblenz und seine anderen Festungen den Kaiserlichen geöffnet hatte. Turenne ging dann am Rhein abwärts, überschritt diesen Strom bei Wesel, und zwang den Bischof von Münster, dessen Länder sowie jene des Kurfürsten von Köln durch die kaiserlichen Truppen arg bedroht waren, zum Ausharren in der Allianz mit Frankreich (Febr. 1673). Während nun Turenne Altena an der Lenne nebst anderen Orten nahm, wichen die ihm ganz nahe stehenden deutschen Truppen trotz ihrer Ueberlegenheit immer zurück, und gingen endlich hinter die Weser. Turenne hatte leicht kühn sein, da ihm der dem kaiserlichen Feldherrn auferlegte Zwang zur Unthätigkeit wahrscheinlich recht gut bekannt war. Mit der Wegnahme der Stadt Höxter gewann Turenne einen wichtigen Weser= Uebergang und säumte nicht, denselben zu benützen. Zugleich ließ er die bisher besetzten Provinzen des Kurfürsten Friedrich Wilhelm grausam aussaugen. Die Klagen hierüber, und anderseits die Ueberzeugung, daß das dermalige kaiserliche Cabinet die Feindschaft gegen Frankreich nur fingire, veranlaßten den Kurfürsten von Brandenburg, zu Vossem einen Friedensvertrag abzuschließen (10. Juli), wonach seine Lande von den Franzosen geräumt wurden, und ihm sogar noch eine namhafte Geldentschädigung zukam. Indem nun sowohl Turenne als Bournonville ihre Truppen nach anderen Gegenden abführten, trat zwischen dem Rhein und der Weser wieder Ruhe ein. Turenne zog in die Wetterau ab, das kaiserliche Heer, welches jetzt wieder unter die Befehle von Montecuccoli gestellt wurde, sammelte und verstärkte sich neuerdings an der Donau.

Da Lobkowitz nebst mehreren anderen im französischen Dienste stehenden Wiener Höflingen auf den gutmüthigen Kaiser Leopold noch immer einen großen Einfluß übten, letzterer aber aufrichtig der Sache Hollands und Spaniens ergeben war, so äußerte sich in der ganzen Politik des Wiener Hofes eine merkwürdige Vermengung zweier diametral entgegengesetzten Strömungen. Der Kaiser selbst strebte darnach, möglichst viele Mächte gegen Frankreich unter die Waffen zu bringen, während sein Ministerium es wieder so anzustellen wußte, daß diese Waffen entweder gar nicht oder nur abgestumpft zum Schlagen kamen. Es wurde jetzt der Vertrag zwischen Holland, Spanien, dem Kaiser und dem durch die Franzosen vertriebenen Herzog von Lothringen erneuert (1. Juli); zugleich trachtete der Kaiser, Frankreichs Alliirte abzuziehen und die deutschen Fürsten zur Erklärung des Reichskrieges zu veranlassen. Unter der Vermittlung von Schweden wurde zu Köln ohne Sistirung der Feindseligkeiten ein Friedenskongreß eröffnet, ging aber im nächsten Jahre ohne Resultat aus einander.

Außer der Armee von Turenne verwendete Ludwig XIV. im Feldzuge 1673 zwei Armeen: die eine unter Condé und Luxemburg jenseits der Waal und des Rheines, eine andere unter seinem eigenen Befehle an der französischen Nordgrenze; bei beiden Heeren begann eine größere Thätigkeit erst mit Beginn des Sommers. Noch später und weniger bedeutend ereigneten sich verschiedene Kämpfe in Roussillon, wohin die Spanier über die Pyrenäen eingedrungen waren. — Mit einem durch namhafte Aushebungen und 8000 Engländer verstärkten Heere drang Ludwig XIV. gegen Ende Mai in die spanischen Niederlande ein, bedrohte Brüssel und verleitete dadurch den Statthalter Monterey, alle seine verschiedenen Abtheilungen nach Brabant zu ziehen. Nun ließ aber der König durch Montal rasch die Blokade von **Mastricht** beginnen (6. Juni), und erschien selbst vier Tage später vor dieser Hauptfestung, deren Belagerung in regelrechtem Vorgange durch Vauban geleitet wurde. Binnen sechs Tagen wurde eine Circumvallation um die auf beiden Maasufern befindlichen Lager der Franzosen hergestellt, in der Nacht auf den 18. Juni eröffnete man die Laufgräben, und schon wenige Tage später hatte man alle Geschütze des Platzes, mit Ausnahme eines einzigen, zum Schweigen gebracht. Demungeachtet hielt sich Mastricht noch durch eine Woche; als aber der erwartete Entsatz nicht eintraf, kapitulirte am 31. Juni die Garnison gegen freien Abzug. Oranien hatte zwar Rüstungen zur Rettung von Mastricht angestellt, allein er blieb, da von den Kaiserlichen noch keine Hilfe kam, doch viel zu schwach, um Condé's Stellungen durchbrechen und das Heer des Königs angreifen gehen zu können. — Nach der Einnahme von Mastricht ließ der König 18.000 M. wieder in das Trier'sche einfallen und dieses Land auf das grausamste mißhandeln. Mit anderen

Truppen ging Ludwig XIV. nach Lothringen und Elsaß ab, um ein allenfälliges Hereinbrechen des neuerdings in Bewegung gesetzten österreichischen Heeres abzuwehren. Zu gleicher Zeit annectirte er die zehn deutschen Reichsstädte im Elsaß, denen der westphälische Friede ihre Selbstständigkeit belassen hatte. Nur das starke Straßburg kam mit dem Verluste seiner Brücke weg, welche der König niederbrannte. Der Elsaß, sowie die gleichfalls noch neutrale Rheinpfalz wurden von den Franzosen in einer schauerlichen Weise verwüstet. Im Herbste wurden jedoch die hier stehenden Franzosen größtentheils zur Verstärkung von Turenne verwendet.

Dieser Feldherr war aus seinen, in der Umgebung von Wetzlar genommenen Ruhe-Kantonnirungen am 19. Aug. aufgebrochen, zog dann an den Main, und setzte bei Aschaffenburg auf das rechte Ufer über; in den hier vor dem Odenwalde genommenen Stellungen glaubte er den Absichten der Kaiserlichen am besten zu begegnen; er war nämlich der Ansicht, daß Montecuccoli jedenfalls gegen den Elsaß vorzudringen gesonnen sei. Der kaiserliche Feldherr war mit seinen 33.000 M. über Nürnberg bis in die Gegend von Würzburg herangezogen; Turenne, bei Ochsenfurt stehend, machte sich auf eine Schlacht gefaßt. Dem kaiserlichen Feldherrn war aber von Lobkowitz jedes größere Treffen auf das strengste untersagt worden; auch ohne solches verstand er es, seinen Gegnern große Vortheile abzugewinnen. Er bog unvermuthet nach Norden aus, und ging geraden Weges eilig nach dem Niederrhein ab. Die Franzosen erfuhren von dieser Bewegung erst dann etwas, als die Kaiserlichen schon einen zu großen Vorsprung gewonnen hatten. Aergerlich, daß er überlistet worden, warf Turenne seinen ganzen Zorn auf den Bischof von Würzburg; er machte es ihm zum Vorwurfe, daß er den Feinden des Kaisers nicht freiwillig seine befestigte Hauptstadt geöffnet habe; nach französischen Begriffen war diese Weigerung offenbar eine arge Verletzung der Neutralität! Dafür wurde nun das offene Land von Würzburg, sowie überhaupt die Gegend längs des Main's herunter auf Befehl des Turenne, der doch sonst für den einsichtsvollsten und menschlichsten der französischen Heerführer galt, in vandalischer Weise verwüstet. Turenne glaubte zugleich, nicht länger ungefährdet in diesen Gegenden weilen zu können, und ging, sehr erboßt über die Feinheit seines Gegners, bei Philippsburg auf das linke Rheinufer zurück. Hier bezog er dann im Speyerthale seine Winterquartiere. — Mittlerweile hatte Oranien in den Niederlanden die Offensive ergriffen. Durch die Erfolge, welche die holländische Flotte erkämpft hatte, war nämlich die Gefahr einer französisch-brittischen Landung beseitigt und damit dem Generalstatthalter die Möglichkeit gegeben worden, seine bisher längs den Küsten zerstreuten Detachements zusammen zu ziehen. Mit 25.000 M. begann Oranien jetzt die Belagerung des wichtigen Platzes Naarden (4. Sept.); obgleich

Luxemburg Anstalten und Versuche zum Entsatze der Festung machte, ging dieselbe doch schon am 13. Sept. mit Kapitulation in die Hände der Niederländer über. Nun war Utrecht nebst vielen anderen Eroberungen der Franzosen bereits ernstlich bedroht. Oranien holte jedoch laut Verabredung mit Montecuccoli zu einem entscheidenderen Schlage aus. Zum Theile durch die von den Franzosen noch besetzten Landschaften zog das holländische Corps, durch Spanier verstärkt, gegen **Bonn** hin, wo es sich mit den Oesterreichern vereinigte. — Montecuccoli war bei Koblenz auf das linke Rheinufer übergegangen und traf gegen Anfang Novb. vor Bonn an; zwei Tage darauf, nach dem Eintreffen der Holländer, waren hier 45.000 M. versammelt. Bonn war damals eine Hauptfestung und hatte überdieß als die gewöhnliche Residenz des mit Frankreich verbündeten Kurfürsten von Köln, sowie vermöge der Flankenstellung des Platzes gegenüber den Maasfestungen eine ungemeine Wichtigkeit. Schon am 12. Novb. mußte die Garnison kapituliren; Oranien half dem kaiserlichen Feldherrn noch das Kurfürstenthum ganz zu bezwingen, und kehrte dann mit seinen Truppen nach dem Haag zurück, wo er am 8. Decb. eintraf.

Wir müssen nun noch kurz dreier S e e s c h l a c h t e n erwähnen; mit denselben beabsichtigten die Britten und Franzosen unter Prinz Ruprecht und D'Estrées eine gesicherte Landung an den holländischen Küsten herbeizuführen; ihnen gegenüber befehligte Ruhter, welcher namentlich in der Benützung eines günstigen Windes immer größere Meisterschaft als seine Gegner zeigte. Die ersten beiden Schlachten am 7. und 14. Juni ergaben trotz des hartnäkigen Kampfes kein bestimmtes Resultat. Im Aug. ging dann wieder eine englische Flotte, stärker als bisher, im Vereine mit den französischen Schiffen gegen Nordholland ab. Ruhter hatte Anfangs den Befehl, eine Schlacht zu vermeiden; als jedoch die Generalstaaten Nachricht erhielten, daß der große Convoi ihrer Indienfahrer bereits in den Canal gelangt sei, fürchteten sie, daß derselbe mit seinen Reichthümern den Feinden zur Beute fallen würde, und drängten nunmehr ihren Admiral zum Schlagen. Nach verschiedenen kunstvollen Manövern von beiden Seiten, stießen die Flotten am 21. Aug. nahe am T e x e l und H e l d e r auf einander. Wie schon früher bei Solebay hielten sich auch hier die Franzosen fast nur wie Zuschauer, und man vermuthet, daß Ludwig XIV. dem Grafen D'Estrèes den Auftrag gegeben habe, die alliirten Britten immer so ziemlich im Stiche zu lassen, damit selbe in unentschiedenen Gefechten zugleich mit der zweiten Hauptmarine Europa's, Holland, sich gegenseitig aufreiben sollten. In Wirklichkeit kamen auch hier am Texel die Britten in eine sehr bedrängte Lage, ohne daß die Franzosen sich angestrengt hätten; nur der heroischen Ausdauer und Tapferkeit des Prinzen Rupert und der anderen britischen Seeleute war es zu danken, daß die Schlacht im Ganzen wieder unentschieben blieb; doch gaben die Engländer und Franzosen, indem sie nunmehr in ihre Häfen zurückkehrten, das Meer frei, und nahmen damit den Holländern eine doppelte Sorge ab. Welcher Vortheil hieraus den letzteren im Landkriege erwachsen ist, wurde bereits angezeigt. — Der Unwille, der sich in England gegen die nur dem französischen Interesse dienstbare Politik Karl's II. immer stärker äußerte, führte zu Verhandlungen, und bald auch zum Abschlusse eines Friedens zwischen England und Holland zu Westminster (19. Feb. 1674). Ebenso war Köln und Münster durch die Erfolge der kaiserlichen Waffen für Frankreich bereits verloren, und beide Hochstifter mußten auch wirklich zu Anfang 1674 ihren Frieden mit dem Kaiser und mit Holland machen. Frankreich blieb also jetzt ganz auf sich allein angewiesen. Die schreienden Neutralitäts=Verletzungen, Räubereien und Schandthaten, welche die Franzosen in deutschen Landen sich erlaubt hatten, rückten die Kriegserklärung des deutschen Reiches in drohende Nähe heran. Endlich waren im Feldzuge 1673 die französischen Waffen gerade nicht glücklich gewesen, und der Verlust von Naarden, in noch höherem Grade aber jener von Bonn rief die Befürchtungen wach, daß das in Utrecht und Geldern stehende, bereits sehr reducirte Corps des Marschalls Luxemburg seine ohnedem schon sehr schwachen Verbindungen mit Frankreich ganz verlieren und dann vernichtet werden würde. Alle diese Erwägungen bestimmten den König Ludwig, seine so rasch gemachten Eroberungen in den Niederlanden, nur mit Ausnahme von Mastricht und Grave, ganz aufzugeben und sich vorderhand auf die reine Vertheidigung zu beschränken.

Noch zu Ende 1673 zog Luxemburg die Garnisonen aus den niederländischen Plätzen, und übergab die letzteren unter die Bewaltung ihrer Magistrate. Bei Mastricht sammelte er seine Truppen, und begann seinen Marsch längs der Maas aufwärts. Aber bereits hatten Oranien und Monterey mit überlegenen Kräften sich auf dem Wege Luxemburgs aufgestellt und zwangen ihn dadurch zur Umkehr. Noch ein zweites Mal machte der Marschall einen Versuch, nach Frankreich durchzubrechen, mußte sich aber wieder unter den Schutz der Kanonen von Mastricht flüchten. Kurz darnach gingen die Holländer und Spanier in Winterquartiere.

54. Französisch=holländischer Krieg. 3) Feldzug 1674 in Franche Comté und Flandern. Zu Anfang 1674 hatte es den Anschein, als ob Ludwig XIV. für seine Raublust eine ernstliche Züchtigung zu gewärtigen hätte. Nachdem Münster und bald auch Köln, dem von England gegebenen Beispiele folgend, ihren Frieden mit Holland und dem Kaiser schlossen, hatte Frankreich vorderhand gar keinen Alliirten. Schweden und Baiern waren zwar einem französischen Bündnisse geneigt, wagten sich aber nicht hervor; Lüttich war zwischen beiden Parteien neutral, ebenso England; die Holländer erhielten fogar von dem brittifchen Volke im Geheimen einige Unterftützung. In Feindfchaft gegen Frankreich ftanden vereint die Generalftaaten, Spanien, der Kaifer und bald auch das deutfche Reich. Am Wiener Hofe war mittlerweile ein für Frankreich fehr nachtheiliger Kabinetswechfel vor fich gegangen: zuerft war es dem Kaifer Leopold bekannt geworden, daß Ludwig XIV. fich eifrigft bemühte, dem öfterreichifchen Minifter Auerfperg den Kardinalshut zu verfchaffen: eine folche Theil= nahme Ludwigs für den Diener eines im Kriegsverhältniffe ftehenden Staates mußte felbftverftändlich feine geheimen Urfachen haben: Auerfperg wurde entlaffen. Bald er= folgte auch der Sturz des vom Kaifer früher noch mehr begünftigten Grafen Lobko= witz. Nach den wahrfcheinlichen Berichten war es entweder der Kurfürft von Mainz oder der General Monteccucoli, welcher dem Kaifer über das verdächtige Gebahren des genannten Minifters die Augen geöffnet hat. Lobkowitz wurde in Unterfuchung gezogen, verhaftet und auf feine Herrfchaft Raudnitz verbannt (October 1674).

Früher fchon (April 1674) hatte das deutfche Reich über Aufforderung des Kaifers befchloffen, für die jüngften Verletzungen feines Beftandes an Frank= reich Rache zu nehmen. Die Reichsftände erklärten fich bereit zur Aufftellung ihrer matrikelmäßigen Contingente und zur Kriegserklärung. Auch der Kurfürft von Brandenburg hielt fich dadurch von feinem zu Boffem mit Frankreich abge= fchloffenen Neutralitätsvertrage entbunden; gegen gute Bezahlung — denn um= fonft, aus bloßem Pflichtgefühle pflegte zu diefen Zeiten nicht leicht ein Reichsfürft auch nur einen Finger zu rühren — verfprach er 16.000 M. beizuftellen. Ebenfo verpflichteten fich die braunfchweigifchen Herzoge zu einer Hilfsfchaar von 13.000 M. Der erdrückenden Uebermacht der Alliirten hätte Frankreich erliegen müffen, wenn die erftere nur jemals auch recht in Thätigkeit getreten wäre. Aber wie es bei fol= chen bunt zufammengefetzten Allianzen zu gehen pflegt, fuchte auch hier jede Macht fich felbft zu fchonen und dafür dem eigenen Intereffe die anderen Staaten dienftbar zu machen; Spanien war überdieß faft ohnmächtig, der Kaifer dagegen immer auf neue Gefahren von Ungarn und den Türken her gefaßt; das deutfche Reich aber in feiner Gefammtheit verdiente kaum noch mitgezählt zu werden. Auf dem Reichs= tage zu Regensburg ftritten fich die Gefandten der deutfchen Staaten jahrelang um das Recht von grünen oder rothen Seffeln, behandelten die Frage des Vor= tritts oder Titels mit einem Ernfte, als ob es fich um das Heil der Welt gehan= delt hätte, fprachen und fchrieben unendlich viel und handelten faft gar nicht. Befchlüffe kamen demnach auch äußerft fchwierig zu Stande, allein felbft diefe fel= tenen Befchlüffe wurden, wenn fie irgend eine Laft involvirten, faft niemals aus= geführt. Diefer Rath= und Thatlofigkeit, der Getheiltheit der Willenskräfte gegenüber verfügte Ludwig XIV. zwar nur über die Kräfte von Frankreich, — aber er verfügte über dieselben unumschränkt, ohne Rücksicht auf einen fremden Willen. Die gesammten Operationen der französischen Heere mußten deshalb wie aus einem Gusse sein und zu einander passen, während bei den Alliirten eine Menge Commandanten von selbstständigen Abtheilungen jeder nach eigenen Instructionen, Ansichten und Zielen verfuhr.

Zu Anfang des Feldzuges 1674 hatte Ludwig XIV. drei größere Armeen im Felde stehen, u. z. die eine unter Turenne am Oberrheine, die zweite unter Condé an der französischen Nordgrenze, eine dritte in Champagne, Burgund und Lothringen; endlich war noch ein Corps in den Ostpyrenäen gegen die Spanier thätig. Wir werden die verschiedenen Kriegsschauplätze jeden für sich allein zu betrachten haben. Nachdem Frankreich durch die Besetzung von Lothringen und Elsaß ein großes, gegen Deutschland ausspringendes Vorwerk gewonnen hatte, mußte es sich durch die Stellung der Spanier in der ihnen noch immer angehörigen Provinz Franche Comté sehr beengt, ja sogar gefährdet fühlen. Von den Festungen dieses Landes (Besançon, Besoul 2c.) waren nur ein paar Märsche bis an den Rhein; die an diesem Strome stehenden kaiserlichen Feldherrn hätten also keiner übergroßen Combination und Energie bedurft, um sich mit ihrer ganzen Kraft in die Franche Comté zu werfen, von wo aus sie Turenne, ja nach einigen glücklichen Schlägen auch Condé im Rücken zu fassen, jedenfalls aber die Verbindung dieser französischen Feldherrn unter einander und zugleich Paris selbst bedrohen konnten. Zum Glücke für Frankreich lagen derartige, zur Entscheidung drängende Entschlüsse nicht im Sinne der damaligen Politik und Strategie, welche über alle Maßen bedächtig, sogar pedantisch vorzugehen liebte. Ueberdieß hatte Spanien die Bedeutung von Hochburgund derart mißkannt, daß es diese Provinz trotz ihrer isolirten und für Frankreich so ungemein einladenden Lage fast ganz von Vertheidigungsmitteln entblößt hielt. Die Festungen waren zwar an sich stark und auch ziemlich gut armirt, es fehlte aber an Feldtruppen, um sie zu unterstützen.

Schon im Winter begann der Herzog von Navailles mit einem schwachen französischen Corps von Burgund aus seine Unternehmungen gegen die Freigrafschaft. In kürzester Zeit nahm er eine Menge fester Plätze weg, darunter Gray und Besoul. Nunmehr kam Ludwig XIV. selbst mit einigen frischen Truppen und dem ganzen Hofe, um die Eroberung der Provinz zu vollenden. Am 25. April war Besançon eingeschlossen worden; in der Nacht nach dem 6. Mai eröffneten die Franzosen die Laufgräben, auch beschossen sie die ihrer Lage nach fast unüberwindlich scheinende Stadt von einer benachbarten Höhe mit gutem Erfolge; schon am 14. kapitulirte die Festung und kurz darauf auch die Citadelle, nachdem sie unter dem Prinzen Vaudemont (aus dem Lothringischen Hause) einen tüchtigen

Widerstand geleistet hatte. Am 26. Mai begannen die Franzosen die Belagerung von Dole, welches nach einer sehr kräftigen Vertheidigung endlich doch den Batterien und Minen der Angreifer fallen mußte. Nun nahmen die Franzosen noch einige kleinere Plätze; die ganze Eroberung der Franche Comté hatte ihnen nicht mehr als sechs Wochen gekostet; die neue Erwerbung wurde sogleich als französische Provinz behandelt.

Wir haben uns jetzt mit der Nordarmee unter Condé zu befassen. Zu Ende des vorigen Feldzuges hatten die Franzosen bekanntlich alle ihre früheren Eroberungen eingebüßt, ausgenommen nur Mastricht und Grave. Das Gros des französischen Heeres unter Condé sammelte sich zu Anfang Mai 1674 im Hennegau und begann mit der Belagerung einiger kleiner Plätze an der Maas, welche, so lange sie in den Händen der Spanier waren, die Verbindung der obengenannten zwei Festungen mit dem Heere Condé's entzwei schnitten. Während die Franzosen sich nun die Maaslinie frei machten, schritten die Alliirten an die Belagerung von Grave, welches von 10.000 Brandenburgern und Holländern umschlossen wurde. Oranien und Monterey mit dem Gros der Holländer und Spanier wagten vor Anfang August nichts Ernstliches zu unternehmen. Erst als General Souches mit den kaiserlichen Hilfstruppen herangerückt war und das alliirte Heer nunmehr 60.000 M. zählte, entschloß sich Oranien zum Vorgehen gegen Condé, welcher beiläufig gleich stark gewesen sein dürfte (nach französischen Berichten hatte er 40.000 M.) Die Alliirten fanden jedoch die von ihm zwischen Charleroi und Fontaine-l'Evêque eingenommene Stellung so stark, daß sie ihn nicht anzugreifen wagten, sondern durch Manöver hervorzulocken suchten. Deßhalb marschirten sie am 11. August über Senef nach Westen ab. Sie bildeten hiebei drei Hauptkolonnen, wovon jene der Spanier dem Lager der Franzosen zunächst sich bewegte. Condé hatte kaum den Flankenmarsch seiner Gegner in Erfahrung gebracht, als er zum Treffen hervorzubrechen beschloß. In dieser Schlacht, welche nach dem Dorfe **Senef** benannt wird, gab es einige bemerkenswerthe Umstände: noch vor Beginn derselben marschirte eine zu einem Hinterhalte bestimmte Truppe von 400 französischen Reitern lange Zeit mitten zwischen zwei Colonnen der Alliirten, ohne bemerkt zu werden; endlich aber wurde dieselbe von der kaiserlichen Cavallerie angefallen und verjagt. Mittlerweile hatte aber Condé selbst mit einem Theile seines Heeres das Flüßchen Pieton, dessen Uebergänge von den Spaniern unbesetzt blieben, überschritten und die Gegner angegriffen; diese, noch immer in der Marschbewegung begriffen, vermochten nicht so bald den damals noch schwerfälligen Aufmarsch zur Schlacht zu bewerkstelligen. Die Cavallerie der Spanier war nach kurzem Kampfe aus dem Felde geschlagen, dagegen hielt sich ihre Infanterie mit großer Zähigkeit in den Hecken, Gärten und Häusern von Senef und einer zweiten Ortschaft, aus welcher sie erst nach sehr großen Verlusten wich.

Unterdessen waren aber die Holländer und Oesterreicher hinter den Spaniern, welche den ersten Stoß aufgefangen, aber auch großen Theils hiebei ihren Untergang gefunden hatten, in Schlachtordnung aufmarschirt; vielleicht war eben der Mangel an Zeit die Ursache, daß die Alliirten sich hiebei mehr, als es sonst zu dieser Zeit üblich war, auf die Terrainbenützung verlegten; sie hatten eiligst mehrere Bataillons in die Gärten und Hecken des Dorfes S a y geworfen, welches auf der einen Seite an einen Sumpf, auf der andern an ein Gehölz sich lehnte; hinter und neben dem letzteren nahm die österreichische Reiterei Stellung. Condé beging die Unvorsichtigkeit, gleich nach der Niederwerfung der Spanier mit seiner Cavallerie hastig gegen die Hauptstellung der Alliirten vorzugehen, ohne erst auf sein Fußvolk zu warten. Dadurch kamen die französischen Reiter in eine sehr mißliche Lage, indem sie, um nicht schimpflich zu weichen, über eine Stunde lang unbeweglich stehend dem Feuer der in sicherer Stellung befindlichen Alliirten preisgegeben waren. Erst nach dem Einlangen der französischen Infanterie entspann sich wieder ein gegenseitiger Kampf auf der ganzen Linie. Derselbe war über alle Maßen blutig und erbittert, besonders aber bei jenem Gehölze, wo die Kaiserlichen standen. Hier focht man von beiden Seiten durch fünf Stunden — davon zwei noch bei Mondschein — ohne Unterbrechung und Ablösung. Im Ganzen hatte die Schlacht zwölf Stunden gewährt, ohne irgend ein Resultat zu ergeben; jeder Theil hatte beiläufig 6000 M. an Todten und Verwundeten, die Spanier überdieß noch einige Tausend Gefangene verloren.

Die allseitige Ermüdung und die Dunkelheit machten endlich einen Abschluß nothwendig; die beiderseitigen Linien lagerten auf weniger als einen Büchsenschuß von einander. Nach kaum zweistündiger Ruhe ergab sich ein ganz eigenthümliches Ereigniß; „beide Armeen begannen" (so erzählt Quincy) „plötzlich, wie über Verabredung, ihre Dechargen so plötzlich und so zusammentreffend, daß man eher Salven als ein Bataillefeuer zu hören glaubte." Es gab eine Menge Verwundeter; das Unerwartete des Vorfalles und die tiefdunkle Nacht riefen bei Freund und Feind einen solchen Schrecken hervor, daß beide Theile sich eiligst zurückzogen. Später nahm zwar Condé das Schlachtfeld noch in der Nacht wieder ein, allein er hatte eben so wenig einen Sieg hier erfochten als Wilhelm von Oranien, welcher in der Nähe lagerte und noch immer den Gedanken der Offensive festhielt.

Die Alliirten wandten sich nunmehr an die Belagerung von O u d e n a r d e (Sept.) Nun erschien aber Condé zum Entsatze des Platzes. Prinz Wilhelm war geneigt, ihm eine Schlacht zu liefern, nicht aber der österreichische General Souches.

Da das Zerwürfniß im Heere der Alliirten immer ärger wurde, so löste sich die=
selbe in ihre drei Hauptbestandtheile und verfiel zugleich in volle Thatlosigkeit.
Nur die Holländer unter dem Prinzen Wilhelm errangen in diesem Jahre noch
einen Erfolg, und zwar durch die Einnahme von G r a v e. Seit Ende Juli bela=
gert, hatte sich diese Festung auf das tapferste vertheidigt und den Angreifern
schwere Verluste zugefügt; selbst nach dem Eintreffen des Generalstatthalters mit
dem Gros der Holländer weigerte der Marquis Chamilly noch so lange die Ueber=
gabe dieses Platzes, bis ihn ein ausdrücklicher Befehl Ludwig's XIV. dazu nö=
thigte (Ende October). Unterdessen hatte der kaiserliche Hof, erzürnt über das
Benehmen des Generals Souches, diesen abgesetzt und auf seine Güter ver=
wiesen. Es ist nicht unwahrscheinlich, daß die Aufführung des Generals und
die hiefür erfolgte Strafe im engen Zusammenhange mit den Schicksalen des
Ministers Lobkowitz standen. — An die Spitze der Oesterreicher in den Nie=
derlanden wurde der wackere Spork gestellt.

Bevor wir uns mit dem Feldzuge am Oberrheine befassen, welcher wieder
eine größere Ausführlichkeit beansprucht, haben wir noch flüchtig der Ereignisse in
den Ostpyrenäen und zur See zu gedenken. Ein nicht unbeträchtliches und gut ge=
schultes spanisches Heer unter dem Herzoge von San Germano stand seit dem vori=
gen Feldzuge auf französischem Boden, in R o u s s i l l o n. Die an Zahl und
Geübtheit der Soldaten schwächere Armee Frankreichs wurde im Laufe des Jahres
1674 unter die Befehle des Herzogs von Schomberg gesetzt. Dieser konnte es
nicht hindern, daß die Spanier das Fort B e l l e g a r d e wegnahmen, und dann
bis an die letzten Abfälle der Pyrenäen herabstiegen. Bezeichnend für das dama=
lige System der Kriegführung ist es, daß die beiden Armeen in verschanzten Stel=
lungen bei M o r i l l a s, im Ertrage eines Kanonenschusses von einander entfernt,
durch drei volle Wochen sich gegenüber standen, ohne irgendwie eine Initiative
zu ergreifen. Endlich fingirte der spanische General einen Abmarsch, besetzte gleich=
zeitig die zwischen ihm und den Franzosen befindlichen Schluchten mit dichten
Schützenschwärmen, und lockte wirklich einen Untergeneral Schomberg's in diesen
Hinterhalt. Eine tüchtige Schlappe ward hier den Franzosen zu Theil, hatte jedoch
keine weiteren Folgen. Es war nämlich zur selben Zeit an den spanischen General
der Befehl gelangt, einen Theil seiner Truppen nach Sicilien abzuschicken, wo
eben ein Aufstand ausgebrochen war. San Germano beschloß daher, sich mit
seinem Heere ganz hinter die Pyrenäen zu ziehen. Da jedoch die Engpässe des
Gebirges, so weit sie ihm zur Verfügung standen, bloß Colonnen von 4 Mann
Breite zuließen, so war zu befürchten, daß bei einem Nachdrängen Schombergs
die Hinterhut der Spanier sehr leicht aufgerieben werden könnte. Deshalb stellte

11 *

fich San Germano, als ob er das Fort Collioure angreifen gehen wolle; Schomberg ließ sich wirklich täuschen, und gab, indem er seine bisherige Stellung verließ, den Spaniern Gelegenheit, ohne Verluste ihren Rückmarsch zu bewerk= stelligen. Da sie bald darnach durch die Entsendung von Truppen nach Sicilien sehr geschwächt, zugleich aber auch durch den Kamm der Pyrenäen gedeckt waren, kam es auf diesem Schauplatze vorderhand zu keinem weiteren bemerkenswerthen Ereignisse. Große Seekämpfe sind aus dem J. 1674 nicht zu berichten. Frankreich hielt sich, nachdem es von England verlassen war, nicht für stark genug, um sich mit den Holländern messen zu können; seine Kriegsschiffe im atlantischen Meere wagten sich deshalb nicht aus den Häfen heraus. Dagegen hatten die General= staaten zwei ansehnliche Flotten ausgerüstet; die eine unter Ruyter versuchte einen Angriff auf Martinique, kehrte jedoch unverrichteter Dinge nach Europa zurück; die zweite unter dem jüngeren Tromp kreuzte das ganze Jahr hindurch längs den Küsten von Frankreich, machte hie und da eine Landung, ohne weiter sich dabei aufzuhalten, und verhielt sich überhaupt nicht eben unthätig, wohl aber planlos. Dieser Flotte war nämlich die Aufgabe zugedacht, im geheimen Einverständnisse mit einigen bestochenen französischen Edelleuten Honfleur zu überrumpeln; aber die Verschwörung dieser Männer wurde vom französischen Ministerium recht= zeitig entdeckt und in dem Blute der Theilnehmer (darunter ein Rohan) erstickt. So blieben dann auch die Kreuzfahrten der Holländer ganz ohne Resultat. Im mittelländischen Meere war es dagegen der französischen Marine vorbehalten, einen vorübergehenden Vortheil zu erringen. Aus ähnlichen Gründen, wie in den Jahren 1647 und 48 (§. 29) hatte auch jetzt wieder auf Sicilien, u. z. zu Messina, sich ein Aufstand gegen die Spanier erhoben. Letztere versäumten die Gelegenheit, die Empörer rechtzeitig zu Paaren zu treiben; mittlerweile aber sandte Frankreich Schiffe und Truppen, allerdings in geringer Anzahl, von Toulon aus nach Messina ab. Es gelang den Franzosen, hier festen Fuß zu fassen.

55. Französisch = holländischer Krieg. 4) Feldzug 1674 am Mittelrheine. Der mittelrheinische Feldzug des Jahres 1674 wird von den Kennern der Kriegsgeschichte als einer der bedeutendsten aller Zeiten hingestellt. Nicht mit Unrecht. Die Epoche am Schlusse des 17. Jahrhunderts ist von allen vorhergehenden und theilweise auch von den späteren Zeiträumen dadurch un= terschieden, daß in den damaligen Kriegsplänen die Methodik des strategischen Gedankens weitaus die Oberhand über die Energie der taktischen Durchführung behielt, weßhalb man nicht leicht daran ging, dem Feinde einen Schlag zu ver= setzen, außer wenn man sich selbst vor jedem ungünstigen Zufalle fast vollständig gesichert wußte. Man trachtete, sich möglichst auf feste Plätze zu stützen, gleichzeitig solche Stellungen einzunehmen, durch welche man wieder diese Plätze vor Belagerung schützen, unter Einem aber jene des Gegners oder seine Verbindungen mehr oder minder wirksam bedrohen konnte. Diese Stellungen liebte man möglichst zu befestigen, dann nach Umständen zu wechseln, um einem schutzbedürftigen Objecte des Feindes noch mehr in drohende Nähe zu treten. Jedes derartige Manöver hatte ein correspondirendes von Seite des Gegners zur Folge; wer in dieser Art von Schachspiel die schärfere Combinationsgabe besaß, gewann Vortheile über den Feind; doch hatten diese Vortheile meistens nur sehr mäßige Resultate, weil man möglichst wenig zu schlagen pflegte, und weil auch der geschlagene Theil immer wieder seine sicheren Replipunkte in der Nähe hatte.

Dieser Krieg um Positionen, kunstmäßig dabei aber kraftlos, hat den Feldherrn bis zum Beginne der französischen Revolution, den Prinzen Eugenius und ein paar seiner österreichischen Zeitgenossen ausgenommen, als Ideal der Vollkommenheit vor Augen geschwebt. Es gab im 18. Jahrhunderte viele Theoretiker, welche meinten, jede Schlacht, die ein Feldherr annehme, sei an sich schon ein Fehler; man solle den Feind auch ohne Kampf immer weiter und weiter zurück zu manövriren wissen, bis er sich endlich gänzlich umgarnt oder von seiner Basis vollkommen abgetrennt erblicke und nun einen nachtheiligen Frieden eingehen müsse. Wie absurd derartige Lehrsysteme seien, welche nur auf ein supponirtes Kraftmoment, das der Bedrohung, sich stützten, zeigte sich in voller Klarheit erst in Folge der wilden Entschlossenheit der französischen Revolutionsmänner, welche zwischen die kunstreich combinirten Stellungen der Generale aus alter Schule quer hinein fuhren, das ganze schöne Netz brutal zerrissen und damit den Beweis herstellten, daß in der Kriegführung das größte Kraftmoment eben nur in der materiellen Kraft, in der Energie des Stoßes auf einen einzelnen Punkt liege. — Man darf deßhalb jedoch von den Vertretern des Krieges um Positionen nicht gering denken. Viele der bedeutendsten Feldherren, so alle aus der Zeit Ludwig's XIV, Marlborough, Daun, Lasch, bis zu einem gewissen Grade auch Eugen, Friedrich II. und Loudon haben diesem Systeme gehuldigt. Ihre Leistungen, welchen immer die eigene Sicherstellung die vorherrschende Färbung gab, werden für alle Zeiten im hohen Grade belehrend sein; nur aber lag in dem gedachten Systeme der große Nachtheil eingeschlossen, daß Vor- und Nachtheile auf beiden Seiten ungemein oft abwechseln konnten, daß beide oft mehr scheinbar als greifbar vorhanden waren, daß demnach der Krieg ohne entscheidende Erfolge, somit im hohen Grade schleppend durch Jahre auf einem engen Schauplatze sich fortspinnen konnte.

Einer der genialsten Vertreter und ein Hauptbegründer der geschilderten Schule, dabei aber doch entfernt verbleibend von den späteren blutscheuen Extrava ganzen derselben war Turenne, welchen Napoleon I. als einen der sechs größten Feldherren aller Zeiten bezeichnete. Der Feldzug Turenne's am Mittelrhein im J. 1674 gilt als das Meisterwerk in dem thatenreichen Leben dieses Heerführers; wir halten es daher für unsere Pflicht, diesen Feldzug einer eingehenderen Betrachtung zu unterziehen. Am Schlusse des Feldzuges 1673 hatte Turenne, wie im §. 53 angedeutet wurde, seine Winterquartiere in der jetzt bairischen Rheinpfalz bezogen; zugleich ließ er den Rhein von Mainz bis nach Basel hinauf genau beobachten. Seine für Feldoperationen verfügbare Truppenmacht belief sich im Ganzen auf ungefähr 20.000 M.; bei ihm sowohl als bei den deutschen Truppen war die Cavallerie weit stärker als das Fußvolk vertreten. Den Franzosen an Zahl bedeutend überlegen waren die kaiserlichen und Reichs = Truppen, standen jedoch in einzelnen Corps auf weiten Räumen vertheilt. Zu Anfang 1674 stand Bournonville mit einem gemischten Corps in den unteren Maingegenden; noch weiter nach Norden sammelten sich Brandenburger, um später gleichfalls nach dem Mittelrheine hin abzurücken. Zwischen Heidelberg und Philippsburg (diese Festung war der einzige Punkt auf dem rechten Rheinufer, welcher noch den Franzosen gehörte) kantonirte eine Division Oesterreicher unter Caprara; endlich stand an der Schweizergrenze bei Rheinfelden der Herzog von Lothringen. Er wartete hier auf das Eintreffen von kaiserlichen Hilfstruppen, mit welchen vereint er dann in die Franche Comté einzubrechen gedachte. Bekanntlich war diese Provinz gerade zur selben Zeit von Ludwig XIV. in Angriff genommen worden; weil nun der Herzog von Lothringen ohne Unterstützung verblieb und allein sich nicht wohl über den Rhein hinüber wagen durfte, konnten die Franzosen die Eroberung der Freigrafschaft ungestört bis zur Vollendung fortsetzen.

Lothringen, hier weiter keine Aufgabe für sich erblickend, brach am 26. Mai nach Norden hin auf, um sich mit Caprara zu vereinigen. Letzterer zog den Lothringern entgegen, und nach der am 2. Juni vollzogenen Vereinigung wurden neue Kantonirungen in der Gegend von Achern (südlich von Baden) bezogen. Die beiden Feldherren hofften, von der freien Reichsstadt Straßburg die Benützung der ihr gehörigen Rheinbrücke bewilligt zu erhalten, um sonach angriffsweise den Strom zu überschreiten; allein der ehrsame Magistrat hatte weit mehr Furcht vor der Rache des französischen Königs als vor dem Zorne des deutschen Reiches, welchen zu gehorchen die Pflicht der Straßburger gewesen wäre. Als die deutschen Feldherren das Fruchtlose ihrer hierortigen Bemühungen erkannten, marschirten sie am 9. Juni in der Richtung gegen Heidelberg ab, um mit dem vom Main her erwarteten Herzog von Bournonville die Vereinigung anzustreben.

Dieß zu verhindern, wurde dem Marschall Turenne von Ludwig XIV. anbefohlen. Der Marschall, welcher bis gegen Ende Mai seine Hauptstärke zwischen

Breisach und Straßburg aufgestellt, dann aber dieselbe in die Umgebung von Sa=
verne (Zabern) gezogen, zugleich auch die Befestigung dieses Punktes begonnen
hatte, brach nun eiligst mit den hier vorfindlichen Truppen auf und gab zugleich
dem Kommandanten von Philippsburg den Befehl, über den Rhein eine Brücke
schlagen zu lassen. Am 14. Juni wurde der Strom von Turenne überschritten, dann
der forcirte Marsch zuerst in nördlicher, später in östlicher Richtung fortgesetzt. Karl
von Lothringen, von dem Anmarsche der Franzosen in Kenntniß gekommen, sah nun=
mehr, da er selbst erst die Gegend östlich von Bruchsal erreicht hatte, die beabsich=
tigte Verbindung mit Bournonville bereits gefährdet. Er wandte sich daher (15.
Juni) von Eppingen nach **Sinsheim** (3 Meilen SSO. von Heidelberg); Loth=
ringen wollte den Marsch nach dem Nekar hin sogleich fortsetzen, während Ca=
prara für die Annahme einer Schlachtstellung an diesem Orte stimmte. Das Ter=
rain war nämlich für die Defensive wie geschaffen, überdieß war zu befürchten, daß
Turenne, welcher bereits ganz nahe gekommen war, den Kaiserlichen in die Defilés
hinter Sinsheim folgen und ihnen daselbst vielleicht bedeutende Verluste beibringen
würde. Turenne hatte binnen fünf Tagen einen Weg von mehr als zwanzig Mei=
len zurückgelegt und hiebei einige kleine Abtheilungen pfälzischer Truppen zersprengt;
am 16. Juni war er dann vor Sinsheim erschienen. Er hatte ungefähr 12.000
Mann, (darunter an Cavallerie drei Fünftel des Ganzen) mit sich, während die
Alliirten 6000 M. zu Pferde und bloß 1500 zu Fuß zählten; der Nachtheil der
Stärke schien jedoch aufgewogen durch die vortreffliche Stellung, welche den Kai=
serlichen zugewiesen war. Sinsheim liegt in einem tiefen Grunde an der drei Fuß
tiefen Elsenz; ihre Ufer, besonders das rechte, sind hoch und steil, weshalb sie von
Cavallerie nur bei den vorfindlichen Brücken überschritten werden können; der letz=
teren waren zwei unmittelbar bei dem Städtchen vorhanden. Der Ort selbst lag am
rechten Ufer und war mit einer alten Mauer umschlossen; am jenseitigen, den Fran=
zosen zugekehrten Ufer befanden sich eingefriedete Gärten, welche die Vertheidigung
begünstigten. Hinter der Stadt erhob sich das Terrain zu einem Plateau, auf wel=
ches man durch zwei nahe bei einander befindliche Hohlwege gelangte. Ueber dieses
Plateau zog sich die Straße gegen den Nekar hin; zur Seite derselben, etwa 500
Schritte hinter Sinsheim, lag ein altes festes Schloß. Das Plateau fällt, wie
früher erwähnt, südlich zur Elsenz, außerdem aber auch gegen Westen und Osten mit
ziemlich scharfen Rändern in niedere Gründe ab, so daß seine Breite nur bei 1500,
an einzelnen Stellen sogar bloß 800 Schritte beträgt. Längs des linken Randes
zogen sich Hecken und niedere Büsche, am rechten entlang aber Weinberge, welche
den ohnedem schmalen Manövrirraum für Cavallerie noch mehr beengten.

Karl von Lothringen hatte das der Defensive günstige Terrain so gut aus=

genützt, als sich mit seinem fast bloß aus Reiterei bestehenden Corps nur immer erreichen ließ. Die Infanterie, durch Dragoner verstärkt, wurde zur Besetzung von Sinsheim und den jenseits der Elsenz gelegenen Gärten verwendet; auf dem Plateau wurde die Cavallerie in zwei Treffen, ferner die Batterie aufgestellt; letztere bestrich die Zugänge zu den beiden Brücken. Hätten die Kaiserlichen um 1000 Reiter weniger, dagegen ebenso viel an Fußvolk mehr besessen, so wären die Aussichten für die Franzosen sehr hoffnungsarm gewesen: in diesem Falle hätte Herzog Karl die Stadt, den Annäherungsschlüssel der ganzen Stellung, ferner das alte Schloß, die Ränder des Plateaus, die Hecken und Weinberge mit Schützen besetzen, und mit der Reiterei noch immer den offenen Raum des Plateaus genügend absperren können. Für das Corps Lothringens, wie es wirklich war, hatten aber die erwähnten Objecte vorwiegend nur eine negative Bedeutung, insoferne sie nämlich dem an Fußvolk stärkeren Gegner Gelegenheit zur Einnistung und Stützpunkte für die Manöver seiner Cavallerie geben konnten. Auf diese Umstände baute Turenne, das Terrain sorgfältig überschauend, seinen Schlachtplan. Er bildete das Centrum seines Vordertreffens aus dem Gros der Infanterie und dirigirte es um neun Uhr Morgens gegen die durch die Gegner besetzten Gärten von Sinsheim; gleichzeitig begannen sechs französische Geschütze auf einer am rechten Flügel befindlichen Höhe ihr Feuer gegen die kleine Batterie und die Reiterei der Deutschen. Die letztere wurde hiedurch genöthigt, von dem vorderen Rande des Plateaus sich etwas zurückzuziehen. Die Kaiserlichen waren zu schwach, um die Gärten von Sinsheim lange Zeit halten zu können; ebenso hatten sie sich hauptsächlich nur auf die Besetzung der unmittelbar gegen den Fluß gekehrten Front des Walles beschränken müssen. Gegen diese ging nun, das Flüßchen überschreitend, die französische Infanterie zum Angriffe vor; gleichzeitig zogen sich beiläufig 160 abgesessene Dragoner weiter rechts und erstiegen eine schwach besetzte Stelle der Mauer. Nun gelang es den Franzosen, an mehreren Punkten in die Stadt zu dringen und bald auch das Thor, durch welches der Weg gegen das Plateau führte, zu besetzen. Somit war dem kaiserlichen Fußvolke der Rückweg abgeschnitten; weitaus die meisten Soldaten fielen nach einer tapferen Vertheidigung oder wurden gefangen.

Nach diesem ersten Erfolge begann für die Franzosen erst das schwerere Stück Arbeit. Es handelte sich nun zunächst darum, den Aufgang zum Plateau zu gewinnen, also mit sehr schmalen Colonnen die Hohlwege zu durchschreiten und oben, unmittelbar vor den Augen des schlagfertig stehenden Feindes, sich in Linie mit mehreren Treffen zu entwickeln. Turenne traf hiefür die geeignetsten Anstalten. Während er rasch die Brücken über das schmale Flüßchen für die Cavallerie gangbar machen und diese Waffe langsam gegen die zwei Schluchten nachrücken ließ, warf er seine gesammte Infanterie und einige Abtheilungen Dragoner auf die Ränder des Plateaus hinauf und ließ durch selbe das alte Schloß, die Hecken und Weinberge dicht besetzen. Nun erstieg eine Reiterabtheilung nach der anderen allmälig die Höhe und formirte sich daselbst in Linie; es wurden, des beschränkten Raumes wegen drei Treffen nahe hinter einander gebildet; im vordersten nahm nun auch das Geschütz seine Stellung. Gleichzeitig zog sich aber das französische Fußvolk mit Benützung der Oertlichkeit längs den Rändern des Plateaus immer weiter auseinander und beziehungsweise nach vorwärts. Hiedurch deckte es vollständig den schwierigen Aufmarsch der Reiterei, weil die Kaiserlichen diesen nicht mehr zu stören versuchen konnten, ohne sich selbst einem Kreuzfeuer der französischen Schützen und Kanonen auszusetzen. Trotzdem benützten die Oesterreicher eine während des Debouchirens der Franzosen entstandene Unordnung zu einem raschen Angriffe. Es gelang ihnen, einige Escadronen vom rechten Flügel Turenne's zu werfen, doch vermochten sie diesen Vortheil eben des französischen Infanteriefeuers wegen nicht auszunützen. Als nun die Oesterreicher, um für einen zweiten Angriff den zum Anlaufe nöthigen Raum zu gewinnen, auf dem Plateau ungefähr 1000 Schritte zurückgingen, benützte Turenne die Zwischenzeit zur Verlängerung seines rechten Flügels, welchen er gleichzeitig längs dem Abfalle der Höhe staffelartig vorschob. Unter diesen Umständen hatte die nächstfolgende Attaque der Oesterreicher kein besseres Schicksal als die erste. Sie wagten noch ein drittes Vorbrechen, erlitten aber hiebei noch größere Verluste und entschlossen sich nunmehr das Schlachtfeld zu räumen. In vorzüglicher Ordnung mit wechselweiser Ablösung der Treffen bewerkstelligten sie ihren Rückzug, welchen Turenne nicht zu stören wagte.

Die Betrachtung dieses Treffens gibt uns mehrere auch für die Gegenwart höchst belehrende Momente, namentlich bezüglich der Terrainbenützung. Wir sehen hier einen jener Fälle, wo ein zur Vertheidigung wie geschaffenes Terrain alle seine Vortheile dem Angreifer statt dem Vertheidiger darbietet, vorausgesetzt, daß der Erstere im Besitze besserer defensiver Kampfesmittel (Feuerwaffen) oder größerer Meister im Manövriren ist.

56. Von der Schlacht bei Sinsheim bis zu Anfang des J. 1675. Trotz der taktischen Kunstfertigkeit, welche Turenne in dem Treffen bei Sinsheim bewiesen hatte, konnte er doch strategisch nicht den geringsten Vortheil daraus ziehen. Da er seine Gegner auf ihrem Rückzuge nicht zu verfolgen, viel weniger zu zersprengen oder von ihren Verbindungen abzudrängen vermochte, war die eigentliche Aufgabe bei seinem Zuge über den Rhein herüber nicht durchzuführen: die Vereinigung von Lothringen und Caprara mit dem Herzog von Bournonville, welche Turenne verhindern hätte sollen, fand schon am 18. Juni

1674 unweit Mannheim statt. Bournonville war am Vorabende des Gefechtes von Sinsheim mit 4000 M. bei Frankfurt über den Main gegangen; die drei verei= nigten Corps der Reichstruppen gewannen in der nächsten Zeit eine Stärke von 4000 M. Infanterie und 9000 Reitern. Turenne ging nach seinem Siege zwar bis Heidelberg vor, zog sich aber dann unmittelbar hinter den Rhein (20. Juni). Der ganze Erfolg seines Zuges war das Bewußtsein, dem Feinde um ungefähr 2000 M. mehr vernichtet zu haben, als die Franzosen selbst verloren, — und fer= ner noch der Titel einer gewonnenen Schlacht, welche aber, weil man sie nicht aus= zubeuten wußte oder vermochte, ebenso gut ungeschlagen hätte bleiben können.

In dem von Turenne eingenommenen Lager nordwestlich von Germers= heim erhielt er einige Verstärkungen von solchen Truppen, welche nach der Be= zwingung der Franche Comté daselbst entbehrlich geworden waren; zugleich kam aber auch der Befehl an den Marschall, daß derselbe nöthigen Falls dem kaiserli= chen General de Souches entgegen zu treten habe. Letzterer war nämlich eben da= mals in die Gegend von Lüttich gelangt, von wo er möglicher Weise längs der Mosel oder am Rheine herauf operiren konnte. Als sich aber herausstellte, daß de Souches seinen Weg nach den Niederlanden fortsetzte (siehe den vorigen §.), durfte Turenne, vorderhand nicht weiter für seine Flanke besorgt, neue Offensivpläne fassen. Er beschloß vorerst einen neuen Rheinübergang, und wußte diese seine Ab= sicht den Gegnern trefflich zu verbergen. — Letztere hatten um Ladenburg, bei welchem Orte ein wichtiger Nekarübergang sich befand, eine Stellung genommen, und selbe gut verschanzt. Sie glaubten hier, wo Mannheim rechts, Heidelberg links neben ihnen lag, die ganze Nekarlinie gesichert zu halten. Aber in der Nacht zum 3. Juli überschritt Turenne bei Philippsburg den Rhein, marschirte den folgenden Tag über und erschien am 4. in der Nähe von Wiblingen, welches etwas ab= wärts von Heidelberg gelegen ist. Die Beschaffenheit des linken Ufers und das Vorhandensein einer Fuhrt begünstigte den Uebergang; auch hatte Turenne zu die= sem Behufe einen Train von 20 kupfernen Pontons mit sich. Schwache Abthei= lungen kaiserlicher Reiterei, welche am rechten Ufer sich zeigten, wurden ohne Mühe vertrieben; der Uebergang der Franzosen nahm einen ungestörten Fortgang; doch ward derselbe erst am 5. nach geschehenem Brückenschlage vollendet. — Die Ab= sicht Turenne's, eine Schlacht aufzusuchen, war allein schon genügend, um seine fast gleich starken Gegner zum Rückzuge zu veranlassen. Noch am 4. Juli Abends hatten sie einen Theil ihrer Truppen nach Mannheim abgehen gemacht; bald zog der Rest der Infanterie in der Richtung auf Frankfurt ab und die Cavallerie folgte, um den Rückzug zu decken. In einen solchen ungerechtfertigten Schrecken hatten die Reichsfeldherren sich jagen lassen, daß sie der Infanterie einen ungemein forcirten

Marsch durch das Gebirge auferlegten und überhaupt ihr ganzes Corps ohne eigentlichen Kampf förmlich auseinander fallen machten. Ihre Cavallerie erlitt durch die verfolgenden Franzosen einige Nachtheile und nur in einzelnen Bruch= stücken langte das Heer der Deutschen unweit Frankfurt am Main an, hinter welchem Strome es Sicherung suchte.

Turenne hatte nicht die Absicht, den Kaiserlichen noch weiter zu folgen. Durch zwei Wochen verblieb er am unteren Nekar und veranlaßte durch grausame Plünderungen daselbst eine große Erbitterung und schließlich zum eigenen Nach= theile einen Mangel an Lebensmitteln; so sah er sich genöthigt, wieder auf das linke Rheinufer zurückzukehren. Hier lagerte er wieder in der Gegend bei Landau, um Philippsburg, welches er gleichzeitig in guten Vertheidigungszustand setzte, decken zu können. Unterdessen hatten die Reichstruppen, durch neu angelangte Contingente bis auf 36.000 M. verstärkt, sich endlich wieder zum Vorgehen, u. z. über den Rhein entschlossen. Halb freiwillig, halb gezwungen räumte ihnen der Kurfürst von Mainz den Uebergang bei seiner Hauptstadt ein (30. Aug.); von hier gingen sie aufwärts bis in die Gegend von Speier. Sie erfuhren, daß Turenne mit unge= fähr 23.000 M. hinter dem Erlenbach zwischen Berg= und Rhein=Zabern eine stark verschanzte Stellung inne hatte. Diese wurde von den deutschen Feldherren nach näherer Forschung mit dem Ausdrucke „unangreifbar“ beehrt, ein Wort, welches zu allen Zeiten von schwachen Heerführern oft genug mißbraucht wurde, um ihre eigene Rathlosigkeit und Unentschlossenheit sanft zu umschleiern. Die Deut= schen blieben demnach unthätig stehen, bis die Armuth der von den Franzosen früher absichtlich ausgesogenen Gegend sie zu einem anderen Entschlusse nöthigte; bei Rheinhausen gingen sie auf einer Kriegsbrücke über den Rhein zurück.

Turenne meinte, daß ihre Absichten auf Philippsburg gerichtet seien und blieb deshalb stehen. Mittlerweile zogen aber die Reichstruppen am rechten Ufer gegen Straßburg aufwärts; mit dem Magistrate dieser Reichsstadt waren wegen Benützung seiner Brücke Unterhandlungen eingeleitet und zu einem günstigen Ab= schlusse gebracht worden. Vergebens machte Turenne, der hier einmal zu spät kam, einen Versuch, die Straßburger Brücke zu zerstören. Am 1. Octb. passirten die Deutschen den Strom und wandten sich in die Gegend von Enzheim, 1½ M. südwestlich von Straßburg. Turenne mußte nun, obgleich um ein Drittel schwä= cher als der Gegner, jedenfalls eine Angriffsschlacht wagen; es war nämlich der Kurfürst von Brandenburg mit 20.000 M. im Heranzuge und bloß mehr einige Märsche entfernt; nach seiner Vereinigung mit Bournonville und Lothringen wäre aber das Reichsheer so stark gewesen, daß die Franzosen, ohne eine Schlacht abzu= warten, den ganzen Elsaß hätten aufgeben müssen. So aber schien es ihnen doch

möglich, das deutsche Heer noch früher zu schlagen und damit die Vereinigung mindestens zu verzögern. Mit einem geschickt geleiteten Marsche gelangte Turenne,
Straßburg zur Linken lassend, am 3. Octb. auf die Höhen hinter der B r e u s ch, von
wo er in der vorliegenden Ebene die Stellungen der Deutschen überblickte. Er
hatte die Absicht, zwischen dieselben und Straßburg sich zu stellen, um die Verbindung der Kaiserlichen mit dieser Stadt und zugleich mit den heranziehenden Brandenburgern zu unterbrechen. Zu diesem Behufe ging er am 4. Octb. bei Holzheim
über die Breusch und breitete seine Schlachtlinie in einer schwach convexen Form
gegen **Enzheim** aus. Zu beiden Seiten dieses Dorfes, besonders aber östlich von
demselben standen die Kaiserlichen; die Ebene zwischen ihnen und den Franzosen
war von mehreren Gräben durchschnitten, überdieß an ein paar Stellen bewaldet.
Ungeschickter Weise hatten die deutschen Generale es unterlassen, die Waldstrecken
vor sich rechtzeitig zu besetzen; insbesondere hätte ein etwas größeres Gehölze, welches ungefähr 1000 Schritte vor dem linken Flügel der Deutschen sich befand, bei
genügender Besetzung einen guten Stützpunkt für die ganze übrige Linie abgeben
müssen. Erst als die Franzosen, nach Verjagung einiger schwachen Recognosci-
rungsparteien, einen großen Theil ihres linken Flügels in das erwähnte Gehölze
geworfen hatten, fiel es dem Herzoge von Bournonville und seinen deutschen Collegen ein, die Wichtigkeit dieser Oertlichkeit zu erkennen. Sie entschlossen sich zu
der blutigen Arbeit stürmischer Angriffe auf dieses Wäldchen, während es ihnen,
denen das ganze Terrain seit mehreren Tagen zu eigen gewesen war, durch die Natur
der Sache geboten gewesen wäre, Angriffe auf schwierige Objecte nicht selbst zu machen, sondern nur abzuweisen. Darin liegt ja eben die Stärke des Defensivgefechtes [1]).

Neue und neue Bataillone, bald in der Zahl von neun, endlich sogar von
sechzehn, außerdem mehrere Geschütze werden von den Reichsfeldherren in Anstrengung gesetzt, um den Wald, von welchem man einen Zipfel noch rechtzeitig in der
Hand behalten hatte, wieder ganz zurück zu erobern. Aber vergebens! In demselben Maße als auf deutscher Seite, strömten auch von der französischen neue
Schaaren nach dem Walde hin, und ebenso wurde von Turenne — trotz eines be-
lästigenden Geschützfeuers — eine namhafte Cavallerie außerhalb des Waldes
aufgestellt, um im gegebenen Momente die feindliche Infanterie zu bedrohen oder
die Action der eigenen zu unterstützen. Durch mehr als anderthalb Stunden balg-
ten sich die Deutschen mit großer Tapferkeit, aber ohne Erfolg in einem Walde

---

[1]) Man erinnere sich an Beispiele aus jüngsten Zeiten, wo ebenfalls österreichische
Anführer — den Feind stehenden Fußes erwartend — unmittelbar vor sich starke Ter-
rainobjecte vernachlässigten und ihre Bedeutung erst dann erkannten, wenn der Feind sie
bereits zu kosten gab. Da kam diese Erkenntniß dann freilich zu spät, und mit verzweifelten Stürmen ließ sich nichts mehr besser machen.

herum, in welchen eine bessere Führung den Feind gar nie hätte gelangen lassen. Vor dem rechten Flügel der Deutschen war, obgleich er eigentlich der stärkere war, das Gefecht durch lange Zeit gar nicht in Gang gekommen. Zu spät und auch da weder mit genügender Kraft noch mit einheitlicher Leitung entschlossen sich die Reichsfeldherren zu einem Vorgehen mit ihrem rechten Flügel, um dem linken Luft zu machen. Nun warf zwar ihre Reiterei einige Abtheilungen des Feindes, konnte aber dem aus sieben Bataillons bestehenden Carré der Franzosen nichts anhaben. Rechtzeitig erschien die französische Cavallerie, so weit sie auf den anderen Punkten eben entbehrlich war, an dieser Stelle und trieb schließlich die Deutschen in großer Verwirrung zurück. Eine mit Kroaten und Dragonern versuchte Umgehung der französischen linken Flanke kam erst dann zur Entwicklung, als der Frontalangriff der Kaiserlichen bereits vollständig gescheitert war; mit einigen Kanonenschüssen erreichten es die Franzosen, jene leichten Truppen zurückzuscheuchen. — Auf dem entgegengesetzten Flügel waren die Franzosen nach einem heißen Kampfe endlich vollends Herren des Waldes und zugleich der dahin vorgezogenen kaiserlichen Geschütze geworden. Allseitig standen die Deutschen jetzt wieder in derselben Linie, wie zu Anfang der Schlacht. Ihre numerische Ueberlegenheit, der hereinbrechende Abend und ein seit dem Morgen strömender Regen, verhinderten die Franzosen, ihre bis jetzt errungenen Vortheile zu verfolgen. Im Ganzen blieb die Schlacht unentschieden und auch die Absicht Turenne's, die Gegner von Straßburg abzudrängen, war nicht erreicht; die Schlacht hatte demnach dem Marschall wohl neue Lorbeeren, keineswegs aber strategische Vortheile gebracht. Sein Verlust belief sich auf ungefähr 4000 M., jener der Deutschen auf 5000 — 6000 M., überdieß noch sieben Geschütze und einige Fahnen.

Nach der Schlacht bei Enzheim verweilten die Kaiserlichen durch einige Tage bei Straßburg, wo am 13. Octb. der große Kurfürst und der Herzog von Braunschweig mit 20.000 M. und 45 Kanonen zu ihnen stießen. Turenne war durch einige Tage bei Enzheim stehen geblieben, hatte sich aber vor dem Eintreffen des Kurfürsten nördlich von Straßburg gezogen und daselbst die Vogesenpässe durch Befestigungen zu sichern getrachtet. Obgleich eben in dieser Zeit bis auf 30.000 Mann wieder verstärkt, durfte der Marschall gegenüber der ungemeinen Uebermacht (50.000 M.) des Kurfürsten und Bournonville's es nicht auf eine Schlacht ankommen lassen. Er ging deßhalb bis hinter die Zorn, wo er eine gute Stellung nahm. Die Deutschen hatten durch lange Zeit zu keiner Ausnützung ihrer Ueberlegenheit sich zu entschließen gewußt; sie glaubten den Arrière-Bann, welcher Turenne's Armee verstärkt hatte, zahlreicher als er wirklich war, und legten mehr Gewicht auf die Tapferkeit der aufgebotenen Edelleute, aus denen er gebildet war,

wie auf ihren Mangel an Kriegszucht und Abrichtung. Endlich erschien aber das kai=
serliche Heer doch vor den Stellungen Turenne's und machte Anstalten, ihn am
folgenden Tage (26. Octb.) anzugreifen. Aber schon um Mitternacht trat der
Marschall den Abmarsch an; er hätte auf demselben einen großen Vorsprung ge=
winnen müssen, wenn ihn nicht die Nonchalance des adeligen Hinterbannes, wel=
cher erst gegen neun Uhr Morgens die Federn mit dem Sattel zu vertauschen be=
liebte, zu einem längeren Halte gezwungen hätte. Die Deutschen versäumten aber
gleichwohl diese günstige Gelegenheit, und ungestört vermochte Turenne sich hinter
die Vogesen zu ziehen. Er bezog Quartiere in Lothringen; nun glaubten sich die
Deutschen im Elsaß vollkommen sicher und breiteten sich über Cantonirungen
um Kolmar aus. Gleichzeitig stritten sich ihre Feldherren um eine Menge von
Plänen, welche man zunächst in Ausführung bringen wollte; der Marsch nach Loth=
ringen, die Belagerung dieser oder jener Festung im Elsaß wurden in Vorschlag
gebracht. Unentschiedenen und in sich selbst unklaren Charakteren pflegt es aber
gewöhnlich zu geschehen, daß sie, wenn zu gleicher Zeit mehrere Verrichtungen als
lohnend sich darstellen, vor lauter Erwägung zu keiner einzigen gelangen. So war
es auch diesmal; die Feldherren deliberirten und die Truppen blieben liegen. Nur
der immer rührige Karl von Lothringen ging daran, auf eigene Faust einen
Versuch zur Wiedergewinnung seines verlorenen Landes zu machen. Mit seinen
Haustruppen eilte er über die Vogesen, überraschte den zur Bewachung eines Pas=
ses aufgestellten Hinterbann von Anjou im besten Schlafe, nahm ihn gefangen
und eroberte Rémiremont nebst einigen anderen Städtchen. Herzog Karl fand
aber ein Bleiben in diesen Gegenden nicht.

Dem Anscheine nach war jetzt — im December — der Feldzug geschlossen.
Anders dachte Turenne. Er wußte hinlänglich, wie leicht das vielköpfige Heer
seiner Gegner sich verblüffen ließ und durfte sich demnach von einer Operation
mitten im Winter — damals ein unerhörtes, fast unglaubliches Ereigniß! —
jedenfalls einigen Erfolg versprechen. So ließ er denn sein in letzter Zeit ver=
stärktes Heer auf verschiedenen Straßen — um die ganze Bewegung besser zu
maskiren — hinter den Vogesen nach Süden abmarschiren; bei dieser Gelegen=
heit wurden die schwachen, lothringischen Abtheilungen wieder über das Gebirge
zurückgetrieben, zum Theile auch gefangen. Am 29. December vereinigten sich
alle französischen Corps bei Belfort, brachen von hier nach dem oberen Elsaß
ein und erweckten einen panischen Schrecken bei den hier herum verstreuten schwa=
chen Abtheilungen der Reichstruppen, welche großentheils gefangen wurden. Mit
Mühe ließen sich die kaiserlichen Feldherren zu dem Glauben an das Nahen Tu=
rennes bewegen; sie suchten ihre Abtheilungen zwischen Kolmar und Türkheim zu

concentriren, brachten dieß aber nur sehr unvollständig zuwege. Noch bevor sie in voller Verfassung waren, erschien Turenne — nach Vernichtung einiger deutschen Abtheilungen unweit Mühlhausen — am 5. Jänner 1675 gegenüber dem Gros der Reichsarmee; dasselbe war in einer Stärke von 30.000 M. von Kolmar bis gegen Türkheim aufgestellt; letztere Stadt war bloß von 300 Dragonern besetzt. Turenne ließ nun, auf die Unthätigkeit der Gegner bauend, bloß die stärkere Hälfte seines Heeres ihrer Front gegenüber aufmarschiren, während er selbst mit dem Reste einen Flankenmarsch links vollführte, Türkheim ohne Mühe wegnahm und sonach in der linken Flanke der Deutschen sich aufstellte. Letztere, deren Hauptmagazine in Kolmar sich befanden, hatten nicht den Muth, mit ganzer Stärke sich auf das eine oder das andere feindliche Corps zu werfen. So begnügte man sich, nach und nach bloß 14 Bataillons und etwas Cavallerie gegen Türkheim zu entsenden; die Angriffe dieser Abtheilungen hatten selbstverständlich keinen Erfolg. Für den nächsten Tag hatte Turenne die Fortsetzung des Gefechtes im Sinne. Dazu kam es aber gar nicht, weil die Kaiserlichen noch in der Nacht den Rückzug antraten. Indem sie über Schlettstadt und Straßburg bis jenseits des Rheines zurückgingen, hatte Turenne es erreicht, den Elsaß ganz von ihnen wieder frei zu machen. Die Deutschen hatten ihre Ueberlegenheit nirgends auszunützen gewußt, ja sie hatten dieselbe — bei der Menge von Gefangenen und Versprengten der letzten Zeit — endlich sogar ganz eingebüßt, und dieß Alles nur aus dem Grunde, weil bei ihnen ein vielköpfiges Commando herrschte und die kräftigen Entwürfe der vorhandenen guten Generale (Friedrich Wilhelm, Carl von Lothringen) unter der farblosen Bedächtigkeit der übrigen erdrückt oder verzerrt wurden.

57. Feldzug 1675. Nach den geringen Erfolgen des letzten Feldzuges hatte Kaiser Leopold I. das Commando der mittelrheinischen Armee wieder dem bewährten Montecuccoli übergeben. Da dieser und Turenne für die ersten Feldherrn ihres Zeitalters galten, so war ganz Europa auf den Verlauf der Ereignisse ungemein gespannt. In Wirklichkeit fand jeder der beiden Heerführer auch bald genug Gelegenheit, seinen eigenen Nimbus höher strahlen zu machen, ohne damit jenen des Gegners zu verdunkeln; denn nach den Anschauungen jener Zeit erblickten sie ihren Ruhm darin, durch irgend eine feine Combination dem Gegner eine Idee von dem Scheine einer Gefahr für seine Verbindung einzuflößen, welcher Eventualität er sodann durch eine eben so subtile Veränderung seiner Positionen zu begegnen wußte. So drehte man sich Wochen hindurch mit leisen Schwenkungen und Ziehungen auf einigen armseligen Quadratmeilen herum, ohne es je zu einer eigentlichen That kommen zu lassen. Gerade dieser Feldzug von 1675 ist einer von denjenigen, in welchen auf das scharfsinnigste jeder schwache Bach in die Berechnung gezogen, der Krieg überhaupt wie eine mathematische Aufgabe durchgeführt wurde, dabei aber doch zu keinem Resultate führte, weil der Hauptfaktor der gesammten Kriegskunst, die moralisch und physisch vernichtende Kraft des Schlagens dabei fast ganz außer Spiel gelassen wurde. Die Schachzüge der beiden großen Feldherren sind bewundernswerth in ihrer, so zu sagen, nüchternen Genialität; aber es wäre der beklagenswertheste Fehler, sie noch nachahmen zu wollen. Aehnliche Versuche kamen den österreichischen Feldherren im siebenjährigen und im französischen Revolutionskriege sehr theuer zu stehen.

Zu Anfang Mai hatte Montecuccoli seine Armee bei Bruchsal vereinigt und führte sie gegen Straßburg, wo er im Einverständnisse mit dem Magistrate den Rhein übersetzen zu können hoffte. Allein Turenne, welcher am 2. Mai seine Armee bei Schlettstadt concentrirt hatte, brauchte weniger Zeit nach Straßburg, dessen Patricierthum sich sehr leicht einschüchtern und zum Versprechen strenger Neutralität bestimmen ließ. Der kaiserliche Feldherr sah hier also seine Absichten durchkreuzt, entschloß sich aber rasch zu einem Marsche stromabwärts in die Gegend von Speyer und Mannheim: durch die Errichtung von Brücken an diesen Orten und durch die gleichzeitige Bedrohung der französischen Waffenplätze Philippsburg und Landau glaubte Montecuccoli seinen Gegner nach Norden locken zu können; in diesem Falle wollte der Erstere auf dem rechten Stromufer rasch wieder gegen Straßburg umkehren und daselbst den Uebergang bewirken. Aber Turenne gieng nicht in die Falle; weitere Schritte der Kaiserlichen vorerst abwartend, ließ er gleichzeitig selbst unweit Straßburg zwei Brücken über den Rhein schlagen, um seinerseits den Gegner an der empfindlichsten Stelle, nämlich an den Verbindungen zu bedrohen. Wirklich ging jetzt Montecuccoli auf das rechte Ufer zurück und bezog am 14. Juni eine Stellung bei Offenburg an der Kinzig; die Franzosen dagegen lagerten seit dem 7. bei Willstädt, näher an Straßburg; die beiderseitigen rechten Flügel der Armeen — diese standen nämlich eine beiläufig in der Verlängerung der anderen — waren nur durch einen Zwischenraum von kaum einer Stunde und durch die Kinzig getrennt. Jedes der beiden Heere zählte bei 25.000 Mann. Durch die Stellung Turenne's war den Kaiserlichen jede Verbindung mit Straßburg abgeschnitten, von wo sie mancherlei Zufuhren erwarteten. Deshalb marschirten sie am 18. Juni an die Schutter, fast in den Rücken der bisherigen französischen Stellung; allein alsogleich veränderte auch Turenne seine Position und bezog eine solche in dem engen Raume zwischen der Schutter und dem Rheine; um hier eventuell des Rückzuges sicher zu sein, ließ er seine Kriegsbrücke in der Nähe der stehenden Brücke von Straßburg schlagen. Montecuccoli, deſſen Abſichten behufs Verbindung mit Straßburg abermals durchkreuzt waren, ging nun nach Offenburg zurück (26. Juni), ebenſo Turenne nach Willſtädt. Nach einer Woche (3. Juli) marſchirte Montecuccoli an die Rench und hinter ihr gegen den Rhein herunter; augenblicklich war aber auch Turenne ihm wieder gegenüber und errichtete einige Redouten, um die Kaiſerlichen vom Rheine fern zu halten. Bei dieſen unbedeutenden Poſitionsänderungen, welche ſeit drei Wochen auf einem Raume von blos acht Quadratmeilen ſtattfanden, litten beide Armeen großen Mangel an Lebensmitteln; demungeachtet verſtieg ſich keine bis zu dem Wagniß, den Gegner durch eine Schlacht wegdrängen zu wollen. Endlich aber nahmen doch die bisher unbedeutend geweſenen Scharmützel eine etwas kräf= tigere Färbung an; in einem derſelben erlitt die franzöſiſche Reiterei durch die kaiſerliche bedeutende Verluſte.

Turenne hatte nach und nach die Stellungen der Deutſchen mit einer Po= ſtenkette derart umſpannt, daß ihnen das Fouragieren in dieſen Gegenden faſt unmöglich geworden war. Heutzutage würde man in einem ſolchen Falle die Aus= einanderzerrung der gegneriſchen Streitmacht in der Weiſe ausnützen, um ſie irgendwo zu durchſtoßen; damals aber, wo das Wort Poſten einen ſo mächtigen Klang hatte, glaubte Montecuccoli den Umſtänden weichen zu müſſen. Er zog ſich demnach wieder ein paar Meilen zurück, jedoch nur, um allſobald in eine beſſere Stellung neuerdings vorzugehen. Hiezu ſchien ihm die Umgebung von **Sasbach** beſonders geeignet; dieſes Dorf, einen Tagmarſch von Baden, eben ſo weit von Kehl entfernt, ſchloß den Eingang in ein kleines Gebirgsthal, ſicherte einen grö= ßeren Fouragirungsbezirk und ermöglichte dem General Caprara, welcher von früher her bei Offenburg zurückgelaſſen worden war, das Herankommen. Recht= zeitig hatte Montecuccoli 300 M. in die Kirche und den Kirchhof von Sasbach geworfen und führte in der Nacht zum 27. Juli das Gros ſeines Heeres eben dahin. Aber auch Turenne hatte die Bedeutung von Sasbach zu ſchätzen verſtan= den; früher als die Kaiſerlichen erſchien er vor dem Orte und griff den Kirchhof an, jedoch ohne Erfolg. Nach und nach vollzogen beide Heere bei Sasbach ihren Aufmarſch; es hatte ganz den Anſchein, als ob es nun doch endlich zu einer Schlacht kommen ſollte. Jeder der beiden Feldherren ſuchte ſich vorerſt der Vor= theile der Stellung zu verſichern, bevor er die Vorrückung über einen etwas ſchwie= rigen Bach beginnen wollte. Turenne erkannte als Schlüſſel der Stellung nebſt dem Dorfe noch eine Höhe, auf welche er Batterien ſtellen wollte. Es zeigte ſich aber bald, daß die Kaiſerlichen insgeheim nach dieſem Orte hin ſchon treffliche Anordnungen getroffen hatten; während Turenne mit ſeinem Artilleriegeneral den erwähnten Hügel recognoscirte, kam plötzlich aus einer feindlichen Batterie,

welche bis zu diesem Momente gar nicht sichtbar gewesen war, eine Kugel geflo=
gen, riß dem Artilleriechef einen Arm weg und traf den Marschall Turenne am
Magen; ohne eigentlich verwundet zu sein — denn die Kugel drang nicht ein
— blieb der große Heerführer sogleich todt.

Im Geiste seines Jahrhunderts — und eben dieses ist zur Beurtheilung
eines Menschen maßgebend — war Turenne ein genialer, bewundernswerther
Feldherr gewesen; mit vollem Rechte zählte ihn Napoleon I. unter den sechs größ=
ten Feldherren der Vergangenheit auf. Von rein menschlichem Standpunkte war
dem großen Marschall in seiner Jugend der mehrmalige Wechsel der Partei, in
späterer Zeit aber die Verheerung der armen deutschen Lande zu rügen; letztere
jedoch war ihm strengstens anbefohlen gewesen. In jeder anderen Beziehung stand
Turenne untadelhaft da, und mit Recht durfte der edle Montecuccoli bei der Nach=
richt von dem Tode seines Rivalen und Gegners die schönen Worte sagen: „Es
ist ein Mensch gestorben, der dem Menschen Ehre macht!"

Nach dem Tode Turennes dauerte die Kanonade bei Sasbach noch am
folgenden Tage fort, ohne daß es zu einem ernsteren Gefechte kam. Am 28. aber
traten die Franzosen ihren Rückzug nach dem Rheine hin an; die Kaiserlichen
folgten ihnen auf dem Fuße und es kam zu hitzigen Gefechten bei Willstädt
und Altenheim. Bei dem letzteren Orte befand sich die Kriegsbrücke der Fran=
zosen; nur der Tapferkeit des Regimentes Champagne, welches hier 16 Haupt=
leute, fast alle Officiere und eine Menge Mannschaft verlor, ferner dem helden=
müthigen Ausharren der englischen Soldtruppen hatte die französische Armee es
zu danken, daß ihr der Rückzug über den Rhein nicht abgeschnitten wurde. Am
2. August wurde dieser bewerkstelliget. Als nun auch Montecuccoli bei Straßburg
auf das linke Stromufer übergieng und Anstalten traf, nach Lothringen einzu=
brechen, eilten die Franzosen, die Gegenden um Zabern (Saverne) und Hagenau
zu verwüsten, um den Deutschen das Vordringen zu erschweren. Montecuccoli
gab sich die Miene, als ob er zuerst Hagenau, später aber Zabern ernstlich bela=
gern wolle; doch wurde die Einschließung dieser Plätze nach kurzer Zeit durch die
Gegenanstalten Condé's, des dermaligen französischen Feldherrn, immer wieder
gestört; auch mußte derselbe die Pässe nach Lothringen hin wohl zu verwahren.
Der Rest des Feldzuges am Mittelrheine verlief mit verschiedenen Demonstra=
tionen von der einen und anderen Seite, ohne daß hiebei etwas Ernstes beab=
sichtigt oder erreicht worden wäre.

Der Herzog Carl von Lothringen bildete mit einem selbstständigen Corps
im Feldzuge 1675 ein Verbindungsglied zwischen der mittelrheinischen und der
niederländischen Armee. Die Moselgegenden waren Schauplatz seiner Thaten;

daselbst begann er die Belagerung von **Trier,** um diese Stadt ihrem Kurfürsten zurückzugeben. Zum Entsatze des Platzes nahte der französische Marschall Crequi und nahm eine sehr starke Stellung zwischen den Flüssen Mosel und Saar, kurz hinter dem Punkte, wo sich diese vereinigen. Die Konzarbrücke, einen sehr wichtigen Uebergang, hatte Crequi gut besetzen und zum Theile abbrechen lassen. Ueberdieß rechnete er darauf, daß die Garnison von Trier den lothringischen Truppen, falls diese einen Angriff auf die Konzarbrücke wagen würden, in den Rücken fallen sollte. Der gedachte Angriff fand auch wirklich am 11. August statt; der Ausfall der Garnison jedoch unterblieb aus einer zufälligen Ursache. Die Deutschen nahmen die Brücke ohne große Mühe und machten sie rasch für Infanterie gangbar; die Reiterei dagegen gieng durch Fuhrten in der Saar. Nun galt es dem Gros des französischen Heeres, welches durch die Sorglosigkeit seiner Anführer zu dieser Zeit nicht in voller Stärke beisammen stand: es war nämlich ein namhafter Theil der Reiterei auf Fouragierung auswärts. Trotzdem leistete Marschall Crequi durch einige Zeit guten Widerstand, wurde aber später in die vollste Unordnung und wilde Flucht geworfen. Die kläglichen Reste seines Heeres eilten theils nach Thionville, theils nach Metz; Crequi selbst warf sich auf einem Umwege nach Trier hinein. Dieser Platz wurde, nachdem bereits eine Bresche im Hauptwall gelegt war, zur Uebergabe aufgefordert (3. Sept.); Crequi verweigerte diese; aber unter seinen Officieren entstand eine Meuterei, in Folge welcher ein paar Tage später die Festung den Belagerern überliefert und die Besatzung entwaffnet wurde. Crequi, gegen dessen Willen dies Alles geschah, mußte nach einem fruchtlosen Widerstande sich gefangen geben. Von Seite der französischen Regierung wurde die Meuterei zu Trier später an den Urhebern theils mit Enthauptung, theils mit Cassation bestraft.

Carl von Lothringen hatte die Einnahme von Trier nicht mehr erlebt; er war kurz vorher dem Fieber erlegen. Bei seinem hohen Alter — er zählte 75 Jahre — war er einer der rührigsten und unternehmendsten unter den deutschen Generalen gewesen. Nachfolger im Herzogthume, das übrigens noch immer von den Franzosen besetzt blieb, war sein Neffe, gleichfalls Carl (IV., nach einer anderen Rechnung der V.), welcher damals schon einen trefflichen Ruf als österreichischer General sich erworben hatte.

In den Niederlanden führte in der ersten Hälfte des Feldzuges Condé den Befehl über die Franzosen. Durch Verrath des Kommandanten wurde ihm die bisher neutrale Stadt und Festung Lüttich in die Hände gespielt. Die Holländer unter Wilhelm III. von Oranien, die Spanier unter Villa Hermosa und die zu Anfang des Feldzuges mit ihnen noch in Verbindung stehenden Lothringer und Lüneburger stellten den Franzosen eine Truppenmacht von 48.000 M. gegenüber.

12 *

Ludwig XIV. oder vielmehr Condé lockte durch verschiedene Demonstrationen die Gegner auf falsche Fährten und ließ dann rasch die kleine Festung Dinant an der Maas belagern; am 29. Mai wurde selbe bereits genommen. Gleich darauf (1. Juni) eröffneten die Franzosen die Belagerung von Huy, gleichfalls an der Maas, und nahmen diesen Platz am 5. Tage ein. Wichtiger war die Eroberung von Limburg, welche am 21. Juni gemacht wurde. Nach dieser Zeit geschah es, daß der Herzog von Lothringen sich nach der Mosel und Saar hin wandte, wohin ein französisches Corps unter Crequi ihm folgte. Die weiteren Ereignisse daselbst sind uns bereits bekannt. — In den Niederlanden blieb Wilhelm von Oranien, welcher erst jüngst die Spanier an sich zu ziehen vermocht hatte, einer bedeutenden Uebermacht der Franzosen gegenüber. Später jedoch minderte sich die Letztere durch Detaschirungen an den Mittelrhein und in das Innere von Frankreich, wo an einigen Orten Aufstände ausgebrochen waren; an die Stelle des gefallenen Turenne ging Condé nach dem Elsaß ab und Luxemburg übernahm die französische Armee in den Niederlanden. Die weiteren Ereignisse in diesen Gegenden waren jedoch ganz ohne Bedeutung.

Ein neuer Kriegsschauplatz hatte sich im Laufe dieses Jahres im nördlichen Deutschland gebildet. Es waren nämlich die Schweden als Alliirte Frankreichs (siehe §. 41) im Jänner 1675 in die Mark Brandenburg eingefallen, wo sie mehrere Städte wegnahmen, schwere Contributionen erhoben und überhaupt in arger Weise haußten. Unter diesen Umständen zog der Kurfürst von Brandenburg mit den eigenen und einigen anderen deutschen Truppen im Frühjahre vom Mittelrheine ab und eilte so rasch als möglich nach Magdeburg, daß er früher dort war, als die Kunde von seinem Heranzuge. So fiel es ihm leicht, bei Rathenau ein sorglos kantonirendes schwedisches Regiment durch Ueberfall gefangen zu nehmen (25. Juni). Mit derselben Eile wie bisher marschirte Friedrich Wilhelm weiter, um wenn möglich die Vereinigung der erst jetzt allarmirten schwedischen Corps zu verhindern; dieselbe sollte bei **Fehrbellin** stattfinden; doch waren am 28. Juni (18. a. St.) daselbst nicht mehr als 11.000 M. versammelt. Aber auch der Kurfürst brachte bloß bei 7000 M., fast lauter Reiter, daselbst zur Verwendung, nachdem er bei seiner Eilfertigkeit sein Fußvolk zurückgelassen hatte. Die Brandenburger errangen mit ungemeiner Tapferkeit und unter einer tüchtigen Führung einen vollständigen Sieg; die Schweden verloren 4000 M.; was aber mehr galt, war, daß ihr militärischer Ruhm von diesem Tage an rasch zu sinken begann. Für die Brandenburger, die bis dorthin noch nie unter eigenen Fahnen einen größeren Sieg erkämpft, überhaupt weniger kriegerischen Ruhm als die anderen deutschen Stämme errungen hatten, war dieser Sieg im höchsten Grade folgenschwer: von dem Tage bei Fehrbellin beginnt die militärische Größe von Preußen. — Brandenburg auf der einen Seite und das gleichfalls mit dem Kaiser verbündete Dänemark an anderen Orten setzten nun den Schweden auf das Aeußerste zu; es erschien ferner noch eine holländische Flotte in den nördlichen Meeren und trug zu den Bedrängnissen des schwedischen Staates das ihrige bei. Große Theile von Schwedisch-Pommern, von Rügen, dann Gothland und die Festungen Wismar, Rostok u. s. w. fielen nach und nach in die Hände der Alliirten, und letztere bezeigten nicht übel Lust, alles Eroberte zu behalten.

Schomberg, welcher das französische Corps in den Pyrenäen befehligte, war im Frühjahre über den Paß von Bagnoles nach Spanien eingedrungen und hatte daselbst mehrere Plätze erobert; der bedeutendste war das Fort Bellegarde, welches am 20. Juli kapitulirte. Ein heftiger kleiner Krieg wurde neben den Operationen größeren Styles von den Miquelets durchgeführt; mit diesem Namen bezeichnete man Landleute, meistens Schmuggler und Raubschützen, welche den Krieg nach ihrer Weise und Laune führten. Sie fanden sich theils auf der französischen, — zahlreicher und gefährlicher jedoch auf der spanischen Seite vor. Schomberg sah seine Transporte und Detachements fortwährend von denselben bedroht.

Die Seekämpfe des J. 1675 waren nicht sehr gewichtiger Natur. Um ihre Stellung zu Messina, wo sie seit dem vorigen Jahre Fuß gefaßt hatten, zu befestigen, gingen 13 französische Kriegsfahrzeuge, von zahlreichen Transportschiffen begleitet, unter dem Herzog von Vivonne nach Sicilien ab. Vor Messina trat den Franzosen die bedeutend stärkere spanische Flotte entgegen, wurde aber mit einem Verluste von vier Schiffen geschlagen (11. Jän.). Vivonne zog nun als Vicekönig in Messina ein und wurde, da er große Getreidevorräthe mitbrachte und vertheilte, anfänglich wie ein Retter begrüßt; bald aber erzeugte das leichtsinnige und hochmüthige Verfahren der Franzosen, wozu dann noch eine neuerdings eintretende Noth an Lebensmitteln sich gesellte, eine sehr üble Stimmung in dem von jeher als wankelmüthig bekannten Volke. Im Laufe des Jahres machte Vivonne mehrere Excursionen an den sicilischen Küsten, alle jedoch ohne höheren Zweck und Erfolg. Mittlerweile rüsteten aber Spanien und die Generalstaaten eine große Flotte aus und setzten dieselbe am Schlusse des Jahres nach Italien hin in Bewegung.

58. Ereignisse zur See, Feldzug 1676 in Flandern und Deutschland. Der alte Seeheld Ruyter, welcher die nach Sicilien bestimmte holländisch-spanische Flotte befehligte, begegnete nach Uebersteheung schwerer Stürme nahe bei der Insel Stromboli den Franzosen; es kam hier zu einem Gefechte, (8. Jänner 1676), welches der plötzlich eingetretenen Windstille wegen unentschieden verlief. Einige Monate gingen ohne bedeutende Ereignisse hin; erst am 21.

April entspann sich ein neuer Kampf in der Höhe von **Agosta**; derselbe war un=
gemein lebhaft und blutig. Bald nach Anfang der Schlacht wurden dem Admiral
Ruyter beide Füße durch eine feindliche Kugel zerfleischt und fast weggerissen; aber
ruhig, als ob nichts vorgefallen wäre, leitete er unter den furchtbarsten Schmerzen
den Kampf bis zu Ende fort. Nachdem jedoch die spanischen Schiffe an der Schlacht
sich beiläufig nur wie Zuschauer betheiligten, mußte Ruyter zufrieden sein, als er,
begünstigt durch die Dunkelheit der Nacht, noch ohne große Verluste in den Hafen
von Siragossa einlaufen konnte. Wenige Tage später starb dieser große Seeheld
(29. April), welcher sich vom niedrigsten Stande zu den höchsten Stellen empor=
geschwungen und ebenso viele Bewunderung wegen seiner kaltblütigen Entschlossen=
heit wie wegen seiner Bescheidenheit verdient hatte. — In nächster Zeit wurde die
französische Flotte in Sicilien neuerdings verstärkt. Marschall Vivonne griff am
2. Juni 1676 die holländisch=spanische Flotte in der Nähe von **Palermo** an
und brachte ihr ungeheure Verluste bei. Ueber zwanzig Schiffe mit 700 Kanonen
der Alliirten waren durch die französischen Brander in die Luft gesprengt oder zum
Stranden genöthigt worden; bis in die Stadt Palermo erstreckte sich die angestellte
Verwüstung. Fortan blieben die Franzosen Herrscher in den sicilianischen Gewäs=
sern und erfochten hie und da im mittelländischen Meere noch einige kleine Erfolge.

Im Interesse des Zusammenhanges der Ereignisse geben wir hier übersicht=
lich dasjenige, was bis zum Schlusse des Krieges sich auf den minder wichtigen
Schauplätzen zugetragen hat. Wir beginnen demnach mit Sicilien, wo die Macht
der Franzosen von Messina aus sich ein wenig weiter verbreitete. Als jedoch im
J. 1678 England mit Entschiedenheit auf die Seite der Alliirten trat und im Ver=
eine mit diesen eine mächtige Flotte mit der Bestimmung für das mittelländische
Meer rüstete, fürchtete Ludwig XIV., daß seine Flotte zu Messina eingeschlossen
und vernichtet werden dürfte. Unbekümmert um das Schicksal jener Sicilianer,
welche Spanien verrathen und an Frankreich sich geschlossen hatten, beorderte der
König den Marschall de la Feuillade, alle Franzosen aus Sicilien in die Heimat
zurückzubringen. Ohne daß die Bewohner der Insel etwas merkten, traf der Mar=
schall seine Vorbereitungen und am 16. März 1678 sahen sich die Messinesen
plötzlich von ihren bisherigen sogenannten Beschützern verlassen, — wehrlos der
Rache Spaniens preisgegeben. 500 Familien, welche am schwersten gravirt
waren, ließen Haus und Vermögen im Stiche, um auf den französischen Schiffen
in eine traurige Verbannung zu flüchten.

Von den sonstigen Seekämpfen verdienen jene in Amerika eine besondere
Erwähnung. Dort hatten die Holländer im Frühling 1676 den Franzosen
Cayenne weggenommen, verloren diesen Gewinn aber bereits im December. Im

folgenden Sommer wurden sie zu Tabago von dem französischen Admiral D'Estrées angegriffen; letzterer mußte sich endlich zurückziehen, obgleich die Verluste der Niederländer die größeren gewesen waren. Im Decbr. erschienen die Franzosen abermals vor Tabago und griffen den Hauptort zu Wasser und zu Lande an; mit dem dritten Bombenwurfe ging ein Pulvermagazin und zugleich der Stab der holländischen Truppen in die Luft, wonach der Platz von den Franzosen erstürmt wurde. Dafür aber erlitten letztere im J. 1678 am 11. Mai einen empfindlichen Verlust, indem ein furchtbarer Sturm ihnen eilf große Schiffe scheitern machte.

Den Vorfallenheiten in den Pyrenäen war während der letzten drei Kriegsjahre ebenso wenig wie früher eine große Bedeutung zuzumessen. Im Allgemeinen errangen die Franzosen jährlich einige Vortheile und lebten auf Kosten der Spanier, umgekehrt aber wieder die spanischen Miquelets auf Kosten der Franzosen. Der Marschall von Navailles, welcher nach Schomberg den Befehl der französischen Armee führte, schlug am 4. Juli 1677 den spanischen General Monterey, welcher ihm bis an den Eingang des Passes von Baguoles gefolgt war, mit Erfolg zurück. Die Spanier hatten die Kühnheit gehabt, den Angriff ohne ein einziges Stück Geschütz zu wagen; und es gehörte jedenfalls viel Muth dazu, um den Kampf gegenüber einer starken und gut postirten Artillerie durch 8—9 Stunden auszuhalten. Das Treffen ergab übrigens kein rechtes Resultat, indem die Franzosen, obgleich Sieger, am nächsten Tage ihren Weg über die Pyrenäen zurück wieder aufnahmen. Der letzte Feldzug 1678 ist nur bemerkenswerth durch die Belagerung von Puycerda, der Hauptstadt der Grafschaft Cerdagne; trotz des tapferen Widerstandes der Spanier wurde Navailles nach einer einmonatlichen Umschließung Herr dieses Platzes, welchen er später auf die Kunde von dem bevorstehenden Frieden schleifen ließ.

Die wichtigsten Schauplätze blieben immer jene in den Niederlanden und am Mittelrheine. Ludwig XIV. führte im Feldzuge 1676 bis zu Anfang Juli persönlich das Commando seiner niederländischen Armee; später überließ er dasselbe dem Marschall Schomberg. Das französische Heer mochte gegen 80.000 M. stark sein, während das holländisch-spanische unter Wilhelm III. von Oranien, obgleich in diesem Jahre besser gerüstet als sonst, nicht viel über 50.000 M. gezählt haben mag. Aller Anstrengungen ungeachtet, welche Prinz Wilhelm machte, blieben die Franzosen auch in diesem Jahre wieder im Vortheile; nach kurzen Belagerungen eroberten sie Condé und Bouchain (25. April, 10. Mai). Oranien, welcher zur Rettung des letzteren Platzes gerne eine Schlacht gewagt hätte, wobei er auf die eigene Festung Valenciennes sich stützen konnte, wurde durch die Unentschlossenheit der Spanier zur Unthätigkeit verurtheilt. Nach einer mehrwöchentlichen

Pause begannen die Franzosen die Belagerung von Aire, die Holländer hingegen jene von **Maſtricht** (7. Juli). Erſterer Plaß, in ſumpfiger Gegend an der Lys gelegen, war zwar ſehr feſt, aber dennoch an Bedeutung mit Maſtricht nicht zu vergleichen. Am 31. Juli kapitulirte Aire, und Marſchall Schomberg konnte nun ſeine ganze Macht in Bewegung ſeßen, um den Fall von Maſtricht abzuwenden. In dieſer Hauptfeſtung commandirte General de Calvo, welcher als alter Cavalleriſt zwar vom Feſtungskriege nicht viel verſtand, aber ſehr tapfer war und gute Gehilfen hatte. Die Vertheidigung wurde daher auch ungemein rühmlich durchgeführt; mit zahlreichen Ausfällen und Minen wurde den Belagerern jeder Schritt koſtſpielig gemacht. Aber die Holländer bewieſen ebenſo viele Tapferkeit als Umſicht; ſie ſchloſſen ſich gegen den Plaß mit einer Circumvallation ab und gelangten nach ſchweren Opfern endlich dahin, in einem Theile des bedeckten Weges ſich feſtzuſeßen (9. Aug.). Bereits erhielt Oranien jeßt die Kunde von dem Heranzuge Schombergs; es galt die Feſtung in den nächſten Tagen zu erſtürmen oder abzuziehen. Troß ungemeiner Tapferkeit konnten die Holländer bei einem Hauptſturm am 18. Aug. nicht durchbringen; da verfiel Oranien auf den verzweifelten Einfall, faſt alle ſeine Infanterie-Officiere in eine Abtheilung zu vereinen, welche nun den Sturm erneuerte. Allein ſelbſt dieſer Angriff hatte nur einen negativen Erfolg; die holländiſche Armee verlor eine Menge ihrer beſten Officiere, welche ſie in den nächſten Zeiten nicht wohl zu erſeßen vermochte. Trozdem mußte, als Schomberg kaum mehr einen Tagmarſch entfernt ſtand, die Belagerung aufgehoben werden (20. Aug.).

Schomberg ließ einen Theil ſeiner Truppen bei Maſtricht zur beſſeren Verſicherung dieſes Plaßes ſtehen; mit dem Reſte trat er ſelbſt den Rückweg an. Dieſe Theilung der Kräfte wurde von Oranien ſogleich ausgenüßt; er trachtete, ſeinem Gegner zuvor zu kommen und ihn zur Schlacht zu zwingen; allein der nicht minder ſchlaue Schomberg entzog ſich dieſer Gefahr durch einen ebenſo kühnen als wohlberechneten Flankenabmarſch, mit welchem er den Prinzen täuſchte. Der Reſt des Feldzuges war ganz bedeutunglos und ſchon im September gingen beide Armeen in die Quartiere. — Ein untergeordneter Schauplaß war zwiſchen der Maas und der Lauter, wo auf der einen Seite der Marſchall Crequi, auf der anderen die Truppen von Celle und Münſter ohne namhafte Kämpfe ſich herumtrieben.

Am **Mittelrheine** ſtanden im J. 1676 Karl von Lothringen und der Marſchall von Luxemburg, zwei der größten Feldherren dieſes Zeitalters ſich gegenüber. Zwiſchen ihren Truppen fielen zu Anfang des Sommers mehrere Scharmüßel vor; beide Theile erhielten nach und nach Verſtärkungen und blieben ſich der Zahl nach ebenbürtig. Herzog Karl bereitete unterdeſſen Alles vor zur Belagerung von **Philippsburg**, dieſer ungemein ſtarken Offenſivfeſtung, welche die

Franzosen am rechten Rheinufer besaßen. Friedrich von Baden-Durlach, welcher die Belagerung leitete, übersetzte den Strom (Juni), zerstörte in der nächsten Zeit mehrere Außenwerke und zugleich die von denselben beschützt gewesene Rheinbrücke; dagegen schlug er zwei andere Brücken, um die Verbindung mit dem Herzoge von Lothringen herzustellen. Dieser hatte nämlich die Belagerung zu decken und nahm zu diesem Behufe am linken Rheinufer eine Stellung ein, welche ebenso schwer zu umgehen als anzugreifen war und gleichzeitig die erwähnten Brücken sicherte. Die Eröffnung der Laufgräben gegen Philippsburg selbst konnte erst am 24. Juni erfolgen.

Am 3. Juli brach Luxemburg aus seinem Lager bei Brumpt auf, um den Entsatz zu versuchen. Bei seiner Ankunft vor der verschanzten Stellung des Herzogs Karl überzeugte sich der Marschall jedoch, daß der Angriff fast gar keine Aussicht auf Erfolg besitze. Es blieb nur noch die Hoffnung, allenfalls die Brücken der Kaiserlichen zerstören zu können. Zu diesem Behufe hatten die französischen Ingenieurs eine Art schwimmender Höllenmaschine, ähnlich jener des Gianibelli zu Antwerpen (Bd. III, Seite 193—196), mit vieler Mühe vorgerichtet; allein Lothringen trat der erwarteten Katastrophe entgegen, indem er im Strome ein massives Pfahlwerk, verstärkt durch einen eisernen Rost, herstellen ließ; diese Vorsicht war aber nicht einmal nöthig gewesen, indem das Minenschiff der Franzosen weit ober der bestimmten Stelle explodirte. Luxemburg glaubte nun Philippsburg seinem Schicksale überlassen zu müssen und wandte sich seinerseits nach dem Süden, wo er den Rhein überschritt (23. Aug.) und Freiburg belagern wollte. Nachdem aber Philippsburg nach einem mehr als dreimonatlichen Widerstande in die Hände der Kaiserlichen überging (17. Sept.), und der Herzog von Lothringen mit seinem gesammten Heere nun gegen den Breisgau hinaufrückte, fand Luxemburg den Aufenthalt daselbst nicht mehr geheuer und ging in den oberen Elsaß zurück. Im Nov. bezogen beide Armeen ihre Winterquartiere, welche durch den Rhein getrennt waren.

Schweden war im Feldzuge 1676 nicht viel glücklicher als im vorhergehenden; Friedrich Wilhelm von Brandenburg und andere deutsche Fürsten eroberten den größten Theil der schwedischen Provinzen in Deutschland. Die Holländer unter Tromp siegten im Juni in einer Seeschlacht. Endlich machten auch noch die Dänen viele Eroberungen in Schonen und Norwegen; als sie aber auch Malmö belagerten, lieferte der König von Schweden jenem von Dänemark eine Schlacht bei Lund (14. Decb.) und blieb nach einem ungemein hartnäckigen Ringen im Besitze des Schlachtfeldes; die Schweden gewannen mit diesem Tage die Oberhand in Schonen zurück, und hoben wieder ihren militärischen Ruf, der im vorigen Jahre so sehr gesunken war.

59. Feldzug 1677 auf den nördlichen Schauplätzen. Der Feldzug 1677 wurde in den Niederlanden viel früher begonnen, als es sonst gebräuchlich war. Am 4. März lagerten sich die Franzosen vor Valenciennes; in Schnee und Regen wurden die Belagerungsarbeiten vor den Augen des Königs mit dem größten Eifer betrieben. Schon am 17. März fiel der Platz in einer eigenthümlichen Weise: es wurde nämlich zu einer ungewöhnlichen Stunde, um 9 Uhr Morgens, ein überraschender Angriff auf einen Theil des bedeckten Weges unternommen; die Musketiere des Königs und Grenadiere zu Pferde (abgesessen natürlich) warfen die spärlichen und erschöpften Vertheidiger in einem Anlaufe aus den Werken heraus und stürmten in ihrer Hitze hinter den Flüchtigen bis vor die Zugbrücke des Hauptwalles; nun suchten sie sich weiter einen Weg, erbrachen ein Nebenpförtchen, gelangten von da auf den Wall und endlich in die Stadt. Es waren nur etwa 200 M., welche in dieser tollkühnen Weise nach und nach eindrangen; die Besatzung aber verfiel in eine solche Bestürzung, daß sie, statt die Waghälse gefangen zu nehmen, sogleich Chamade schlagen ließ. So gelangte dieser Hauptplatz durch einen bloßen Handstreich in die Gewalt Frankreichs.

Ludwig XIV. ließ vom 22. März an zu gleicher Zeit zwei andere bedeutende Plätze, Cambray und St. Omer, belagern; erstere Stadt capitulirte schon am 6. April und bot damit den Franzosen die Gelegenheit, die Truppen vor St. Omer zu verstärken. Es war dazu hohe Zeit gewesen; denn Wilhelm von Oranien, welcher bei Dendermonde 30.000 M. versammelt hatte, war im vollen Anzuge zum Entsatze des Platzes. Der Marschall von Luxemburg, welcher den eigentlichen Befehl über die Franzosen führte, ließ nur wenige Truppen vor St. Omer zurück und führte das Gros den Holländern entgegen. Bei **Mont-Cassel** lieferte er ihnen am 11. April eine Schlacht, in welcher Oranien nebst dem Siege bei 7000 M., 15 Geschütze und zahlreiche Fahnen verlor. Die Franzosen wandten sich dann wieder vor St. Omer, welches am 22. April übergeben wurde. Etwas früher (18. April) war auch die Citadelle von Cambray, die sich bis dahin gehalten hatte, eingenommen worden. — Das englische Unterhaus machte zu dieser Zeit große Anstrengungen, um den König Carl II. von seiner offenkundigen Unterstützung Frankreichs abzubringen und auf die Seite der Alliirten zu stellen (siehe Seite 125). Allein statt aller Antwort wurde das Parlament zuerst vertagt und dann aufgelöst. — Glücklicher war die Diplomatie der Generalstaaten in ihren Verhältnissen zu Deutschland; durch eine Verstärkung von 11.000 M., welche Münster und Braunschweig sandten, brachte Oranien sein Heer wieder auf mehr als 40.000 M. und erschien damit vor Charleroi (6. Apl.). Aber wenige Tage später lagerte sich ihm gegenüber der Marschall von Luxemburg und erreichte es ohne Schlacht, blos durch Abschneidung der Verkehrslinien, daß Oranien die Belagerung aufgeben mußte. Der Rest des Feldzuges war inhaltslos.

Der Herzog Carl von Lothringen, welcher auch im J. 1677 am Mittel-rheine commandirte, überschritt zwar am 13. April bei Straßburg den Strom und zeigte Absichten auf den Wiedergewinn seines eigenen Landes, konnte aber damit nicht durchdringen. Bereits hatte er sich in Lothringen, insbesondere im Thale der Seille festgesetzt (Juni), ohne daß ihn sein Gegner Crequi anzugreifen wagte. Da erhielt Herzog Carl vom Kaiser den gemessenen Befehl, zur Mitwirkung bei der Belagerung von Charleroi nach den Niederlanden aufzubrechen. Fortwäh-rend von den Franzosen in Flanke und Rücken geneckt, vollführte der Herzog mit mäßigen Verlusten den Marsch bis an die Maas. Hier aber konnte er unmöglich mehr weiter, nachdem er auf allen Seiten von feindlichen Festungen eingeengt, ihm überdieß auch Crequi auf dem linken Ufer zuvorgekommen war. Endlich hätte Lothringen mit seinen Truppen den Holländern auch kaum zu nützen vermocht, da zu gleicher Zeit auch das französische Heer durch Crequi um die ähnliche Zahl verstärkt worden wäre. Herzog Carl erhielt deshalb vom Kaiser die Erlaubniß zum Rückmarsche, welcher gleichfalls mit vielen Beschwerlichkeiten, Mühsalen und Scharmützeln verknüpft war; auch diesmal blieb nämlich Crequi enge angeschlossen. Nach einigen unbedeutenden Gefechten wurden beide Heere im October in die Winterquartiere verlegt. Crequi kannte jedoch zu gut den Zustand und nament-lich die Bequemlichkeit der deutschen Kreistruppen, aus welchen Lothringens Heer größtentheils gebildet war, als daß er nicht noch eine wichtige Unternehmung in diesem Herbste gewagt hätte. Zu Anfang Novbr. vereinigte er rasch seine Truppen, warf sie über den Rhein und belagerte Freiburg. Am 27. November wurde dieser Platz, welcher den Eingang der südlichen Schwarzwaldpässe schloß, von den Franzosen eingenommen. Vermöge der offensiven Bedeutung dieser Festung fanden sie hier einen Ersatz für das im vorigen Jahre verlorne Philippsburg. Vergebens hatte sich Herzog Carl bemüht, um seine Truppen zum Entsatze zu vereinigen; trotz aller Befehle kamen sie nicht aus ihren Quartieren hervor.

Schon im vorigen Jahre hatte der große Kurfürst nach Eroberung des größten Theiles von Schwedisch-Pommern die Belagerung von Stettin begon-nen; über den Winter war die Stadt blos blokirt, im Sommer 1677 aber neuer-dings belagert worden. Sie leistete einen so trefflichen Widerstand, daß sie erst am 24. December an Brandenburg überliefert wurde. — Auf anderen Punkten erlitten die Schweden nicht minder empfindliche Verluste; so wurden sie zur See in einem Treffen am 7. Juni und in einer großen Schlacht am 11. Juli von den Dänen derart geschlagen, daß letztere Herrscher in der Ostsee blieben. Eine große Landschlacht bei Landskrona, in welcher, wie schon einmal im vorigen Jahre die Könige Carl XI. und Christian V. sich persönlich gegenüber standen, blieb

unentschieden (14. Juli); dagegen siegten die Dänen in einem Treffen in Nor=
wegen und verheerten längs den schwedischen Küsten viele Städte und Inseln.

**60. Der französisch=holländische Krieg bis zum Frieden
von Nymwegen.** Schon seit dem Ende des J. 1675 hatten Friedensverhand=
lungen in der holländischen Stadt Nymwegen begonnen; Ludwig XIV., dessen
Hochmuth und Raublust von der Menge seiner unter sich uneinigen und großen=
theils apathischen Feinde keineswegs sich einschüchtern ließ, stellte so überspannte
Forderungen[1], daß sie kaum annehmbar erschienen. Weil aber die französischen
Waffen im Allgemeinen vom Erfolg begleitet blieben, andererseits die Staaten
sich bereits ziemlich erschöpft fühlten, so trat die Nothwendigkeit sichtlich heran,
mit den Franzosen selbst unter sehr ungünstigen Bedingungen sich abzufinden.
Allerdings machten die Alliirten neue Versuche, um die Zahl der Feinde Frankreichs
zu vermehren; wirklich schloß England mit den Niederlanden zu Anfang des J.
1678 einen Vertrag zu dem Zwecke, die französischen Vorschläge mit Gewalt zu
ermäßigen; da aber Carl II. nur gezwungen zur Feindschaft gegen den Geldspen=
der zu Versailles sich hergab, so war vorauszusehen, daß Englands bewaffneter
Beistand den Alliirten keinen großen Nutzen bringen werde. Mit den Friedens=
verhandlungen zugleich dauerten die militärischen Operationen fort. Gleich zu
Anfang des J. 1678 täuschten Ludwig XIV. und Louvois mit ihrer gewohnten
Schlauheit die Alliirten derart, daß man überall früher den Anfang der Feind=
seligkeiten vermuthete, als um Gent, vor welcher Stadt die Franzosen zu An=
fang März plötzlich erschienen; unmittelbar früher hatten die Spanier einen nam=
haften Theil ihrer dortigen Garnison herausgezogen. Daher ward die wichtige
Stadt nebst ihrer Citadelle binnen wenigen Tagen die Beute der Angreifer (9. u.
12. März). Auch Ypern, das nunmehr an die Reihe kam, wurde in kürzester
Zeit (15.—25. März) eingenommen.

Die Generalstaaten hatten unterdessen ihre Verhandlungen mit Frank=
reich, welche von ihnen zugleich im Namen Spaniens geführt wurden, so weit
gefördert, daß sie selbst alle nachtheiligen Folgen des Krieges von sich ab und auf
die Achseln ihrer Alliirten zu schieben wußten. Unbekümmert um diejenigen Mächte,
welche die Waffen nur zum Schutze Hollands ergriffen hatten (siehe Seite 146,
151), schlossen die Niederländer schon im Mai mit Frankreich einen Vertrag ab;
er diente allen späteren Friedensschlüssen zur Grundlage, konnte aber, weil Deutsch=
land und der Kaiser nicht kurzweg von Frankreich und Holland Vorschriften anneh=
men wollten, nicht allsogleich in Ausführung gebracht werden. Daher dauerte auch
in den Niederlanden der Kampf noch durch einige Wochen fort. Die Franzosen
belagerten Mons; zum Entsatze dieser Festung rückte Wilhelm von Oranien

heran und lieferte eine Schlacht bei St. Denys, unmittelbar in der Nähe von Mons; beide Theile schrieben sich den Sieg zu. Dieses Treffen fand am 14. August statt; vier Tage früher war aber der Frieden von Nymwegen zwischen Holland, Spanien, England und Frankreich bereits abgeschlossen worden, und es ist nicht unwahrscheinlich, daß Oranien, von diesem Ereignisse verständigt, die Schlacht nur ehrenhalber geschlagen habe.

Die Ereignisse am Mittelrheine waren in diesem letzten Feldzuge wieder sehr leer an Inhalt. Die Franzosen unter Crequi giengen im Mai über den Rhein nach dem Breisgau; umgekehrt schickte auch Carl von Lothringen einige Truppen in den Elsaß, während er mit seinem Gros sich gegen Crequi wandte. Mit einer Menge von kunstvollen Manövern, in welchen immer ein Theil die Schlacht bot, der andere sie nicht annahm, zogen sich die Franzosen im Juni langsam bis an den Rhein zwischen Basel und Rheinfelden zurück, gingen im Juli wieder bis gegenüber von Straßburg vor, erstürmten Kehl (28. Juli), zerstörten dieses Fort und die Straßburger Brücke, zogen dann wieder nach dem Elsaß ab (8. Aug.), nahmen die Brückenschanze und verwüsteten das Gebiet der Straßburger. Carl von Lothringen war wegen der geringen Zahl und auch wegen der nicht durchaus vorzüglichen Beschaffenheit seiner Truppen abermals verhindert, irgend etwas Großes zu unternehmen; verschiedene Scharmützel hatten einen ungleichen Ausgang. Im Allgemeinen blieben die Deutschen, so lange ihre Gegner diesseits des Rheines weilten, ihnen immer östlich ziemlich knapp an der Seite, hielten sich im Herbste durch einige Zeit am linken Rheinufer in der Gegend von Landau und bezogen dann die Winterquartiere. Freund und Feind hatten durch unbedeutende Gefechte, noch mehr aber durch die ermüdenden Märsche und den zeitweilig eingetretenen Mangel große Verluste erlitten, aber durchaus keine beträchtlichen Resultate erzielt. — Glücklicher waren die Alliirten gegenüber den Schweden. Letztere eroberten zwar nach einem Siege über die Dänen (18. Jänner) die Insel Rügen, wo die Letzteren seit dem vorigen Jahre sich festgesetzt hatten, wieder zurück, jedoch nur für ganz kurze Zeit. Schon am 24. September landete daselbst der große Kurfürst, vertrieb die Schweden in wilder Unordnung aus der Insel und nahm diese vollständig ein. Sogleich wandten sich die Brandenburger nunmehr an die Belagerung von Stralsund und eroberten auch diesen Platz (27. Oct.) Den Schweden war in ihren deutschen Landen kein fester Punkt außer Greifswalde geblieben; auch diese Stadt capitulirte nach einer kurzen Belagerung (15. Nov.). Ein schwedisches Heer unter Horn, welches im Winter aus Lievland nach Preußen einfiel, wich bei der Annäherung des Kurfürsten eilfertig zurück; die Brandenburger verfolgten selbes zu Pferd und auf Schlitten zu Land und über das ganze, bereits zugefrorene Frische und das Kurische Haff mit solcher Kraft, daß nach einer Menge kleiner Gefechte von 11.000 Schweden bloß 1500 noch kampffähig blieben. — In Skandinavien waren die Schweden etwas glücklicher und eroberten Christianstad nach mehr= monatlicher Belagerung (14. August).

Nachdem England, Holland und Spanien mit Frankreich den Frieden von Nymwegen unterzeichnet hatten, der Kaiser aber aus Ursache der beständigen Be= drohung von Seite der Pforte und Ungarns zu einer kräftigen Fortführung des Krieges nicht die Mittel besaß, so mußte denn auch das deutsche Reich schließ= lich die Bedingungen von Nymwegen annehmen. Dieser Friede kam am 5. Fe= bruar 1679 zu Stande. Vergebens trachteten Dänemark und Brandenburg diesen Ausgleich zu verhindern oder ihrerseits einen billigen Frieden mit Frankreich und Schweden zu erlangen. Mit dem ganzen Hochmuthe, welchen Ludwig XIV. und sein Kabinet unter glücklichen Verhältnissen in der brutalsten Weise zur Schau trug, befahl er, daß den Schweden Alles, was sie verloren hatten, zurückgegeben werden müsse. Zur Unterstützung dieses Verlangens ließ Ludwig XIV. Truppen nach Kleve, Westphalen und Oldenburg einmarschiren und daselbst in ihrer damals üblichen vandalischen Weise hausen. Gut oder übel hatte Friedrich Wilhelm zu dem Frieden von St. Germain (29. Juni 1679), Dänemark zu jenem von Fontainebleau und Lund (10. Aug., 26. Sept.) sich zu bequemen; Bran= denburg mußte mit Ausnahme einer winzigen Stadt alles Eroberte an Schweden zurückgeben; ebenso auch Dänemark, welches überdieß den Herzog von Holstein= Gottorp in die ihm geraubte Souveränität einzusetzen versprach.

Im Frieden von **Nymwegen,** den wir hier noch näher zu beleuchten haben, war Spanien ganz arg weggekommen. Während die Niederlande alles Verlorene, darunter Mastricht, zurückerhielten, mußte Spanien, dessen niederlän= dische Provinzen fast gänzlich in die Hände der Franzosen gefallen waren, den Wiedergewinn des einen Theiles mit der Abtretung des anderen erkaufen. Die ganze Franche Comté, ferner Valenciennes, Bouchain, Cambray, St. Omer, Condé, Maubeuge, mehrere andere Städte und Gebiete kamen unter französische Herrschaft. Das deutsche Reich behielt das eroberte Philippsburg, wogegen Frei= burg sowie die gleichfalls von Frankreich annectirten zehn Reichsstädte im Elsaß (Straßburg blieb frei) und mehrere kleine Landschaften dem Friedensstörer Lud= wig verblieben. Der Kaiser mußte überdieß die Fürstenbergs und Andere, welche Deutschlands Sache verrathen hatten, in ihre Rechte wieder einsetzen. Dagegen blieb der Herzog von Lothringen, weil er die von Frankreich vorgeschlagenen demü= thigenden Bedingungen nicht annahm, noch durch viele Jahre aus seinem Lande verbannt, letzteres aber in der Gewalt der Franzosen. — Es ist selbstverständlich, daß der Hochmuth Ludwigs XIV., welcher fast alleinstehend beinahe dem ganzen Europa getrotzt und schließlich Gesetze vorgeschrieben hatte, fortan keine Grenzen mehr kannte.

Es schien uns nothwendig, dem holländisch-französischen Kriege eine ziemlich ausführliche Schilderung zu weihen, nicht etwa, weil aus demselben besonders viel zu lernen wäre, — sondern ganz im Gegentheile! Die Kriegsweise der berühmten Feldherren, welche in diesen Feldzügen ohne entscheidende Schlacht, — ohne Resultat, ausgenommen die ziemlich nutzlosen Festungen, — ohne Festhaltung einer Operationslinie, dagegen mit einer desto ängstlicheren Sorge für die Operationsbasis und mit einem übermäßigen Aufwande von Berechnung der winzigsten Linien und Punkte sich hin und her bewegt haben, — diese Kriegsweise hat für lange Zeit die Ideale der Kunst für die militärischen Gelehrten abgegeben. Man kann allerdings aus diesen Kriegszügen Eines lernen, nämlich bedachtsam zu sein; allein man muß sich hüten, ein gleich wichtiges Zweites dabei zu verlernen, nämlich die größte Thätigkeit für größte Zwecke. Es wird die Bemerkung zu machen sein, daß diese schulmeisterlich gelehrte Art der Kriegführung, wie sie eben in diesen Zeiten vollendet ausgebildet war, nur dort ohne großen Schaden durchgeführt werden konnte, wo der Gegner ebenfalls sich derselben fügen wollte. Dieselben österreichischen Feldherren, welche am Rhein nur in gewundenen Märschen und in Stellungen ihr Heil gesucht hatten, gingen in Ungarn gegenüber den Türken ganz von jenem Systeme ab und nur diesem Abgehen hatten sie ihre glänzenden Siege zu danken. Dagegen waren die Nachfolger von Turenne, Luxemburg, Crequi und Schomberg in Frankreich ihrem Systeme treu geblieben und hatten dieß trotz aller ihrer feinen Berechnungen im spanischen Erbfolgekriege mit einer Menge schwerer Niederlagen zu bezahlen; ihre Gegner, Marlborough und Eugen waren feuriger von Natur und zogen das Handeln dem bloßen Drohen vor. Ebenso erlagen die späteren Epigonen der Positionsstrategie ihren Gegnern: Daun dem großen Friedrich, die meisten Coalitionsgenerale den verwegenen Helden der Revolution. Das ganze gelehrte Wesen war demnach wie ein Stück Papiergeld, welches nur zwischen jenen zwei Personen einen Werth hat, die beide fest daran glauben.

61. Geschichte des Orients, dann Venedigs in der Mitte des 17. Jahrhunderts. Bevor wir uns mit den Ereignissen in Oesterreich und mit den Verhältnissen dieses Staates zu Ungarn und der Türkei befassen können, ist es nothwendig, die Lage der Staaten im südöstlichen Europa und im westlichen Asien früher in das Auge zu fassen. Schon in der Geschichte des 30jährigen Krieges mußte es auffallend bemerkt werden, daß die Pforte von den damaligen Verlegenheiten des Hauses Habsburg nicht ihrer herkömmlichen Politik fol=

geud den ausgedehntesten Nutzen zog. Der Grund zu der mäßigen, theilweise so=
gar freundlichen Haltung der Pforte (1645, siehe Bd. III, Seite 552) war vor=
zugsweise in den Feindseligkeiten dieses Staates mit anderen Nachbarn zu er=
blicken. Diese waren insbesondere Persien und Venedig.

Es ist an einem früheren Orte (Bd. III, Seite 102) berichtet worden, wie
die Dynastie der Sofi's in Persien seit 1505 eine mächtige Herrschaft gründete.
Noch während des 16. Jahrh. hatte Persien mehrmals schwere Kriege mit der
Pforte geführt. Schah Abbas der Große (1587—1629) erweiterte sein Reich im
Kampfe gegen die Türken (seit 1605) über Eriwan und die Provinzen am Eu=
phrat und Tigris bis an die syrischen Grenzen; doch gingen unter dem Schah
Sofi (1629—1642) diese Eroberungen in den letzten Kriegsjahren (1636 bis
1638) wieder an die Türken verloren. Ormuz, welches von Abbas I. den Portu=
giesen abgenommen worden war (1622), verblieb bei Persien. Die weiteren Schahs
waren alle nicht sehr bedeutender Natur und im J. 1722 mußten die Sofi's die Herr=
schaft in Persien sogar für einige Jahre an die Fürsten von Afghanistan überlassen.
Der Feldherr Khuli Khan setzte dann die Sofi's wieder auf den Thron (1729).

Der Osmanische Staat hatte im 17. Jahrh. nicht nur viele äußere
Feinde, deren gefährlichster der erwähnte Abbas I. war, sondern auch mächtige
Empörungen zu bekämpfen; endlich machten sich die einer despotischen Regierung
immer schon nach den ersten Generationen anklebenden Mängel und Schwächen
ziemlich fühlbar. Die meisten Sultane hatten aufgehört, Feldherren, ja sogar auch
nur Regenten zu sein; der Zustand des Staates hing von der Tüchtigkeit der Be=
ziere ab; da aber letztere ihre Erhebung meistens nur kleinlichen Pallast=Intriguen
verdankten, so war das Reich dem Zufalle preisgegeben; die Kriegsverfassung und
besonders auch die Kriegszucht begann allmälig sich zu lockern (siehe Bd. III, Seite
281); ebenso trat in der Verwaltung nach und nach eine große Zerrüttung auf
und die grausame Strenge, mit welcher gerade die kräftigeren Regenten auftraten,
konnte den beginnenden Verfall nur immer für einige Zeiten zum Stehen bringen.
Dieser innerlich angemorschte Zustand des osmanischen Staates blieb den Zeit=
genossen aber noch lange verborgen und erst in der zweiten Hälfte des 17. Jahrh.
trat derselbe deutlicher hervor. Unter Murad IV. (1623—1640) waren außer den
Kriegen mit auswärtigen Feinden mehrere Empörungen der Janitscharen und
Spahis, sowie Aufstände in Asien vorgekommen. Der Sultan wurde jedoch seiner
Feinde Meister; während seiner 17jährigen Regierung ließ er nicht weniger als
100.000 Menschen hinrichten. Ihm folgte Ibrahim I. (1640—1648), ebenso
grausam aber keineswegs so kräftig, vielmehr ein Spielzeug seiner Weiber und Günst=
linge; letztere ließ er aber nach einander hinrichten. Dieser Sultan war es, welcher

im J. 1645 dem Siebenbürger Fürsten Georg I. Rakoczy den Befehl zur Ein=
stellung der Feindseligkeiten gegen Oesterreich ertheilte. Die Pforte scheint nämlich
damals nicht Lust gehabt zu haben, in einem Krieg mit dem Kaiser sich verwickeln
zu lassen, nachdem ihr Venedig ziemlich viel zu schaffen machte.

Der ganz oligarchische Freistaat Venedig behauptete bis tief in das 17.
Jahrh. hinein den früheren Waffenruhm, wenn auch seit der Auffindung des See=
weges nach Ostindien der Handel und Reichthum dieses Staates bereits im Ab=
nehmen war. Schon im J. 1638 hatte Venedig wieder einen Krieg gegen die Pforte
begonnen, aber rasch wieder eingestellt. Als aber die Ordensritter von Malta,
welche ihrem Gelübde gemäß den Krieg gegen die Osmanen seit Jahrhunderten
fortgesetzt und nach den heißen Kämpfen des J. 1565 die Hauptfestung Lavalette
angelegt hatten (1566), wieder einmal eine türkische Handelsflotte wegnahmen und
damit Schutz an der venetianischen Insel Candia suchten (1644), beschloß die
Pforte einen energischen Angriffskrieg gegen Venedig. Im J. 1645 brachen die
Türken nach Dalmatien ein, wurden aber zurückgeschlagen; zu gleicher Zeit segelte
eine Flotte von 378 Segeln nach Candia, setzte hier 50.000 M. an das Land und
begann die Belagerung von Canea; nach einer 57tägigen tapferen Vertheidigung
mußte dieser Platz sich ergeben (9. Aug.); die Türken hatten vor demselben 20.000
Mann verloren. Ein Versuch der venetianischen Flotte, welche 61 Galeeren und
46 andere Kriegsfahrzeuge zählte, um unter günstigen Umständen eine Schlacht zu
liefern, wurde durch einen Sturm vereitelt. Indessen beeilten sich die Venetianer
mit der Anwerbung neuer Truppen, worunter 4000 Franzosen; überhaupt erhiel=
ten sie von verschiedenen christlichen Mächten einige, allerdings nur geringe Unter=
stützung. — Im folgenden Kriegsjahre (1647) eroberte der Pascha von Bosnien
Novigrod und drang bis Zara vor, wo er jedoch von General Degenfeld zurück=
getrieben wurde. In den Unternehmungen zur See hatten die Venetianer wegen
der Uneinigkeit und Zaghaftigkeit ihrer Anführer kein Glück. Sie eroberten zwar
ein paar kleine griechische Inseln, dagegen wurde Retimo ohne Hilfe gelassen und
von den Türken erstürmt (20. Oct.); letztere breiteten sich weiter auf Candia aus.
Aufstände in Cypern und Kleinasien schwächten aber jetzt die Macht der Osmanen
ab; dazu kamen noch die Anmaßungen der Janitscharen zu Konstantinopel: Sul=
tan Ibrahim wurde von ihnen abgesetzt und erdrosselt (18. Aug. 1648), sein sieben=
jähriger Sohn Mohammed IV. auf den Thron erhoben. Um die Leitung des Staates in=
triguirten die Großmutter und die Mutter des Sultans gegen einander; endlich wurde
die erstere, welche seit langer Zeit die Regierung geführt hatte, auf gut türkisch erwürgt.

Im Feldzuge 1647 waren die Venetianer in Dalmatien sehr glücklich; De=
genfeld schlug die Türken vor Sebenico, vertheidigte später denselben Platz gegen

40.000 M. auf das glänzendste und trieb die Angreifer in die Flucht (9. Sept.); unterdessen eroberten Grimani und Foscolo Novigrod und Scardona nebst fünf anderen Plätzen. Ebenso hatten Morosini und Grimani in den Gewässern der Levante einige glückliche Gefechte geliefert. Auch das folgende Jahr war den Venetianern günstig, indem sie unter Grimani dem Kapudan Pascha in den Dardanellen ein schönes Gefecht lieferten, auf Candia aber die gleichnamige Hauptstadt unter der Anführung Mocenigo's in heldenmüthiger Weise vertheidigten. In Dalmatien leisteten die Morlaken, welche in der letzten Zeit aus dem türkischen Gebiete dahin geflüchtet waren, der Republik treffliche Dienste; mit ihrer Hilfe eroberte Foscolo die Feste Knin und schlug einen Pascha. — Die Kämpfe dauerten auch in den nächsten Jahren mit wechselndem Erfolge fort; neben vielen kleineren Treffen sind besonders bemerkenswerth: eine Seeschlacht der Venetianer unter Riva, wobei trotz des Feuers der Dardanellenschlösser über einen viermal stärkeren Gegner ein großer Sieg erfochten wurde (Apr. 1649); ein glänzendes Gefecht des Kapitäns Middelton (Britte) mit einem einzigen Schiffe gegen 30 türkische; endlich die Vertheidigung von Candia, welches auch im zweiten und in den folgenden Jahren des Angriffes von den Türken nicht genommen wurde; die Belagerung wurde übrigens von diesen nur mehr sehr lässig, endlich gar nicht mehr betrieben.

Weiter seien bemerkt: eine sehr große Seeschlacht bei der Insel Paros, in welcher die Türken mit einem Verluste von 17 großen Schiffen durch Mocenigo geschlagen wurden (10. Juli 1651); ein Sieg der Morlaken, welche dem Pascha von Mostar 3000 M. erschlugen (1652); eine Niederlage der Venetianer bei Knin, ebenso zur See eine solche bei den Dardanellen (beide 1654); eine ungemein große Niederlage der Osmanen in der schmälsten Stelle der Dardanellen, wobei ihnen 11 Schiffe verbrannten, 9 mit ganzer Bemannung untersanken und viele andere scheiterten — ihr Besieger war Mocenigo (Juni 1655); im folgenden Jahre ein großer Sieg Marcello's über den Kapudan Pascha, Eroberung von 24 türkischen Schiffen und Befreiung von 5000 Christensklaven durch den Sieger, ferner noch Einnahme der Insel Tenedos; dreitägige Seeschlacht in den Dardanellen (17.—19. Juli 1657), worin die Türken 20 Fahrzeuge verloren, aber zugleich das Admiralsschiff Mocenigos mit ihm selbst in die Luft sprengten; später noch Rückeroberung von Tenedos durch die Osmanen, dagegen vergebliche Angriffe auf Spalato und Cattaro; im J. 1659 Verbrennung von Calamatta auf Morea und von Tschesme in Asien durch Morosini. Eintreffen von 6000 Franzosen bei den venetianischen Heeren im J. 1660, wechselnde Erfolge auf Candia. Im J. 1661 Vernichtung von 11 türkischen Schiffen durch die Venetianer und Malteser; Wegnahme eines großen Convois. Seesieg der Türken im J. 1666 vor Canea, dagegen Niederlage derselben vor dem verschanzten Lager der Generale de Bille und Werkmüller.

Bevor wir an die Fortsetzung der hier bemerkten Kriegsvorfälle gehen, haben wir uns nach den sonstigen Zuständen des osmanischen Reiches umzusehen. Durch kurze Zeit war dasselbe in einen Krieg mit Polen verwickelt, welcher aber vorzugsweise nur durch die zinsbaren Tartaren geführt und sehr bald beendet wurde (1653). Während bisher die Sultanin Valide (Sultanin Mutter) und andere Hofpersonen den Staat mit kleinlichen Ränken zerrüttet hatten, wurde im Sept. 1656 Mohammed Köprili als Großvezier mit fast unumschränkten Vollmachten eingesetzt. Derselbe war Sohn eines französischen Renegaten, bereits über 70 Jahre alt und doch in der Verwaltung noch unerfahren, dabei sehr ungebildet, so daß er kaum lesen und schreiben konnte; aber er war ein Mann von jener fanatischen, mit dem Kopfe durch die Mauer rennenden Consequenz, wie sie in orientalischen Reichen fast unumgänglich nöthig erscheint, — ein Mann eudlich, dem die Versetzung einiger Tausend Köpfe von ihren natürlichen Fundamenten auf die Erde nicht den mindesten Scrupel machte. Ohne lange nachzugrübeln, griff er mitten hinein wo er wollte, — aber sein Griff war wie eisern und ließ nicht nach. Ein solcher kräftiger Tyrann war eben damals der Pforte nothwendig, um die schon fast abgelösten Vasallenlande wieder unter ihre Pflicht zu beugen, die aufrührerischen Janitscharen niederzumetzeln, die Schlechtgesinnten abzuschrecken. Wirklich wurden während der fünf Jahre seiner Regierung 36.000 Menschen hingerichtet.

Als im J. 1656 Georg II. Rakoczy in den Krieg Schwedens gegen Polen sich mengte, befahl die Pforte ihrem Vasallen, hievon abzustehen; in jener Zeit wäre ihr nämlich ein Krieg mit Polen und wahrscheinlich auch mit Oesterreich keineswegs gelegen gekommen (siehe Seite 93, 94). Unzufrieden mit Rakoczy erklärte ihn die Pforte für abgesetzt und ließ 200.000 Tataren verwüstend nach Siebenbürgen einfallen. Zu gleicher Zeit wüthete ein furchtbarer Aufstand in Asien, welchen Köprili mit ebenso vieler Tücke als Grausamkeit dämpfte (1659). Kurz darnach wurden auch die Tataren der Krimm, nachdem sie durch einige Zeit sich wenig mehr um die Befehle der Pforte gekümmert hatten, so weit herabgedrückt, das ihre Khane fast geradezu unter der Zuchtruthe des ihnen zugetheilten Paschas standen. Alle diese Verwicklungen im Vereine mit dem Kriege gegen Venedig waren Ursache, daß die Pforte durch einige Zeit die Betheiligung Oesterreichs an den Siebenbürger Händeln ruhig hinnahm. Der Sohn Mohammeds und Nachfolger im Amte des Großveziers, Achmed Köprili (seit 1661), glaubte den Staat bereits wieder so weit gekräftigt, um ohne Gefahr gegen Oesterreich Krieg zu erheben (1663); in demselben blieben die Türken zum ersten Male vorwiegend im Nachtheile, schlossen aber trotzdem einen für sie vortheilhaften Frieden zu Vasvár (1664). Die hier angedeuteten Verhältnisse waren es, welche der

13 *

Pforte die Aufbietung größerer Kraft gegen Venedig lange Zeit unmöglich mach=
ten. Doch auch die Republik war schon im hohen Grade erschöpft und die Gold=
quellen, mit welchen sie allein ihre Söldner, meistens Ausländer, zu bezahlen vermochte,
fingen an spärlich zu fließen. Dagegen waren die Unterstützungen durch verschiedene
christliche Staaten, so insbesondere Frankreich und Oesterreich jetzt reichlicher geworden.

Im J. 1667 rüstete Köprili ein ungeheures Heer und führte es selbst nach
Candia; die Belagerung der gleichnamigen Hauptstadt, von welcher die Türken
niemals ganz abgezogen waren, sollte nunmehr mit der äußersten Kraft wieder
begonnen werden. In der Stadt befehligte der Franzose be Ville ein aus allen
Nationen zusammengesetztes Corps und leistete mit demselben Wunder der Tapfer=
keit. Am 22. Mai 1667 wurden die Laufgräben eröffnet; aber erst zwei Jahre
später war die Festung nahe daran zu erliegen. Da erschienen am 22. Juni 1669
noch 7000 Franzosen als neue Verstärkung in der Stadt und eroberten kurz dar=
nach in einem grimmigen Ausfalle einen großen Theil des türkischen Lagers, wel=
ches selbst bereits eine förmliche Festung geworden war; unglücklicher Weise flog
aber eines der eben eingenommenen Pulvermagazine und mit ihm eine Menge
der Christen in die Luft, worüber die übrigen Franzosen im wildesten Schrecken
nach der Stadt zurückliefen. Als nun ein paar Wochen später die Franzosen ohne
viel genützt zu haben, sich wieder nach Hause einschifften, sah die Besatzung, jetzt
bloß mehr in der Stärke von 4000 M., keine Aussicht des Erfolges bei einer wei=
teren Vertheidigung. Eine Capitulation am 6. Sept. schloß diese mehr als zwei=
jährige Belagerung, eine der merkwürdigsten in der Weltgeschichte. Während der=
selben hatten die Türken 56 Stürme ausgeführt und 472 Minen springen lassen;
die Vertheidiger hatten mit 96 Ausfällen und 1173 gesprengten Minen geant=
wortet; die Osmanen sollen im Ganzen 118.000, die Christen 30.000 M. hier
verloren haben. Jetzt endlich kam nach einem 25jährigen Kriege der Friede zwischen
Venedig und der Pforte zum Abschluß: die Insel Candia verblieb den Türken,
— der Republik aber, was sie in Dalmatien und Bosnien erobert hatte.

62. Oesterreich vom westphälischen Frieden bis 1663.
Kaiser Ferdinand III., welcher im J. 1637 den österreichischen und den deutschen
Thron bestiegen hatte, beendete bekanntlich durch den Westphälischen Frieden
den gräuelvollen 30jährigen Krieg (1648, Bd. III, Seite 539—564). Der Staat
der Habsburger hatte in diesen unheilvollen Zeiten nur eine Einbuße von 212☐
Meilen gemacht und maß deren noch immer 6837; dagegen war die Volkszahl
und der Nationalreichthum in den Ländern nördlich der Donau, ganz besonders
in Böhmen und Schlesien, ungemein heruntergegangen. Diese Schäden ließen sich
heilen und waren auch in sehr kurzer Zeit fast bis zur Unkenntlichkeit wieder ge=

heilt; schwerer aber lasteten die moralischen Folgen jener Verwicklungen auf den Völkern Oesterreichs und sind in ihren Nachwirkungen bis heute zu verspüren. Abgesehen von Ungarn, welches als halbtürkisches Land noch halbtürkische Culturzustände behielt, trat Oesterreich in seiner geistigen Entwicklung in einen Zustand des Stagnirens, aus welchem es sich erst ein volles Jahrhundert später aufzuraffen begann. Alle deutschen Stämme gingen — wenn auch Anfangs nur langsam — vorwärts, der österreichische aber eher noch zurück; und doch war er bis zu den Tagen Ferdinand's I. den anderen noch voranstehend gewesen. Wo lag die Ursache dieser schwerwiegenden Verkümmerung des geistigen Entwicklungsdranges? — Einzig nur in den kirchlich=politischen Verhältnissen: weil die Völker Oesterreichs, voran die Böhmen, die Religion mit der Politik verquickt und die erstere wiederholt zum Deckmantel für Sünden in der letzteren mißbraucht hatten, bestärkten sich auch die Kaiser in diesem Irrthume und ließen die einheitliche Kraft des Staates nur in der Einheitlichkeit der Religion als möglich gelten. Bereits war die Zeit und die empyrische Erkenntniß zu weit vorgeschritten, als daß man mit Zwangsmitteln, mit Fesseln und Feuer, die Geister binden zu können geglaubt hätte; die Politik dieser Zeiten fand sanftere und noch gefährlichere Wege. Die Regierung machte sich zum Vormund der Völker; Kirche und Polizei in schwesterlicher Gemeinschaft reichten dem Säugling ihre nährenden Brüste, damit er zum gesunden Staatsbürger erwachse; sie klopften ihm allenfalls sachte auf die Finger, wenn er zu träge hinter der Zeit einherlappte, aber sie nahmen ihren stärksten Prügel, wenn er zu rasch schritt; ihr Wahlspruch war: „bete und arbeite" — „aber denke nicht" war der geheime Nachsatz. So kam es, daß im J. 1740 die Deutschösterreicher fast noch auf demselben Flecke standen, wie im J. 1519 und daß aus ihren vielen Millionen im Laufe von mehr als zwei Jahrhunderten, — von einigen Feldherren abgesehen, und diese waren großentheils Ausländer, — kein einziger großer Mann, kein tiefer Denker hervorgegangen ist! Dürfen wir uns da wundern über jene Eindrücke, welche wir noch heute bei dem Vergleiche mit vielen Nachbarländern empfinden müssen?

Es wäre übrigens ungerecht, Ferdinand III. als Schöpfer dieses Systemes anzuklagen. Er hatte es schon fix und fertig übernommen und war in seiner Durchführung noch ungemein gemäßigt. In den deutschen Erblanden war zwar überall die katholische Religion wieder in die vollste Herrschaft eingesetzt, es wurde aber den Protestanten noch immer einige Duldung gewährt; in den schlesischen Herzogthümern waren ihnen sogar ziemlich ansehnliche Rechte gewährleistet. Den ungarischen Völkern war im J. 1645 ihre völlige Religionsfreiheit neuerdings bestätigt worden und unter Ferdinand III. kamen auch keine Uebergriffe der Regierung gegen

dieselbe vor. Ueberhaupt war dieser Fürst reich an Milde, Einsicht und Humani=
tät. In die letzten Lebensjahre Ferdinand's III. fiel der Anfang des ersten nor=
dischen Krieges (1654, Seite 89 u. s. w.). Da in kürzester Zeit Polen vom
Schwedenkönige Karl X. erobert war, demnach jene nordische Macht, welche im
30jährigen Kriege dem Habsburgischen Hause so viele Gefahr und Beeinträchti=
gung gebracht hatte, sich noch ungemein zu vergrößern und tief nach Mitteleuropa
hinein auszudehnen drohte, so sah sich der Kaiser zu einem Bündnisse mit Polen
und mittelbar mit dessen sonstigen Alliirten veranlaßt (30. März 1657). Wenige
Tage nach diesem Vertrage starb Ferdinand III. und es folgte ihm in Oesterreich
sein Sohn Leopold I. Dagegen verzögerte sich die deutsche Kaiserwahl; Lud=
wig XIV., selbst lüstern nach der Krone Karl's des Großen, fand an den ver=
schiedenen deutschen Höfen ein ergiebiges Feld für seine Ränke; doch siegte endlich
die bessere Einsicht und Leopold I. wurde als Kaiser gekrönt (1. Aug. 1658). In der
hiebei unterzeichneten Wahlcapitulation wurden aber die kaiserlichen Rechte noch mehr
als bisher geschmälert und damit der Zerfahrenheit des Reiches neue Mittel gegeben.

Die Leistungen der Oesterreicher und Brandenburger im nordischen Kriege,
sowie das Auftreten Georgs's II. Rakoczy's, ferner der endliche Abschluß des Frie=
dens von Oliva (1660) haben an früheren Orten Erwähnung gefunden (Seite
93—98). Hier muß noch dargelegt werden, welche mächtigen Rückwirkungen auf
Siebenbürgen und Oesterreich sich geltend machten und schließlich sogar einen neuen
Türkenkrieg hervorriefen.

Die Pforte, aufgebracht über den Ungehorsam Rakoczys, setzte diesen ab
und ließ 200.000 Tataren und Kosaken nach Siebenbürgen einbrechen, welche das
Land um 150.000 Seelen theils an Todten, theils an Sklaven ärmer machten. Die
Siebenbürger wählten nunmehr Rhédey zum Fürsten, die Pforte bestimmte aber hiezu
Achatius Barcsai (1658). Nach dem Abzuge der Tataren brach aber Rakoczy aus Un=
garn in das Land ein, dessen Bewohner großentheils ihm wieder zufielen; Rhédey ver=
zichtete auf seine Würde, auch Barcsai stellte sich unter Rakoczy. Nun brach aber
der Großvezier mit 100.000 M. herein und richtete furchtbare Verwüstungen an;
Barcsai wurde wieder zum Fürsten ernannt und von den Ständen anerkannt;
doch mußte er einen auf 40.000 Ducaten erhöhten Tribut und Zahlung der
Kriegskosten versprechen, zudem einige Gebiete an das Paschalik Ofen abtreten.
Schon zu dieser Zeit trat zwischen dem Kaiser und dem Sultan eine große Span=
nung ein; ersterer gewährte nämlich dem vertriebenen Rakoczy Zuflucht in den
eigenen Landen und verweigerte ihn auszuliefern. Die Siebenbürger waren sehr
unzufrieden über Barcsai und über die an den Sultan zu entrichtenden hohen
Abgaben; darauf bauend, kam Rakoczy wieder in das Land und belagerte durch

fünf Monate Hermannstadt. Zum Entsatze dieses Platzes zog der Beglerbeg von Ofen heran. Rakoczy ging ihm entgegen, wurde aber bei Klausenburg geschlagen und tödtlich verwundet (24. Mai 1660). Von den Anhängern Rakoczy's wurde nun Johann Kemeny zum Fürsten ausgerufen und bald auch von den Türken anerkannt. Indem aber diese gleichzeitig das schwach besetzte, dem Kaiser gehörige Großwardein angriffen und nach einem zweimonatlichen tapferen Widerstande auch eroberten, indem sie ferner unbarmherzig den Tribut und unerschwingliche Abgaben eintrieben, zwangen sie Kemeny, sich um Unterstützung an Kaiser Leopold zu wenden. Letzterer hatte bei Komorn ein Heer unter Montecuccoli aufgestellt, gab aber, da er selbst zwischen Krieg und Frieden schwankte, seinem Feldherrn so widersprechende Befehle, daß dieser durchaus nichts zu unternehmen vermochte. Mittlerweile erklärten die Türken auch Kemeny als abgesetzt und boten das Großfürstenthum zum Kaufe aus; da sich aber kein Käufer fand, holten sie den Michel Apafi mit Soldaten aus seinem Hause und ernannten ihn zum Fürsten. Montecuccoli und Kemeny erschienen in Siebenbürgen; ersterer kehrte gleich wieder nach Ungarn zurück, der zweite aber lieferte den Anhängern Apafi's bei Meghes ein Treffen, stürzte und wurde von den Rossen zertreten (20. Jän. 1662).

Apafi, ein Mann von gutmüthigem, aber schwankendem Charakter hielt sich gleichfalls an den Kaiser; dieß schien um so nothwendiger, als die Absicht der Türken, Siebenbürgen in ein Paschalik zu verwandeln, immer klarer hervortrat. Der Wiener Hof that übrigens alles Mögliche, um letzteren Plan zu vereiteln und doch mit der Pforte auf einem guten Fuß zu bleiben. Dem Grafen Niklas Zrinyi, welcher ohne Ermächtigung von Wien die türkische Festung Kanischa fast zum Falle gebracht hatte, wurde der Befehl zur Aufhebung der Belagerung gegeben. Weil aber Zrinyi voll Unmuth hierüber ganz in der Nähe an der Mur eine neue Festung, Zrinyivár, erbaute, glaubte der Sultan sich von Oesterreich herausgefordert; daß er selbst erst vor Kurzem die kaiserliche Stadt Großwardein ohne Kriegserklärung weggenommen hatte, störte ihn nicht in seiner Anschauung. Der Krieg wurde nun unvermeidlich, aber in Wien traf man nur geringe Vorkehrungen für denselben.

Im Juni 1663 war unter dem dermaligen Großvezier Achmed Köprili ein Heer versammelt, welches 122.000 M., 135 Geschütze und 70.000 Lastthiere zählte. Dasselbe zog dann über Essek und Ofen nach Gran, wo eine Brücke geschlagen wurde. Der kaiserliche Befehlshaber in Neuhäusel, Graf Forgács, ließ sich durch die falsche Nachricht, daß die Brücke abgerissen und ein schwacher, türkischer Heerhaufen nördlich der Donau isolirt sei, zum Angriffe bei Párkány verleiten; unterdessen setzten aber die Osmanen über die Brücke, von der sie nur zum Scheine einige Schiffe herausgenommen hatten, plötzlich 20.000 M. über;

in dem ungleichen Gefechte verlor Forgács die Hälfte seiner Leute und gelangte mit spärlichen Resten nach Neuhäusel zurück. Vor dieser Festung erschienen jetzt die Osmanen und nahmen dieselbe nach einem Monat der Belagerung (24. Sept. 1663). Nach einigen Berichten soll der Erzbischof Lippai, welcher dazu laut Vertrag verpflichtet gewesen wäre, die rechtzeitige Verproviantirung von Neuhäusel unterlassen haben; nach anderen Angaben hätte aber die Garnison eine Meuterei erhoben und damit die Capitulation herbeigeführt. Es ist sehr gut möglich, daß die Auflehnung der Besatzung eben aus der mangelhaften Verpflegung hervorgegangen sei. Während dieser Zeit stand das kaiserliche Heer unter Montecuccoli, zu schwach zu Offensivstößen, unthätig unter den Kanonen von Komorn; nur der Ban Niklas Zrinyi, der eben daselbst stand, fügte dort, sowie sein Bruder Peter Zrinyi in Kroatien den Türken einige Nachtheile zu. Letztere eroberten im Herbste noch mehrere Städte an der Neutra und Waag; die mittlerweile in ungeheuren Massen nachgekommenen Tataren streiften plündernd, sengend und mordend nach Oesterreich und in Mähren bis vor Olmütz. Apafi ergieng sich unterdessen in demüthigen Freundschaftsversicherungen sowohl gegenüber dem Großvezier als dem Kaiser. Dem Letzteren nahm er unter vielen Entschuldigungen die festen Städte Klausenburg und Székelyhid weg, deren Eroberung er umgekehrt bei den Türken wieder als einen Beweis seiner treu ergebenen Gesinnung geltend machte. Ueberhaupt war Apafi als Freund und Feind gleich unberechenbar und blieb auch während des übrigen Krieges eine bloße Nulle. — Die Verlegung der Türken in Winterquartiere um Ofen wurde vom Ban Niklas Zrinyi zu einem großen Streifzuge ausgenützt. Mit einem Heere von 23.000 M., worunter 12.000 Baiern und gegen 2.000 deutsch-österreichische Krieger, brach er im Jänner 1664 von Zrinyivár auf, nahm mehrere Schlösser, brannte 500 Dörfer nieder und eroberte zuletzt den Brückenkopf bei Essek; daselbst zerstörte er nun jene riesige Brücke, welche mit ihrer Länge von 1565 (mit Zurechnung der Sumpf-Ueberbrückungen aber 3840) und mit einer Breite von angeblich 70 Schritten noch aus den Tagen Solymans des Prächtigen stammte (1564). Zur Wiederherstellung des jetzt abgebrannten Theiles der Brücke benöthigten die Türken drei Monate, während sie früher in den Tagen ihres höchsten Glanzes auf Erbauung der ganzen Brücke bloß 17 Tage verwendet hatten (III. Bd., Seite 246).

63. Die ersten großen Erfolge Oesterreichs über die Türken und der Friede von Vasvár, 1664. Fast alle Mächte Europas, mit Ausnahme von England und Holland, welche um ihres Handels willen den Türken kein schiefes Gesicht zu zeigen wagten, unterstützten Oesterreich mit Geldmitteln; das deutsche Reich decretirte ein namhaftes Heer, welches jedoch wie immer nur ganz allmälig zu Stande kam; sogar Ludwig XIV., damals noch jung und liebenswürdig, gestattete, daß ein paar Tausend auserlesene französische Soldaten — großentheils junge Edelleute — unter Graf Colingny nach Ungarn abgingen; ein dem Gesandten Frankreichs von den Türken zugefügter Schimpf war wohl allein der Beweggrund zu dem diesmaligen Verhalten Ludwigs. Das kaiserliche Heer, dessen deutsche Generale mit den ungarischen übrigens im argen Zwiespalte lebten, war in zwei größere Corps getheilt. Das eine mit 13.000 M. unter dem FZM. de Souches stand am linken Donauufer. Dieser General eroberte Neutra und lieferte den Türken ein Treffen bei Heiligenkreutz an der Gran (7. Mai 1664). Als Graf de Souches nunmehr Levenz bedrohte, trat ihm der Pascha von Neuhäusel bei Szent Benedek mit großer Ueberlegenheit entgegen, verlor aber hiebei 6.000 M. und den Sieg (19. Juli); die Kaiserlichen verfolgten die Türken bis Párkány, eroberten diesen Ort und zerstörten die dortige Donaubrücke.

Wichtiger waren die Ereignisse in dem Lande südlich der Donau. Dort commandirte Montecuccoli das kaiserliche Haupttheer, welches erst allmälig mit dem Einlangen der Reichstruppen bis auf 37.000 M. anwuchs. Dasselbe begann die Belagerung von Kanischa; bald jedoch rückte der Großvezier zum Entsatze heran. Derselbe hatte neuerdings große Massen aus der Türkei nach Belgrad gezogen, ging mit ihnen bei Essek über die Drau und verstärkte sein Heer durch jene Schaaren, welche vom vorigen Feldzuge her in Ungarn verblieben waren. Nunmehr führte er eine Armee von 130.000 M., worunter jedoch viele Nichtstreiter, gegen Kanischa, von wo das kaiserliche Heer sogleich gegen **Zrinyivár** zurückging und sich hinter der Mur aufstellte. Vor diesem Platze erschienen die Osmanen und begannen die Belagerung. Derselbe war von Zrinyi ganz unzweckmäßig und überdieß unvollständig hergestellt worden; der Hofkriegsrath hatte die Auflassung der neuen Festung beschlossen, aber Zrinyi capricirte sich auf die Vertheidigung und verlangte von Montecuccoli, daß derselbe, obgleich zu dieser Zeit noch schwach an Truppen, eine Entsatzschlacht wage. Der Letztere konnte aber begreiflicher Weise nichts Anderes thun als zusehen, wie die Türken Zrinyivár erstürmten (29. Juni) und schleiften. Mit dem christlichen Heere, zu welchem allmälig jetzt auch die noch ausständigen Truppen einrückten, marschirte Montecuccoli auf der einen Seite der Mur aufwärts und beobachtete die Osmanen, welche dem anderen Ufer folgten. Letztere wandten sich dann aber an die Raab hin in der Absicht, die gleichnamige Stadt anzugreifen. Montecuccoli, der bekanntlich im Manövriren seinesgleichen suchte, mußte es so anzustellen, daß er an der Raab noch einen Vorsprung den Türken abgewann, ihnen selbst, da er durch den Fluß geschieden war, keine Blöße bot und ihnen gleichzeitig die Nöthigung auferlegte, ihn anzugreifen, bevor sie sich an die beabsichtigte Belagerung wenden konnten. Die Türken stellten sich demnach an den Ufern der Raab dem kaiserlichen Heere gegenüber auf.

Oberhalb der Abtei **St. Gotthard** war am 31. Juli 1664 auf dem rechten Ufer das osmanische, auf dem linken das deutsche Lager aufgeschlagen. Mäßige Höhen begrenzen das nicht breite Thal, durch dessen Mitte die Raab *Tab. I.* strömt (siehe Plan). Letztere hat bei St. Gotthard durchschnittlich nicht über 12 Schritte Breite; ihre gewöhnliche Wassertiefe gestattet dem Fußvolk an einigen, der Reiterei an vielen Stellen das Durchwaten; da sie aber hier noch in der Nähe ihrer Quellgebirge ist und ziemlich hohe Ufer hat, so pflegt sie manchmal im Laufe eines halben Tages um 1—2 Schuh zu steigen, was eben auch am Tage der Schlacht der Fall war. Gegenüber dem Orte **Moggersdorf**, ½ Stunde aufwärts von St. Gotthard, bildet die Raab einen Bogen und der von diesem Bogen umschlossene Raum war mit einem ziemlich dichten Gebüsche bedeckt. Die Kaiserlichen hatten ihre Aufstellung derart genommen, daß ihr Centrum, aus Reichstruppen bestehend, etwas rechts von Moggersdorf hinter der erwähnten Au lagerte. Den rechten Flügel bildeten die Oesterreicher allein, den linken in Gemeinschaft mit den Franzosen. Die Türken standen den Kaiserlichen parallel am anderen Ufer des Flusses. Da sie einen Angriff im Schilde zu führen schienen, gab Montecuccoli den Reichstruppen den Befehl, die vor ihrem Lager gelegene Sehne des vom Flusse gebildeten Bogens zu verschanzen. Sie kamen aber nicht nur dieser Weisung keineswegs nach, sondern unterließen es sogar, das Gebüsch und das Ufer der Raab über Nacht sorgsam zu bewachen. Diese Nachlässigkeit wurde vom Großvezier sehr gut ausgenützt; noch in der Nacht vom 31. Juli zum 1. August ließ er einige Truppen in die Au hinübergehen und sich daselbst eingraben; am frühen Morgen des anderen Tages strömten dann, ebenfalls noch ungesehen, andere Schaaren nach. Zu dieser nämlichen Zeit sandte der Großvezier einige Reitermassen ab, um die Kaiserlichen in Besorgniß für ihren rechten Flügel zu versetzen. Diese Demonstration hatte aber keinen Erfolg; der am erwähnten Flügel stehende General **Spork**, einer der trefflichsten Reiterführer aller Zeiten, gieng mit ein paar Regimentern über den Fluß und jagte die demonstrirenden Abtheilungen in die Flucht. Hiernach kehrte er auf seinen früheren Posten zurück.

Während dieses isolirten Gefechtes war die eigentliche Schlacht im Centrum lebhaft in Gang gekommen und für die Oesterreicher schon mehr als halb verloren. Als die Türken nämlich in der Stärke von vielen Tausend Reitern und Janitscharen in der Au am linken Ufer angesammelt waren, immer noch ohne bemerkt zu sein, brachen sie plötzlich mit Ungestüm auf die spärlichen Vortruppen und fast im selben Momente auch schon in das Lager der Reichstruppen herein;-binnen kürzester Zeit stoben die letzteren wirr nach allen Seiten auseinander, und auch ein paar österreichische Regimenter, welche sich dem Anpralle der Moslims entgegenwarfen, wurden zurück getrieben. Die Türken, welche den Kreistruppen wie aus der Erde gestiegen erschienen, setzten sich in deren Lager sowie auch in Moggersdorf fest, wo sie sich flüchtig verschanzten. In diesem Zeitpunkte war das Centrum der Kaiserlichen in Wahrheit gesprengt; die meisten Generale glaubten eine Rettung nur im schleunigen Rückzuge noch möglich. Anders dachte Montecuccoli; schleunigst führte er ein paar Regimenter vom rechten Flügel gegen die eine Flanke des türkischen Centrums, während die andere in ähnlicher Weise von 2000 Franzosen unter La Feuillade angefallen wurde. Zu gleicher Zeit sammelte der Markgraf von Baden die zersprengten schwäbischen Kreistruppen und schloß sich mit ihnen dem Angriffe bei Moggersdorf an. Die Türken wurden jetzt zurückgedrängt, das Dorf von den Kaiserlichen genommen. Hier dauerte ein heftiges Feuer bis um die Mittagszeit fort. Hätte der Großvezier den Augenblick, wo er das Centrum der Deutschen gesprengt und Montecuccoli zum Heranziehen von Verstärkungen aus den Flügeln genöthigt hatte, dazu benützt, um auch an beiden Flügeln mit Kraft über die Raab vorzudringen, so wäre der Sieg höchst wahrscheinlich ihm gesichert gewesen. Er ließ aber seine Flügel erst zu der Zeit vorgehen, als das Centrum der Kaiserlichen sich bereits wieder gesammelt, ihr ganzes Heer wieder die beste Haltung gewonnen hatte. Jene Massen, welche gegenüber den Franzosen Coligny's und bei St. Gotthard erschienen, wurden durch Geschützfeuer von der Ueberschreitung des bereits etwas gestiegenen Flusses abgehalten. Mächtigere Schaaren von Reiterei zeigten sich jetzt wieder gegenüber dem rechten Flügel der Deutschen, wo aber Sporf nur auf den Moment lauerte, um über sie herzufallen.

Noch immer hoffte der Großvezier den Haupterfolg von dem bei Moggersdorf stehenden Centrum, welches er fortwährend verstärkte. Aber die Kaiserlichen waren nicht mehr zum Weichen zu bringen; im wüthenden Gemetzel drängten sie ihre Gegner immer enger in jenen Halbbogen hinein, wo diese auf drei Seiten vom Flusse umgeben waren. Unvermögend länger zu widerstehen oder auch nur ihre zusammengepferchten Massen in Waffenthätigkeit zu setzen, warfen sich etwa um 4 Uhr N. M. ihre rückwärtigen Reihen in den bereits hochgehenden Fluß, während die vordersten Glieder unter dem Schwerte der Deutschen gewürgt wurden. Damit war der Tag entschieden. Früher noch hatten die Reitermassen des türkischen linken Flügels die Ueberschreitung der Raab begonnen, in der Absicht, ihrem bedrängten Centrum zu Hilfe zu kommen. Kaum hatte aber das erste dieser riesigen Geschwader das linke Ufer betreten, als auch schon Sporf mit zwei kaiserlichen Küraffier-Regimentern heranbrauste und die Schaaren der Spahis in den

Fluß zurückstürzte. Was noch von türkischen Reitern unverfehrt auf dem anderen Ufer stand, — es heißt 36.000 M. — jagte im Schrecken über das gewaltige Schauspiel davon. [1] Der Verluft der Kaiferlichen wird auf 2.000 M., jener der Türken auf 6.000 Erschlagene, 8.000 Ertrunkene, 15 verlorene Geschütze und 40 Fahnen geschätzt. Größer als an und für sich war dieser Sieg der Deutschen durch seine moralische Bedeutung; niemals vordem war eine Hauptarmee der Tür= ken — vom Großvezier selbst angeführt — vor christlichen Schaaren zurückgewichen.

Da es den Kaiferlichen an Brod und Pulver fehlte, mußten sie die Verfol= gung der Geschlagenen auf eine kurze Strecke beschränken. Achmed Köprili zog sich nach **Vasvár** und schloß daselbst mit dem kaiferlichen Gefandten Reninger einen Frieden, der allerdings für die Türken vortheilhaft, dennoch aber für Oesterreich ruhmvoller war als alle vorhergehenden. Hauptbestimmungen waren, daß Apafi Fürst von Siebenbürgen und Vafall des Sultans bleibe, daß die österreichischen und türkischen Truppen Siebenbürgen räumen, daß Neuhäufel türkisch und Zrinyivár geschleift verbleibe, daß der Kaiser in Oberungarn Festungen anlegen dürfe (wirk= lich wurde im J. 1665 Leopoldstadt gebaut), und daß die sieben Comitate zwischen der Theiß und Siebenbürgen zur Hälfte dem Kaiser und dem Sultan zufallen sollen.

64. Oesterreichs Verhältnisse zu Frankreich und in Un= garn, 1664—1679. Es scheint dem österreichischen Staate bestimmt zu sein, daß die Zahl und Macht seiner Feinde niemals abnimmt und daß ihm nach jeder überstandenen Gefahr nur eine noch größere hereinbricht. Kaum hatte man sich in den Habsburgischen Landen der Freude hingegeben, daß die seit Jahrhun= derten so ungemein gefürchteten Osmanen endlich einmal doch ihren Meister gefunden hatten, so stand bereits **Frankreich** in Waffen da, lauernd auf jeden Augenblick, um ein Stück von Oesterreich oder den ihm bundesverwandten Mächten wegzuschnappen. Die Anmaßungen, welche Ludwig IV. gegen Spanien sich erlaubte, der Devolutionskrieg und seine Beendigung in Folge des Entstehens

---

[1] Von der Schlacht bei St. Gotthard haben sich mancherlei Anecdoten erhalten. So follen jene französischen Reiter, welche La Feuillade nach dem Centrum hin führte, mit ihren gallonirten Kleidern, schmucken Gesichtern und ungeheuern Allonge=Perrücken, den Großvezier zu dem Ausruf veranlaßt haben: „Was wollen denn diese Mädchen?" — Besonders merkwürdig ist aber ein Gebet von Sporck. Unmittelbar vor einer seiner großen Attaken warf er sich vom Pferde auf die Erde und betete inbrünstig mit folgen= den Worten: „Allmächtiger Generalissimus dort oben! willst Du uns, Deinen christ= gläubigen Kindern heute nicht helfen, so hilf doch wenigstens den Türken nicht, und Du follst Deinen Spaß haben." Diese oder ähnliche Worte werden von einer uns benach= barten Nation, deren militärischer Ruhm zwar groß aber jung ist, und die mit dem Mein und Dein zwischen sich und Oesterreich es niemals genau zu nehmen pflegte, mit= unter einem ihrer Helden in den Mund gelegt. Es dürfte überflüssig sein, über die Priorität zu streiten.

der Tripel=Allianz haben in einem früheren Paragraphe (51) Darstellung gefun=
den. Ebenso ist in den §§. 52—60 der französisch=holländische Krieg und
in demselben auch der von Oesterreich genommene Antheil ausführlich besprochen wor=
den; es erübrigt uns also nur, das verhältnißmäßig schwache Auftreten der Oester=
reicher durch die Hinweisung auf die inneren Verhältnisse des Staates zu erklären.

Leopold 1. war ein Fürst voll braver Eigenschaften, milde, ungemein
wohlthätig und in noch höherem Grade gottesfürchtig; als Regent war er persön=
lich wenig bedeutend; er überließ sich und den Staat gewöhnlich vollständig der
Leitung seiner Minister und leider waren die letzteren auch nicht durchaus der voll=
kommensten Art; neben den Ministern waren aber noch immer einige Höflinge
minderen Ranges, welche großen Einfluß zu üben wußten; in den späteren Zei=
ten Leopolds, als dieser ohne Ministerium und als Selbstherrscher zu walten
glaubte, war eigentlich gerade eine sehr vielköpfige Regierung von manchen dazu
berufenen und unberufenen Personen. Bei dieser verwickelten Maschinerie, deren
Triebräder in der Hofburg allein ihren Standort hatten, und von Riesen und
Zwergen zugleich in Bewegung gesetzt wurden, war es nicht anders möglich,
als daß der Gang der Staatsgeschäfte großen Schwankungen unterworfen
blieb. Die Regierung Leopolds gehört unter die glanzvollsten Zeiten Oester=
reichs, aber eben nur zufällig; der Kaiser, welcher, wie erwähnt, in Wahl
seiner Hofgünstlinge nicht immer am besten fuhr, traf merkwürdiger Weise
fast immer glückliche Würfe in der Ernennung der Feldherren für seine Heere;
wenn wir aber Montecuccoli, den er schon als berühmtesten Heerführer erbte, und
Starhemberg ausnehmen, so treffen wir in dem Commando über Hauptarmeen
nur immer Namen wie Markgraf Ludwig von Baden, Herzog Karl von Lothrin=
gen, Kurfürst von Baiern, Prinz Eugenius von Savoyen. Kurz, diese Feldherren
waren durch die Vorzüge der Geburt in ihre hohen Aemter berufen worden, und
daß sie alle den militärischen Genius in hervorragendem Grade besaßen, kann
doch wohl nur als zufällig angenommen werden. Diese Feldherren erfochten die
glänzendsten Siege, nicht auf Grund der Unterstützung durch die Staatsverwal=
tung, sondern trotz derselben; denn diese letztere ließ die Armeen sehr häufig in
einen grenzenlos verwahrlosten Zustand verfallen und schuf durch mancherlei Miß=
griffe den Feldherren überdieß noch Schwierigkeiten bei den eigenen Völkern,
statt ihnen jene von Seite des Feindes beseitigen zu helfen.

Der Kaiser selbst hatte zwei Maximen als Leitsterne seines ganzen Wirkens
erwählt: der eine war der Glaube an den Glanz seines Hauses, der andere aber
die unbegrenzte Eingenommenheit für den Katholicismus. Was die Männer seines
Vertrauens vorschlugen, mußte diesen Standpunkten angemessen sein, um gutge=

heißen zu werden. Weniger wurde darnach gefragt, ob die Mittel, die man besaß, dem angestrebten Zwecke genügten, und ob man mit der Verfolgung dieser Ziele nicht vielleicht sich selbst neue Verlegenheiten und Gefahren bereite. Wirklich waren beide erwähnten Tendenzen des Hofes Ursache mancher traurigen Erscheinungen: die Vorliebe für den äußeren Glanz der Dynastie äußerte sich in einem echt spanischen, steifen und übertriebenen Ceremoniel und in einem riesenhaften Hofstaate; Dutzende von unnützen Figuranten am Hofe verschlangen solche Summen, mit welchen man ganzen Armeen das ihnen fehlende Brod auf Monate liefern oder die zerrissenen Monturen hätte ersetzen können. Während in Wien Alles Glanz und Prunk war, liefen die Soldaten in Folge harter Entbehrungen oft schaarenweise auseinander und war es noch schwerer, neue Werbungen zu machen. Nachtheiliger noch als mit der schlechtbestellten Finanzgebarung äußerte der Hof seinen Einfluß in Religions-Angelegenheiten. Zu einer Zeit, da in Ungarn eine mächtige Partei zum Aufstande bereit lag, da die wieder in furchtbarer Kraft dastehende Pforte auf der einen, das übermüthige Frankreich auf der anderen Seite Oesterreich mit Untergang bedrohten, begieng die Regierung, einigen intoleranten Priestern zu Liebe, den verhängnißvollen Fehler, Entscheidungen gegen Protestanten in ungerechtfertigter Weise zu treffen, einzelne ihrer Kirchen zu schließen, Prediger zu verjagen, zu allem diesen das Heer zu mißbrauchen und solches in demselben Lande verhaßt zu machen, für welches es zunächst kämpfen sollte. Ungarn, das man gerne zurückerobern wollte und das der Hauptschauplatz der Kriege zu sein hatte, wurde in mancherlei Weise aufgeregt und erbittert; daß aber das „Volk der Magyaren, von jeher stark in Beschwerden," wie ein trefflicher Historiker (Arneth) es nennt, weit geringerer Anlässe bedurft hätte, um der Regierung statt Unterstützung nur Gefahren zu bereiten, mußte jeder wahre Staatsmann im Vorhinein erkennen.

Wenn wir unter Leopold I. Oesterreich aus dem gleichzeitigen Kampfe gegen die zwei mächtigsten Staaten von West= und Ost=Europa siegreich und ungemein vergrößert hervorgehen sehen, so gebührt dieses Verdienst nicht der Politik des Kabinetes, nicht der Gesammtheit der Völker, sondern nur jenen „gekauften Söldlingen", welche gerade in diesem Zeitraume, hungernd, frierend und unbesoldet, wie sie ganze Feldzüge hindurch belassen wurden, unübertroffene Wunder von Standhaftigkeit und Heroismus in einer glänzenden Reihenfolge geleistet haben. Solcher Zauber war ihnen aber eingeflößt durch das Bewußtsein, unter tüchtigen Feldherren und Officieren zu stehen; dieses Bewußtsein, leider nur zu häufig zerstört, ist es, welches den österreichischen und deutschen Soldaten über jeden anderen erhebt.

Wir müssen hier noch flüchtig einiger Vergrößerungen gedenken, welche der

Monarchie eben zufielen. Bekanntlich war unter Kaiser Rudolf II. der Erzherzog Leopold in die Verwaltung von **Tirol** eingesetzt worden (1618); er führte dann die Regierung unabhängig, jedoch im Einklange mit dem Hauptstamme, weiter und vererbte dieselbe seinem Sohne Ferdinand Karl (1632); dieser hinterließ nur einen Bruder Franz Sigismund (1662—1665), nach dessen Tode Tirol wieder mit Oesterreich vereinigt wurde (1665). Tirol war in den schweren Zeiten des 17. Jahrh. verhältnißmäßig nur wenig in Mitleidenschaft gezogen worden. — In Liegnitz, Brieg und Wohlau, jenen schlesischen Herzogthümern, welche als Lehen der Krone Böhmen noch immer eigene Fürsten und Verfassung gehabt hatten, erlosch im J. 1675 der letzte Zweig der einst weit verbreiteten Piasten. Nun machte zwar Brandenburg, gestützt auf alte Erbverträge, auf die genannten Länder Anspruch; aber schon in weit früheren Zeiten (Bd. III, Seite 152) war von den Königen und Ständen Böhmens einer solchen Auffassung entgegengetreten worden. Hierauf fußend, zog Leopold I. die letzten schlesischen Herzogthümer gleich den früher erledigten ein, entschädigte jedoch Brandenburg durch die Abtretung des Schwiebuser Kreises. Die alten brandenburgisch-schlesischen Erbverträge wurden (später vom großen Friedrich II. wieder hervorgeräumt und mußten ihm als Vorwand zu seinen schlesischen Kriegen dienen.

Der Friede von **Vasvár**, dessen Bedingungen keineswegs im richtigen Verhältnisse zu den Waffenerfolgen standen, hatte in Ungarn böses Blut erregt. Die Unzufriedenen übersahen es allerdings, daß die Vortheile jenes Krieges fast ohne Ausnahme nur von deutsch-erbländischen und den Reichstruppen erkämpft worden waren und daß der Kaiser diese Schaaren nur dann in voller Stärke erhalten konnte, wenn ihm die Mittel hiezu gewährt wurden. Hiebei aber konnte man auf Ungarn gerade am allerwenigsten rechnen. In Wahrheit war es hauptsächlich der Geldmangel des Hofes, welcher den raschen und sehr bescheidenen Friedensabschluß herbeiführte. Ohne über das Wie und Warum lange zu grübeln, ließen sich viele Magnaten in gefährliche Conspirationen ein (1666). Unter den Theilnehmern zählte man den Palatin **Wesselényi**, den Primas **Lippai**, den Judex Curiä **Nádasdy** und den Grafen **Peter Zrinyi**, welcher nach dem Tode seines Bruders Niklas zum Ban von Croatien erhoben worden war. Die Häupter waren großentheils Erzkatholiken; demungeachtet schlossen sich ihnen bald viele protestantische Edelleute und Gemeinden an; ihre Gründe zur Unzufriedenheit waren gehaltvoller; es waren hie und da schwere Eingriffe in ihr Recht und Eigenthum gemacht worden und der Kaiser schenkte den Klagen keine Beachtung. Schon bei diesen Anlässen hatte das deutsche Militär der katholischen Partei als Assistenz dienen müssen; bald mehrten sich derartige Fälle; weil ferner die Truppen oft Monate lang weder Sold noch genügende Lebensmittel hatten und demnach zu Unordnun= gen verleitet wurden, und weil die Officiere an vielen Orten hochfahrend und an= maßend auftraten, war die Anwesenheit derselben im Lande ein solcher Klagepunkt, in welchen auch die Gemäßigten einstimmten. Die Häupter der Verschwörung gin= gen jedoch sogleich zu den äußersten Extremen. Das Project eines evangelischen Predigers (Witnyédy), den Kaiser aufzuheben und nöthigen Falls zu ermorden, kam zwar nicht zur Ausführung; anständige Gesinnungen waren übrigens bei den Verschwörern nicht herrschend, was sich daraus entnehmen läßt, daß der Palatin selbst in einer gemeinen Vergiftungsgeschichte (gegen einen Lubomirsky gerichtet) Theilnehmer gewesen sein will u. z. gegen eine Entlohnung in Geld! Die Häup= ter der Meuterei benützten ihre hohen Stellungen, um immer größeren Anhang zu gewinnen; Lippai und Wesselényi starben zwar bald (1666, 1667), aber ein paar nicht minder einflußreiche Männer traten in der Person des jungen Fürsten Ra= koczy, des Grafen Frangipani und des in Steiermark ungemein reich begüterten Grafen Tattenbach dem Complote bei. Verrätherische Unterhandlungen wurden mit der Türkei, mit Siebenbürgen, mit Polen und Frankreich angeknüpft; diese Mächte ermunterten die Verschwörer, unterließen es aber, sich tiefer mit ihnen ein= zulassen; es war nämlich leicht zu ersehen, daß die Unzufriedenen durchaus unbe= deutende Charaktere waren und selbst nicht recht wußten, wo sie hinaus wollten.

Die Verschwörung in Ungarn wucherte durch einige Jahre fort; der Hof war in Kenntniß davon, hatte aber noch keine Beweise in Händen. Da kam Zrinyi selbst nach Wien und verrieth dem Kaiser seine Mitschuldigen (1668); auch Nadasdy legte nun umfassende Geständnisse ab. Kaum waren diese Männer aber mit voller Verzeihung in ihre Heimat zurückgekehrt, als sie ihre Umtriebe nur noch lebhafter erneuerten. Zrinyi hatte bald 8000 Krieger versammelt, Rakoczy that Aehnliches in Oberungarn. Die miteingeweihten protestantischen Priester predigten an man= chen Orten von der Kanzel herab wider die „papistischen Hunde." Bereits hatte aber die Regierung durch einen Diener Tattenbachs und andere Personen wichtige Dokumente gegen die Verschworenen in die Hände bekommen und sogleich militärische Vorkehrungen getroffen. General Spankau erschien mit 6000 M. deutscher Trup= pen gegenüber von Zrinyi, welcher ein an Zahl stärkeres, aber wüste zusammenge= lesenes Heer unter sich hattte. Nach Csakathurn gedrängt, entflohen Zrinyi und Frangipani bei Nacht und Nebel und stellten sich selbst zum Arrest (Apr. 1770). Rakoczy machte unterdessen in Oberungarn einige Bewegungen ohne Erfolg, und flüchtete sich dann als reuiges Muttersöhnchen in den Schooß seiner Mutter, welche ihm die Verzeihung des Kaisers auswirkte; doch mußte er eine sehr große Kriegs= entschädigung leisten. Die anderen Häupter der Verschwörung wurden ohne große

Mühe zur Haft gebracht. Ueber alle leitete man zu Wien einen umfassenden Proceß in allen Formen ein, und ließ die Urtheile, nachdem sie durch drei auswärtige Universitäten als richtig anerkannt wurden, im J. 1671 vollziehen. Nabasby, Frangipani, Zrinyi und Tattenbach starben auf dem Schaffote. Ein zu Preßburg eingeleitetes Gericht, bei welchem der ebenso strenge als tapfere General Heister einer der Vorsitzenden war, führte die Untersuchung gegen 300 schwer gravirte Personen; verhältnißmäßig wurden jedoch nur wenige hingerichtet. In dieser Zeit nach Unterdrückung der Verschwörung, in welcher doch nur ein beschränkter Theil des Volkes betheiligt war, wurde Ungarn wie ein erobertes Land behandelt: die Truppen verfuhren mit Härte und Willkür, jedermann wurde mit einer Geldsteuer — gleichsam zur Strafe — belegt, eine Menge von Kirchen wurde den Protestanten weggenommen. Bald darnach (1674) wurden sämmtliche evangelische Prediger, unter welchen allerdings viele Compromittirte sein mochten, nach Preßburg berufen, wo sie sich mit Reversen als schuldig bekennen und zur Verzichtleistung auf ihre Aemter bequemen sollten. Die Widerspänstigen wurden Landes verwiesen, eingekerkert oder sogar auf die Galeeren geschickt (der letzteren waren 69), kehrten aber zur Mehrzahl nach etwas mehr als einem Jahre in die Freiheit zurück. Es läßt sich leicht vorstellen, welch' böses Blut bei den Protestanten Ungarns durch die harte Behandlung ihrer Priester erregt wurde.

Die übermäßige Strenge und die verfassungswidrige Willkür der kaiserlichen Behörden in Ungarn war zu dieser Zeit umso weniger am Platze, weil Oesterreich eben wieder in einen namhaften Krieg verwickelt war. Kaiser Leopold I. hatte sich dem Bündnisse Hollands und Spaniens gegen Frankreich anschließen müssen, nachdem letzterer Staat durch seine frevelhaften Rechtsverletzungen das europäische Gleichgewicht vollständig zu vernichten drohte. In diesem französisch=holländischen Kriege (1673—1679, §. 53 — 60) konnte Oesterreich nicht gegen Frankreich mit voller Kraft auftreten, weil es durch den Geist der Unruhe in Ungarn gefesselt war; umgekehrt konnte es aber auch in Ungarn seine Pläne, welche auf Unterdrückung vieler ständischen Rechte und des Protestantismus abzielen mochten, nicht zur Ausführung bringen, weil man nicht genug Truppen dazu hatte. Indem man nach beiden Richtungen das Höchste erreichen wollte, ohne mehr als mittelmäßige Kraft für die eine zu besitzen, erzielte man überall noch weniger als halbe Resultate.

Dem kaiserlichen Hofe schien die Zeit günstig, um mit der ungarischen Verfassung Experimente anzustellen. Allerdings war die letztere derart, daß jeder Edelmann — und deren gab es unzählige Tausende — im gewissen Sinne über dem Gesetze stand und daß ein europäisch freiheitliches Volksleben daselbst noch undenkbar war. Diese Verfassung war Ursache, daß Ungarn zu den allgemei=

nen Staatsleistungen das Allerwenigste beitrug und daß es selbst in den Türken=
kriegen, welche seinem eigenen Boden galten, mit Ausnahme von Streif= und
Raubzügen an den großen Erfolgen kaum mehr Antheil hatte, als vielleicht der
schwäbische oder der niedersächsische Kreis des heiligen deutschen Reiches. Die Un=
garn hatten sich aber in den Glauben, daß die deutschen Völker für sie zahlen und
bluten sollten, und ihn ihre ganzen, dem Edelmanne freilich äußerst bequemen staats=
rechtlichen Verhältnisse so fest hineingelebt, daß jeder Versuch nicht nur jetzt, son=
dern auch in weit späteren Zeiten, eine festere Centralgewalt zu schaffen, zu den
heftigsten Unruhen führte. Wäre demnach ein derartiger Versuch im politischen
Principe auch zu billigen gewesen, so war es doch jedenfalls sehr unklug, dieses
Experiment zu einer Zeit zu machen, da man wegen ungenügender Mittel voraus=
sichtlich auf halbem Wege wieder umkehren mußte. — Die starken Requisitionen
für die kaiserlichen Truppen, oftmals in eigentliche Plünderung ausartend, — die
Einsetzung von Militärgerichten an verschiedenen Orten, — die vielfache Verletzung
der Artikel von 1645, — mehr vielleicht noch als alles dieß die Abschaffung der
Aemter eines Palatins und eines Banus und ihre Ersetzung durch einen Statt=
halter in der Person des Deutschmeisters Ambringer, erfüllten sogar die früher
ruhig gebliebenen Comitate mit einem geheimen Grimme. Die Pforte schürte diesen
im Stillen, Frankreich aber, eben durch Oesterreichs Waffen mitten in seinem Raube
aufgehalten, hielt ziemlich offenkundig zu den Rebellen. Nun hatten die bewaffne=
ten Unruhen in Ungarn auch nach der Hinrichtung nicht ganz aufgehört. Sieben=
bürgens charakterloser Fürst gewährte den Aufständischen immer einen Zufluchts=
ort, den sie nach ihren Streifzügen aufsuchen gingen; dadurch eben wurde der
Kampf endlos gestaltet. Je weiter die kaiserlichen Truppen sich ausbreiteten, desto
mehr wuchs die Mißstimmung, denn mit der Kriegszucht sah es aus den bekannten
Gründen traurig aus. Trotzdem nahm der Aufstand erst dann größere Dimen=
sionen an, als Emerich Tököly an seine Spitze trat. Derselbe war jung, kühn,
gebildet und begabt, zudem von Kindheit auf im Hasse gegen das Haus Habsburg
erzogen. Ein Glück für Oesterreich war es, daß die Anführer der Siebenbürger,
nämlich Teleki und der Fürst Apaffi selbst gegen Tököly einen persönlichen Groll
hegten und daher ohne Eintracht mit ihm handelten. Dagegen war Frankreich und
ebenso auch Polen, letzteres unter dem Könige Johann Sobiesky, welcher die Schwe=
ster des französischen Gesandten zur Frau hatte, im Interesse der Insurgenten
thätig; selbst nach dem Abschluß des Nymweger Friedens (1679, §. 60) fuhr
Frankreich höchst völkerrechtswidrig in der Anschürung des Aufstandes fort. An die
Türkei wandten sich die Rebellen Anfangs vergebens; nach dem Tode des seit
der Schlacht bei St. Gotthard friedeliebend gewordenen Achmed Köprili (Octb.

1674) war jedoch der kriegslustige Kara Mustapha Großvezier geworden; er begnügte sich nicht damit, die Unzufriedenen in mancher Weise zu unterstützen, sondern bereitete zugleich einen großen Kriegszug der Türken vor.

Im J. 1678 machten die Insurgenten große Fortschritte. Sie eroberten die Bergstädte Kremnitz und Schemnitz und erbeuteten hier 180.000 Dukaten. Daselbst wurden Goldstücke geprägt, auf welchen Ludwig XIV. als „Beschützer der Ungarn" oder Tököly als „Fürst von Oberungarn" dargestellt war. Als nun die Lage der Dinge immer ärger wurde, entschloß sich der kaiserliche Hof endlich doch zur Umkehr von dem eingeschlagenen Wege. Mit Tököly wurde ein zweijähriger Waffenstillstand geschlossen (15. Nov. 1680) und gleichzeitig erfolgte die Einberufung eines Landtages. Diesem machte der Hof große Zugeständnisse: die Aemter des Palatins und des Banus wurden wieder hergestellt, die Verleihung aller Würden in Ungarn ausschließlich den Einheimischen vorbehalten, die Reform der in letzter Zeit fast aufgelösten Grenzmilizen und eine besser geregelte Verpflegung der deutschen Truppen, endlich genaue Uebereinstimmung aller Regierungsacte mit der Verfassung für alle Zukunft versprochen u. s. w. Endlich wurde ein neues Religionsgesetz erlassen (9. Nov. 1681), welches durch mehr als ein halbes Jahrhundert die Grundlage aller kirchlichen Verhältnisse blieb; dasselbe gewährte dem augsburgischen und helvetischen Bekenntnisse die Duldung in einem ziemlich umfassenden Maße. Alle diese Concessionen kamen zu spät und führten nicht zu dem gewünschten Frieden. Tököly schien durch des Kaisers versöhnliche Stimmung gerührt und verhielt sich einige Monate ruhig; bald ließ sich aber sein Ehrgeiz von unzufriedenen Abenteurern neuerdings zu verbrecherischen Umtrieben aufstacheln. Er erneuerte den Krieg, erhielt hiebei offene Unterstützung von der Pforte und wurde von dieser als Kurutzenkönig mit Fahne und Roßschweif belehnt. Der Ausbruch des Krieges zwischen Oesterreich und der Türkei war in unvermeidliche Nähe gerückt.

Die Lage der deutschen Erbländer unter Leopold I. war weit ruhiger und demnach auch unvergleichlich besser als jene Ungarns. Doch hatte man auch dort manchen Anlaß zur Klage über die kaiserlichen Minister. Es ist uns von früher her bekannt, daß die mit dem vollen Vertrauen des Kaisers beehrten Leiter der Regierung, Auersperg und Lobkowitz, dem französischen Interesse dienstbar waren und die Operationen jener Heere entkräfteten und nach Versailles verriethen, welche der Kaiser gegen Frankreich ausgerüstet hatte. Lange Zeit hatte dieses Treiben bereits gewährt, bis endlich Leopold I. die Ueberzeugung von den Vergehen dieser beiden Männer gewann und sie fallen ließ. Zuerst wurde Auersperg — im Uebrigen ein Mann von großer Fähigkeit — aus seinem Amte entfernt, bald aber

auch Fürst Lobkowitz, welcher der Gravirtere gewesen zu sein scheint, in Haft ge=
zogen, vor eine Untersuchungs=Commission gestellt, dann aber vom Kaiser nach Raub=
nitz verbannt (Octb. 1674). Von dieser Zeit an hatte Leopold keinen ersten Minister
mehr, daher blieben die Vorstände der einzelnen Hofstellen in ihren Kreisen ungemein
mächtig und schlossen sich gegen die angrenzenden ziemlich schroff ab; eben deshalb
war auch ein bedeutender Mangel an Harmonie in dem Gange der Staatsmaschine
zu bemerken. Von sehr unglücklicher Wirkung auf das gesammte Volk sowie ins=
besondere auch auf die Verhältnisse zum Ausland, namentlich die Kriegführung,
war die ungemein schlechte Finanzwirthschaft. Leopold I. hatte die Finanzen
schon in einem äußerst zerrütteten Zustande übernommen, woran nicht bloß der
aufzehrende dreißigjährige Krieg, sondern auch eine schleuderhafte Amtsführung bei
der Hofkammer schuld war; ganze Bände der Staatsschuldenbücher waren verloren
gegangen, Niemand vermochte mehr die Größe der laufenden Obligationen anzu=
geben, und es kam der Fall vor, daß der Staat bei vielen Gütern die er verkaufte,
drei bis vier Mal mehr verlor als wenn er sie einfach verschenkt hätte. Diese ver=
wahrloste Wirthschaft fiel nun unter Leopold I. dem Grafen Sinzendorf zu;
statt die im Ganzen nicht ungünstigen Verhältnisse von 1657 — 1673 zur Her=
stellung der Ordnung und Oekonomie zu benützen, arbeitete der neue Hofkammer=
präsident in einer Weise, welche ihm nach etwas mehr als zwanzig Jahren einen
Criminalproceß zuzog: Sinzendorf wurde des Diebstals, Meineid's, Betruges und
anderer schönen Dinge für schuldig erklärt und zu einem Schadenersatze von
1,970.000 fl. verurtheilt (9. Octb. 1680). Diese Sentenz trägt Manches zur Er=
klärung der letzten Zeitereignisse und der geringen Kraft des Staates während der=
selben bei; Oesterreich ist von jeher an finanzieller Macht hinter den meisten be=
nachbarten Staaten zurückgestanden; um wie viel mehr dann, wenn die spärlich
fließenden Mittel auch noch vergeudet wurden! — Die Cassationen dreier Minister
aber in einem kurzen Zeitraume führen uns zu der Ueberzeugung, daß Leopold I.,
wie wohlwollend er selbst auch seiner Völker gedachte, doch nicht genug persönliche
Initiative besaß, um nur seine nächste Umgebung mit dem geistigen Auge voll=
kommen zu durchdringen und zu beherrschen. — Nebenbei müssen wir hier noch
einer Pest gedenken, welche im J. 1679 in Wien allein 122.849 Menschen hinwegraffte.

**65. Ausbruch des großen Türkenkrieges bis zur Bela=
gerung von Wien 1683.** Das Verhalten der Pforte seit dem J. 1682
hätte jeden Unbefangenen, auch wenn er nicht Staatsmann war, zu dem Glauben
an den bevorstehenden Türkenkrieg zwingen müssen. Alle sahen denselben voraus,
— nur die Staatsmänner nicht. Wir würden dieß unbegreiflich finden, wenn nicht
in weit neueren Zeiten ähnliche Dinge vorgekommen wären (z. B. Gasteiner Con=

ferenz). Das Kabinet des Kaisers Leopold war der Ansicht, ein Krieg mit der Pforte sei vor dem J. 1685 schon aus dem Grunde nicht zu erwarten, weil erst mit diesem Zeitpunkte der zwanzigjährige Friede von Vasvár ablaufen sollte. In Wahrheit pflegten die sogenannten Ungläubigen jener Zeiten ihr Wort so gut zu halten, wie es die — christlichen Mächte unserer Tage nicht immer zu thun belieben. Der Vezier Kara Mustapha machte eben eine Ausnahme; als er im Herbste 1682 ein bedeutendes Heer bei Adrianopel zusammenzog, hätten wohl auch dem Vertrauensseligsten die Augen aufgehen sollen. — Nun wurde in Wien allerdings viel berathschlagt und als Resultat sprach man die Ueberzeugung aus, daß Oesterreich entweder mit Frankreich oder mit der Pforte oder aber mit beiden Mächten zugleich Krieg haben werde. Dieses Resultat war aber auch Alles; man that nicht viel um der einen Macht, gar nichts, um beiden zugleich begegnen zu können. Es ist Thatsache, daß der Präsident des Hoftriegsrathes, Markgraf Hermann von Baden, alle Mühe hatte, um einen noch am 28. Jän. 1683 gefaßten Beschluß der Hoftammer und des Kriegskommissariates rückgängig zu machen; derselbe zielte auf Ersparnisse ab, welche — merkwürdiger Weise — nirgends anders als an den Gagen der Officiere und an dem Brode der Mannschaft gemacht werden sollten!

Mit Frankreich aber stand der Kaiser thatsächlich bereits im Kriegsverhältnisse. Mitten im Frieden hatte Ludwig XIV. neue Räubereien im Elsaß begangen, ja schließlich sogar Straßburg, eine der wichtigsten freien Städte, im Handumdrehen weggenommen (30. Sept. 1681). Wenn solcher Frevel dem übermüthigen Fürsten ungestraft hinging, so war nicht zu zweifeln, daß er später nur mit noch größerer Anmaßung des Völkerrechtes spotten werde. Wirklich war Leopold I. geneigt, sogleich den Kampf gegen Frankreich aufzunehmen; aber die deutschen Reichsfürsten waren zu keinem einmüthigen Vorgehen zu bewegen; die Einen, weil sie in gewohnter Bequemlichkeit eine künftige Gefahr weniger scheuten als eine augenblickliche That, — die Anderen, weil sie sich vor Frankreich fürchteten, — die Dritten endlich, weil sie ahnten, daß Oesterreich von den Türken bedroht sei und deshalb nicht Macht genug besitzen werde, um gleichzeitig auch die Hauptlast eines Reichskrieges am Rheine zu tragen. Sich selbst aber ohne Oesterreichs Hilfe gegen Frankreich zu erwehren, dazu war jenes vielköpfige, gutmüthige Ungeheuer Deutschland trotz seiner zahllosen Bevölkerung schon längst nicht mehr im Stande. — Bei solchen Umständen kam dann das deutsche Reich vorderhand zu dem Beschlusse, die letzten von Frankreich ausgetheilten Ohrfeigen ruhig einzustecken und einstweilen noch zuzuwarten, bis man neue und stärkere bekomme; dann würde es vielleicht an der Zeit sein, über die Sache weiter nachzudenken. An diesem Entschlusse des deutschen Michels war diesmal insbesondere der große

Kurfürst von Brandenburg schuld, welcher, wie deutschthümlich und thatkräftig er sonst auch immer war, diesmal eine besondere Voreingenommenheit oder aber eine ungewöhnliche Furcht vor Frankreich hegte. Für Oesterreich wurde die große Schläfrigkeit Deutschlands zufällig ein großer Glücksfall; es wurde dadurch nämlich der Krieg mit Frankreich noch um ein paar Jahre hinausgeschoben, und mittlerweile fand man Zeit, die Türken so weit zurück zu treiben, daß sie auch später — nach der Theilung der österreichischen Kriegsmacht — das Verlorene nicht ganz zurück zu gewinnen vermochten.

Zu Anfang des Jahres 1683 waren der österreichischen Diplomatie doch so weit schon die Schuppen von den Augen gefallen, daß sie sich, obgleich die Rüstungen noch immer nur flau und mit halbem Glauben betrieben wurden, nach Allianzen umsah. Die deutschen Fürsten zeigten sich beim Nahen der Gefahr opferwilliger, der Pabst und der Clerus thaten weiter ihre milde Hand auf, als dies sonst ihre Gewohnheit war. Besonders wichtig wurde jedoch Oesterreichs **Bündniß mit Polen**. Johann **Sobiesky** hatte zwar manchen glorreichen Strauß gegen die Türken ausgefochten (siehe Seite 102 2c.), aber er war durch lange Zeit so sehr für Frankreich eingenommen, daß er im Kurutzenkriege gegen Oesterreich Front zu machen bereit stand; zum Glücke für die Christenheit begieng Ludwig XIV. die Unklugheit, die vielvermögende Gemahlin Sobiesky's zu beleidigen, sowie andererseits der dermalige Gesandte Frankreichs wieder in einem zufällig aufgefangenen Briefwechsel über den König und die Nation der Polen sich sehr wegwerfend äußerte. Die Enthüllungen, welche hierüber dem Reichsrathe gemacht wurden, regten selben zu einem gerechten Zorne auf, derart, daß die im französischen Solde stehende Partei diesmal ihr liberum Veto nicht anzuwenden wagte. Von so kleinen Umständen, dem Groll einer eitlen Dame und der Unvorsichtigkeit eines Correspondenten, hängen mitunter die Schicksale auf Erden ab. Vergebens waren jetzt bei den Polen alle Bemühungen Frankreichs: am 31. März 1683 wurde das Bündniß mit Oesterreich ausgefertigt. Die wichtigste Bestimmung desselben war, daß die zunächst angegriffene Macht von der anderen mit mindestens 40.000 M. unterstützt werde. Dem polnischen Reiche wurden überdieß ansehnliche Beisteuern an Geld sowohl vom Kaiser als von der Geistlichkeit Spaniens zugesichert. Bei alledem aber ging es mit den Beschlüssen der polnischen Republik nicht viel besser als mit jenen des in gleicher Weise desorganisirten deutschen Reiches; nach fast vier Monaten von jenem Beschlusse angefangen, als Wien schon in hoher Gefahr schwebte, waren bei Krakau kaum erst 20.000 M. versammelt.

Am selben Tage, als die polnisch-österreichische Allianz abgeschlossen wurde (31. März), brach das türkische Heer von Adrianopel auf. Dasselbe zählte, die Hilfsschaaren der Lehensfürsten nicht mitgerechnet, 230.000 M. Zum Glücke für Oesterreich marschirte diese riesige Armee so langsam, daß sie erst in der Mitte Juni die Donau bei Essek überschritt. Trotz dieses Zeitgewinns blieben die Vorkehrungen Oesterreichs ungemein mangelhaft; nur ein kleines Heer war es, welches sich unter dem wackeren Herzog Carl IV. (V.) von Lothringen bei Kittsee sammelte. Selbes begann die Belagerung von Neuhäusel (8. Juni), kehrte aber auf die Kunde von dem Nahen des feindlichen Heeres, welchem die Tataren= horden voran schwärmten, rasch in die Stellungen an der Raab zurück. Die Tür= ken eroberten auf ihrem Wege Veszprim und forderten die damals wichtige Fe= stung Raab zur Uebergabe auf, ohne Erfolg jedoch. Gleichzeitig sandte Kara Mustapha 20.000 Tataren an der Raab aufwärts, um die Kaiserlichen rechts zu umgehen. Zur Sicherung dieses Flügels hatte Lothringen daselbst unter Bat= thiany einige Tausend Ungarn und zwei deutsche Regimenter aufgestellt; als nun die Tataren anrückten, fielen die Ungarn über ihre deutschen Freunde her und halfen den Tataren selbe niedermetzeln. Selbstverständlich hatte Batthiany nur eine solche Gelegenheit erwartet, um in eigenthümlicher Weise als Anhänger Tö= köly's sich zu bekennen. [1] Aus brennenden Dörfern ersah Lothringen, daß er um= gangen war und beschloß deshalb eiligst den Rückzug. Er selbst marschirte mit der Reiterei gegen Wien ab, General Leslie ging mit dem Fußvolke auf die Insel Schütt. Hinter den Deutschen begannen die Türken sogleich die Ueberschreitung der Raab. Ihren weiteren Marsch gegen Wien bezeichneten sie durch Raub, Mord und Brand, wurden aber hierin von ihren christlichen Freunden, den Schaaren Tököly's, fast noch übertroffen.

Auf der Strecke zwischen Petronell und Ellend wurde der der Colonne Lothringens vorangehende Train von einigen Tausend Tataren, welche einen Vorsprung gewonnen hatten, heftig angefallen (7. Juli); zwar kam die kaiserliche Reiterei rasch heran und jagte die Barbaren in die Flucht, aber bis zu diesem Momente hatte beim Troß eine furchtbare Verwirrung geherrscht; einzelne Reiter flüchteten sich in einem Laufe bis nach Wien und verbreiteten dort die Nachricht, daß das ganze kaiserliche Heer zersprengt sei; bestärkt wurde dieses Gerücht durch

---

[1] Der Charakter der Ungarn scheint zu jener Zeit nicht in so gutem Rufe der Ehrlichkeit und des Muthes gestanden zu haben als heutzutage. Wenigstens schrieb im März 1683 der einsichtsvolle Minister Jörger in einem Gutachten an den Kaiser: „Die meisten deren Hungari sind suspecti et infidi, qui nolunt juberi, non regi" (unverläßlich und untreu, welche nicht befehligt, nicht regiert sein wollen), „und wan die Noth oder Gefahr zum größten Tumultuarie agiren; die Flucht sine pudore flagitii, sine mora ducum nehmen (ohne Scheu vor der Schande, ohne Zaudern der Anführer); devastieren die Länder und setzen Eur. K. Maj. eigenen Exercitum (Armee) in Con= fusion, daher sie besser remoti (entfernt) und bei Ihresgleichen zu halten."

Flammenfäulen, die man bei Fischamend aufsteigen sah. Die in Wien jetzt ein= reißende Bestürzung vergrößerte sich noch, als der Kaiser in aller Stille abreiste; 60.000 Menschen eilten diesem Beispiele zu folgen; Wien hielt sich selbst für verloren. Aber schon am nächsten Tage schmetterte durch die Stadt der österrei= chische Kriegsmarsch und stolzen Muthes ritten die Regimenter nach der Taborau hinüber, um dort ihr Lager aufzuschlagen. Glücklicherweise war auch das Fußvolk bereits im Anmarsche; Graf Leslie hatte ohne Befehl den trefflichen Entschluß gefaßt, aus der Schütt auf das linke Donauufer überzugehen und in Eilmärschen auf Wien hin zu ziehen. Am 10. Juli traf nach und nach das Fußvolk, erschöpft durch die Anstrengung, in den Mauern der Hauptstadt ein.

66. Die Belagerung von Wien im J. 1683. Mit der Saum= seligkeit, welche bei Ausbruch des großen Türkenkrieges in Regierungskreisen überall zu Tage trat, war auch in Wien die geringste Voranstalt für eine Ver= theidigung gänzlich außer Acht gelassen worden. In der Fortifications= und in allen anderen Cassen war kein Geld; kein einziges Geschütz stand auf den Wäl= len, kaum für zehn Stück waren Bettungen vorhanden; Wall und Graben waren nicht im besten Zustande; der bedeckte Weg entbehrte der Pallisaden; 30.000 Stück von diesen hatte man als nöthig berechnet, aber wenige Tage vor dem An= rücken der Türken lagen und standen sie noch draußen herum in den Wäldern. Pulver, Munition und Proviant waren so ziemlich in genügender Menge vor= handen. Dagegen hatte Wien am 7. Juli Abends noch keine andere Garnison als die Stadtguardia (Polizei) und 1000 Mann Feldsoldaten. Selbst der vom Kaiser bestimmte Commandant, Graf Ernst Rüdiger von Starhemberg traf erst mit Lothringens Reitern ein. — Nie hat die Bevölkerung einer modernen Hauptstadt größeren Heldensinn an den Tag gelegt, als jene von Wien in den J. 1529 und 1683. An der Spitze des Volkes standen diesmal der treffliche Bürgermeister von Liebenberg, der Baron Kielmannsegge, der Neustädter Bischof Graf Kollonitz. Liebenberg organisirte zahlreiche Miliz=Compagnien, worunter auch drei von der Universität mit 700 Studenten unter ihrem Rector magnificus waren; Kielmannsegge improvisirte ein bürgerliches Mineurcorps, welches um so nothwendiger war, weil in Wien wohl ein paar ausgezeichnete Ingenieurs vorhanden waren, dagegen an technischen Soldaten ebenso wie an Artillerie=Offi= cieren eine große Noth herrschte; endlich machte der Bischof Kollonitz sich einen unsterblichen Namen durch den heldensinnigen und unermüdeten Eifer, mit wel= chem er alle Spitäler und Löschanstalten, dann die Unterstützung der Hilflosen leitete, mitten im Kugelregen (—dem tapferen ehemaligen Malteserritter nichts Neues—) die Sterbenden tröstete und durch sein gottbegeistertes Walten alle Zag=

haften ermuthigte, alle Herzen stählte. Das erhabene Beispiel dieser bürgerlichen Män=
ner wie das eiserne Auftreten der kaiserlichen Officiere war wahrhaft wunderthätig;
man sah General, Graf, Bischof, zarte Damen mit Schaufel, Beil oder Schubkarren
beschäftigt, und binnen wenigen Tagen stand das früher fast wehrlose Wien als wohl=
verwahrte Festung da. Ein unendliches Glück aber war es, daß der Großvezier zu den
15 Meilen Weges von Raab nach Wien sieben Tage gebraucht hatte. Leicht wäre bei
größerer Eile die Hauptstadt unvorbereitet und unvertheidigt überrascht worden.

Nach dem Eintreffen der 70 Kompagnien regulären Militärs unter Leslie,
welche über 10.000 M. zählten, und nach der Aufstellung der verschiedenen Frei=
willigen=Corps wurde die Besatzung von Wien auf 21.960 M. geschätzt. Was
nicht Waffen tragen konnte, ließ sich bei den Schanzarbeiten, beim Abdecken der
Dächer, beim Zutragen der Munition, bei der Pflege der Verwundeten verwenden.
Bis zum 16. Juli standen 200 Geschütze auf den Wällen, — war aus Wien ge=
macht, was sich nur daraus machen ließ. Bedenkt man, wie sehr die Bevölkerung
Wiens durch die Pest vom J. 1679 und durch die Auswanderung der meisten
Wohlhabenden in den letzten Tagen herabgekommen war, vergleicht man die geringe
Zahl der Vertheidiger, die große Ausdehnung der Werke mit der enormen Zahl
und den riesigen Mitteln des Angreifers, so ist man fast versucht, bei dem lang=
dauernden Widerstande der Stadt in den Glauben an Wunder zu verfallen. Aber
groß wie die Bürgerschaft Wiens stand auch die kaiserliche Soltadesca da. An
ihrer Spitze jener Starhemberg, ein Mann aus Stein gehauen, zu dessen Füßen
Minen springen konnten, ohne sein Auge zucken zu machen; neben ihm Generale,
wie die Welt nie standhaftere gekannt hat; Oberst B ö r n e r als Chef der Artillerie,
derselbe nachmalige Feldzeugmeister, von welchem 20 Jahre später der große Eu=
genius schrieb, er habe die österreichische Artillerie zur besten der Welt gemacht;
endlich als oberster Ingenieur jener R i m p l e r, der ehemalige Weißgärbergeselle,
dann aber der genialste Kriegstechniker, den Oesterreich jemals gehabt hat, der Ein=
zige seiner Zeit, der mit den großen Gedanken Baubans zu wetteifern wagen durfte. [1]

Kaum hatten die Bürger ihre Stadt in Vertheidigungszustand gesetzt, kaum
war die letzte Kompagnie Fußvolk hereinmarschirt, als auch schon die Vorhut der
Osmanen sichtbar wurde. Tatarenhaufen schwärmten der großen Armee voran;
ohne sich vor Wien aufzuhalten, ergossen sie sich weit in das Land bis an die Ybbs

---

[1] Liest man die welthistorischen Namen, welche hier bei 10.000 M. kaiserlicher
Truppen in den Führerstellen erscheinen, liest man diejenigen, welche einige Wochen später
in der Schlacht bei Wien gleichsam als Embryonen künftiger Größe auftraten, und ver=
gleicht man diese Liste mit einem heutigen Schematismus, so möchte man sich wehmü=
thig fragen: „ist es wirklich wahr, daß wir im J. 1868 leben, und um 185 Jahre an
Wissen und Können weiter vorgeschritten sind als diese Alten?"

hinauf, und ließen Schutt und Leichen als Wahrzeichen ihres Zuges zurück. Hin
ter diesen Schwärmen erschienen am Morgen des 13. Juli größere Horden der
Tataren und breiteten vor Wien sich aus. Um Mittag zeigten sich die ungeheuren
Colonnen der regulären Truppen. Starhemberg beeilte sich nun die Vorstädte zu
verbrennen; sie zu vertheidigen, war bei ihrer Ausdehnung keine Möglichkeit. Ein
bösartiger Zufall, der nur durch eine fast übermenschliche Verachtung der Gefahr
unschädlich gemacht wurde, hätte beinahe an diesem Tage Wien zur Hälfte in
einen Schutthaufen verwandelt und dann ohne Kampf den Türken überliefert. Ein
plötzlich ausbrechender Sturm trug nämlich die Flammen der Roßau bis in den
Schottenhof und erzeugte hier, bald auch in den nächsten Häusern Brand. Bereits
brannte der hölzerne Gang des Zeughauses, in welchem 1800 Tonnen Pulver
verwahrt lagen; ja sogar die Fensterrahmen fingen bereits zu glimmen an! Mitten
zwischen den Pulverfässern, beleuchtet von dem Wiederscheine der Flammen, standen der Hauptmann Guido Starhemberg (später berühmter Feldherr) und der
Zeugslieutenant Lumpert und begossen die Tonnen mit Wasser; während dessen
rissen Zimmerleute unter Liebenbergs Leitung außen den brennenden Gang nieder.
Endlich traten die beiden Officiere heraus und mit dem Degen in der Faust trieben sie Arbeiter an, um die bereits lohenden Fenster zu vermauern. — Wir fragen:
hat die jedem Schulkinde geläufige Geschichte der Griechen und Römer viele Beispiele von felsenfestem Todestrotze, welche sich mit dieser unzweifelhaft wahren,
vaterländischen und eben deshalb — fast unbekannten Episode vergleichen lassen?

Gleichzeitig mit der Zerstörung der Vorstädte hatte der umsichtige Commandant
eine nothdürftige Sperrung — eigentlich nur Beobachtung — der Pässe im Wiener=
walde, dann die Anlage eines Brückenkopfes bei Stein angeordnet. Schon der
nächste Morgen (14. Juli) ließ die Wiener erkennen, daß sie auf der ganzen Süd=
seite vollkommen eingeschlossen waren; von Simmering über Hietzing bis nach
Nußdorf, beiderseits an den Donaukanal gelehnt, wie im Jahre 1529 zogen sich die
Lager der Osmanen; bei St. Ulrich stand das Zelt des Grosveziers, besser gesagt,
ein weitläufiger Palast aus kostbaren Geweben. Noch am Abend desselben Tages
errichteten die Türken beim Croatendörfel (Spittelberg) ihre erste Batterie und be=
gannen die erste Parallele bloß 300 Schritte vor dem Glacis der Burg= und Lö=
ab. III. welbastei (siehe Plan [1]). Zwei Tage später waren die Sappeurs der Türken schon
bis auf etwa 60 Schritte von der Contreescarpe des Burgthor=Ravelins vorgedrun=
gen. Da die kaiserliche Cavallerie zur Vertheidigung der Stadt nichts Wesentliches
beitragen, ebenso in den Auen hinter Wien kaum auf längere Dauer sich behaup=
ten konnte, da es ferner nothwendig schien, den Kern für das künftige Entsatzheer

---

[1] Dieser ist nach einer alten Zeichnung des kais. Hauptmanns Daniel Suttinger copirt.

an einem geeigneten Punkte aufzustellen, so zog sich Lothringen mit der Reiterei hinter die große Donau zurück; hiebei hatte seine Nachhut unter dem tapferen General Schulz noch ein heißes Gefecht mit den nachdrängenden Türken zu bestehen. Die Letzteren nahmen nun Besitz von der Leopoldstadt, schlossen Wien nun auch auf der Nordseite ein und stellten hier gleichfalls Batterien und Deckungen her.

Die Angriffe der Osmanen waren vorzugsweise auf die Burg= und Löwel= bastei, dann auf den zwischen diesen beiden Bollwerken gelegenen Burg=Ravelin gerichtet. Anfangs gingen die Angreifer mit der Sappe, später vorzugsweise mit Minen vor. Den ersteren Arbeiten traten die Belagerten mit Ausfällen entgegen, konnten aber gegenüber der ungeheuren Uebermacht damit immer nur einen vorübergehenden Erfolg erzielen. Die Gegenminen der Belagerten waren ebenfalls weniger wirksam, als jene des Angreifers; die bürgerlichen Mineurs der Besatzung bewiesen zwar hohen Muth und eifrigen Willen, waren aber doch nicht so technisch gewandt als die gerade in diesem Fache mit Recht berühmten Türken. Letztere erzielten gegen die Mauern Wiens wenig Erfolg mit ihren Batterien, aber ungeheuern mit ihren Minen. Am 23. Juli Abends ließen sie zwei solche unter den Contreescarpen der beiden Bastions springen, worauf sogleich drei Stürme gegen den bedeckten Weg erfolgten; die Kaiserlichen aber leisteten eine unbeugsame Abwehr. Am 25. wurde durch eine neue Mine ein großer Theil der Pallisadirung im bedeckten Wege der Burgbastei eingeworfen, wonach abermals drei Stürme folgten. Nach dem letzten aber wurden die Janitscharen durch den General Sereni bis in ihre mittlerweile zu einem wahren Labyrinthe angewachsenen Laufgräben zurückgeworfen.

Von dieser Zeit brachte fast jeder Tag neue Stürme auf den bedeckten Weg; ja das Handgemenge daselbst konnte fast schon als ununterbrochen gelten. In der Nacht des 3. zum 4. Aug. gelang es den Janitscharen, an der Spitze des bedeckten Weges vor der Burgbastei sich festzusetzen; bald aber wurden sie mit einem erneuerten Gegensturme wieder vertrieben. In den nächsten zwei Nächten wiederholten die Türken ihre Angriffe; gleichzeitig gelangten dieselben nach dem Auffliegen einer neuen Mine auf den bedeckten Weg der Löwelbastei und suchten nun an beiden Orten mit Wollsäcken und Faschinen den Graben auszufüllen (6. Aug.). Abermals wurden dieselben jedoch bis auf das Glacis zurückgetrieben. Die in der Weltgeschichte vielleicht einzig bastehende Vertheidigung des bedeckten Weges durch 16 Tage war nicht länger mehr fortzusetzen. Dieselbe hatte schon eine Menge Opfer gekostet, überdieß war die Zahl der Kampffähigen durch die herrschende Ruhr schon sehr herabgekommen. Nun hatte zwar Starhemberg, obgleich derselben Krankheit fast erliegend und überdieß schon zweimal verwundet, eine außerordentliche Energie entwickelt, um durch Ausrüstung der noch nicht in die Miliz einge=

reihten Bevölkerung mit Senfen, Morgensternen u. dgl. die Zahl der Streiter wieder zu vermehren; allein diese nur mangelhaft gerüsteten Proletarier konnten zu den schweren Kämpfen auf und vor den Wällen nur bis zu einem gewissen Grade beigezogen werden. Unter diesen Umständen gab Starhemberg den bedeckten Weg an den angegriffenen Orten auf, wo die Türken sogleich sich festsetzten (7. Juli); auch von der Grabensohle waren sie nicht mehr abzuhalten und mit den Minen, welche sie von hier aus unter die Escarpen vorzutreiben anfingen, bereiteten sie den Vertheidigern erst die größten Gefahren. Ein heftiges Artilleriefeuer, durch mehrere Tage fortgesetzt, und das Auffliegen neuer Minen kündete deutlich an, daß das Vorspiel — der Kampf um die Außenwerke — vorüber sei und der entscheidende Act beginne. Am 12. Aug. Mittags wurde durch eine starke Mine die Spitze des Burgravelins eingeworfen und unmittelbar darauf durch zwei Stunden von den Janitscharen gestürmt. Zwar hielt die Besatzung auch diesmal ihren Posten fest, aber zugleich trat ihr und ihren Werken eine neue Gefahr drohend entgegen. In den Logements auf dem bedeckten Wege begannen die Türken den Bau von Breschebatterien, welche gegen die Löwelbastei gerichtet waren. Viele Stunden lang wurde am 15. in wüthenden Ausfällen von den Kaiserlichen um diesen Punkt gestritten, welcher schließlich der Uebermacht verbleiben mußte. Ohne Unterlaß arbeitete der Feind unter- und oberirdisch an der Einstürzung des Hauptwalles, sowie zugleich auch an der Ausfüllung des Grabens. Im letzteren blieben die Caponnièren, obgleich theilweise aus Holz gebaut, bis zum 2. Sept. im Besitze der Vertheidiger; erst an diesem Tage gelangte der ganze Graben von der Burg bis an die Löwelbastei in den Besitz der Angreifer.

Bereits waren 40 Tage des Angriffes verstrichen und nach türkischer Sitte glaubten die Janitscharen, über diesen Termin den Angriff nicht fortsetzen zu dürfen. Der Kern ihrer Truppe, über 40.000 an der Zahl, lag in den Laufgräben und Logements hingestreckt und verpestete die Luft mit dem Hauche der Verwesung. Der Großvezier bedurfte außerordentlicher Mittel der Ermunterung, um die Janitscharen zum Ausharren in den Tranchéen zu vermögen; zum Stürmen waren sie jetzt nur selten mehr zu bringen. Die Irregulären hatten sich schon fast ganz aus der Action zurückgezogen und verweigerten den Gehorsam. — Gegenüber dieser moralischen Niedergeschlagenheit der Angreifer nahm sich der stolze Muth der Vertheidiger nur um so erhabener aus; der Schild aus Mauerwerk, den die kaiserliche Residenz vor ihrer Brust trug, war arg zerrissen, beinahe ein einziges Trümmerwerk; 6000 M. waren gefallen, andere Tausende lagen wund und krank darnieder; aber kein Mensch sprach von Uebergabe, keiner suchte sich des schweren Dienstes zu entledigen. Da in den letzten Wochen nur mehr zwei kaiserliche Artillerie = Officiere mit sehr weniger Mannschaft dienstbar geblieben waren, leistete die Kompagnie der „bürgerlichen Büchsenmacher und Kunstschäler" die aufopferndsten und ersprieß= lichsten Dienste; Starhemberg gab ihnen später das Zeugniß, „daß deren viele die ganze Belagerung continuirlich auf ihren anbefohlenen Posten unabgelöst ver= blieben und ihre Tapferkeit dergestalt erwiesen 2c.". — Ebenso war seit der Fest= setzung des türkischen Mineurs im Hauptgraben, seit der Gefahr für den innersten Wall, die nunmehr herangezogen war, die ganze Bevölkerung rastlos thätig, um nicht nur auf den angegriffenen Bollwerken, sondern hinter ihnen an den Eingän= gen der Straßen, ja selbst im Innern der Stadt Abschnitt hinter Abschnitt zu er= richten. Man wollte im schlimmsten Falle — nach dem Verluste des Walles — ein Quartier nach dem anderen vertheidigen. Der lebhafte Muth der Besatzung fand von Zeit zu Zeit neue Kräftigung durch die Berichte von Kundschaftern, welche todverachtend durch das türkische Lager sich schlichen. Ein kaiserlicher Küraffier kam als der Erste mit tröstlichen Nachrichten von Karl von Lothringen in die Stadt (21. Juli); später schlich sich ein Pole, Namens Kólczicki, aus Wien und wieder dahin zurück (13.—17. Aug.); ja dessen Diener Michalowich machte denselben Weg noch zweimal.[1]

Seit dem 25. Aug. verdoppelte der Großvezier die Thätigkeit seiner Batte= rien und der Mineurs; die letzteren gruben sich unter der Löwelbastei und unter der rechten Face des Burgravelins ein. Am 26. wurde am letzteren Orte eine Mine springen gemacht, welche einen großen Wallbruch erzeugte; sogleich gingen die Türken zum Sturme vor, wurden aber hier so wie auch in einem Theile des Grabens, wo die Deutschen von einer Caponnière ausfielen, mit großem Verluste zurückgescheucht. Am 30. Aug. und 2. Sept. wurden neue starke Minen gesprengt und wiederholte Stürme versucht; letztere ergaben kein Resultat; dagegen wurden die Breschen immer größer und der Burgravelin war nur mehr eine wüste Schutt= stätte. Von den Türken wurde dieses Werk wegen seiner unbegreiflich hartnäckigen Vertheidigung der „Zauberhaufen" genannt. Er verdiente diesen Namen: in einem armseligen, zwischen Trümmern errichteten Abschnitt hielten sich 50 M. unter einem Hauptmann tagelang gegen alle Stürme, bis endlich Starhemberg den Befehl gab, jene Ruine gänzlich zu räumen (3. Sept.). Allsogleich setzten sich die Türken in den Besitz dieses letzten detaschirten Werkes und eröffneten von da das Feuer auf die Burgbastei. Gleichzeitig war die letztere und die Löwelbastei schon an fünf Orten mit Minen unterwühlt; deutlich hörten die Vertheidiger das Klopfen unter

---

[1] Nach der Befreiungsschlacht bei Wien wurde im türkischen Lager so viel Kaffee erbeutet, daß dieses bis dahin den Christen fast unbekannte Getränke nun rasch in ganz Europa Verbreitung gewann. Kólczicki oder „Bruderherz," wie er von den Wienern ge= nannt wurde, erhielt zum Dank für seine vielen Verdienste die Erlaubniß, zu Wien ein Kaffeehaus, das erste im christlichen Europa, zu errichten.

ihren Füßen. Mittags am 4. Sept. ging unter dem Burgbastion die gefürchtete Mine auf und erzeugte eine Bresche von 5° Breite; wüthend stürmten die Osmanen heran und pflanzten nach einem heißen Ringen vier Roßschweife als Zeichen des Sieges; wirklich schien ihnen dieser schon gesichert, als Starhemberg mit den letzten Reserven heranrückte, die Janitscharen herunterwarf und den Wallbruch verrammelte. — Aehnliches ereignete sich zwei Tage später an der Löwelbastei, wo ebenfalls eine 6° breite Bresche erzeugt, dann von den Türken Anfangs erstürmt, schließlich aber verloren wurde. Der Großvezier, ahnend, daß er nur mehr wenige Tage Zeit hatte, wandte alle denkbaren Mittel auf, um seine Janitscharen zu neuen Stürmen, seine Mineurs zu beschleunigter Arbeit zu veranlassen; letztere waren schon bis unter die Courtine gelangt, als der große Tag der Entscheidung heranbrach.

In diesen Tagen des Sept. war Wien in eine solche Lage gebracht, daß sein Verderben nur durch Wunder der Tapferkeit noch um Tage, ja nur um Stunden hinausgeschoben werden konnte. Die Mehrzahl der Besatzung war todt, krank oder verwundet; die Außenwerke waren als Schutthaufen dem Feinde zugefallen; unter dem letzten Walle, der selbst schon zum Theile in Trümmern lag, arbeitete der Feind bei Tag und Nacht, und jeden Augenblick durfte man den Einsturz dieser einzigen Schutzwehre erwarten. Wirklich sprangen, nachdem eine riesige Mine der Türken von den Angreifern entdeckt und genommen war, am 8. zwei andere mit solcher Gewalt, daß wieder ganze Stücke der Löwelbastei herabstürzten. Am 9. Abends setzten sich endlich die Türken auf der zerstörten Flanke der gedachten Bastei unmittelbar am Courtinenpunkte, also bereits auf einem Theile des Hauptwalles fest, von wo sie rüstig weiterarbeiteten. Nur mit übermenschlicher Anstrengung vermochten die Vertheidiger die hier flüchtig hergestellten Abschnitte zu halten.

Eben in den Momenten aber, da auch das tapferste christliche Herz bange zu klopfen anfangen mußte, leuchteten ihm wieder die ersten Strahlen der Hoffnung; schon in der Nacht zum 7. Sept. sahen die Wiener auf dem Kahlenberge einige Raketen, ihnen schöner dünkend, als alle Sterne am Himmel, emporsteigen. Aber wieder vergingen ohne weiteres Zeichen vier Tage, gerade die qualvollsten und gefährlichsten. Endlich am 11. gegen Abend bemerkten die Belagerten eine lebhafte Bewegung im türkischen Lager, zugleich auch den Uebergang der in der Leopoldstadt stehenden Moslims auf das rechte Ufer, weiter eine auf dem Leopoldsberge aufgepflanzte große weißrothe Fahne, sowie das Erscheinen bedeutender Heeresmassen auf den angrenzenden Höhen. Der Entsatz war somit herangerückt. Mit der Schlacht am 12. Sept. 1683 war Wien befreit, nachdem es 41 gesprengte Minen und 50 Hauptstürme glorreich ausgehalten, aber auch 14.000 M. an Todten und Verwundeten, überdieß noch 20.000 Menschen, die den Seuchen erlagen, gezählt hatte.

67. Feldzug des Jahres 1683. Wir müssen auf jene Heerscharen zurückblicken, welche während der neunwöchentlichen Belagerung Wiens aus fernen Gegenden sich zum Entsatzversuche ansammelten. Zuerst stand im Marchfelde Karl von Lothringen mit jenen 10.000 kaiserlichen Reitern, welche er von Wien hinweggeführt hatte; zu diesen kamen dann noch andere Schaaren, so daß der Herzog im Stande war, die streifenden Türken und Kurutzen aus dem Lande nördlich der Donau zurückzuscheuchen. Das polnische Heer unter Johann Sobieski versammelte sich bei Krakau so langsam, daß dasselbe lange vor erreichter Vollzähligkeit aufbrechen mußte, um nicht zu spät zu kommen. Etwas rascher waren die Reichstruppen schlagfertig geworden. Man zählte von ihnen 8400 M. aus dem schwäbischen und fränkischen Kreise, dann 11.300 Baiern und 11.400 Sachsen, im Ganzen also 31.100 M. aus Deutschland. Fast ebenso stark waren die Corps der Polen und der Oesterreicher, beziehungsweise 26.600 und 27.100 M. Das ganze Heer, unter den gemeinschaftlichen Oberbefehl des polnischen Königs und des Herzogs von Lothringen gestellt, bestand demnach aus 38.000 M. Fußvolk, 41.600 Reitern, 5200 M. an sonstigen Truppen und 186 Geschützen. Bei dieser Armee, welche für die Interessen der Christenheit und Civilisation stritt, waren nicht weniger als ein König, zwei Kurfürsten (Sachsen und Baiern), eilf Herzoge, acht andere Souveräne und mehrere Prinzen als Kämpfer anwesend.

Am 6. Sept. brach das nun eben vereinigte Heer von Hollabrunn gegen Krems auf. Der Großvezier hatte unkluger Weise es unterlassen, die bei Stein zum Schutze der Brücke errichtete Schanze sowie die Brücke selbst zu zerstören oder auch nur Tulln und die Pässe im Wienerwalde zu besetzen. So konnte das christliche Heer zu seinem eigenen Erstaunen ganz ungestört die Donau und weiter das Gebirge passiren. Am 10. war man an seinem Fuße angelangt und eilte, die Wege für den Aufmarsch so bedeutender Massen herzurichten. Am 11. gegen Abend waren die Christen dann auf dem Kamme des Wienerwaldes ausgebreitet: der linke Flügel auf dem Leopolds-, das Centrum auf dem Kahlenberge, der rechte Flügel bis über den Sauberg. Dieser Flügel bestand fast ausschließlich aus den Polen, in der Mitte und am linken Flügel waren österreichische und Reichstruppen zusammen vertreten. — Das türkische Heer vor Wien war noch immer bei 180.000 M. stark. Kara Mustapha hatte seine ganze Rechnung darauf gebaut, daß Wien noch vor der Ankunft des Christenheeres fallen müsse; er befand sich in keiner geringen Verlegenheit, als das Gegentheil sich zeigte. Jedoch fest überzeugt, daß er siegen und die Belagerung dann um so leichter beenden werde, concentrirte er am 11. Sept. sein Heer in dem Raume von der Donau bei Nußdorf bis an die Wien, ließ aber selbst während der Schlacht die Laufgräben durch einige Truppen besetzt halten und die Beschießung fortsetzen.

Am 12. Morgens rückte die ganze Schlachtlinie der Christen vor. Der linke Flügel hatte den kürzesten Weg, um an den Feind zu kommen; dieser hielt Nußdorf und den Nußberg stark besetzt. Es gelang den Sachsen und Oesterreichern, im heißen Kampfe die Türken vom Nußberg herab nach Nußdorf und Döbling zu werfen; weil aber bei dieser Gelegenheit der linke Flügel im raschen Vordrängen seine Verbindung mit dem Centrum lockerte, erschien plötzlich wieder ein türkischer Heerhaufen im Rücken des linken Flügels auf dem Nußberge und setzte diesen Flügel in eine schwere Gefahr. Glücklicher Weise unterließ es der Großvezier, die ebenso kühne als wohlbedachte Unternehmung des Pascha's von Diarbekir durch ein rechtzeitiges Vorschieben des ganzen rechten Flügels zu unterstützen. Der errungene Vortheil schlug in Folge dieser Unterlassung zum schweren Schaden der Türken um. Ludwig von Baden, Commandant des linken Flügels der Christen, ließ das vorgedrungene feindliche Corps auf mehreren Seiten gleichzeitig angreifen, wonach es gänzlich zerstreut wurde. Wieder drangen die Deutschen kräftig vor und trieben die Türken gänzlich aus Nußdorf heraus. [1]) Es war zwei Uhr nach Mittag geworden, als erst das Centrum gegen Pötzleinsdorf, der linke Flügel (Polen) bei Dornbach aus den Waldungen zu debouchiren begannen. Mit stolzem Muthe brachen die 12.000 polnischen „Hußaren" (schwere Reiter) gegen die von der Dornbacherstraße bis Breitensee stehenden Türken herab, wurden aber bald in die Flanke genommen und nach einem topferen Widerstande in die Defilé's zurückgeworfen: vier kaiserliche Bataillone, die den Polen beigegeben waren, deckten diesen Rückzug. Karl von Lothringen und Sobieski erkannten mit richtigem Blicke, daß auf dem theilweise ziemlich steil abfallenden und überhaupt coupirten Terrain neben der Dornbacherstraße die Cavallerie, um gesichert aufmarschieren und angreifen zu können, überhaupt um Stützpunkte zu besitzen, der Beigabe eines tüchtigen Fußvolkes bedürfe. Deßhalb wurden jetzt vier kaiserliche Regimenter herbeigerufen, nach deren Aufstellung nicht nur der rechte Flügel, sondern die ganze Schlachtlinie zum Vorgehen beordert wurde. Ludwig von Baden auf der einen, Sobieski auf der anderen Seite drangen nun so geschickt und kühn vor, daß die Türken trotz ihrer Ueberzahl gegen die Mitte zusammengedrängt und bald aus allem taktischen Verbande geworfen wurden. Bald war das ganze osmanische Heer in der wildesten Flucht, und man muß sich wundern, daß die Verluste derselben (angeblich 10.000 M.) nicht viel größer sich gestalteten; die Rückzugs-

---

[1]) Es muß bemerkt werden, daß die hier genannten Ortschaften, welche heutzutage fast Vorstädte von Wien sind und mit den Vorstädten innerhalb der Linie enge zusammenhängen, damals wirklich noch abgesondert lagen und jedes für sich eine geschlossene Gruppe von Baulichkeiten bildeten.

linie der Türken — gegen Schwechat hin — lag nämlich in der Verlängerung ihrer linken Flanke, und ein rasches Vordrängen der Polen gegen die Vorstädte hin hätte wahrscheinlich die Abschneidung des früher in Nußdorf und Döbling gestandenen Flügels zur Folge gehabt. Die Laufgräben waren von den Türken bis nach der Flucht des Gros gehalten worden. In dem von den Christen eingenommenen Lager fand sich eine unermeßliche Beute von Kostbarkeiten aller Art, Fahnen, Roßschweifen, 15.000 Zelten, 10.000 Stück Schlachtvieh, 10.000 Schafen, 5000 Kameelen, 100.000 Metzen Korn, ungeheuren Quantitäten von Kaffee u. dgl. Mancher Soldat wurde hier zum wohlhabenden Manne.

Unermeßlich sind die Folgen des Sieges bei Wien. An kulturhistorischer Bedeutung läßt sich ihm nur die Schlacht auf den Catalaunischen Feldern (I. Bd. Seite 372) an die Seite setzen. Hier wie dort handelte es sich um die Bewahrung europäischer Civilisation vor asiatischer Barbarei. Hätten die Türken bei Wien gesiegt, so wäre Oesterreich und mit ihm Deutschland in Trümmer gesunken; in Europa würden sich zwei ungeheure Monarchien gebildet haben: die französische, welche nach dem Aussterben der spanischen Habsburger sich von den Meerengen von Gibraltar und Messina bis an die Nordsee und weit über den Rhein hinaus erstreckt hätte, — und die osmanische im Südosten Europas. Möglich, daß aus der letzteren nach einiger Zeit sich große slawische Reiche entwickelt hätten; dagegen wären die Nationalitäten der Deutschen und der Magyaren sehr wahrscheinlich elend verkümmert.

Am 14. Sept. fand im Lager des christlichen Heeres bei Schwechat eine Zusammenkunft zwischen Leopold I. und Sobieski statt. Ueber dieselbe ist viel gefabelt worden, als ob nämlich der Kaiser gegen den fremden König, dem er so großen Dank schuldete, ausnehmend stolz und abstoßend sich benommen hätte. Nach den Berichten von Augenzeugen stellt sich aber heraus, daß Leopold I. so warm und herzlich war, als es ihm die steife Hofetiquette nur erlaubte; dieser war er allerdings mehr als nöthig ergeben und sie machte ihn dort oft wie theilnahmlos erscheinen, wo er in Wirklichkeit recht warm fühlte. Gleich nach dem Siege bei Wien ging der größere Theil der Reichstruppen nach Hause; die Polen und Baiern dagegen folgten den Oesterreichern nach Ungarn. Vereint erkämpften sie dann einen Sieg bei Gran (16. Aug.) und eroberten einige Wochen später diese Festung. Das Gros der Armee zog am linken Donauufer weiter. Sobieski, welcher zu hitzig dem übrigen Heere voraneilte, gerieth bei Párkány in einen Hinterhalt, in welchem er fast das Leben und seine Armee verloren hätte. Hier aber noch glücklich durchgekommen und wieder mit Karl von Lothringen vereinigt, erfocht er an demselben Orte einen glänzenden Sieg über 24.000 Türken, von welchen kaum 300 dem Blutbade entrannen (9. Okt.); es brach nämlich die Brücke, über welche sie nach dem rechten Ufer sich zurückziehen wollten, plötzlich auseinander und versperrte die weitere Flucht. Sobieski kehrte jetzt nach Polen zurück und bestand auf dem Wege dahin noch mit Erfolg ein Gefecht bei Szétsen. Zu gleicher Zeit sowie auch schon früher während der Belagerung Wiens war in Steiermark und Kroatien gegen die eingefallenen türkischen Streiffkaaren ein lebhafter und glücklicher kleiner Krieg geführt worden. Der Großvezier Kara Mustapha hatte das Verunglücken des Kriegszuges 1683, welches allerdings großen Theils seinen Fehlern zuzuschreiben war, theuer zu bezahlen. In Belgrad empfing er die vom Sultan übersandte seidene Schnur und wurde in stiller Mitternacht strangulirt.

68. Der große Türkenkrieg. Feldzüge 1684 bis 1686.

Im Winter war die kaiserliche Diplomatie geschäftig in der Anwerbung von Alliirten. Die Republik Venedig erkannte die Sachlage für genug günstig, um zum ersten Male einen Angriffskrieg gegen die Türken zu wagen. Der Pabst sandte dem Kaiser einige Truppen und — was werthvoller war — namhafte Geldsummen. Zahlreiche Freiwillige, darunter Männer der höchsten Stände, z. B. Prinz Eugenius von Savoyen (dieser hatte schon die Schlacht bei Wien mitgemacht) und spanische Herzoge fanden sich unter dem Doppeladler ein. Frankreich allein bewahrte seine durch Aufstellung eines Heeres längs den Grenzen bezeichnete feindliche Stellung, ließ sich aber in einem auf 20 Jahre abgeschlossenen Waffenstillstand zu Regensburg auf friedliche Gedanken bringen (15. Aug. 1684); Spanien und das deutsche Reich überließen hierin an Ludwig XIV. bis auf Weiteres die Gebiete, welche er in der letzten Zeit ohne Kriegserklärung geraubt hatte, darunter Luxemburg und Straßburg. So traurig dieser Vergleich an und für sich war, so brachte er dem deutschen Kaiser doch den Vortheil, seine ganze Kraft ungestört nach dem Osten wenden zu können.

Der Feldzug 1684 reihte sich demnach auch nicht unwürdig an den vorhergegangenen. Die Kaiserlichen siegten bei Waizen (18. Juni), eroberten diese Stadt, setzten im Angesichte feindlicher Schaaren bei St. Andrä auf das rechte Donauufer über und begannen die Belagerung von **Ofen** (Mitte Juli), während ein ansehnliches türkisches Heer, das bis jetzt zweimal hatte weichen müssen, hinter Hansabég, drei Meilen südlich von Ofen, Stellung faßte. Um die Osmanen von dort zu vertreiben, ging Karl von Lothringen nach wenigen Tagen zum Angriffe vor (22. Juli); er erfocht einen schönen Sieg und brauchte für die nächste Zeit nicht wegen einer Störung der Belagerung besorgt zu sein. Diese war aber noch schwieriger, als man sich gedacht hatte; Ofen hatte nämlich einen mehrfachen Gürtel von Festungswerken, der sich über den Umfang der heutigen Stadt hinaus erſtreckte; der Commandant war ein äußerſt tapferer Mann, und die Garniſon war bereit, eine Stadt, welche von den Moslims als geheiligt betrachtet wurde, mit dem letzten Blutstropfen zu vertheidigen. Hiezu kamen noch ſchwere Krankheiten, welche im kaiſerlichen Lager ausbrachen und endlich den Abzug des öſterreichiſchen Heeres nach einer dreimonatlichen Belagerung zur Folge hatten (30. Oct.), obgleich ſchon einige namhafte Fortſchritte gemacht worden waren. Größer waren die Er-folge der Kaiſerlichen auf den untergeordneten Schauplätzen. Leslie erfocht bei Be-rovitice (Werowitz) einen Sieg, in Folge deſſen dieſe damals nicht unbedeutende Feſtung wieder genommen wurde; mehrere Caſtelle hatten daſſelbe Schickſal.

Im J. 1685 vervollſtändigte Leslie, der jetzt 30.000 M. unter ſich hatte, in Kroatien ſeine Erfolge; doch waren ſie nicht entſcheidender Natur. Ebenſo war General Schulz mit 25.000 M. in Oberungarn glücklich gegen Tököly; dieſer Mann verlor eben jetzt ſeine Beſonnenheit, indem er gegen abtrünnige Freunde mit maßloſer Grauſamkeit vorging; zugleich kam er aber auch faſt ganz um ſeine politiſche Bedeutung. Nach der Gewohnheit von ungebildeten Leuten ſuchten nämlich die Türken die Urſache ihrer Unglücksfälle immer außer ſich ſelbſt; dem Serasfier Ibrahim Scheitan kam Tököly als Sündenbock gerade recht; er hätte denſelben ohne Zweifel hinrichten laſſen, wenn nicht früher noch die Pforte, den argen Mißgriff ihres Statthalters erkennend, den Letzteren ſelbſt in Mo-hameds Schooß befördert hätte. Nun wurde zwar Tököly wieder aus der Haft entlaſſen; mittlerweile waren aber viele ſeiner Anhänger, verdutzt über die Ma-nieren ihrer Alliirten, auf die kaiſerliche Seite übergetreten und Tököly bemühte ſich vergebens, ſie wieder zu gewinnen; überhaupt verlief ſich ſeine Partei und Bedeutung allmälig im Sande.

Das Hauptheer der Kaiſerlichen, wieder unter dem Herzog von Lothringen ſtehend, hatte im J. 1685 die Belagerung von Neuhäuſel begonnen; gleich-zeitig lief aber das nicht minder wichtige Gran trotz ſeiner tapferen Verthei-digung Gefahr, von den Türken genommen zu werden. Herzog Karl faßte einen trefflichen Entſchluß: vor Neuhäuſel ließ er Caprara mit einigen Truppen ſtehen, während das Gros bei Komorn über die Donau und dann raſch auf Gran hin ging. Rechtzeitig von dem Nahen der Kaiſerlichen unterrichtet, ſtellten ſich ihnen die Türken zur Schlacht entgegen, erlitten jedoch nach heißem Ringen eine bedeu-tende Niederlage (16. Aug.) Gran war ſomit befreit, Neuhäuſel mußte ſich er-geben. Jetzt, nachdem der weſtliche Theil von Oberungarn und beträchtliche Stücke von Kroatien der kaiſerlichen Armee wieder zu eigen geworden waren, ließ ſich gegen ihre Gewohnheit die Pforte herab, den Frieden anzutragen; ſie wartete aber vergebens auf Antwort.

15 *

Obwohl für den Feldzug 1686 das österreichische Heer beträchtlich verstärkt worden war, verzögerte sich der Anfang der Operationen doch bis in den Sommer und zwar aus dem Grunde, weil dem Hoffkriegsrathe der Plan des Herzogs Karl, Ofen zu belagern, viel zu gewagt scheinen wollte. Erst spät gab der Kaiser dem Herzog seine Zustimmung. Dieses Zaudern hatte einestheils eine gute Folge, indem nämlich die Türken weniger für Ofen als für S t u h l w e i ß e n - b u r g besorgt waren und ihre Aufmerksamkeit vorzugsweise dem letzteren Platze zuwandten. Indessen brachen Karl von Lothringen und der Kurfürst Maximilian Emanuel von Baiern mit 60.000 M. vom Sammelplatze Komorn gegen **Ofen** auf; das Heer marschirte in zwei Hälften längs beiden Stromufern und vereinigte sich erst wieder vor der Stadt (8. Juni); zur Sicherung der Verpflegung und zur Verbindung beider Stromufer wurde von der vorgerichteten Flottille ein guter Gebrauch gemacht, überhaupt in jeder Beziehung die beste Vorkehrung getroffen. Dieß war um so nothwendiger, als die Festung von den Schäden der früheren Belagerung vollkommen wieder hergestellt und von 16.000 erprobten Kriegern unter einem heldenmüthigen Befehlshaber vertheidigt war. Wirklich leistete die türkische Besatzung hier ebenso Großes, als ein paar Jahre früher die christliche in Wien. Besonderen Nachtheil fügte sie den Angreifern mit den Minen zu, denn gerade in diesem Fache waren die Türken die größten Meister ihrer Zeit.

Die Deutschen umschlossen den Platz von Altofen bis zum Blocksberge und gingen mit großer Systematik auf allen Seiten vor, insbesondere jedoch gegen die nördliche und die südliche Front. Große Vorsicht war nothwendig, da man die Kühnheit des Vertheidigers von früherher kannte; überdieß mußte auch, um nicht durch ein Entsatzheer überrascht zu werden, das Land zwischen der Donau und dem Plattensee sorgfältig bewacht werden. Daselbst fielen einige kleine Gefechte vor zum entschiedenen Vortheile der Kaiserlichen. Auf der nördlichen Seite wurde nach zwei Wochen der Belagerung die unterste Mauer erstürmt und sonach der Angriff gegen die Festung, eigentlich nur gegen die auf dem Abhange des Berges befindlichen Werke, eröffnet. Zugleich wurde die südliche Seite vom Blocksberge her lebhaft — ohne großen Erfolg jedoch — beschossen. Am 15. Juli unternahmen die Kaiserlichen auf der Wiener Seite einen energischen Sturm; ihre vordersten Reihen wurden durch eine mächtige Mine in die Luft gesprengt, dennoch strömten neue Freiwillige vor. In dem Maße jedoch, als sie gegen die Hauptwälle vordrangen, geriethen sie in ein mörderisches Kreuzfeuer und mußten endlich nach einem Verluste von 1400 M. vom Angriffe ablassen. Durch einen halben Monat begnügte sich der Angreifer mit einem Bombardement. Ein glücklicher Wurf durchschlug alle Gewölbe des großen Pulvermagazines und sprengte dieses in die Luft (22. Juli); die Explosion war so gewaltig, daß die Donau aus ihren Ufern trat und der Festungsberg durch zwei Stunden in eine dichte Rauchwolke eingehüllt blieb; als letztere sich verzog, sah man den Hauptwall der Festung in einer Breite von 60 Schritten vollkommen eingestürzt, allein diese Bresche befand sich gerade an der steilsten und unzugänglichsten Stelle; bei Freund und Feind hatte nach der Explosion eine solche Bestürzung geherrscht, daß dieser günstige Zeitpunkt weder zu einem Angriffe noch zu einem Ausfalle benützt wurde. Ueberhaupt verlegte man sich in der nächsten Zeit wieder nur auf Geschützwirkung und Minen; mit den letzteren blieben die Angreifer im Nachtheil. Endlich glaubten der Kurfürst und Herzog Karl einen neuen Sturm versuchen zu können; niemals wurde mit größerer Heftigkeit gestritten; Pechkränze auf die Angreifer geworfen und vielen derselben den schmerzlichsten Tod bringend, — Minen, die unter ihren Füßen aufflogen, — und die begeisterte Gegenwehr der Türken vermochten die Hitze des Angriffes nicht zu dämpfen; nach jeder Katastrophe wurde erneuert vorgegangen, bis endlich die Brandenburger und Oesterreicher auf den Wällen ihre Fahnen wehen machten. Doch waren an diesem Tage nur die letzten Außenwerke gefallen, jene nämlich, welche am Fuße und an den Hängen des Festungsberges befindlich waren. Das schwerste Stück Arbeit, die Bezwingung des Noyaus, blieb noch immer zu verrichten.

Es waren bereits bei acht Wochen seit Eröffnung der Belagerung verflossen; mittlerweile hatte sich bei Essek ein türkisches Entsatzheer von 80.000 M. formirt und marschirte längs dem rechten Donauufer herauf; hievon unterrichtet beorderten die kaiserlichen Feldherren vor Ofen, deren wirklich waffenfähige Mannschaft auf weniger als 20.000 M. geschmolzen war, eilig die Generale Caraffa aus Oberungarn und Schärffenberg aus Siebenbürgen heran; nach dem Eintreffen Caraffa's erreichte das Hauptheer eine Stärke von 30.000 Streitern. — Gleichzeitig wurden binnen 3 Tagen starke Verschanzungen um das christliche Lager herum aufgeworfen. Zu alledem war es hohe Zeit gewesen, da der Vezier bereits Stellungen zwischen Ertsi und Hansabég, drei Meilen von Ofen abwärts, genommen hatte. Von da aus rückte er in den ersten Tagen des August auf das Gebirge, welches sich bei Promontorium mit steilen Ufern von der Donau erhebt und Anfangs mit Wein, weiterhin mit Wald bedeckt, in westlicher, später nordwestlicher Richtung nach Bia zieht. Nördlich fällt dasselbe in einem schmalen Wiesengrund ab, welcher sich bei Sachsenfeld an der Donau zu einer kleinen Ebene erweitert. Jenseits dieses Thalgrundes erheben sich die Ofner Gebirge, welche dann, durch mancherlei Einsattlungen, Thäler und Gräben in Partieen geschieden, nordwärts längs der Donau sich fortsetzen. Hier hatten die Deutschen, nach Zu-

rüdlaffung einiger Truppen in den Angriffswerken, folgende Stellung eingenom=
men: der linke Flügel auf dem Blocksberge, das Centrum am Adlerberge, weiter=
hin noch einige Abtheilungen in den Bergen ober Buda Ders. Die Referven ftan=
den auf dem kleinen Schwabenberge, ferner ein Poften zur Sicherung des Rückens
hinter der rechten Flanke auf dem Johannisberge bei Bubakéz. Die Pofition der
Kaiferlichen hatte in der Front vor fich den Wiefengrund zwifchen Groß=Torbagy
und Sachfenfeld, dagegen war die rechte Flanke ziemlich gefährdet durch den dem
Feinde zugänglichen und bewaldeten Gebirgsflügel zwifchen Groß = Torbagy und
Bia, indem derfelbe parallel mit der rechten Flanke der Deutfchen fortläuft.

Auf den Umftand, daß fie auf den zuletzt erwähnten Höhen unbemerkt gegen den
Rücken der Chriften gelangen konnten, bafirten fich denn auch zunächft die Operationen
der Türken. Der Bezier hatte nämlich nicht die Abficht und den Muth, eine Haupt=
fchlacht zu wagen, wohl aber wollte er mit kleineren Gefechten die Befatzung ver=
ftärken und allmälig die Chriften zum Aufheben der Belagerung zwingen. Daher
ließ er ein Corps auf den erwähnten Bergen um die rechte Flanke der Kaiferlichen
gegen Bubakéz vorgehen, fo daß die Referven derfelben den erften Stoß auszu=
halten hatten. Sie wurden Anfangs geworfen, drangen aber dann nach erhaltenen
Verftärkungen wieder vor und jagten die türkifchen Umgehungscolonnen zurück;
gleichzeitig war auch der Frontalftoß der Türken aus der Ebene von Sachfenfeld
abgewiefen worden, fo daß der Bezier am Abende diefes Tages nach einem Ver=
lufte von 8000 M. feine Stellungen bei Hanfabég wieder bezog. Zwei Wochen
fpäter machten 2000 freiwillige Janitfcharen den Verfuch, fich in die Feftung zu
werfen; fie wählten beiläufig denfelben Weg, den letzthin die Umgangscolonne ge=
nommen hatte; nur befchrieben fie noch einen größeren Bogen und ftießen deshalb
erft in der Nähe der Nordweftfeite von Ofen auf die öfterreichifchen Truppen;
300 Janitfcharen fchlugen fich in die Feftung durch, die übrigen wurden niederge=
hauen (20. Aug.). Ein dritter ähnlicher Verfuch wurde noch weiter ausgedehnt;
ein auserlefenes türkifches Corps ging nach Altofen, ½ Meile nördlich von den
Feftungswällen, in der Hoffnung, diefe Seite umfo mehr von deutfchen Truppen
entblößt zu finden, da die Maffe der letzteren füdlich und weftlich von der Stadt
dem Gros der Türken gegenüber aufgeftellt war. Wirklich hatten die kaiferlichen
Generale, indem fie in Eile einige Regimenter herbeiführten, einen ungemein fchwie=
rigen Stand; endlich aber wurden die Türken größten Theils niedergemacht,
der Reft in die Flucht getrieben.

Nun traf endlich auch Schärffenberg mit 12.000 M. aus Siebenbürgen
ein. Die kaiferlichen Feldherren entfchloffen fich jetzt zu einer außerordentlich küh=
nen That, nämlich zum Sturme auf Ofen im Angefichte des noch immer hinter

Hauſabég lagernden, an Zahl überlegenen Entſaßheeres. Sie überzeugten ſich zuerſt, daß das leßtere an dieſem Tage (2. Sept.) ganz ruhig im Lager liege, und erkannten, daß es, falls es gleich auf die erſte Nachricht aufbrechen würde, doch nicht wohl früher als ein paar Stunden nach Mitternacht auf dem Kampſplaße eintreffen könnte. Es war nämlich ſechs Uhr Abends, als die Kaiſerlichen von allen Seiten ſtürmend den Berg hinaufzulaufen anfingen. Die Türken, von ihren außen liegenden Brüdern verlaſſen, kämpften mit dem Muthe der Verzweiflung; aber es war ihnen unmöglich, die tapferen Gegner abzuweiſen. An verſchiedenen Stellen wurde der Wall zugleich erſtürmt, bald auch das Schloß zur Uebergabe gezwun= gen und ſomit die Hauptſtadt Ungarns, welche ſeit 157 Jahren den rechtmäßigen Königen verloren geweſen war, für Oeſterreich wieder gewonnen. Das türkiſche Entſaßheer war, wie man vermuthet hatte, in der Nacht heranmarſchirt, aber zu ſpät gekommen; beſtürzt über die kühne That der Gegner zog es ſich eiligſt bis Eſſek zurück. Außer Ofen wurden in dieſem Feldzuge auch noch Fünfkirchen, Sze= gedin und andere Pläße von den Oeſterreichern erobert.

Die Einnahme von Ofen übte einen ebenſo großen moraliſchen Einfluß im Lande, wie im vorigen Jahre die üble Behandlung Tököly's durch die Türken. Jene ehrgeizigen Ränkeſchmiede, welche ſeit mehr als anderthalb Jahrhunderten ihr Land zum beſtändigen Zankapfel und zugleich zu einem unglücklichen Mittel= dinge zwiſchen dem geſitteten Occident und dem rohen Oſten gemacht hatten, ſahen ihre Bedeutung immer mehr ſchwinden; das Volk war vernünftiger geworden und ſehnte ſich nach Ruhe und Fortbildung; die Rückkehr geſeßlicher Zuſtände mußte den Maſſen, weniger freilich den Paſcha's und Beg's mit chriſtlichen Namen und Wappen das Willkommenſte ſein. Uebrigens auch der Adel, ſoweit ihm der Blick für die Würdigung der Cultur bereits erſchloſſen war, wandte ſich rückhaltslos der öſterreichiſchen Sache zu; dieſer Adel war theilweiſe unermeßlich reich; ſein Reichthum war aber bisher nur im rohen aſiatiſchen Prunke zu äußern, nicht aber in einem verfeinerten Leben zu genießen geweſen. Erſt mit dem Eintritt in die Reihe europäiſcher Staats= und Geſellſchafts=Formen ließ ſich dieſe Umwandlung hoffen. — Befördert wurde das Werk der Beruhigung in Ungarn durch die bereits im J. 1684 verkündete Amneſtie; 17 Comitate und 12 Freiſtädte hatten ſeit dieſer Zeit in raſcher Folge den Fahnen Tököly's und des Sultans abgeſchworen.

Ueber die Haltung Apaffi's läßt ſich nichts Bedeutendes berichten. Die Re= gierung in Siebenbürgen blieb kraft= und charakterlos; Apaffi beugte ſich ohne Willen vor dem augenblicklich Stärkeren, ohne ihm jedoch einen Nußen zu ſchaf= fen. Bis 1686 blieb er unbedingter Anhänger der Pforte; als aber in dieſem J. Schärffenberg mit einigen Truppen in's Land rückte, fing jener ſchon bedeutend an zu schwanken; am liebsten hätte er jeden Entschluß vermieden. Die Kaiserlichen gingen bald wieder gegen Ofen ab, kehrten jedoch nach der Einnahme dieser Stadt zurück. Apaffi bequemte sich jetzt, österreichische Besatzungen in Klausenburg, Hermannstadt und zehn andere Städte aufzunehmen. In diesem unentschiedenen Zustande blieben vorläufig die Angelegenheiten daselbst liegen. — Polen führte den Krieg gegen die Türkei ununterbrochen, jedoch ohne Schwung und große Thaten fort (siehe Seite 103). Seit dem J. 1686 trat auch Rußland, welches bisher in feindlicher Haltung gegen Polen gestanden hatte, in die Allianz der christlichen Mächte. Beide Staaten hatten es vorzugsweise nur mit den Krimm'schen Tataren zu thun und nahmen auf den Gang der großen Ereignisse nur einen sehr untergeordneten Einfluß (Seite 106—107). — Lebhafter wurde von den Benetianern der Krieg in Dalmatien, Morea und im Archipel betrieben; seine Ereignisse werden in einem folgenden §. übersichtlich zusammengestellt werden.

69. Der große Türkenkrieg bis zum Eintreten Frankreichs in den Kampf. Die in Ungarn immer allgemeiner zu Tage tretende Geneigtheit, unter die Herrschaft des Hauses Habsburg und in geordnete Zustände zurückzukehren, wurde selbst durch einen eben jetzt begangenen politischen Fehler nicht beträchtlich abgeschwächt. Unter den kaiserlichen Heerführern befand sich nämlich der Neapolitaner Caraffa, welcher sein schnelles Emporkommen hauptsächlich nur klerikalen Einflüssen zu danken hatte; er war ein tüchtiger General, dabei aber bigott und intolerant im hohen Grade, eigennützig und grausam. In Oberungarn, wo er commandirte, wollte er eine ungemein weitverzweigte neue Verschwörung entdeckt haben; nun errichtete er am 1. Febr. 1687 das Blutgericht zu Eperies, von welchem zahlreiche Protestanten vorgerufen und ohne rechtskräftige Beweise zum Tode und zu anderen schweren Strafen verurtheilt wurden. Hauptsächlich hatte es der General dabei auf die Einziehung von Gütern und gleichzeitig auf die Verfolgung der protestantischen Lehre abgesehen. Eine maßlose Grausamkeit und Willkür, womit hiebei vorgegangen wurde, waren ganz danach angethan, um in der Stimmung des Volkes das wieder zu verderben, was die Siege Lothringens gut gemacht hatten. Vergebens erhoben andere berühmte Feldherren, namentlich die Markgrafen von Baden, ihre Stimmen gegen das Treiben Caraffas; von der jesuitischen Partei am Hofe, welcher den Protestanten gegenüber kaum irgend etwas als ungerecht gelten konnte, wurde der General in ihren mächtigen Schutz genommen. Erst als die angesehensten Katholiken Ungarns gleichfalls in Wien gegen das Blutgericht warnenden Einspruch erhoben, wurde das letztere aufgehoben (Nov.); Caraffa erhielt eine andere Bestimmung, wurde aber — fast möchte man glauben, zur Belohnung seiner Rechtsverletzungen — zum Feldmarschall befördert.

Neue Siege, von den Kaiserlichen eben erfochten, löschten glücklicher Weise den von Caraffa in Oberungarn hinterlassenen Eindruck wieder aus. Die im ganzen Reiche herrschende freudige Stimmung über die Verdrängung der Türken wurde vom Kaiser zur Einberufung eines Landtages benützt, welchem sehr wichtige Vorlagen gemacht wurden. Leopold erklärte nämlich den Ständen, daß er zwar das Recht hätte, Ungarn jetzt als erobertes Land zu betrachten, daß er aber trotzdem die Verfassung aufrecht erhalten wolle; nur zwei Veränderungen wünsche er an ihr vorgenommen: erstlich die Einführung der Erblichkeit der Krone, zweitens die Aufhebung des in der Goldenen Bulle (1222) jedem Edelmanne eingeräumten Rechtes zur Insurrection, nämlich zum bewaffneten Widerstande gegen den König, falls dieser die Verfassung zu verletzen die Miene annahm. — Indem nun der Reichstag von 1687 auf diese beiden Forderungen einging, wurden jene constitutionellen Undinge, welche die Quellen so unzähliger Unruhen und Leiden gewesen waren, glücklich zu Grabe getragen: Ungarn als Staat betrachtet, fing an sich zu europäisiren.

Das österreichische Hauptheer unter seinen trefflichen Feldherren Karl von Lothringen und Max Emanuel von Baiern richtete im J. 1687 seine Absichten schon auf die Linie der Drau. Diese Armee zählte 60.000 M.; noch einmal so stark, jedoch mit Einschluß sehr vieler Nichtstreiter, war jene der Türken, welche unter dem Großvezier bei Essek stand. Im Sommer gingen die Deutschen über die Drau, um ihre Gegner zur Schlacht heranzulocken; da aber dieses Manöver nutzlos blieb, kehrten Erstere rasch wieder zurück und nahmen Stellungen um Mohacs. Die Türken folgten ihnen über die Drau und verschanzten sich bei Darda. Beide Armeen suchten sich nun gegenseitig die westliche Seite abzugewinnen, wohl in der Absicht, um im Falle eines Sieges den Gegner in die Sümpfe an der Donau zu werfen. So gelangten die Kaiserlichen bis in die Gegend von **Harsany**, wußten jedoch nicht genau, daß ihnen das Gros der Türken, unter dichtem Gebüsche versteckt, ganz nahe stand. Den deutschen Feldherren schien die Gegend bei Sziklos angemessener, um daselbst eine allenfällige Schlacht zu erwarten. Von Harsany nach Sziklos führen jedoch nur tief eingeschnittene Hohlwege über einen lehmigen, wenn gleich nicht hohen Berg. Am 12. Aug. begann das christliche Heer seinen Flankenabmarsch nach Sziklos u. z. der rechte Flügel unter Karl von Lothringen voran; der linke Flügel unter dem Kurfürsten von Baiern blieb einstweilen vor dem Harsany=Berge stehen. So wie aber nun die Hälfte des deutschen Heeres in den Defiléen verschwunden war, brach auf einmal der Großvezier mit ganzer Macht aus den Gebüschen gegen den Kurfürsten hervor. Der Letztere hatte nunmehr einen außerordentlich schwierigen Stand; er konnte nicht wohl die rückgängige Bewegung fortsetzen, weil er sonst leicht in Un=

ordnung in die Defiléen geworfen worden wäre; andererseits schien es fast un=
möglich, in einer ungünstigen Stellung mit 30.000 M. gegen 80.000 sich zu be=
haupten; überdieß hatte sein linker Flügel keine Anlehnung und war einem starken
dominirenden Geschützfeuer ausgesetzt. Zu allem Ueberflusse wurde um diesen Flü=
gel auch noch von 8000 türkischen Reitern eine Umgehung versucht. Die Lage der
christlichen Truppen war also vom ersten Augenblicke an keineswegs beneidens=
werth. Trotzdem entschloß sich Max Emanuel auszuharren und die Rückkehr des
anderen Flügels, welcher rasch von der Sachlage verständigt wurde, zu protegiren.
Das Erste war jetzt, die Umgehungscolonne der Spahis zurückzuweisen; dieß ge=
lang der durch ein paar Regimenter verstärkten Reiterbrigade Piccolomini. Nicht
minder glückbringend war es für Oesterreich, daß der Großvezier, wie schön er
auch die Einleitung der Schlacht getroffen hatte, nun in den Fehler des Nichts=
thuens verfiel: statt mit ganzer Kraft sich rasch auf das schwache Corps des Kur=
fürsten zu werfen und dieses zu erdrücken, gönnte er mit einem nichtssagenden Ge=
schützfeuer den Feinden die Zeit, ihre jenseits des Berges stehenden Abtheilungen
wieder herüber zu bringen. Karl von Lothringen marschirte neuerdings neben dem
Kurfürsten auf, hatte aber vor sich einen, jede Vorwärtsbewegung unthunlich
machenden Wald, und stimmte deshalb dafür, daß man sich mit der Behauptung
der Stellung begnügen müsse; aber der Kurfürst und der Markgraf von Baden
waren für den Angriff. Ermuntert wurden sie in diesem Gedanken durch die auf=
fallende Zaghaftigkeit des Großveziers, welcher die Zeit, in der er den Kurfürsten
so leicht bewältigen gekonnt hätte, nur dazu benützte, um jetzt — mitten während
der Schlacht — weitläufige Verschanzungen zu beginnen. Ihn vor deren Vollen=
dung anzugreifen, schien den zwei genannten kaiserlichen Generalen umso mehr
rathsam, weil man sonst doch früher oder später zur Wiederaufnahme des gefähr=
lichen Rückzuges durch die Defiléen genöthigt gewesen wäre.

Es war bei drei Uhr Nachmittags, der Aufmarsch des Herzogs von Loth=
ringen war bereits vollendet, als der Großvezier sich endlich zur Erneuerung der
Offensive entschloß und in diesem Gedanken den kaiserlichen Generalen begegnete.
Jene Spahi's, deren Umgehungsversuch am Morgen vereitelt worden war, nahmen
denselben wieder auf; zur Unterstützung folgten ihnen mehrere Regimenter Janit=
scharen. Aber der Markgraf Ludwig von Baden ging an der Spitze von 23 Schwa=
dronen den Spahis entgegen, warf sie und sicherte damit den linken Flügel der
Deutschen. Damit hatte auch die Offensivbewegung der Letzteren ihren Anfang ge=
nommen; mit Ausnahme des rechten Flügels, der durch die Waldungen vor seiner
Front festgehalten war, doch aber den anderen Corps als Rückhalt diente, ging
die kaiserliche Armee zum Angriffe auf die feindlichen Verschanzungen vor. Letztere

waren vorne noch sehr schwach, in den Flanken und im Rücken großentheils noch
offen. Mit unbezähmbarer Tapferkeit drangen die Christen vor; ihr Fußvolk in
der Mitte erstürmte die Front der Schanzen, die Reiterbrigade Prinz Eugen von
Savoyen drang links, jene Rabutins rechts nach den Kehlseiten ein. Nur durch
kurze Zeit leisteten die Türken noch Widerstand, bald aber fielen sie ganz außer
Zucht und Ordnung, ihre Reiterei flog davon, das Fußvolk wurde in die Wälder
und Moräste zersprengt. Ein glänzender Sieg wurde von nicht viel mehr als der
Hälfte des deutschen Heeres erkämpft; derselbe hätte noch größere Resultate erge=
ben, wenn eine vom Herzog Karl rechts entsendete Umgehungscolonne nicht in den
dichten Waldungen sich verirrt, und daher verspätet hätte. — Trotzdem gehörte
dieser Sieg zu den glänzendsten: die Türken verloren zwischen 10—20.000 M.,
dazu 78 Geschütze, die Kriegscasse im Werthe einer Million und eine Menge von
Gepäck. Uneigentlich pflegen die Christen, um das Andenken an die unglückliche
Schlacht vom J. 1526 zu verwischen, die Schlacht am Berge Harsany nach dem
Flecken M o h a c s zu benennen, obgleich dieser vier Meilen von der Wahlstätte
entfernt liegt. — Die Eroberung von S l a w o n i e n mit der wichtigen Stadt Essek
war die nächste Folge dieses Sieges; auch E r l a u wurde eingenommen. — Die
Niederlagen, welche die Osmanen in den letzten Zeiten erlitten hatten, veranlaßten
in ihrem Staate eingreifende Veränderungen. Im Nov. 1687 brach bei den in der
Bacska stehenden Truppen eine große Empörung aus; unter einem selbstgewähl=
ten Anführer zogen sie nach Constantinopel, beraubten Mohammed IV. der Herr=
schaft und erhoben dessen Bruder Solymann III. auf den Thron. Dieser war krie=
gerisch gesinnt, keineswegs jedoch ein Feldherr; auch war er nicht der Mann dazu,
um die bei den Janitscharen eingerissene Zuchtlosigkeit durch eigene Kraft zu be=
seitigen. Die im türkischen Reiche durch einige Zeit herrschende Unordnung kam
natürlich den österreichischen Waffen sehr zu Statten.

Der Feldzug 1688 ergab deshalb auch sehr glänzende Resultate. In Ober=
ungarn fiel M u n k a c s, die letzte bedeutende Festung Tököly's, welche von seiner
Gemalin Helena Zrinyi durch drei Jahre auf das tapferste gehalten worden
war, durch Aushungerung in die Macht Oesterreichs. S t u h l w e i s s e n b u r g
theilte dasselbe Schicksal (6. Sept.). Nun ging Caraffa mit Truppen nach Sie=
benbürgen und veranlaßte den Fürsten sowie die Stände dieses Landes zur Wie=
derherstellung des einstigen Lehensverbandes mit Ungarn. Sogar die Hospodare
der Wallachei und Moldau verlangten jetzt nach dem österreichischen Schutze. Im
großen Kriege drangen die Christen weiter vor, als es seit zwei Jahrhunderten
je geschehen war. An zwei Stellen gingen dieselben über die südlichen Haupt=
ströme; Ludwig von Baden erschien in Bosnien und erfocht nach heißen Kämpfen

einen namhaften Sieg bei **Derbent** (24. Aug.); die Türken verloren hier gegen 10.000 M. Noch wichtiger waren die Ereignisse an der Donau. An der Stelle des erkrankten Herzogs Carl von Lothringen befehligte der Kurfürst von Baiern, Max Emanuel, das kaiserliche Hauptheer, welches 53.000 M. zählte. Am 11. August 1688 umschlossen diese Truppen **Belgrad** und trieben mit Eifer die Belagerung vorwärts. Nach ein paar Wochen waren bereits gangbare Breschen vorhanden; obgleich nun die Festung theilweise schwer zugänglich und die Besatzung von mehr als 8.000 M. sehr tapfer war, entschlossen sich die Christen zum Sturme und führten denselben mit der glänzendsten Bravour aus. Belgrad, der wichtigste Grenzplatz zwischen den beiden Kaiserreichen, war mit 177 Kanonen einem bloß vierwöchentlichen Angriffe gefallen (6. Sept.). Die Türken hatten zur Rettung dieses Platzes gar keinen ernsten Versuch gemacht, woran die bei ihnen eben herrschende Unordnung Ursache gewesen ist.

70. Rechtsverletzungen und innere Geschichte Frankreichs, 1679—1688. Bevor wir die Ereignisse des großen Krieges zwischen Oesterreich und der Türkei weiter verfolgen können, wird es des synchronistischen und logischen Zusammenhanges wegen nothwendig sein, uns wieder mit **Frankreich** und mit den von dort ausgehenden Friedensstörungen zu beschäftigen. Die Raublust und Anmaßung Ludwig's XIV. schien mit seinem reiferen Alter nur noch zuzunehmen; begünstigt durch die charakterschwache Politik der meisten damaligen Staaten und aufgehetzt von seinen Ministern, welche zum Zeitvertreibe des Königes auch ganze Völker ohne Bedenken geschlachtet hätten, ging Ludwig XIV. in seinen Rechtsverdrehungen allmälig bis zur Schamlosigkeit weiter.

Die Streitigkeiten des Königs mit dem **Pabste** (§. 50) erneuerten sich von Zeit zu Zeit immer wieder und führten zu einem vollständigen Bruche des Königs, so bigott dieser im Uebrigen war, mit der römischen Curie; die Selbstständigkeit Frankreichs und seiner Kirche wurde von Ludwig XIV. mit der größten Entschiedenheit festgehalten und ein Theil des Klerus selbst war durch Einschüchterung für seine Ansichten gewonnen. Die Anlässe, welche Frankreich zu seinen Streitigkeiten mit Rom vom Zaune brach, waren höchst unbilliger Art; bemerkenswerth aber bleibt es immer, daß die Päbste dem entschlossenen Könige eines streng katholischen Landes gegenüber keine wirksame Waffe mehr besaßen. Die hier angedeuteten Zwistigkeiten verflochten sich später (1688) mit den deutschen Angelegenheiten, nämlich mit der Erzbischofswahl zu Köln, wovon weiterhin die Rede sein wird.

Die Vortheile, welche Frankreich gegen das vereinigte Europa im Nymweger Frieden erlangt hatte, stachelten nur noch mehr sein Gelüste nach ähnlichen Erwerbungen. Gleich von Anfang hielt sich Ludwig XIV. keineswegs genau an die daselbst festgestellten Bedingungen; bald aber erfand er, um neuen Raub zu gewinnen, einen ganz eigenthümlichen Rechtstitel; er stellte nämlich vier soge-nannte Reunionskammern auf (1680), welche ausmitteln sollten, was in neuen oder uralten Zeiten einmal zu den jüngst an Frankreich gelangten Ländern gehört hatte. Dieser Rechtstitel war gerade so viel werth, als wie wenn die Schweiz, seitdem sie die Stammlande des habsburgischen Hauses erobert hatte, mit Ansprüchen auf die gesammte österreichische und spanische Monarchie in allen Welttheilen hervorgetreten wäre. Ludwig XIV. aber erklärte die reichsfreien Land-schaften Zweibrücken (zu Schweden gehörig), Saarbrücken, Veldenz, Germersheim, Hagenau, Mümpelgard u. s. w., ferner mehrere Bezirke der spanischen Nieder-lande in Luxemburg, Brabant und Flandern als französische Lehen; selbst die bis-herigen Alliirten Frankreichs, so z. B. Schweden, wurden in dieser frechen Weise bestohlen. Aber Ludwig XIV. ging noch viel weiter; während er durch den Ankauf der bisher piemontesischen Stadt Casale (1681) eine gesicherte Station zur Be-drohung des spanischen Herzogthums Mailand sich erwarb, ließ der König durch die Reunionskammern erklären, daß Straßburg, eine der ältesten und größten deutschen Reichsstädte, eigentlich auch zu Frankreich gehöre, weil diese Stadt ja doch im Elsaß liege und der letztere größtentheils von Ludwig XIV. bereits annectirt sei! Diese Darlegung wurde jedoch erst kundgemacht, nachdem Straßburg plötzlich von französischen Truppen überfallen und von den verzagten, zugleich auch von ihrem Bischofe und Magistrate verrathenen Einwohnern ohne Widerstand über-liefert war (30. Sept. 1681). Seit dieser Zeit hat der Elsaß aufgehört, deutsch zu sein. Auch die friedliebende Schweiz wurde von Ludwig XIV. in Schrecken gesetzt, indem er an dem strategisch wichtigen Punkte von Hüningen, welcher die Stadt Basel und ihren Rheinübergang beherrscht, eine Festung errichten ließ. Besonders ungenirt war jedoch das Benehmen Frankreichs gegen Spanien; nach-dem ersteres, wie früher erwähnt, einige Bezirke den Spaniern mitten im Frieden schon weggenommen hatte, erließ es auf einmal die Forderung, daß auch die Stadt Aloft an Ludwig XIV. abgetreten werden müsse, u. z. bloß aus dem Grunde, weil seine Minister im Nymweger Frieden — vergessen hätten, es ausdrücklich zu begehren.

Gegen die anwachsende Frechheit Ludwig's XIV. schlossen Holland, Schwe-den, Spanien und der Kaiser ein Schutzbündniß (1681,82); es blieb aber bloß bei der Drohung auf dem Papiere, u. z. aus dem Grunde, weil Schweden und Spanien an großer Ohnmacht litten, wogegen Wilhelm III. von Oranien durch die Parteiungen der einzelnen holländischen Staaten, der Kaiser aber durch die Unluft Brandenburgs und anderer Staaten, bald darauf auch durch den eben ausgebrochenen Türkenkrieg (1683, §. 65) sich gefesselt sahen. Außerdem standen, wie man wußte, die Könige von Dänemark und England im französischen Solde. Der Streich in die Luft, welchen die vier verbündeten Mächte geführt hatten, reizte natürlich Ludwigs Arroganz noch mehr. Weil Spanien das kleine Aloft ihm zu verweigern die Unhöflichkeit begangen hatte, ließ er nun nebst einigen anderen Städten die große Festung Luxemburg beschießen und wegnehmen (4. Juni 1684); gleichzeitig fielen seine Schaaren räuberisch in das deutsche Kurfürstenthum Trier ein und schleiften die Hauptstadt. An eine praktische Verwerthung der oberwähnten Quadrupel-Allianz war jetzt noch weniger als früher zu denken, indem der Kaiser bereits seine ganze Kraft für den Krieg in Ungarn benöthigte. So blieb denn den beleidigten Staaten nichts Anderes übrig, als mit Frankreich Waffenstillstände abzuschließen (1684), laut welchen dieses Reich durch zwanzig Jahre im Genusse seines ganzen Raubes bleiben sollte, dafür aber auch die Nachbarn nicht weiter zu kränken versprach. Selbst in der Zeit des großen Napoleon hat das vereinigte Europa niemals eine so jämmerliche Rolle gespielt, als um das Jahr 1684 dem keineswegs gigantischen Könige Ludwig gegenüber!

Auch in ferneren Gegenden, und hier sogar aus achtungswürdigen Motiven, machte Ludwig XIV. seine Macht geltend, die eben jetzt in ihrem Zenithe stand. Die beiden Barbareskenstaaten Algier und Tripolis waren seit anderthalb Jahrhunderten ebenso freche Räuber im Kleinen gewesen als in der letzten Zeit Ludwig XIV. im Großen. Sie begnügten sich nicht mit der Wegnahme von Schiffen, die friedlich ihres Weges zogen, sondern trieben, gleich dem französischen Könige, mit den Mächten, die sich darüber beschwerten, auch noch Spott. Was Ludwig XIV. Anderen am liebsten anzuthun pflegte, wollte er am wenigsten sich selbst angethan wissen. Er ließ die beiden Piratenstädte bombardiren (1684,85) und zu einer Genugthuung zwingen. Wir müssen hier nebenbei bemerken, daß die Franzosen vor Algier sich zum ersten Male der Bombardier-Gallioten bedienten und das früher für unmöglich gehaltene Problem, Bomben von Schiffen aus zu werfen, erfolgreich lösten.

Fast unmittelbar nach Abschluß der zwanzigjährigen Waffenstillstände hatte Ludwig XIV. neue Frevel gegen seine Nachbarn angesponnen. Da dieselben jedoch nach einiger Zeit zu langwierigen Kriegen führten, so wollen wir sie einstweilen noch bei Seite lassen und uns vorderhand mit den inneren Verhältnissen Frankreichs zu dieser Zeit befassen. — Es ist an einem früheren Orte (Seite 137—141) geschildert worden, wie Ludwig XIV. die Krystallisation der gesammten Volkskraft und Staatsgewalt um den Thron durchführte und wie er eben dadurch Frankreich zu einer Macht erhob, welche jedem gleichzeitigen Staate ungescheut Schimpf und

Schaden anthun, ja den vereinigten Großmächten den Fehdehandschuh hinwerfen
durfte. Die innere und äußere Macht, die Geltung, der Reichthum und die Sit=
tenverfeinerung, aber zugleich auch die Sittenverschlechterung Frankreichs hatten
in den letzten Jahren rapid zugenommen; Ludwig XIV. war nicht nur — nach
seinen eigenen Worten — der Staat Frankreich, er war zugleich auch die Nation
von Frankreich, welche ihn in seinen wenigen schönen und seinen vielen schlechten
Eigenschaften auf das getreueste abspiegelte. Unter dem Worte Nation sind hier
jedoch nur die privilegirten, an der Gnadensonne des Hofes gelabten Kasten zu
verstehen, indem die Plebs, namentlich jene auf den Grundherrschaften, gar nicht
zur Menschheit mitgezählt wurde und unter einem immer grausamer werdenden
Drucke schmachtete. Wenn Frankreich schon zur Zeit seiner besseren Könige (z. B.
Heinrich IV.) unter der Maitressen=Wirthschaft sich erniedrigt sah, so darf der un=
geheure Einfluß der Buhldirnen Ludwig's XIV. um so weniger befremden. Sie
bildeten nach und mitunter auch neben einander Gewalten, unter welche oft genug
selbst der Wille des Königs und das Staatsinteresse in erbärmlicher Weise sich
beugten. Von diesen Maitressen, deren Einfluß in der Gesittung Frankreichs
noch heute nachwirkend ist, wollen wir bloß die in französischen Werken nur zu
oft genannten Damen von La Balière, Montespan und Maintenon erwähnen.
Letztere ist die wichtigste: Witwe eines mißgestalteten, damals aber berühmten
Dichters, Scarron, wurde sie zuerst Erzieherin bei den Kindern der Frau von
Montespan, dann aber nach Verdrängung ihrer Gebieterin zur Marquise von Main=
tenon und anerkannten Maitresse des Königs erhoben. Seit 1683 war sie wenig=
stens ebenso sehr König als der König selbst; zwar war sie bescheidener oder auch
nur klüger als ihre Vorgängerinen, aber gleich diesen wurden ihr am Hofe könig=
liche Ehren erwiesen; endlich fand — im größten Geheimnisse jedoch — sogar ihre
Vermählung mit Ludwig XIV. statt. Selbst nach dem Welken ihrer Jugend und
Schönheit behielt sie einen unermeßlichen Einfluß, theils weil der alternde König
sich schon vollständig an ihre Leitung gewöhnt hatte, theils aber in Folge ihres
Geistes und ihrer zur Schau getragenen Tugend. Als solche galt nämlich ihre
fanatische Bigotterie, welche von ihr — zum großen Schaden des Landes — auch
dem Könige eingeflößt wurde. Dem Einflusse dieser Frau waren theilweise die Ver=
folgungen der Protestanten, dann das Emporkommen von geistlosen Heuchlern in
die höchsten Stellen des Heeres und der Verwaltung zuzuschreiben.

Den harten Schritten gegen die Protestanten waren solche gegen die Ja n=
se ni ste n vorangegangen. Ein im J. 1638 verstorbener holländischer Bischof
Jansenius hatte in einem nachgelassenen Buche Ansichten über das Geheimniß
der Gnadenwahl aufgestellt, welche von verschiedenen Bischöfen und endlich selbst

von den Päbsten als ketzerisch bezeichnet wurden. In Frankreich wandten sich aber gerade viele der ausgezeichnetsten Theologen dem Jansenismus zu, weniger viel=leicht aus Ueberzeugung für die spitzfindigen Unterscheidungen in einem niemals ganz aufzuhellenden Dogma, als vielmehr aus Opposition gegen die starren kirch=lichen Aussprüche und ihre Urheber, die damals schon bei vielen sehr unbeliebten Jesuiten. König Ludwig XIV. war, obgleich in weltlichen Dingen gewöhnlich Gegner, so doch in den rein geistlichen ein treuer Bekenner der römischen Auf=fassung. Er erließ demnach strengere Edicte gegen die Jansenisten als der Pabst selbst (1676) und verfolgte viele derselben mit wildem Eifer. Der blinde Groll der Jesuiten erwirkte in späterer Zeit vom Pabst Clemens XI. die Bulle Uni-genitus (Sept. 1713), welche in Frankreich sehr böses Blut machte. Dem Ver=dammungseifer, der in dieser Bulle herrschte, traten sehr viele Bischöfe, darunter der Cardinal Noailles, offen entgegen; aber der jesuitische Beichtvater des Königs, Le Tellier, glaubte sie alle unbedenklich zermalmen zu können. Der Tod Ludwigs XIV. (1715) hatte jedoch die Verbannung Le Telliers und das Nachlassen des auf die Jansenisten geübten Druckes zur Folge. Einige Schwärmer unter diesen glaubten nunmehr mit Wundergeschichten einen größeren Nimbus um ihre Sache breiten zu können, erregten aber eben damit das Mißfallen der Gebildeten. Der Jansenismus bestand unter zeitweiligen Verfolgungen (1720,30 ꝛc.) noch fort, die freieren Denker hatten sich aber ihm allmälig meistens entfremdet und waren vom Grübeln in kirchlichen Dogmen zum Forschen in socialen und politischen Fragen übergegangen. Es bildete sich nämlich zu Anfang des 18. Jahrhunderts in Frankreich eine eigenthümliche philosophische Schule, welche zu der später ausge=brochenen Revolution eines der wesentlichsten Fermente lieferte. Die Geschichte des Jansenismus, welche wir nicht zerstückeln zu dürfen glaubten, zieht demnach mit einzelnen Fäden sich bis in die Revolution hinein fort; der stumme Wider=stand vieler ausgezeichneter Gelehrten, denen sich namhafte Theile des Volkes anschlossen, ohne deshalb völlig vom Katholicismus sich zu trennen, erschütterte die Autorität der Kirche, erweckte lebhaften Unwillen gegen die Jesuiten und ihre Anhänger und bereitete den Grund für philosophirende Forschungen auch auf den weltlichen Gebieten.

Wir müssen wieder in die Zeit von 1680 bis 1690, der wir hier voran=eilten, zurückkehren. Der Tod des ziemlich toleranten und in mancher Beziehung schätzenswerthen Ministers Colbert (1683) lieferte den Staat ganz in die Hände der königlichen Maitressen und Beichtväter, dann der in gewissen Richtungen tüch=tigen, aber in moralischer Beziehung verwerflichen Staatsmänner, wie Louvois, — endlich der immer mächtiger auftretenden Günstlinge. Während das Landvolk dem

Drucke der Leibeigenschaft und unerschwinglicher Abgaben fast erlag, und ein raf=
finirtes Verwaltungssystem das Mark des Landes aussaugte, herrschte am Hofe
eine sinnlose Ueppigkeit und Verschwendung. Der Staat war zu einer asiatischen
Despotie geworden. Seit Colberts Tode trachteten die grausamen Minister Le Tel=
lier und sein Sohn Louvois nach der Ausrottung der Protestanten (ehemaliger
Hugenotten), welchen durch das Edict von Nantes (1598, Bd. III, Seite 210)
freie Religionsübung zugestanden war. Der damalige Beichtvater des Königs, La
Chaise und Frau von Maintenon waren zwar keineswegs grausam, doch aber eben
so unduldsam, als die Minister und leisteten diesen daher Vorschub. Noch zu Col=
berts Zeiten suchte man durch Zurücksetzung der Protestanten und Begünstigung
der Proselyten für den Katholicismus zu werben; bald folgten königliche Verord=
nungen, welche die Duldung immer mehr beschränkten; bis 1680 waren schon 300
Ortschaften ihrer calvinischen Kirchen beraubt. Nun verfiel Louvois auf die soge=
nannten Dragonaden, nämlich massenhafte Militäreinquartierungen, welche die
Hausleute so lange zu plagen hatten, bis diese ihren sogenannten freiwilligen Ueber=
tritt zur römischen Kirche anmeldeten; dieses Mittel erwies sich sehr wirksam. Alles
dieß dünkte aber den Gewalthabern noch viel zu langsam; am 22. Octb. 1685
erschien demnach ein königlicher Erlaß, mit welchem das Edict von Nantes
aufgehoben, der Protestantismus unter den strengsten Strafen verboten wurde.
Dieser Act des Fanatismus hatte für Frankreich sehr traurige Folgen: eine halbe
Million der gewerbfleißigsten und wohlhabendsten Protestanten wanderte nach Eng=
land, Holland und Deutschland aus („Réfugiés") und belebte die ausländische
Industrie mit der Arbeitskraft und dem Capital, welches dem Vaterlande entzogen
worden war. Ganze Provinzen Frankreichs, namentlich im Süden, sah man rasch
verarmen und veröden. Eine halbe Million Protestanten blieb im Lande zurück,
theils nach einem nur scheinbaren Uebertritte zur katholischen Kirche, theils aber
auch in der Verborgenheit abgelegener Thäler, namentlich in den Cevennen.
Als die königlichen Schaaren später sie auch dort aufsuchten und bedrängten, kam
es daselbst zu einem letzten Religionskriege, der seinerzeit berichtet werden wird.

Gleichzeitig mit der heftigen Verfolgung der Calvinisten hatte Ludwig XIV.
auch die Rechtsverletzungen gegenüber dem Auslande wieder begonnen. Als nach
dem Aussterben der Linie Simmern der Neuburgische Zweig des Wittelsbach=
Pfälzischen Hauses die Pfalz am Rheine mit der Kurwürde erbte (1685), erhob
Ludwig XIV. Ansprüche auf die Reichslehen für die Linie Pfalz=Veldenz, und auf
die Allode der Erblasser für die Herzogin Elisabeth Charlotte von Orleans, eine
geborne Prinzessin der Pfalz, eine auch heute noch wegen ihrer genialen, witzigen,
aber auch scandalösen Briefe in weiteren Kreisen bekannte Dame. Eben damals

ließ Frankreich auf einer ihm gar nicht angehörigen Rheininsel das Fort Louis er-
bauen. Die neuen Prätensionen Frankreichs ließen den baldigen Krieg voraussehen
und es wurden demnach zwischen den bedrohten Nachbarstaaten neue Bündnisse
abgeschlossen (1686). Aber noch immer zeigten sich die Aussichten für die Alliirten
nicht günstig: Dänemark und Jakob II. von England standen auf französischer
Seite, Oesterreich und Deutschland waren im Osten beschäftigt, Spanien hatte
guten Willen aber keine Kraft; nur Holland war im Stande, Namhaftes zu leisten.

Als im J. 1688 Ludwig XIV. gegen den Willen des Kaisers und des Pabstes
in das eben erledigte Erzbisthum Köln den Straßburger Bischof Fürstenberg eingesetzt wissen wollte, schließlich aber die Ernennung doch auf den Gegenkandidaten
Joseph Clemens von Baiern fiel (Sept. 1688), ließ Ludwig XIV. sogleich Truppen unter furchtbaren Gewaltthaten nach Deutschland und in die päbstliche Landschaft Avignon einfallen. Am 24. Sept. 1688 erließ Ludwig XIV. eine Kriegserklärung, welche an schamloser Rechtsverhöhnung fast unerreicht dasteht und mit
Schmähungen gegen verschiedene Potentaten gewürzt war. Die würdevolle Antwort des Kaisers (18. Octb.) hatte den großen Leibnitz zum Verfasser. Nach einer
kurzen Belagerung (11.—29. Octb.) nahmen die Franzosen Philippsburg
und bewogen sodann den Kurfürsten von Mainz, ihnen seine Hauptstadt einzu-
räumen. Damit begann nun ein neuer Weltkrieg, welcher mit der Fortsetzung des
österreichisch-türkischen zusammenfiel.

**71. Der Krieg der „Großen Allianz" gegen Frankreich,
1688—1697.** In demselben Augenblicke, da Ludwig XIV. durch die frie-
densbrüchige Besetzung der Pfalz die Nachbarstaaten zum Kriege herausforderte,
ging in Großbrittanien eine den französischen Plänen höchst unerwünschte
Veränderung vor. Das für Frankreich eingenommene Haus Stuart wurde nämlich durch Wilhelm III. von Oranien vertrieben (Ende 1688, Seite 128—131),
und letzterer Fürst vereinigte nun als Generalstatthalter der Niederlande und als
König von England gegen Frankreich eine sehr beträchtliche Macht. Er war auch
vorzugsweise thätig an dem Zustandekommen der „Großen Allianz," welche
zuerst vom Kaiser und den Holländern, dann auch von England und Spanien abgeschlossen wurde (1689); später traten auch noch Dänemark und Savoyen in
Verbindung mit den vereinigten Mächten. Ludwig XIV. selbst war es, der auch
das deutsche Reich durch schändliche Gewalthaten aus seiner gewohnten Schläfrigkeit aufrüttelte, und zu größeren Anstrengungen zwang.

Die französische Regierung, welche diesmal in ihrer Rechnung auf die Passivität Europas sich betrogen sah, und die Aufstellung mächtiger Heere am Rheine
fürchten mußte, faßte den eines Cannibalenstaates würdigen Plan, die deutschen

Grenzlande in einer solchen Weise zu verwüsten, daß keine durchmarschirende Armee, ja nicht einmal die heimische Bevölkerung daselbst zu leben vermöge. Der Anfang wurde mit der wunderlieblichen Stadt Heidelberg gemacht (Jän. 1689); die Zaghaftigkeit der Bürgerschaft, welche aus Furcht vor Frankreich sich gegen die Vertheidigung des Platzes sträubte, kam ihr theuer zu stehen: alle öffentlichen und viele Privatgebäude, die Gärten und Weinberge wurden zerstört. Viele Ortschaften des reichen Landes hatten dasselbe Schicksal; Mannheim, die Hauptstadt der Pfalz, und das altberühmte Speier wurden niedergebrannt (März, Apr.); in letzterer Stadt fiel auch der uralte Dom mit seinen Kaisergräbern den Barbaren zum Opfer, welche die Gebeine einstiger Weltherrscher umherwarfen, und mit den Köpfen Kegel schoben. Die Franzosen nahmen auch die Acten des Reichskammergerichtes hinweg und diese Behörde wurde deshalb später (1693) nach dem weniger exponirten Wetzlar verlegt. Ein mehrtägiger Brand verwandelte Worms in Schutt (30. Mai bis 2. Juni). Trier war von Louvois für ein gleiches Schicksal bestimmt, wurde aber durch eine großmüthige Anwandlung des Königs gerettet. Dagegen wurden die Landschaften in der Pfalz, in Köln, Jülich und Trier in einer Weise verwüstet, daß die Bewohner an manchen Orten nur die Alternative zwischen Erhungern oder Erfrieren hatten. Mélac und Duras, die Anführer der französischen Mordbrenner, wichen dabei dem Zusammenstoße mit den allmälig heranziehenden deutschen Truppen sorgsam aus. — Trotz der gewohnten Langsamkeit in der Ausführung der Reichsbeschlüsse hatten sich doch schon seit dem Frühjahre 1689 die Sachsen, Baiern, Hessen und Hannoveraner allmälig am Rheine eingefunden. Bald erschien auch, mit auserlesenen österreichischen Schaaren von der türkischen Grenze dahin abberufen, Herzog Karl von Lothringen, begann die Belagerung von Mainz und erstürmte diesen Hauptplatz nach einer längeren Belagerung (9. Sept.). Von da wandte sich Herzog Karl nach dem Unterrheine, wo der Nachfolger des großen Kurfürsten, Friedrich III. von Brandenburg, mit der Belagerung von Bonn beschäftig war; auch dieser Platz fiel wieder an Deutschland zurück (12. Oct.). Unbedeutend war der Krieg in den Niederlanden und an den Pyrenäen.

Ein neuer Schauplatz der Kämpfe hatte sich in Irland eröffnet. Das dortige katholische Volk war unter den letzten Stuarts endlich menschlicher behandelt worden und sträubte sich demnach gegen die Oranische Dynastie. Unter der Anführung von Tyrconnel brach daselbst ein mächtiger Aufstand aus, der nach dem Eintreffen Jakob's II. mit französischen Hilfstruppen bald die ganze Insel ergriff. Wilhelm III. sandte einige Truppen unter dem Marschall Schomberg nach Irland; allein dieser tüchtige General, der früher in französischen Diensten gestanden und großen Ruhm erworben hatte (§. 54, 57), vermochte jetzt nichts auszurichten,

16 *

weil seine Truppen durch Krankheiten stark hergenommen waren. Hätte Jakob II. sich energisch gegen die Engländer gewendet und eine Schlacht gesucht, so würde er wahrscheinlich wenigstens Irland zurückgewonnen haben. Statt dessen zauderte er aber so lange herum, bis Wilhelm III. persönlich an der Spitze von mehr als 30.000 M. den Gegnern zur Schlacht entgegen ziehen konnte. Diese fand dann am Flusse Boyne unweit Drogheda statt (11. Juli 1690). Die Iren wurden daselbst in wilde Flucht geschlagen und nur die französischen Hilfstruppen vollführten einen geordneten Rückzug. Die Generale Wilhelms vollendeten den Erfolg und zwangen Jakob II. sich wieder nach Frankreich einzuschiffen. Irland wurde vollständig bewältigt und sank unter den früheren Druck zurück (1691). Viele Tausende von Irländern wanderten aus und lieferten dem französischen Könige prächtige Soldaten.

Gleichzeitig hatten auch die Kämpfe zur See begonnen. Anfangs waren die Franzosen glücklich. Schon im J. 1689 erkämpften sie einige Vortheile, im folgenden Jahre aber unter Tourville einen namhaften Sieg beim Cap Beachy-Head (10. Juli, spr. Bidschi-Hedd). Im J. 1692 wollte Ludwig XIV. neuerdings eine Landung in Irland bewerkstelligen lassen, welche durch 123 Kriegsfahrzeuge gedeckt werden sollte. Weil aber die Flotte von Toulon durch widrige Winde zurückgehalten wurde, gab der König in seiner Ungeduld dem Marschall Tourville den Befehl, mit den 79 Schiffen der Flotte von Brest allein die Britten und Holländer, wo er sie fände, anzugreifen; letztere unter dem Lord Ruffel zählten 85 Schiffe und gewannen beim Cap La Hogue einen vollständigen Sieg (29. Mai 1692); die Franzosen verloren 16 Schiffe von 56 bis 110 Kanonen, und konnten sich von diesem Schlage durch lange Zeit nicht wieder erholen. Dagegen erwarb sich der Pirat Jean Barth aus Dünkirchen mit seinen Kaperfahrten einen gefürchteten Namen in der Handelswelt von England und Holland. — Weit glücklicher waren im Allgemeinen die Franzosen im Landkriege. In den Niederlanden führte der Herzog von Luxemburg den Befehl gegenüber den vereinigten Holländern, Deutschen und Spaniern. Letztere waren von dem Fürsten von Waldek commandirt, welcher seinen Gegner nicht an der Ueberschreitung der Sambre zu hindern vermochte; Luxemburg benützte seine bedeutende numerische Ueberlegenheit, um starke Colonnen auf einem weiten Umwege unbemerkt in den Rücken der Alliirten zu entsenden und sonach den namhaften Sieg bei Fleurus zu gewinnen (1. Juli 1690). Das Wichtigste im folgenden Jahre war die Eroberung der bedeutenden Festung Mons durch die Franzosen (8. Apr.); später siegte Luxemburg noch in einem Treffen bei Leuse unweit Tournay (18. Sept.), König Wilhelm III. übernahm persönlich das Commando der Alliirten in den Niederlanden; aber trotz seiner Vorsicht ging nebst anderen Plätzen auch das wichtige Namur verloren

(5. Juni 1692), und ein Angriff, welchen Wilhelm auf die Stellungen der Fran=
zosen bei Steenkerken ausführte, hatte ein unentschiedenes, eher noch nachthei=
liges Resultat (5. Juni 1692).

Die Ereignisse am Mittelrhein waren von sehr geringer Bedeutung. Im
Frühjahr 1690 starb Herzog Karl IV. (V.) von Lothringen, der berühmteste öster=
reichische Feldherr zu dieser Zeit [1]) und auch sein Nachfolger, der gleichfalls sieg=
reiche Kurfürst Max Emanuel von Baiern blieb nur durch kurze Zeit daselbst ver=
wendet, während welcher er mit seiner mäßigen und bunt zusammengesetzten Trup=
penmacht nichts Großes zu leisten vermochte. Aehnlich erging es den kaiserlichen
Feldherren im J. 1691; sie wie ihr Gegner De Lorges machten einige Märsche,
aber ohne rechten Ernst und ohne bestimmtes Ziel. Im Allgemeinen blieb der Rhein
die Grenze zwischen Freund und Feind, doch drangen im Herbst 1692 die Fran=
zosen wieder bis nach Pforzheim vor. — Es war im J. 1691 von den Verbün=
deten zwar ein Vertrag abgeschlossen worden, laut welchem ein Bundesheer von
120.000—200.000 M. aufgestellt werden und aggressiv vorgehen sollte. Außer
Oesterreich, das seine Macht zwischen Ost und West getheilt halten mußte, und
Holland huldigten jedoch die meisten Mächte einer großen Bequemlichkeit und waren
zufrieden, daß Frankreich keine weiteren namhaften Fortschritte zu machen im Stande
war. Ein Glück für die Allianz war der Tod des französischen Kriegsministers
Louvois (16. Juli 1691), dessen Geschäfte nunmehr von Protectionskindern und
theilweise vom Könige selbst nicht eben in der geschicktesten Weise versehen wurden.

Nichtssagend wurde der Krieg an den spanischen Grenzen, lebhafter
in Italien geführt. Hier stand Catinat mit ungefähr 16.000 Franzosen dem
Herzoge von Savoyen entgegen. Ohne die Ankunft der österreichischen Hilfs=
truppen abzuwarten, lieferte der Herzog Victor Amadeus den Franzosen eine
Schlacht bei Staffarda unweit Saluzzo, wurde aber geschlagen (18. Aug. 1690).
Die Sieger eroberten hierauf fast ganz Savoyen, Susa und viele andere Plätze.
Im folgenden Jahre trafen Prinz Eugen von Savoyen und der Kurfürst von
Baiern mit 18.000 M. deutscher Truppen in Italien ein und zwangen den Ge=
neral Catinat, obgleich auch er beträchtliche Verstärkungen erhalten hatte, eiligst un=

---

[1]) Herzog Karl, der directe Ahne des jetzigen österreichischen Kaiserhauses, war
im J. 1643 zu Wien geboren, diente unter Montecuccoli im Türkenkriege (1664), be=
warb sich später zweimal ohne Erfolg um die polnische Krone und vermählte sich mit
der Schwester Kaiser Leopolds. Seit 1672 treffen wir ihn als commandirenden General;
besonders berühmt machten ihn die Siege bei Wien, Parkany, Gran, Harsany und die
Eroberung von Ofen. Er war schweigsam und ungemein bescheiden, in dieser prachtlie=
benden Zeit ein Freund der unscheinbarsten Einfachheit, und gewöhnlich nur in einem
grauen Rocke mit einem Hut ohne Federn auf einem schmucklos gerüsteten Pferde
zu erblicken.

ter Zurücklassung von Geschützen die Belagerung von Coni aufzugeben und in die Alpen zurückzuweichen. Noch bedeutender waren die Vortheile der Alliirten im Feldzuge 1692, da sie in die Dauphiné einfielen, Embrun nebst anderen Plätzen eroberten und sogar Grenoble wie auch Lyon bedrohten. Sie vermochten aber hier sich nicht zu halten und schon im nächsten Jahre drang Catinat wieder mächtig nach Piemont vor. Die Zahl der deutschen Hilfsvölker des Herzogs hatte unterdessen wieder abgenommen, und eine Schlacht bei Marsaglia, welche er verlor (4. Oct. 1693), gab den Franzosen wieder das Uebergewicht. Prinz Eugen von Savoyen welcher zwischen 7000 — 12.000 M. kaiserlicher Truppen befehligte, erreichte es jedoch immer wieder, seinen Vetter, den Herzog, aus dessen mißlichen Lagen zu ziehen und das Gleichgewicht herzustellen. Die Aufgabe des Prinzen war umso schwieriger, als seine Truppen sehr bunt zusammengesetzt und häufig von Geld und Proviant gänzlich entblößt waren. Im Feldzug 1695 konnten die Alliirten wieder angriffsweise vorgehen; nach einer ziemlich schweren Belagerung eroberte Eugen für den Herzog von Savoyen die Festung Casale wieder, welche dieser selbst vor 14 Jahren an Frankreich verkauft hatte. Savoyen aber führte zu dieser Zeit bereits Verhandlungen mit Frankreich, welche der Prinz Eugen vergebens zu hintertreiben suchte. Bald kam ein Separatfriede zwischen Savoyen und Frankreich zu Stande, in Folge dessen für Italien die Neutralität ausgesprochen wurde (1696). Dieser Vertrag war für Frankreich vortheilhaft, weil die Truppen, welche es jetzt aus Italien zog, zahlreicher waren, als die paar Tausend Oesterreicher und Britten. Dem Prinzen Eugenius wurde nunmehr vom Kaiser der Oberbefehl gegen die Türken übertragen, wo wir ihn zum höchsten Ruhme emporsteigen sehen werden. — Auch in Catalonien war der Krieg allmälig lebhafter geworden; nebst kleineren Plätzen eroberten die Franzosen Rojas und Gerona (spr. Cherona) bedrohten aber vergebens Barcelona, das durch den englischen Admiral Russel gerettet wurde (1693) und gelangten auch im weiteren Kriege nicht über die Westpyrenäen hinaus.

Die Unternehmungen zur See waren ziemlich reich an Wechsel, ärmer an Erfolg. Tourville vernichtete im J. 1693 eine große Kauffahrer-Flotte, obgleich dieselbe von 23 englischen und holländischen Schiffen bedeckt war. Später versuchten die Britten Landungen an den Küsten und Beschießungen von Seeplätzen Frankreichs, immer jedoch ohne namhaften Nutzen. In Amerika eroberten und schleiften die Franzosen hingegen die spanische Stadt Cartagena (sp. —tache—) und siegten in einem Seetreffen (1697). Dagegen war ihre wichtigste Besitzung in Ostindien, Pandichery, von den Holländern genommen worden.

Die Angelegenheiten am Mittelrhein gingen keineswegs derart, wie das deutsche Volk es zu erwarten berechtigt gewesen wäre. Vergebens hatte Leopold I.

im Interesse der Alliirten seine besten Feldherren und einen großen Theil seiner Kerntruppen aus Ungarn entfernt, wo eben deshalb, wie wir sehen werden, die Türken wieder Vortheile zu erringen vermochten; vergebens knirschte Deutschland im Unwillen über die von den Franzosen jüngst verübten Schandthaten. Die pedantischen Allongeperrüken an den großen und kleinen Höfen kümmerten sich weit mehr um dasjenige, was sie unter Diplomatie verstanden, um Ceremoniel, kleinliche Eifersüchteleien mit anderen Höfen, Abzwackung an den eigenen Leistungen, — als um die Ehre und das Bedürfniß des großen Vaterlandes. Die Beiträge an Geld und Truppen blieben unter der vorgeschriebenen Zahl und nahmen mit jedem Jahre ab. Nicht viel tröstlicher sah es beim Heere selbst aus. Die kleineren Contingente waren eben nicht Muster von Kriegstüchtigkeit; unter den verschiedenen Anführern herrschte eine solche Zwietracht, daß sogar Prügeleien zwischen hochstehenden Generalen vorkamen. Da der Oberfeldherr, um auf die eifrige Mitwirkung seiner Untergebenen zählen zu können, immer mit einem ganzen Collegium von Generalen zu verhandeln nöthig hatte, so war es ihm ungemein schwierig, etwas Kräftiges zu unternehmen. — Umgekehrt wußte Ludwig XIV. nicht nur seine Truppen vollzählig, sondern auch durch Gelegenheiten zum Beutemachen und durch Belohnungen bei guter Stimmung zu erhalten; bemerkenswerth in letzterer Beziehung ist die Stiftung des militärischen Ludwigs-Ordens (1693). Mehr als alles Andere sicherte aber den Franzosen die Einheit des Commandos überall einen Grad von Ueberlegenheit; nach dem Tode des Marschalls von Luxemburg (1695) waren unter den Obergeneralen eigentlich nur Catinat in Italien und Vendôme in Spanien als bedeutende Talente zu schätzen; aber auch die minder tüchtigen Feldherren hatten gegenüber der Zerfahrenheit der Gegner verhältnißmäßig ein leichteres Spiel.

Ludwig von Baden, von Ungarn her bereits rühmlichst bekannt, hatte seit dem J. 1693 den Oberbefehl in Mitteldeutschland; die Schwäche seiner Armee, zu welcher erst noch 12.000 Sachsen erwartet wurden, zwang ihn, sich in einem verschanzten Lager bei Eßlingen zu halten. Die Franzosen unter De Lorges erschienen vor Heidelberg, dessen Werke wieder in einen guten Zustand gebracht waren. Demungeachtet übergab der Commandant, FML. von Heidersdorf, die Stadt ohne jede Vertheidigung, wofür er später schimpflich cassirt wurde. Heidelberg hatte jetzt aber noch ein traurigeres Schicksal als vor vier Jahren zu erfahren; die Stadt wurde in Brand gesteckt und der Erde gleichgemacht (Mai 1693). Nun verlegten sich die Franzosen auf Plünderungen längs der Bergstraße, wagten aber dann einen Angriff auf das mittlerweile nach Heilbronn verlegte Lager des Markgrafen Ludwig, von wo sie aber mit beträchtlichen Verlusten bis über den Rhein zurückgewiesen wurden. Im nächsten Jahre erneuerten sie ihren Versuch gegen Ludwig von Baden, aber mit keinem besseren Erfolge; die Kaiserlichen gingen sogar bis über den Rhein vor, mußten aber bald zurückkehren, weil der neue Kurfürst von Sachsen, Friedrich August I., ohne Sinn für ein deutsches Vaterland seine Truppen zurück beorderte. — Im Feldzuge 1696, welcher einem ganz bedeutungslosen Jahre folgte, ging Ludwig von Baden bei Mainz über den Rhein, während gleichzeitig De Lorges bei Philippsburg den Rhein passirte. Auch in diesem Jahre fielen übrigens keine Ereignisse von Bedeutung vor.

Ludwig XIV. schien in den Niederlanden die Vortheile, welche ihm Luxemburg in den Jahren 1690—1692 erkämpft hatte, mit größter Entschiedenheit ausbeuten zu wollen. Zu Anfang 1693 hatte er daselbst Heere von 150.000 M. stehen, welchen seine Gegner nur die Hälfte entgegenstellen konnten. Allein der König, der persönlich commandirte, that nichts, um seine Uebermacht auszunützen, entsendete vielmehr nach anderen Schauplätzen starke Abtheilungen und überließ das Commando an Luxemburg. Letzterer vollführte mit dem verminderten Heere, was der König mit dem ganzen nicht gekonnt hatte. Der Marschall griff nämlich die weit schwächere Armee des Königs Wilhelm bei Neerwinden an und zwang diese, welche hiebei 12.000 M. und ihr ganzes Geschütz verlor, zum Weichen, (29. Juli). Außer der Einnahme von Charleroi (11. Okt.) zogen jedoch die Franzosen keinen bedeutenden Vortheil aus diesem großen Siege. Mit dem Jahre 1694 hören auch in den Niederlanden die größeren Schlachten auf; Belagerungen allein füllen die Annalen. Nach dem Tode des Marschalls von Luxemburg (Jänner 1695), dessen Stelle durch den Herzog von Villeroy und ähnliche bedeutungslose Günstlinge der Maintenon eingenommen wurde, verloren die Franzosen wieder Einiges von ihren früheren Eroberungen. Das wichtigste Ereigniß war die Belagerung von Namur durch Wilhelm III. und den Kurfürsten von Baiern; die Franzosen wehrten sich auf das tapferste und eroberten zu wiederholten Malen verlorene Außenwerke zurück; endlich fiel nach einem blutigen Hauptsturme (1. Sept. 1695) die Festung in die Macht der Angreifer. Noch ist hier die Belagerung von Ath zu erwähnen, welche Marschall Catinat mit 40.000 M. unternahm, während Villeroy mit einem anderen Heere die Arbeiten deckte. Vauban, welcher selbst Erbauer der Festung gewesen war, leitete mit seinem bekannten Genie die Angriffsarbeiten und führte zuerst regelmäßige drei Parallelen sowie Ricochet-Batterien aus; übrigens wurde der Platz, welcher eine ungenügende Besatzung hatte, schon am 15. Tage nach Eröffnung der Laufgräben mit Capitulation eingenommen, nachdem bereits der Grabenübergang hergestellt war (5. Juni 1697).

Schon seit einiger Zeit hatten die Friedensunterhandlungen begonnen. Ludwig XIV. zeigte sich diesmal bescheidener, als man es an ihm zu sehen gewohnt

war. Ursache hiezu waren theils die verhältnißmäßig geringen Erfolge Frank=
reichs, welche die großen, vom Staate aufgewandten Kosten keineswegs lohnten,
noch mehr aber die geheimen Pläne auf die ganze spanische Monarchie, mit wel=
chen Ludwig sich trug. Unglücklicher Weise benahmen sich die Diplomaten des
Kaisers und des Reiches auf dem Friedenscongresse wieder recht ungeschickt, so
daß sie bei weitem nicht jene Zugeständnisse erreichten, zu welchen der König unter
einer anderen Bearbeitung sich herbeigelassen hätte. Nachdem Holland, England
und Spanien ihren Frieden mit Frankreich gemacht hatten (20. Sept.), mußten
auch Kaiser und Reich, um nicht etwa allein den Krieg weiter zu führen, sich zu
den Bedingungen entschließen (30. Oct.), welche nicht von ihnen selbst, sondern von
den Generalstaaten ausgemittelt worden waren. Der Frieden von **Ryswik**,
welcher zu Ende des J. 1697 diesen sogenannten „deutschen Raubkrieg Ludwig
XIV." abschloß, enthielt im Wesentlichen folgende Bestimmungen: Savoyen
behielt die von seinem Gebiete umschlossenen Festungen, darunter als neuen Er=
werb Casale und Pinerolo; dem Könige von England wurde von Frankreich
versprochen, daß es allenfällige weitere Unternehmungen der Stuarts nicht unter=
stützen werde; zwischen Holland und Frankreich trat der Zustand wie vor dem
Kriege ein; ebenso erhielt Spanien mit Ausnahme einiger Städte und Dörfer
Alles zurück, was ihm seit dem Nymweger Frieden abgenommen worden war;
gegenüber dem deutschen Reiche behielt Frankreich den ganzen Elsaß mit Straß=
burg, dann das Fort Louis, dagegen gab es die sonstigen Reunionen, ferner
Freiburg, Breisach, Kehl und Philippsburg zurück; durch eine in der letzten Stunde
bedingte Klausel erlangte Frankreich die Zusage, daß die katholische Religion
dort, wo sie während der französischen Occupation herrschend geworden, in diesem
Stande zu verbleiben habe; diese Klausel gab später Anlaß zu endlosen Reibungen
im deutschen Reiche. Dem dermaligen Herzoge Leopold Joseph von Lothringen wur=
den seine gesammten Lande mit Ausnahme von Saarlouis und Longwy rückgestellt.

**72. Fortsetzung des großen Türkenkrieges bis zur Schlacht
bei Slankamen.** Wie früher schon einmal, so waren auch zu Anfang des J.
1689 von der Pforte Friedensunterhandlungen mit Oesterreich eingeleitet wor=
den; aber Ludwig XIV., welcher schon in den vorhergegangenen Jahren die Tür=
ken zum Ausharren im Kriege gestimmt hatte, wandte auch jetzt allen seinen Ein=
fluß in gleicher Richtung an; wirklich mußten jetzt, nachdem soeben der große
„deutsche Raubkrieg" Ludwigs begonnen hatte, die Aussichten für die Pforte sich
weit günstiger gestalten. Nur die Minister Kaiser Leopolds wollten dieß nicht
einsehen; jedenfalls versprachen sie sich die Hilfe vom deutschen Reiche und von
den sonstigen Alliirten weit ausgiebiger, als sie später sich erwies; sie glaubten

demnach, so ziemlich die ganze Macht wie bisher auch ferner gegen die Türken verfügbar zu behalten. In dieser Voraussetzung und mit einer wirklich naiven Mißkennung der Sachlage stellten sie solche Forderungen, welche die Pforte nicht annehmen konnte. Bei einer besseren Politik hätte Oesterreich im J. 1689 von den Türken dasselbe erlangen können, was es nach weiteren zehn Kriegsjahren erreichte, und es hätte nur durch ein paar von diesen zehn Jahren seine ganze Kraft statt ungenügender Bruchtheile gegen Ludwig XIV. zu wenden gebraucht, um nicht nur diesen Störenfried einmal nach Gebühr zu züchtigen, sondern auch für fernere Zeiten ihn von seinen Passionen gründlich zu kuriren. Der ganze spanische Successionskrieg wäre damit vielleicht erspart geblieben.

Der Feldzug 1689 war noch ungemein glücklich. Es war zwar des Kaisers erster Feldherr, Karl von Lothringen, nach dem Rheine abberufen worden, aber an seiner Stelle blieb Ludwig von Baden zurück; auch behielt in diesem Jahre die Armee noch fast die vorige Stärke. Ueberdieß trat auch Rußland feindlich gegen die Pforte auf und zwang letztere Macht zu einigen Entsendungen nach dem Don hin. Der österreichische Feldherr eroberte noch während des Winters Szigeth und drang sodann nach Serbien ein. Bei Patačin, nahe an der Morawa, erfocht der Markgraf Ludwig einen glänzenden Sieg über den Seraskier und nahm ihm zahlreiche Kanonen und Trophäen ab (30. Aug.). Nun gingen aber die Oesterreicher bis in die Abzweigungen des Balkan vor und standen bald in Rumelien, der Centralprovinz des osmanischen Staates. Der Seraskier hatte mit einem neuerdings verstärkten Heere bei Nissa Stellung genommen; weil nun die weit schwächeren Oesterreicher, denen der Proviant-Nachschub unterbrochen war, entweder siegen oder zurückgehen mußten, entschloß sich Ludwig von Baden zu dem kühnen Manöver, mit seinem Heere die Türken zu umgehen, um eine vortheilhafte Gelegenheit zum Schlagen zu finden. Die Einleitung gelang und er errang einen Sieg, in welchem er die Feinde fast ganz zerstreute, ihnen 200 Kanonen und eine Menge von Proviant abnahm (14. Sept.). Die Festungen Nissa und Widdin mußten sich den Kaiserlichen ergeben. — Nach den Erfolgen dieses Feldzuges hätte man glauben dürfen, daß die letzte Stunde für die Herrschaft der Osmanen in Europa gekommen sei. Aber zwei Umstände durchkreuzten eine solche Vermuthung gründlich. Der erste lag in der von den kaiserlichen Ministern nunmehr doch gemachten Wahrnehmung, daß Frankreich mächtiger sei, als man geglaubt hatte, und daß man bedeutenderer Streitkräfte am Rheine als im ersten Feldzuge bedürfe, nicht um erobern zu können, sondern um sich nur selbst zu behaupten. Ein weiterer für die Kriegsereignisse sehr maßgebender Umstand war die Tüchtigkeit des eben jetzt (7. Nov. 1689) ernannten türkischen Großveziers Mustapha Köprili.

Mit den beiden Köprili's, welche früher die gleiche Würde bekleidet hatten (§. 61), bildete dieser Mustapha eine Trias von Staatsmännern, wie sie der Türkei zur Bewahrung ihrer Macht unumgänglich nothwendig war. In alle Zweige der Verwaltung brachte der neue Großvezier in unglaublich rascher Zeit wieder eine gute Ordnung; besonders entscheidend war es aber, daß er mit eiserner Kraft und Strenge die Janitscharen wieder unter ihre Pflicht beugte, überhaupt das Heerwesen reformirte.

Das Jahr 1690 sah die Osmanen bereits wieder in der Offensive, in welcher sie Ludwig von Baden nicht zu stören vermochte. Es war nämlich Michael Apaffi im Frühjahre gestorben (15. Apr.); schon von früher her war sein gleichnamiger Sohn, jetzt im Alter von 14 Jahren stehend, zum Großfürsten gewählt. Aber Tököly hielt die Zeitlage zur Wiedergewinnung eigener Herrschaft für günstig und brach aus dem türkischen Gebiete über den Törzburger-Paß nach Siebenbürgen ein. Oesterreich als jetzige Schutzmacht Siebenbürgens fühlte die Verpflichtung, diesen Angriff zurückzuweisen. Mit einigen kaiserlichen Truppen verstärkte demnach General Heister die siebenbürgische Macht, wurde aber bei Zernest geschlagen und gefangen. Damit war nun die Gefahr geschaffen, daß Siebenbürgen wieder an Tököly, mittelbar an die Pforte verloren gehe; so blieb dem Markgrafen Ludwig nichts Anderes übrig, als die Bahn der Eroberung zu verlassen und zur Sicherung des früher Gewonnenen aus Serbien nach Siebenbürgen abzurücken. Bei seiner Ankunft wich Tököly eiligst zurück; dafür erlitten aber die Kaiserlichen jenseits der Donau empfindliche Verluste. Sie hatten den Feldzug glücklich begonnen, indem Kanischa, eine damals wichtige und fast die letzte Festung der Türken im eigentlichen Ungarn, durch Aushungerung an Battthyany zu capituliren gezwungen wurde. Während aber im Spätsommer Ludwig von Baden nach Siebenbürgen abgegangen war, führte Mustapha Köprili ein zahlreiches und wohlgerüstetes Heer an die Morawa und nahm nach einer dreiwöchentlichen Belagerung Nissa, ferner noch Widdin und Semendria. Am 1. Octb. erschienen die Türken vor **Belgrad**, dessen Werke bei der Schwierigkeit, von Wien her Geld und sonstige Bedürfnisse zu bekommen, in einem vernachläßigten Zustande sich befanden. Am 8. Octb. flog das große Pulvermagazin in die Luft und richtete eine furchtbare Verheerung an; den Augenblick der ersten Verwirrung benützten die Türken zu einem Sturme, welcher ihnen diese Hauptfestung wieder in die Gewalt lieferte; die kaiserliche Besatzung, aus acht Regimentern bestehend, wurde hiebei mit Ausnahme von 600 M. gänzlich aufgerieben. So war ganz Serbien mit Belgrad in einem einzigen Feldzuge den Oesterreichern wieder entrissen und dieselben waren von den Quellen der Morawa bis hinter die

Donau zurückgeworfen. Muſtapha Köprili wurde von den Osmanen als der Wie=
derherſteller ihres Ruhmes verehrt und verblieb auch in ſeinen Würden, als dem
eben verſtorbenen Solyman III. ein neuer Sultan, Achmed II. folgte (1691).

Im Sommer des Jahres 1691 hatte der Großvezir mit 100.000 M. bei
S e m l i n , Ludwig von Baden mit 45.000 M. bei P e t e r w a r d e i n Stellung
genommen. Da Muſtapha Köprili keine Bewegung machte, um den Chriſten näher
zu kommen, Ludwig aber eine Schlacht wünſchen mußte, ſo lange ſein Heer voll=
zählig war, ſo rückten die Kaiſerlichen am 12. Auguſt bis unmittelbar vor die
Linien der Türken heran. Die franzöſiſchen Officiere, welche beim Großvezir die
Generalſtabsdienſte verſahen, hatten das Lager ungemein zweckmäßig angelegt,
rechts an die Donau, links an die Save gelehnt war es nur in der Front zugäng=
lich; dieſe hatte eine Breite von einer Meile, und war mit Graben und Wall, ver=
ſtärkt durch 200 Geſchütze, trefflich abgeſchloſſen. Ludwig von Baden erkannte die
Unmöglichkeit, gegen eine doppelte Uebermacht und ſolche Terrainverſtärkungen
etwas anzufangen; er trat deshalb nach kurzer Recognoscirung den Rückweg an
(14. Aug.). Die Türken in der Hoffnung einer günſtigen Gelegenheit zu einer
Schlacht, zogen nun raſch den Chriſten nach; die Entfernung von der Queue der
Einen zur Tête der Anderen dürfte bloß 1—2 Meilen betragen haben. So lange
der Markgraf ein ihm ungünſtig ſcheinendes Terrain zu durchſchreiten hatte, ſtrebte
er darnach, die Diſtanz nicht kleiner werden zu laſſen; auch unterließen es die
Türken, durch Vorwerfen ihrer ſtarken Cavallerie die chriſtliche Armee zum Stehen
zu zwingen. Am 17. Auguſt hatte Markgraf Ludwig endlich eine Stellung gefun=
den, wie er ſie ſich wünſchte. Sie war bei **Slankamen.** Dieſer Ort liegt 5 Meilen
öſtlich von Peterwardein, ebenſo viel nördlich von Szemlin, gegenüber der Theiß=
b. III. mündung an der Donau (ſiehe Plan). Der Lauf dieſes Stromes, der eben bei Slan=
kamen aus der öſtlichen in die ſüdliche Richtung umbiegt, wird von Peterwardein
bis Slankamen und etwas darüber hinaus von einem letzten Zweige des ſyrmi=
ſchen Gebirges begleitet. Dieſer Höhenzug hat einen flachen oder wellenförmigen
Rücken und fällt nach Süden terraſſenförmig in die Ebene ab; der Rücken, na=
mentlich aber die Abhänge ſind mehrfach durch Engthäler und Schluchten einge=
ſchnitten. Auf einer ſüdwärts abfallenden Stufe, den linken Flügel an die Donau,
den rechten an eine Schlucht gelehnt, nahmen die Kaiſerlichen eine ſehr gute Auf=
ſtellung. Als die Türken vor dem Fuße dieſer Höhen angekommen waren, ent=
wickelten ſie daſelbſt ihre Cavallerie und gaben ſich den Anſchein, als ob ſie am
nächſten Morgen geraden Weges zur Schlacht vorbrechen wollten. In der Nacht
aber führte der Großvezir eine höchſt bedeutende Bewegung aus: die Reiterei
zur Erhaltung der Täuſchung in den früheren Stellungen belaſſend, marſchirte

Muſtapha Köprili mit dem Gros ſeiner Armee auf die Höhen weſtlich von den Deutſchen und ſetzte hier den Marſch in derſelben Richtung bis Kereſedin fort, von wo aus er ſich öſtlich wandte. In ſolcher Weiſe hatten die Türken mit einem un= geſtörten Flankenabmarſche das kaiſerliche Heer vollſtändig umgangen, ihm ſtra= tegiſch wie taktiſch den Rücken abgewonnen, ſeine Verbindung mit Peterwardein unterbrochen und zugleich auch durch die Aufſtellung auf der höchſten Platte des Rückens die Kaiſerlichen, welche auf der ſüdlich davon gelegenen Terraſſe ſich do= minirt ſahen, taktiſch in eine höchſt mißliche Lage gebracht. Sobald das Gros der Osmanen dieſe treffliche Poſition erreicht hatte, folgte ihm auch die Reiterei nach und ſtellte ſich am rechten Flügel des Heeres auf dem flachen Rücken etwas tiefer unter der erwähnten culminirenden Platte auf. Am frühen Morgen des 18. Aug. gewahrten die Deutſchen zu ihrem großen Erſtaunen und Schrecken, daß ihre Rückzugslinie abgeſchnitten und zugleich die taktiſchen Vortheile des Terrains ſämmtlich auf feindlicher Seite waren. Ein Vorſpiel zu den Gefahren, die ihrer harrten, entwickelte ſich faſt vor ihren Augen, indem ein großer Proviant=Trans= port, von Peterwardein unter Bedeckung mehrerer Reiterſchwadronen abgeſchickt, ohne Ahnung von der Stellung der Türken mitten in dieſe hineingerieth, und nach der Bewältigung der Escorte den Moslims zur Beute wurde. Die Kaiſerlichen hatten nur mehr eine ſchwache Verbindung mit Peterwardein offen durch ihre Donauflottille, welche aber, um dahin zu gelangen, am osmaniſchen Heere vorüber ſteuern hätte müſſen, während hinter ihr das überlegene türkiſche Fluß= geſchwader nur auf die erſte Gelegenheit zum Kampfe wartete.

Um das Unglück voll zu machen, mußten die Kaiſerlichen es geſchehen laſſen, daß die Türken den 18. Aug. dazu verwendeten, um ihre an und für ſich faſt un= angreifbare Stellung noch ungemein zu verſtärken. Sie errichteten nämlich vor der Front ihrer Infanterie und längs dem ſüdlichen Abfalle des beſetzten Plateaus eine Bruſtwehre mit Graben und erzielten durch kleine Redans, einer vom anderen bloß auf 100 Schritte abſtehend, eine wirkſame Seitenbeſtreichung. So erhielt die Front eine ungemeine Feſtigkeit, während der linke Flügel durch die Donau und den daſelbſt ſteilen Abfall der Höhen, — der rechte durch die dort concentrirte Maſſe von beiläufig 50.000 Reitern vor jeder Umgehung geſichert ſchien. — Deß die Kaiſerlichen die Verſchanzung der Türken ungeſtört geſchehen ließen, und über= haupt an dieſem Tage, ja ſelbſt am folgenden Morgen noch nicht den Angriff be= ginnen konnten, iſt begreiflich, wenn man bedenkt, daß ſie vollſtändig die Front verkehren, ihr Vordertreffen dahin verſetzen mußten, wo früher Troß und Reſerven waren und umgekehrt. Die Manövrirkunſt war damals aber keineswegs ſo weit ausgebildet als in heutigen Tagen, in denen jedes Corps, ja auch Brigaden und

Bataillone sich selbstständig im Terrain bewegen und doch die Harmonie mit dem Totalzwecke bewahren können. In jenen Zeiten der auf die Spitze getriebenen Systematik betrachtete man eigentlich nur die ganze Linie oder mindestens einen Flügel als Manövrir-Einheit; man legte ein übermäßig großes Gewicht auf Distanzen, Intervalle und Alignement und verlangte eine in Zeit und Raum abgezirkelte Bewegung von einem Ende zum anderen. Wenn also damals schon der einfachste Schlachtaufmarsch und noch mehr eine kleine Directionsveränderung gewöhnlich sehr viel Zeit in Anspruch nahm, so kann man sich leicht vorstellen, wie schwierig ein Verwerfen von Front und Flügel eines ansehnlichen Heeres mit gleichzeitiger Veränderung der taktischen Ordnung und Eintheilung sein mußte. Es ist sehr wahrscheinlich, daß die Osmanen, wenn sie am 18. Aug. diese Manöver durch einen energischen Angriff zu stören versuchten, noch mehr Aussichten zum Siege gehabt hätten, als da sie eine Defensivschlacht erwartend, unterdessen ihre Stellung fast unangreifbar gestalteten, wie sie in Wirklichkeit thaten.

Am 19. Aug. war die Frontveränderung des deutschen Heeres vollendet; ein furchtbares Stück Arbeit stand jetzt bevor: man konnte in der gegenwärtigen Position, abgeschnitten von jeder Verbindung, nicht ausharren, weil man sonst verhungert wäre; man hatte keinen Rückzug, weil der Feind auf der einzigen Verbindung stand — oder man hätte mindestens einen unendlich gefährlichen Flankenabmarsch an dem dominirend stehenden Gegner vorbei wagen müssen; es blieb also nur der Angriff über, und dieser war bei der Uebermacht des Gegners, doppelt der Zahl nach und potencirt durch die Stellung, fast ohne Hoffnung. Aber die damaligen Heerführer Oesterreichs, hochverehrt wegen ihrer Entschlossenheit und unzerstörbaren Geistesgegenwart, beliebt wegen ihrer warmen Fürsorge bei Officier und Gemeinen, durften von ihren Truppen auch das Unmögliche verlangen. Der Kriegsmann jener Zeit war, was heute von so vielen Seiten ein „Söldling" geschimpft wird; angekauft für den Dienst, ohne eigentliches Vaterland, dessen Interessen die seinen gewesen wären, war er das entschiedenste Gegenstück zu dem modernen „Volksmilizler"; die moralischen Bande jedoch, die ihn an die Fahne fesselten, Pflichtgefühl und Soldatenehre, hielten unter guter Führung mindestens ebenso fest, wie was immer für angeborne Titel. Wahr ist es, daß der Söldling jener Zeiten, wenn er schlecht geführt oder in seinen Bedürfnissen allzu sehr verkürzt war, oftmals kein schweres Bedenken trug, davon zu gehen, ja zum Feinde überzulaufen; war aber nur dafür gesorgt, daß er leben und Ehre gewinnen konnte, so war dieser reine „Berufssoldat" schon vermöge seiner in Fleisch und Blut übergegangenen Standesbegriffe und seiner handwerksmäßig vollendeten Ausbildung jedem anderen vorzuziehen. Beispiele von Thaten wie sie die österreichisch-deutschen

Kriegsschaaren unter den beiden Starhembergs, unter Karl von Lothringen, Max Emanuel von Baiern, Ludwig von Baden, Eugen von Savoyen, Wirich Daun u. s. w. ausführten, wird man in der Geschichte der Griechen und Römer spärlich, — in jener der modernen Volksmilizen gar nicht finden. Die Schlacht von Slankamen ist ein solches Beispiel.

Mit scharfem Blicke erkannte Markgraf Ludwig die Eigenthümlichkeiten des Terrains und ordnete nach ihr seine Schlachtlinie. Indem diese, ganz abweichend von den stereotypen Formen jener Tage (Infanterie Mitte, Cavallerie an beiden Flügeln und in Reserve, Artillerie im Vordertreffen vertheilt) hergestellt wurde, bewies der Feldherr, daß er seiner Zeit vorangeeilt war. Den rechten Flügel unter De Souches, der auf den durchfurchten und theilweise steilen Hängen zunächst der Donau vorzugehen hatte, bildete er bloß aus Infanterie (20 Bataillone) und gab ihm das schwerste Geschütz in einer großen Batterie mit, um von einer erst zu gewinnenden hohen Position die feindlichen Werke zu erschüttern. Hiebei ging der Feldherr wieder von vorgeschrittenen Ansichten aus: er verwendete sein bestes Geschütz dort, wo es am meisten wirken konnte — ohne Rücksicht darauf, daß es bei einem halbwegs ungünstigen Ausgange rettungslos verloren war. Viele Heerführer weit jüngerer Zeiten thaten das Entgegengesetzte: sie riskirten lieber den Sieg als ein paar Kanonen. In die Mitte des Heeres kamen unter dem brandenburgischen General Barfuß 17 Bataillone und 31 Schwadronen; den linken Flügel unter Dünewald formirte ein Cavallerie=Corps von 85 Schwadronen, unterstützt durch 16 Bataillone. Endlich war noch hinter dem rechten Flügel die Cavallerie=Division Holstein als Reserve aufgestellt, und rechts rückwärts von ihr an der Donau, dem Schlagbereiche des Feindes am meisten entzogen, befand sich der gesammte Train. Die Absicht des Markgrafen war es, den linken Flügel vorzunehmen, die feindliche Reiterei in und hinter die Schanzen zu werfen, wo sie sich nicht mehr ausbreiten und rühren gekonnt hätte, vom Rücken her den Frontangriff auf die verschanzte Linie zu begünstigen und durch ein kräftiges Vordrücken mit der ganzen Linie den Feind an die Donau in jenes Dreieck hinabzuwerfen, dessen zwei Seiten vom Strome, die dritte durch die österreichische Armee gebildet gewesen wären. Gelang dieser geniale Plan, so war das ganze feindliche Heer vernichtet. Die Umstände führten Anfangs eine dem Entwurfe gerade entgegengesetzte Ausführung herbei.

Um drei Uhr Nachmittags hatte die Vorrückung auf der ganzen Linie in der Weise zu beginnen, daß der linke Flügel einen Vorsprung gewinnen sollte. Aber die Fläche, auf welcher Dünewald vorging war derart mit hohem Gras und Disteln überwachsen, daß die Infanterie nur langsam vorwärts kam und damit auch die Reiterei hemmte; überdieß wurde der ganze Flügel durch wiederholte Attaken der ungeheuren türkischen Cavallerie-Massen sehr aufgehalten. So kam es, daß Dünewald, statt die anderen Heerestheile zu überholen, bedeutend hinter ihnen zurückblieb. Dieser Umstand störte nicht nur den ganzen Schlachtplan des Markgrafen, sondern hätte auch ohne die heroische Tapferkeit der Truppen eine vernichtende Niederlage zur Folge gehabt. Es mußte nämlich auch das Centrum, um seine linke Flanke nicht den feindlichen Reitermassen preis zu geben, seine Bewegung im Einklange mit jener Dünewalds mäßigen; der rechte Flügel aber, der ein fast selbstständiges Gesechtsfeld inne hatte, kam nicht — dem ursprünglichen Plane gemäß — der letzte, sondern vielmehr der erste zum Zusammenstoß. Gerade dieser Theil hatte aber die schwierigste aller schwierigen Aufgaben. De Souches hatte seine Artillerie bis auf 200 Schritte vom Feinde vorgeschoben, um mit ihr Lücken in die feindlichen Werke zu schießen; mit bewunderungswerthem Muthe behauptete sie während der ganzen Schlacht ihren Standpunkt gegenüber 80 feindlichen Feuerschlünden. Bald gingen nun die 20 Infanterie-Bataillone im Sturmschritt vor und warfen sich auf die Schanzen; bei dem ersten Angriffe hatten schon kaiserliche Fahnen von der Wallkrone geweht, doch wurden die eingedrungenen Grenadiere bald wieder von den mit Uebermacht entgegen strömenden Janitscharen herausgedrängt; die schwere Verwundung des FZM. De Souches war Ursache, daß den Ersteren im richtigen Momente die nöthige Unterstützung fehlte. Die Janitscharen fielen zur Verfolgung auf die weichenden Deutschen aus und hätten diese vielleicht vollständig in die Flucht getrieben, wenn nicht vier Kürassier-Regimenter der Division Holstein mit einer glänzenden Attake sie bis in die Schanzen zurückgeworfen hätten. Graf Guido Starhemberg übernahm das Commando beim rechten Flügel und führte denselben mit größter Unerschrockenheit noch zweimal zum Sturme vor, immer aber vergebens. Die Infanterie dieses Flügels blieb dann durch mehrere Stunden unbeweglich im Kugelregen stehen, immer des Augenblickes harrend, in welchem die Mitwirkung der anderen Heerestheile die Aussichten etwas günstiger gestalten würde. Trotz dieser Ausdauer war dieser Flügel als geschlagen zu betrachten, denn er war beinahe aufgerieben.

Das Centrum der Oesterreicher erlitt bald ein ähnliches Schicksal. Später als der rechte Flügel gelangte es in die Nähe des Feindes und sah sich hier von einem starken Kreuzfeuer überschüttet, zugleich aber auch von großen Cavallerie-Massen angefallen. Im Centrum der Deutschen stand in zwei Treffen rechts die Cavallerie, links das Fußvolk; erstere ging den türkischen Reitermassen entgegen, wurde aber geworfen; die Spahis stürmten so ungestüm nach, daß sie mehrere Bataillone niederritten, bevor diese zum Schutz gekommen waren, — jene drangen bis in das zweite Treffen vor. General Barfuß schwenkte jetzt seine Bataillone rechts herein, so daß sie die vordrängenden Türken in der Flanke beschossen, und zwang sie zum Rückzuge, wonach auch die Reiterei des Centrums sich wieder zu sammeln vermochte. Dieses erfolgreiche Manöver der Brandenburger muß umso mehr bewundert werden, weil es nicht anders als eilig ausgeführt werden konnte, und weil Offensivbewegungen der Infanterie gegen Reiterei in solcher Nähe bei der damaligen Langsamkeit und geringen Wirkung des Gewehrfeuers für ein unerhörtes Wagniß gelten konnten. Das Centrum der Kaiserlichen nahm nach dem Rückzuge der Spahis die frühere Stellung ein, vermochte aber nicht weiter vorzugehen.

Ein neues Gefechtsfeld erschloß sich zu dieser Zeit, u. z. auf der Donau. Die türkische Flottille griff jene der Christen an und erzielte einen vollständigen Erfolg; es wurden ihr zwar fünf große Fahrzeuge in den Grund gebohrt, trotzdem durchbrach sie das kaiserliche Geschwader und legte dann neben dem linken Flügel der Osmanen bei. Damit war den Christen auch ihre letzte Verbindung nach Peterwardein hin abgeschnitten. Da ihre Flottille und der rechte Flügel geschlagen, das Centrum zur Passivität gezwungen, der linke Flügel von überlegenen Massen im Schach gehalten, endlich jeder Rückzug abgeschnitten war, so hatte man genug Ursache, nicht nur die Schlacht, sondern das ganze Heer als verloren zu betrachten.

Ludwig von Baden erschien beim linken Flügel, um persönlich denselben zu entscheidenden Angriffen anzuleiten. Er erkannte, daß die Reiterei durch die zwischen sie eingemengten Fußbataillone nur gehemmt werde; deshalb ließ er diese zurück, zog die Cavallerie links heraus, um so gegen den rechten Flügel der türkischen Reitermassen zu gelangen, und ließ dann nach rechts abschwenken. In voller Erkenntniß, daß jetzt nicht mehr an eine Sicherung von Rückzug u. dgl. zu denken sei, daß es vielmehr nur ein Mittel zur Rettung gebe, nämlich die möglichste Waffenthätigkeit in einem Momente gegen einen entscheidenden Punkt anzuwenden, ließ der Prinz seine ganze Cavallerie-Reserve noch weiter links als das Vordertreffen sich herausziehen, um mit einem weiten Bogen den Rücken der türkischen Cavallerie-Corps, eventuell die offene Seite der Schanzen zu gewinnen. Diese kühnen Manöver waren entscheidend: die Spahis, in zwei ungeheure, fast ungegliederte Massen getheilt, waren nicht im Stande, mit einer rechtzeitig durchgeführten Directionsveränderung sich dem Vordertreffen der deutschen Reiterei parallel zu stellen; die eine Ecke dieses ungeheuren Klumpens wurde im gewaltigen Anrennen von den Deutschen erfaßt und die ganze Masse fast ohne Aufenthalt und Handgemenge niedergeritten oder auseinander gestäubt. Die Unordnung des einen zersprengten Corps hatte ihre Nachwirkungen auf das danebenstehende; und obgleich die bei den Kaiserlichen nothwendig gewordene Rallirung jenem zweiten Corps einigen Zeitgewinn verschaffte, vermochte dasselbe doch umso weniger zu widerſtehen, als jetzt auch die Umgehungscolonne im Rücken erſchien. Auch dieſes Corps der Spahis löſte ſich in wilder Unordnung auf; die Mehrzahl warf ſich durch die Seiteneingänge in das Lager hinter die Janitſcharen, andere Hunderte und Tauſende flogen durch die Zwiſchenräume der kaiſerlichen Regimenter, um in weſtlicher Richtung das offene Feld zu gewinnen. Ohne Aufenthalt brachen die Chriſten, welche hier über eine vierfache Uebermacht geſiegt hatten, mit den Spahis zugleich in die Schanzen ein, das Vordertreffen durch die Ausfallslücken, die Um- gehungscolonne aber in dem freien Raume hinter dem letzten Werke (es war dieß eine große Wagenburg) der rechten Flanke des türkiſchen Lagers bis zur Donau. Im Lager angekommen, hielten ſich die Kaiſerlichen abermals nach rechts, um die wirren Klumpen der Spahis auf die in den Frontalſchanzen liegenden Janitſcha- ren zu werfen. Selbſtverſtändlich war jetzt an keine Ordnung bei den Türken mehr zu denken. Die Spahis flüchteten, wo ſie nur konnten, in das offene Feld hinaus; gleich Haſen in einer Keſſeljagd flogen ſie durch die ſchmalen Zwiſchenräume der jetzt wieder allſeitig vorrückenden und feuernden deutſchen Infanterie in das Freie hinaus. Nach der Flucht der Spahis ſahen ſich die Janitſcharen vollſtändig einge- ſchloſſen; vom Rücken her drangen die Reiter, welche früher den linken öſterreichi- ſchen Flügel gebildet hatten, auf ſie ein, während gleichzeitig die Schanzen in der Front von dem Fußvolk des Centrums und beider Flügel, ja ſogar auch von der dort eingetheilten Reiterei erſtürmt wurden. Wenigen Janitſcharen gelang es, hin- ter den Reitern in's Freie durchzubrechen oder auf die Flottille ſich zu retten; weit- aus die Mehrzahl wurde niedergehauen oder in die Donau geſprengt. — Die Ver- luſte der Türken waren ungeheuer; 20.000 M. lagen auf dem Schlachtfelde, wahrſcheinlich noch größer war die Zahl derjenigen, welche in der Donau ertran- ken oder auf der Flucht erſchlagen wurden; unter den Todten waren der wackere Muſtapha Köprili, der Seraskier, 20 Paſcha's, 51 andere Generale und Oberſte. Erbeutet wurden von den Siegern die grüne Fahne des Großveziers und die rothe des Seraskiers (erſtere die heiligſte nach jener des Propheten), eine ungeheure Menge von anderen Trophäen, 154 Kanonen, 10.000 Zelte, 17.000 Zug- und Reitthiere und die ganze Feldkaſſe. Der Verluſt der Kaiſerlichen wird mit 7300 M. (wahrſcheinlich jedoch zu niedrig) angegeben.

Diese Schlacht bietet in mancherlei Richtung vielen Stoff zum Denken: für's Erſte ſehen wir, daß jedes Heer dem anderen auf der Rückzugslinie ſteht, und deshalb ſiegen oder untergehen muß; weiters, daß alle denkbaren taktiſchen Vortheile des Terrains auf Seite der Geſchlagenen waren; ebenſo, daß der ur- ſprüngliche Entwurf des Markgrafen Anfangs durch die Ereigniſſe vollſtändig um- geworfen, am Schluſſe aber doch von ihm wieder aufgenommen und auf das glänzendste durchgeführt wurde; ferner daß diese Schlacht um verschanzte Linien einzig und allein — was fast unglaublich klingt — durch die Cavallerie entschieden wurde; — endlich zum Schlusse noch, daß die kaiserlichen Reiter, weit schwerer beritten als die Orientalen und langsamer in ihren Gangarten, doch den letzteren alle Vortheile in der Zeit und in der örtlichen Gegeneinanderstellung abgewannen, und dieß bloß aus dem Grunde, weil die ersteren besser zu manövriren und damit die Schwächen des Gegners zu erfassen verstanden. Es ist sonderbar, daß diese Schlacht bei den großen Militärschriftstellern, selbst bei eingefleischten Reitertactikern, nirgends nach Gebühr gewürdigt, ja fast ganz übersehen wird. Der geniale Plan des Markgrafen und die unerschütterliche Durchführung des Grundgedankens, sowie der Massenstoß mit der Reiterei, weisen aber dieser Schlacht des 17. Jahrhunderts unbestreitbar einen Platz neben den schönsten des großen Napoleon an. Ohne die fast übermenschliche Standhaftigkeit der Truppen hätte allerdings der herrliche Entwurf traurig scheitern müssen. — Der Sieg bei Slankamen erlaubte den Kaiserlichen wieder in die Offensive überzugehen. Doch waren es nur kleinere Plätze, welche im Feldzuge 1691 noch von den Oesterreichern eingenommen wurden.

73. Der große Türkenkrieg, Schluß: 1692—1699. Im J. 1692 war die kaiserliche Armee in Ungarn durch die Entsendungen an den Rhein und nach Italien schon so weit in ihrer Stärke verringert, daß selbst Ludwig von Baden mit derselben nicht sehr viel Bedeutendes beginnen konnte. Doch unternahm er die Belagerung von Großwardein und nahm diese Festung mit 77 Kanonen und bedeutenden Mundvorräthen in Besitz (5. Mai). Bemerkenswerth ist ferner die außerordentlich standhafte Vertheidigung der Beteranihöhle durch 300 M. unter Arnau. Diese Höhle, 1½ Meile oberhalb Alt-Orsowa gelegen, beherrscht den Lauf der Donau und war deshalb vom General Beterani mit der erwähnten Besatzung versehen worden. Die Türken rückten aber mit Uebermacht heran, beschossen mit Geschütz vom jenseitigen Ufer die Höhle und ließen von der Höhe des Berges herab vor ihren Eingang große Steinblöcke rollen, so daß die Besatzung gleichzeitig zu ersticken und zu verdursten Gefahr lief; dennoch ergab sie sich nicht, so lange sie noch einen Schuß zu verfeuern hatte. — Die nächstfolgenden Feldzüge waren alle sehr unbedeutend. Oesterreich hatte viele Truppen und auch bereits die besten Feldherren aus Ungarn abberufen, und zwar den Kurfürsten von Baiern, Eugen von Savoyen und zuletzt auch noch den Markgrafen Ludwig. Die Nachfolger des Letzteren im Commando der ungarischen Armee waren nicht die Männer dazu, um mit kleinen Mitteln große Erfolge zu erzielen. Anderentheils war aber auch die Pforte in Folge vieler Niederlagen zu sehr erschöpft und niedergedrückt, um von der Schwäche der Gegner einen bedeutenden Vortheil zu ziehen.

17*

Im J. 1693 zeigten die Osmanen Absichten auf Siebenbürgen, kehrten aber bald gegen Belgrad zurück, welches von dem kaiserlichen Heerführer Croy belagert wurde; bei ihrer Annäherung zog sich dieser keineswegs vorzügliche General unter namhaften Verlusten zurück. Sein Nachfolger Caprara war zwar ein sehr frommer Mann, aber der Führung eines größeren Heeres ebenfalls nicht gewachsen. Er wurde in seinem verschanzten Lager bei Peterwardein von den Türken durch 21 Tage belagert und wußte nicht sich aus dieser üblen Lage zu befreien; zum Glücke trat so schlechtes Wetter ein, daß die Osmanen freiwillig abzogen (1694). Zu Anfang des nächsten Jahres starb Sultan Achmed II. und sein Nachfolger Mustapha II. war einsichtsvoll genug, um freimüthig die Fehler der letzten Regierungen seinen Völkern zu nennen; zugleich war er sehr muthig, aber kein Feldherr. Er eröffnete persönlich den Feldzug von 1695 und eroberte die Festungen Lippa (an der Maros, damals ein bedeutender Platz), Lugos und Karansebes. Der Kurfürst August von Sachsen, jetziger Oberfeldherr der Oesterreicher, that nicht nur nichts, um die Fortschritte der Moslims zu hemmen, sondern er lieferte ihnen auch durch ungeschickte Befehle einen seiner besten Generale unter das Messer. Dieß war der tapfere Veterani, Commandant des siebenbürgischen Corps. Ihm war die Weisung gegeben, einem allfälligen Anrücken der Türken Stand zu halten, weil der Kurfürst rechtzeitig zu seiner Unterstützung herankommen würde. Als aber Veterani mit einigen Tausend Mann bei Lugos einer ungeheuren Uebermacht Trotz bot, blieb das Gros der Oesterreicher ruhig in sicherer Entfernung von den Türken liegen; Veterani mit den meisten seiner Tapferen wurde erschlagen, die spärlichen Reste vollführten unter General Truchseß einen schönen Rückzug. — Glücklicher als im Kriege war Oesterreich während dieses Jahres mit diplomatischen Verhandlungen gewesen. Der jetzt neunzehnjährige Fürst Michael II. Apaffi hatte sich vor einem Jahre ohne Rücksicht auf die Politik vermält und damit das Mißfallen des kaiserlichen Hofes erregt. Man kannte überdieß den jungen Fürsten bereits als einen Menschen, welcher gleichgültig und schwach von Charakter, ohne höhere Ambition und Thatkraft war. Daher fing man an ihn zu bearbeiten, daß er die Herrschaft gänzlich zu Gunsten Oesterreichs niederlegen solle. Zu bequem, um lange Zeit sich zu sträuben oder gar mit Gewalt sich zu widersetzen, entschloß sich Apaffi endlich zur Reise nach Wien, wo er fernerhin als Privatmann lebte. Dem Namen nach blieb er vorderhand Fürst, Siebenbürgen aber wurde, ohne mit dieser Veränderung unzufrieden zu sein, von den kaiserlichen Generalen regiert.

Im J. 1696 erschien der Sultan wieder persönlich an der Spitze von 50.000 M. im Banate, wo Kurfürst August und Caprara eben Temeswar belagerten; sie zogen nun eiligst von hier ab, mußten aber eine Schlacht an der Bega annehmen, in welcher sie bedeutende Verluste erlitten, jedoch nicht geworfen wurden (26. Aug.). Der Feldzug ergab im Ganzen gar kein Resultat.

Für Oesterreich war es ein Glück, daß der Kurfürst August von Sachsen, nachdem er zum Könige von Polen erwählt worden war, jetzt freiwillig den Heeresbefehl niederlegte; so konnte derselbe jetzt wieder einem anerkannt tüchtigen General übertragen werden. Es wurde demnach Prinz Eugenius von Savoyen aus Italien berufen; er hatte dort mit einem schwachen Corps viel Rühmliches geleistet und war eben jetzt nach der Neutralitäts-Erklärung Italiens daselbst entbehrlich geworden. Der Prinz verbrachte den Winter und Frühling in Wien, um die nothwendigsten Bedürfnisse für das Heer beizuschaffen; aber bei dem Hofkriegsrathe ging es aus Ursache des ewigen Geldmangels so langsam her, daß der Prinz erst im Juli nach Ungarn abreisen konnte und trotzdem die Armee ebenso sehr versplittert als verwahrlost antraf. Das sogenannte Hauptheer, bei Peterwardein stehend, zählte kaum 20—30.000 M.; die gleiche Macht lag in vier verschiedenen Corps über Siebenbürgen, Oberungarn und Croatien vertheilt. Ein neuer Aufstand war in Oberungarn ausgebrochen und beanspruchte einige Zeit, um gedämpft zu werden. Für die Heeresverwaltung war gar nicht gesorgt, noch war ein Generalstab eingerichtet. Mit Proviant und Fourage war man nur für ganz kurze Zeit versehen und die Lieferanten, schon durch lange Zeit unbezahlt, weigerten sich, weitere Nachschübe zu leisten. Den Truppen war der Sold seit zwei Monaten ausständig und in der sogenannten Kriegskasse war kein Kreuzer vorhanden. Ebenso fand sich kein Feldspital vor und wo man nur hingriff, fand man nichts als Noth und Elend. In Folge der Entbehrungen und der in letzter Zeit nicht sehr glücklich gewesenen Feldzüge waren die Soldaten herabgestimmt; Prinz Eugen selbst hatte Mühe, sich einen guten Credit bei ihnen zu verschaffen. Ein junger Mann — damals zählte er 34 Jahre — von unansehnlichem Wuchse, seines braunen, mit Schnupftabak beschmutzten Rockes wegen von den Soldaten „der kleine Kapuziner" genannt, — im Gegensatze zu den meisten Zeitgenossen ungemein bescheiden, schweigsam und fast schüchtern im Auftreten, bisher auf einem fernen Schauplatze und in untergeordneten Stellungen verwendet, brachte er nichts mit sich, was den gemeinen Mann zu blenden vermochte. Die imposante Größe seiner Natur zeigte sich erst im Verlaufe des Feldzuges, Anfangs in den geräuschlosen Vorbereitungen, dann aber, auch dem kurzsichtigen Auge deutlich genug, in dem Donner der Schlacht.

Vor Allem war der Prinz bedacht, die fehlenden Bedürfnisse und Anstalten beizuschaffen; von Wien erhielt er 80.000 fl., von Pest Proviantzufuhren; alles dieß war natürlich nur für den Augenblick ausreichend. Eine andere Hauptsorge des Prinzen war es, die vereinzelten Corps, so weit es nur immer möglich war, zur Hauptarmee zu ziehen. Schon im August 1697 hatten dieselben großen Theils diese Aufgabe bereits erfüllt, nur das siebenbürgische Corps unter Graf Rabutin war noch im Anmarsche, und es war jetzt die Hauptbesorgniß des Feldherrn, daß die Türken sich zwischen ihn und Rabutin stellen und mit Uebermacht einen oder den anderen erdrücken könnten.

Glücklicher Weise ließen sich die Türken sehr lange Zeit mit der Eröffnung des Feldzuges. Sie entschlossen sich hiezu erst im Sommer, nachdem sie ansehnliche technische Vorbereitungen getroffen hatten. Eine bedeutende Flottille beherrschte die Donau von Peterwardein abwärts, und zur Erleichterung der Stromübergänge war während des Winters ein großer fahrender Brückentrain hergestellt worden. Die Türken gingen demnach von Syrmien aus über die Donau an das rechte Theißufer hin und nahmen Titel; bei größerer Eile hätten sie sehr leicht die Vereinigung Eugens mit Rabutin zu hindern vermocht. Der Prinz war nämlich bis zu dem Augenblicke, da die Armee halbwegs schlagfertig geworden, in einem Lager unweit Neusatz gestanden und dann fast zur selben Zeit, als die Türken die Donau überschritten, nach Osten aufgebrochen, wo nun die Vereinigung mit Rabutin stattfand. Das kaiserliche Heer war jetzt bei 50.000 M. stark; da es aber in Peterwardein seine Depots hatte, überdieß in den Ebenen zwischen der Theiß und Donau keine Gelegenheit fand, wo die Ueberlegenheit der diesseitigen Führung jene der Zahl bei dem Gegner ausgeglichen hätte, so mußte Prinz Eugen trachten, so rasch wie möglich wieder seine frühere Stellung zu erreichen. Er vollführte nun einen Marsch von 18 Stunden, welcher gleich bewundernswürdig war durch die Ausdauer der Soldaten wie durch die treffliche Leitung. Was den ersteren Punkt betrifft, so blieb nicht ein einziger Mann am Wege liegen, und in Bezug auf die Leitung der Operation genügt es zu sagen, daß dieselbe einen einzigen Flankenmarsch im Angesichte des Feindes darstellte. Letzterer war nämlich schon ganz nahe an die österreichische Armee herauf gerückt und seine Vortruppen streiften fortwährend längs den marschirenden Colonnen einher, um irgendwo eine günstige Gelegenheit zum Angriffe zu erspähen. Allein auf dem ganzen Marsche blieben die Colonnen geschlossen und gedeckt, immer bereit zum Aufmarsche; Geschütz und Gepäcke war trefflich gesichert, nirgends zeigte sich eine Lücke. So mußten sich die Osmanen damit begnügen, bald hier, bald dort bis auf Musketenschußweite anzureiten, dann aber eiligst wieder zu verschwinden. Bei seinem meisterhaft ausgeführten Marsche verlor Eugen nur ein paar Mann. Als die Oesterreicher mit dem Rücken sich wieder an die Donau gelehnt hatten, ihre festen Linien vor sich, setzten die Türken ihren Marsch längs dem rechten Theißufer aufwärts fort. Wäre der Sultan ein besserer Stratege gewesen, so hätte er Bedenken vor einer solchen Operation tragen müssen, bei welcher er den bei Neusatz stehenden Feind anfangs in seiner Flanke, später in seinem Rücken ließ und unmittelbar neben sich, nicht als Schutz, sondern nur als Gefahr bei einer unglücklichen Schlacht den großen T h e i ß s t r o m mit seinen Sümpfen hatte. Es ist möglich, daß der Sultan im übergroßen Vertrauen auf seine numerische Ueberlegenheit (er zählte 100.000 M.) absichtlich dem Prinzen Blößen bot, damit dieser sich in das offene Flachland hervorlocken lasse. Es verbreitete sich übrigens durch türkische Gefangene die Nachricht, wahrscheinlich vom Sultan absichtlich ausgesprengt, daß die Operation seines Heeres auf das schwach befestigte Szegedin gemünzt sei, das durch seine Lage an der Vereinigung zweier Ströme und als ein österreichisches Hauptdepot große Wichtigkeit hatte.

Eugen von Savoyen traf bedachtsam seine Vorbereitungen derart, daß ihn keine Bewegung der Gegner überraschen konnte. Um nicht an einem ihm unliebsamen Orte in den weiten Flächen zur Schlacht gezwungen zu werden, ließ er die Osmanen zuerst einen ansehnlichen Vorsprung gewinnen und schob, während er mit dem Gros in sicherer Entfernung folgte, seine Streifparteien bis nahe an die Türken heran; so unterhielt der Prinz mit diesen genaue Fühlung und konnte, wenn ihm eine günstige Gelegenheit zur Schlacht geboten wurde, mit einem starken Marsche rasch genug zur Hand sein, andererseits aber, wenn der Sultan sich gegen ihn zurückwenden würde, auch noch ungefährdet die frühere Stellung erreichen; mit einem Worte, er richtete es so ein, um nur unter günstigen Umständen sich zu schlagen. — Sei es, daß der Sultan nie ernstlich nach Szegedin gewollt hatte, sei es, daß ihm bei dem Nachfolgen Eugens doch Scrupel über das Bedenkliche der eigenen Situation aufstiegen, kurz das türkische Heer machte Halt bei **Zenta,** schlug daselbst eine Brücke über die Theiß und begann den Uebergang. Um während desselben, der voraussichtlich lange Zeit beanspruchte, vor Störung gesichert zu sein, wurde das auf dem rechten Ufer befindliche Lager gut befestigt. Prinz Eugen hatte durch seine Husaren in kürzester Zeit Kunde von dieser veränderten Marschrichtung erhalten, ja durch eingebrachte Gefangene erfuhr er sogar den jetzigen Operationsplan des Sultans. Dieser, der in der letzten Zeit thatsächlich hinter sich keine Basis hatte, — denn auf dem gemachten Wege standen nun die Oesterreicher — wollte eine solche nach vorne suchen: die starke Festung Temeswar mit ihrem Banate war damals nämlich noch türkisch. Von dort wollte Mustapha II. nach Siebenbürgen einbrechen. Auf diese Nachrichten hin war Prinz Eugen sogleich mit seinem Plane fertig: es handelte sich darum, die Türken zu treffen, nachdem sie den Uebergang bereits angetreten, aber bevor sie ihn vollendet hatten. Indem ihnen nur eine Brücke zu Gebote stand, war in einem solchen Falle ihre Armee in zwei Hälften zerspalten, und es unterlag keinem Anstande, die eine davon zu schlagen ja sogar dieselbe, weil sie den Fluß im Rücken hatte, zu vernichten. Vor Allem war nunmehr die größte Eile nöthig, aber nicht minder auch Vorsicht, weil möglicher Weise die erhaltene Nachricht falsch oder der Brückenschlag nur Finte sein konnte.

Das Terrain längs der Theiß aufwärts gegen Zenta hin ist fast ganz eben und offen, begünstigte demnach den Anmarsch; Niederungarn ist mit Ausnahme der Sümpfe und Gewässer bekanntlich eine einzige Straße. Daher hat der Marsch, wie ihn Eugen antrat, mit nicht weniger als 12 Colonnen, sechs von Infanterie, sechs von Reiterei, das schwere Geschütz in der Mitte, keineswegs das Räthselvolle, welches einige Militärhistoriker darin erblicken wollen. Diese Anordnung war sogar eine ganz vorzügliche, weil sie ohne Zweifel darauf berechnet war, um den taktischen Aufmarsch, damals eine schwierige Sache, so rasch als möglich durchzuführen. Auch wird bekanntlich der Marsch durch die Vervielfältigung der Colonnen, wo die Wege dazu vorhanden sind, im hohen Grade beschleunigt. Nur dieser Anordnung war es vielleicht zu danken, daß das kaiserliche Heer nicht später als um zwei Uhr Nachmittags am 11. Sept. vor dem Lager der Türken bei Zenta *Tab. I.* eintraf. (Siehe Plan). Der Augenblick hätte nicht günstiger gewählt sein können. Bereits stand der Sultan mit dem größten Theile der Reiterei am anderen Ufer; die Tataren waren eben im Begriffe, hinüber zu debouchiren und führten dieß im Verlaufe der Schlacht auch wirklich aus. Dießseits stand also nicht viel mehr als die Hälfte des ganzen Heeres, nämlich das gesammte Fußvolk und ein Theil der Artillerie. Es war ersichtlich, daß im Laufe des Nachmittags von drüben keine oder nur mäßige Verstärkungen dießseits anlangen konnten, ebenso aber auch, daß während des Kampfes der Uebergang der Janitscharen auf das andere Ufer nicht gut fortgesetzt werden konnte. Die Recognoscirung, welche Prinz Eugen an der Spitze einiger vorausgeeilter Reiterabtheilungen machte, überzeugte ihn gleichwohl, daß der Angriff seine ungemeinen Schwierigkeiten habe: für's Erste hatte man nur mehr wenige Tagesstunden übrig; weiter steckte der Gegner in sehr starken Verschanzungen; drittens war die Zahl der Kaiserlichen nur scheinbar gleich mit jener der noch dießseits befindlichen Osmanen; denn von Ersteren bestand die Hälfte, eher mehr als weniger, aus Reiterei, welche beim Angriffe auf feste Werke nach gewöhnlichen Begriffen nicht mitzuzählen war. Das verschanzte Lager der Türken hatte aber eine sehr bedeutende Festigkeit; der äußere Gürtel (aa) bestand aus einem hohen starken Walle mit Graben, verstärkt durch Lunetten; an einer Stelle war die Brustwehre jedoch noch nicht ganz vollendet. Innen befanden sich dann um die Brücke herum mehrerlei Abschnitte, theils aus Wagenburgen, theils

aus Pallifabirungen bestehend. Reichlich waren Geschütze sowie auch Ausfallsvor=
richtungen angebracht. Das ganze Lager bildete einen unregelmäßigen Halbkreis
um die Brücke, mit einem Radius von beiläufig 1000 Schritten.

Als die Spitzen der österreichischen Colonnen gegenüber dem Lager erschie=
nen, wurden sie sogleich von einem lebhaften Artilleriefeuer begrüßt. Es dauerte zwei
Stunden, bis sie den Schlachtaufmarsch vollendet hatten. Bedenkt man, daß sie
hiebei ebenfalls einen Halbkreis bilden, also zuerst sich auseinander ziehen, dann
die Direction ändern und concentrisch vormarschiren mußten, so wird man den
Zeitverbrauch von bloß zwei Stunden als sehr mäßig bezeichnen müssen; er wäre
auch jedenfalls größer ausgefallen, wenn nicht schon von früher her in der Anord=
nung der vielen Colonnen ein Mittel zur Beschleunigung gegeben gewesen wäre.
Bei dem kunstvoll georbneten Vormarsche zogen sich die Abtheilungen erst allmälig
auf die übliche Distanz zusammen, gleichzeitig lehnten sich die beiden Flügel an die
Theiß. Es kann kein Zweifel sein, daß der Auf= und Anmarsch in so regelrecht ge=
ometrischen Figuren ein ungemein schwieriges Manöver war und außerordentlich
gut geschulte Truppenführer verlangte. Es war schon nahe gegen Abend, als die
Kaiserlichen unter einem starken Feuer gemessenen Schrittes sich dem äußeren Gürtel
näherten. Infanterie und Cavallerie war abwechselnd durch einander gestellt, die
Artillerie hauptsächlich gegen die Brücke in Thätigkeit: theils wurde von den Flü=
geln her directe dahin geschossen, theils von anderen Punkten im Bogen dahin ge=
worfen. Im Bereiche des Kleingewehrfeuers traten die Abtheilungen den Sturm=
schritt an; jetzt hörten die allgemeinen Dispositionen auf; jede Truppe des Vor=
treffens trachtete nur, wie und wo sie zuerst an die Schanzen gelange. Es war ein
Wetteifer des Muthes, wie er wohl selten vorkommt. Die Reiter=Regimenter, un=
zufrieden, daß es für sie keine Aufgabe gebe, als den Raum auszufüllen, und daß
sie den Ruhm des Tages dem Fußvolke allein überlassen sollten, jagten bis an den
Graben vor, sprangen dort von ihren Pferden und stürmten, den Pallasch in der
Hand, gleich den übrigen Truppen hinein. In kürzester Zeit war trotz tapferer
Gegenwehr die Umfassung an mehreren Orten genommen; immer weiter und in
dichtere Klumpen drängte man die Janitscharen zurück. Mittlerweile war diesen
eine neue, noch größere Gefahr im Rücken bereitet worden. Der äußerste linke
Flügel unter Gf. Buffy Rabutin hatte im Flusse eine Sandbank (d) entdeckt, welche,
nur mäßig mit Wasser bedeckt und daher watbar, sich längs den inneren Abschnit=
ten bis nahe an die Brücke erstreckte. Hier drangen die Deutschen mit unaufhalt=
samem Ungestüme vor. Als die Janitscharen nicht nur von vorne her sich schon halb
erdrückt fühlten, sondern auch die schon in ihrem Rücken stehenden Abtheilungen
bemerkten, lösten sie alle Bande der Ordnung, erschlugen ihre eigenen Anführer,

warfen sich nach der Brücke hin, die aber nur die wenigsten fassen konnte, stellten sich an anderen Orten verzweifelnd den Siegern entgegen oder sprangen in die Wellen der Theiß. Nicht früher ruhte das Gemetzel, als bis die Oesterreicher von ein paar Seiten her die Brücke erreicht und damit den Sieg gekrönt hatten. — Während dieser grauenvollen Scene standen der Sultan und die Hälfte seines Heeres am anderen Ufer als Zuschauer, eilten aber nun derart in die Flucht sich zu stürzen, daß sie ihr ganzes Lager mit seinen Kostbarkeiten, darunter sogar zehn Obalisken des Harems, im Stiche ließen. Prinz Eugen sandte sogleich einige Schaaren auf das andere Ufer, das Gros seines Heeres zog er aber aus dem mit Leichen besäten Lager heraus, um die in ihrer Hitze ganz auseinander gerathenen Truppen wieder zu ordnen. Dieß war um 10 Uhr; der Sieg selbst war aber schon bei Sonnenuntergang, also nach einem beiläufig dreistündigen Kampfe beendet gewesen.

Niemals hatten die Türken (ausgenommen die Schlacht bei Angora gegen Timur, 1402, Bd. II, S. 354) eine derartige Niederlage wie bei Zenta erlitten. Unter den Todten auf dem Schlachtfelde lagen der Großvezier, bei welchem das Siegel des Großherrn erbeutet wurde, 20 höhere Generale, 20.000 M., unge= rechnet die Menge der Ertrunkenen, welche die Theiß wie mit einer Brücke mehr= fach über einander liegend, bedeckten; 6000 Türken waren gefangen. Die Sieger erbeuteten das ganze dieß= und jenseitige Lager mit 87 Kanonen, unzähligen an= deren Waffen, 7 Roßschweifen, 423 Fahnen, 62 Brückenschiffen, 9000 Wagen, 505 Fässern Pulver, 26.000 Kugeln, 6000 Kameelen, 15.000 Ochsen, 7000 Pferden, zahllosen Kostbarkeiten und einer Kriegscassa von mehr als drei Mil= lionen Gulden im Werthe. — Dieser großartige Sieg war von den Kaiserlichen mit einem Verluste von bloß 1496 M. erkauft worden. Der Kaiser bewilligte allen Soldaten eine Gratification, jedem Officier die Vorrückung um eine Charge. [1]

Am Tage nach der Schlacht ging die kaiserliche Armee über die Theiß. Eine vollwichtige Ausnützung des ungeheuren Sieges war aber nicht möglich, weil es wieder an dem Allernothwendigsten, nämlich an mitzuführenden Proviant=Vor= räthen fehlte. So begnügte sich der Prinz mit einem größeren Streifzuge, den er bis nach S e r a j e w o, der Hauptstadt von Bosnien, ausdehnen ließ. — Im J. 1698 waren einestheils die Friedensunterhandlungen schon eingeleitet, andererseits hatte Oesterreich auch nicht die Mittel und die Lust zu einer energischen Fortführung des Krieges; daher hörten die Feindseligkeiten fast ganz auf.

---

[1] In den meisten Geschichtswerken finden wir es als Thatsache hingestellt, daß Prinz Eugen unmittelbar vor Beginn der Schlacht eine Depesche aus Wien erhalten, sie aber in Ahnung ihres Inhaltes erst nach dem Siege eröffnet habe; es sei darin nämlich das strengste Verboth einer Schlacht enthalten gewesen. Ebenso wird berichtet, daß der Prinz bei seiner Rückkehr nach Wien wegen seines Ungehorsams sehr kalt empfangen worden sei. Beide Anecdoten gehören in den Bereich der tendenziösen Entstellungen.

74. Venedigs Betheiligung am großen Türkenkriege und der Friede von Karlowitz. Bevor wir auf den Friedensabschluß von Karlowitz eingehen, müssen wir noch der Alliirten Oesterreichs gedenken. Im Allgemeinen sei hier erwähnt, daß die früheren Friedensverhandlungen Oesterreichs mit der Pforte theilweise an dem Umstande gescheitert waren, weil die Verbündeten der ersteren Macht größere Ansprüche erhoben, als wozu sie vermöge ihrer Waffenerfolge berechtigt waren; der Kaiser aber wollte seine Freunde nicht eigenmächtig verlassen.

Venedig, welches im J. 1684 in Bündniß mit Oesterreich trat, hat in den folgenden fünfzehn Kriegsjahren verhältnißmäßig Größeres geleistet, als Polen und Rußland zusammen. Es war dieß das letzte Mal, daß die Republik sich in einem Wiederscheine der alten Größe zeigte und ihren militärischen Ruhm wahrte; freilich hatte sie diesen nicht ihren eigenen Bürgern, von welchen nur einige wenige als Officiere zu dienen pflegten, sondern den gemietheten Deutschen, Slawoniern, Griechen u. s. w. zu danken. — Schon im J. 1684 begann der Krieg in den griechischen Gewässern und in Dalmatien; dort eroberte Morosini die Insel St. Maura und die Stadt Prevesa; dann landete er auf Morea; in Dalmatien erbauten die Benetianer, denen die Morlaken als tapfere Genossen dienten, das Fort Opus auf einer Insel der Narenta. In den nächstfolgenden Jahren waren Morosini und Königsmark wieder glücklich in Griechenland; sie eroberten nach einer längeren wechselreichen Belagerung Coron und Kalamata, ferner die ganze Provinz Maina, deren kühne Bewohner ihren alten Haß den Türken im Kampfe zu fühlen gaben; bei Kalamata kam es zu einem Treffen, in welchem die deutschen Soldtruppen den Kapudan Pascha zum Weichen zwangen (1685). In den Feldzügen 1686 und weiterhin blieben die Benetianer im Allgemeinen im Vortheile; unter vielfachen Gefechten zur See so wie zu Lande behaupteten sie sich in Dalmatien und Albanien und machten Eroberungen in Morea. Unter diesen waren die wichtigsten: Navarin, Modon, Nauplia (1686); Patras, Athen, Castelnuovo (letzteres in Dalmatien, 1687); Malvasia (1690); Chios (1694, daselbst über 200 Geschütze erbeutet, doch ging die Insel im nächsten Jahre wieder verloren); der ganze Peloponnes stand um diese Zeit schon unter der Gewalt der Benetianer. In Dalmatien wurde von beiden Seiten ein lebhafter Grenzkrieg ohne beträchtliche Resultate fortgeführt. Unter den Kämpfen auf dem Meere zählte man außer vielen kleineren Gefechten noch die Schlachten: zwei bei Chios zu Anfang 1695, beide für die Benetianer nicht glücklich, dagegen Siege derselben bei der Insel Samos (Sept. 1695), bei Andros (11. Aug. 1696), abermals bei Andros und im Canal von Negroponte (1. und 20. Sept. 1697), endlich in der Meerenge von Mytelene (21. Sept. 1698).

Polen hatte in seinem Kriege gegen die Pforte vorzugsweise nur die Tataren, unterstützt durch einige reguläre Kriegsschaaren, als Feinde zu bekämpfen;
das Gleiche war mit Rußland der Fall, welches übrigens von 1689—1695 die
Unternehmungen ganz einschlafen ließ (Seite 103—110). Die Absichten der Polen
waren ausschließlich auf den Wiedergewinn von Podolien mit der Festung Kamieniec gerichtet, ergaben jedoch kein Resultat; glücklicher war Rußland in seinen
Bemühungen, indem es Asow und damit den lange ersehnten Zutritt zum schwarzen Meere gewann (1696).

Oesterreich und dessen alliirte Mächte begannen unter der Vermittlung Englands und Hollands im J. 1698 neue Friedensverhandlungen mit der Pforte.
Karlowiz in Syrmien wurde als Ort des Congresses ausersehen. Die beiden
am meisten betheiligt gewesenen Mächte, Oesterreich und die Türkei, verständigten
sich bald über die Bedingungen; dagegen verlangten Polen und Venedig mehr,
als sie erobert hatten, Rußland wollte überhaupt von einem Frieden nichts wissen.
Da aber Oesterreich schon früher nur zu viele Rücksicht auf die Verbündeten genommen hatte, jetzt aber ihnen zur Liebe doch nicht weiter den Krieg führen wollte,
so begnügte es sich, für Polen bessere Bedingungen auszuwirken, als es dieselben
beanspruchen konnte; Venedig mußte sodann auch sich den Verträgen anschließen,
um nicht allein im Kampfe zu bleiben; auch Rußland schloß endlich zu Karlowiz
einen Waffenstillstand, welchem bald der Frieden folgte. — Für Oesterreich
brachte der Friede von Karlowiz eine ungemeine Vergrößerung. Siebenbürgen, ganz
Ungarn mit Ausnahme des Temeswarer Banates, dann Slawonien, Kroatien und
die Militärgrenze, hier wieder nur die südöstlichen Theile ausgeschlossen, blieben in
ihrem heutigen Umfange unter dem Hause Oesterreich; die Grenze der noch türkisch
verbliebenen Gebiete in Ungarn und Slavonien war durch den Lauf der Maros,
dann durch die Theiß bis zu ihrer Mündung in die Donau und von da an in
westlicher Richtung durch eine Reihe von Pfählen und Gräben bezeichnet, welche
bis zur Vereinigung der Bosna mit der Sau sich erstreckte. Für Polen wurde
von den kaiserlichen Gesandten der Wiedergewinn von Podolien und Ukraine mit
der Festung Kamieniec ausgewirkt. Venedig behielt, was es erobert hatte, nämlich ganz Morea, die Inseln Aegina und St. Maura, ferner Castelnuovo nebst
einigen kleineren Plätzen als neuen Erwerb in Dalmatien. Dem russischen
Reiche verblieb die Don-Mündung mit Asow.

Der Krieg von 1683—1699 gegen die Türken war, wie wir gesehen haben,
einer der längsten und ruhmreichsten, welche der österreichische Staat jemals geführt
hat. Er war aber auch der erfolgreichste geworden, indem vor diesem Kriege nur
ungefähr ein Drittel des Königreiches Ungarn, nach demselben aber das ganze

Land mit Ausnahme eines kleinen Theiles, ferner noch ganz Siebenbürgen dem Hause Habsburg gewonnen war. Die Herrschaft der siebenbürgischen Großfürsten so wie jene der türkischen Lehenskönige in Ungarn war zu Ende; der letzte derselben, Tököly, starb in Verschollenheit auf dem Boden Kleinasiens.

Geschichte des 18. Jahrhunderts.

75. Politische und sociale Zustände. Das achtzehnte Jahrhundert, der Vater und Vorgänger des unseren! Der Name allein hat schon etwas Anheimelndes, wir fühlen es, daß es in diesem Zeitalter schon um unser Wohl, um das Blut und Leben unserer unmittelbaren Vorfahren sich handelte, daß die damaligen Zustände auf die heute noch bestehenden einen stark bestimmenden Einfluß geübt haben müssen. Für künftige Generationen, z. B. für das dritte Jahrtausend unserer Aera wird das 18. Jahrhundert bis kurz vor seinem Schlusse nicht um Vieles interessanter sich gestalten, wie beispielsweise das 15. Hier wie dort sehen wir die Formen des Staats- und des Völkerlebens in Erschöpfung, ja im Absterben begriffen; eine ganze Aera, ein Entwicklungsalter der Menschheit hat sich überlebt und erst aus der Asche sollen neue, mächtige geschichtliche Formen erstehen. In beiden genannten Jahrhunderten sind es nur dynastische Fragen, es sind die Spinngewebe der sogenannten Kabinetspolitik, mit welchen die Geschichte ihren Apparat bespannt hat, um die Völker in Bewegung zu erhalten; ja im 18. Jahrh. bemerken wir vielleicht mehr als in jedem anderen eine Entäußerung der Menschheit von jedem freithätigen staatlichen Schaffen, ein automatenmäßiges Gehen ohne eigene Ideenbildung. Eben in diesem Absterben der Reizbarkeit, in diesem passiven Hinbrüten unter bureaukratisch todten Normen ist ein Moment enthalten, welches der Geschichte des 18. Jahrh. eine eigenthümliche Bedeutung schafft. Unmittelbar folgend auf zwei Jahrhunderte, von welchen das eine (das 16.) die mächtigsten Neugestaltungen in allen Gebieten menschlicher Thätigkeit, das andere aber (das 17.) den mit aller Leidenschaft durchgeführten physischen Kampf zwischen dem Einst und Jetzt, dem Alten und dem Neuen aufweiset, kömmt das Zeitalter von 1700—1792, in welchem nur die Kabinete allein, nicht aber die Völker zu leben scheinen, in welchem keine politisch-sociale, ja sogar keine nationale Frage von namhafter Spannweite die Gemüther der Denkenden beschäftigt, in welchem eine Gebietsabtretung der einen Dynastie an die andere ohne nothwendige innere Begründung, ein prunkvolles und großentheils verderbtes Leben an den Höfen wie in den höheren Kreisen der Gesellschaft, daneben endlich eine mittelmäßige, vorwiegend sogar schlechte Literatur und Kunst dem Geiste der Mensch-

heit die einzige karge Nahrung für seinen Entwicklungstrieb bietet. Wenn ein Histo=
riker, welcher den Fall der hellenischen Größe oder jenen des Römerreiches mit ange=
sehen und analytisch auf die Grundursachen zurückgeführt hat, zufällig Augenzeuge
hätte sein können des europäischen Staats= und Volkslebens in der ersten Hälfte des
18. Jahrhunderts, so würde er ausgerufen haben: „Diese Nationen ohne jede eigene
Willenskraft, entartet in ihren Sitten und in ihrem Geschmacke, tändelnd nach Ele=
ganz haschend, statt an natürlicher Kraft sich erfreuend, raffinirt in den Formen des
bürgerlichen Lebens, abgestorben jedoch für das öffentliche, — ohne Gefühl für allge=
meine Interessen, — diese Nationen sind ihrem Untergange nahe: kräftige Barbaren
werden kommen und sie sammt ihrer verweichlichten Cultur von der Erde löschen."

Es kam jedoch ganz anders. Den modernen Völkern mit ganz oder theil=
weise germanischem Blute ist, im Unterschiede von den großen Nationen des Alter=
thums, eine merkwürdige phönixartige Kraft der Selbstverjüngung gegeben. Sie
haben nicht eine langdauernde Periode des Emporstrebens und ein progressiv be=
schleunigtes Alter des Verfalles; im Gegentheile: Schöpfungskraft, leidenschaftli=
ches Ringen um große Ideen, Stillstand und entschiedener Rückgang lösen sich bei
ihnen zu wiederholten Malen in verhältnißmäßig rascher Folge ab. Während sie
ganz erschöpft zu sein, langsam zu ersterben scheinen, glühen unter der todten
Asche unlöschbare Funken fort, greifen stille weiter und fassen endlich neue, unge=
heure Flötze, daß die Lohe wie ein Weltbrand zum Himmel emporschlägt und
rings um die Erde ihren Wiederschein strahlen macht. Immer, wenn die heutigen
Großvölker der Geschichte bereits hinzusiechen schienen (7., 15., 18. Jahrh.) berei=
teten sie sich nur zu einem neuen Ringen und Schaffen vor, kräftiger als alles
Vorhergegangene. — Alles Leben ist Kampf, vollständige Apathie und Beständigkeit
ist der Tod. Nur jene Zeitalter der Menschengeschichte, in welchen die Völker selbst
mit Willen und Leidenschaft auftreten, sind menschlich groß, sind an das Gött=
liche streifend. Mag auch die Leidenschaft, wie sie oftmals nicht anders kann,
Phantastereien für unfehlbare Glaubenssätze hinstellen, mag sie, was ihr wider=
steht, und seien es ganze Generationen, in blinder Wuth zermalmen, mag sie zer=
stören, was sie nicht gesäet hat, — es gilt von ihr und ihren Werken das Wort
des Dichters, „Ein neues Leben blüht aus den Ruinen"; nur im Kampfe, im
Ringen der Bestrebungen ist Fortbildung der Menschheit, ist ihr ein höherer
Werth zu erreichen. Wehe der Menschengröße, wenn ein goldenes Zeitalter voll=
endeter Ruhe jemals tagen sollte, wenn der Schäfer seine Lämmer weiden würde
wie der Großvater und der Urahne, wenn der Bürger durch Jahrhunderte in
seinen Wünschen und Bedürfnissen nicht wechselte, — wenn es nur einen höchsten
Regenten mehr gäbe, den Erwerb, den Kurszettel, oder mit einem anderen Worte:

den Magen und nichts als den Magen! — Mag auch unsere Zeit mit ihrem chaotischen Durcheinander von ungelösten politischen, nationalen und socialen Fragen grauenhafte Conflicte zu Tage fördern und heilig geglaubte Interessen rücksichtslos unter den Füßen zertreten, — vom großen menschlichen, vom historischen Standpunkte ist sie unendlich schöner und edler als eine Epoche, in welcher gar keine bedeutende Frage auf den Lippen der Menschen schwebt, in welchen die thierische Gewohnheit des Daseins allein herrschend ist, in welchen die Nationen ausschließlich von dem Zügel des Herkommens und dem Sporn der Gewinnsucht in den kunstmäßig frommen Reitschul-Gängen ohne Bewußtsein der Eigenthätigkeit parademäßig geführt werden!

Ein Zeitalter, in welchem die Menschheit auf sich selbst vergessen, das Bewußtsein ihrer selbst verloren hatte, zeigt sich uns von dem Versiegen der großen religiös-politischen Kriege bis gegen Ende des 18. Jahrhunderts. Die Erschöpfung, welche der meisten europäischen Völker nach dem 30jährigen Kriege sich bemächtigt hatte, und das damit bedingte momentane Versiegen des eigenen Schöpfungstriebes, mehr aber noch das von Frankreich ausgehende Beispiel gaben Veranlassung, daß alle im Rufe der Civilisation stehenden oder stehen wollenden Nationen der alten nationalen, mitunter derben, aber doch auch natürlich kräftigen Sitte und Bildung sich möglichst entäußerten, um nach dem Muster von Versailles mit den Steifröcken und den Perrücken, mit den zierlichen Phrasen, zur Verhüllung der Geistesseichtigkeit so unendlich gut geeignet, mit den Complimenten, der niedrigen Kriecherei gegen Höhere und dem barbarischen Druck auf die unmittelbar Untergeordneten, mit der Einbürgerung möglichsten Prunkes und ungeheurer Verschwendung, kostbarer Bauten, der Maitressenwirthschaft und verderbter Sitten, endlich mit der Verläugnung der heimischen Sprache selbst sich als mehr oder minder geschickte Affen des damaligen Frankreichs hinzustellen. Ein nationales Leben fand bei den meisten Völkern höchstens noch in den untersten Volksschichten ein Asyl und äußerte sich in flegelhaften Belustigungen; die nationale Sprache wurde von den höheren Kreisen in vielen Ländern als verpönt erklärt. So hörte man an vielen Höfen in Deutschland, bald auch bei dem höheren Adel Polens nichts Anderes als französisch sprechen; auch die Magyaren waren zur Mehrzahl ohne grammatikalische Kenntniß ihrer Sprache, verstanden sich nicht darauf, sie zu schreiben und bedienten sich im öffentlichen Leben des sogenannten Hußaren-Lateins, nämlich einer durch moderne Wendungen bereicherten und zugleich verderbten Abart der alten Römersprache.

Es wäre mit dem Raume und Zwecke dieser Bücher unvereinbar, wollten wir hier mit der Entartung des politischen, nationalen und gesellschaftlichen Lebens im Zeitalter Ludwig's XIV. eingehend uns befassen. Nur die besonders charak-

teriſtiſchen Merkmale haben wir hervorzuheben und auch da uns auf die uns zu=
nächſt liegenden Gruppen, Deutſchland und Oeſterreich, zu beſchränken.
Vor Allem müſſen wir bemerken, daß in Deutſchland der brandenburgiſche
Hof unter dem großen Kurfürſten, dann unter König Friedrich Wilhelm I., ferner
der öſterreichiſche Hof dem franzöſiſchen Einfluſſe gegenüber ſich möglichſt ab=
ſtoßend verhielten. Damit wurde aber doch nicht verhindert, daß die nächſten
geſellſchaftlichen Kreiſe bis herab zum Mittelſtande ſich an die fremden Sitten und
Unſitten möglichſt ſchmiegten. Anderſeits war das Hof= und Staatsleben in Preußen
und Oeſterreich zwar in eigenthümliche, aber doch keineswegs in naturgemäß aus der
Volksſitte erwachſene Formen gekleidet. König Friedrich Wilhelm I. hielt allem An=
ſcheine nach Verachtung des Wiſſens und bengelhafte Rohheit, rückſichtsloſe Deſpotie
ſogar gegen die eigene Familie und Unduldſamkeit gegen jede abweichende Meinung
für das einzig echtdeutſche Weſen. Der Wiener Hof hingegen hielt ſich ebenſo
wenig an Deutſchthümlichkeit als an Gallicismus, dafür aber cultivirte er die ſteife,
gemüthloſe, prunkvolle und hermetiſch abgeſchloſſene ſpaniſche Etiquette, welche
den Fürſten ſelbſt den Satzungen vergilbter Ceremonienmeiſter unterwürfig machte
und zwiſchen ihm und den Völkern unüberſteigbare Mauern errichtete.

Im Staatsleben waren ſo ziemlich überall — am wenigſten noch in
Spanien, England und Oeſterreich — die Grundſätze Ludwigs XIV. herrſchend
geworden. Der Hof war die Nation. Maitreſſen regierten; Günſtlinge, Bauten,
Soldatenſpielerei und Hoffeſte verſchlangen ungeheure Summen, welche von dem
Volke nur durch das ebenfalls von Frankreich ausgegangene blutſaugeriſche Sy=
ſtem der Finanzwirthſchaft und Nationalökonomie erpreßt werden konnten. Ein
Hof ſuchte es dem anderen an Verſchwendung zuvor zu thun. Das erbärmliche
Anklammern an franzöſiſche Mode ging ſo weit, daß einzelne deutſche Fürſten,
welche perſönlich Freunde der Einfachheit und gute Familienväter waren, mit
einem prunkvollen und koſtſpieligen Hofſtaate ſich umſchanzten und erklärte Mai=
treſſen hielten, beides nur, um dem Titel eines civiliſirten Hofes zu entſprechen.
Ein Anhören, eine Berückſichtigung der Volksmeinung hatte überall gänzlich auf=
gehört; ſelbſt die Landſtände, in welchen doch faſt nur die privilegirten Claſſen
ſtimmberechtigt geweſen, waren in einzelnen Ländern ganz verſchollen, in anderen
zu bloßen Bejahungsmaſchinen herabgeſunken. In ſehr vielen Ländern herrſchte
eine ganz gewiſſenloſe Finanzwirthſchaft: Geld wurde vom Volke grauſam erpreßt,
Aemter, Würden, hie und da ſogar Strafbefreiungen waren zu erkaufen, ja ganze
Höfe, den Fürſten an der Spitze, gaben ſich dem Meiſtbietenden und wenn es
der offenkundige Reichsfeind war, in ſchnöden Sold. Der Jude Süß Oppenheimer,
welcher bis zum J. 1738, wo er gehenkt wurde, als Blutegel an dem würtem=

bergischen Volke sog, war ein hervorragendes Mitglied in der Zunft der dama=
ligen Finanzkünstler. Selbst in Oesterreich, wo doch verhältnißmäßig weit weniger
Verschwendung und Prunk am Hofe, weniger Unordnung und Willkür in der
Verwaltung herrschte, wie an so vielen Mittel= und Kleinstaaten, hat uns das
Beispiel des Ministers Sinzendorf belehrt, daß es keineswegs ganz säuberlich
zugegangen sein müsse. Die unsinnigen Ausgaben, welche an vielen Höfen (beson=
ders hervorragend hierin der von Kursachsen, dann jene mehrerer geistlicher Staa=
ten) für das fürstliche Gefolge, für französisches Theater, italienische Oper und Ballet,
für Bauten und Parkanlagen im Rococo=Style, für Hoffeste — diese meistens in
einem unendlich faden, mythologisirenden Geschmacke —, für Buhlerinnen und ille=
gitime Kinder, für Jagd= und unbrauchbare Garde=Truppen, für bezahlte Hofpoeten
und literarische Speichellecker, für französische Schmarotzer und ähnliche Dinge
beansprucht wurden, erforderten häufig die weitaus größere Hälfte des Staatseinkom=
mens. Es ist selbstverständlich, daß der spärliche Rest nicht hinreichte, um die Ver=
waltung in einem guten Gange zu erhalten, um für Belehrung des Volkes, För=
derung der Industrie und des Wohlstandes zu sorgen, um zur Wahrung der Ehre
und der vaterländischen Interessen eine entsprechende, tüchtig geschulte Truppen=
macht zu unterhalten. Die Sorge für die Völker war unter der Sorge für den
Hofprunk fast überall todtgedrückt; das Volk war an den meisten Orten nur
misera contribuens gens, ein Lastthier, welches bis zur letzten Aufbietung
seiner Kräfte geplagt wird.

Der Adel konnte, weil er hofberechtigt war, allein neben der Person des
Fürsten als Nation mitzählen. Ihm gehörten — das einzige Oesterreich aus=
genommen — ohne Widerrede alle Stellen am Hofe und im Heere, die höheren
Aemter in der Verwaltung und theilweise im Clerus. Die meisten reichsfreien
Capitel ergänzten sich auf Grundlage strenger Ahnenproben. Fast ebenso sehr wie
in Frankreich buhlte der deutsche Adel mit sklavischer Erniedrigung um Gunst
und Gnaden an den Höfen, fast ebenso sehr wie in Frankreich war er hochmüthig
und despotisch gegen die unteren Classen. Der Landedelmann richtete sein Gut
möglichst nach dem Muster des Staates ein: französische Sitte, Prunk, Frivolität
waren herrschend; es schien nothwendig, aus den frohnpflichtigen Bauern möglichst
viel heraus zu pressen und dieß war um so leichter, als der unterdrückte Schwache
zu jenen Zeiten fast nirgends — ausgenommen vielleicht Preußen und Oesterreich
— einen unparteiischen Richter zu finden wußte. Die Lage des niederen Volkes
war eine trostlose; selbst das Bürgerthum hatte jetzt, obgleich in vielen, besonders
in den reichsfreien Städten sehr wohlhabend, keineswegs mehr jene urwüchsig
deutsche, selbstbewußte Kraft und Geltung, wie in den späteren Jahrhunderten des

Mittelalters. Hieran trug es großentheils selbst Schuld: die Reichen hielten sich äffisch an die Beispiele des Adels, von welchem sie dennoch durch die chinesische Mauer der Kaste geschieden blieben; das gemeine Volk, von den Patriciern ebenso von oben her angesehen, wie letztere vom Adel, blieb zwar deutschthümlich oder überhaupt der nationalen Sitte ergeben, eben deshalb aber, weil ihm die veredelnde Leitung durch die Gebildeten fehlte, durchaus plump, gemein und barbarisch.

Ueber das literarische Leben seit dem Ende des Mittelalters werden wir auf den nächsten Blättern, über die Kriegsverfassung in einem weiteren Abschnitte zu sprechen haben. Ueberall werden wir die Bemerkung machen müssen, wie die Völker, einzelne Erscheinungen ausgenommen (so z. B. in Oesterreich besonders das Kriegswesen), zu bloßen Automaten herabgesunken waren und nun, da ihr ureigenes inneres Wesen doch nicht sogleich verkümmern konnte, sich ungefähr wie antike Götterbildnisse ausnahmen, welche man mit Frack, Strümpfen, Schnallen= schuhen, Perrücke und Degen aufgeputzt zu haben vermeinte. Dieß war die so= genannte „gute alte Zeit“, oder wie man sie noch nennt, das Zeitalter Lud= wigs XIV., oder endlich auch die „Rococo=Zeit“ geheißen.

76. Literarisches und Kunstleben bis zum Beginne des 18. Jahrhundertes. Anknüpfend an die Darstellung der geistigen Bewegung im Zeitalter der Reformation (Bd. III, S. 270—279) lassen wir hier einen Ab= riß über das geistige und ästhetische Leben im 17. Jahrh. folgen. Von England, noch mehr aber von Frankreich aus, beginnen einzelne, allmälig zahlreichere Wellen der literarischen Bestrebungen an das politische Leben hinüber zu schlagen und vom Zeitalter Ludwig’s XV. angefangen gewinnt das wissenschaftliche Forschen eine den herrschenden Staatssystemen höchst gefährliche Bedeutung. Schon von diesem Gesichtspunkte aus haben die Quellen, welchen jene reformatorischen Wogen ur= sprünglich entflossen sind, Anspruch auf einige Beachtung. Der große Einfluß, welchen allmälig die Literatur auf das Leben in Volk und Staat gewann, war in erster Linie bedingt durch die Popularisirung der Wissenschaft; während in früheren Zeiten nur die Poesie der heimischen Sprache sich bediente, fing die letztere seit der Reformation auf allen Gebieten sich neben die lateinische hinzustel= len an und wurde damit aus einem verschlossenen Schatze der Mönche und Ge= lehrten zu einem Gemeingut der Nation; Werke allgemein und tiefwissenschaftlichen Inhaltes, solche z. B., welche Religion, Philosophie, Mathematik, Naturwissen= schaften und allgemeine Geschichte behandelten, wurden übrigens noch bis in’s 18. Jahrh. gewöhnlich in lateinischer Sprache geschrieben, ihre Aufgabe war es nicht, der Masse eines ganzen Volkes, vielmehr der Gesammtheit der Gelehrten aller Völker sich mitzutheilen; eben in der erwähnten Weise entsprachen sie diesem Zwecke am besten. Immerhin aber zogen sich Reflexe aus den tiefgelehrten Autoren immer stärker in die volksthümlich gehaltenen Werke herein und von dem Zeitpunkte an, da die Spitzen der Wissenschaft die lateinische Sprache fast ganz bei Seite schoben, verbreiteten sie den Abglanz ihrer eigenen Erkenntnisse und Anschauungen immer weiter in die Mittelclassen herab und verschafften damit dem Wissen eine bis dahin unbekannte Macht. Dieser Zeitpunkt zeigte sich um die Mitte des 18. Jahrhundertes. Es war aber zu dieser Zeit auch die Kenntniß der modernen Sprachen weit mehr verbreitet als früher; daher wurden die bedeutendsten Erscheinungen der einen Literatur sehr bald auch durch Uebersetzungen nutzbares Gut einer zweiten und dritten Nation. So erklärt sich der große geistige Einfluß, welchen Italien und England auf Frankreich, dagegen wieder Frankreich und später (ungefähr seit 1760) England auf Deutschland ausübten. Wir werden hier die Wissenschaften, welche in der gelehrten Welt der ganzen Erde sich verzweigten, in erste Linie stellen und ihnen die eigentlichen Nationalliteraturen, in welchen selbstverständlich die Poesie den beherrschenden Platz einnimmt, sodann folgen lassen.

Die **Philosophie**, welche den Entwicklungsgang ganzer Zeiträume zu bestimmen vermag, gewinnt in der Epoche nach den Religionskriegen allmälig eine große Bedeutung für das praktische Leben; aus den Stuben der Gelehrten wandert sie hinaus in die Sphären des Staates und statt spitzfindiger Theorien treibt sie ihre Folgerungen bis mitten in das tägliche Leben. Der Britte Lord Bacon hatte alle Erkenntniß aus dem Erfahrungsmäßigen abgeleitet, dieses als das allein Unbestreitbare hingestellt; damit war der idealisirenden und metaphysischen Speculation der Fehdehandschuh hingeworfen. Hobbes (1588 — 1679), gleichfalls Engländer, ging von Bacon's Standpunkten in einer neuen Richtung weiter; er wurde Begründer des „Materialismus", welcher alles Uebersinnliche außer dem Kreise seiner Betrachtung liegen läßt, ja in weiterer Durchführung sogar in Abrede stellt; eben deßhalb ist diese Schule den Theologen von jeher besonders anstößig gewesen, hat aber trotzdem in neuester Zeit unter den Naturforschern und Physiologen großen Anhang gefunden. — Unter den englischen Weltweisen hatten ferner noch Locke und Shaftesbury (spr. Lock und Schäftsbörri) eine bedeutende Nachwirkung. Locke (1632—1704) ging auf dem Systeme Bacon's weiter; Graf Shaftesbury (1671—1713) führte mit Geist und Leben, mit Ironie und selbst mit Leichtfertigkeit die Ansichten seiner Vorgänger und seine eigenen in weitere Kreise ein, machte für dieselben damit Propaganda in der vornehmen Welt und wurde in solcher Weise ein gefährlicher Gegner des positiven Glaubens. Einen anderen Weg nahm der Franzose Des Cartes (Cartesius, ehemals liguistischer Soldat, lebte 1596—1650), indem er die Existenz der Seele und eines höchsten

18 *

Wesens zu beweisen strebte und in seinem Systeme den Satz „ich denke, mithin bin ich" (Cogito, ergo sum) als fundamental hinstellte; von Cartesius stammen auch mehrere mathematische und physikalische Entdeckungen. Ein Nachfolger desselben war der fromme Malebranche (1638—1715), ein Psychologe von großem Scharfsinn; nach ihm hat der Mensch sein Bewußtsein nur in Gott, welcher ihm die Einheit der Dinge und des Denkens ist. — Von ungemein großer Bedeutung, auch in neuester Zeit wieder viel beachtet, war Spinoza, ein Jude aus Holland (1632—77), in seinem Systeme gibt es ein einziges Sein, und zwei Aeußerungen (Attribute) desselben, Ausdehnung (Körperwelt) und Denken. Alle bestehenden Dinge sind nur Modificationen dieses unendlichen Seins, welches in ihnen lebt; daher besteht weder Zufall noch Zweck, sondern Nothwendigkeit. Alles Sein, obgleich nur Theil (Modification) des Allseins, sucht sich selbst zu erhalten. Der Mensch begehrt nichts, weil er es für gut hält, sondern er nennt es gut, weil er es begehren muß. Die größere Macht gibt das größere Recht; daher thun sich die einzelnen Menschen, um vor einem Stärkeren geschützt zu sein, in den Staat zusammen, welcher die größere Macht und somit das größere Recht hat. Spinoza hat, wie man sieht, den „Pantheismus" (das Walten Gottes in jedem Dinge und jeder Handlung) zum Systeme abgeschlossen und in seiner Ethik (Morallehre) den freien Willen als nicht vorhanden gesetzt. Vieles von Spinozas Ansichten ist in die neuesten philosophischen Schulen übergegangen. — Noch hat als großer Denker und Kritiker der Franzose Bayle (1647—1706) genannt zu werden, dessen Hauptgrundsatz es ist: „Die Vernunft des Menschen ist nicht im Stande, Wahrheiten zu entdecken, sondern nur Irrthümer nachzuweisen." Sein durchaus skeptisches System stellt also die Verneinung als den einzigen Weg hin, um dem Wahren sich zu nähern. In mancher Beziehung sehr folgenreich war Bayle's historisch-kritisches Wörterbuch, eine Art Encyclopädie, worin scharfsinnige philosophische und geschichtliche Bemerkungen in Menge enthalten sind. — Als einer der mächtigsten Geister aller Zeiten mag Leibnitz den Uebergang von der Philosophie zu den anderen Wissenschaften bilden. Er ist einer von den wenigen Deutschen, deren erhabene Größe noch bei ihren Lebzeiten gewürdigt und theilweise belohnt wurde. Im J. 1646 zu Leipzig geboren, erreichte er bis zu seinem Ableben (1716) Ehren und Auszeichnungen aller Art; Preußen machte ihn zum Präsidenten der auf seine Veranlassung gestifteten Akademie der Wissenschaften; Oesterreich erhob ihn zum Reichshofrath und Freiherrn. In Wirklichkeit sind Aristoteles, Göthe und Humboldt die einzigen Männer aller Zeiten, welche an Universalität des Genies mit Leibnitz in gleicher Höhe stehen. Als Rechtsgelehrter, als Etymologe, als Patriot (er strebte die Wiedervereinigung der protestantischen mit der katholischen Kirche, dann die Wiederherstellung der deutschen Reichsmacht an), als Mathematiker, als Naturforscher und als Philosoph hat sich Leibnitz einen unsterblichen Namen erworben. Eigenthümlich ist in seinem Systeme der Weltweisheit die Zurückführung aller Begriffe auf die Aehnlichkeit mit mathematischen, ja sogar mit chemischen Formen. Nach ihm gibt es nämlich eine unendliche Menge von ewigen, untheilbaren, individuellen Substanzen, Monaden genannt. In jedem Organismus, beispielsweise im Menschen, findet sich eine Menge solcher Monaden um eine Centralmonade vereinigt; sie bestehen unter sich in einer „prädestinirten Harmonie" und daher äußert sich diese Republik von Individualitäten als ein einziges Individuum. Gott ist die absolute Intelligenz und der sittlich vollendete Wille. Von dieser Urmonade (monas monadum) läßt sich nicht annehmen, daß sie etwas Anderes als das möglichst Beste gewollt und geschaffen habe; die vorhandene Welt ist daher trotz des vorhandenen Uebels die denkbar beste (Optimismus). — Von dem wackeren Thomasius werden wir bei der deutschen Nationalliteratur zu sprechen haben.

Als Verbreiter des Wissens in verschiedenen Richtungen, als grundgelehrte Sammler (Polyhistoren), demnach als Hilfsarbeiter der Weltweisheit viel mehr wie als Selbstschöpfer sind in dieser Zeit einige Männer von namhaftem Rufe aufgetreten. Vorzugsweise waren Uebersetzungen und kritische Commentare ihr Werk. Unter ihnen sind am meisten hervorragend: Casaubonus (starb 1614), dann Salmasius, von welchem 80 Bücher bedeutenden Umfanges, vollgepfropft von Citaten, im Drucke erschienen sind. Wichtiger noch als diese Männer wurde der Gelehrtenwelt der Jesuit Petavius, welcher zuerst die Chronologie wissenschaftlich begründete und damit das Gerüst zu einem ordnungsmäßigen Aufbaue der Geschichte herstellte. In Deutschland schuf Comenius (Komensky aus Mähren 1592—1671) ein durch lange Zeit hochangesehenes Belehrungsbuch für das große Publikum mit seinem Orbis pictus, worin das Wichtigste aus den Naturwissenschaften, der Technik u. s. w. zusammengetragen und durch Holzschnitte versinnlicht war.

Insoferne die **Historiker** dieser Zeiten weniger für ihr Volk, sondern mehr für die gelehrte Welt schrieben, haben wir dieselben nach den mit ihnen in naher Geistesverwandtschaft stehenden Philosophen einzureihen. Die bedeutendsten Geschichtschreiber dieser Zeiten waren unter den Italienern: Pallavicini über das Trientiner Concil, Davila über die französischen Bürgerkriege, Bentivoglio über den Aufstand der Niederlande, ferner über denselben Gegenstand das in einem classischen Latein geschriebene Werk des Jesuiten Strada, endlich Nani's Geschichte von Venedig. — In Frankreich waren bedeutend: Mézeray (1610—83), Geschichte Frankreichs; Tillemont über die römischen Kaiser; Beaufort über die Unſicherheit der erſten fünf Jahrhunderte Roms, eine kritiſche, ſehr beachtenswerthe Arbeit; Du Cange; Wörterbuch über lateiniſche Ausdrücke des Mittelalters; Daniel (1649—1728) Jeſuit, Geſchichte Frankreichs, weitſchweifig, aber ober=ſlächlich. Die Werke von St. Réal und Bertot galten ihres ſchönen Styles wegen einſt als Meiſterwerke, ſind aber ebenfalls ſehr unzuverläſſig. Zahlreich ſind die Werke von Fleury (1640—1723), darunter eine Kirchengeſchichte in 20 Bänden. Am höchſten ſteht die Abhandlung des Biſchofs Boſſuet (1627—1704), berühm=ter Kanzelredner, über „Allgemeine Geſchichte.“ Mit dieſem Werke datirte die heute herrſchende philoſophiſche Geſchichtſchreibung ihren Anfang. Höchſt bedeutend wurden in Frankreich die Mémoiren, welche ungemein kräftige Schlaglichter über die Charaktere und Zuſtände ihrer Zeit verbreiten. Nach dem großen Sully (1560—1641), welcher die Zeit Heinrich's IV. behandelt, ſind vorzugsweiſe hervorzuheben wegen ihrer beſonders charakteriſtiſchen Zeichnung jene des Cardinals von Retz über die Zeit der Fronde, in welcher der Autor eine Hauptperſon war. Ebenfalls ſehr werthvoll ſind die Denkſchriften des Herzogs von La Rochefoucauld; weiter, einer anderen Art angehörig, die Charakterzeich=nungen von La Bruyère, ſowie die Briefe der Frau von Sevigné und der Her=zogin von Orleans (Eliſabeth, Prinzeſſin von der Pfalz). Auch Balzac und Voi=ture wurden beſonders durch ihre Briefe berühmt, die ſich jedoch mehr durch Witz und prachtvolle Schreibweiſe, als durch tiefen Gehalt auszeichneten.

Mit Uebergehung der pyrenäiſchen Halbinſel, welche in dieſem Zeitraume keine bedeutenden Geſchichtswerke entſtehen ſah, wenden wir uns nach Großbritannien. Hier muß der große Kriegsmann Raleigh (1552—1618) als der Erſte erwähnt wer=den, welcher eine Weltgeſchichte in der Landesſprache ſchrieb. — Höher ſtand die Geſchichtſchreibung in den Niederlanden. Daſelbſt ragen beſonders van Mie=teren, Hofft und Hugo Grotius mit ihren Darſtellungen der Befreiungskriege hervor. — Unter den Deutſchen ſtehen in erſter Linie: Puſendorf (1632—1694) mit ausführlichen Arbeiten, meiſtens über die ihm zunächſt vorangegangene Zeit; Sekendorf (1626—92), vorwiegend über Kirchengeſchichte; dann der Böhme Bir=ken (1626—81), welcher einen „Spiegel der Ehren des Erzhauſes Oeſterreich“ in einem ungeſchminkten Deutſch — damals eine Seltenheit — ſchrieb.

Im **geographiſchen** Fache verdient der deutſche Mercator wegen der von ihm erfundenen Karten=Projection eine beſondere Erwähnung; außerdem hat man von ihm ſowie von vielen Anderen Sammelwerke, welche jedoch nur eine vorüber=gehende Bedeutung hatten. Einen namhaften Fortſchritt machte die Statiſtik.

In der reinen und angewandten **Mathematik** ſowie in den Natur=wiſſenſchaften wurden im 17. Jahrhundert außerordentliche Fortſchritte gemacht. Die größere Verbreitung der Mikroskope, dann die Verbesserung der Fernrohre und anderer optischen und physikalischen Instrumente beförderte ungemein die Studien. Die Differentialrechnung wurde in diesem Zeitraume als System durchgeführt und es ist nicht entschieden, ob dem großen Newton oder dem ebenso genialen Leibniz die Priorität gebührt; beide zusammen brachten den höheren Calcul auf eine solche Stufe, von welchem weiter kaum noch eine bedeutende Förderung möglich war. Unter den großen Meistern dieses Zeitraumes erscheinen: Torricelli als Erfinder des Barometers (wobei die Torricelli'sche Leere d. h. luftleerer Raum) und als Berechner der Cycloiden 2c. In ähnlicher Weise als Physiker und Mathematiker, zugleich auch als ein scharfsinniger Gegner der Jesuiten wurde Pascal berühmt (1623—62). Von Guerike (1602—86) wurde die Luftpumpe erfunden. Descartes und Leibniz wurden schon früher genannt. Cassini (1625—1712) war Entdecker der Jupiter= und einiger Saturnus=Trabanten, auch bestimmte er die Rotations=Axe des Mondes. Einige ähnliche Entdeckungen machte Huyghens (spr. Heugens, 1629—95), welcher den Pendel für Uhren (1676) zuerst anwendete, die Theorie der Schwungbewegung aufstellte u. s. w. Halley (spr. Halli, 1656—1742), machte emsige Beobachtungen an den südlichen Sternbildern und an den nach ihm benannten Kometen, sowie über die Abweichungen der Magnetnadel; in Oesterreich war er durch einige Zeit als Fortificateur, u. z. zu Triest verwendet (1702). Der Däne Römer machte Beobachtungen über die Eigenschaften des Lichtes und erfand mehrere physikalische Instrumente.

In der Physiologie schuf Harvey (spr. — wih) eine neue Aera, indem er den Kreislauf des Blutes entdeckte. Von ihm und anderen Aerzten jener Zeiten wurden die medicinischen Wissenschaften in jeder Richtung gefördert. Als einer der riesigsten Geister aller Zeiten erscheint der Engländer Isaak Newton (spr. Njut'n, 1642—1727). Indem er die Lehre von der Anziehung der Körper, von den Gesetzen der Schwere, der Bewegung der Körper, endlich auch jene des Lichtes wissenschaftlich aufstellte und begründete, ist er einer der größten Förderer der menschlichen Erkenntnisse, ein Hauptpfeiler der Physik und Optik geworden. Auch die höhere Mathematik wurde durch ihn ungemein bereichert. Noch viele andere Männer dieser Zeit haben sich Verdienste um die ernsten Wissenschaften erworben; es genügt jedoch die Bemerkung, daß die ganze Richtung der neuesten Zeit nach dem praktisch Nützlichen oder mit anderen Worten die „Realstudien" eben im 16. u. 17. Jahrh. ihre eigentliche Begründung gefunden haben.

Zur Beförderung der verschiedenen Wissenschaften entstanden neu oder erhielten sich zahlreiche **Akademien** und Vereine von Gelehrten, theils unter begünstigender Theilnahme der bezüglichen Staaten, theils einer solchen entbehrend.

Diese gelehrten Gesellschaften befaßten sich vorzugsweise mit den historischen und den Naturwissenschaften, mit Ausbildung der modernen Sprachen, mit Kritik und Poesie oder auch mit den Künsten. Nur die bedeutendsten derselben können hier genannt werden. In Italien war und ist bis heute besonders die der Sprachpflege gewidmete Academia della Crusca (seit 1582) berühmt; außer ihr zählte man auf der Halbinsel noch gewiß 30—40 solcher Vereine, welche mitunter trotz ihrer ernsten Zwecke sehr sinnlose Namen führten, z. B. Academia degli Accesi, Gelati, Offuscati, Disuniti, Oscuri, Invaghiti, Insensati, Adagiati, Obtusi, Ostinati (die Feurigen, Frierenden, Verfinsterten, Uneinigen, Dunkeln, Lüsternen, Unsinnigen, Gemächlichen, Abgestumpften, Halsstörrigen). — Frankreich hatte aus alten Zeiten (1324) zu Toulouse eine Akademie für Lyrik, welche im Jahre 1695 unter dem Namen A. des Jeux floreaux erneuert wurde. Weit großartiger aber ist die Academie française (1629 Privatverein, 1635 königlich geworden); mit ihr vereinigten sich später die anderen bald darnach entstandenen königlichen Akademien zu einem weltberühmten National=Institute; diesem hat Frankreich vorzugsweise die vollkommene Durchbildung seiner Sprache und mancherlei Nutzen durch den angeregten Wetteifer zu danken gehabt; jedoch ist andererseits das Institut mehr als gerade nöthig vom Hofe abhängig gewesen, weßhalb häufig die genialsten Geister nur außer dem berühmten Hause, in demselben dagegen mitunter sehr mittelmäßige Büchermacher anzutreffen waren. — Die berühmte königliche Gesellschaft (Royal Society) Englands wurde im J. 1654 in's Leben gerufen; in Rußland faßte Peter der Große den Plan zur Errichtung einer Akademie der Wissenschaften, doch wurde derselbe erst unter seinen Nachfolgern ausgeführt. — In Deutschland bestanden mehrere Vereine, welche sich theils mit der Pflege der vaterländischen Sprache, theils mit kritischen Studien über Poetik und Dichter befaßten. In beiden Richtungen vermag man ihnen keinen sehr förderlichen Einfluß zuzuerkennen, da ein geschraubter, unnatürlicher Styl bei ihnen in hoher Geltung stand. Besonders bemerkenswerth sind die „Fruchtbringende Gesellschaft" in Weimar und Thüringen (seit 1617), der „Pegnitzer Blumenorden" in Nürnberg (seit 1644), die „deutschgesinnte Genossenschaft" in Hamburg (1643), „der Schwanenorden" an der Elbe (1656). Die Mitglieder der ersten und zweiten Gesellschaft gaben sich Namen von Pflanzen und arkadischen Hirten und gefielen sich überhaupt am meisten in Spielerei und gegenseitiger Vergötterung; die „deutschgesinnte Genossenschaft" trachtete, was im Principe ganz löblich war, nach Ausmerzung aller Fremdworte, verfiel aber dabei auf unverständliche und geschraubte Ausdrücke. Weit bedeutender als diese ästhetischen Vereine war die Gesellschaft der Naturforscher (A. Naturae Curiosorum, 1652), welcher

im J. 1667 vom Kaiser das Privilegium und der Name als „Kaiserlich Leopolbinische
Akademie" verliehen wurde; sie besteht mit einem wechselnden Sitze des Präsidiums
bis heute noch und hat zahlreiche gelehrte Arbeiten veröffentlicht. — Flüchtig erwähnt sei noch die A. operosorum, gestiftet zu Laibach im J. 1693.

Das 17. Jahrhundert rief in Europa eine neue Großmacht in's Leben,
die öffentliche Meinung, welche in den eben entstehenden **Zeitungen** und Zeitschriften fortan ihre Nahrung fand. Da wir es hier mit einer wahren socialen
und politischen Macht ersten Ranges zu thun haben, so müssen wir den Entwicklungsgang der periodischen Schriften etwas näher in das Auge fassen. Ihr Anfang findet sich in den fliegenden Blättern, welche, meistens mit dem Titel „die
Newe Zeitung", in Deutschland schon in der ersten Hälfte des 15. Jahrhunderts
in Umlauf gesetzt wurden; in der Zeit von 1457—60 gab es schon regelmäßig
erscheinende Blätter dieser Art. Neuigkeiten von Kriegsschauplätzen und Höfen,
aus fernen Welttheilen, oder auch Curiosa von Zauberern und Hexen, — bald
darauf auch polemische Schmähungen der Theologen bildeten den Hauptinhalt
dieser Flugblätter. Bedeutend später (1563 in Venedig) begann eine ähnliche Literatur in Italien, zu Anfang des 17. Jahrh. dann auch in Großbrittanien und
Frankreich. Von dieser Zeit an nahmen bei den gebildeten Völkern die Zeitungen
allmälig Einiges von ihrem heutigen Wesen an; sie erschienen regelmäßig in der
Woche ein oder ein paar Male und beschäftigten sich vorwiegend mit politischen
Ereignissen; alsobald wurden sie aber auch schon in den meisten Staaten durch
Privilegien eingeengt und unter eine strenge Censur gestellt. Ebenfalls vom 17.
Jahrh. datirt das Entstehen der **Zeitschriften**, nämlich der für gelehrte, literarische und kritische Besprechungen gewidmeten Halb- und Vierteljahrs-, sowie
Monatshefte. Schon im 17. Jahrh. besaßen die periodischen Schriften verschiedener Art einigen Einfluß auf das politische und literarische Leben; seit der Mitte
des 18. Jahrh., noch mehr aber seit der französischen Revolution erfuhr derselbe
eine ungemeine Steigerung; vom J. 1848 herwärts haben die Journale bekanntlich eine unberechenbare Bedeutung gewonnen.

Wir wollen das Entstehen der ältesten namhafteren Blätter in der Reihenfolge nach den Ländern zusammenstellen. Die ältesten Blätter **Italiens** waren
bloß geschrieben („Notizie scrite", seit 1563); sie mußten bald ziemliche Verbreitung haben, weil Pabst Gregor XIII. (st. 1585) eine eigene Bulle gegen die
Zeitungsschreiber erließ. Doch blieben in den folgenden Zeiten bis 1848 die Zeitungen auf der Halbinsel ohne Kraft und Bedeutung. Wissenschaftliche Journale
erschienen in regelmäßiger Folge seit 1668, 1686 und 1710; das zweite derselben, unter dem Titel Giornale de' letterati ist beachtungswerth durch seinen rei-

chen kritischen Inhalt. — In Frankreich erschien zuerst der Mercure français (1605—45) und nach ihm ähnliche Sammelwerke historischen Inhalts; die erste Wochenschrift, welche sich mit den eben laufenden Ereignissen befaßte, wurde unter dem Titel Bureau d'adresses von Renaudot im J. 1631 begründet. Bald erschienen zahlreiche ähnliche Blätter, worunter der Mercure galant (später Merc. de France) mit einer kurzen Unterbrechung von 1672—1815 bestand. Unter den gelehrten Zeitschriften erlangte das Journal des Savans einen großen Ruf; von 1665—1792 füllte es 111 Bände. — Auf der pyrenäischen Halbinsel waren in früherer Zeit die Neuigkeiten meistens in Romanzenform gebracht und von den Bettlern auf den Straßen gesungen worden; im 17. Jahrh. entstand auch hier eine Zeitungspresse, blieb aber sehr unbedeutend. — England besitzt keine älteren Tagesberichte als vom J. 1619; schon drei Jahre später entstanden Wochenschriften und vermehrten sich sehr rasch. In der Zeit von 1688—1700 hatte England schon gegen 100 Zeitschriften; davon besteht die London Gazette seit dem 4. Febr. 1665 bis zum heutigen Tage. In Schottland und Irland trat die periodische Presse nur um Weniges später auf. Bedeutende literarische Journale feierten gleichfalls frühzeitig ihren Ursprung. — Holland hatte noch vor dem 17. Jahrh. zahlreiche „Courants", politische, vorzugsweise jedoch Handels= nachrichten enthaltend; erst am Schlusse des genannten Jahrh. entstanden eigent= liche Journale, anfangs vorwiegend in französischer Sprache. Das Gleiche war in Belgien der Fall, dessen älteste Zeitungen von 1610 (vlämisch) und 1651 datiren. — Schweden hatte sehr frühzeitig Flugblätter, eine eigentliche Zeitungs= presse aber seit 1643. Dänemark dagegen blieb weit zurück. Das erste Blatt Rußlands war die Moskauer Zeitung (seit 1703), welche anfangs noch in der Altslavonischen Schrift und sehr unregelmäßig erschien.—In frühen Zeiten schon hatte Deutschland eine reiche periodische Presse. Auf die einstigen Flugblätter folgten die sogenannten Postreiter=Zeitungen, welche den Inhalt der ersteren aus einem ganzen Jahre gewöhnlich in Knittelversen zusammenfaßten; das älteste bekannte Exemplar datirt von 1590. In demselben Jahre erschien bereits eine regelmäßige halbjährige Schrift („Semestralis") und endlich seit 1615 allwöchentlich eine Zeitung im modernen Sinne, welche noch heute als Tagesblatt unter dem Namen „Frankfurter=Journal" besteht. Das Gleiche ist mit der „Frankfurter=Postzeitung" der Fall, welche im J. 1616 entstand. In Frankfurt sowohl, dem ältesten Hauptsitze der periodischen Presse, als in anderen Städten entstanden zahlreiche andere Blätter, so daß man bald bis an die dreißig zählen konnte. Oesterreich blieb, wie auch sonst in der Literatur, bedeutend zurück; vor dem J. 1700 hatte man daselbst gar kein regelmäßig erscheinendes Journal; erst von da an erschien die amtliche

„Wiener=Zeitung, durch ein Jahrhundert in einem engen und dürftigen Gewande verbleibend; ihr folgten nach und nach ähnliche Blätter in den Provinzen. — Gelehrte Zeitschriften entstanden seit 1665, doch enthielt die erste derartige Erscheinung bloß Ueberseßungen aus dem Journal des Savans. Vom J. 1682 an erschienen aber zu Leipzig die originalen Acta eruditorum, welche bis 1776 zu 117 Bänden anwuchsen. Sie enthielten Berichte und Auszüge neuer litera= rischer Erscheinungen, später vorwiegend Recensionen und selbstständige Abhand= lungen, Alles in lateinischer Sprache. Mehrere (bis 1700 vier) literarische Zeit= schriften in deutscher Sprache feierten seit 1688 ihren Ursprung. Ihre Heimat war vorzugsweise Norddeutschland mit dem Hauptorte Leipzig. Ebenfalls als eine Art Zeitschrift ist das für die damalige Geschichte sehr wichtige Theatrum europäum zu bezeichnen, welches in 21 Foliobänden die Ereignisse von 1618— 1718 umfaßt; die einzelnen Bände hielten jedoch keineswegs gleichen Schritt mit den Ereignissen selbst, sondern erschienen gewöhnlich erst mehrere Jahre später.

77. Die National=Literaturen. Mit Ausnahme von Frankreich welches unter Ludwig XIV. die classische Periode seiner Literatur feierte, lieferten die anderen Völker Europa's im 17. Jahrhunderte größtentheils nur solche Er= zeugnisse auf dem Gebiete der schönen Wissenschaften, welche weit hinter den Anforde= rungen der Aesthetik zurückblieben. Man war eben auf Abwege gerathen, indem man eine gezierte und unnatürliche Naivetät an die Stelle des Wahren und Aus= drucksvollen seßte.

Wie einst die Wiederkehr zu den classischen Mustern des Alterthums und in Folge dessen der geläuterte Geschmack, so war auch jeßt wieder die Verirrung des= selben von Italien ausgegangen. Guarini und Marini (Bd. III., S. 271—72) hatten troß ihrer bedeutenden Talente dem Unnatürlichen gehuldigt; der hochtra= bende Schwulst, die Ueberladung mit oft unwahren Bildern, das Haschen nach äußerlichen Effekten ohne innere Empfindung, wie es bei Marini sich zeigte, wurde zunächst in Italien und Frankreich, bald auch in Deutschland für etwas Herrliches gehalten und möglichst nachgeahmt. Dabei blieben die Schüler, was Phantasie und Wohlklang betrifft, hinter ihrem Vorbilde zurück. So kam es, daß das 17. Jahrhundert keine große italienische Dichtung irgend einer Art aufzuweisen hat; am besten stand es noch mit dem komischen Heldengedicht, als dessen tüchtigster Vertreter Tassoni mit seiner Secchia rapita („der geraubte Eimer") gilt. Die unzähligen übrigen Dichter dieses Zeitalters sind fast gänzlich vergessen. — Einige Werke über Kunstgeschichte machten sich eines besseren Schicksales würdig.

Frankreich eröffnete mit Ronsard (Bd. III., S. 272) und Malherbe (st. 1628) die classische Periode seiner Literatur; leßterer bürgerte nach an=

tifen Muſtern die Richtigkeit in Form und Ausdruck ein, war aber arm an Gedanken. Indem die zunächſt folgenden Dichter Malherbe und Marini als Vorbilder wählten, wurde ein zierlicher, blumenreicher Styl zur Hauptſache; eine Tiefe
der Ideen war nirgends recht vertreten. Am ſchlimmſten äußerte ſich der italie-
niſche Einfluß im Romane; an die Stelle der Rittergeſchichten traten jetzt ebenſo
unnatürliche Schäfermärchen; arcabiſche Hirten mit der Sprache, den feinen Manieren und den Anſchauungen von Verſailles, hielten ganze Capitel hindurch zier-
liche, parfumirte Dialoge mit ihren Schäferinnen; dem Geiſte dieſer Romane war
es vollkommen anpaſſend, daß Maler jener Periode Schäfer mit Perrücken und
Degen, ihre Amarillen und Chloen in Reifröcken und Stöckelſchuhen darſtellten.
Einen ungeheuren Ruf unter den Romanen dieſer Zeit erlangte die Aſtrée des
Marquis d'Urfé (1567—1625); 5500 Seiten findet man bei ihm mit ſchwülſtig
galanten Reden und faden Liebesgeſchichten von Hirten angefüllt. Unzählig war
die Heerde der Nachbeter d'Urfé's, welche theilweiſe an Weitſchweifigkeit und ge-
künſtelter Sentimentalität ihn noch übertrafen. Späterhin wurde es beliebt, Helden
des Alterthums an die Stelle der Schäfer zu ſetzen; aber jene pflegten nicht minder unnatürlich zu ſprechen und zu handeln. Die dickleibigen Geſchichten von Cal-
prenède und noch mehr jene des Fräuleins von Scudéry (1607—1701) wurden
damals als unübertrefflich geprieſen. Gegen Ende des 17. Jahrhunderts entſtand
der hiſtoriſche Roman, welcher wenigſtens einigermaßen der poetiſchen Wahrheit ſich näherte. — Unabhängig von dieſen für claſſiſch ausgegebenen Muſtern
erhielt ſich der komiſche und ſatyriſche Roman. Die Werke des Poſſenreißers
Scarron (1610—60, erſter Gatte der ſpäteren Frau von Maintenon, ſiehe §. 70)
ſind jetzt nicht viel mehr beachtet als die Zotengeſchichten des Grafen Rabutin-
Buſſy (1618—93). Dauernden Ruhm hat ſich dagegen der geiſtreiche Le Sage
(1667—1747) erworben mit ſeinen Romanen, wovon Gil Blas und Le diable
boiteux („der hinkende Teufel") die bekannteſten ſind. — Noch verbreiteter aber,
u. z. neben der Bibel und der Nachfolge Chriſti dasjenige Buch, welches die meiſten Auflagen und Ueberſetzungen erlebt hat, iſt der Télémaque, ein moraliſch-
bidaktiſcher Roman des frommen Erzbiſchofes Fénélon (1651—1715). Zu gleicher Zeit mit dieſen Werken eines beſſeren Geſchmackes wurden auch, großen
Theils nach orientaliſchen Muſtern, die Feenmärchen beliebt. Perrault hat mit
ſeinen Erzählungen Contes de ma mère Oye den Anſtoß dazu gegeben. Beſonders vorzüglich waren auch die Mährchen des Grafen Hamilton (1646—1720).

Von den großen philoſophiſchen Proſaiſten Frankreichs in dieſem Zeitraume
hat der vorhergehende §. das Wichtigſte gebracht. Es erübrigt uns nur noch, des
ungeheuern Aufſchwunges zu gedenken, welchen aus früherer Mittelmäßigkeit die

französische Poesie im Zeitalter Ludwig's **XIV.** genommen hat. Eigentlich war es nur das Schauspiel, welches zu einer von den späteren Franzosen nicht wieder erreichten Vollendung gelangte. Dasselbe hielt sich — im Unterschiede von dem englischen und dem deutschen Drama — strenge an die Muster der altclassischen Zeit, demnach an das dreifache Gesetz der Einheit in Zeit, Ort und Handlung; durch diesen selbst auferlegten Zwang mußte der Dichter um so schwieriger mit der Wahrheit der Handlung und der Charaktere zurechtkommen, als er seine Stoffe nicht bloß aus dem nebelgrauen Sagenkreise der Vorzeit nehmen durfte, vielmehr mitunter auch nach näherstehenden, wirklich historischen Persönlichkeiten zu greifen hatte. Es ist aber natürlich, daß die Culminations= und Wendepunkte eines großen Lebens, wenn man dasselbe ohne mystischen Apparat abgespielt haben will, nicht in den Raum eines einzigen Zimmers, noch in 24 Stunden sich zusammendrängen lassen. Indem nun die französischen Classiker, um echt classisch zu sein, sich unter die genannten Einschränkungen beugten, war es ihnen nicht möglich, jene scharf charakteristische Zeichnung der vorbedingenden Umstände, der historischen und psychologischen Conflicte, des Kampfes zwischen einem mächtigen Willen und dem noch mächtigeren Fatum, des aus der tragischen Schuld höher und höher heranwachsenden Unterganges ähnlich so zu liefern, wie es z. B. Shakespeare, Göthe und Schiller gekonnt haben. Eben deßhalb mangelt dem französischen Drama jene psychologische und philosophische Tiefe, welche das englische und deutsche Schauspiel mit solch ergreifender Gewalt beseelt. Dieses ist mehr für den Geist, das andere für die Phantasie als Nahrung gegeben.

Was in Bezug auf Tiefe und Wahrheit dem classischen Drama Frankreichs fehlte, dieß wurde ersetzt durch das streng eingehaltene System, durch die unendliche Anmuth und Feinheit, durch die Glätte der Sprache, durch den farbenfrischen Scenenbau, durch die überraschenden Effecte, kurz durch den unerreicht glänzenden dramatischen Apparat. Die Franzosen haben alle Ursache, auf ihre classische Periode stolz zu sein, — sie ist weit näher verwandt der altclassischen, als jene der Britten und Deutschen, — aber die letzteren sind, wenn man so sagen darf, classischer als das classische Alterthum selbst, denn sie gehen mehr auf den inneren Menschen und lassen sein Fatum aus ihm selbst erwachsen. — Bekanntlich ist erst in den neuesten Zeiten mit dem Entstehen der romantischen Schule das französische Drama von den früheren Einschränkungen abgegangen und hat damit eine freiere Bewegung erhalten. Dieser Vortheil ist jedoch von den neuesten Franzosen weniger dazu benützt worden, um nach Correctheit der Zeichnung und nach Tiefe des Gefühls zu streben, als wie viel mehr, um unnatürliche Charaktere, Empfindungen, Situationen, Conflicte und Lösungen an ein=

ander zu ſchrauben, damit der Hörer fortwährend in Spannung, ja ſelbſt in Be=
täubung verbleibe und mit den geiſtvollen Wendungen und Sentenzen, die ihm
reichlich geboten werden, wirklich eine Nahrung für den Geiſt gewonnen zu haben
glaube. Es iſt alſo beinahe an der geſammten modernen Literatur der
Franzoſen, ſelbſt die ernſten Wiſſenſchaften nicht ausgenommen (in der Geſchichte
z. B. Thiers u. v. A.), der von den Claſſikern geweihte Fehler, Vorwiegen der
Form über den Gehalt, haften geblieben, ja hat in unſeren Tagen mit wenigen
Ausnahmen ſogar noch eine bedeutende Steigerung in einem unverblümten Ha=
ſchen nach derbem Effect erfahren [1]).

Die größten franzöſiſchen Dramatiker waren Corneille, Racine, Molière.

---

[1]) Es ſchien mir nothwendig, dieſe Unterſcheidungen etwas ausführlicher zu
geben u. z. hauptſächlich aus dem Grunde, weil die meiſten Standesgenoſſen in Bezug
auf äſthetiſchen Geſchmack und auf das äſthetiſche Urtheil, das ſie oft nur zu laut ab=
zugeben pflegen, gewöhnlich der kritiſchen Begründung entbehren. Zu jeder größeren
Stadt wird man die Bemerkung machen können, daß ein Richard III., ein Fauſt, ein
Wallenſtein, ſich bei weitem nicht jenes Zuſpruches von Officieren erfreuen, wie irgend
ein modernes franzöſiſches Stück, welches alle Fehler, aber wenige Vorzüge der claſſi=
ſchen Zeit beſitzt, ſo z. B. irgend ein Zaubermährchen von Dumas, oder von der
deutſchen Franzöſin Birchpfeiffer. Ich ſage abſichtlich: Zaubermährchen; denn wer
trotz der überraſchenden Effecte in jeder neuen Scene noch ſo viel Beſinnung behält,
um nach dem Warum zu fragen, wird in die größte Verlegenheit kommen, wie er ſich
die pſychologiſchen Sprünge der Perſonen ohne ein Zauber=Tremplin erklären ſoll.
Was auf Kitzel der Sinnesluſt oder — durch Ueberraſchung — auf die Phantaſie
wirkt, iſt deswegen noch nicht ſchön zu nennen, weil es uns behagt. In manchem
Schauſpiel möchte man weinen, weil man durch den Effect überrumpelt wird; frägt
man ſich am nächſten Tage, wie auf dem pſychologiſchen Wege dieſer Effect entſtanden
ſei, ſo lacht man über ſeine geſtrigen Thränen, denn die Sache war ja in Wirklichkeit
gar nicht möglich. — Ebenſo wie mit dem Schauſpiel verhält es ſich mit den Künſten.
Wer z. B. die angenehm das Trommelfell berückende Muſik eines Verdi jener von
Mozart und Beethoven vorzieht, iſt über das Stadium der Sinnenluſt noch nicht hin=
ausgekommen. Daß Einem eine Sache gefällt, iſt noch kein Beweis dafür, daß ſie
ſchön iſt; wer die Begriffe des Schönen ſich nicht klar gemacht, wer nicht die ewig
menſchlichen Geſetze deſſelben erkannt hat, der kann etwas ihm angenehm, er darf es
aber nicht ſchön nennen. Der Bauer findet ſeine dicke Stalldirne ſchöner, als jene
ſchmächtige Venus; ein ſcharlachrothes und kaiſergelbes Heiligenbild mit ſchwindſüch=
tiger Stirne und feiſten Apfelwangen dünkt ihm weit herrlicher, als eine Madonna
von Raphael; das Lied des Nachtwächters iſt ihm unſtreitig mehr werth, als das
Ständchen von Schubert. Der ruſſiſche Soldat findet mehr Geſchmack an einem ſteifen
Rhum oder einem ſüßen Meth, wie an einem ſäuerlichen Rheinwein. Der Handwerks=
geſelle geht lieber in den Wurſtelprater, als in was immer für eine Tragödie. Die
Bürgersfrau zieht den Tritſch=Tratſch ihrer Gevatterin der herrlichſten Kammerrede
vor, u. ſ. w. Will man nach dieſen Proben behaupten, daß das ſubjective Behagen
an einer Sache auch das wahre Kriterion ihrer Schönheit ſei? — Unmöglich! der
Geſchmack des Menſchen ſteigert ſich, wie ſich Gemüth und Vernunft ſteigern. Es
gibt ein höchſtes, ein objectiv Schönes, und dieß iſt dasjenige, welches nicht einfach
auf die Sinne oder das Phantaſie wirkt, ſondern ſie nur als Medium benützt, um
durch ſie in das Gemüth und in das Begriff zu dringen. Das wahrhaft Schöne muß des=
halb nicht bloß einſchmeichelnd, es muß weit mehr noch tief empfunden und wahr ſein!

Corneille (1606—84) zeichnete sich besonders durch Kraft und Erhabenheit aus; von seinen 33 Bühnenstücken sind die Tragödien Cid (1636), die Horatier, Cinna, Polyeuktes, und Tod des Pompejus die berühmtesten. — Weniger pathetisch, dafür aber rührender sind die Dramen von Racine (1639—99), welche in Anlage, Form und Sprache einer fast unerreichten Eleganz sich erfreuen. Am größten ist Racine in den Trauerspielen: Andromache, Britannicus, Berenice, Mithridates, Iphigenia, Phädra, Esther und Athalie. — Ein Meister im Lustspiel sowohl feiner wie derberer Art, ausgezeichnet in der Charakterschilderung, war Molière (1620—73). Seine: Schule der Männer und Schule der Frauen, die Affectirten, der Menschenfeind, Tartuffe und mehrere andere Stücke sind auch der deutschen Bühne wohlbekannt geworden. Die übrigen dramatischen Dichter dieser Zeit sind mit Ausnahme von Regnard (1647—1709), der ein paar witzige Lustspiele schrieb, weit hinter den vorgenannten zurückstehend. — Im Epos leisteten die Franzosen viel in Bezug auf Quantität, erreichten aber kaum die Mittelmäßigkeit; nur der „Lutrin" (Chorpult) von Boileau (1636—1711) hat als komisches Heldengedicht einen bleibenden Werth. Noch berühmter wurde derselbe Dichter mit seinen Satyren, weniger mit seinen Oden. In heiteren Erzählungen und Fabeln machte sich Lafontaine (st. 1694) einen großen Namen.

Die Literatur Spaniens ist im 17. Jahrh. nur durch wenige bedeutende Männer vertreten. Zu ihnen gehören Villegas (spr. Wiljegas 1595—1669), erotischer Dichter; Moreto (st. 1668), von dessen Lustspielen eines in der Bearbeitung von West auch in Deutschland unter dem Namen Donna Diana gerne gesehen ist.

Wir kommen nun zu den ästhetischen Leistungen der germanischen Völker. Den ersten Rang unter diesen nehmen die Britten ein. Als große Dichter sind bei ihnen zu erwähnen: Milton (1608—1674), welcher in seinem „Verlornen Paradies" ein religiöses Epos voll Kraft und Schönheit schuf. Dryden (spr. Dreib'n, 1631—1701) war ein eigentlicher Hofdichter, schwungvoll und reich an lirischer Schönheit. Butler (spr. Böttler, 1612—1680) verspottete in seinem komischen Heldengedichte Hudibras mit beißendem Witz die Partei der Rundköpfe.

Die Niederländer feierten im 17. Jahrh. eine Blüthezeit ihrer Dichtkunst. Ihre Erzeugnisse sind jedoch im Auslande nicht nach Verdienst gewürdigt. Der tüchtige Historiker Hooft schrieb einige gute Trauerspiele; in diesem Fache wie auch in der Satyre lieferte van den Vondel (1587—1659) das Höchste, was Holland besitzt. Huhghens (1596—1686) zeigte zu viele Gelehrtheit und wurde darüber mitunter gespreizt und dunkel. Ein tüchtiger Volksdichter war Cats (1577—1660), dessen Dichtungen durch mehr als ein Jahrhundert fast in jedem bürgerlichen Hause vertreten waren. — Die skandinavischen Völker hatten einige gute Schriftsteller, welche jedoch kaum über ihr Vaterland hinaus bekannt und bald auch durch Ueberſetzungen aus anderen Sprachen verdunkelt wurden.

Wir kommen nun auf **Deutſchland** zu ſprechen. Die Literatur des 17. Jahrh. zeigte eine Entartung und eine Entfremdung vom nationalen Weſen, wie ſie niemals ſchlimmer vorgekommen iſt; von den erſten Religionskriegen angefangen bis zum zweiten Viertel des 18. Jahrh. war Deutſchland ebenſo arm an innerem Werthe der äſthetiſchen Erſcheinungen als reich an ihrer Menge. Es fehlte zwar einzelnen Autoren nicht an Talent, aber daſſelbe wurde breit gedrückt und zerquetſcht unter der Rückſicht auf dasjenige, was damals für ſchön galt. Für's Erſte war es ein Prunken mit Gelehrtheit, weiter die Nachahmung fremder Formen und die überſchwängliche Einmengung von undeutſchen Worten, ferner der ſonderbare Aufputz eines im Allgemeinen kanzleimäßig trockenen, dabei aber weitſchweifigen Styles mit gekünſtelten, überladenen Flosteln und Blumen, dabei eine ebenſo unangenehme Manierirtheit als ſüß ich demüthige Kriecherei gegen alle Mächtigen, endlich der Wahnglaube, durch einen künſtlich gedrechſelten Vers- und Satzbau, durch fade Wortwitze und Metaphern die Armuth an Kraft und Gedanken erſetzen zu können, — dieß Alles war es, was den Poeſien oder eigentlich poetiſchen Fabrikaten des 17. Jahrh. vor dem Richterſtuhle einer geläuterten Aeſthetik einen ſo widerlichen Charakter aufprägt. Unter den Bergen von Spreu, wie ſie von den damaligen Literaten geliefert wurden, fanden ſich allerdings viele Weizenkörner vor, aber es gehört große Geduld dazu, um ſie hervorzuſuchen. Neben dem herrſchenden Tone, welcher der entſtellte Widerhall aller ausländiſchen Literaturen war, erhielten ſich einzelne Klänge aus einer beſſeren Zeit. Dieß war insbeſondere mit dem geiſtlichen Liede der Fall. Daneben ſuchten einige weltliche Dichter ſich von den pedantiſchen Geſetzen der herrſchenden Schulen frei zu machen, und wenn es ihnen auch nicht gelang, ſelbſt den reinen Geſchmack ſogleich wieder herzuſtellen, ſo eröffneten ſie wenigſtens nicht ohne Glück den Kampf gegen die allwaltende Unnatur. Als nun ſpäter Weiſe, Thomaſius und ihre Anhänger für deutſche Sprache, Sitte und Logik zu arbeiten anfingen, als Leibnitz, obgleich ſelbſt ſich nur der lateiniſchen und franzöſiſchen Sprache bedienend, als Muſter der reichſten Gedankenfülle und der ſchlagendſten Kraft auftrat, da bereitete ſich im Stillen allmälig jene Wandlung vor, welche ſeit der Mitte des 18. Jahrh. die bis dahin vergötterte Literatur der letzten Zeiten faſt mit einem Male in das verdiente Dunkel warf. Vermöge der ungemeinen Fruchtbarkeit an Erzeugniſſen und der Förderung, die theilweiſe bezüglich der Form gegeben wurde, verdient das 17. Jahrh. immerhin einige Beachtung. In dieſer Zeit nahmen zwar die künſtlichen Formen, welche von Italien und Spanien entlehnt waren, ſich noch ſehr hart und eckig aus; allmälig wurde aber doch damit die Biegsamkeit der Sprache vermehrt und das Rauhe von ihr ein wenig abgestreift. Für alle Dichtungen, das Lied ausgenommen, wurde jedoch der den Franzosen abgenommene Alexandriner (sechsfüßiger Jambus) herrschend, welcher der deutschen Sprache durchaus nicht angemessen klingt und daher den Versbau jener Zeiten schwerfällig und unangenehm gestaltete. — Wir müssen uns hier vorerst mit den tonangebenden Dichterschulen dieser Zeit befassen. Zu bemerken ist, daß ihr Hauptsitz in Norddeutschland zwischen der Elbe und Oder herab sich befand, während dagegen die Opposition an verschiedenen Punkten von Deutschland, überall jedoch noch vereinzelt und ohne Auffindung besserer Wege, aufzutreten pflegte.

Martin Opitz (1597—1639) wurde der Stifter der ersten schlesischen Dichterschule. Nicht als solcher hat er Anspruch auf den Dank der Neueren, wohl aber als Begründer eigentlicher Kunstformen und als Förderer der Sprache. Er war es, der in seinem Buche „Von der Teutschen Poeterey" (Brieg 1624) zuerst das Messen der Verse auf Grundlage der langen und kurzen Silben (Metrik) in feste Gesetze brachte und damit erst das eigentliche Kunstgedicht ermöglichte. Als Dichter war Opitz langweilig, schleppend und geistesarm; gleichwohl wurde er von den Zeitgenossen als Vater einer neuen Aera begrüßt. Weit bedeutender in ihren Liedern waren Paul Flemming (1609 — 1640) und Gerhardt 1607 — 1676); beide athmeten echtes Gemüth und insbesondere wurde das geistliche Lied durch Gerhardt auf den Höhenpunkt der Vollendung gebracht. Der Fruchtbarste in der ganzen schlesischen Schule war der gottesfürchtige Pastor Joh. Rist (1607—1667); trotz der entsetzlichen Seichtigkeit seiner Dichtungen galt er als „nordischer Apoll" und unfehlbarer Richter in ästhetischen Dingen; ihm wurde die Ehre zu Theil, kaiserlicher Pfalzgraf und gekrönter Dichter zu heißen. — Nur theilweise der schlesischen Schule angehörig waren: Simon Dach, der manches gefühlswarme Lied („Aennchen von Tharau" ꝛc.) lieferte; Philipp von Zesen in Hamburg (1619 bis 1689), ein großer Gelehrter und Vielschreiber von Helden-Romanen und anderen Dingen, zugleich Stifter der „deutschgesinnten Genossenschaft," welche wenigstens das Verdienst sich erwarb, gegen die Ueberladung mit Fremdworten, also gegen die eine der damaligen Verirrungen, in die Schranken zu treten. In ähnlicher Weise entfernte sich von den Schlesiern, gleichzeitig aber auf einen anderen Abweg verfallend, Philipp Harsdörfer (1607—1659), Stifter des gekrönten Blumenordens oder der Pegnitzschäfer zu Nürnberg, welche die Hirtentändeleien der romanischen Literaturen auf den hiefür am allerwenigsten geeigneten deutschen Boden verpflanzten. In diese Schule gehörte auch der sonst noch als Historiker genannte Birken. — Keiner von beiden Schulen folgten: Friedr. von Spee, unter den Katholiken der einzige bedeutendere Dichter von geistlichen Liedern, ferner der ziemlich lebensfrische Lyriker Wetherlin (1584—1651), endlich die Satyriker Lauremberg, Grimmelshausen und Moscherosch. Lauremberg (1591 — 1659) war Wiederher=steller der deutschen Satyre, schrieb jedoch in plattdeutscher Mundart; Grimmels=hausen (auch Greifenson genannt, 1622—1676), ist der Verfasser des „Simplicius Simplicissimus," eines merkwürdigen Sittengemäldes aus dem 30jährigen Kriege; ein militärisches Abenteurerleben und der gesellige Zustand der Zeit wird mit Weitschweifigkeit, ohne welche man sich ein damaliges Buch gar nicht denken darf, aber mit lebenswahren Farben geschildert. Eine ähnliche Bedeutung hat das Werk von Moscherosch (1600—1669), betitelt: „Wunderliche und wahrhafte Geschichte Philanders von Sittewald," worin er die Verkehrtheiten der einzelnen Stände mit Schärfe abkanzelt. — Im Gegensatze zu diesen Männern stand von Canitz (1654 — 1699) mit seiner Schule von Hofschwenzlern, welche an niedriger Schmeichelei sogar die damaligen Franzosen zu überbieten wußten. Die weltliche Lyrik dieser Zeiten mit ihren Oden, Sonetten, Beschreibungen u. dgl. klammerte sich überhaupt mit wenigen Ausnahmen an zufällige Gelegenheiten und mußte jeden Gevatterschmaus, jede Verlobung und Hochzeit verherrlichen. Kein Wunder, daß ihr da die Begeisterung und überzeugende Wärme ausging.

Andr. Gryphius (1616—1664) bildete den Uebergang von der ersten zur zweiten schlesischen Schule und war der begabteste Mann in beiden. Nicht mit kalten Verstandesspielen allein, wie die früheren Schlesier, noch mit dem lispeln=den Tändeln der Pegnitzschäfer, sondern wirklich mit Schwung und Gemüth machte er seine Verse, wenn sie auch trotzdem von erhabener Kraft noch ziemlich entfernt blieben. Er versuchte sich in den verschiedenen Arten der Dichtung, so auch im Drama, und hätte wohl Größeres leisten mögen, wenn er bessere Vorbilder genom=men haben würde. Seine Nachfolger lernten fast ohne Ausnahme wieder nur das Schlechte von ihm ab. Dahin zählt Lohenstein (1635—1683) dessen Dramen in Blut und Gräuel waten und dabei in einer schwülstigen, überladenen Sprache sich bewegen. Bei Hoffmannswaldau (1618 — 1689) finden wir dieselbe aus al=len Winkeln der Gelehrsamkeit hervorgekramten Bilder, dazwischen manche Leichtfertigkeiten, nebenbei aber doch auch natürliche Munterkeit und Eleganz. — Gleichfalls ein Schlesier, dabei aber doch eine Gattung für sich war Friedr. von Logau (1604—1655), einer der scharfsinnigsten Geister seiner Zeit; seine Epi=gramme gehören zu den besten der deutschen Sprache. Im letzten Drittel des 17. Jahrh. verloren die bisherigen Dichterschulen glücklicher Weise ihre allein selig=machende Bedeutung. Die einzelnen Autoren fingen an, mehr als es früher der Fall gewesen, sich ihre eigenen Wege zu suchen. Ein großer Theil von ihnen ver=irrte sich in eine übertriebene Nachahmung der damaligen Franzosen u. z. eben nicht der besseren unter diesen, der andere aber erkannte, daß eine wahre, lebendige Poesie aus dem Geiste des eigenen Volkes hervorgehen müsse. In letzterer Richtung eröffnete Christian Weise (1642—1708) die Bahn, indem er mehrere Komödien, Romane und verschiedene Gedichte mit größerer Originalität schrieb; doch blieb er hierbei nur mittelmäßig und setzte das Platte an die Stelle des Erhabenen. Dem breitspurigen französischen Romane jener Zeit folgte im Wesentlichen Ziegler, dessen „Asiatische Banise" oder „das blutige, doch muthige Pegu" an Entstellung des historischen und geographischen Substrates mit den Arbeiten einer Scudéry zu vergleichen war, gleichwohl aber seiner Zeit für den herrlichsten Roman Deutschlands gehalten wurde.

Wie das geistliche Lied, so hatten auch die theologischen Schriften der Pietisten oder protestantischen Schwärmer von den stylistischen Entartungen ihrer Zeit sich so ziemlich frei gehalten. Ebenso waren einzelne Priester mit ihren Andachtsbüchern und Predigten ihren eigenen Weg gegangen. Unter diesen originelleren Geistern zeichnete sich besonders Schupp (1610—1661), Pastor in Hamburg, noch mehr aber durch seinen witzigen, sogar ausgelassenen Ton der Pater Abraham a. St. Clara, Hofprediger zu Wien aus. Seine Predigten und Schriften, welche das Vorbild zum Kapuziner in „Wallensteins Lager" geliefert haben sollen, waren voll von Laune und Possen, aber auch von derber, nationaler Kraft und insoferne literarisch mehr werth, als das meiste, was in den damaligen Zeiten so ungemein bewundert worden war. — Es war, wie man aus den Beispielen der geistlichen Liederdichter und Rhetoren, der Satyriker und Epigrammatisten ersieht, den Häuptern der schlesischen und der Schäfer-Schulen nicht gelungen, mit ihrer eigenen Geschmacklosigkeit und Verläugnung der Natur das ganze Jahrhundert zu sättigen. Immer noch hatten sich bessere Richtungen, freilich ohne Erfolg, hie und da erhalten, bis dann am Ende des 17. Jahrh. ein paar etwas namhaftere Geister den Kampf gegen den Modeton, gegen die Geziertheit und gegen die Nachäffung des Auslandes offen zu beginnen wagten. Dahin gehörten Günther, Wernike, Brokes, Wolff und Gottsched, welche in verschiedener Weise einer neuen Periode der Classicität die Bahn ebneten. Von ihnen wird an einem späteren Orte die Rede sein. Diesen Männern in einem gewissen Sinne geistig verwandt war Christian Thomasius (1655—1728). Ein sehr geschätzter Professor zu Leipzig, später zu Halle gab er der Erste (1688) eine Probe davon, daß auch die tiefernsten Wissenschaften keiner fremden Sprache bedurften; seine Vorlesungen über Rechtswissenschaft und Philosophie, sowie die von ihm herausgegebenen Monatschriften, alles dieß in deutscher Sprache, brachten die Logik und das prüfende Urtheil dem Verständnisse der Mittelclassen näher und eröffneten mit Glück den Kampf gegen mancherlei Vorurtheile. In humanitärer Beziehung hat sich Thomasius ein großes Verdienst erworben, indem er nach dem Vorbilde des katholischen Theologen Spee (siehe oben), der dafür manche Verfolgung zu erdulden gehabt hatte, den Hexenglauben und die bezüglichen Processe zu bestreiten wagte. Diesen Beiden und dem Niederländer Bekker war es zu danken, daß die schauerlichen Hexenprocesse jetzt in den meisten Ländern abkamen. Wie wohlthätig dieser Fortschritt war, mag daraus ersehen werden, daß im J. 1659 in Franken allein 1000 Hexen verbrannt worden waren. Einige Länder blieben in der Abstellung des Verfahrens gegen Hexen hinter ihrer Zeit weit zurück: so wurde noch im J. 1750 zu Quedlinburg, und 1782 zu Glarus eine Hexe verbrannt; ja sogar noch im J. 1823 wurde in Holland mit einer vermeintlichen Hexe die Wasserprobe vorgenommen. — Weniger glücklich war Thomasius, der übrigens bei allen seinen Verdiensten auch nicht ganz ohne philosophische Schrullen war, in seinem edlen Kampfe gegen die gerichtlichen Torturen; diese grausamen Mittel einer übel berathenen Rechtspflege erhielten sich fast in ganz Europa noch bis über die Mitte des 18. Jahrhunderts.

78. Die Künste bis zu Beginn des 18. Jahrhunderts. Von den verschiedenen Künsten war es die Musik, welche seit dem 17. Jahrh. in innige Verschwisterung mit den schönen Wissenschaften trat; es bildete sich nämlich die Oper, die bekannte Verbindung eines dramatischen Textes mit musikalischer Composition. Das Vaterland der Oper ist Italien. Hier, besonders in Venedig, war es schon im 16. Jahrh. gebräuchlich geworden, beliebte Gedichte in Musik zu setzen, sie von Chören und Instrumenten begleiten zu lassen. Da der Contrapunkt und die Gesangskunst damals schon auf einer hohen Stufe der Vollendung standen, so fiel es den Musikern nicht schwer, auch abgeschlossene dramatische Handlungen mit ihrer Kunst zu verschönern. Wahrscheinlich von Peri oder von dem vorzüglichen Componisten Giulio Romano stammten die ersten eigentlichen Opern; gewiß ist es, daß schon im J. 1594 Peri's Oper Daphne (Text von Rinuccini) vollendet war. Die Anzahl der Opern vermehrte sich sehr rasch; Monteverde stellte die Gesetze für diese Classe der Musik auf, welche sonach in einem vollendeten Style durchgebildet werden konnte. Sehr bald entstand neben der italienischen eine deutsche Oper, welche durch Schütz, einen Schüler Monteverdes, mit seiner im J. 1627 zu Torgau zuerst aufgeführten Oper Daphne eröffnet wurde. Zahlreiche deutsche Componisten, darunter Kaiser mit 115 Opern zu Leipzig und Fux in Wien, erwarben sich einen namhaften Ruf. Was übrigens mitunter als Text zu Opern herhalten mußte, dieß ersieht man aus dem Titel einer solchen, welche zu Rudolstadt gegeben wurde; er lautet: „Die Weisheit der Obrigkeit in Betreff des Bierbrauens." Bald wurde die deutsche Oper von der über Frankreich eingedrungenen italienischen Oper in den Schatten gedrängt und erhielt sich nur in jenen Städten, welche ohne höhere Unterstützung eigene Opernhäuser hielten. An den Höfen, die von nun an mit außerordentlicher Vorliebe die Oper und das damit verbundene Ballet pflegten, stand nur die italienische Musik in Gnaden. Daher zogen es jetzt auch die deutschen Componisten vor, italienische Texte im italienischen Styl in Musik zu setzen; eine eigentliche deutsche Oper hörte gegen das 18. Jahrh. hin fast gänzlich auf. Doch war die italienische Musik jener Zeiten ebenso stylmäßig als die deutsche.

In Italien erfreute sich die Oper gleich von Anfang an einer ungemeinen Beliebtheit und Verbreitung. Es war daher möglich, neben dem Genusse für das Ohr auch noch durch eine ungemein pomphafte Ausstattung den Augen eine Weide zu schaffen. Das Ballet wurde fast unzertrennlich von der Oper. Ueberdieß war der Glanz der Costüme, die Pracht der Aufzüge und Aehnliches bald ebenso großartig, wie nur heutzutage. Daß man die Beleuchtungs= und Maschinen = Effekte unserer Tage damals nicht einmal träumte, braucht wohl kaum gesagt zu werden. Die Herrlichkeit der damaligen Oper war übrigens genügend groß, um ihr zuerst am Hofe von Versailles, dann auch im übrigen Europa eine beherrschende Stellung zu sichern; in den meisten Hauptstädten Deutschlands hatte man weit früher feste Opern= als Schauspiel=Häuser. Die ersteren waren eben dem Bedürfnisse der vornehmen Welt so ganz angemessen: es gab dabei viel zu hören, viel zu sehen und — wenig zu denken. — Auch Frankreich hatte bald seinen eigenen Opernstyl; begründet wurde derselbe durch Lully, der übrigens ein geborner Italiener war. — Die bedeutendsten Meister blieben immer noch die Italiener; neben den früher genannten wollen wir versuchen, hier noch einige der berühmtesten und noch heute bei den Kennern hochgeschätzten Namen zusammen zu stellen; dergleichen waren: Scarletti, Stradella, Durante, Pergolese, Janelli, Sacchini, Piccini, letzterer zugleich Schöpfer der Opera buffa, welche auch in Deutschland bald ziemlich tüchtige Pflege fand. — Eine Mittelgattung zwischen der Oper und dem strengen Kirchenstyle bildeten die Oratorien, biblische Texte, von Singstimmen mit Instrumentalbegleitung und Chören vorgetragen. Sie sollen vom J. 1540 aufgekommen sein und wurden in Italien und Deutschland gleichmäßig cultivirt. Dagegen fand seit dem Aufkommen der weltlichen Musik der streng kirchliche Styl nicht mehr dieselbe Pflege wie ehemals, und Deutschland war das einzige Land, welches seit dem 18. Jahrh. auf diesem Gebiete wieder klassische Schöpfungen aufwies.

Bis gegen die Mitte des 17. Jahrh. erhielt sich die nach antiken Mustern wieder erstandene **Baukunst** sowohl in Italien, dem Lande ihres Ursprungs, als auch in Deutschland und Frankreich ziemlich rein. Die französische Renaissance (so wird nämlich dieser Styl benannt) lieferte vom 16. Jahrh. bis zur

Zeit Ludwigs XIV. manche bedeutende Werke. In seinen Tagen aber äußerte sich dieselbe Geziertheit und Sucht nach äußerem Prunke, die man im äußeren Leben und theilweise in der Literatur bemerkte, nicht minder auch in der Architektur und es entstand demnach auch hier eine Ausartung, welche man als Z o p f = oder R o c o c o = S t y l bezeichnen kann. Ueberladung mit Festons, Laubwerk, Schnörkeln war an der Tagesordnung und erhielt sich bis zum Anfange des 19. Jahrh. Viele heute noch bestehende Prachtbauten tragen diesen Charakter, welcher zwar mit seinem Reichthume Bewunderung erregen, aber bei dem Abgange von edler Einheit der Formen und von innerer Wärme den ästhetischen Sinn nicht befriedigen kann. Einer der bedeutendsten Architekten dieser Zeit war Fischer von Erlach in Wien (1650—1724); er hielt sich etwas freier als die meisten Zeitgenossen von dem Hange nach Schnörkeleien und lieferte ausgezeichnete Werke in der k. k. Hofreit= schule, in der Peters= und der Karlskirche, im Schlosse von Schönbrunn, im Bel= vedere ꝛc. Dagegen führten die Bauten, welche später unter Friedrich II. in den preußischen Residenzen aufgeführt wurden, den entarteten Geschmack des damali= gen Frankreichs bis in's Baroke und mitunter bis in's Lächerliche durch. Wren in England, Erbauer der Paulskirche und anderer monumentaler Gebäude, zählte zu den bedeutendsten Künstlern der Neuzeit. — Im Allgemeinen wurde in dieser Zeit sehr viel und prachtvoll gebaut. Bei fürstlichen Schlössern, deren viele neu entstanden, wurden jetzt auch großartige G a r t e n a n l a g e n in einem bestimmten Style durchgeführt. Italien ging mit der Eröffnung solcher Parks, aber auch mit dem Beispiele des Ungeschmackes den anderen Völkern voran; die Franzosen, diesen Vorbildern zunächst nacheifernd, strebten selbe zu überbieten; Le Notre brachte den französischen Styl von Parkanlagen zur höchsten Vollendung; mit seinen entsetzlich geometrischen und regelrechten Figuren, mit den schnurgeraden Alleen, worin die Wände glatt zugeschnitten sind und also gar kein Laubdach bilden, mit einzelnen Bäumen, welche zu Statuen und ähnlichen Dingen verhunzt wurden, mit der häu= figen Anbringung von Sculpturen und mancherlei Spielereien entfernt dieser Gar= tenstyl weit mehr von der Natur, als daß er ihr Bild gäbe, und wird bald lang= weilig. Demungeachtet finden wir ihn in ganz Europa reichlich vertreten, später jedoch von der Entartung etwas zurückkommend, bei allen jenen Anlagen, welche diesem Zeitalter angehören (z. B. Schönbrunn, Laxenburg). — Nur in England zeigten die Parks den Sinn für die Natur in ihrer eigenthümlichen Schönheit.

Auch in der **Bildhauerkunst** begann vom 17. Jahrhunderte an der Zopfstyl und dauerte über die Zeit Ludwig's XIV. hinaus. Italien war seine Geburtsstätte, Frankreich sein Paradies. Die deutschen Künstler, worunter Schlü= ter der bedeutendste, hielten sich noch so ziemlich frei von den herrschenden Manieren.

Die größten Meister der **Malerei** wurden schon im III. Bde. erwähnt (S. 277—79), weil sie mehr dem 16. als dem 17. Jahrhunderte angehörten. Ueberdieß trat zur Zeit Ludwig XIV. auch in der Malerei der Zopf in die Herrschaft und es wurden Schäferbilder wie in der Poesie beliebt. Als tüchtigste Maler bis gegen die Mitte des 18. Jahrhunderts führen wir zu den früheren noch folgende Namen an: Le Sueur (1617—55) im historischen Fache; Le Brun (1619 bis 1690), seiner Zeit im ungeheuren Ansehen stehend; Boucher (1704—70), besonders eifrig in Schäferscenen und damals, wiewohl mit Unrecht, der Maler der Grazien benannt; nicht minder modern war Watteau (1684—1721) mit seinen galanten Genrebildern. Die italienischen Meister dieses Zeitraumes blieben hinter ihren Vorgängern zurück; viele von ihnen waren sehr tüchtig, ohne jedoch sich bis zu unsterblichem Rufe zu erheben. Auch Deutschland hatte viele, im Allgemeinen aber doch nur ziemlich und recht gute Maler; als ausgezeichnet können gelten: Rugendas (1666—1742) in Schlachtbildern; Sandrart und Kupetzki (aus Pösing in Ungarn) gleichfalls in Historie und Porträts, viele recht gute Maler in Oesterreich, wo unter Karl VI. die Künste mancher Unterstützung von Seiten der Regierung, der Kirchen und des Adels theilhaftig wurden. — Am schönsten blühte die Malerei in den Niederlanden, wo sie in eine Menge verschiedener Schulen getheilt war. Als berühmte Künstler nennen wir hier noch: Standaert aus Antwerpen, Hobbema (1611—70) in Landschaften, Wilhelm van de Velde und Backhuyzen in Marine, Neefs in architektonischen Bildern, namentlich Kirchen, Berghem und Adrian van de Velde (1639—72) in Landschaften mit Thieren, letzterer hierin unübertroffen; ferner Potter der größte Thiermaler, Hoadekoeter Darsteller von Wild und Geflügel, Philipp Wouvermans der größte Pferdemaler, und sein Bruder Peter in Schlacht= und Jagd=, dann Genrestücken; van Huysum einer der vorzüglichsten Blumenmaler.

Der im 15. Jahrhundert erfundene Kupferstich hatte seither viele ausgezeichnete Meister gefunden, mit denen wir uns aber nicht näher befassen können. Zu den älteren Manieren mit dem Grabstichel und dem Radiren (Aetzen) kamen dann im 17. Jahrhunderte die gemischte Manier, die Punktir= und die schwarze Kunst (geschabte Manier), letztere von einem hessischen Officier, von Siegen, erfunden (1629) und von Prinz Rupert von der Pfalz vervollkommnet; weiter noch die buntfärbige Manier, gegen Ende des 17. Jahrhunderts von Leblon zu Frankfurt mit Meisterschaft geübt. Die übrigen Manieren kamen erst später auf. Mit dem Ueberhandnehmen des Kupferstiches, besonders aber seit dem 30jährigen Kriege, gerieth die früher mit Meisterschaft geübte Holzschneidekunst in Verfall, aus welchem sie sich erst in unserem Jahrhunderte wieder erhob.

79. Ueberblick der europäischen Staaten um das Jahr 1700. Es dürfte zweckmäßig sein, der politischen Geschichte des 18. Jahrhunderts eine flüchtige Ueberschau der staatlichen Verhältnisse in Europa um das Jahr 1700 vorauszuschicken. Als Großmächte galten damals Spanien, Frankreich, Großbrittanien, Schweden, die Pforte und Oesterreich mit Deutschland; diesen zunächst standen an Bedeutung die Niederlande, Polen, welches von der Großmachtstellung seit dem 17. Jahrhundert gesunken war, Rußland, dessen Stern eben mächtig emporstieg; dann noch Savoyen, Venedig, Portugal und Dänemark. Die übrigen Staaten, darunter die Schweiz, gaben wenige Lebenszeichen von sich.

Auf der pyrenäischen Halbinsel standen zwei verwandte Staaten, Spanien und Portugal, in alter Rivalität und Abneigung einander gegenüber. Sie hatten so ziemlich gleiche Schicksale erfahren: einem außerordentlich mächtigen Erblühen und dem Erwerbe ungeheurer Colonien im 15. und 16. Jahrhunderte waren seit der Regierung Philipps II. große Einbußen im Kriege gegen die Holländer, und, was noch schlimmer war, Verarmung der Finanzen und des Volkes, Abnahme der geistigen Strebsamkeit, mönchisches Erziehungssystem und Inquisition, Erschlaffung und Verdummung des Volkes gefolgt. Portugal besaß auswärts nur mehr Brasilien, weite Küstenlandschaften in Süd-Afrika, Goa und Diu nebst einigen Inseln in Indien, Macao in China; fast alle anderen Colonien waren den Holländern zur Beute geworden. Auch den Rest hätte die Dynastie Bragança gegen ernste Angriffe kaum zu halten vermocht, wenn nicht Englands Freundschaft eine treffliche Stütze geboten hätte. In europäischen Fragen hatte Portugal fast gar kein Gewicht. — Nicht viel besser stand es mit Spanien, dessen Herrschergeschlecht, der ältere Zweig des Hauses Habsburg, eben dem Erlöschen entgegenging und damit den anderen Großmächten Anlaß zu weitverzweigten diplomatischen Intriguen, später aber, nach dem wirklichen Aussterben der Dynastie (1700) Veranlassung zu einem großen europäischen Kriege bot. Spanien hätte nach der räumlichen Ausdehnung seiner Herrschaft der mächtigste Staat der Erde sein sollen und können; in Europa unterstanden ihm die katholischen Niederlande, Mailand, Neapel, Sicilien und Sardinien; ungeheuer waren die Colonien in Amerika, wo fast alles Land in den beiden gemäßigten Zonen und in den Tropen (Guyana und Brasilien ausgenommen) dem Scepter der Habsburger gehorchte; auch in den anderen Welttheilen hatte Spanien einigen, wenn auch nicht so umfangreichen Besitz. Trotz dieses riesigen Areals mit einer namhaften Bevölkerung, trotz der reichen Gold- und Silber-Minen Amerikas war Spanien, seitdem es alle seine Interessen dem Geiste der fortschreitenden Cultur zuwider knechtisch unter die Kirche gebeugt hatte, physisch und moralisch fast bis zur Bedeutungslosigkeit herab-

gesunken; die Verwaltung, die Volkserziehung und das Kriegswesen waren gleich=
mäßig erbärmlich bestellt; die Kriegsmacht im europäischen Hauptlande betrug
kaum 20.000 Mann; den frechen Angriffen, welche Ludwig XIV. gemacht hatte,
würde Spanien ohne die Einmengung anderer Mächte wie wehrlos verblieben
sein; Spanien war mehr als ein kranker, es war ein sterbender Mann, und be=
reits standen die Diplomaten Europas als Aerzte mit dem Messer in der Hand
bereit, den Leichnam nach allen Richtungen zu zerschneiden.

Frankreich hatte erst im 17. Jahrhundert unter Richelieu, Mazarin und
Ludwig XIV. zur gefürchtetsten Großmacht und zum ewigen Störenfried in Eu=
ropa sich emporgeschwungen. Alle politischen Intriguen gingen hauptsächlich durch
seine Hände; viele Staatsmänner und selbst Fürsten waren in seinem Solde; be=
ständig lauerte es auf Gelegenheiten zu neuen Raubthaten, nachdem die früheren
so trefflich gelungen waren. In ganz Europa, die bestochenen Personen ausge=
nommen, sowie in Frankreich selbst war die Politik des Hofes von Versailles gleich=
mäßig verhaßt und gefürchtet; gleichwohl beugte man sich ihrem Einflusse und die
Fürsten, ja die Völker selbst nahmen von Frankreich Sitten, Moden, ästhetische
Anschauungen und Staatseinrichtungen ab. Wie dieser Staat nur durch die Voll=
endung einer absoluten Centralgewalt seine ungeheure Machtentfaltung gewonnen
hatte, so trachteten jetzt auch andere Reiche mit größerem oder kleinerem Glück=
nach dem gleichen Ziele. Im Colonialbesitze nahm Frankreich, mit England wett=
eifernd, nach Spanien, Portugal und Holland den nächsten Rang ein; Ca=
nada, Louisiana, Cayenne, dann Gebiete auf dem Festlande Vorderindiens
waren im Besitze der Franzosen.

Die Generalstaaten waren seit der Mitte des 17. Jahrhunderts als
Seemacht allmälig von den Engländern überflügelt worden; überhaupt standen
jene nicht mehr ganz in der ersten Reihe der europäischen Staaten. Doch waren
sie noch immer viel bedeutend, u. z. hauptsächlich in Anbetracht ihres Reichthums,
ihres Handels und der Colonien. Letztere waren größtentheils auf Kosten Portu=
gals erworben worden; als besonders wichtig galten die Besitzungen auf den In=
seln Hinterindiens, Einiges auf dem indischen Festlande, Capland und Surinam.
Die Verfassung der Generalstaaten stellte eigentlich einen Bund von mehreren
aristokratischen Republiken vor; an der Spitze dieses Staates stand aber nicht ein
gewählter, sondern ein erblicher Präsident, der Generalstatthalter, welcher im Laufe der
Zeiten beiläufig die Machtsphäre eines constitutionellen Monarchen gewonnen hatte.

Wilhelm III. war Generalstatthalter der Niederlande und zugleich seit 1688
König von Großbrittanien mit Irland. Doch ging nach seinem Tode (1702)
die englische Krone von dem Hause Oranien zuerst auf einen Zweig der dänischen

Dynaftie und später auf das Haus Hannover über, welchem diefelbe feither verblieb. Seit dem J. 1603 waren England und Irland durch eine Perfonal-Union
mit Schottland verbunden; unter Cromwell war der Verband fester geworden
(1649); aber erft im J. 1707 wurden beide Reiche vollständig zu einem einzigen
Staate mit einer Verfaffung und einem Parlamente vereinigt. Großbrittanien
hatte im 17. Jahrhunderte feine Seemacht ungemein ausgebildet und durch einen
lebhaft betriebenen Handel große Reichthümer erworben. Von Colonien befaß es vor-
zugsweife Neu-England (Staat New-York 2c.), Jamaika (feit 1655) und einzelne Gebiete in Oftindien. Alle diefe Colonien waren noch nicht fehr wichtig und umfangreich.

Schweden galt, obgleich es in feinem letzten Kriege gegen Brandenburg
und Dänemark nur Schmach geerntet hatte (1675—79), noch immer als die
nordifche Großmacht, zu welcher es fich unter Guftav Adolf und Oxenftjerna erhoben hatte. — Nicht bloß die scandinavifche Halbinfel — mit Ausnahme von
Norwegen, — fondern auch die Küftenlandfchaften am baltifchen Meere von Finnland bis einfchließlich Lievland, ferner in Deutfchland Vorderpommern, das Bisthum Bremen u. f. w. gehörten zu Schweden. Die Marine diefes Reiches war
nicht feiner Größe und Lage entfprechend. Nachdem durch 20 Jahre (1660—80)
der Adel allein die Regierungsgewalt in Händen gehabt, fie aber fehr fchlecht geführt hatte, war fpäter faft die Unumfchränktheit der Krone wieder hergeftellt und
das verfallene Kriegswefen auf einen guten Fuß gebracht worden. — Aehnliches
war auch in Dänemark gefchehen. Obgleich Norwegen mit diefem Reiche vereinigt war, hatte daffelbe doch weit weniger Bedeutung im nördlichen Europa als
Schweden. Das Gleiche war mit Polen der Fall, deffen König Auguft II. zugleich Kurfürft von Sachfen war. Polen hatte im 17. Jahrhunderte faft nur unglückliche Kriege geführt und namhafte Verlufte erlitten; felbft aus dem letzten
großen Türkenkriege, der von Sobiesky fo ruhmreich begonnen worden war, würde
Polen ohne Gewinn hervorgegangen fein, wenn nicht die Verwendung Oefterreichs
ihm Podolien wieder verfchafft hätte. Die Verfaffung der polnifchen Republik, wie
man diefes Königreich auch bezeichnete, war der Grund ihrer bereits unheilbaren,
wenn auch nur langfam fortfchreitenden Auflöfung; kaum konnte in Polen von einer
Centralgewalt, einem Staatseinkommen und einem Kriegsheere noch die Rede fein.

Einen mächtigen Gegenfatz ftellte Rußland dar, welches unter dem Czar
Peter dem Großen die Einbürgerung der Civilifation als den wirkfamften Weg
zur Größe betrachtete und in Angriff nahm. Früher in Europa faft gar nicht beachtet, fing Rußland jetzt an, die Aufmerkfamkeit auch der fernftehenden Nationen auf fich zu ziehen; den unmittelbaren Nachbarn, u. z. den Schweden, Polen
und Türken erwuchfen eben jetzt Gefahren, welche aber erft in den nachfolgenden

Zeiten in ihrer Größe erkannt wurden. Umgekehrt war wieder die Pforte am Schlusse des 17. Jahrhunderts von ihrer früheren Bedeutung um ein namhaftes Stück gesunken; noch immer war sie der mächtigste Staat im westlichen Asien und in Afrika; noch immer war ihr europäischer Besitzstand sehr bedeutend, denn nur jene Eroberungen, welche von den Türken des 16. Jahrhunderts gemacht worden waren, gingen ihren Nachkommen im Kampfe gegen Oesterreich und seine Alliirten verloren; endlich war auch die innere Lage des Staates nicht ernstlich gefährdet, da die christliche, nämlich die slavische und griechische Bevölkerung, obgleich in der Majorität stehend, dennoch in ererbter Furcht den Moslims sich beugte. Es hatte sich jedoch bereits herausgestellt, daß das despotische Staatswesen der Pforte seit der Zeit innerlich zu erlahmen begann, als statt kräftiger Despoten nur mehr verweichlichte Zöglinge des Serails an der Spitze der Nation standen. Die ersten Staatsdiener waren selbst oft nur gehaltlose Günstlinge, durch Intriguen der Weiber und Eunuchen emporgebracht; die Janitscharen und Spahis waren heldenmüthig oder pflichtvergessen, je nach ihrer Laune; je mehr ihr militärischer Werth sank, desto mehr steigerte sich ihre Anmaßung und der Hang zur Meuterei. Die Blüthezeit des Staates war unwiderruflich verloren.

In Italien war Venedig der mächtigste Staat, obgleich auch hier dem tiefer blickenden Auge bereits eine Abnahme der politischen Weisheit und Kraft, eine Verweichlichung der ganzen herrschenden Kaste neben dem offenkundigen Sinken des Reichthumes bemerklich war. — Unter venetianischer Herrschaft standen um das J. 1700 die Terra firma mit Brescia, Verona, Treviso und Friaul, dann Istrien, Dalmatien mit Ausnahme von Ragusa, welches ein kleiner Freistaat für sich war, — endlich noch die jonischen Inseln und Morea. — Den größten Landbesitz mit der stärksten Volkszahl auf der Apeninnen-Halbinsel hatte Spanien; doch wußte seine kraft- und geistlose Regierung aus diesen Vortheilen sehr wenig Nutzen zu ziehen. — Das Haus Savoyen beherrschte außer seinem Stammlande noch Piemont und Montferrat; durch seine ebenso wetterwendische als schlaue Politik, wie nicht minder auch durch tüchtige Kriegseinrichtungen hatte es seine Macht zwar langsam, aber stetig zu vergrößern gewußt. — Die Republik Genua, vor Zeiten mit Venedig wetteifernd, war sehr herabgekommen; die Besitzungen am schwarzen Meere und der große Handel nach der Levante hatten längst aufgehört; nur das arme Corsica gehörte noch den Genuesen, lieh ihnen aber wenig Unterstützung. — Von den anderen Staaten Italiens wollen wir noch erwähnen: Mantua unter dem Hause Gonzaga; Modena unter den Este's; Toscana unter den Medici's; Lucca und San Marino, kleine Republiken; weiter der Kirchenstaat und endlich noch die Inselgruppe von Malta, Besitzthum des Johann-

niter=Ordens; auch diese Schöpfung des Mittelalters hatte sich schon lange über=
lebt; zwar bewiesen die Ritter vorkommenden Falles einen wackeren Muth, aber
die gottesfreudige Begeisterung der früheren Jahrhunderte war von der Rücksicht
auf Wohlleben und gute Versorgung in den Hintergrund gedrängt worden.

Die S c h w e i z nahm an äußeren Fragen weiter keinen Antheil, als daß sie
fremden Fürsten, so besonders jenen Frankreichs, gegen guten Sold gute Soldaten
lieferte. Wie heute noch bestand auch damals die Eidgenossenschaft aus lauter ein=
zelnen Republiken, welche ehedem sogar noch viel selbstständiger waren als in un=
seren Tagen; die meisten dieser Cantone waren vollständige Oligarchien, in wel=
chen das erbliche Patricierthum der Städte auf das niedere Volk und besonders
auf die Landbewohner einen ungemein harten Druck ausübte; der Ausdruck: „der
freie Schweizer" hatte damals kaum mehr Berechtigung, als wie wenn man heute
sagen würde: „der freie Russisch=Pole." Bauernaufstände kamen daher auch gar
nicht selten vor; der größte war im J. 1653 in Bern und Luzern gewesen und
wurde durch die vereinten Anstrengungen der Cantone mit einem Siege, welchen
Sigismund von Erlach bei Herzogenbuchsee erfocht (28. Mai), blutig unterdrückt.
— Gewöhnlich lagen auch die Cantone unter sich im Hader und manchmal sogar
in offener Fehde; Anlaß dazu war jedesmal die Unduldsamkeit gegen Anders=
gläubige, indem sowohl die Katholiken als die Protestanten ihr eigenes Bekennt=
niß mit Gewalt herrschend machen wollten. — Die Schweiz lag übrigens
fast wie verschollen mitten in Europa und blieb ruhig, wenn im ganzen Welt=
theil ringsum die Waffen tos'ten.

**80. Deutsche und österreichische Verhältnisse um das
Jahr 1700.** Seitdem im westphälischen Frieden die deutsche Kaisergewalt und
die Einheit des Reiches fast mit Ausnahme des bloßen Titels zertrümmert wor=
den war, hatte Deutschland aufgehört, für sich selbst als europäische Großmacht
zu bestehen. Ohne fremden Schutz wäre diese weite Ländermasse mit ihrer zahl=
reichen, gebildeten und tapferen Bevölkerung gar leicht eine Beute der Nachbarn,
insbesondere Frankreichs, geworden. Im Gefühle dieser Gefahr lehnte sich Deutsch=
land an Oesterreich, wie umgekehrt Oesterreich sich wieder an Deutschland. Für
sich allein war Oesterreich selbst keineswegs sehr mächtig; es war nämlich auch
nicht viel mehr als eine Art Staatenbund mit verschiedenartigen, sehr unvollkom=
menen und excentrisch gehenden Regierungsformen, wobei noch der böse Umstand
waltete, daß gerade die bedrohtere, östliche Reichshälfte zu den allgemeinen Lasten
das Allerwenigste beitrug und weit mehr Hilfe bedurfte als leistete. Bedenkt man,
daß Oesterreich mit Deutschland zusammen fast dreimal so viel Land und Volk
zählten als das damalige Frankreich, dabei wenigstens ebenso tüchtige Soldaten

und — zu dieſer Zeit — ſogar noch beſſere Feldherren in das Feld ſchicken konn=
ten, daß aber trotzdem Frankreich ſeinen Nachbarn einen Schimpf nach dem ande=
ren anthun durfte, ſo wird man beſſer als durch alle Auseinanderſetzungen er=
kennen, wie weit die Verfaſſung und Machtentwicklung von Deutſchland und
Oeſterreich hinter der franzöſiſchen zurückgeblieben waren. In Wirklichkeit ließen
ſich in der erſterwähnten Staatsgruppe nur immer kleine Bruchtheile der
Nationalkraft zur Verwendung bringen.

Die deutſchen Fürſten hatten ſich in den letzten Jahrhunderten nicht nur in
den Glauben an ihre Souveränität, ſondern auch in eine merkwürdige Gefühl=
loſigkeit gegenüber den allgemeinen Intereſſen hineingelebt. Jeder verlangte für
ſich die wärmſte Berückſichtigung und kräftigen Schutz, wollte aber ohne beſonde=
ren Entgelt nicht das Kleinſte beitragen. Es war, als ob jedes Ländchen und jedes
Fürſtlein ſich ſelbſt als das herrlichſte Kleinod, ja als den alleinigen höchſten
Zweck des ganzen deutſchen Reiches betrachtet hätte. Dabei herrſchte, gerade wie
in unſeren Tagen, eine unermüdliche Red= und Schreibſeligkeit von deutſcher Frei=
heit, Größe und Ehre, und das ganze Volk lag unthätig auf dem Rücken, darauf
harrend, daß ihm dieſe gebratenen Vögel zwiſchen die Zähne fliegen ſollten. Wir
brauchen uns auf die künſtliche und dabei doch ungemein unbeholfene deutſche
Reichsverfaſſung, auf die pedantiſch weitſchweifigen Verhandlungen der damaligen
Reichspolitiker, auf die lächerlichen Rückſichten für Etiquette, gemeſſenen Formen
und möglichſte Selbſtſchonung nicht weiter einzulaſſen, da die Erfolge hinlängliche
Proben von dem Werthe der Einrichtungen gaben. — Bald nach dem weſtphäli=
ſchen Frieden hatte man die Herſtellung einer eigentlichen Centralgewalt — denn
die Befehle des Kaiſers für ſich allein hatten keine Kraft mehr — als wünſchens=
werth erkannt und deßhalb einen beſtändigen Reichstag in's Leben gerufen
(1663). Derſelbe hatte ſeinen Sitz in Regensburg und war aus den Geſand=
ten der verſchiedenen Reichsſtände gebildet; dieſe mußten, um in irgend einer An=
gelegenheit ihre Meinung und Stimme abzugeben, immer erſt die Weiſungen ihrer
Regierung einholen; die Verhandlungen waren alſo nicht nur ſehr ſchwerfällig,
ſondern im Weſentlichen auch arm an Erfolg; da dem Reichstage eine zwingende
Kraft zur Durchführung der von der Majorität gefaßten Beſchlüſſe ſo ziemlich
fehlte und aus ſelbſtſüchtigen Gründen von den Reichsſtänden auch gar niemals
ernſtlich angeſtrebt wurde, ſo galten die mühſam zu Stande gebrachten Verord=
nungen des Reiches in jedem einzelnen Lande nur beiläufig ſo viel, als man ſie
daſelbſt gelten zu laſſen Luſt hatte. Insbeſondere mit den Beiträgen an Geld und
Truppen blieben die Reichsſtände gewöhnlich ungemein im Rückſtande. Der Reichs=
tag gliederte ſich in folgende Abtheilungen: a) das Collegium der Kurfürſten, wo

Mainz den Vorsitz hatte; b) das fürstliche Collegium, welches wieder in eine geist=
liche und eine weltliche Bank zerfiel; der vermeintlich größeren Ehre wegen hatten
auf der ersteren auch Oesterreich und Burgund (d. h. Spanien für seine Nieder=
lande) ihre Sitze. Manche Prälaten hatten nur zusammen eine Stimme, einzelne
Fürsten eine solche unter einander abwechselnd; im Ganzen umfaßte das Fürsten=
collegium 100 Stimmen; c) in dem Collegium der Reichsstädte wurden 51 Stim=
men gezählt. — Um einen Beschluß zu fassen, mußte zuerst eines der beiden fürst=
lichen Collegien seine Meinung vereinbaren, dann dieselbe dem zweiten Collegium
vorlegen; war nach langen Verhandlungen zwischen diesen beiden endlich Einheit
erzielt worden, so konnten noch die Städte ihre Beistimmung geben oder verwei=
gern. Bei Einmüthigkeit der drei Collegien und des Kaisers wurde ein „Reichs=
schluß," sonst nur ein „Reichsgutachten" erzielt. Die zahlreiche Reichsritterschaft,
welcher nicht weniger als 300.000 Unterthanen unterstanden, ferner die nach und
nach abnehmenden Reichsdörfer hatten keine Stimme auf dem Reichstage.

Der westphälische Friede hatte zwar dem offenen Kampfe um Religions=
Interessen ein Ende gesetzt, aber kleinliche Eifersüchteleien und mitunter heftige
Reibungen dauerten ebenso wie Erb= und Rang=Streitigkeiten bis zum Untergange
des deutschen Reiches fort. In dem genannten Frieden war die Ablösung großer
Landschaften vom Reiche bestätigt worden; seither waren andere Gebiete wieder
verloren gegangen, nämlich Alles, was Frankreich von Spanien geraubt hatte,
so die Grafschaft Hochburgund, Theile von Flandern u. s. w. Je mehr die Macht
des Reiches im Ganzen abgeschwächt worden war, desto mehr hatte sich die Be=
deutung einzelner Reichsstände gehoben. Zu diesen gehörten besonders Baiern,
Hannover, Sachsen und Brandenburg. Durch den in österreichischen Diensten
erworbenen Kriegsruhm gewann der Kurfürst Maximilian Emanuel von
Baiern eine hochangesehene Stelle unter den deutschen Fürsten; seine Vermäh=
lung mit der Erzherzogin Maria Antonia, einer Tochter Kaiser Leopolds und der
spanischen Infantin Margaretha Theresia brachte ihn überdieß in die nächste Ver=
bindung mit den beiden Linien des Hauses Habsburg; ja es erwuchs sogar für
die Kinder des Kurfürsten aus der Ehe mit der genannten Erzherzogin ein gut
begründetes Erbrecht auf die Erbschaft der spanischen Habsburger im Falle, daß
ihr Mannsstamm erlöschen würde. Eben dieses Erbrecht, welches einem gleich=
gewichtigen der deutschen Habsburger entgegenstand, ward Veranlassung, daß
Max Emanuel einen tiefen Groll gegen seinen Schwiegervater Leopold I. faßte
und sich später von dieser Leidenschaft bis zur Verläugnung der vaterländischen
Interessen fortreißen ließ. Er trat nämlich nach dem Erlöschen der spanischen
Habsburger offen auf Seite Frankreichs in den Krieg gegen den Kaiser und das

Reich und verleitete auch seinen Bruder, den Erzbischof Joseph Clemens von Köln zum gleichen Treubruche. Die Macht dieser beiden Fürsten war aber um so beträchtlicher, als Max Emanuel sein Kriegswesen auf einen guten Fuß gebracht und als spanischer Statthalter in den Niederlanden einen wichtigen Einfluß auf die eben sich vorbereitenden Ereignisse hatte.

Die in Hannover herrschende Linie des braunschweigischen Hauses wurde von Kaiser Leopold I. zum Lohn und zur Aufmunterung für die dem Reiche geleisteten Dienste in die kurfürstliche Würde erhoben (1692). Gegen diese Kurwürde, die neunte des deutschen Reiches, erhoben viele Fürsten ihren Einspruch und ließen sich erst im J. 1708 zur Anerkennung derselben bewegen. Wie Hannover hatte auch das Kurfürstenthum Sachsen der Reichssache treuen Beistand geleistet und in den letzten Kriegen seine Truppen in Ungarn und am Rheine, theilweise auch im venetianischen Solde auf Morea zur Verwendung gebracht. Im J. 1694 wurde Friedrich August I., mit dem Beinamen der Starke, Kurfürst in Sachsen und bewarb sich nach dem Tode Sobiesky's um die Königskrone in Polen. Diese wurde ihm denn durch Wahl auch zu Theil (1697), und bis über die zweite Hälfte des 18. Jahrh. blieben Kursachsen und Polen unter denselben Fürsten vereint. Die polnische Krone verschaffte jedoch den sächsischen Fürsten wohl größeren Glanz, keineswegs aber Vergrößerung ihrer Macht. Für's Erste mußten diese Fürsten zum katholischen Glauben übertreten, welchem sie seither treu geblieben sind; hiebei konnten sie das Directorium über die Protestanten Deutschlands nicht mehr beibehalten, welches bis dahin zur Erhöhung ihres Ansehens vieles beigetragen hatte. Außerdem sahen sich die sächsischen Kurfürsten fortan genöthigt, die Truppenmacht und die Geldquellen Sachsens den polnischen Interessen dienstbar zu machen; August der Starke verkaufte mehrere schöne Gebiete seines Stammlandes an die benachbarten Fürsten; und da er sowie sein Nachfolger nicht nur das kraftlose polnische Reich aufrecht zu erhalten hatte, sondern auch sein Gelüste für einen übertrieben glänzenden Hofstaat zu befriedigen trachtete, so litt das sächsische Volk fortan schwere Bedrängnisse und brachte große Opfer für Dinge, welche mit seinen eigenen Interessen nichts zu schaffen hatten.

Am mächtigsten war gegen Ende des 17. Jahrh. das mit Preußen vereinigte Brandenburg erblüht. Es ist an früheren Orten (§. 57—60) dargestellt worden, wie der große Kurfürst Friedrich Wilhelm (1640—1688) im ersten nordischen Kriege sein Herzogthum Preußen vollkommen souverän hergestellt, weiter in den Kriegen gegen Frankreich und Schweden großes Ansehen gewonnen hatte. Mit den Siegen von Praga und Fehrbellin (1656, 75) war er der eigentliche Begründer einer preußischen Großmacht geworden. Zur selben Zeit, wo Ludwig

XIV. die abſolute Monarchie und damit die Centralgewalt vervollſtändigte, zwang auch Friedrich Wilhelm mit mancherlei Gewaltmaßregeln ſeine Landſtände, ſich vollſtändig unter ſeinen Willen zu beugen. Die ſchweren Steuern, welche von nun an erhoben wurden, dienten zur Erhaltung eines ſtehenden Heeres, welches bald die für damals ſehr anſehnliche Zahl von 20.000 M. erreichte und als tapfer und trefflich geſchult ſich einen großen Namen erwarb. Außerordentlich erfolgreich war die Nationalökonomie des Kurfürſten und erſetzte dem Volke reichlich, was ihm durch die Steuern entzogen wurde. Ackerbau, Gewerbe und Handel, damit zugleich auch die Städte, erwachten zur Blüthe; zahlreiche Anſiedler, darunter 20.000 franzöſiſche Refugiés ſtrömten herein; Brandenburg, von Natur ſtief= mütterlicher bedacht als die meiſten deutſchen Gaue, übertraf faſt alle an Wohl= ſtand und innerer Entwicklung. Der große Kurfürſt war argliſtig und tyranniſch ungefähr in der Weiſe wie Richelieu: nämlich nur zum Ruhme und Gedeihen ſeines Staates. — Mit dem Kaiſer trat Friedrich Wilhelm ſeit dem Nymweger Frieden, beſonders aber ſeit der Vorenthaltung der ſchleſiſchen Fürſtenthümer (§. 64) in ein etwas geſpanntes Verhältniß; doch ließ er ſich bald wieder beſänf= tigen und ſtand ſpäter wieder mit Eifer für die allgemeine Sache ein.

Nachfolger des großen Kurfürſten war Friedrich (als Kurfürſt der 3., als König der I.); an Tiefe de Charakters und Geiſtes war dieſer ſeinem Vater nicht gleich, da er weniger auf Vermehrung der Macht als auf äußeren Glanz ausging. Der Berliner Hof ſuchte an Pracht und Eleganz nunmehr jenem von Verſailles oder doch dem von Dresden gleich zu ſtehen; ebenſo eiferte Friedrich dem Beiſpiele Ludwigs XIV. nach, um ohne inneren Beruf als ein Förderer der Wiſſenſchaft zu glänzen. So gründete er jetzt die Univerſität Halle (1694) und bald darauf nach dem Vorſchlage von Leibnitz, die Akademie der Wiſſenſchaften zu Berlin (1700), wie nicht minder auch eine Akademie der bildenden Künſte. Friedrich war weder groß als Politiker noch als Stratege; aber aus Eitelkeit ſtrebte er darnach, daß der brandenburgiſche Einfluß in den deutſchen Angelegenheiten unmittelbar neben jenem des Kaiſers hervorleuchte. Daher hielt er ſich getreu auf die Seite des Reiches, vermehrte und verbeſſerte die Armee und ließ dieſelbe einen ruhm= vollen Antheil an den Kriegen jener Zeiten nehmen. Leopold I. erkannte ihm die Anwartſchaft auf Oſtfriesland und Limburg als Entſchädigung für die ſchleſiſchen Fürſtenthümer zu; außerdem beſetzte Friedrich noch Elbing und erkaufte Quedlin= burg von Sachſen (1697). Seitdem nun Auguſt der Starke den Königstitel erworben hatte und der Kurfürſt von Baiern gar auf die ſpaniſche Erbſchaft ſein Auge richten durfte, fühlte ſich Friedrich in der Kurfürſtenwürde viel zu wenig geſchmeichelt; nach langen Verhandlungen und nach der gegebenen Verſprechung ewig getreuer Freund=

schaft erlangte Friedrich vom Kaiser Leopold I. die Genehmigung zur Annahme des Königstitels, welcher jedoch nicht nach dem Hauptlande, sondern nach dem außerdeutschen und souveränen Nebenlande Preußen zu lauten hatte. Die Anerkennung von Seite des Kaisers geschah am 16. Nov. 1700, und am 18. Jänner 1701 setzte Friedrich zu Königsberg sich und seiner Gemalin die neugeschaffene Königskrone auf. Dieses junge Königreich Preußen fand jedoch erst im Laufe der nächsten Jahre und besonders im Utrechter Frieden die Anerkennung. durch die anderen europäischen Mächte.

Gegenüber dem so rasch zur Größe emporwachsenden brandenburgisch-preußischen Staate nahm sich Oesterreich trotz seiner imposanten Größe und des eben jetzt zur Culmination aufsteigenden Kriegsruhmes fast nur wie ein ehrwürdiges Denkmal uralter Zeiten aus. Alles an diesem Staate, seine vortrefflichen Kriegsvölker ausgenommen, trug altväterische abgelebte Züge; die eine Hälfte dieses Reiches, Ungarn, hatte noch ganz die barok zusammengewürfelte Verfassung des Mittelalters, laut welcher alle Rechte dem Adel, alle Lasten dem Könige und dem niederen Volke gehören sollten; von einer Anspannung der Nationalkraft, von Fortschritten im Sinne der Neuzeit konnte daselbst kaum leise die Rede sein. In den deutschen Erblanden waren zwar die ständischen Rechte im Untergehen begriffen, und die Bedeutung des Adels und Clerus wurde von der Macht der Krone vollkommen verdunkelt; aber die innere Politik, die Verwaltung und Nationalökonomie schleppten sich im Schlendrian begrabener Zeiten fort, es fehlte an Fluß und Leben in den Regierungskreisen und deshalb auch im Volke selbst; Gewerbe und Wissenschaften wurden nur im dürftigsten Ausmaße gepflegt; der ganze Staat äußerte seine Lebenskraft nur soweit er mußte, ohne irgend einen Aufschwung zu großen Gedanken. Eine Hauptursache an dem Zurückbleiben Oesterreichs hinter den Nachbarvölkern lag in der unglücklichen Wahl, welche der Kaiser mehrmals mit seinen Ministern getroffen hatte. Selbst jene Männer, welche nicht wie Auersperg, Lobkowitz und Sinzendorf den Staatsinteressen geradezu entgegen arbeiteten, ermangelten doch der schöpferischen Geistestiefe und Energie, welche zur Einführung des Staates in lebensfrische Bahnen erforderlich gewesen wären. Jene Männer waren ehrsame Bureauchefs, aber nichts weiter. Ueberdieß war die gesammte Regierung unter so viele coordinirte Hofbehörden getheilt, daß eine einzelne, weil sie gleichzeitig von so vielen anderen abhängig war, auch mit entschiedenen Bestrebungen nicht viel Großes auszurichten vermocht hätte. Eine Centralstelle über das ganze Reich fand sich eigentlich nur in der Person des Kaisers; aber Leopold, obgleich ein wohlwollender und achtungswerther Fürst, war doch keineswegs der Mann dazu, um den beschleunigten Gang der Zeit zu

erkennen und die stockende, verrostete Regierungsmaschine durch großartige Umge=
staltungen mit ihr in Einklang zu bringen; überdieß hielt er sein Ohr den Ein=
flüssen zu vieler, oft ganz unbedeutender Persönlichkeiten offen, so daß ein ent=
schiedenes System innerer Staatsweisheit sich nicht zu entwickeln vermochte. Man
übersah, welche ungeheure Machtquellen anderen Staaten, so dem französischen,
russischen und preußischen eben jetzt erschlossen worden waren und hatte keinen
schöneren Traum als jenen von der guten alten Zeit.

Unter solchen Umständen konnte auch der durch die vielen Kriege gesunkene
Nationalreichthum keineswegs sich erholen. Was in dieser Beziehung versucht
wurde, war schon in seiner Anlage verfehlt. Mit der angestrebten Unterstützung
von Fabriken erreichte man kein anderes Resultat, als daß einzelne Personen sich
ohne große Mühe bereicherten, während die allgemeine Gewerbsthätigkeit durch
die Monopole nur noch mehr eingeschränkt wurde. Eine bei Wien angelegte Sei=
denfabrik wurde durch den Eigennutz des damaligen Ministers Sinzendorf zu
Grunde gerichtet, ohne daß die Actionäre Klage zu erheben wagen durften. Eine
orientalische Compagnie schloß mit dem Monopole des Ochsenhandels aus der
Türkei, welches einige große Herren bereicherte und dem Volke nachtheilig war.
Am sonderbarsten aber war ein Project zur Errichtung einer Austernbank bei Wien.
Während ein lebhaftes Verkehrsleben damals in vielen Nachbarländern sich ent=
faltete, war in Oesterreich kaum noch ein Stillstand, eher noch ein Rückgang zu
bemerken. Dasselbe war, wie bereits gesagt wurde, in den Wissenschaften der Fall.

Von dem Einkommen, welches bei den Völkern erhoben wurde, kam nur
ein kleiner Theil zur Verwendung für die Staatsbedürfnisse; namhafte Summen
verschwanden spurlos zwischen den vielen Händen, durch welche sie zu spazieren hatten,
da trotz einer vielfach gegliederten, aber ungeschickten Controlle der Unterschleif
nur zu sehr gebräuchlich war. Die Anforderungen des Hofstaates an das Aerar
standen in gar keinem Verhältnisse zu dem Einkommen; in Zeiten sogar, da die
Feldherren um einige Tausend Gulden die dringendsten Bitten vergebens erhoben,
konnte an der kaiserlichen Burg ein unbedeutender Mensch in kurzer Zeit reich werden,
denn es herrschte daselbst eine ungeheure Verschwendung. Leopold I. hielt keine Sorge
für so wichtig, als wie die, den kaiserlichen Thron mit einem maßlosen und steifen
Pompe umgeben zu erhalten. Unter diesem Kaiser stieg die Zahl der geheimen
Räthe von 22 auf 164, jene der wirklichen Kämmerer von 33 auf 400. Die Ga=
gen der Hofmusik betrugen etwas mehr als jene des Finanzministeriums — und
zweimal so viel als jene des Hofkriegsraths. Für Hoffeste wurden Summen ver=
ausgabt, mit welchen man ganze Armeecorps ausrüsten und erhalten gekonnt hätte.
— Trotz dieser Vorliebe für äußeren Glanz war Leopold I. für seine Person

keineswegs hochmüthig, vielmehr freundlich gegen seine Umgebung, dagegen durch das kalte Ceremoniel vom Volke abgeschieden. Mit diesem trat er fast nur durch die gespendeten Almosen in Berührung; doch kamen selbe vorwiegend nur Schwindlern und gewöhnlichen Bettlern zu Gute. Als man dem Kaiser Vorstellungen wegen der übermäßigen Summen für Almosen machte, sprach er folgende Worte, welche seinem Charakter alle Ehre machen: „Andere Fürsten haben Maitressen, man lasse mir meine Armen!" An Hoffesten und Jagden fand Leopold ein lebhaftes Interesse; für das Kriegswesen hatte er wenig Sinn, obgleich gerade unter ihm die ruhmvollsten Kriege geführt wurden. Leopold I. ging nie zu Felde, persönlich war er aber sehr standhaft und unerschrocken [1]). Nicht am besten begründet ist der Vorwurf einer großen Intoleranz, welcher dem Kaiser häufig gemacht wird. In seinen früheren Regierungsjahren verletzte er allerdings mehrfach die Rechte der Protestanten, er erkannte aber bald das Erfolglose und Schädliche dieser Bemühungen und gab sie auf. Er war sogar der erste österreichische Herrscher, welcher in einigen Dingen den katholischen Clerus einer größeren Aufsicht von Staatswegen unterordnete. Kaiser Leopold sowie auch der große Leibnitz billigten und unterstützten die Bemühungen des Bischofs Spinola, um eine Wiedervereinigung der protestantischen mit der katholischen Kirche zu Stande zu bringen. Sowohl der Pabst als auch die reformirte Priesterschaft traten dem Plane Spinola's keineswegs feindlich entgegen; dennoch aber entschloß sich keiner der beiden Theile zum ersten Schritte und die flaue Stimmung der beiden Parteien brachte endlich den ganzen Entwurf zum Einschlafen (1676 bis 1686).

Aus allem bisher Gesagten wird ersichtlich sein, daß Oesterreich im Wesentlichen mit durchaus veralteten Einrichtungen das 18. Jahrhundert betrat und daher einer ganz außerordentlichen, für lange Dauer doch nicht wohl denkbaren Kraftäußerung seiner spärlichen Truppen bedurfte, um mitten zwischen den vorgeschrittenen und rasch emporstrebenden Staaten den alten Rhum aufrecht zu erhalten.

81. Das Erlöschen der spanischen Linie des Hauses Habsburg. Seit der Thronbesteigung des Königs Karl II. (1665) hatte die europäische Diplomatie mit der Frage sich beschäftigt, was im Falle seines Absterbens mit der großen spanischen Monarchie zu geschehen hätte. Es war nämlich bei der Kränklichkeit des gedachten Fürsten wahrscheinlich, daß derselbe kinderlos verbleiben werde. Nun war Ludwig XIV. von mütterlicher Seite ein Enkel Phi-

---

[1]) Wenige Menschen dürften einer ähnlichen Probe von Kaltblütigkeit sich rühmen dürfen, wie er sie ablegte. Als er sich einstens zur Tafel setzen wollte, schlug der Blitzstrahl in das Zimmer und schleuderte die Trümmer des Tischgeräthes rings herum. Mitten unter dem bestürzten Hofgesinde sprach Leopold ruhig: „Man muß neu anrichten lassen."

lipps III. von Spanien, und überdieß mit Maria Theresia, Schwester Karls II., vermält. Aber auch Leopold I. hatte eine spanische Infantin zur Mutter und eine, Margaretha Theresia, zur Gemalin gehabt; die nach Oesterreich verheira= theten Infantinen waren zwar jünger als ihre an die französischen Könige ver= mälten Schwestern, aber sie hatten nicht gleich den letzteren in einem Reverse feierlich allen Erbansprüchen entsagt. Was aber das Recht des österreichischen Hauses noch viel höher hob, war, daß es auch in männlicher Linie mit den spani= schen Königen derselben Abstammung, u. z. von Philipp dem Schönen, Sohn Maximilians I., sich erfreute. Außer den Bourbons und den deutschen Habsbur= gern trat aber noch ein anderer Prätendent hervor: aus der Ehe Leopolds mit Margaretha Theresia war nur eine Tochter, Maria Antonia, hervorgegangen, welche ihrem Gemale, dem Kurfürsten Max Emanuel von Baiern, einen Prinzen Joseph Ferdinand, hinterließ. Die gedachte Erzherzogin, Nichte Karls II., hatte zwar bei ihrer Vermälung nach Baiern gleichfalls ausdrücklich auf das Erbschafts= recht verzichtet, allein dieser Act war von König Karl II. weder als bindend aner= kannt, noch auch abgeläugnet worden. Unzweifelhaft war also entweder der kleine Kurprinz Joseph Ferdinand oder der Kaiser Leopold am nächsten zur spanischen Erbschaft berechtigt. Ereignete es sich aber, daß der Kurprinz ohne Erben in absteigen= der Linie verstarb — und dieser Fall trat noch vor dem Tode Karls II. ein (1699), so war das Successionsrecht ganz unbedingt wieder dem deutsch=habsburgischen Hause allein zustehend. — Ludwig XIV. jedoch war nicht gewohnt, sich viel um das wirkliche Recht zu kümmern; er war schon zufrieden, wenn ihm seine Juristen nur einen Schein von Rechtstitel herausgrübeln konnten. Dieß war ihnen in dem vorliegenden, sehr verwickelten Falle eben nicht sehr schwierig und so beanspruchte denn auch Ludwig XIV. das ganze spanische Erbe für sich und seine Nachkommen.

Die Absicht Karl's II., seine ganze Monarchie dem bairischen Kurprinzen zu vererben, wurde durch dessen baldiges Hinscheiden vereitelt (1699). Zum zwei= ten Male traten jetzt die Westmächte mit dem Plane zu einer Theilung der spa= nischen Reiche zwischen den Häusern Habsburg und Bourbon hervor, konnten aber hiefür weder die Zustimmung Leopold's, noch auch Karl's II. erlangen; letz= terer wollte nicht den Anlaß zu einer Zerreißung seines Staates geben. Zum Unglücke für die Ruhe Europa's hatte das spanische Erbfolgegesetz den vorliegen= den Fall durchaus nicht vorgesehen und der für seine Gewissensruhe besorgte König wagte, da ihm von allen Seiten mit den widersprechendsten Gründen zu= gesetzt wurde, zu keiner Entscheidung sich zu entschließen. Eben deshalb war aber auch Madrid schon seit längerer Zeit her der Schauplatz diplomatischer Ränke, wie dieselben wohl nie um wichtigere Dinge angesponnen wurden. Wie gewöhn=

lich aber, wo es sich um List und durchdringende Gewandtheit handelte, war auch diesmal wieder Oesterreich weit schlechter besorgt als Frankreich. Weil man das gute Recht für sich hatte, glaubte man in Oesterreich, daß es eines Weiteren gar nicht mehr bedürfe. Der Gesandte des Kaisers am Madrider Hofe, Graf Harrach, war zwar in Geschäften ergraut, aber in seinem Stolze war er mehr abstoßend als einschmeichelnd, auch verschmähte er es, den Intriguen, die rings um ihn gesponnen wurden, bis auf ihren Ursprung nachzugehen und sie zu durchkreuzen. Die Stimmung Karl's II. war durch die längste Zeit den österreichischen Ansprüchen günstig; er selbst äußerte nach dem Tode des Kurprinzen das Verlangen, der Erzherzog Karl, zweiter Sohn Leopolds und von diesem zum Erben der spanischen Krone fürgewählt, sollte mit 10.000 M. deutscher Truppen nach Spanien kommen; — aber zur Absendung dieser Streitmacht hatte Oesterreich kein Geld! König Karl begnügte sich später mit dem Wunsche, daß der Erzherzog auch ohne Truppen nach Madrid komme. Dieß verstieß aber wieder gegen die stolzen Begriffe Oesterreichs von der nöthigen Etiquette! — Kann man wohl irgendwo ein schlagenderes Beispiel von den Folgen einer beschränkten Staatsweisheit auffinden? Hätte Oesterreich zur rechten Zeit die Mittel für 10.000 M. aufgetrieben, so hätte es fast unzweifelhaft die ganze spanische Monarchie ohne einen Schwertstreich gewonnen; weil es dieß unterließ und überhaupt gar nichts that, mußte es unmittelbar darauf durch 13 Jahre 100.000 Krieger erhalten, um nur kleine Theile jener großen Monarchie zu bekommen! Dazu hatte es dann die Mittel! Will man die Sache mathematisch ausdrücken, so kostete nach dem J. 1700 jedes Stück Land, welches Oesterreich gewann, mehr als 390mal so viel, als es im Jahre 1699 gekostet hätte [1]).

Graf Harrach verstand es nicht, die Partei, welche sich für die österreichische Sache gebildet hatte, zu verstärken; im Gegentheile, die mächtigsten Mitglieder derselben wurden nach und nach auf die französische Seite hinübergezogen. Der Marc. Harcourt, Gesandter Ludwigs XIV, schente kein Mittel, das seinen Zwecken förderlich sein konnte. Er erlangte allmälig derart das Uebergewicht über Harrach, daß letzterer selbst seinen Posten niederlegte. Aber der Wiener Hof, welcher nur zu oft die Artigkeit gegen angesehene Staatsmänner über das eigene Interesse stellte, ernannte den Sohn des abgetretenen Gesandten an dessen Stelle, obgleich dieser jüngere Graf Harrach noch keineswegs bewiesen hatte, in welcher Weise er gewandt-

---

[1]) Prinz Eugen, welcher nicht nur als Feldherr, sondern auch als Politiker alle seine Zeitgenossen in Oesterreich weitaus übertraf, konnte sich nicht enthalten, nach mehreren vorhergegangenen tadelnden Schreiben am 14. Juli 1700 die Wiener Politik als eine solche zu bezeichnen, bei „welcher ihm der Verstand stille stehe."

ter als sein Vater sich zeigen könnte. Nun wurde zwar fast zur selben Zeit auch Harcourt von Madrid entfernt, nachdem er durch allzu unverschämte Bestechungs= versuche den Zorn des spanischen Königes geweckt hatte; der neue französische Ge= sandte Blécourt war aber nicht minder geschickt in Cabalen und wußte besonders die am Madrider Hofe allmächtige Geistlichkeit in sein Netz zu ziehen. Als die Priester, den Pabst mit inbegriffen, dem Könige das Gewissen schwer machten und ihn vor der Hinneigung zu Oesterreich mit der Hinweisung auf die Strafen im Jenseits zurückschreckten, unterzeichnete der geängstigte und dem Tode nahe König ein Testament, welches einen jüngeren Enkel Ludwig's XIV., Philipp von Anjou, zum Erben des ganzen spanischen Reiches ernannte. Später wollte Karl II. das= selbe zwar widerrufen, wurde aber vor der Ausführung vom Tode überrascht (1. Nov. 1700). Mit ihm endete der ältere Zweig des Habsburgischen Hauses.

Erst bei Eröffnung des Testamentes wurde der österreichische Gesandte, wel= cher die Angelegenheiten seines Hofes auf das Beste bestellt glaubte, durch die An= zeige überrascht, daß nicht EH. Karl sondern Philipp von Anjou ernannter König von Spanien sei. Kurz darnach wurde der neue König Philipp V. im Lande feierlich anerkannt und hielt einige Monate später seinen Einzug in Madrid (15. Apr. 1701). Auch sämmtliche Nebenlande Spaniens huldigten dem neuen Fürsten; darunter waren die Niederlande, in deren Festungen der Statthalter, Kurfürst Max Emanuel von Baiern, ganz in der Stille und mit aller Eile französische Truppen einrücken ließ. In solcher Weise wurden auch die sogenannten Barrièreplätze von den Franzosen überrumpelt und die darin in Garnison liegenden 23 holländischen Bataillone gefangen genommen. Um diese zu befreien, mußten die Generalstaaten sich zur Anerkennung Philipp's V. entschließen. Zu dem gleichen Schritte sah auch Wilhelm III. von England durch die Abneigung seines Parlamentes gegen einen Krieg sich veranlaßt. Alle übrigen Mächte, Oesterreich ausgenommen, erkannten ohne alles Zaudern das eben vollzogene fait accompli an, und der Herzog von Savoyen beeilte sich sogar, in ein enges Bündniß mit dem jetzt auf zwei Königs= thronen sitzenden Hause Bourbon zu treten. Gleichfalls entschieden zur nämlichen Partei gehörten der Herzog von Mantua und die Kurfürsten von Baiern und Köln. Auch die übrigen Stände des deutschen Reiches zeigten keine Neigung, für die Sache des Hauses Habsburg unter die Waffen zu treten. Es war also Oester= reich, wenn es seine beeinträchtigten Rechte wahren wollte, Anfangs ganz allein auf sich selbst angewiesen. Nun war dieser Staat aber ungemein erschöpft, mit Schulden überhäuft und überhaupt finanziell fast hilflos, in Ungarn durch einen zum Ausbruch reifen Aufstand bedroht und endlich nicht im Stande, mehr als 80.000 M. zum Kampfe fast gegen die gesammte Westhälfte Europa's aufzubrin=

gen. Demungeachtet entschloß man sich in Wien zum Kriege und suchte vorderhand wenigstens mit einzelnen Fürsten in Bündniß zu treten. Hauptsächlich zu diesem Behufe erfolgte die Anerkennung des neugebildeten Königreichs Preußen, von welchem zwar nicht sehr zahlreiche, aber tüchtige Hilfstruppen zu erwarten waren. Auch auf die Dankbarkeit des in die kurfürstliche Würde erhobenen Hauses Hannover hatte man Grund zu bauen.

82. Der spanische Erbfolgekrieg, Feldzug 1701. In der Vertheilung der österreichischen Streitkräfte bei Beginn des großen Krieges gegen die Bourbon'schen Höfe bewies die kaiserliche Regierung eine viel bessere Combination, als man ihr jüngst bei den diplomatischen Verhandlungen nachrühmen konnte. Von den 80.000 M. der kaiserlichen Armee wurden 30.000 unter dem Prinzen Eugenius von Savoyen nach Italien geschickt; dieser junge Feldherr stand bereits in dem höchsten Ruhme und überflügelte auch wirklich in den nächsten Zeiten den Markgrafen Ludwig von Baden, den Sieger von Slankamen und in vielen anderen Schlachten, welcher mit 20.000 M. an den Rhein geschickt wurde. Bei dem Markgrafen so wie in bedeutend späterer Zeit sogar an dem Prinzen Eugen sollte sich der Erfahrungssatz bewähren, daß altgewordene Feldherren nur mehr die Hälfte von ihrem früheren Ich zu sein pflegen: sie sind Meister wie nur jemals in der Vertheidigung, dagegen ist die Kühnheit der Jugend und damit die Kraft des Angriffes in ihren Seelen gewöhnlich als halb entschlummert zu betrachten. Bei Eröffnung des spanischen Successionskrieges war übrigens der rheinische Schauplatz bei weitem nicht so wichtig als der italienische; es war nämlich nicht wahrscheinlich, daß Frankreich durch einen energischen Angriff das deutsche Reich muthwillig aus seiner Neutralität aufstören werde; in Wirklichkeit standen auch Franzosen und Oesterreicher im J. 1701 längs dem Rheine vorwiegend nur beobachtend sich gegenüber. Die Wahl der beiden Feldherren Oesterreichs war auch aus dem Grunde sehr zu loben, weil Markgraf Ludwig auf dem deutschen, Prinz Eugen auf dem italienischen Schauplatze von früher her wohl bewandert war, und weil ferner von dem Ersteren auf die deutschen Fürsten, von dem Zweiten aber auf seinen jetzt noch bei Frankreich stehenden Vetter, den Herzog von Savoyen, ein vortheilhafter Einfluß zu gewärtigen war. — Der Rest der kaiserlichen Armee, 30.000 M., mußte im Inlande zurückbehalten werden, da man in Ungarn stündlich auf einen abermaligen Aufstand gefaßt sein mußte.

Es wurde demnach im J. 1701 bloß in Italien der eigentliche Krieg eröffnet. Die Streitmacht, welche Frankreich daselbst unter dem Marschall Catinat stehen hatte, war im Frühjahre nicht stärker als jene Oesterreichs; dazu kamen aber noch einige Truppen der Verbündeten, überdieß waren sie im Besitze aller

Festungen, so daß das Uebergewicht schon von Beginn an auf Seite der Franzosen sich befand. Bis zum August aber erreichte das Heer der Bourbons allmälig die Stärke von beiläufig 80.000—90.000 M. Dagegen erhielt Eugen im ganzen Feldzuge keine andere Verstärkung als zwei schwache Regimenter Fußvolk (Sept.) und ganz zum Schlusse noch 6000 Dänen, so daß seine Streitmacht höchstens bis auf 40.000 M. sich erhob. Zu Anfang des Feldzuges waren es 8 Regimenter Infanterie (19.200 M.), 6 Küraffier= und 4 Dragoner=Regimenter (10.000 M.), welche sich im Mai 1701 um Roveredo versammelten. — Die größte Schwierigkeit für Eugen war, wie er nach Italien gelangen solle. Das Veronesische gehörte nämlich der neutralen Republik Venedig an, der Weg durch die Chiusa herunter sowie die Höhen des Monte Baldo waren mit 18.000 Franzosen besetzt und konnten beiläufig als unangreifbar gelten; überdieß waren noch ansehnliche Truppen Frankreichs bei Peschiera in Reserve. — Prinz Eugen faßte den Entschluß, um die Neutralität von Venedig ebenso wenig wie um die Hauptstraße längs der Etsch sich zu kümmern, vielmehr sich selbst den Weg über die Lessinischen Berge zu suchen. Sogleich stellte er 6000—8000 Arbeiter an, um in zwei verschiedenen Richtungen Straßen herzustellen, wo bis dahin kaum einzelne Fußgänger gewandelt waren. Man weiß nicht, soll man mehr erstaunen über die Schnelligkeit oder über das Geheimniß, womit das riesige Unternehmen ausgeführt wurde. Die Anhänglichkeit der Wälsch=Tyroler an das Haus Oesterreich war damals so groß, daß unter den vielen Tausenden der mitbetheiligten Landleute nicht einer sich vorfand, der durch den Verrath des Geheimnisses bei Catinat einen reichen Sündenlohn sich erwerben wollte. Von den hergestellten Wegen ging der eine von Peri aus durch die Val Fredda nach der Val Policella, ein zweiter etwas weiter östlich; endlich wurde auch noch der Uebergang aus der Val d'Arsa in die Val d'Agno fahrbar gemacht. Schon am 26. Mai, beiläufig am 4. Tage nach dem Beginne der Arbeiten, begann die Truppenbewegung; auf dem letzterwähnten Wege eilte Palffy mit 3 Reiter=Regimentern und 6 Geschützen über Montebello gegen Legnago, um hinter der Etsch rasch festen Fuß zu fassen und das Herunterkommen der übrigen Truppen zu erleichtern. Diese gingen über die beiden westlicheren Pässe vor; hiebei hatten sie unsägliche Schwierigkeiten zu überwinden: Officiere und Soldaten legten Hand an, um die Geschütze und Fuhrwerke die steilen Höhen hinaufzuschieben oder sie an Flaschenzügen in die Tiefe herunterzulassen. Am 4. Juni stand das Gros der Armee im Val Pontena gerade nördlich oder Verona vereinigt. Nur 4 Bataillone unter General Guttenstein blieben bei Ala an der Etsch in Tyrol stehen und erreichten es, den Feind fortwährend im Glauben zu erhalten, daß eine größere Truppenmacht hinter ihnen sich befinde.

Man kann nicht umhin, die meisterhafte Durchführung dieses von den Zeit=
genossen nur mit Mühe geglaubten Alpenüberganges, sowie die ungeheure Kühn=
heit Eugens anzustaunen. Es ist nämlich von selbst einleuchtend, daß er in den
Tiefebenen an der Etsch unbedingt zu siegen hoffen mußte, weil er im Falle eines
ungünstigen Ausganges nirgends einen Rückweg gefunden hätte. Kühn und doch
vorsichtig waren auch die ferneren Bewegungen Eugens; es handelte sich für ihn
zunächst darum, die schwachen Stellen seines Gegners herauszufinden, ihn von
einzelnen Punkten längs der Etschlinie wegzulocken und sonach diesen mächtigen
Strom zu überschreiten. Nun erfuhr zwar der Prinz sehr bald, daß Catinat sein
Heer auf der 8 Meilen langen Strecke vom Monte Baldo bis Legnago in mehrere
Corps versplittert halte; da aber der Etschübergang jedenfalls eine längere Zeit=
dauer beanspruchte, so hätten die Franzosen vielleicht noch immer zur rechten Zeit
den Kaiserlichen gegenübertreten können, und dieß um so mehr, da die wenigen als
günstig anerkannten Uebergangspunkte der Etsch von den Ersteren bereits besetzt
gehalten wurden. Eugen strebte deshalb nach noch größerer Täuschung des Geg=
ners, so daß dieser seinen linken Flügel am Monte Baldo behalten, den rechten
aber bis über den Po vorschieben sollte. Zu diesem Behufe ließ der Prinz bei Ca=
stelbaldo (unweit Badia) eine Brücke über die Etsch schlagen und ging selbst mit
dem größeren Theile seines Heeres dahin ab, während Prinz Vaudemont mit 5
kaiserlichen Regimentern in der Nähe von Verona beobachtend verblieb. Allmälig
zog sich jedoch auch dieses Corps mehr gegen Süden herunter. Uebrigens konnte
Eugen noch nichts Ernstes unternehmen, weil sein schweres Geschütz erst zu Ende
Juni von Roveredo aus in den Weitermarsch gesetzt werden konnte.

Catinat, obgleich fast der tüchtigste französische Feldherr dieser Zeit, schien
vor lauter Staunen über den unverhofften Einmarsch Eugens noch immer nicht
zur Besinnung gelangen zu können. Er fürchtete einen Angriff bald auf diesem,
bald auf jenem Punkte, sogar von Ala her, wo zuletzt kaum noch ein Bataillon
verblieben war. Bei den geheimnißvollen Bewegungen Eugens hinter der Etsch
dehnten sich die Franzosen allmälig bis zum Po hin aus; dieß war aber dem kai=
serlichen Feldherrn noch immer nicht genug, er wollte einen ansehnlichen Theil
ihrer Streitmacht jenseits dieses Stromes haben, um dann dießseits ungestört seine
Manöver auszuführen. So wurden denn Uebergänge über die südlich der Etsch
befindlichen großen Wasserläufe hergestellt, worauf am 29. Juni die ersten öster=
reichischen Truppen den Po übersetzten; ihnen folgten andere Regimenter und end=
lich wurde sogar eine Kriegsbrücke bei Occhiobello geschlagen (7. Juli). — Wirk=
lich ließ sich Catinat zu dem Glauben verleiten, daß sein Gegner auf dem rechten
Poufer nach Mailand vorzubrechen gedenke, so waghalsig, ja fast unausführbar

ein solches Unternehmen auch gewesen wäre. In seinem Wahne schob Catinat einen ansehnlichen Theil der bisher längs der Etsch gestandenen Streitmächte auf das Land südlich vom Po vor. Darauf hatte Prinz Eugen nur gewartet. Jener Theil seiner Truppen, welcher eben jetzt in der Stärke von 4 Infanterie= und 11 Rei= ter=Regimentern südlich von Badia am rechten Ufer des Canal Bianco und des Tartaro seine Stellungen hatte, übersetzte in der Nacht vom 8. auf den 9. Juli 1701 mit ungemeiner Ordnung den Tartaro und zog auf dem schmalen Raume zwischen dem Canal Castagnaro und den Valli Grandi Veronesi (Versumpfungen) gegen die feindlichen Stellungen bei Castagnaro und Carpi hinauf. Diese Posten waren es vorzugsweise gewesen, welche bisher den Prinzen an der Ueberschreitung der Etsch von Castelbaldo aus verhindert hatten. In der letzten Zeit waren sie aber durch die Entsendungen über den Po auf 5 Regimenter Cavallerie und sehr wenig Infanterie herabgemindert worden; eine starke Reserve unter dem Grafen Tessé stand 1½ Meilen aufwärts unweit Legnago. Ungeachtet der doppelten Reihe von Verschanzungen, welche die Franzosen bei Carpi hatten, wurden dieselben doch nach einem hartnäckigen Widerstande von der weit stärkeren Zahl der Kaiserlichen herausgetrieben; auf ihrem Rückzuge hatten sie kaum ½ Meile zurückgelegt, als sie von dem herangeeilten Grafen Tessé aufgenommen wurden; dieser ging aber nun ungesäumt in seine frühere Stellung zurück. — Das Treffen bei Carpi war an und für sich unbedeutend; die Sieger verloren hierin nur 100, die Franzosen gegen 1200 M.; allein Eugen hatte nicht nur den Etschübergang gewonnen, son= dern gleichzeitig die weitläufige Postenkette der Franzosen durchbrochen.

Catinat mußte nunmehr trachten, nach der verlornen Etschlinie jene des Mincio festzuhalten. Er gab die schon lange zwecklos gewordene Stellung am Montebaldo sowie auch jene am anderen Ponser auf und vereinigte seine Macht zwischen Peschiera und Mantua. Den Oberbefehl über das französisch=piemonte= sische Heer übernahm jedoch jetzt der Herzog von Savoyen selbst, der eben erst an= gelangt war (25. Juli). — Auch Eugen zog jene Truppen, welche er bisher zu Demonstrationen verwendet hatte, wieder näher an sich und stand am 15. Juli in der Gegend von Villafranca. Seine Lage war hauptsächlich aus dem Grunde un= gemein schwierig, weil er durchaus keine Basis hatte und das einzige Hinterland, vor welchem er stand, Venedig, weit mehr den Franzosen als den Kaiserlichen Vorschub zu leisten geneigt war; da nun überdieß die Geldquellen aus Wien äußerst spärlich flossen, so war der Prinz durch die Sorge für die Verpflegung in allen seinen Unternehmungen förmlich wie mit Ketten belastet. Ueberdieß wurde gleichzeitig mit der Ankunft des Herzogs von Savoyen das gegnerische Heer auf eine Zahl von 40.000 M. erhöht. Trotzdem beschloß Eugen, den Mincio nöthi=

gen Falles kämpfend zu überschreiten. Am 28. Juli wurde in der für damals kurzen Zeit von vier Stunden bei Salionze eine Brücke geschlagen. Obgleich die Hauptmacht der Franzosen auf kaum zwei Stunden Entfernung aufgestellt war, thaten sie doch nichts zur Störung dieses Ueberganges. Durch diesen Fehler bestärkten sie den Prinzen noch mehr in seiner Ueberzeugung, daß sie es zu einer kühnen Initiative nicht bringen würden. Daher wagte er es, am 31. Juli und 1. August fast vor ihren Gewehrläufen vorbei den Vormarsch bis Lonato fortzusetzen; hier gewann er endlich den Vortheil, in Desenzano ein sicheres Magazin anlegen zu können, welches von Tirol aus über den Gardasee versehen werden konnte. Unbegreiflich ist es, daß die Verbündeten den Flankenmarsch Eugens an ihrer Front vorbei (sie standen in der Linie Solferino — Castiglione) nicht angriffsweise ausbeuteten, sowie sie ebenso wenig auf den Einfall geriethen, sich zwischen Eugen und den Mincio, also jenem im Rücken, aufzustellen, ihn damit zur Umkehr und zu einer Schlacht zu nöthigen, welche vielleicht den Untergang des ohne Rückzugslinie stehenden kaiserlichen Heeres zur Folge haben konnte. Aber der Prinz kannte seine Gegner und wußte, was er wagen durfte.

Statt irgend eines Versuches zur Offensive entschlossen sich die Franzosen zum Rückzuge bis hinter den Oglio, wo sie abermals eine Postenkette bezogen. Dieser Fluß läßt sich jedoch zur Sommerszeit im größten Theile seines Laufes überschreiten und ist überhaupt militärisch viel weniger wichtig, als die Linien der Etsch, des Mincio, der Abda und des Ticino. Prinz Eugen, welcher am 30. Aug. Stellungen bei Chiari, Urago und Pallazzuolo am Oglio einnahm, würde vielleicht diesen Fluß auch überschritten haben, wenn er nicht die zwei ihm zur Verstärkung bestimmten Infanterie-Regimenter obwarten hätte müssen, welche aus Tirol über Rocca d'Anfo im Anmarsche waren. Diese Ergänzung war umso mehr nothwendig, weil um diese Zeit (Ende Aug.) das feindliche Heer bis auf 92 Bataillone und 121 Schwadronen, zusammen etwa 80.000 M., ergänzt worden war. Gleichzeitig war wieder eine Veränderung im Oberbefehle der französischen Armee vorgegangen. Marschall Catinat, ein sehr verdienter, einfacher und gerader Mann, hatte schon deshalb, mehr aber noch wegen seiner bürgerlichen Abkunft am Hofe von Versailles viele Neider und Feinde; auch Tessé, sein eigener Untergebener, spann gegen ihn Ränke an; es fiel dieser Sippe nicht schwer, die Schuld des mißlichen Kriegsganges dem Marschall allein beizumessen, obgleich in Wahrheit der größere Theil dieser Schuld auf dem von Paris aus vorgezeichneten Operationsentwurfe und auf dem Herzog von Savoyen lastete. Zu den übrigen Feinden Catinats gesellte sich auch noch Frau von Maintenon, welcher man diesen General als irreligiös geschildert hatte. Ludwig XIV. ernannte demnach seinen Jugendgespielen, den Herzog von Villeroy zum Oberbefehlshaber in Italien, einen Mann, auf welchen der König und die Maintenon ungemein große Stücke hielten, während alle Welt aus früheren Zeiten her von seiner gänzlichen Unfähigkeit überzeugt war.

Villeroy traf am 22. Aug. bei dem Heere am Oglio ein, Catinat stellte sich unter seine Befehle. Ohne vieles Bedenken entschloß sich Villeroy zum Angriffe der österreichischen Stellungen bei **Chiari**. Prinz Eugen ließ die Franzosen den damals überall watbaren Oglio ungehindert überschreiten (29. Aug.), änderte aber gleichzeitig die Front seiner Stellung, welche bisher gegen Westen gerichtet gewesen war, derart ab, daß sie nunmehr gegen Süd und Ost gekehrt wurde. Chiari, ein venetianisches Städtchen, dessen Neutralität jedoch von Eugen nicht beachtet wurde, bildete den Kernpunkt der Position. Der rechte Flügel dehnte sich bis gegen Urago am Oglio und hatte einige Verstärkung in zwei von Ost nach West dem Flusse zuströmenden Bächen. In gleicher Höhe von Chiari bog sich die Schlachtlinie gegen Norden um, so daß das Centrum und der linke Flügel Front gegen Osten machten. Die ganze Stellung, deren rechte Flanke von Urago auf= wärts durch den Oglio als so ziemlich abgeschlossen betrachtet werden konnte, hatte demnach eine carréartige Form mit starken Reserven in ihrem hohlen Raume, welche von hier aus rasch jedem bedrohten Punkte zu Hilfe eilen konnten. Die Gefahr, welche heutzutage bei einer derartigen Aufstellung zu befürchten wäre, daß nämlich keine feindliche Kanonenkugel fehl gehen könne, bestand damals und auf diesem Schauplatze im geringsten Ausmaße: die Wirkung des Geschützfeuers wurde näm= lich durch unzählige Casinen, Baumpflanzungen und kleine Gräben äußerst herab= gemindert; in Wirklichkeit vermochten die Franzosen ihre Artillerie gar nicht recht zum Aufmarsche zu bringen. Die Vortheile der Oertlichkeit wurden vom Prinzen auf das Trefflichste ausgenützt; die vor und in der Front befindlichen Casinen und anderen Locale wurden besetzt und auf das Beste hergerichtet, und es hatte bis zu diesem Augenblicke wohl noch nie eine Schlacht gegeben, welche so wie jene von Chiari ganz allein aus zahlreichen Kämpfen um einzelne Oertlichkeiten zusammen= gesetzt war. Auch hierin erkennen wir Eugen wieder als einen Meister und Pfad= finder der Kriegskunst. — Durch den Herzog von Savoyen, welcher deshalb später eines geheimen Einverständnisses mit den Kaiserlichen — wahrscheinlich mit Un= recht — beinzichtigt wurde, ließ sich Villeroy zu der falschen Annahme verleiten, daß nur ein kleiner Theil des kaiserlichen Heeres noch um Chiari stehe, das Gros dagegen nach Südosten abmarschirt sei. Deshalb ging die Hauptmasse der Fran= zosen an Chiari Anfangs östlich vorbei, um die dortigen Truppen gänzlich abzu= schneiden. Graf Tessé mit dem linken Flügel erhielt den Auftrag, die Stellung bei Chiari von Süden her anzugreifen. Nach zwei Uhr Nachmittags am 1. Sept. be=

gann er mit 3½ Brigaden den Angriff auf die Casinen, nahm Anfangs ein paar weg, wurde aber rasch mit großen Verlusten wieder herausgetrieben. Nun eilte zwar das Gros der Franzosen herbei und griff den linken Flügel der Oesterreicher an, konnte aber nicht den mindesten Erfolg erringen. Nach einer vierstündigen Dauer wurde das Gefecht von Villeroy abgebrochen und der Rückzug unverfolgt angetreten. Der Verlust der Franzosen betrug gegen 3000, jener der Sieger nicht viel über 100 M.; diese Angabe wird glaublich, wenn man sich an die trefflichen Deckungen erinnert, hinter welchen die Oesterreicher standen.

Eugen hatte mit diesem Gefechte den ersten Offensivplan der Franzosen vollkommen abgewiesen; gegenüber einer doppelten Uebermacht durfte er nicht daran denken, die Gegner zu verfolgen und zur Schlacht aufzusuchen, er mußte vielmehr von seiner größeren Gewandtheit im Manövriren allein weitere Resultate erwarten und deßhalb auf Blößen lauern, die ihm allenfalls geboten wurden. Nun blieben aber die Franzosen bis in den Herbst hinein in der Entfernung von kaum einer Stunde vom österreichischen Lager auf dem linken Oglioufer stehen. So mußte denn auch Eugen seine Position beibehalten, benützte aber dabei die Zeit trefflich, um durch Streifungen bis tief in's Mailändische und Mantuanische hinein den Gegnern vielen Schaden zuzufügen. Durch einige Zeit hegte man Hoffnung, daß das lombardische Volk, weil es der österreichischen Sache geneigt war, diese durch einen Aufstand begünstigen werde; allein Eugen erkannte bald das Grundlose dieser Erwartung und schrieb an den Kaiser folgende bezeichnende Worte (22. Aug. 1701): „sovill Ich die nation Khönne, so Zweiffle, daß Sye hierzue sich resolvieren werde, dann ob schon Ihr willen und Gemieth innerlich gutt seyn mag, so ist aber daß Hertz desto feig- und Verzagter."

Villeroy brachte es nicht zu dem Entschlusse, mit ansehnlicher Kraft auf die ohnedem nur sehr schwachen Verbindungen Eugen's zu wirken. Er begnügte sich, ein Corps von ungefähr 12.000 M. unter Tessé nach Goito zu verlegen; dagegen ging das Gros der Franzosen in der Nacht zum 13. November auf das linke Ufer des Oglio zurück und bezog Erholungsquartiere längs dem unteren Laufe dieses Flusses. Auch Eugen nahte sich jetzt auf der anderen Seite diesen Gegenden und nahm sein Hauptquartier zu Pralboino, 1½ Meilen östlich von Robecco. Gleichzeitig erhielt Prinz Commercy den Befehl, ein eben aus Tirol herangekommenes Hilfscorps von 6.000 Dänen an sich zu ziehen und mit ungefähr 14.000 M. die Umschließung von Mantua zu beginnen. Zur selben Zeit (Anfang December) zeigte Villeroy Absichten, sich mehrerer Uebergänge am unteren Oglio zu bemächtigen; allein Eugen verstand es, an dem wichtigen Punkte immer stärker zu sein als der Gegner, und so erlitt der letztere bei seinen neuesten

Versuchen nur neue Verluste. Bei diesen Manövern waren beide Heere allmälig bis an den Po herunter gelangt und dehnten sich selbst über diesen Fluß nach Süden aus. Die Winterquartiere, welche gegen Schluß des Jahres bezogen wur= den, waren durch den unteren Lauf des Oglio bis zum Po, dann jenseits dieses Stromes durch den Crostolo (Linie Quastalla=Reggio) von einander geschieden. Im Rücken des österreichischen Hauptheeres lag die von den Franzosen besetzte Hauptfestung Mantua und stand unweit davon das Corps von Tessé bei Goito; umgekehrt nahm von der Etsch her Prinz Commercy seine Richtung auf Mantua, um diese Festung vom Norden einzuschließen; die Verbindung mit der französi= schen Hauptarmee war derselben durch die Stellung des österreichischen Gros ohne= dem bereits abgeschnitten. Ueberhaupt hatte Eugen, dessen Hauptquartier zu S. Benedetto (unweit der Vereinigung von Mincio und Po), später aber zu Luzzara sich befand, seine Stellungen so trefflich gewählt, daß er Tessé und Mantua voll= ständig isolirte und seine eigene Hauptmacht binnen drei Tagen an beliebigen Punkten längs dem Oglio, Po, Mincio oder Crostolo versammeln konnte; vor Ueberraschungen war er aber durch den trefflich gehandhabten Sicherheits= und Kundschaftsdienst vollkommen gesichert. — Dagegen hatten die Franzosen, deren Hauptquartier zu Cremona war, ihre Cantonnirungen über die Herzogthümer Mantua (hier Tessé), Parma und Mailand bis nach Piemont und Mont= ferrat aus einander gezogen.

83. Kriegsjahr 1702, Zustände der österreichischen Ar= mee. Das Jahr 1702 begann mit politischen Constellationen, welche der öster= reichischen Sache eine günstige Wendung versprachen. Der englische König Wil= helm III. brachte, seinem gerechten Hasse gegen Ludwig XIV. getreu bleibend, ein Bündniß zwischen Oesterreich, Holland und Großbrittanien zu Stande (7. Sept. 1701), laut welchem die europäischen Nebenlande Spaniens für das Haus Habs= burg erobert werden sollten. Da aber das englische Parlament von einem Kriege nichts wissen wollte, so wäre von dieser Seite eine ausgiebige Unterstützung ver= gebens zu erwarten gewesen, wenn nicht ein politischer Fehler Ludwig's XIV. der Sache seiner Gegner Vorschub geleistet hätte. Jacob II., der vertriebene englische König aus dem Hause Stuart, war gestorben (16. Sept. 1701); in der Mei= nung, in Großbrittanien Parteiungen erregen zu können, beeilte sich Ludwig XIV., den Sohn des Verblichenen als König von England anzuerkennen. Dieser Schritt rief aber im brittischen Volke, welches sich in seinem Selbstbestimmungs= rechte beleidigt erblickte, eine große Entrüstung hervor; das Parlament billigte nunmehr das von Wilhelm III. abgeschlossene Bündniß und bewilligte die Kriegs= kosten zur Aufstellung von 45.000 M. (Jänner 1702). Nun starb zwar kurze

Zeit darnach der englische König (8. März 1702) und die Krone ging nach dem jüngst aufgestellten Erbrechte nicht auf seine nächsten Angehörigen aus dem Hause Oranien, sondern auf die mit einem dänischen Prinzen vermählte Tochter Jacob's II., Anna, über. Vermöge ihrer Hinneigung zur Partei der Stuarts, beziehungsweise ihres jüngeren Bruders, war von ihrer Person eben keine warme Förderung der österreichischen Angelegenheiten zu erwarten; zum Glücke für die letzteren war aber die Königin nicht sehr kräftigen Charakters, während umgekehrt das constitutionelle System des Reiches eben in diesem Falle einen großen Triumph feierte; die Königin ließ die stuartfeindliche Partei der Whigs am Ruder, und so kam es, daß England mit aller Kraft gegen Frankreich für Oesterreich, zugleich aber auch für die Herrschaft des protestantischen und liberalen Principes im eigenen Lande die Waffen ergriff. — Gar eigenthümlich verschlingen sich die Geschicke der Nationen: vor kaum sechzig Jahren stand das ganze protestantische Europa in Verschwörung gegen Oesterreich; desselben Staates wärmster Freund war jetzt das streng protestantische England, u. z., was das Merkwürdigste ist, im Interesse der eigenen Glaubensfreiheit.

Im Laufe des J. 1702 trat auch Preußen dem Bündnisse der drei Mächte bei, ebenso nach einiger Zeit das deutsche Reich, letzteres jedoch nicht in seiner Gesammtheit: Baiern und Köln standen entschieden auf der Seite Frankreichs, andere Fürsten suchten sich möglichst passiv zu verhalten. — Nach der jetzigen Stellung der Parteien mußte selbstverständlich der Krieg sogleich weit größere Dimensionen annehmen; es eröffneten sich ihm zunächst drei Schauplätze, nämlich außer dem italienischen auch noch der am Mittelrheine und einer in den Niederlanden. Wir werden uns zuerst mit den Ereignissen in Italien befassen.

Wie glorreich Prinz Eugen den vorjährigen Feldzug auch immer geführt hatte, seine Stellung in Italien blieb noch immer sehr gewagt. Abgesehen von der geringen Truppenzahl und der äußerst mangelhaften Verpflegung, wodurch er fast zur Unthätigkeit verurtheilt und eine Niederlage in den Bereich naher Möglichkeit gerückt wurde, konnte eine solche den völligen Untergang der kleinen kaiserlichen Armee zur unmittelbaren Folge haben. Mit Ausnahme von Modena und Guastalla zeigten die übrigen Mächte dieser Gegenden, nämlich Parma, der Kirchenstaat, Benedig und Mantua (letzteres offen mit Frankreich verbündet) eine sehr üble Stimmung, welche bei geeigneter Gelegenheit in Thätlichkeiten überzugehen drohte. Hingegen bewies der Herzog von Modena dem Kaiser seine Dienstfertigkeit, indem er in die Festung Brescello österreichische Truppen einließ (Jänner 1702). Dieser kleine und verwahrloste Platz hatte, obgleich der Po daselbst keine gute Uebergangsstelle bietet, dennoch einen bedeutenden Werth, indem der Strom von den Kanonen der Festung beherrscht und die Schiffahrt auf selbem hiermit unterbrochen werden konnte. Daher verwendete Eugen im Verlaufe des Feldzuges auch viel Eifer und Geld daran, um Bresccllo wenigstens für einige Wochen haltbar zu gestalten. Weitere Punkte von einiger Wichtigkeit waren ihm Guastalla, Luzzara, Borgoforte und Mesola (am Po di Goro, hier große Magazine), alle diese am Po, — Curtatone und Governolo am Mincio, Canneto und Torre d'Oglio am Oglio (letzteres an dessen Mündung), Desenzano wegen seiner Magazine und Castiglione zur Aufrechthaltung der Verbindung zwischen dem Gardasee und dem unteren Po. Der letztgenannte Ort war noch einer der festesten unter allen, doch war auch bei ihm, wenn nicht die Armee rechtzeitig zu seiner Hilfe herbeikommen konnte, höchstens auf einen einwöchentlichen Widerstand zu rechnen. Man sieht also, wie Eugen thatsächlich noch immer fast in der Luft stand und nur auf die Hilfsmittel seines Genies hingewiesen war, um sich zu behaupten.

Wirklich setzte er durch den ganzen Winter die Operationen fort; in ihrem größeren Theile hatten sie die Einschließung von Mantua zum Ziele, ohne welche der Rücken der kaiserlichen Armee allzusehr gefährdet und die Verbindung mit den Magazinen sehr leicht vom Feinde zu unterbrechen gewesen wäre. Aus diesen Gesichtspunkten, keineswegs aber mit der eitlen Hoffnung, ohne schweres Geschütz Mantua bezwingen zu können, beorderte Prinz Eugen einen beträchtlichen Theil seiner Streitkräfte nach dem unteren Mincio. Zuerst zog sich, wie im vorigen §. erwähnt, Commercy vom Norden heran und veranlaßte hiedurch den Grafen Tessé, mit seinem Corps nach Mantua selbst einzurücken. Der G. d. C. Trautmannsdorf vervollständigte die Einschließung des Platzes, um welchen sich nunmehr die österreichischen Posten, die beiden Mantuaner Seen umfassend, in einem Ovale von fast 5 Meilen Umfang ausdehnten. Da die Besatzung eben so stark war als das Blocadecorps und mitunter sehr kräftige Ausfälle machte, so war die Umschließung des Platzes ein Kunststück, welches nur mit so tüchtigen Truppen und Generalen, wie Oesterreich sie damals hatte, für längere Zeit ungefährdet durchgeführt werden konnte. — Ungeachtet der großen Ueberlegenheit der Franzosen und der ungeheuren Noth an Lebens- und Kriegsmitteln, welche bei der Armee Eugens chronisch herrschten, hatte der Wiener Hof dennoch den Plan gefaßt, ein starkes Drittel dieses Heeres nach dem Königreiche Neapel zu entsenden, welches eben damals von Truppen entblößt und daher leicht zu erobern schien; viele Edelleute des Landes regten im kaiserlichen Cabinete durch ihre Versprechungen überschwängliche Hoffnungen an. Eugen erkannte wohl, daß eine so bedeutende Abschwächung der oberitalischen Armee diese und mit ihr zugleich das neapolitanische Corps dem sicheren Untergange zugeführt hätte; weil aber Gründe selbst der gewichtigsten Art bei der Regierung fast ungehört verhallten, so begnügte er sich, die erwähnte Absendung so lange hinaus zu schieben, bis die im Sommer längs dem Po vorgefallenen Ereignisse auch den eingefleischtesten Optimisten zu Wien die Augen aufgehen machten.

Als das größte Uebel, mit welchem Eugen bei seinen Operationen zu käm= pfen hatte, erschien die Beschränktheit der Auffassung, die gänzliche Verkennung der Thatsachen, welche in den leitenden Kreisen zu Wien herrschte. Da dieser mißliche Umstand so ziemlich den ganzen Krieg hindurch andauerte, so ist es nö= thig, die Verhältnisse etwas näher in's Auge zu fassen; aus der Größe der fal= schen Maßnahmen im eigenen Lande, gegen welche Eugen schwierigere Kämpfe als gegen den äußeren Feind zu bestehen hatte, wird man die geniale Kraft dieses Feldherrn erst vollkommen zu erkennen vermögen. — Vor Allem hatte Eugen sich zu beklagen, daß seine Berichte in Wien großen Theils gar keine Beachtung fan= den; er kam schließlich sogar auf die Vermuthung, daß der Kaiser selbe nicht ein= mal lese (Brief vom 24. April 1702). Nun waren aber die an der Spitze der Regierung stehenden Personen aus begreiflichen Ursachen darauf bedacht, ihre eigene Fürsorge und die daraus resultirenden Zustände des Staates und der Ar= mee unter einem weit glänzenderen Lichte darzustellen, als mit der Wahrheit sich vereinbarte. So verbreiteten sie in den höchsten Kreisen den Glauben, daß die Ar= mee Eugens 60.000 M. zähle, während sie in Wirklichkeit kaum halb so stark war, — ferner, daß für dieselbe in aller Weise bestens gesorgt sei, während Mann und Pferd bei ihr fast dem Hungertode ausgesetzt waren und der Feldherr sich ge= zwungen sah, aus Mangel an Zugpferden und ähnlichen Dingen auf jede große Truppenbewegung zu verzichten. Der dermalige Hofkriegsrathspräsident Manns= feld war persönlich dem Prinzen abgeneigt, und unter dieser kleinlichen Leiden= schaft hatte die arme Armee, hatte der Dienst des Kaisers zu leiden. Auch sonst hatte Eugen in Wien viele Feinde, welche seine kühnen Operationen als „Croba= then=Ritt" (Croatenstreiche) bezeichneten und gleichwohl es ihm sehr zur Last leg= ten, daß er nicht binnen ein paar Monaten einem überlegenen Feinde Mailand und Neapel wegzunehmen verstehe. Es war jedenfalls bequemer, die Schuld des langsamen Fortganges dem fernestehenden Feldherrn aufzubürden, als dem Kaiser offen zu gestehen, daß der ganze Regierungs=Apparat unter seinen dermaligen Leitern nur eine unbedeutende Kraft zu äußern vermöge. Selbst die höheren Offi= ciere, welche zeitweise von Eugen an den Kaiser abgesendet wurden, um ihm rei= nen Wein einzuschenken, vermochten gegenüber der geschlossenen Phalanx der Schönfärber nichts auszurichten. Die leichtesten und nothwendigsten Dinge wur= den vom Hofkriegsrathe verabsäumt; es vergingen oft zwei Monate und mehr, ohne daß dem Prinzen auf seine wiederholten und bringenden Anfragen auch nur eine Antwort gegeben wurde.

Da bei dem Hoftriegsrath ebenso wie bei dem Kaiser auf dem geraden Wege nichts auszurichten war, so mußte Prinz Eugen im Interesse seines Heeres sich so weit herablassen, seine Bitten und Klagen bei Personen vorzubringen, die im Range ihm weitaus untergeordnet, aber im Rufe großen Einflusses standen; dergleichen waren die Räthe Locher und Palm. Am bezeichnendsten für diese Regierung, unter welcher Oesterreichs ruhmvollste Kriege geführt wurden, ist es, daß Eugen zu wiederholten Malen bei dem Pater Bischoff, Beichtvater des Kaisers, um Befürwortung der Armee-Angelegenheiten bittlich werden mußte, — ferner daß das erste dieser Schreiben ddo. 18. März 1702 mit den Worten begann: „Wiewollen Ich biß dato daß glieckh und die Ehre nicht gehabt, mit Eurer Hochwürden bekhandt zu seyn, so habe doch darumben grosses verlangen getragen" 2c. Dieses Schreiben des berühmten Feldherrn, des Prinzen aus einem großen Hause wurde durch fernere vier Wochen von dem hochmüthigen Pfaffen noch immer keiner Antwort gewürdigt! — Aus den Berichten und Briefen des Prinzen Eugen [1] ersieht man klar wie mit eigenen Augen den trostlos verwahrlosten Zustand seiner Armee. Befassen wir uns zuerst mit der Zahlenstärke. So ziemlich in jedem der rasch sich folgenden Berichte weiset Eugen auf die große Ueberlegenheit der Franzosen von früher her und auf ihre fortwährend noch anlangenden Ergänzungen hin; er beweiset, daß seine Gegner, nachdem 25.000 M. zu Fuß und 3.000 zu Pferd aus Frankreich neu angelangt waren, im März 1702 schon 90 vollzählige Bataillone und 110 Schwadronen, gewiß also 80.000 M. zählten, worin die eben auch anlangenden Spanier, die Piemontesen und Mantuaner nicht eingerechnet waren; weitere 16 Bataillone und 6 Escadronen sollten im Sommer noch aus Frankreich nachkommen. Dagegen zählte das österreichische Heer zur selben Zeit kaum 22.000 M. Inft. und 3.000 Reiter, welche nach der in Wien herrschenden Ansicht dem Prinzen genügend sein sollten, um Mantua zu blotiren, zahlreiche Posten zu besetzen, die Franzosen in Oberitalien zu schlagen, und noch 12.000 M. zur Entsendung nach Neapel übrig zu haben. Nach vielem Bitten stießen im Mai einige kaiserliche Regimenter zur italienischen Armee, waren aber zusammen kaum 7.000 M. stark. Für die Ergänzung der vom vorigen Jahre unter dem Prinzen stehenden Regimenter wurde in sehr mangelhafter Weise gesorgt, so daß keine Abtheilung ihren vorgeschriebenen Stand erreichte. Es wurden eben für Recrutirung und Remontirung die genügenden Geldmittel nicht recht-

---

[1] Militärische Correspondenz des Prinzen Eugen von Savoyen, herausgegeben von F. Heller (gestorben als k. k. FML.); ein ungemein lesenswerthes Werk.

zeitig flüssig gemacht. Nicht besser war es mit den verschiedenen Kriegsmitteln bestellt; in diesem so wasserreichen Lande war der Armee bei Eröffnung des Krieges nicht ein einziger Ponton noch sonstiges Brückenmateriale zugewiesen worden; gleichwohl hatte Eugen bei der tüchtigen Unterstützung durch seinen Generalquartiermeister Baron Ried (dieser wurde noch im selben Jahre bei einem Avancement — übergangen) und durch die mit dem Brückenfache betraute Artillerie es möglich gemacht, gleichzeitig zwei Schiffbrücken über den Po und drei Jochbrücken über den Oglio zu besitzen; die Mittel hiezu hatte man im Lande zusammengelesen oder vom Feinde erobert. Bei alledem verlangte der Hofkriegsrath — ohne einen Kreuzer dazu anzuweisen — noch eine Pobrücke bei Ostiglia. Wie die Flüsse, so sind die Festungen in Italien zahlreich und bedeutend; es wäre also die Beigabe von technischen Truppen und von einem starken Belagerungsparke nothwendig gewesen; die ersteren waren aber durch vier, schreibe vier Unter=Ingenieurs vertreten und an schwerem Geschütz besaß die Armee nur zwei 100= und zwei 60pfündige Mörser mit etlichen hundert Bomben, 12 schwere, 6 halbe Karthaunen und 6 Zwölfpfünder; damit konnte selbst der ausgezeichnete FZM. Börner, welcher nach dem Geständniß des Prinzen die österreichische Artillerie zur besten der Welt machte, nichts Großes ausrichten. Diese treffliche Truppe wollte man von Wien aus schlechter verpflegen als das übrige Militär, und Eugen war genöthigt, wiederholte Vorstellungen dagegen zu erheben und zu versichern, daß die Artilleristen ebenso gut Soldaten seien als alle anderen. Zur Fortbringung der Geschütze, der (eroberten) kupfernen Pontons und der Munition waren 1500 Pferde erforderlich; von diesen waren Anfangs 1702 bloß 450, später 600 vorhanden; der Zuwachs war aber nicht aus Oesterreich gekommen, sondern vom Heere selbst zu Cremona erobert worden. Ebenso war der Train vernachlässigt, und mehrmals mußten die Bagagepferde der Officiere herhalten, um das Brod für die Mannschaft aus weiter Ferne herbeizuführen. Daß es an Auditors bei der Armee fehlte, wäre vielleicht noch zu verschmerzen gewesen; bei dem Ueberhandnehmen von Krankheiten war dagegen der Mangel an geschickten Aerzten um so empfindlicher; bei dem ganzen Heere befand sich ein einziger graduirter Doctor und dieser war „ein sehr schlechtes Subiectum."

Nicht nur an Verstärkungen, sondern auch an den nothwendigsten Mitteln der Subsistenz ließ man es fehlen. Da die Bezüge der Kriegsleute ansehnlich bemessen waren und fast alle Bedürfnisse mit baarem Gelde angekauft werden mußten, so wäre der italienischen Armee eine Dotation von monatlich 360.000 fl. nothwendig gewesen (unter heutigen Verhältnissen wäre trotz der niedrigen Besoldungen mindestens eine halbe Million erforderlich). Von Wien aus langten die Geldmittel so spärlich an, daß die Truppen innerhalb fünf Monaten erst für einen Monat Sold erhalten konnten. Im Nov. 1702 waren den Soldaten noch nicht einmal ihre Soldforderungen vom letzten Winter, viel weniger jene vom Sommer beglichen. Mannschaften und Officiere liefen in zersetzten Kleidern, erstere großentheils baarfuß herum. Ihre Unterkünfte waren erbärmlich; in gewöhnlichen Dorfhäusern lagen 40—50 M. durch Wochen beisammen, ohne einen Halm Stroh zur Bereitung ihrer Lagerstätte zu finden. Der Generalstab selbst und sämmtliche Officiere, welche nach der Angabe des Prinzen auch damals, wie noch heute, meistens unbemittelt waren, befanden sich in einem „ellendt- und recht bettlhaften standt;" es gab viele Officiere, welche durch lange Zeiten nur von Wasser und Brod zu leben hatten; die Mannschaft war oft dem Verhungern nahe. Wie wenig Sorge man sich in Wien um die Armee machte, läßt sich daraus erkennen, daß man die längste Zeit hingehen ließ, bevor man die von Eugen verlangten Vollmachten zu Requisitionen in den deutschen Reichslehen Italiens in den gehörigen Formen ausfertigte; dieselben ergaben übrigens ein geringes Resultat. Das Gleiche war mit den Requisitionen in jenen Gegenden der Fall, welche von den Kaiserlichen besetzt waren. Zum Theile war das Land schon früher von den Franzosen ausgesogen worden oder es hatten die Landleute aus Vorsicht sich rechtzeitig ihrer Vorräthe entledigt. Weil aber das Heer aus seinen Magazinen allein bei deren mangelhafter Versorgung schlechterdings nicht zu leben vermochte, so war Eugen genöthigt, weitere Cantonnirungen zu nehmen, als ihm aus dem taktischen Gesichtspunkte erwünscht sein konnte. Damit war wohl dem Verhungern, keineswegs aber dem Hunger vorgebeugt. So waren auch die Pferde genöthigt, mit 2—3jährigem Stroh statt Heu, überhaupt aber mit ganz unzureichenden Portionen sich zu begnügen; demungeachtet mußten sie Sommer und Winter hindurch fast unausgesetzt in Bewegung gehalten werden, und die Folge hievon war, daß sie schaarenweise umstanden. — Es gab im J. 1702 Regimenter, bei welchen bis zu 250 M. entweder ganz ohne Pferde waren oder die ihren aus Ursache von Schwäche und Krankheiten nicht besteigen konnten. Im Laufe des Sommers trat dann noch eine Seuche auf, welcher gerade die besten und schönsten Pferde erlagen. Bis zum November waren kaum noch 2000 Reiter in der ganzen Armee als dienstbar zu zählen, so daß eine Schwadron durchschnittlich nur 20—30 Streiter enthielt. Ganze Bataillons für den Fußkampf wurden aus den unberittenen Cavalleristen provisorisch gebildet. — Selbstverständlich ist es, daß bei den ungeheuern Strapazen und Entbehrungen auch die Menschen weder der besten Gesundheit noch der rosigsten Laune sich erfreuten; überall äußerte sich laute Unzufriedenheit und unter einem Feldherrn, welcher minder beliebt war als Eugen, würde vielleicht die ganze Armee auseinander gelaufen sein. Bereits dachte die Mehrheit der Officiere daran, ihre Chargen zu quittiren; viele von der Mannschaft thaten dieß thatsächlich, indem sie nämlich davonliefen. Das Aergste hierin leisteten die Dänen, von welchen mehrere Male 40—50 M. auf einmal mit Waffen und Pferden zu dem besser gedeckten Tische der Franzosen den Weg suchten [1]).

Nicht bloß die Regierung zu Wien, sondern auch die ständischen Behörden der Provinzen ließen die durchmarschirenden Truppen in der bittersten Weise darben. Nachdrücklich beklagt sich Prinz Eugen über die Tiroler; diese bewilligten für die Pferde nur 4 Pfund Heu und für die Mannschaften kaum die halbe Zahl der nöthigen Etappen; ihre Knauserei ging so weit, daß sie den Transporten auf dem ganzen Marsche durch Tirol nicht einen einzigen Rasttag gestatten wollten. Unmenschlich war das Benehmen der Tiroler auch gegen die Kriegsgefangenen, welchen sie in der Kälte des dortigen Winters weder Holz zur Feuerung noch Lagerstroh verabreichten, weßhalb dann, wie Eugen schreibt, viele von diesen armen Leuten „ellendiglich dahin crepieren thetten.“ Mit Recht beschwerte sich Villeroy über eine solche unchristliche Behandlung, und Eugen hatte Grund zu fürchten, daß die Franzosen Repressalien üben würden. — Die wesentlichste Zufuhr an Lebensmitteln für die italienische Armee erfolgte aus den Magazinen in Friaul über die See und dann den Po aufwärts. Aber außer der Kärglichkeit der Geldmittel, welche für jene Depots flüssig gemacht wurden, erwuchs im Sommer 1702 noch eine weitere Gefahr; die Franzosen ließen nämlich einige Kriegsfahrzeuge auf dem adriatischen Meere erscheinen, welche die Schiffahrt im Po zeitweilig unterbrachen; bald darnach führte der Chev. Fourbin mehrere größere Fahrzeuge in den Golf von Benedig, um den Oesterreichern jeden Verkehr zur See gänzlich zu sperren. Derselbe bombardirte auch Triest, glücklicher Weise jedoch ohne Erfolg. Prinz Eugen rieth dem kaiserlichen Hofe, einige „Lanzen und Bregantinen“ auszurüsten und mit Morlaken zu bemannen. Dergleichen geschah aber wieder nicht, und die Zufuhren wurden deßhalb gegen Schluß des J. 1702 noch viel schwieriger und seltener. Erst im nächsten Sommer stachen einige kaiserliche Kriegsfahrzeuge zur Beschützung der Convois in die See. Seinerseits trachtete Eugen dem Handel der Franzosen Abbruch zu thun durch Kaperbriefe, die er an genuesische Seeleute ausgab.

Wie störend der fortwährende Mangel an Geld und Lebensmitteln auf die Operationen einwirkte, ist schon daraus zu erkennen, daß Eugen mehrmals nicht

---

[1]) Auch die von Holstein-Plön, von Weimar und Eisenach gestellten Mannschaften waren Anfangs sehr unverläßlich und liefen schaarenweise davon; sogar einzelne Officiere thaten dasselbe.

die Mittel hatte, um einen Courier abzufertigen; ebenso mußte er bei der Verthei=
lung seiner Truppen oft weniger Rücksicht auf den taktischen Zweck, als auf die
Möglichkeit der Verpflegung nehmen. Ein anderer Nachtheil für seine Entwürfe
war weiter die Plauderhaftigkeit am Wiener Hofe, über welche er schreibt: „ist
schlimb genug, daß bey Unseren hoff nichts in geheimb Verbleiben, sondern alles
gleich aus Khombe, Und so zu sagen iedermann Khundt seye." Es muß in dieser
Beziehung in Wien sehr arg gewesen sein, weil beispielsweise Eugen von seinem
Plane zum Ueberfalle von Cremona, obgleich er selben durch drei Monate vorbe=
reitete, erst nach seiner Ausführung dem Kaiser Erwähnung machte. Ueberhaupt
war aber die ganze Oberleitung des Krieges von Wien aus so schlecht bestellt, daß
der Prinz, nachdem seine Bitten und Beschwerden eine äußerst geringe Wirkung
übten, allmälig in eine verzweifelte Stimmung gerieth, selbst an den baldigen und
vollständigen Untergang seines Heeres zu glauben anfing und nur das Ende des
Feldzuges 1702 noch abwarten wollte, um seine dornenreiche und undankbare
Stelle niederzulegen. Beiläufig dieselben Zustände, wie wir sie hier schilderten,
herrschten in einer nur wenig abgemilderten Gestalt auch bei den übrigen öster=
reichischen Armeen und in den folgenden Feldzügen. Es mag uns demnach fast
unbegreiflich erscheinen, wie die kaiserlichen Soldaten bei solcher Noth und Drang=
sal durch 13 Jahre mannhaft und unbezwinglich im Felde verbleiben konnten, und
wie die Feldherren, fortwährend niedergedrückt unter den kleinlichsten Sorgen, die
glänzendsten Siege zu erfechten vermochten. Unser Staunen muß noch wachsen,
wenn wir wissen, daß die seit langen Zeiten unbesiegten französischen Armeen in
den ersten Jahren des Krieges trefflich ausgerüstet und gut gehalten waren, dabei
aber doch den weit schwächeren Oesterreichern fast überall das Feld und den
Sieg überlassen mußten.

84. Feldzug 1702 in Italien. Die von den Oesterreichern gegen
Mantua ausgeführten Bewegungen und der kleine Krieg, in welchem besonders
die bei der Armee eingetheilten zwei Hußaren=Regimenter den Franzosen vielen
Schaden zufügten, verknüpften den Feldzug von 1702 derart mit dem vorherge=
gangenen, daß die in jenen Zeiten sonst allgemein übliche Winterruhe den Truppen
fast gar nicht gegönnt war. Eugen benöthigte einer rastlosen Thätigkeit seines
kleinen Heeres, um die Franzosen an eine größere Macht auf seiner Seite glauben
zu machen; gleichzeitig mußte er auch zeitweise neue Fouragierungsbezirke zu ge=
winnen trachten. Die Sorglosigkeit der Franzosen im Sicherheitsdienste ließ den
Prinzen Eugen die Ausführung eines Planes für möglich erachten, welcher unter
anderen Umständen als ein tollkühner Einfall zu bezeichnen gewesen wäre. Es
war dieß der Ueberfall von **Cremona,** welche Stadt ungefähr einen Tagemarsch

weit hinter der äußersten Linie der französischen Posten lag, für eine starke Festung galt, eine Besatzung von 8000 M. und das Hauptquartier Villeroy's enthielt. Zählt man zu diesen Umständen noch den einen, daß Eugen kaum 6000 M. zusammenziehen konnte, weil er sonst entweder seine verschiedenen Beobachtungsposten oder das Blocadecorps vor Mantua allzusehr abgeschwächt und zudem auch die Aufmerksamkeit der Feinde erweckt hätte, so muß man sich fragen, wie es möglich war, den Plan zu einem derartigen Unternehmen allen Ernstes zu ersinnen und ihn nach meisterhaften Combinationen durchzuführen. — Schon seit Anfang des Winters hatte Eugen durch seine Spione, welche er trotz der Armuth der Kriegscassa reichlich bezahlte und trefflich auszunützen verstand, mit verschiedenen Bewohnern von Cremona, insbesondere mit einem Priester, Namens Cassoli, ein geheimes Einverständniß unterhalten. Unter dem Hause des letzteren ging ein geräumiger überwölbter Wassercanal durch, welcher mit einem offenen Canale außerhalb der Stadt in Verbindung stand. Der Probst Cassoli bürgte dafür, daß einzelne Leute auf diesem Wege unter dem Wall der Festung hindurch bis unter sein Haus und von da wieder an die Oberfläche zu gelangen vermochten. Zugleich machte er sich anheischig, Wegweiser, Leitern und ähnliche Instrumente in Bereitschaft zu halten, ferner lieferte er dem Prinzen einen Plan der Stadt. Der Gewinn dieser Festung war nun allerdings ein Wagniß werth: sie beherrschte den Po von der Abbamündung abwärts, isolirte die südlich vom Po stehenden Franzosen von ihrem Gros im Mailändischen und bot den Kaiserlichen, wenn sie ihn gewannen, einen trefflichen Stützpunkt für die Operationen in der Lombardie. Ueberdieß hatten die Franzosen von hier aus eine Schiffbrücke nach dem rechten Pouser geschlagen und auf dem letzteren eine Brückenschanze errichtet. Dadurch war Cremona auch zu einem guten Roquierplatze geworden.

Eugen bestimmte zu dem beabsichtigten Ueberfalle zwei Abtheilungen, jede zu 2000 M. Infanterie und 1200 Reitern. Die eine unter dem Prinzen Vaudemont hatte aus einem Theile jener Truppen zu bestehen, welche von früher her auf Beobachtungsposten im Parmesanischen, also südlich vom Po, standen. Vaudemont sollte am 31. Jänner Abends die bestimmten Truppen in aller Stille gegen Fiorenzuola, 3 M. südlich von Cremona, concentriren, mit Anbruch des nächsten Tages vor dem Brückenkopfe eintreffen, diesen überwältigen, und sodann über die Brücke vordringen; das dortige Festungsthor sollte ihm von innen heraus erschlossen werden. — In ähnlicher Weise und an demselben Abend hatte sich die gleich starke nördliche Abtheilung unweit Ostiano, welches gegen 3 Meilen nordöstlich von Cremona am Oglio liegt, zu versammeln, Zimmerleute, Schlosser und die mit aller Umsicht fürgewählten Werkzeuge mit sich zu nehmen. An der Spitze dieser

3000 M. brachen Eugen und Guido Starhemberg kurz vor Mitternacht unter kundiger Führung gegen Cremona auf; voran schritten 225 M. unter Major Hoffmann mit den Handwerkern, schlugen dann, während das Gros ungefähr 1200 Schritte von den Wällen Halt machte, die bereits mitgebrachte Brücke über den die Stadt umfliessenden Wassergraben, stiegen in den Canal und gelangten glücklich in das Haus des Propstes. Von da eilten sie in aller Stille durch die Stadt nach dem zugemauerten und deshalb unbewachten Thore St. Margaretha, öffneten dasselbe, ohne daß darüber Lärm in der Stadt entstand, und gaben vom Walle herab durch angezündetes Pulver dem Prinzen die Kunde von dem verrichteten Werke. Das Gros war nämlich mittlerweile bis gegenüber dem Margarethenthore herangerückt. Sogleich brach dasselbe in die Stadt herein; mit außerordentlicher Umsicht war dasselbe in Abtheilungen von 200—300 M. getheilt worden, deren jede eine bestimmte Aufgabe hatte. Vorzugsweise waren die Plätze, auf welchen verschiedene Straßen sich kreuzten, den Truppen als Aufstellungsorte zugewiesen und von dort aus hatten sie in bestimmten Richtungen zu patrouilliren. An der Spitze des Ganzen brach der OL. Mercy ungefähr bei Tagesanbruch mit 225 Reitern in die Stadt und sprengte im gestreckten Galopp auf dem kürzesten Wege nach dem weit entlegenen Pothore, um, wenn möglich, dieses durch Ueberraschung zu gewinnen und dem erwarteten Corps des Prinzen Vaudemont zu öffnen. Gleich den übrigen Commandanten faßte Mercy seine Aufgabe trefflich auf; aber zu seinem Unglücke war die am Pothore aufgestellte Wache unter einem irländischen Officier so wachsam, daß sie noch zur rechten Zeit das Gitter herunterließ. Mercys Cürassiere faßten hier Posten, boten den Kugeln der Wache Trotz, eroberten eine zur Bestreichung der Brücke dienende Batterie von 8 Stück und warteten auf die Infanterie des OL. Scherzer, welche zur Bewältigung und Besetzung des Pothores mitbestimmt war. Gegen das rechtzeitige Eintreffen dieser Truppe hatten sich aber ungünstige Umstände verschworen.

Ein Zufall wollte, daß der französische Oberst d'Entragues gerade auf diesen Morgen zu einer so frühen Stunde sein Regiment zum Exerciren bestellt hatte. Eben rückte die Mannschaft gruppenweise aus den Quartieren, als hie und da das Schießen und der Allarm hörbar wurde. Viele Leute liefen einzeln den Oesterreichern in den Wurf und wurden erschlagen; andere sammelten sich zu kleinen Haufen und warfen sich dem OL. Scherzer heldenmüthig entgegen. Hatte er die eine Gruppe geworfen, so erschien sogleich eine zweite, und auf diese Weise verzögerte sich sein Weg, so daß er erst dann beim Pothore anlangte, als er hier nicht mehr durchzugreifen vermochte. Es war nämlich unter diesen Vorfällen Tag geworden, zugleich aber auch überall Lärm entstanden. Die Oesterreicher hatten die

Hauptwache und viele andere Posten überwältigt, keineswegs konnten sie aber ihren Gegnern das Schießen verbieten. Zwei französische Regimenter, aus Irländern [1]) bestehend, waren die ersten in schlagfertiger Haltung; da sie in der Nähe des Pothores kasernirt waren, warfen sie sich auf Mercy und später auf Scherzer und trieben die Oesterreicher von diesem wichtigen Posten zurück. Glücklicher waren die letzteren an anderen Punkten gewesen; durch rechtzeitiges Eintreffen an den bezeichneten Orten hielten sie durch längere Zeit drei französische Regimenter in ihren Kasernen blokirt und machten es überhaupt durch viele Stunden den Gegnern unmöglich, ihre dreifache Uebermacht zur Geltung zu bringen. Aber eben deshalb, weil jeder von den Kaiserlichen besetzte Posten unumgänglich wichtig war, mußte Eugen darauf verzichten, Verstärkungen nach dem einen oder anderen zu senden. Er durfte nicht einmal die vor dem Margarethenthore zurückgelassene Hauptreserve von 325 deutschen Reitern und den Deak-Hußaren in die Stadt hereinziehen, weil sonst der Patrouillengang außen um die Stadt herum eingestellt und überdieß der eigene Rückzug im höchsten Grade gefährdet worden wäre.

Die Verwirrung, in welche die Franzosen auf die erste Kunde von dem Ueberfalle gestürzt worden waren, hatte den Oesterreichern allerdings im ersten Anlaufe den größten Theil der Stadt und viele Gefangene in die Hände geliefert. Unter den letzteren befanden sich Marschall Villeroy und zwei andere Generale, 80 Officiere und 400 M., — auch 500 Pferde wurden erbeutet. Villeroy war gleich nach dem Beginne des Schießens dem kaiserlichen Hauptmanne Macdonell, einem gebornen Irländer, in den Wurf gelaufen und bot demselben für die Freilassung ein französisches Reiterregiment und 10.000 Pistolen an; voll edlen Pflichtgefühles aber wies der Hauptmann jede Unterhandlung zurück und führte den Marschall auf die Hauptwache, von wo die Gefangenen dann zu der außer der Stadt stehenden Reserve gebracht wurden. [2]) Trotz des Verlustes ihrer höchsten Officiere erholten sich die Franzosen nach einiger Zeit doch so weit von ihrer Bestürzung, daß sie die kleine Zahl der Eingedrungenen (nach Abschlag der unbeschäftigten Reserve höchstens 2500 M.) erkannten und aus ihren Quartieren und Kasernen hervorbrachen, um sich theils in der Nähe des Pothores, theils auf der Esplanade vor der Citadelle (westlichster Theil der Stadt) zu sammeln. Von hier aus begannen sie ihre Angriffe gegen die in kleinen Abtheilungen auf weiten Räumen verstreuten Oesterreicher und brachten letztere in eine schwere Be-

---

[1]) Prinz Eugen, selbst Franzose von Geburt, schreibt bei einer späteren Gelegenheit: „Endlichen ist bekannt, daß die Irrländer die beste von des feindes Trouppen seynd.“

[2]) Prinz Eugen bewarb sich wiederholt um eine entsprechende Belohnung für Macdonell; wirklich wurde dieser bald darauf Oberstlieutenant, fiel aber noch im selben Jahre bei Luzzara.

drängniß. Sehnsüchtig blickten diese nach dem Corps des Prinzen Vaudemont aus. Letzterer war durch schlechte Wege aufgehalten und langte erst am hellen Tage vor dem Brückenkopfe an. Die in demselben stehende französische Besatzung, durch das Feuern in Cremona von der Gefahr benachrichtigt, ließ es auf einen Kampf nicht ankommen; sie räumte die Schanze und zog sich mit großer Umsicht nach der Stadt zurück, wobei sie hinter sich die Brücke abbrannte. Vaudemont war demnach von der Theilnahme am Kampfe ausgeschlossen; Schiffe, um auf ihnen die Mannschaft zu übersetzen, waren in der Nähe nicht aufzutreiben, und erst spät am Abend gelang es, eine Grenadier-Compagnie hinüber zu bringen. Allein der Prinz war nicht mehr in der Lage, auf die jedenfalls nur langsam zu bewirkende Ueberschiffung der anderen Abtheilungen zu warten; bereits durch 12 Stunden hatte der Kampf in Cremona gewährt, die Truppen waren ungemein ermüdet und hatten weder Proviant noch Munition mehr; überdieß war zu befürchten, daß die in den Cantonnirungen zunächst um Cremona liegenden Franzosen läng= stens bis zum nächsten Morgen hereinbrechen würden. So befahl denn Eugen um 7 Uhr Abends den Rückzug, welcher von den Abtheilungen succefsive und mit musterhafter Ordnung angetreten wurde. Die Gefangenen und die Mehrheit der erbeuteten Kriegsmittel wurden mitgenommen. Auch Vaudemont wurde zur selben Zeit zum Rückgehen in seine früheren Stellungen beordert.

Der Verlust der Franzosen betrug in Summa 1500, jener der Kaiserlichen 811 M. Wenn nun gleich der Ueberfall von Cremona nicht ein vollständiges Resultat, nämlich die Behauptung des bereits eroberten Platzes ergab, so gehört doch dieses Unternehmen vermöge seines genialen Entwurfes und seiner trefflich berechneten Durchführung zu den schönsten Thaten in der so reichen Laufbahn Eugens. Das Scheitern war nur durch zufällige Umstände, insbesondere die frühe Ausrückung eines Theiles der Besatzung, die Verspätung Vaudemonts und das kluge Verhalten des französischen Commandanten im Brückenkopfe herbeigeführt worden. Wäre es möglich gewesen, vom Prinzen Vaudemont einige Schiffe mitführen zu lassen, so wäre Cremona ohne Zweifel den Franzosen verloren geblieben. Jeden= falls hatten aber 8000 M. der letzteren von kaum 2000 Oesterreichern eine merkwürdige Schlappe erlitten, und Eugen konnte mit Recht nur lachen bei der Nachricht, daß die Franzosen den Verlust der Kaiserlichen an diesem Tage größer angaben, als die Gesammtzahl der Kämpfenden gewesen war und daß sie in ihrer Prahlerei sogar bis zu einem Te Deum sich verstiegen. [1]). Die wahre Meinung

---

[1]) „Belangent der franzoßen Millanteria (Aufschneiderei) über die action in Cremona, laße ich Sye nur immer brahten, Weillen Es Eine dißer nation schon angebohrne Sach ist." (Brief Eugen's vom 11. Febr. 1702).

der Franzosen über den Tag von Cremona äußerte sich deutlich genug in der Eile, mit welcher sie jetzt ihre vorgeschobenen Posten jenseits des Po sowie die längs dem Oglio zurückzogen, sogar unter Preisgebung ihrer Magazine.

Den Oberbefehl über die Franzosen in Italien übernahm jetzt der Herzog von Vendôme, ein kühner und vortrefflicher Feldherr, welcher nur zwei Fehler hatte: erstlich die ohnedem lockere Mannszucht seiner Landsleute noch mehr zerfallen zu lassen, und zweitens, oft mitten zwischen energisch angefangenen Unternehmungen plötzlich einer epikuräischen Bequemlichkeit sich hinzugeben [1]. Vendôme traf sogleich tüchtige Anstalten gegen die immer kühner gewordenen Streifzüge der Oesterreicher, und ging, nachdem sein Heer unterdessen auf mehr als 80.000 M. angewachsen war, gegen Ende März zur Offensive über. Durch Schiffbrücken bei Piacenza und Cremona sicherte er sich das Uferwechseln und setzte seine Gegner in Ungewißheit, wo sie seinen Angriff erwarten sollten. Die Verlegenheit, in welcher sie aus diesem Grunde bei ihrer geringen Anzahl sich befanden, wurde noch gesteigert, als Vendôme im Gefühle seiner numerischen Ueberlegenheit gleichzeitig gegen ihre Mitte und die Endpunkte ihrer beiden Flügel vorrücken ließ. Eugen durchschaute zwar die Pläne seines Gegners vollkommen, damit war aber wenig gewonnen; es war den Oesterreichern unmöglich, ihre ausgedehnten Stellungen und die damit verknüpften Vortheile zu wahren. Im Mai sah sich Eugen genöthigt, sein Heer in den Umgebungen von Mantua zu concentriren; die südlichen zu diesem Platze gehörigen detachirten Werke bei Pietole und Cerese wurden jetzt von den Oesterreichern erstürmt. Dagegen hielten letztere auf dem linken Po-Ufer vorzüglich nur mehr Guastalla und Brescello, deren Werke nach Zulässigkeit der vorhandenen Mittel verstärkt wurden. Jenseits des Mincio blieben, um die

---

[1] Der Marschall Vendôme und sein Bruder, der Großprior des Malteser-Ordens, stammten von einem Sohne Heinrich's IV. mit der Gabriele d'Estrées. Sie hatten deßhalb den nächsten Rang nach den Prinzen von Geblüt. Ihr Zeitgenosse und Landsmann, der durch seine Mémoiren berühmte Herzog von St. Simon, entwirft von ihrem Charakter kein vortheilhaftes Bild. Der Marschall soll zwar freundlich gegen Untergebene, daher bei diesen beliebt, auch hellen Kopfes und mit viel Muth begabt gewesen sein, dagegen hochmüthig im Umgange mit Großen, ein unersättlicher Schlemmer, schweinisch in seiner Lebensweise, dazu ohne Scham der Sodomiterei ergeben. An jedem Morgen soll er Stunden lang auf dem Leibstuhl gesessen sein, daselbst gefrühstückt, Audienzen empfangen und die wichtigsten Geschäfte abgethan haben. Aus dieser Bequemlichkeit, sowie manchmal auch von der Tafel ließ er sich selbst durch dringende Angelegenheiten nicht aufstören. — Der Großprior, gleichfalls später Armeecommandant, hatte alle Laster des Marschalls und noch einige mehr, dagegen keinen der Vorzüge seines Bruders. Einen großen Theil seines Lebens, soweit es nicht dem Fraß gewidmet war, pflegte der Großprior zu verschlafen; während dieser Zeit konnte der Feind machen, was er wollte, ohne daß die Umgebung des Generals ihn zu wecken wagen durfte. Zudem soll er bei aller Großsprecherei persönlich ein Feigling gewesen sein.

gerade hier mächtig andrängenden Franzosen möglichst aufzuhalten, ein paar um=
mauerte Flecken mit Besatzungen versehen, aber selbst der stärkste darunter, Ca=
stiglione, konnte sich trotz seiner tapferen Vertheidigung nicht länger als 6 Tage
halten; die Besatzung von 400 M. mußte sich gefangen geben (1. Juni). Früher
noch hatte Prinz Eugen die Stellungen auf der Nordseite des Mincio ebenfalls
geräumt und damit die Blokade von Mantua auf jener Seite thatsächlich aufge=
hoben. Es blieb ihm nichts Anderes zu thun übrig, als sein schwaches Heer in
der ungemein festen Stellung bei Curtatone zu concentriren und die Posten
südlich von Mantua besetzt zu halten. Selbstverständlich machten die nunmehr
engen Cantonnirungen die Verpflegung noch viel schwieriger als bisher, und ein
weiterer Nachtheil war es, daß die Verbindung der Kaiserlichen mit Tirol, dem=
nach auch ihre Rückzugslinie jetzt ganz in der Gewalt der Franzosen war. Letztere,
nunmehr mit Mantua im ungestörten Verkehre stehend, bezogen ein Lager am
rechten Mincio=Ufer zwischen Le Grazie und Rivalta. Trotz ihrer Uebermacht
wagten sie aber nicht die österreichische Stellung anzugreifen. Durch mehr als
einen Monat blieben die beiden Heere fast auf Kanonenschußweite einander gegen=
über stehen. Während dieser Zeit versuchte der österr. General=Adjutant Davia
einen äußerst kühnen Streich; mit 200 Freiwilligen fuhr er in einer Nacht auf
12 Fahrzeugen lautlos den Mincio hinauf bis vor das Hauptquartier Vendômes,
welches bei Rivalta in der Nähe des Flusses lag; dasselbe sollte ebenso wie früher
jenes von Villeroy aufgehoben werden. Schon hatte Davia die größten Gefah=
ren überwunden und stand nur mehr 80 Schritte von der gesuchten Casine, als
seine Leute dem Verbote entgegen zu feuern anfingen und damit das ganze feind=
liche Lager allarmirten. Trotzdem ging der gefährliche Rückzug Davia's zwar
eilig, aber ohne Verlust von Statten. Vendôme rächte sich ein paar Tage später
durch eine ziemlich unwirksame Kanonade über den See herüber, wozu die Kar=
thaunen eigens aus Mantua geholt wurden. Eugen begnügte sich, sein Haupt=
quartier und 2 Regimenter an besser geschützte Orte zu verlegen.

Mittlerweile waren den Franzosen aus Spanien neue Verstärkungen zu=
gekommen; Vendôme trachtete jetzt, durch Zurücklassung eines beträchtlichen Corps
bei Le Grazie seinen Gegner in der bisherigen Stellung festzuhalten; mit dem
Gros seiner Armee, bei welcher für ein paar Monate auch der spanische König
Philipp V. eintraf, ging Vendôme zu Cremona auf das rechte Po=Ufer über, um
von Süden her der Stellung Eugens beizukommen und denselben zwischen sich
und Mantua einzuschließen. Der österreichische Feldherr traf zwar mit gewohntem
Scharfblicke sogleich seine Gegenanstalten, allein fast schien schon ein Wunder
nothwendig, um sein Heer noch vom Untergange zu retten. Statt eines Glücks=

falles ereignete sich aber ein schweres Mißgeschick. Eugen hatte zu Borgoforte ein verschanztes Lager errichtet, Brescello mit einer Besatzung von 5000 M. versehen und einige Cavallerie-Regimenter an den Crostolo abgesendet, um das weitere Vorrücken der Franzosen zu beobachten. Bei S. Vittorio nahm General Visconti Stellung u. z. ungeschickter Weise mit dem Gros seiner 3 Regimenter vor den dortigen Gewässern; er vernachlässigte überdieß trotz der Feindesnähe den Sicherheitsdienst, in welchem sonst die Oesterreicher den Franzosen überlegen waren. Vendôme führte nun seinerseits eine Art Cremona auf; mit 22 Escadrons und 24 Compagnien überfiel er am 26. Juli die Oesterreicher so unvermuthet, daß viele derselben ihre Pferde erst auf der Weide einfangen, Andere fast unbekleidet in den Kampf eilen mußten. Trotzdem wehrten sich die Kaiserlichen wie die Löwen, warfen die Angreifer dreimal und wurden erst durch das Feuer der Grenadiere zum Rückzuge über das Gewässer gezwungen; bei diesem aber erlitten sie ansehnliche Verluste. Noch größer wären diese geworden, wenn nicht das zufällig dazu gekommene Regiment Herbeville sie aufgenommen und zwischen Dechargen, die es zu Fuß abgab, und Attaken zu Pferde mit dem größten Erfolge abgewechselt hätte. Im Ganzen verloren die Oesterreicher in diesem unglücklichen Gefechte 600 M., 10 Standarten, 2 Pauken (damals wichtigeres Symbol sogar als die Fahnen) und alles Gepäcke.

Die Franzosen drangen nun allseitig über den Crostolo vor; Eugen sah sich genöthigt, auch auf der Südseite die Blocade von Mantua aufzuheben und sein ganzes Heer bei Borgoforte zusammenzuziehen, um den Franzosen beliebig auf dem einen oder anderen Ufer des Po entgegen zu treten. Er mußte trotz seiner Schwäche bei erster Gelegenheit eine Schlacht aufsuchen gehen, weil nur durch eine solche es noch möglich schien, die Fortschritte der Franzosen aufzuhalten. Nun blieb aber Vendôme nach der Ueberschreitung des Crostolo wieder durch drei Wochen in jener Gegend stehen und führte erst am 15. August sein Heer gegen **Luzzara** (am Po, 1 Mle. südw. von Suzzara). Eugen säumte nicht, nunmehr seinerseits von Borgoforte, wo eine kleine Besatzung zurückgelassen wurde, ebenfalls gegen Luzzara vorzurücken. Er hatte bloß 34 Bataillone und 75 Escadronen sehr schwachen Standes mit sich, während Vendôme 53 Bataillone und 101 Schwadronen zählte, demnach um mehr als die Hälfte stärker war. Den Train hatte Eugen unweit Borgoforte unter dem Schutze einer Wagenburg stehen gelassen. Der Marsch der Kaiserlichen erfolgte in zwei Colonnen ohne alles Geräusch; um 3 Uhr N. M. standen sie eine halbe Stunde vor Luzzara und formirten hier ihre Schlachtordnung. Jene des ersten Treffens war rasch vollendet, aber noch mußte man das zweite erwarten, welches auf den schmalen Dammwegen dieser Gegend

1½ Stunden Verspätung hatte. Wäre die Möglichkeit gewesen, sogleich zum Angriffe vorzurücken, so hätte man die Franzosen in vollster Unordnung überrascht und ein vernichtender Sieg wäre die fast gewisse Folge gewesen. Vendôme, Alles früher für wahrscheinlich haltend, als einen Angriff durch die scheinbar dem Untergange verfallenen Schaaren Eugens, war eben bis etwas über Luzzara hinaus vorgerückt und begann ein Lager zu beziehen. Unbekümmert und ohne alle Vorsichtsmaßregeln waren die Franzosen mit ihren Arbeiten beschäftigt, während die Oesterreicher kaum in Kanonenschußweite standen. Das dortige Terrain erschwerte ebenso sehr die Aussicht als die Bewegungen. Verschiedene Wassergräben, hohe Dämme zum Schutze gegen die Ueberschwemmungen, sowie Baumpflanzungen durchkreuzten die Landschaft in den verschiedensten Richtungen und theilten sie in eine Menge von gleichsam selbstständigen Feldern ein. Der dem Prinzen bei so vielen Gelegenheiten feindliche Zufall wollte, daß ein französischer Officier ohne eigentlichen Zweck den höchsten Damm bestieg und nun, kaum seinen Augen trauend, unmittelbar zu seinen Füßen die österreichische Schlachtlinie erschaute. Selbstverständlich schlug er Lärm und in aller Hast stellten die Franzosen sich zum Gefechte auf. Da sie sich nur defensive zu verhalten gedachten, so waren alle Vortheile des Terrains auf ihrer Seite. Dem Prinzen Eugen blieb aber nichts übrig, als trotzdem entweder den Angriff zu beginnen oder den Rückzug nach Borgoforte anzutreten, wo er nach einiger Zeit wahrscheinlich ganz eingeschlossen worden wäre. Er wählte das Erstere, um 5 Uhr Abends begann die Schlacht.

Die Zerschnittenheit des Terrains bedingte eine Menge von abgesonderten Gefechten, deren Uebersicht den beiden Feldherrn nicht gut ermöglicht war; sie mußten sich damit begnügen, bald da bald dort mit ihrer persönlichen Gegenwart oder mit Verstärkungen einzugreifen. Das Meiste hing demnach von der Gewandtheit der untergeordneten Commandanten und von der Tapferkeit der Truppen ab. Ueber das heldenmüthige Ringen auf beiden Seiten brauchen wir uns nicht näher auszulassen. Nach den Berichten des Prinzen wußten die ältesten Officiere sich keines gleich intensiven Feuers zu erinnern; ferner äußert sich der Prinz; „. . die Zeith meines Lebens kheinen Soldathen, von officier und gemeinen, und so zu Fueß als zu Pferdt, mit einer solchen resolution und standhafftigkheith fechten gesehen zu haben ꝛc." — Unter den Truppenführern zeichneten sich besonders aus: am rechten Flügel Prinz Commercy, welcher hier fiel, Prinz Liechtenstein, welcher fünf Wunden erhielt, und der dänische General Boineburg; am linken Flügel FZM. Guido Starhemberg, ferner noch der Chef der Artillerie, FZM. Börner. Nach einem blutigen und wechselreichen Ringen wurden die Franzosen überall um 500—1000 Schritte zurückgedrängt. Bei dem Einbruche der Nacht wurde aber das Gefecht eingestellt und beide Theile behaupteten ihre Stellungen, beide rühmten sich des Sieges. — In der Nacht warf Eugen Verschanzungen auf, das Gleiche thaten in der nächsten Zeit die Franzosen; letztere hatten 6000 M., die Ersteren nicht viel weniger verloren. In den nächsten Tagen wurde von beiden Armeen, da sie sich ganz nahe standen, mehrmals kanonirt, jedoch ohne weiteren Erfolg.

Eugen hatte mit der Schlacht von Luzzara erreicht, was er wollte, nämlich die Franzosen auf dieser Seite nicht weiter vordringen zu lassen. Mittlerweile aber war jenes Corps der Franzosen, welches bisher bei Mantua Stellung behalten hatte, vor Borgoforte erschienen (11. Aug.) und begann die dortigen Magazine sowie die Pobrücke zu bombardiren. Der Platz war weitläufig und schlecht, vorzugsweise nur durch eine Pallisadirung verwahrt; demungeachtet hielt er sich bis in den November, nachdem nämlich das vor ihm erschienene Corps von Vendôme auf die Südseite des Po gezogen wurde. Der französische Feldherr hatte, während er seine Stellung bei Luzzara unverrückt festhielt, diesen Ort mit seiner kleinen Besatzung zur Ueber-gabe gezwungen. Gleichzeitig beorderte er die Mehrzahl der jenseits des Po ge-standenen Truppen näher an sich heran und ließ durch selbe die Belagerung von Guastalla eröffnen (31. Aug.). Dieser Ort hatte für die Oesterreicher wie für die Franzosen gleich hohen Werth; für Erstere, weil er die einzige Verbindung mit Bres-cello ermöglichte, für Vendôme aber, um sich der Belästigung im eigenen Rücken zu entledigen, einen neuen Uebergang am Po zu gewinnen und das wichtige Brescello zu isoliren. Rechtzeitig hatte Eugen 2000 M. unter Genrl. Solar aus Brescello nach Guastalla beordert und diese Truppen vertheidigten den Platz, so gut es gehen wollte; da aber derselbe von sehr schlechter Beschaffenheit war, so mußte Solar zufrieden sein, als er am 12. Sept. auf die Bedingung freien Abzuges nach Tirol und gegen die Verpflichtung, vor dem 1. April 1703 gegen die Franzosen in Italien nicht zu kämpfen, die Festung übergab. Zur selben Zeit besetzten die Franzosen im Ein-verständnisse mit den dortigen Regierungen alle Plätze südlich vom Po bis an die Secchia; den Kaiserlichen gehorchte im Herbst kein befestigter Ort, außer Brescello, Borgoforte, Governolo, Ostiglia mit Revere, wo eine Schiffbrücke über den Po war, und Mirandola; keine dieser Städte verdiente eigentlich den Namen einer Festung.

Während die Hauptstärke der beiden Armeen regungslos bei Luzzara lag, führten die Kaiserlichen eine Streifung nach dem Rücken der Franzosen aus, wie kaum eine gleich kühne jemals unternommen wurde. Unter dem Befehle von Davia ritten 600 Hußaren, wie es scheint, der ganze Rest der beiden Regimenter, am 21. Sept. von Luzzara aus mitten in das vom Feinde besetzte Land hinein, zer-störten eine der französischen Pobrücken unweit der Olona-Mündung, erhoben zu Pavia eine nicht unbedeutende Contribution, zogen unter großem Jubel des Vol-

tes in Mailand ein und beendeten am 3. Oct. bei Ostiglia ihre Rundreise. Bin=
nen 14 Tagen hatten sie ungefähr 70 Meilen zurückgelegt, den Franzosen vielen
Schrecken eingejagt und reiche Beute abgenommen. In der Nacht zum 5. Novb.,
also nach sieben Wochen des Stillstandes, brach Vendôme endlich aus seiner Stel=
lung bei Luzzara auf, mit der Absicht, in das den Oesterreichern befreundete Her=
zogthum Mirandola einzudringen, damit denselben auch diesen Verpflegsbezirk
wegzunehmen und sie auf den schmalen Raum zwischen dem Po, Mincio und der
Etsch zu beschränken. Wieder aber durchschaute Eugen diese Absichten, und wie er
früher ähnliche Pläne Vendômes durch die Schlacht bei Luzzara durchkreuzt hatte,
so erreichte er jetzt das gleiche Resultat vermöge der trefflichen Stellungen hinter der
S e c c h i a , in welche er mit seinem Heere eilte. Während hier die Armeen wieder
durch einige Zeit ohne Thaten sich gegenüber standen, wurde endlich B o r g o =
f o r t e von den Franzosen erobert. In diesem Orte waren zuletzt nur 300 Oester=
reicher unter Obl. Malvezzi zurückgeblieben und hatten den Auftrag, sich daselbst
und auf der Po=Insel so lange zu halten, bis alle Vorräthe und die Geschütze in
Sicherheit gebracht wären. Als nun 2000 M. der Garnison Mantua vor Bor=
goforte erschienen und den Platz lebhaft beschossen, wurde zwar der obigen Auf=
gabe vollkommen Genüge geleistet, aber der Commandant gab — wie es scheint,
ohne zwingende Veranlassung — sich und seine Leute in demselben Momente
kriegsgefangen, als er sichere Kunde erhalten hatte, daß Starhemberg zu seiner
Unterstützung bereits ganz in der Nähe angelangt sei (15. Nov.). Uebrigens war
der Verlust von Borgoforte dem Prinzen keineswegs empfindlich, da er einen Po=
Uebergang in der Richtung auf Mantua hin bei den dermaligen Umständen ohne=
dem nicht mehr verwenden konnte und ihm die Magazine und die Brücke bei
Ostiglia bessere Dienste leisten mußten. — Vendôme hielt durch verschiedene Züge
ohne ernsteren Zweck die Kaiserlichen bis gegen den Schluß des Jahres in Beun=
ruhigung. Schließlich gewann er noch den Mincio=Uebergang bei G o v e r n o l o ,
welchen die Kaiserlichen auf Eugens Befehl wegen seiner Unhaltbarkeit räumten
(18. Dec). Letztere hielten auf dem linken Po=Ufer nur Ostiglia allein noch besetzt;
ihre kümmerlichen Winterquartiere nahmen sie in dem engen Ländchen von Miran=
dola; dagegen breiteten sich die Franzosen nach Bequemlichkeit über die ganze
Lombardie, über Modena und Parma aus. Sobald hier Ruhe eingetreten war,
eilte Prinz Eugen nach Wien, um mündlich die klägliche Lage der Armee vorzu=
stellen und entweder um Abhilfe oder um seine Abberufung zu bitten. Den Ober=
befehl übergab er dem FZM. Starhemberg.

**85. Feldzug 1702 in Deutschland, 1703 hier und in
Italien.** Im J. 1702 hatte der Krieg sowohl in Süddeutschland als auch in

den Niederlanden seinen Anfang genommen. Wir werden vorläufig nach dem Schauplatze am Mittelrheine uns wenden müssen. Das Heer, welches Ludwig von Baden seit dem vorigen Jahre daselbst befehligte, war im Frühjahre bis auf 38.000 M. angewachsen. Während der Markgraf unweit Mannheim den Rhein übersetzte und sodann die wichtigen Punkte Germersheim, Lauterburg und Weißenburg befestigte (Mai 1702), versammelte der Marschall Catinat bei Straßburg ein Heer von 35.000 Franzosen und trachtete den Markgrafen in der Belagerung von Landau zu stören, welche dieser seit dem 1. Juni begonnen hatte. Aber vergeblich waren alle Versuche Catinat's, die eben erst vollendeten Linien an der Lauter zu durchbrechen; am 9. Sept. ging Landau in die Macht der Oesterreicher über. — Von dem beabsichtigten Eindringen nach Frankreich wurde Markgraf Ludwig durch ein Ereigniß im Innern Deutschlands abgehalten. Der schon längst im Geheimen mit Frankreich verbündete Kurfürst Maximilian Emanuel von Baiern hatte in aller Stille umfassende Rüstungen getroffen, überfiel plötzlich die strategisch wichtige Reichsstadt Ulm (8. Sept.), ließ hier eine Garnison von 6000 M. zurück, und nahm dann auch noch andere freie Städte Schwabens weg. Dieser Landfriedensbruch hatte nun wohl die gute Folge, daß die Reichsstände aus ihrer gewöhnlichen Ruhe etwas aufgeschreckt wurden, andererseits war aber für den Markgrafen Ludwig jetzt die Gefahr vorhanden, daß durch die Vereinigung der Baiern mit den Franzosen eine bewältigende Uebermacht ihm gegenüber geschaffen würde. Wirklich ging vom französischen Heere Marschall Villars gegen Hüningen ab, um dem nach dem Schwarzwalde ziehenden Kurfürsten die Hand zu reichen; Catinat behielt bloß 15.000 M. zurück und begab sich mit ihnen unter den Schutz der Festung Straßburg. Sogleich eilte Ludwig von Baden, der Gefahr die Spitze abzubrechen; zur Beobachtung von Catinat ließ er nur wenige Truppen im Elsaß stehen, mit dem Gros seiner Armee ging er über den Rhein zurück und längs dem Strome aufwärts, bis er bei Friedlingen (im südlichen Baden) auf das Corps von Villars stieß (14 Oct.). Beide Theile rühmten sich nach dieser Schlacht des Sieges, doch hatten die Deutschen die größeren Verluste erlitten. Weil aber der Markgraf durch die nunmehr bei Stauffen bezogene Stellung das eventuelle Anrücken der Baiern erschwerte und gefährdete, überdieß durch die Truppen aus dem Elsaß und neu anlangende Contingente bis auf 40.000 M. sich verstärkte, so sah sich Villars genöthigt, über den Rhein zurückzugehen. Demnach mußte auch der Kurfürst für jetzt den Gedanken an die Vereinigung mit den Franzosen aufgeben. Beide Heere bezogen sonach Winterquartiere, die Franzosen großentheils im Erzstifte Trier, dessen feste Städte sie besetzten.

Im Winter häuften sich zu Wien die Klagen über die schlechte Leitung des Kriegswesens, zugleich vergrößerten sich die Gefahren, welche die Monarchie bedrohten. Es stand zu befürchten, daß die Franzosen demnächst die österreichische Armee aus Italien ganz verdrängen oder gar sie vernichten, daß sie andererseits vom Rheine her nach Baiern vordringen und wohl gar vor den Thoren der Kaiserstadt erscheinen dürften, während die gleiche Gefahr auch im Osten durch den eben zum Ausbruche reifen ungarischen Aufstand zu befürchten war. Große Reformen waren dringend nothwendig, sollte nicht der Staat selbst dem Untergange entgegentreiben; insbesondere waren der Leiter der Hofkammer (Finanz-Ministerium) und der Präsident des Hofkriegsraths, Fürst Mannsfeld, ihren Stellen durchaus nicht gewachsen. Die Kopflosigkeit, mit welcher die wichtigsten Geschäfte in Wien betrieben oder vielmehr vernachlässigt wurden, war so ungeheuer, daß es selbst nach der Ersetzung der beiden ungeeigneten Minister durch Männer der tüchtigsten Art noch vieler Monate bedurfte, um nur einigermaßen Ordnung in die Amtshandlung zu bringen. Noch am 3. Oct. 1703 fand Prinz Eugen sich veranlaßt, von Wien aus an den FZM. Starhemberg folgende höchst charakteristische Worte zu schreiben: „Ewr. Exc. khönen unmöglich glauben, noch sich Einbilden, waß grosse confusion im Ministerio allhier versiere, und in waß Unordtnung seithdeme daß ich Sye in Italien hinterlassen, die Sachen verfallen seyen; ja Ich khan Sye versichern, wan Ich nit selbsten gegenwerttig, und Alles mit Augen sehete, daß mir es khein mensch glauben machen Khönte, dann wann die ganze Monarchie auf denen Eufsersten spitzen stehen, und würklich zu grundt gehen solte, man aber nur mit 50.000 fl. oder noch weniger in der aill aushelffen Khönte, so versichere Ewr. Exc. daß man es mieste geschehen lassen, und nit zu steüren wuste."

Die Anwesenheit Eugens in Wien hatte kein anderes Ziel, als dem Kaiser die Nothlage und Verlassenheit der italienischen Armee klar zu schildern; gleichzeitig liefen aber auch in rascher Folge die Berichte des Markgrafen Ludwig ein, welche ganz der gleichen Schilderungen voll waren. Trotz alledem ging die Regierung durch ein paar Monate noch im alten Schlendrian weiter; es wurde den Armeen sehr viel versprochen, man kam aber über den guten Vorsatz nicht hinaus. Erst nachdem durch das Vorrücken der Franzosen nach Baiern und durch den Aufstand in Ungarn der Kaiserthron von beiden Seiten zum Wanken gebracht schien, ließ Leopold I. zum Glauben sich bewegen, daß die Regierung denn doch nicht durchaus ganz musterhaft bestellt gewesen sein müsse; was die beiden großen Feldherren längst vorhergesagt hatten, mußte erst durch die Thatsachen mit schlagender Beweiskraft belebt werden, um die Sippschaft der Optimisten, die Familienrücksichten und die altgewohnte Bequemlichkeit zum Falle zu bringen. Zu An-

fang Juli nahm Leopold I. endlich die nothwendigen Veränderungen im Mini=
sterium vor: Graf Gundaker Starhemberg erhielt die Leitung der Hofkammer,
Prinz Eugen wurde Hofkriegsrathspräsident. Um den Geschäftsgang wenigstens
theilweise wieder in Ordnung zu bringen, mußte Eugen im J. 1703 der activen
Leitung einer Armee ferne bleiben; begreiflich aber ist es, daß in diesem ersten
Jahre der Einfluß der beiden Minister noch nicht bis in die weitesten Kreise hin=
aus sehr bemerklich werden konnte; Graf Gundaker vermochte nicht augenblicklich
neue Quellen des Einkommens zu erschließen, noch auch die Vertröblung des spär=
lich vorhandenen Geldes auf unnütze Wege allsogleich abzustellen; ohne Geld
vermochte aber Eugen schlechterdings nicht, dem Kriegswesen wieder vollständig
auf die Beine zu helfen. In der letzten Zeit hatte es schon an Allem gefehlt; die
Truppen bekamen weder Sold noch Montur, selbst das kärgliche Brod war in
Frage gestellt; die Großlieferanten, welche unbezahlt blieben und deßhalb selbst
dem Bankerotte nahe standen, fingen an durchzugehen, — es schien wahrschein=
lich, daß in kurzer Zeit das ganze kaiserliche Heer aus Ursache seiner Entbehrun=
gen auseinander laufen werde. Dem nun beugte Eugen vor, indem er wenigstens
für das Allernothwendigste sogleich Anstalt zu treffen wußte; die Lieferungen von
Proviant, Fourage, Montur, Remonten, Waffen, Munition und theilweise auch
von Sold nahmen einen mehr geregelten Gang; auch die großen Abgänge bei
den Regimentern wurden durch Werbung theilweise gedeckt; dagegen war es nicht
möglich, durch neu abgesandte Truppen die eigenen Heere bis auf das numerische
Gleichgewicht mit jenen des Feindes zu erheben.

In Italien hatte der FZM. Guido Starhemberg bloß 16.000 M. Fuß=
volk und 7.000 Reiter unter sich, während das französische Heer, die Besatzungen
gar nicht mitgerechnet, 37.000 M. zu Fuß und 19.000 zu Pferde, ferner noch
vor Brescello ein Blokadecorps von 5.000 M., also $2\frac{1}{2}$mal mehr als
Oesterreich zählte. Gerade am Schlusse des J. 1702 machte Vendôme einen Ver=
such, sich des Etschthales in Südtirol zu bemächtigen, in welchem Falle die
Armee Starhembergs abgeschnitten gewesen wäre; es muß hier nämlich bemerkt
werden, daß Oesterreich zu jener Zeit keine andere militärische Verbindung mit
Italien hatte als jene über Tirol, weil alle Straßen aus Innerösterreich nach
Friaul ausmünden, Venedig aber sein Gebiet vor den Durchmärschen gewahrt
wissen wollte, nöthigen Falles zu diesem Zwecke auch wohl von den Waffen Ge=
brauch gemacht haben würde. Das Unternehmen Vendôme's, den General Me=
davi über den Gardasee nach Tirol einfallen zu machen, konnte demnach für
Oesterreich die gefährlichsten Folgen haben; zum Glücke war in der letzten Zei
schon durch den Grafen Wolkenstein die Landesvertheidigung in Tirol auf einen

ziemlich guten Fuß gebracht worden. Ein braver Landmann von Saló brachte mit List die Nachricht von dem Nahen Medavi's über den See, und als die Franzosen dann anlangten, wurden sie von den Wälschtirolern mit blutigen Köpfen zurückgeschickt. — Ein paar Monate vergingen in Italien fast vollständig ruhig; die Nothlage der kaiserlichen Armee war aber noch immer im Zunehmen begriffen. Am 20. Mai begann Vendôme mit der Hälfte seines Heeres die Vorrückung über den Mincio und stellte sich dann bei Carpi, also im Rücken der Oesterreicher auf; ein zweites Corps der Franzosen hatte Stellung gegenüber der Mincio-Mündung, ein drittes unter dem Großprior Vendôme (Bruder des Marschalls) längs der Secchia hinauf; General Albergotti bildete den äußersten rechten Flügel der Bourbon'schen Armee. Somit war das österreichische Heer fast vollständig eingeschlossen, wie es Eugen seit längster Zeit befürchtet hatte; zugleich war die Verbindung mit Tirol für den Augenblick unterbrochen. Um letztere wenigstens nothdürftig zu eröffnen, entsandte Starhemberg den General Vaubonne mit etlichen hundert Pferden; derselbe schlich sich sehr geschickt um die französische Armee bis hinter Verona durch, wo er Stellung faßte und nach und nach durch die für Italien bestimmten Recruten, Remontentransporte und drei neu aufgestellte Heiduken-Regimenter sich verstärkte.

Unterdessen gedachte Vendôme aber den FZM. Starhemberg, den er eigentlich schon wie in einer Mausfalle festhielt, durch einen taktischen Schlag vollends zu zerschmettern; am 5. Juni ging Ersterer über den Tartaro, während gleichzeitig Albergotti mit dem anderen Flügel näher heranschwenkte und sich auf Finale di Modena dirigirte. Aber Starhemberg bewies sich als der würdige Stellvertreter Eugens. Als Vendôme zum Angriffe vor Ostiglia erschien (8. Juni), ließ Starhemberg mittelst Durchstechung der Podämme das Land weithin unter Wasser setzen, so daß die Franzosen nur rasch wieder davon zu kommen trachteten; auf dieser Seite für den Augenblick frei geworden, ging Starhemberg eilig über den Po auf Albergotti los, brachte ihm bedeutende Verluste bei und zwang ihn zum Rückzuge (11. Juni); nachdem Starhemberg den Franzosen die Lust, ihn gänzlich einzuschließen, vorderhand gründlich benommen hatte, kehrte er in seine früheren Stellungen zurück. Vendôme wandte sich jetzt gegen Vaubonne; allein der letztere wich ihm geschickt aus und gegen Rivoli hin zurück, auch neckte er seinen Gegner durch Streifungen. Vaubonne hatte damals 4.000 M. beisammen; eine weitere Verstärkung von 6 Bataillonen wurde ihm in der nächsten Zeit durch den Grafen Solar über das Pusterthal zugeführt. Ungefähr zur selben Zeit mußte Brescello, der einzige bedeutende Platz der Oesterreicher in Italien, nach einer mehrmonatlichen Umschließung und Anshungerung mit seiner Garnison von

2.000 M. capituliren (26. Juli). Die Lage Starhembergs war und blieb trotz der in der letzten Zeit errungenen Erfolge außerordentlich problematisch, da es nur einer etwas größeren Ausdauer und Energie von Seiten der Franzosen bedurft hätte, um ihren Gegnern auch noch die letzten Mittel ihrer kümmerlichen Existenz zu entziehen. Zum Glücke für Starhemberg wurde Vendôme jetzt eben befehligt, mit größerer Macht gegen Tirol vorzubrechen. Diese Operation stand im innigsten Zusammenhange mit den gleichzeitigen Ereignissen in Deutschland.

Dem Kaiser sowie den deutschen Reichsständen konnte keine Aufgabe zunächst für wichtiger gelten, als die Bezwingung des Kurfürstenthumes Baiern, über welches Land die Franzosen bis nach Oesterreich eindringen und hier den ungarischen Rebellen die Hand reichen konnten. Der Kurfürst Max Emanuel hatte sein Heer, ohne Zurechnung der Besatzungen, bis auf 30.000 M. erhöht. Ihm gegenüber stand der österreichische FML. Schlick mit 20.000 M. in den Gegenden zwischen dem Inn und der Donau, und der General Graf Styrum mit 9.000 M. Kreistruppen in der Oberpfalz. Der Markgraf Ludwig von Baden mit 30.000 Mann hatte wie im vorigen Jahre die Aufgabe, die Schwarzwaldpässe zu bewachen und die Vereinigung der Franzosen mit den Baiern zu verhindern. Endlich war noch der Prinz von Hessen an der Spitze von einigen tausend Mann deutscher Truppen mit der Belagerung der Moselfestung Trarbach beschäftigt. Er wurde jedoch durch den mit 14.000 Franzosen ihm gegenüberstehenden Marschall Tallard schon zu Anfang März 1703 zurückgetrieben. Im Elsaß, dem Markgrafen von Baden gegenüber, befehligte Villars eine Streitmacht von nahe an 40.000 Mann. Dieser ging bereits im Februar über den Rhein, warf die Beobachtungsposten des Markgrafen bis in ihr verschanztes Lager bei Stollhofen[1]) zurück und belagerte Kehl, welches nach zwei Wochen der Vertheidigung (25. Feb. bis 10. März) capitulirte. — Zur selben Zeit wurde es auf dem bairischen Schauplatze lebhaft. Max Emanuel operirte aus Centralstellungen gegen seine beiden Gegner, deren Vereinigung er geschickt zu hindern wußte. Zuerst warf er sich auf den Grafen Schlick und schlug ihn unweit Schärding (11. März); während der Kurfürst nun über die Donau eilte und den General Styrum nach Neumarkt zurücktrieb, drang Schlick zwar abermals vor u. z. bis Vilshofen, mußte aber nach der Rückkehr des Kurfürsten neuerdings gegen den Inn hin weichen (10. April). Bei diesem Zuge hatte Max Emanuel auch den Schlüssel des mitt-

[1]) Die von Vauban erbaute Festung Landau (8 Bastions und 8 Ravelins) am linken und das verschanzte Lager von Stollhofen am rechten Ufer des Rheines, spielten in diesem Kriege eine sehr bedeutende Rolle; Stollhofen (zwischen Rastatt und Kehl) war der Kernpunkt einer über zwei Meilen langen Schanzenlinie, welche sich vom Rheine bis nach Bühl zog und den Eingang in die mittleren Schwarzwaldpässe decken sollte.

lern Donauthales, Regensburg, ohne alle Mühe weggenommen (9. April); das deutsche Reich war nämlich so naiv gewesen, diese Stadt, weil sie Sitz des Reichstages war, für geheiligt und unangreifbar zu halten und sie deßhalb ohne Besatzung zu lassen. Mittlerweile wurde Styrum durch neu anlangende Reichs=truppen verstärkt und auch von Tirol aus hätte dem Kurfürsten einige Belästigung gemacht werden können, wenn der dort commandirende General Gschwindt in der Sorge für die Landesvertheidigung und die Verwendung der Streitmittel nicht recht nachlässig gewesen wäre, — ein Versäumniß, für welches er später vom Prinzen Eugen zur Rechenschaft gezogen wurde.

Nach der Eroberung von Kehl begann Villars seine auf die Vereinigung mit den Baiern abzielenden Operationen. Durch Heranziehung Tallards bekam er eine Macht von 50.000 M. auf dem rechten Rheinufer zusammen. Hiermit griff er die Linien von Stollhofen an, wurde aber zurückgewiesen. Villars ließ nun den Marschall Tallard zur Beobachtung des Markgrafen Ludwig am Rheine zurück, wandte sich dann in das Kinzigthal zurück (27. April), vertrieb die kleinen Posten der Deutschen aus den Pässen, und marschirte über Villingen und Tutt=lingen nach Riedlingen an der Donau, wo die Vereinigung mit den Baiern be=wirkt wurde (10. Mai). Nun war zwar allerdings Ludwig von Baden auf die Kunde dieser Operationen mit 16.000 M. von Stollhofen aufgebrochen, wo bloß 15.000 M. unter dem FM. Thüngen zurückblieben. Durch das Entgegenrücken Styrum's wurde der Markgraf bei seinem über Stuttgart genommenen Einrücken nach Baiern bis auf 36.000 M. verstärkt; aber weder diese Truppenmacht noch auch jene unter Schlick konnte die beiden feindlichen Feldherren von großartigen Plänen abhalten; Schlick war nämlich in der jüngsten Zeit zur Absendung von Truppen nach Ungarn befehligt worden, und da in dem letzteren Lande der Auf=stand noch immer zunahm, so brauchte man das österreichische Corps am unteren Inn kaum noch als vorhanden zu betrachten, — Oesterreich lag nach der bairi=schen Seite hin dem Angriffe dermalen so ziemlich offen.

86. Feldzug 1703 in Deutschland und Italien (Fort=setzung). Nach der Vereinigung des Kurfürsten mit Villars boten sich ihnen zwei gleich lockende Pläne. Der eine lautete: geraden Weges auf Wien hinmar=schiren und hier im Vereine mit den ungarischen Malcontenten den Frieden dic=tiren; der zweite war, Tirol wegzunehmen, damit die Armee Starhembergs zu vernichten, Vendôme aus Italien heraufzuziehen, somit eine ungeheure Uebermacht gegen Ludwig von Baden zu gewinnen und dann erst gegen Wien sich zu wenden. Bei dem ersteren Plane war der Fall als möglich gelten zu lassen, daß der Mark=graf dem vereinigten Heere nach Oesterreich folgen, hier sich mit den Ueberresten des Schlick'schen Corps vereinigen und mit Zuhilfenahme des Landsturmes eine solche Macht gewinnen könne, daß die Baiern und Franzosen vielleicht geschlagen und dann allerdings, weil der Sieger auf ihrer Rückzugslinie stand, vernichtet werden konnten. Der zweite Fall führte langsamer zum Ziele, aber er schien gar keine Schwierigkeiten in sich zu schließen, er schien sicherer. Der Erfolg, — denn der Kurfürst entschied sich für diesen zweiten Fall — zeigte gerade das Gegentheil.

Für Oesterreich war die Uneinigkeit, welche vom ersten Augenblicke an zwischen Villars und dem Kurfürsten sich erhob, zwar ein günstiger Zufall, weil deren Operationen damit verzögert wurden, aber die Regierung zu Wien hatte nicht die Kraft, um daraus großen Nutzen zu ziehen. Unter den Gegnern Oesterreichs wurde nach längerer Verhandlung folgender Plan vereinbart: Der Kurfürst sollte mit 24.000 M., sowohl Baiern als Franzosen, von Norden her nach Tirol einfallen; eben dahin sollte Vendôme 20.000 M. von der italienischen Armee führen; Villars hatte unterdessen mit 30—40.000 M., wozu noch 20.000 bairische Milizen in den verschiedenen Garnisonen zu rechnen waren, das Kurfürstenthum Baiern gegen Schlick und Ludwig von Baden zu schützen; endlich hatte Ludwig XIV. zur selben Zeit ein neues Heer von 38.000 M. unter dem Herzog von Burgund aufgestellt, welchem die Aufgabe zufiel, die Stollhofner Linien zu bewältigen und dann nach Maßgabe der Umstände auf einen geeigneten Schauplatz sich zu wenden. Alles zusammengerechnet, betrugen die Streitkräfte der Franzosen und ihrer Alliirten während des Sommers 1703 in Deutschland und Italien mindestens 180.000 M., gegen welche Oesterreich im Ganzen nur beiläufig 100.000 Streiter zur Verfügung hatte. — Ein Ueberfall, bei welchem die fränkischen Kreistruppen unter Janus eine bairische Abtheilung schlugen (23. Mai) und die hierauf durch denselben General erfolgte Eroberung von Rothenburg an der Tauber waren fast die einzigen Ereignisse, welche während einiger Wochen spannender Erwartung im Donauthale vorfielen. Erst am 14. Juni brach Max Emanuel von Rosenheim auf, nicht jedoch, wie man bis jetzt in Wien gefürchtet hatte, in der Richtung nach Oesterreich, sondern nach Tirol. Letzteres Land war ganz ohne Vertheidigungsanstalten; nur im Süden standen einige tausend Mann unter Vaubonne und Solar. Für die Landesvertheidigung war von dem bisherigen Commandirenden Gschwindt keine Voranstalt getroffen, Bestürzung und Kleinmuth ging dem bairischen Heere voran. Ein Zufall lieferte diesem gleich Anfangs die Festung Kufstein in die Gewalt; der Commandant, welcher mit einer Besatzung von 400 Recruten und 7 Kanonieren nicht die Macht hatte, um außer dem Schlosse auch noch die Vorstädte zu halten, ließ die letzteren in Brand stecken die Flammen wurden aber in den Nohau selbst getragen, die Pulvermagazine gingen in die Luft und verursachten einen großen Wallbruch; mitten in der jetzt herrschenden Verwirrung griffen die Baiern an und erstürmten den Platz; selbst-verständlich gingen sie in der nächsten Zeit daran, ihn wieder in vertheidigungs-fähigen Zustand zu setzen. Nun gerieth zwar ganz Nordtirol in höchste Aufregung; der Zorn der Bauern galt aber Anfangs nur dem Herrenstande und den schlech-ten Anstalten der Behörden; die Volksmassen liefen rasch wieder auseinander und die Regierung stellte sich unter die Befehle des Kurfürsten, welcher in rascher Folge Rattenberg, Hall und Innsbruck einnahm (letzteres am 2. Juli).

Zu gleicher Zeit waren die Baiern im Oberinnthal erschienen; auch die Ehrenberger Klause, welche bloß mit einer Besatzung von Bauern versehen war, ergab sich ihnen am 6. Juli. Schon vor diesem Tage war jedoch der Land-sturm mit furchtbarer Gewalt an verschiedenen Punkten losgebrochen. Den An-fang machten der Adel und die Bauern längs der Etsch und in deren Seiten-thälern; sie eilten das Wormserjoch, vorzüglich aber den Brenner zu besetzen; schon am 30. Juni wiesen sie die anrückenden Baiern zurück; auch in den folgen-den Tagen wehrten sie diesen den Uebergang und verstärkten sich durch neue Zuzüge, sowie durch einige hundert Mann regulärer Truppen, welche der General Gutten-stein herbeiführte. Im Uebrigen bewiesen die Landleute, wenn man den aus Tirol stammenden Berichten trauen darf, weit mehr Umsicht und Entschlossenheit als der kaiserliche General. Noch plötzlicher und blutiger als an der Eisak trat der Auf-stand im Oberinnthale auf, daselbst vorzugsweise unter der Leitung von Ster-zinger. Nichts Schlimmes ahnend war eine Abtheilung der Baiern und Franzosen am 1. Juli im Marsche von Landek aus bis an die Pontlazer Brücke gekommen, als plötzlich Bäume und Steine in die engen Schluchten herabrollten und ein heftiges Feuern von allen Seiten begann; auch der Rückweg war abgesperrt und so wurde das ganze Detachement theils erschlagen, theils gefangen genommen. Dem Kurfürsten fehlte jede Nachricht von Vendôme, da alle Boten aufgefangen wurden; vergeblich blieben zugleich die Bemühungen der Baiern, am Brenner durchzudringen. Der Landsturm nahm immer größere Ausmaße an; auch im Unterinnthale begannen die Kämpfe, welche vielen Baiern das Leben kosteten; ganz nahe bei Innsbruck, an der Martinswand, unweit Zierl, warfen die Bauern Verschanzungen auf; der Kurfürst zog selbst hinaus, um sie zu erstürmen. Dieß gelang ihm; bei dieser Gelegenheit hatte er sein Leben jedoch nur dem Zu-falle zu danken, daß der neben ihm reitende General Arco wegen seines glänzen-den Anzuges von einem Tiroler Schützen für die Hauptperson genommen wurde und diese Täuschung mit dem Leben bezahlen mußte. — Zu Ende Juli waren die vom Kurfürsten hereingeführten Truppen bis auf die Hälfte geschmolzen; von

Vendôme fehlte noch immer jede sichere Nachricht, das ganze Tirolervolk bildete jetzt einen einzigen Landsturm, auch reguläre Abtheilungen der Kaiserlichen zogen in etwas größerer Zahl heran. Den Baiern blieb nichts Anderes übrig, als eilig aus einem Lande zu weichen, dessen heldensinnige Bevölkerung fast ganz für sich allein eine der größten Gefahren von Oesterreich abgewendet hatte. Nur Kufstein hielt sich in der Gewalt der Baiern.

Bevor wir mit dem gleichfalls erfolglosen Zuge Vendômes nach Südtirol uns befassen, werden wir die Ereignisse an der Donau noch vorzunehmen haben. Während der Abwesenheit des Kurfürsten aus Baiern hatte Villars zwischen Dillingen und Lauenburg ein stark verschanztes Lager bezogen; Ludwig von Baden durfte nicht wagen, ihn daselbst anzugreifen. Trotzdem war es aber hohe Zeit, daß Max Emanuel wieder im eigenen Lande eintraf. Das früher von Schlick, jetzt aber von Reventlow befehligte österreichische Corps war mittlerweile durch 8000 Dänen verstärkt worden, hatte Vishofen und Landau erobert und damit die Isarlinie gewonnen. Auch in Böhmen hatten sich österreichische Truppen gesammelt und bedrohten Amberg. Die größte Gefahr wurde jedoch dem bairischen Lande durch den Markgrafen Ludwig bereitet. Nachdem derselbe sich bis auf 50.000 M. verstärkt hatte, durfte er allerdings noch immer nicht daran denken, die feindlichen Stellungen bei Dillingen anzugreifen; denn durch das mittlerweile erfolgte Eintreffen des Kurfürsten aus Tirol war das dortige Heer ebenfalls wieder vergrößert worden. Dafür trachtete Ludwig von Baden durch Manöver den Gegnern Abbruch zu thun. Er ließ Styrum mit 20.000 M. in dem befestigten Lager bei Haunsheim stehen, ging aber selbst mit dem Gros der Armee über die Donau und besetzte die befestigte Reichsstadt Augsburg. Damit war das bairisch-französische Heer in eine sehr üble Lage gebracht, in der es unmittelbar vor sich durch die Stellung Styrum's, hinter sich aber durch jene des Markgrafen beengt und der Subsistenzmittel nahezu beraubt war (Anf. Sept.). Der Kurfürst und Villars entschlossen sich demnach zur Offensive; Styrum, welcher eben einen Erfolg über ein Corps von 12000 M. erfochten hatte, war unklugerweise aus seinem festen Lager in eine Stellung bei Höchstädt gegangen; hier wurde er von der ganzen Macht der Feinde am 20. Sept. angegriffen und mit einem Verluste von 6000 M. sowie von 37 Kanonen derart geschlagen, daß er mit dem Reste nur mühsam nach Nürnberg sich retten konnte. Jetzt waren aber auch die Offensivpläne des Markgrafen Ludwig wieder zerstört; er mußte sich nach Schwaben ziehen, wo er seine Winterquartiere nahm. Mit dem Tage von Höchstädt hatte Max Emanuel wieder das Uebergewicht im eigenen Lande erlangt; er eroberte Kempten und Augsburg (14. Dec.), veranlaßte dann das österreichische Inn-Corps wieder zum Weichen und nahm schließlich noch Passau weg (9. Jänner 1704). Diese Plätze nebst Kufstein waren aber auch die ganzen Resultate eines Feldzuges, welcher Anfangs — bei der Vereinigung der Franzosen mit den Baiern — geraden Weges auf den Untergang des österreichischen Staates ausgehen zu wollen schien. Uebrigens hatte Villars bald nach der Schlacht bei Höchstädt vom Kurfürsten sich wieder getrennt und war nach Frankreich in die Winterquartiere gezogen.

Die vom Herzoge von Burgund am Rheine aufgestellte Armee hatte keineswegs den gehegten Erwartungen entsprochen; statt Stollhofen zu forciren und dann an die Donau zu rücken, hatte er sich begnügt, Altbreisach zu berennen und ohne alle Mühe zu gewinnen (6. Sept.); gleich darauf kehrte der junge Prinz an den Hof zurück. Ueber den General Grafen Arco, welcher zu Breisach befehligt hatte, verhängte Prinz Eugen, als dermaliger Präsident des Hofkriegsrathes die gerichtliche Untersuchung; FM. Thüngen war mit derselben beauftragt; sie endete mit der Enthauptung des genannten Generals (1704). Prinz Eugen hatte gewiß nicht Unrecht, wenn er darauf bestand, es müsse in Oesterreich von Zeit zu Zeit „ein Exempel statuirt" und mit allem Vigor der Kriegsartikeln ohne einen „Regard" für Namen und Rang vorgegangen werden. — Weit besser als Breisach wurde Landau vertheidigt, welches vom Marschall Tallard angegriffen wurde. Der Prinz von Hessen versuchte mit geringen Kräften den Entsatz des Platzes, wurde aber am Speierbache geschlagen (18. Nov.). Am Tage darauf mußte Graf Friesen die Festung und Besatzung dem Feinde übergeben. Es war dieß während des laufenden Krieges schon die zweite Belagerung und Wegnahme von Landau.

Wir müssen uns jetzt wieder nach Italien wenden, wo der FZM. Starhemberg in seiner bedrängten Lage ganz unverhofft durch den an Vendôme gekommenen Auftrag zur Operation nach Tirol hinein wieder etwas Luft bekam. Sehr ungern wurde diesem Befehle von dem Marschalle Folge geleistet; auch ließ er sich damit bedeutend Zeit. Erst in der Mitte des Juli, also zu einer Zeit, da die Sache des Kurfürsten in Nordtirol schon so ziemlich hoffnungslos geworden war, brach Vendôme nach dem Gardasee auf. In Desenzano ließ er 6000 M. zur Sicherung seines Rückzuges; mit ungefähr 20.000 M. ging Vendôme in zwei Colonnen um den Gardasee herum, verlor dann 10 Tage vor dem kleinen Flecken Arco welcher von 600 Oesterreichern bis zum 17. Aug. tapfer vertheidigt wurde, und zog dann weiter längs der Sarca hinauf bis vor Trient, wo er am 28. Aug., erschien. Die Beschießung dieser Stadt ergab kein Resultat; überhaupt machten es die kaiserlichen Generale Vaubonne und Solar mit ihren geringen Streitkräften den Franzosen unmöglich, ein namhaftes Resultat zu erringen. Längst schon war der Kurfürst aus Tirol an die Donau zurückgewichen, als Vendôme im Lager bei Trient den Befehl empfing, schleunigst an den Po zurückzukehren (8. Sept.). Keine Waffenthat von Bedeutung war daselbst vorgefallen; aber eine neue politische Gestaltung bereitete den Franzosen eine nicht unbedeutende Gefahr.

Der Tradition seines Hauses folgend, welches bezüglich seiner Freundschafts= versicherungen vielleicht als das unverläßlichste in der Geschichte bezeichnet werden darf, hatte auch der jetzige Herzog von Savoyen, Victor Amadäus, schon seit dem vorigen Jahre sich mit der Frage beschäftigt, ob es nicht vielleicht auf öster= reichischer Seite größere Vortheile herauszuschlagen gäbe als auf jener Frankreichs. Seitdem Prinz Eugen im Ministerium saß, betrieb dieser lebhaft die Verhand= lungen mit Savoyen, dessen Uebertritt die Sachlage in Italien bedeutend ändern konnte; dieses Reich hatte ein kleines aber gutes Heer; es lag mitten inne zwi= schen Mailand und Frankreich, d. h. zwischen der Armee von Vendôme und ihrer Basis; es war im Besitze namhafter Festungen und der nicht minder wichtigen Alpenübergänge. Der Wiener Hof säumte also nicht, dem Herzoge von Savoyen für seinen Uebertritt jene Gebiete der Lombardie, welche westlich des Ticino gele= gen sind, zu versprechen. Nur mußten dieselben wie die Lombardie selbst zuerst erobert werden. Dieß wäre vielleicht auch möglich gewesen, wenn nicht aus Wiener Kreisen einige Kunde von der beabsichtigten Sinnesänderung des Herzogs von Savoyen nach Paris transpirirt hätte. Deshalb kehrte Vendôme, von Vaubonne lebhaft durch eine Strecke verfolgt, eilig gegen den Po zurück, wo er augenblicklich die bei seinem Heere befindlichen piemontesischen Regimenter öffentlich entwaffnen, (29. Sept.), ihre Mannschaft in die französischen Truppen einreihen ließ. Hierü= ber erbittert, erklärte sich Victor Amadäus nun offen für den Kaiser, hatte aber diesen Schritt in den nächsten Zeiten bitter zu beklagen. Statt der 20.000 M. Hilfstruppen, welche ihm von Oesterreich versprochen worden waren, konnte der selbst noch immer mit Vernichtung bedrohte FZM. Starhemberg bloß 2000 Rei= ter unter Visconti nach Piemont absenden; auf einem weiten Umwege gelangten sie dahin, waren aber bei ihrer Ankunft durch die bestandenen Kämpfe auf kaum 600 Streitbare herabgemindert. Ein bedeutender Theil der französischen Armee nahm seine Winterquartiere in Piemont; mehrere Plätze dieser Provinz, sowie auch fast das ganze Herzogthum Savoyen wurden von den Franzosen eingenom= men; überhaupt wurde das Land von ihnen seither als feindlich behandelt, d. h. in barbarischer Weise ausgesaugt. Der Herzog, welcher nur ungefähr 12.000 M. unter sich hatte, vermochte zum Schutze seiner Provinzen nichts Großes zu unternehmen.

Der rastlos kühne Graf Starhemberg hatte bald einen Plan ersonnen, um dem Herzoge die ihm vertragsmäßig zugesicherte Hilfe zu schaffen. Bekanntlich hatten die Oesterreicher in Italien den ganzen Feldzug hindurch die Stellungen bei Ostiglia und im Herzogthume Mirandola gehalten; die Verpflegung, welche sonst bei so engen Cantonirungen unmöglich gewesen sein würde, war wieder in besseren Gang gekommen, seitdem die Ausrüstung einiger kaiserlicher Kriegsfahrzeuge die Convois sicher über das abriatische Meer gelangen machte. Nach dem Rückzuge Bendômes aus Tirol waren auch die dortigen österreichischen Kräfte theilweise zu Starhemberg gestoßen und hatten sein Heer bis auf 30.000 M. erhöht. Als nun die Franzosen die Winterquartiere bezogen hatten, ließ der österr. Feldherr 12.000 M. unter Trautmannsdorf in den früheren Stellungen zurück, selbst aber zog er mit den anderen 18.000 M. eben so eilig als vorsichtig durch die Landschaften südlich vom Po nach Piemont hin. Bendôme rief zwar augenblicklich ansehnliche Truppenmassen zusammen und suchte seinem kühnen Gegner den Weg zu versperren; allein dieser wich jedesmal schlau zur Seite und nur bei dem Uebergange am Tidone wurde seine Nachhut mit ansehnlichen Verlusten geworfen. Nach einem 20tägigen, durch die zahlreichen Flüsse sehr erschwerten Marsche vereinigte Starhemberg bei Nizza (im SW. von Alessandria) die 14.000 M., welche er noch mitbrachte, mit den Truppen des Herzogs. — Die mächtigen Gefahren, mit welchen die bourbonischen Höfe in diesem Jahre den österreichischen Staat in seinem innersten Kerne bedroht hatten, waren beinahe wirkungslos verpufft. Zwei Umstände hatten diese Wendung vorzugsweise herbeigeführt, erstlich: die Disharmonie in den Operationen von Villars, Max Emanuel, Bendôme und Burgund, dann insbesondere auch die riesige Kraft, welche dem Volkskriege in einem Gebirgslande, wie Tirol ist, innewohnt.

87. Feldzüge 1702 und 1703 in den Niederlanden und zur See, Aufstand in Ungarn. Nach der Kriegserklärung, welche England und die Generalstaaten im J. 1702 an die bourbon'schen Höfe erlassen hatten, war der zum Oberbefehlshaber der dortigen Heere bestimmte General Marlborough (spr. Mahlborro) durch ein paar Monate ausschließlich mit der Inscenesetzung des Krieges beschäftigt. Das Hauptheer, aus Britten, Holländern und Dänen bestehend, zählte 35.000 M. unter den Befehlen des Grafen Ginkel von Athlone (spr. Äthlon) und versammelte sich zwischen der Maas und dem Rheine; ein zweites Corps, 10.000 M. stark, unter dem berühmten Ingenieur Coehorn (spr. Kuhorn) stand in der Gegend der Scheldemündungen; endlich waren noch 25.000 M. meistens Preußen, unter dem Prinzen von Nassau=Saarbrücken, im Erzbisthume Köln zu operiren bestimmt. Ungefähr gleich stark und in correspondirender Weise vertheilt waren die Streitkräfte der Franzosen, welche dem Namen nach vom Herzoge von Burgund, in der Wesenheit jedoch vom Marschall Boufflers befehligt waren.

Die Streitmacht Frankreichs wurde ungemein verstärkt durch den Besitz der in mehrfachen Reihen liegenden Festungen in den spanischen Niederlanden, durch welche der Gegner bei jedem offensiven Schritte sich beengt und aufgehalten sehen mußte — In den westlichen Gegenden trachteten die Franzosen gleich Anfangs, das Corps Coehorn's zu umschließen. Allein dieser General durchbrach ihre Linien und drang bis in die Gegend von Brügge vor. Die Operationen der übrigen Corps drehten sich um den Besitz von **Kaiserswerth**; diese Stadt, 1½ Meilen von Düsseldorf am Rheine abwärts gelegen, war damals sehr stark befestigt; sie war besonders wichtig, einestheils um die Verbindung aus Deutschland mit den Niederlanden sicher zu stellen, andererseits aber auch, weil durch diesen Platz Holland von der Flanke her gefährlich bedroht war. Der Kurfürst von Köln hatte Kaiserswerth sowie sein ganzes Land den Franzosen dienstbar gemacht. — Zu Ende April 1702 eröffnete der Prinz von Saarbrücken die Laufgräben vor dem Platze, erstürmte am 19. Juni mit einem Verluste von 2000 M. den gedeckten Weg und einen Ravelin, und erzwang nach weiteren sechs Tagen die Uebergabe der Festung. Die Angreifer hatten vor derselben nicht weniger als 5000 M. verloren. — Die Marschälle Boufflers und Tallard, welche zu diesem Behufe mit 13.000 M. vom Oberrheine herunter marschirten, hatten vergebens auf Wege gesonnen, um den Fall von Kaiserswerth aufzuhalten; sie wagten es nicht, die festen Stellungen anzugreifen, mit welchen Athlone die Belagerung deckte. Boufflers wollte, während dieselbe bis zum Ende gediehen war, durch einen Handstreich auf Nymwegen sich entschädigen; trotz seiner Wichtigkeit war dieser Platz von den Holländern ganz vernachlässigt und hatte weder eine Garnison noch ein einziges Geschütz auf den Wällen. Rechtzeitig bekam jedoch Athlone Wind von den Absichten seines Gegners, marschirte eine ganze Nacht dem Letzteren nahe und parallel, opferte am nächsten Morgen (21. Juni) 700 M. in einem Reitergefechte, durch welches die Franzosen aufgehalten wurden, und warf während dieses Zeitgewinnes sein Fußvolk nach Nymwegen, so daß Boufflers, als er endlich vor dem Platze erschien, nicht mehr anzugreifen wagte.

Zu Ende Juli übernahm Marlborough persönlich den Befehl über die Armee der Alliirten. John Churchill, Herzog von Marlborough, der Rivale Eugens im Feldherrnruhme und dabei von diesem Kriege an mit Letzterem durch innige Freundschaft verbunden, war zu dieser Zeit 52 Jahre alt. Als Sohn einer verarmten Familie niederen Adels hatte er sich bis zum Herzog und zum eigentlichen Regenten in England — denn die schwache Königin Anna war von der schönen, aber hochmüthigen Lady Marlborough förmlich beherrscht — sowie zu einem der größten Männer seiner Zeit emporgeschwungen. Die Wege, auf denen er dieses Ziel erreichte, waren nicht immer der lautersten Art gewesen; bei der Landung Wilhelms von Oranien hatte er nicht nur seinen persönlichen Wohlthäter Jakob II. verrathen, sondern zugleich das ihm von dem Letzteren anvertraute Corps zum Treubruche verleitet; später ließ er sich umgekehrt wieder in Ränke gegen König Wilhelm zu Gunsten des vertriebenen Jakobs ein. Mit einer Geschmeidigkeit ohne Gleichen wußte sich Marlborough trotz seiner Unverläßlichkeit von allen Parteien gesucht zu erhalten; erst mit dem spanischen Succeffionskriege befreite sich sein Charakter von den Schlacken früherer Jahre. Die Größe des Herzogs hatte sich bis dahin vorzugsweise nur auf dem Wege der Intrigue aufgebaut; er war als trefflicher General, als scharfblickender Denker bekannt, aber weit weniger diesen Vorzügen als dem Zauber seiner Persönlichkeit hatte er sein rasches Steigen zu verdanken gehabt. Frauengunst hatte den „schönen Engländer," wie er vor Jahren von Turenne immer bezeichnet worden war, zuerst auf seiner Laufbahn gefördert und auch in späten Jahren strahlte von seiner Person ein gleichsam magnetisches Fluidum aus, welches Frauen und Männer mächtig zu ihm anzog und selbst seine Gegner versöhnte.

Welcher Gegensatz zwischen diesem Manne und seinem Freunde Eugen! Letzterer, ein Prinz von Geblüt, hatte alle seine Ehren mühsam im Staube der Biwacht und im Feuer der Schlacht sich erringen müssen; in seinem sittlichen Gehalte untadelhaft wie wenige Menschen, unscheinbar von Person, ein Feind alles Prunkes, dem leeren Treiben der Salons abgeneigt, große Herren eher meidend als suchend, oft durch Aufrichtigkeit sie verletzend, niemals sie durch Schmeichelei bestechend, ungemein kalt gegenüber den Frauen, Ehren bloß äußerlicher Art verachtend, hatte Eugen nicht das Mindeste an sich, was blendete, — seine Größe wuchs einzig aus seinem Innern heraus. Marlborough schien vielleicht größer als er war, der entschiedene Gegensatz hiezu war Eugen. — In der Kriegsleitung flog Letzterer bekanntlich den Anschauungen seiner Zeit weit voran, er liebte es, die Schranken der gewohnten Kriegsweise zu durchbrechen und überraschend neue Wege zu erfinden; Marlborough war weit mehr systematisch, er unternahm nicht gerne den Kampf gegen riesige Schwierigkeiten; eben deßhalb blieb er der einzige große Feldherr der modernen Geschichte, welcher keine Schlacht lieferte, ohne sie zu gewinnen, keine Festung belagerte, ohne sie einzunehmen. Marlborough ist der größte Feldherr der brittischen Nation, Eugen genießt den gleichen Ruf für Oesterreich. Der Eine wie der Andere hatte beständig eine Last zu schleppen, welche jeden seiner Schritte hemmte. Für Eugen war dieß die Armuth seines Staates und der Kriegsmittel, für Marlborough die Bedächtigkeit der ihm beigegebenen holländischen Rathsdeputirten, welche vor jedem kräftig kühnen Plane einen Schrei des Entsetzens ausstießen. Wie Kinder an die Füße ihres Vaters sich hängen, wenn er rasch ausschreiten will, so zerrten auch diese Deputirten an dem Feldherrn herum, und nur zu oft veranlaßten sie ihn, die günstigsten Gelegenheiten unbenützt vorübergehen zu machen. Im Uebrigen erfreute sich Marlborough nur günstiger Verhältnisse; seine Heere waren niemals um vieles schwächer, oft sogar stärker als jene des Gegners, er hatte ein starkes Hinterland als Basis, jeder Schritt nach vorwärts kräftigte ihn, weil er damit neue Festungen gewann; die kleinlichen Sorgen um das tägliche Brod seiner Soldaten, jene grauenhaften Gespenster auf Eugens Pfaden, waren ihm unbekannt; er brauchte nie das Aeußerste zu wagen, denn er hatte nie um die eigene Existenz zu ringen; seine Strategie war demnach von einer soliden, man möchte sagen, behäbigen Natur.

Im August 1702 zogen Boufflers und Marlborough ihre Streitkräfte möglichst zusammen; der letztere mußte schon jetzt eine sehr günstige Gelegenheit zum Schlagen ungenützt vorübergehen lassen. Dafür begann der Herzog die Belagerung von Venloo, deckte mit einer meisterhaft gewählten Aufstellung den Anmarsch seines schweren Geschützes, und zwang, nachdem Coehorn die Arbeiten trefflich geleitet hatte, den Platz zur Uebergabe (5—23. Sept.). Weiter eroberte er noch Röhrmonde und Stevenswerth und schritt dann zur Belagerung von Lüttich, welche große Festung binnen wenigen Tagen eingenommen wurde (Ende October). Durch die Eroberung dieser verschiedenen Festungen an der Maas, wo die Holländer von früher her nur das ganz isolirte Mastricht besaßen, hatte Marlborough eine breite und gesicherte Straße in das Innere der spanischen Niederlande gewonnen, zugleich das Erzbisthum Köln von Frankreich so ziemlich abgeschnitten und endlich auch den Holländern auf ihrer schwächsten (südöstlichen) Seite einen guten Schild verschafft.

Im Feldzuge 1703 befehligte Villeroy das französische Heer in den Niederlanden; dasselbe zählte ungefähr 70.000 M. zur Verwendung im Felde; beiläufig gleich stark war das Heer der Alliirten. Marlborough und Coehorn eröffneten am 3. Mai mit einem Parke von 100 Kanonen und 40 Mörsern die Belagerung von Bonn, welches die Hauptfestung des Erzbisthums Köln und von 4500 Franzosen besetzt war; schon am 15. mußte der Platz sich ergeben und damit war auch die Auflehnung des Kölner Kurfürsten als niedergeschlagen zu betrachten, während gerade zur selben Zeit dessen Bruder Max Emanuel die Franzosen bis in das Herz von Deutschland hereinzog und die größten Gefahren über den Kaiserthron heraufbeschwor. — Kurz vor dem Falle von Bonn hatte Villeroy das kleine Tongern eingenommen und einen Versuch zur Ueberraschung von Lüttich gemacht. Er fand aber zu seinem Erstaunen den holländischen General Overkirk vor der Festung in einer so trefflichen Position stehend, daß ein Angriff nicht gerathen schien (12. Mai). Villeroy zog sich trotz seiner doppelt stärkeren Armee sogleich wieder zurück. Dagegen nahm Marlborough, welcher eben jetzt vom Rheine zurückkehrte, den schon im Frühjahre entworfenen Plan zu einem Angriffe auf **Antwerpen** wieder auf. Bei der Weitläufigkeit der Stadt und ihrer namhaften Außenwerke, bei der Größe des Stromes, der den Angriffs-Rayon durchschnitt, endlich bei der ungeheuern Ausdehnung der möglichen Inundationen (siehe Band III., S. 189—198 nebst Plan) mußte eine Belagerung um so schwieriger und gefährlicher erscheinen, als das französische Hauptheer in der Nähe blieb und an verschiedenen Orten, besonders aber im Osten der Stadt, verschanzte Linien von ungeheurer Festigkeit aufgeworfen hatte; die Gräben derselben waren hie und da 27′ breit und mit 9′ tiefem Wasser gefüllt. Der Plan Marlboroughs, mit vier verschiedenen Corps auf beiden Seiten der Schelde gleichzeitig gegen Antwerpen vorzurücken, war bei der Beschaffenheit des Terrains und der Umstände jedenfalls als gewagt zu bezeichnen. Wirklich kam bei dieser Gelegenheit sogar ein Villeroy zu einem Siege.

Er warf nämlich rasch ein paar tausend Mann nach Antwerpen, welche das daselbst stehende Corps Bedemar's bis auf 30.000 M. verstärkten. Eilig brach dieser General auf, nachdem es ihm bekannt war, daß ein Corps von ungefähr 22.000 Holländern unter Obdam bei Eckeren, 1½ Meilen nördlich von Antwerpen, eine vollkommen isolirte Position genommen hatte und überdieß keine großen Vorsichtsmaßregeln traf. Bedemar detaschirte mehrere Abtheilungen, welche in den Rücken der Holländer sich zu schleichen und durch Besetzung der Dammwege diesen ihre Verbindungen abzuschneiden hatten. Die Schlacht bei Eckeren am 30. Juni hatte nun ein sehr eigenthümliches Gepräge; gleich zu Anfang ging der Feldherr der Holländer, Obdam, weil er Alles verloren glaubte, mit 30 Reitern durch und verbreitete die Nachricht von seiner vollständigen Niederlage bei den Generalstaaten; statt seiner übernahm Gnrl. Schlangenberg das Commando und bewies ebenso viel Kaltblütigkeit als Entschlossenheit. In Wirklichkeit waren die Holländer von einer nicht viel stärkeren Macht der Gegner vollständig eingeschlossen: diese hatten nämlich alle Dämme, also eben so viele Defilés, kräftig besetzt und die Niederländer vermochten überall nur in der Breite von wenigen Mann anzudringen. Beiderseits wurde mit außerordentlicher Tapferkeit gestritten; viele Leute stürzten sich in den Schlamm der Sümpfe und eröffneten von dort aus ihr Feuer; auf den Deichstraßen spielte das Bajonnet eine Hauptrolle. Bekanntlich gehören die Holländer zu den unerschrockensten Soldaten der Welt, ja es wird sogar behauptet, daß sie trotz ihres Fischblutes oder vielleicht eben wegen desselben im Bajonnetkampfe den ersten Rang einnehmen. So gelang es ihnen nach einer blutigen Arbeit, den Plan ihres Gegners, welcher sie in die Inundationen längs der Schelde werfen wollte, zu vereiteln und sich gegen Fort Lillo durchzuschlagen. Sie hatten aber diesen heißen Tag mit einem Verluste von 5000 M. und 8 Geschützen zu beklagen. — Zwischen Schlangenberg und Marlborough trat von dieser Zeit an eine starke Entfremdung ein; Ersterer, welcher überhaupt reizbaren und verschlossenen Gemüthes war, durchkreuzte seit dieser Zeit mehrmals die Pläne des Oberfeldherrn.

Schon in der nächsten Zeit mußte Marlborough seine Pläne auf Antwerpen, an denen er noch immer festhielt, über Andrängen der Rathsdeputirten fallen lassen, um sich an die Maas zurückzuwenden. Hier wurde Huy, ein paar Meilen oberhalb Lüttich gelegen, nach viertägiger Belagerung genommen (26. Aug.). Ein gleiches Schicksal hatte bald darauf auch Limburg (27. Sept.), mit dessen Wegnahme das ganze Bisthum Lüttich wieder für das Reich gewonnen war. — Die Heere gingen schon zu Anfang October in die Quartiere.

... Zur See hatte der Krieg auf mehreren Schauplätzen schon im J. 1702 den Anfang genommen. Die Franzosen, welche von dem bei La Hogue (§. 71) erlittenen Schlage sich noch keineswegs ganz erholt hatten, mußten sich im Allgemeinen auf die Defensive beschränken. Gegen Oesterreich gingen sie allerdings angriffsweise vor; bekanntlich sperrte Fourbin im J. 1702 den österr. Schiffen das adriatische Meer, mußte aber diese Rolle im folgenden Sommer aufgeben. Die wenigen Brigantinen, welche der Kaiser ausrüstete, blieben selbstverständlich auf den rein defensiven Wirkungskreis in den Golfen von Triest und Benedig beschränkt. — England und Holland hingegen rüsteten im J. 1702 eine starke Flotte unter Beigabe von 14.000 M. Landtruppen aus, welche bei Cadix eine Landung machten (21. Aug.); man hoffte hiebei auf eine bedeutende Unterstützung durch den spanischen Adel, welcher, wie man glaubte, mehr der Habsburgischen als der Bourbon'schen Sache geneigt war; es zeigte sich aber hier wie auch später mehrfach, daß der Adel Spaniens im Allgemeinen, wenn er allenfalls auch Sympathien für irgend eine Sache hatte, doch nicht mehr die Kraft und den Entschluß zu männlich kühnen Thaten in sich fühlte. Die Alliirten gaben deshalb ihr Unternehmen gegen Cadix bald auf, dafür eroberten sie aber noch im selben Jahre (22. Oct.) im Hafen von Vigo die spanische Silberflotte mit ihren großen Schätzen. — Im J. 1703 errangen die großen Flotten, welche von England und Holland ausgerüstet wurden, gar kein namhaftes Resultat, ausgenommen höchstens, daß sie durch die Bedrohung von Neapel den Oesterreichern in Oberitalien eine kleine Erleichterung verschafften.

Den Bemühungen der Seemächte und Oesterreichs gelang es, fast gleichzeitig mit dem Herzoge von Savoyen auch Portugal auf die Seite der Habsburger zu ziehen. In Anhoffnung eines beträchtlichen Ländergewinnes und gegen anständige Subsidien machte sich König Peter II. anheischig, 28.000 M. zum

Kampfe gegen Philipp V. aufzustellen (16. Mai 1703). Wichtiger als die Trup=
pen Portugals, welche sich in einem sehr verwahrlosten Zustande befanden, war
den Alliirten das Land selbst, da es ihnen vermöge seiner starken Situation
als Basis zum Angriffe gegen Spanien zu dienen vermochte. Man säumte nicht,
diesen Vortheil auszubeuten. Erzherzog Carl, welcher früher schon von Oesterreich
zum Erben der spanischen Krone ausersehen worden war (§. 81), wurde jetzt von
den verbündeten Mächten als König Carl III. ausgerufen. Derselbe reiste am
19. Sept. von Wien nach England ab und wurde im Vereine mit einigen Hilfs=
truppen durch eine englische Flotte nach Portugal befördert. Daselbst fanden sich
bei ihm viele mißvergnügte Spanier ein, welche jedoch im Allgemeinen mehr An=
sprüche auf künftige Belohnungen, als Lust für Kampf und Gefahr mitbrachten.

Noch müssen wir hier zur Vervollständigung des Kriegsgemäldes den Auf=
stand in Ungarn in das Auge fassen. Nach Bewältigung der letzten, mit dem
großen Türkenkriege verflochtenen Empörung (§§. 64—74) war die Regierung
wieder in die meisten ihrer früheren Fehler verfallen: die Ungarn beklagten sich
über die Anstellung und Bevorzugung von Deutschen, über mancherlei Eingriffe
in die heimische Verfassung und Rechtspflege, über die bedrückende Weise der
Steuerhebung, hie und da auch über die Gewaltthaten der Soldatesca, welche
zwar sehr spärlich im Lande vorhanden, aber wegen ihrer höchst mangelhaften
Verpflegung zu Verletzungen des Eigenthums veranlaßt war; mehr als alle An=
deren waren wieder die Protestanten der Regierung abgeneigt. Aus ganz unbe=
deutenden Anfängen erwuchs seit dem J. 1703 ein riesiger Aufstand. Zwei De=
serteurs trieben sich ungefähr in der Weise von Begharen in den Wäldern umher
und sammelten nach und nach eine ziemlich beträchtliche Schaar; um ihrem Ge=
schäfte einen größeren Aufschwung zu geben, erklärten sie sich als Patrioten. In
dieser Eigenschaft gewannen sie bald einen größeren Anhang und traten in Ver=
bindung mit den in Polen exilirten Magnaten des Landes. Die bedeutendsten
unter diesen waren Bercsényi und Rakoczy.

Fürst Franz Rakoczy II. war der Sohn jenes Franz Rakoczy I., welcher
in die Verschwörung von Zrinyi und Nadasdy mit verwickelt, vom Kaiser aber
begnadigt worden war (1670, §. 64); dieser Franz I. starb im J. 1681. Sein
Sohn wurde unter der Aufsicht des kaiserlichen Hofes in Böhmen erzogen; ob=
gleich nun die Mutter desselben, Helene Zrinyi, in zweiter Ehe mit Tököly sich
vermählte und im großen Türkenkriege auf Seite der Feinde Oesterreichs eine sehr
bedeutende Rolle spielte, blieb der junge Fürst Franz II. Rakoczy der Sache des
Kaisers getreu; ja er äußerte sogar offen Haß und Verachtung seiner Landsleute,
der Ungarn. Trotz alledem traute ihm der Wiener Hof niemals ganz, und — wie

es scheint — nicht mit Unrecht; wenigstens wurde im J. 1700 ein Brief aufge=
fangen, welchen Rakoczy an Ludwig XIV. gerichtet hatte. Gleich darauf wurde
derselbe in Wiener = Neustadt in Haft gesetzt, fand aber bald Mittel, nach Polen
zu entkommen, wo er zusammen mit einem anderen Magnaten, Bercsényi, unter
dem Schutze des französischen Gesandten, jedoch in tiefster Verborgenheit lebte.
Auf die Nachricht von dem Aufstande in Ungarn beschlossen beide Männer sogleich
dahin zu eilen. — Bei dem Ausbruche des Aufstandes war Ungarn derart von
Truppen entblößt, daß die Regierung genöthigt war, die Comitate zur Bewälti=
gung der Rebellen aufzubieten. Mit dem Adel der Szathmarer Gespannschaft
brachte Karolyi denselben mehrere schwere Schläge bei und eilte dann selbst nach
Wien, um Bericht zu erstatten; hier wollte man aber an den Aufstand gar nicht
glauben und die einzige Belohnung, welche Karolyi für seinen Eifer erntete, war
wiederholte Beleidigung. Voll Zorn verließ er den kaiserlichen Hof und schwur,
wie einst Bocskai, dem Aufstande selber erst eine kräftige Form zu geben. Wie
sehr derselbe zunahm, seitdem drei der größten Magnaten an seiner Spitze stan=
den, läßt sich leicht denken. Die Regierung behandelte die Sache noch durch einige
Zeit en bagatelle; die wenigen Truppen wurden Anfangs noch schlecht oder gar
nicht angeführt; Verstärkungen langten nur langsam und spärlich an. Mit Auf=
bietung selbst nur einer mäßigen Kraft wäre es der Regierung leicht gefallen, die
ganz ungeordneten, schlecht bewaffneten Horden zu zerstreuen. Die Möglichkeit hiezu
zeigte Rabutin, der commandirende General in Siebenbürgen. Die wenigen
Truppen, die er zur Verfügung hatte, verlegte er großentheils in die festen
Schlösser; gestützt auf die letzteren, zog er mit einer kleinen Streitmacht umher
und trieb die Rebellen bald hier, bald dort in die Flucht. Bei dieser Kriegsweise
wurde zwar das Land von beiden Parteien schrecklich verwüstet, aber es blieb den
Rebellen unmöglich, daselbst feste Stützpunkte zu gewinnen.

Anders war es in Ungarn. Von Siebenbürgen bis an die Waag verbreitete
sich rasch der Aufstand; mehrere Städte und feste Plätze wurden erobert oder min=
destens eingeschlossen, andere von den schwachen und mißvergnügten Besatzungen
selbst den Rebellen überliefert. Bis nach Mähren hinein dehnten letztere ihre
Streifungen aus; die Verstärkungen, welche zum großen Nachtheile anderer
Schauplätze von dort nach Ungarn gezogen wurden, kamen insoferne zu spät, als
sie den Aufstand schon erstarkt und über ungemein große Gebiete ausgedehnt vor=
fanden. Prinz Eugen sah sich, um wenigstens größeren Gefahren vorzubeugen,
genöthigt, im Spätherbste für einige Tage sich selbst nach Preßburg zu verfügen.
Unterhandlungen mit Rakoczy, welche Széchényi, der Erzbischof von Kalocsa, ein=
leitete, führten zu keinem Resultate. Die Kurutzen wußten sich im Glücke und

wurden · hochmüthig, weil sie mit Frankreich und Baiern in Verbindung standen, ersterer Staat ihnen auch Waffen und Geld reichlich zukommen ließ. Bekanntlich hatte der Feldzugsplan Ludwig's XIV. in den Jahren 1703 und 1704 den un= garischen Aufstand fast obenan in die Rechnung gestellt. Glücklicher Weise ver= mochte er nicht, die Pforte, deren Aufmerksamkeit durch die gleichzeitigen Er= eignisse im Norden und Osten Europas (2. nordischer Krieg) beansprucht war, in den Krieg gegen Oesterreich mitzureißen. — Der Aufstand in Ungarn übte wohl auch einige Nebenwirkung auf die an anderen Orten stehenden Truppen= körper ungarischer Nationalität. So riß beispielsweise bei den Heiduken=Regi= mentern in Tirol die Desertion in furchtbarer Weise ein, auch Baiern besaß schon im J. 1703 Hußaren, welche aus österreichischen Deserteurs gebildet waren. — Man muß die bis zum J. 1711 andauernde ungarische Revolution mit der Geldnoth Oesterreichs, mit der kümmerlichen Existenz seiner Heere in eine logische Linie verbinden, um die Größe der damaligen Feldherren, die heroische Kraft seiner Kriegsleute im gebührenden Maße zu würdigen.

Als Gegenstück zu dem ungarischen Aufstande muß noch der sogenannte Cevennenkrieg Frankreichs hier Erwähnung finden. Die Aufhebung des Edictes von Nantes (1685, siehe §. 70) hatte in verschiedenen Gegenden von Südfrankreich, ganz besonders in den Cevennen, eine im Stillen fortglimmende Aufregung hervorgerufen. Unter den Nachkommen der ehemaligen Albigenser hatte der Calvinismus viele schwärmerische Anhänger gefunden. Der rücksichtslose Bekehrungseifer der katholischen Priester gab nun Anlaß zu einem Aufstande der protestantischen Bauern, (24. Juli 1702), welcher bald zu einer furchtbaren Be= deutung anwuchs. Die Camisarden, wie man die Rebellen nannte, erhielten Unterstützungen aus England und Holland, auch fanden sie in dem ehemaligen Bäckergesellen Cavalier einen ausgezeichneten Anführer. Bis an das Meer hin dehnten sie ihre Streifzüge aus und wurden eben so sehr dem Königthume wie der katholischen Bürgerschaft der Städte und dem Adel gefährlich. Die Lage und Beschaffenheit ihres Landes begünstigten den kleinen Krieg ungemein, so daß die königlichen Truppen in diesem Gewirre von mäßig hohen Bergen, von Thälern und Schluchten ihre Gegner selten irgendwo zu fassen vermochten, letztere viel= mehr, wenn sie an einem Punkte auseinander gesprengt wurden, in noch größerer Zahl und mit überraschender Schnelligkeit an dem entgegengesetzten Orte wieder zum Vorschein kamen. Ludwig XIV. hatte die Bedeutung des Aufstandes so rich= tig erkannt, daß er noch im J. 1702 den Marschall Montrevel mit 20.000 M. in die Cevennen absandte. Allein diese Truppen durften sich fast nicht aus den geschlossenen Ortschaften hervorwagen, da jede Abtheilung augenblicklich von stär=

teren Schaaren der Camisarden umwickelt war. Der König übergab nun dem Marschall Villars die oberste Gewalt in den Cevennen. Dieser General strebte zuerst darnach, den Rebellen die Verbindung mit der See, demnach auch mit England, eben dadurch die Zufuhr von Kriegsbedürfnissen abzuschneiden; zugleich setzte er Milde an die Stelle der vorhergegangenen Grausamkeiten (1704). Viele Camisarden legten die Waffen nieder und selbst Cavalier trat auf das Versprechen der Regierung, daß seinen Landsleuten Gewissensfreiheit gewährt sein sollte, als Oberst in die königlichen Dienste, von wo er jedoch bald in jene Savoyens über-trat. Nach dem Abgange ihres bedeutendsten Hauptes konnten die übrigen Cami-sarden sich nicht lange mehr behaupten; schon zu Ende 1704 war die Ruhe fast ganz wieder hergestellt, doch brachen im nächsten Jahre neue, wenn auch nur vor-übergehende Unruhen aus. Die Regierung war auch in der ferneren Zeit genö-thigt, gegen die Bauern der Cevennen auf der Hut zu sein, welche in dem erneu-erten Glaubensdruck Nahrung für ihren geheimen Ingrimm fanden. Trotzdem stand seit 1705 nur mehr eine mäßige Truppenzahl in diesen Gegenden und über-haupt hatte die dortige Volksstimmung dem Hofe von Versailles nicht entfernt die-selben Verlegenheiten bereitet, als der kaiserlichen Regierung der Aufstand in Ungarn.

88. Feldzug 1704 in Deutschland bis zur Schlacht bei Höchstädt. Die Lage Oesterreichs zu Beginn des J. 1704 war derart, daß es fürchten mußte, in der nächsten Zeit die Baiern, Franzosen und Ungarn als Herren in Wien zu sehen und zu einem vernichtenden Friedensschlusse gezwungen zu sein. Abgesehen von den Truppen in Ungarn unter den Grafen Schlick und Heister, welche dem Anwachsen des Aufstandes keinen Damm entgegen zu setzen vermochten, standen im Mai folgende kaiserliche Corps in Deutschland: ungefähr 20.000 M. in Oesterreich zur Abwehr eines Einfalles aus Baiern her; ferner beiläufig 30.000 M. unter den Marschällen Styrum und Thüngen theils bei Nördlingen, theils vom Bodensee bis Tuttlingen an der Donau, später aber bei Villingen und Rothweil; endlich noch der Prinz Ludwig von Baden mit 20.000 Mann in den Linien von Stollhofen. Die Pässe des Schwarzwaldes waren nur den bewaffneten Bauern anvertraut. — Unterdessen hatte' aber der Kurfürst von Baiern mit den ihm von Frankreich überlassenen Verstärkungen (letztere unter Marschall Marsin) 35.000 M. zusammengebracht, mit welchen am 1. Mai der Marsch von Augsburg gegen Westen angetreten wurde, um den vom Rheine her erwarteten Franzosen die Hand zu reichen. Von dort aus sollten nämlich zunächst 10.000 M. als Ergänzung zur Armee des Kurfürsten stoßen; weiter aber stand noch im Elsaß der Marschall Tallard mit 45.000 M.; andere 10.000 Franzosen hielten an der Mosel und endlich war in Belgien die große Armee unter Villeroy.

Eugen und Marlborough erkannten sehr gut, daß die Würfel der Entschei=
dung in diesem Jahre an der Donau fallen mußten, und daß selbst eine Summe
von namhaften Erfolgen auf den anderen Schauplätzen das nicht ersetzen konnte, was
dort in einzelnen Treffen zu verlieren war. Die Interessen von England und Hol=
land verlangten nicht minder gebieterisch als jene Oesterreichs die Ansammlung
einer zur günstigen Entscheidung befähigten Streitmacht an der Donau; denn
gelang es den Franzosen, den Kaiser zu bewältigen, so war die bourbonische Uni=
versalmonarchie vollendet und die Bedeutung der beiden Seemächte hätte dann
kaum noch nach Monaten und Jahren gezählt. Diese Erkenntniß war so unbe=
streitbar, daß die Königin von England und selbst die Generalstaaten, wie ängst=
lich selbe sonst auch für die Deckung der eigenen Lande besorgt waren, dem von
den beiden großen Feldherren entworfenen Kriegsplane schließlich ihre Zustim=
mung gaben. Dieser Plan ging darauf hinaus, daß in den Niederlanden für dieses
Jahr nur eine nothdürftig zur Vertheidigung hinreichende Streitmacht unter Ge=
neral Overkirk zurückgelassen werden sollte; dagegen hätte Marlborough mit einem
ansehnlichen Corps seinen Gegner Villeroy in einer Schlacht, falls solche ange=
nommen würde, nach dem inneren Belgien zurückzuwerfen, sonst aber selben um
seinen strategischen rechten Flügel herum, d. h. längs dem Rheine aufwärts zu
umgehen, im einen wie im andern Falle den Feind zu täuschen und derart mit
Beschleunigung das Donauthal zu erreichen, um hier mit den Oesterreichern sich
zu vereinen und wenn möglich noch vor dem Eintreffen Tallard's, jedenfalls aber
vor jenem Villeroy's mit Uebermacht auf den Kurfürsten und Marsin sich zu stür=
zen. — Dieser ebenso kühne als wohlüberlegte Plan erforderte die strengste Ge=
heimhaltung; so waren beispielsweise in England bloß drei Personen in den Ge=
genstand eingeweiht; die größte Schwierigkeit war es aber, die Zustimmung der
Generalstaaten zu erlangen, welchen Marlborough und sein Freund, der Raths=
pensionär Heinsius den Entwurf gar nicht in seinem ganzen Umfange, sondern
nur bruchstückweise zu eröffnen wagten.

Bevor Marlborough an die Ausführung des Entwurfes schreiten konnte,
hatte die Armee des Kurfürsten einen Theil ihrer Verstärkungen aus dem Elsaß
an sich gezogen. Maximilian Emanuel war nämlich am 10. Mai bei Mößkirch
angelangt; FM. Thüngen, zu schwach, um eine Schlacht anzunehmen, concen=
trirte seine zerstreuten Posten seitwärts in einer Stellung bei Rothweil; durch
das Eintreffen des FM. Styrum und einiger anderer Abtheilungen kam daselbst
eine Macht von 30.000 M. zusammen, über welche Ludwig von Baden, aus
Stollhofen herbeieilend, den Befehl übernahm. Mittlerweile hatte der französische
General Laubamie den Rhein nordwärts von Stollhofen überschritten und durch

sein Erscheinen im Rücken der dortigen Linien (12., 13. Mai) die Aufmerksam=
keit der kaiserlichen Truppen von den südlichen Gegenden des Rheinthales abge=
lenkt. Durch diese Demonstration begünstigt, hatten zur selben Zeit die dem Kur=
fürsten bestimmten Verstärkungen, 10—15.000 M., dann einen Park von 4000
Fuhrwerken zählend, den Rhein zwischen Breisach und Hüningen überschritten;
auch Tallard ging mit dem Gros seiner Armee auf das rechte Stromufer und
sodann weiter bis nach Neustadt (in der Nähe der Donauquellen), wo er am 19.
Mai eintraf. Mit diesem Marsche hatte er die Bewegung der oberwähnten Ver=
stärkungen trefflich gedeckt und erst, als ihre letzte Colonne in dem Lager des Kur=
fürsten bei Hüfingen angelangt war (22. Mai), trat Tallard den Rückweg nach
dem Elsaß an. Ludwig von Baden hatte zwar früher noch daran gedacht, die
Baiern anzugreifen; während er aber noch auf eine Abtheilung von einigen Tau=
senden wartete, begann der Kurfürst, der vorläufig seinen Zweck erreicht hatte, den
Rückmarsch nach Baiern und bezog zu Anfang Juni gesicherte Stellungen hinter
Ulm. Dieser durch den Markgrafen anfangs flankirte Marsch hätte den Baiern
sehr gefährlich werden können, wenn jener Feldherr, der noch vor zwölf Jahren
wegen seiner Kühnheit berühmt gewesen war, mit dem zunehmenden Alter nicht
allzu bedächtig geworden wäre. So begnügte sich Ludwig von Baden, den Geg=
nern bis Munderkingen (5 Meilen ober Ulm) zu folgen und daselbst ein Lager
zu beziehen (Anfang Juni). Bald nachher langte Prinz Eugen aus Wien am
Rheine an, um das Commando in den Stollhofner Linien zu übernehmen.

Um diese Zeit waren auch die Operationen Marlboroughs in den Gang
gekommen; man darf dieselben unbedingt als eines der größten Meisterstücke der
Strategie bezeichnen. Am 18. Mai stand der brittische Feldherr mit ungefähr
20.000 M. in einem Lager bei Bedburg (westlich von Köln). Von hier marschirte
er binnen acht Tagen nach Koblenz. Während seines Marsches waren sowohl von
dem an der Maas zurückgelassenen General Overkirk wie aus dem Stollhofner
Lager bringende Bittschreiben um Verstärkungen bei Marlborough angelangt;
aber den wichtigeren Zweck allein vor Augen haltend, behielt er seine Kräfte bei=
sammen und vergrößerte sie unter Wegs bis fast auf die doppelte Zahl. Am 26. Mai
überschritt er bei Koblenz den Rhein und ließ sein Geschütz und Gepäcke zu Schiffe
nach Mainz befördern. Zu dieser Zeit waren bekanntlich dem Kurfürsten von
Baiern die Verstärkungen aus dem Elsaß zugekommen; weiter erfuhr der Herzog
noch, daß Villeroy einige Truppen an Tallard abgegeben habe und daß jener
nach der Mosel zu marschire, weil er den Bewegungen Marlboroughs kein weiter
gehendes Ziel als einen Angriff auf dieser Seite zutraute. Mit der Beruhigung,
den Feind vollständig überlistet zu haben, setzte Marlborough seinen Marsch über

Kaſtel (bei Mainz) nach Ladenburg fort, wo er am 3. Juni den Neckar über=
ſchritt. Die franzöſiſchen Generale wußten noch immer nicht, was ſie aus dieſen
Bewegungen des Feindes machen ſollten; ihre Verwirrung nahm noch zu, als
derſelbe bei Philippsburg eine Brücke über den Rhein ſchlagen ließ. Unterdeſſen
aber traf Marlborough in der ununterbrochenen Fortſetzung ſeines Marſches am
10. Juni bei Mundelsheim (am Neckar) ein, wo er und Prinz Eugen, die größ=
ten Feldherren ihrer Zeit, ſich perſönlich kennen zu lernen und Freundſchaft zu
ſchließen Gelegenheit fanden. In Heppach, wo die beiden Feldherren am folgen=
den Tage einmarſchirten, erſchien dann auch Ludwig von Baden und es wurde
die weitere Ausführung des Kriegsplanes verabredet. Der Markgraf machte hiebei
namhafte Schwierigkeiten; endlich kam man darin überein, daß Eugen von den
Stollhofner Linien aus den Rhein und Schwarzwald bewachen ſolle, während
Ludwig von Baden und Marlborough täglich abwechſelnd den Oberbefehl über
die vereinigte kaiſerliche und anglo=holländiſche Armee in Baiern zu führen hatten.

Marlborough hatte bis zu ſeinem Eintreffen in Heppach einen Marſch
von 58 Meilen in 24 Tagen zurückgelegt. Am 22. Juni erfolgte in der Gegend
von Blaubeuren die Vereinigung mit den Truppen des Markgrafen von Baden.
Die geſammte Streitmacht zählte jetzt 72 Bataillone, 150 Escadronen, 48 Ge=
ſchütze und 24 Pontons. In der Geſammtſumme waren 14 öſterreichiſche, 30
reichsſtändiſche, 14 holländiſche, 14 engliſche Bataillone; von der Reiterei waren
64 Schwadronen Deſterreicher. Obgleich das bairiſch=franzöſiſche Heer um 16
Bataillone, 10 Escodronen und 82 Geſchütze ſtärker war, zog es ſich doch bei
der Annäherung der Alliirten ſogleich in ſein ſtark verſchanztes Lager bei Lauin=
gen und Dillingen zurück. Zugleich entſandte der Kurfürſt den General Arco mit
13.000 M., damit er auf dem Schellenberge, welcher das befeſtigte **Donau=
wörth** und den dortigen Stromübergang beherrſcht, ſich verſchanze. Am 2. Juli
beſchloß Marlborough als heutiger Commandant des alliirten Heeres den Angriff
auf den Schellenberg, indem er gegen Ludwig von Baden die ganz richtige Be=
merkung machte, daß jede Stunde, die man dem Feinde zur Vollendung ſeiner
Werke laſſe, um tauſend Menſchenleben mehr koſten werde. Dagegen ließ ſich um
ſo weniger einwenden, als die Baiern an dieſem Tage gegenüber von Donau=
wörth bereits ein Lager zu beziehen anfingen, und als eben ein Eilbote Eugens
mit der Nachricht eintraf, daß die Marſchälle Villeroy und Tallard gerade jetzt
zum Rheinübergange, d. h. zum Einmarſche nach Baiern ſich rüſteten.

Der Schellenberg, eine ſchon von Guſtav Adolph in ihrer Wichtigkeit
erkannte Poſition, befindet ſich im Oſten der Wörnitz und der Stadt Donau=
wörth und fällt im Süden ſteil zur Donau ab; dagegen hängt er im Norden

durch eine sanft geböschte Einsattlung mit bewaldeten Höhen zusammen. Von dieser Seite abgesehen stellt er einen abgeplatteten Kegel dar; die Kuppe hat einen Durchmesser von ungefähr 800 Schritten. Die Position war von Natur aus ungemein fest und überdieß durch die — allerdings noch nicht vollendeten — Schanzen sehr verstärkt. Marlborough bestimmte ungefähr 18.000 M. zum Angriffe, welche nach einem ermüdenden Marsche um 2 Uhr N. M. des 2. Juli vor dem Schellenberge anlangten. Die Baiern schanzten ruhig weiter, bis zu ihrem Er= staunen um 6 Uhr Abends von den mittlerweile ausgeruhten Alliirten der erste Angriff erfolgte. Marlborough ließ seine Truppen gegen jene Seiten des Berges anrücken, wo man nicht von den Wällen der Stadt aus in das Kreuzfeuer genom= men zu werden fürchtete. Allein drei Angriffe, welche die Britten mit außeror= dentlicher Bravour ausführten, wurden von den ebenso tapferen Baiern und Fran= zosen glänzend zurückgeschlagen. Nur durch die Cavallerie der Alliirten ließen sich letztere von einer weiteren Ausnützung ihrer Vortheile abhalten. Jetzt aber rückte Ludwig von Baden mit einigen österr. Grenadier=Bataillonen in die Gefechtslinie ein; er hatte nur ungern den Angriff geschehen lassen, trat aber dann mit seinem alten Muthe und Feldherrnblicke ein. Er erkannte als die schwächste Seite der Werke diejenige, welche, weil sie von den Stadtmauern aus flankirt war, von den Britten als die scheinbar stärkste gemieden worden war. Ohne große Verluste drang er hier mit seinen Schaaren ein, und von allen Seiten folgten die bei die= sem Anblicke wieder mit frischem Muthe erfüllten Alliirten. Der Tag war unge= mein blutig gewesen. Die Alliirten bezahlten ihren Sieg mit ungefähr 5000 M., worunter der FM. Styrum (—übrigens keine Perle von General —), der eng= lische General Goor, bis dahin der bestimmende Genius Marlboroughs, und 6 andere Generale waren. Die Verluste der Gegner waren, da ein ordentlicher Rückzug nicht mehr möglich gewesen und da überdieß die Donaubrücke unter der Last der Fliehenden einbrach, bedeutend größer. Nur 3000 M. langten im Lager des Kurfürsten an. Die menschliche Schwäche, welche auch den größten Geistern trotz der sorgsamsten Verhüllung bald bei diesem, bald bei jenem Knopfloch her= vorguckt, war Ursache, daß der Sieg am Schellenberge den Alliirten beinahe mehr Unglück als Vortheil gebracht hätte. Der altberühmte Feldherr Ludwig von Ba= den und der nach gleichem Ruhme lüsterne Marlborough geriethen über die Ehre des Sieges in Fraubasereien und darüber in wirkliche Feindschaft. Sie paßten überhaupt nicht zu einander: Marlborough wußte, daß er nur kurze Zeit auf diesem Schauplatze weilen durfte, und daß die Seemächte ihm den Zug an die Donau nie vergeben würden, wenn er mit leeren Händen, nämlich ohne ent= scheidenden Sieg, aus demselben zurückkehrte; sein deutscher Amtsgenosse aber wurde richtig geschildert in den Worten Eugens: „Gewüß ist Es aber, daß er mit hartter miehe zu Einer operation zu bringen sehe."

Die Einnahme von Donauwörth mit seinen Magazinen und die Besetzung von Neuburg, letztere durch den aus der Oberpfalz mit 3000 M. herangekommenen General Herbeville waren die einzigen Früchte, welche die Alliirten aus ihrem Erfolge am Schellenberge zogen, obgleich ihnen ganz Baiern offen gestanden wäre. Max Emanuel und Marsin hatten sich in eine gesicherte Stellung bei Augsburg zurückgezogen. Die Alliirten überschritten den Lech unweit Rain (10. Juli) und nahmen letzteres Städtchen mit seinen 24 Geschützen ein (16. Juli), weiter zogen sie dann bis Friedberg bei Augsburg (19. Juli), blieben aber hier durch zwei Wochen liegen, ohne sich zum Angriffe des Kurfürsten zu entschließen. Dafür verwüsteten sie absichtlich das bairische Land und brannten angeblich 300 Ortschaften nieder, um den Kurfürsten zum Nachgeben zu zwingen. Letzterer spiegelte Friedensgeneigtheit vor, wollte damit aber nur Zeit gewinnen, um die aus Frankreich neuerdings versprochenen Verstärkungen abzuwarten.

Während dieser Vorgänge an der Donau hatte Prinz Eugen am Rheine eine schwere, ja unmögliche Aufgabe zu lösen bekommen: mit 30.000 M. sollte er die Linien von Stollhofen halten und den Rhein in seinem 60 Meilen langen Laufe von Hüningen bis Mainz nicht nur bewachen, sondern auch vor Uebergängen des Feindes schützen. Dagegen standen im Elsaß und in der Pfalz, nachdem Villeroy einen Theil seiner Armee dahin geführt hatte, unter ihm und Tallard 60.000 Franzosen versammelt, welche im Besitze einer „prodigiosen .quantithaet" aller Kriegsmittel waren. Ludwig XIV. bestimmte, daß Tallard mit 26.000 M. nach Baiern abrücke, während Villeroy mit einem gleich starken Heere den Marsch des Ersteren durch den Schwarzwald decken und Coigny mit 12.000 M. zur Beobachtung der Stollhofner Linien bei Drusenheim im Elsaß stehen bleiben sollte. Nun durchschaute zwar Eugen sehr bald die Absichten seiner Gegner, aber es war ihm selbstverständlich unmöglich, mit seinen geringen Kräften sie daran verhindern und gleichzeitig Stollhofen halten zu wollen.

Zu Anfang Juli überschritt Tallard den Rhein und marschirte, die Festung Freiburg ignorirend, über Waldkirch und das Elzachthal, dann über Hornberg und Triberg bis vor Villingen (an der Brigach, Quellfluß der Donau (2. bis 16. Juli). Diese Bewegung war von Villeroy durch eine Aufstellung bei Offenburg gedeckt worden. Dagegen hatte Eugen kaum sichere Kunde von den Operationen Tallard's erhalten, als er den kühnsten und zugleich einzig richtigen Entschluß faßte und ausführte. Es war nämlich ersichtlich, daß der Markgraf und Marlborough, nachdem sie die zur Vernichtung des Kurfürsten ihnen gegebene Zeit

unbenützt gelassen hatten, nach dem Eintreffen Tallards in Baiern einer solchen feind=
lichen Uebermacht bloßgestellt waren, welche leicht eine entscheidende Katastrophe herbei=
führen konnte. Einem solchen Ausgange vorzubeugen, ließ Eugen in den Stollhofner
Linien einen kleinen Theil seiner Streitmacht unter dem Grafen von Nassau zurück,
auf die Gefahr hin, daß Villeroy mit seiner Ueberlegenheit dieses Corps erdrücke,
dabei aber mindestens am Rheine festgehalten werde. Unterdessen brach Eugen
am 18. Juli mit 16.000 M. von Stollhofen auf und zog über Pforzheim und
Herrenberg bis in die Landschaft Hohenzollern, wo er am 22. Juli anlangte. Er
hatte in den fünf Tagen gegen 25 Meilen zurückgelegt, mußte hier aber durch
ein paar Tage Rast halten. Dieß schien um so nothwendiger, weil zu dieser Zeit
keine sichere Kunde vorhanden war, ob nicht Villeroy gleichfalls über den Schwarz=
wald nachrücke, was aber, wie oben erwähnt, unterblieb. Tallard verlor mit der
Beschießung von Villingen, welches von ein paar hundert Kaiserlichen tapfer ge=
halten wurde, fünf Tage Zeit und brach am 22. Juli von hier wieder auf, also
zu einer Zeit, da Eugen schon in die gleiche Höhe mit ihm, ja sogar noch etwas
näher gegen Baiern hin gelangt war. Beide Heere marschirten demnach conver=
girend auf Ulm hin, u. z. Tallard südlich, Eugen nördlich der Donau. Ersterer
erreichte am 4. August den Lech bei Augsburg, wo die Vereinigung mit dem Kur=
fürsten und Marsin erfolgte. Der Prinz dagegen, welcher auf seinem Wege sich
von dem Thale der Donau fernehalten und viele Defilés passiren mußte, ge=
gelangte über Reutlingen, Göppingen und Giengen am 3. August in das Donau=
thal bei Höchstädt. Da Marlborough und Markgraf Ludwig damals noch bei
Friedberg standen, so hätten die Gegner von Augsburg aus mit ihrer gesammten
Macht von 80.000 M. sich zwischen jene und den Prinzen Eugen aufstellen, die
Vereinigung damit hindern und denselben aufreiben gekonnt. Sie kamen aber
nicht rasch genug zu einem Entschlusse und unterdessen setzten sich Marlborough
und Ludwig von Baden gegen Neuburg in Bewegung (5. Aug.), um mit Eugen
sich zu vereinigen. Es wurde jedoch noch diesseits der Donau, unweit Schroben=
hausen, Halt gemacht und in einem Rathe der drei Feldherren beschlossen, daß
Ludwig von Baden mit ungefähr 16.000 M. die Belagerung von Ingolstadt,
dem Hauptwaffenplatze Baierns, eröffnen solle. Marlborough wollte in seiner
jetzigen Stellung verbleiben, um diese Belagerung zu decken oder nach Umständen
die bereits ziemlich sichergestellte Vereinigung mit Eugen zu bewirken. Offenbar
war die Detachirung des Markgrafen zu einer untergeordneten Operation in einem
Zeitpunkte, da das Anrücken überlegener feindlicher Kräfte täglich zu erwarten war,
an und für sich ein Fehler; derselbe war aber von Eugen und Marlborough,
welche wie ein einziger Geist dachten, für nothwendig erachtet worden, um einem

noch größeren Uebelstande auszuweichen; die ganze Belagerung war eigentlich nicht mehr als ein Vorwand, um Ludwig von Baden vom Heere zu entfernen, wo seine Gegenwart jede Einheit und Kraft der Operation gestört hätte. Diese Einheit fällt aber jedenfalls schwerer in die Wagschale als 16.000 M. und weit mehr.

Am 9. August erfuhren die Verbündeten, daß das Gros des feindlichen Heeres in voller Bewegung gegen Dillingen sei. Offenbar hatte der Kurfürst die Absicht, Eugen vor dem Herankommen der Britten anzufallen und zu erdrücken. Dem zu entgehen, ordnete der Prinz einen Rückzug seines Corps aus der Stellung bei Höchstädt bis hinter den Kesselbach (1 Meile W. von Donauwörth) an; Marlborough dagegen begann sogleich den Marsch über den Lech, die Donau und Wörnitz, und langte am 11. August in später Nacht bei Eugen an. Es war die höchste Zeit gewesen, denn der nächste Morgen sah das französisch-bairische Heer in der von Eugen jüngst verlassenen Stellung bei Höchstädt, nur etwas über 1 Meile vom Kesselbache, in voller Schlachtordnung einrücken. Hier schlugen der Kurfürst, Tallard und Marsin ihr Lager auf, während Marlborough und Eugen den 12. August zur Recognoscirung der feindlichen Stellung benützten.

89. Die Schlacht bei Höchstädt und das Ende des Feldzuges 1704 in Deutschland. In der Gegend zwischen Lauingen und Donauwörth zieht sich nahe am linken Ufer des Stromes ein mäßig hoher, bewaldeter Rücken, von welchem zahlreiche, unter einander beiläufig parallele Bäche *Tab. II.* der Donau zueilen. (Siehe Plan.) Von jenem Höhenzuge bis zum Stromufer senkt sich eine Ebene, eigentlich ein niederes Plateau, welches durch die verschiedenen Bäche in einzelne Partien zerschnitten, auf seinem Rücken mit Mulden und kleinen Buckeln bedeckt ist und gegen die Gewässer, namentlich aber gegen die Donau hin etwas stärkere Abfälle hat. Zwischen Lutzingen und Blenheim (auch Blindheim) hat diese gewölbte Thalebene ihre größte Breite mit ungefähr 8000 Schritten, dagegen treten unterhalb Schwenningen die Waldhöhen fast bis auf 1000 Schritte zum Donauufer heran. Unter den vom Gebirge kommenden Gewässern beansprucht der Nebelbach am meisten unsere Beachtung. Derselbe ist nicht über 6 Schritt breit, hat auch nur eine mäßige Tiefe, dafür ist aber sein Grund schlammig und das Ufer theilweise durchweicht, so daß der Uebergang als schwierig gelten muß. Abwärts von Unterglauheim theilt er sich mehrfach in Arme, an welchen zu dieser Zeit ein paar Mühlen befindlich waren. Beiderseits von diesem Bache erhob sich, wie schon erwähnt, das Terrain im mäßigen Ansteigen zu einem niederen Plateau. Jenes am linken Ufer war streckenweise mit niederem Gebüsche besetzt, dagegen das andere am rechten Ufer mehr uneben und von Einsenkungen durchfurcht. Die Ortschaften am Nebelbache hinunter waren von den anliegenden Erhebungen be-

herrscht und nicht von so solider Bauart, um eine nachhaltige Vertheidigung zu-
zulassen; nur Blenheim, rechts von dem Bache an der Donau gelegen, war ein
großer, solid gebauter und schwer angreifbarer Flecken. Brücken über die Donau
waren in dieser Gegend nicht vorhanden, auch zog sich zu diesen Zeiten längs dem
rechten Stromufer ein unzugänglicher Sumpf hin.

Die Stärke der beiderseitigen Heere war durch Detaschirungen auf 50 bis
60.000 M. gesunken. Die Alliirten zählten 61 Bataillone, 179 Escadronen und
51 Geschütze, die Baiern und Franzosen dagegen 82 Bataillone, 152 Escadronen
und 100 Geschütze; an Artillerie war der Kurfürst den Alliirten demnach um das
Doppelte, an Zahl der Streiter dagegen nur um etwa 8.000 M. überlegen. Dabei aber hatte er den Vortheil einer sehr starken Stellung auf einem der Geschützwirkung sehr günstigen Plateau, welches in der Front durch den Nebelbach gedeckt
war und in den Ortschaften Blenheim und Lutzingen sehr gute Anlehnungs-
punkte für die Flügel besaß. Die Stellung hatte aber nicht minder auch ihre
Nachtheile: sie war etwas zu ausgedehnt, indem auf jeden Schritt der Front nur
ungefähr sieben Vertheidiger entfielen (die Taktik verlangt 9—10 M.), wobei
noch zu bemerken ist, daß die Infanterie im einen wie im anderen Heere im Verhältnisse zur vorhandenen Cavallerie zu schwach war; dieser Umstand mußte
aber dem Vertheidiger mehr zum Nachtheil gereichen als dem Angreifer, was aus
der Natur der beiden Hauptwaffen begreiflich; weiter stand noch die Front des
bairisch-französischen Heeres nicht senkrecht auf die Donau, sondern im spitzen
Winkel zu ihr convergirend, aus welchem Umstande sich ernste Gefahren für
den Rückzug ergaben, falls nämlich der Gegner im Centrum durchbrach oder
von Lutzingen her überflügelte.

Am 13. August 1704, Morgens um 3 Uhr, zog das alliirte Heer, von
Osten kommend, in 8 Colonnen heran, passirte das Defilé abwärts von Schwenningen und begann mit dem linken Flügel den Aufmarsch. Der rechte Flügel, die
etwas kleinere Hälfte des Ganzen unter Eugens Commando, hatte unterdessen
den Marsch längs dem Fuße der Höhen auf Schwenenbach und Lutzingen hin fortzusetzen; die Bewegung war durch die Unebenheiten des Bodens im hohen Grade
beschwerlich. Dem Heere voraneilend recognoscirten Marlborough und Eugen an
der Spitze von 40 Escadronen die feindliche Position und entwarfen den Plan
zur Schlacht. Um diese Zeit, 7 Uhr Morgens, waren die feindlichen Feldherren
auf Grundlage eines falschen Gerüchtes noch immer der Meinung, daß Eugen
und Marlborough nach Nördlingen hin sich zurückziehen wollten; selbst der Aufmarsch der 40 Escadronen wurde nur als ein Manöver zur Deckung dieser Bewegung angesehen. — Erst als kurz darnach der Nebel sich verzog und die Mar-

schälle der verschiedenen feindlichen Colonnen ansichtig wurden, erkannten sie den Ernst der Sachlage und ließen eiligst ihre Soldaten aus den Zelten hervorgehen; die Reiterei mußte theilweise erst von der Fouragirung rückgerufen werden.

Es wurde nunmehr folgende Schlachtordnung angenommen: Tallard, welcher den rechten Flügel befehligte, besetzte mit 15 Bataillonen das Dorf Blenheim, den Rest seiner Infanterie, 9 Bataillone, stellte er an der Chaussée in Reserve; Blenheim wurde zur Vertheidigung hergerichtet, der Raum von hier bis zum Strome durch eine Wagenburg gesperrt. Von Blenheim bis Oberglauheim stellte sich die Cavallerie in zwei Treffen. In und hinter dem letztgenannten Dorfe standen 30 Bataillone, hinter ihnen sowie von da weiter bis gegen Lutzingen war wieder nur Reiterei aufgestellt und die dortigen Truppen waren von Marsin befehligt. Endlich hielt der Kurfürst am äußersten linken Flügel, wo das Dorf Lutzingen stark besetzt war; einige fernere Infanterie=Bataillone bildeten von hier aus einen nach vorwärts gekehrten Haken, welcher bis in das Waldgebirge hinaufreichte. Offenbar betrachteten die französischen Feldherren die Ortschaften Blenheim und Lutzingen, nebenbei auch Oberglauheim als die entscheidenden Punkte der ganzen Stellung; die langgedehnte Front mochte ihnen wegen des schwer passirbaren Nebelbaches für unangreifbar gelten und wurde deshalb bloß mit Cavallerie besetzt. Ihre zahlreiche Artillerie vertheilten die Marschälle zweckmäßig längs der ganzen Linie, am stärksten aber in dem Raume zwischen Blenheim und Oberglauheim, von wo auf die gegenüberliegenden Zugänge nach dem Bache hin ein dominirendes Feuer eröffnet werden konnte. Insbesondere hatten mehrere Batterien und unter diesen eine bei Blenheim stehende von vier 24=Pfündern ihr Feuer gegen die Chaussée und Umgebung zu concentriren.

Marlborough und Eugen hatten vom ersten Blicke an die Schwäche der feindlichen Stellung, im Centrum nämlich, wohl herausgefunden. Sie beschlossen demnach, hier vorzugehen; die Frage war nur, ob es auch möglich sein werde, den Nebelbach in mehreren Colonnen zu überschreiten und, denselben im Rücken lassend, eine halbwegs gesicherte Aufstellung zu gewinnen. Hiezu schien es angezeigt, durch die Eroberung von Blenheim und von Lutzingen sichere Stützpunkte zu gewinnen; soweit nun faßten die Alliirten allerdings denselben Plan, welchen die Gegner ihnen zutrauten; nur wollten jene den Angriff auf die beiden äußersten Flügel nicht als die Hauptziele, sondern nur als Mittel zum Durchbruche des französischen Centrums betrachten. — Während der linke Flügel der Alliirten, unter Marlborough stehend, seinen Aufmarsch dießseits des Nebelbaches ausführte, begannen die Batterien Tallards schon um 8 Uhr Morgens ihr Feuer, welches bald Antwort fand. Die Truppen des brittischen Feldherrn konnten sich aber nicht vollständig decken und erlitten im Laufe des Vormittags ansehnliche Verluste; trotzdem durften sie nicht zum Angriffe vorgehen, so lange Eugen seinen schwierigen Marsch noch nicht vollendet hatte. Gegen Mittag ließ dieser melden, daß er zum Angriffe bereit stehe. Die Zeit bis dahin war übrigens von den Engländern benützt worden, um den Brückenschlag über den Bach von Oberglauheim abwärts an fünf Stellen vorzubereiten.

Beiläufig um Mittag brach die linke Flügelcolonne Marlboroughs, aus 20 – Bataillonen und 15 Escadronen in nicht weniger als 6 Treffen bestehend, zum Angriffe auf Blenheim vor. Bei den Mühlen erzwang diese Colonne den Uebergang, wandte sich, durch die Abhänge vor dem feindlichen Feuer so ziemlich gedeckt, etwas links und drang bis an die Zäune des Dorfes vor. Hier wurde sie aber von einem mörderischen Feuer, bald auch von einem überlegenen Flanken-Angriffe der französischen Reiterei derart empfangen, daß sie ohne die zähe Ausdauer von fünf hessischen Bataillonen in vollster Unordnung in die sumpfigen Auen zurückgeworfen worden wäre. Trotz aller Tapferkeit mußte die erwähnte Sturmcolonne bis zu dem Rideau am Bache zurückweichen. Zwei andere Brigaden, welche ebenfalls den Angriff auf Blenheim mit Muth ausführten, hatten das gleiche Schicksal. Deutlich erkannte Marlborough, daß ein Durchdringen auf diesem Punkte unmöglich war; er gab daher den dortigen Abtheilungen den Auftrag, den Angriff nur zum Scheine fortzusetzen, seine Hauptstärke wandte er dagegen jetzt nach dem feindlichen Centrum. — Unterglauheim, gegen welches die Alliirten zunächst anrückten, wurde von den Franzosen in Brand gesteckt und verlassen. Durch das brennende Dorf brach sogleich eine Infanterie-Abtheilung der Alliirten nach dem anderen Ufer vor und faßte dort eine geeignete Stellung, um den Brückenschlag und das Herüberkommen der Cavallerie zu decken. Letzteres erfolgte theils über die Brücken, theils über das Bett des Baches, welches man durch hineingeworfene Bretter und Faschinen gangbar machte. Unbegreiflicher Weise machten die Franzosen auf diese aus den Defilé's mühsam sich herauswindenden Abtheilungen nur mit ungenügender Kraft einen Angriff; es gelang den Alliirten, von den Mühlen bis gegen Oberglauheim nach und nach zwei Treffen der Cavallerie zu entwickeln. Diese waren allerdings an ihren beiden Flügeln durch die französische Infanterie bei Blenheim und Oberglauheim, sowie durch das Geschütz beständig gefährdet; überdieß brach das gesammte Centrum der französischen Reiterei endlich doch, u. z. in dem Augenblicke gegen die Alliirten vor, als letztere mit dem oberwähnten Aufmarsche fertig geworden waren. Wahrscheinlich glaubte Tallard, die vor dem Defilé des Nebelbaches stehenden Gegner ganz sicher schon in der Hand zu haben und vernichten zu können, daher er die

Ansammlung bedeutender Streitkräfte auf seinem eigenen Ufer ruhig geschehen hatte lassen. Es zeigte sich aber, daß diese Rechnung falsch war; die Reiterei der Alliirten, von dem Feuer der ihr beigegebenen Infanterie=Bataillone trefflich unterstützt, trieb mit verzweifelten Anstrengungen ihre Gegner bis in deren frühere Aufstellung zurück. Das Gefecht blieb hier durch längere Zeit stehend; es war sehr zu befürchten, daß die Schlacht für die Alliirten einen ungünstigen Ausgang nehme, da dieselben bis jetzt nur an der erwähnten Stelle Terrain gewonnen hatten und daselbst so ungemein exponirt blieben.

Der Prinz von Holstein=Bek, welcher mit 11 Bataillonen die Verbindung zwischen Marlborough und Eugen zu erhalten hatte, versuchte nunmehr, aufwärts von Oberglauheim den Bach zu überschreiten. Da aber große Infanterie=Massen des Feindes daselbst angehäuft waren, wurde der Prinz mit ungemein starken Verlusten zurückgeschlagen und gerieth in Gefangenschaft. Es war hier die Gefahr vorhanden, daß die Franzosen (was auch durch Verkürzung des linken Flügels recht gut möglich schien) bei Oberglauheim mit bedeutender Macht auf das linke Bachufer übergehen, damit die beiden Flügel der Gegner trennen und zunächst Marlboroughs Cavallerie vom Rücken her angreifen, demnach diesen Feldherrn und Eugen einen nach dem anderen schlagen konnten. Aber der englische Feldherr flog rasch herbei und warf mit drei dänischen Bataillonen und mehreren österreichischen Schwadronen die allzu hitzig herüberbringenden französischen Irländer wieder zurück. Oberglauheim konnte aber von den Alliirten noch immer nicht genommen werden. Es war jetzt ungefähr 3 Uhr Nachmittags. — Zwei Stunden früher hatte Prinz Eugen von Schwenenbach aus sich vorwärts entwickelt, den Nebelbach mit großer Mühe passirt und den äußersten linken Flügel des Kurfürsten zu drängen angefangen. Nun wurde auch die Cavallerie Eugens vorgenommen und warf das erste Treffen der Baiern vollständig, ließ sich aber dann von dem zweiten bis hinter den Bach zurücktreiben. In Folge dessen stand jetzt die vorgedrungene Infanterie der Dänen und Preußen unter dem Prinzen von Anhalt=Dessau ganz isolirt und hatte die äußerste Standhaftigkeit nothwendig, um nicht aufgerieben zu werden. Prinz Eugen sammelte seine Reiterei und führte sie zum zweiten, dritten und vierten Male angriffsweise vor; aber diese Truppe versagte schließlich gänzlich und war, nachdem sie wieder hinter den Nebelbach getrieben worden war, nicht mehr zum Vorgehen zu bringen, zählte auch im ferneren Kampfe gar nicht mehr mit [1]). Prinz Eugen hatte demnach nur mehr seine

---

[1]) Unter den 75 Schwadronen bei Eugen's Flügel waren bloß 20 österr., ferner 18 holländische, 6 dänische und 31 aus den Reichstruppen. Eugen war so erbittert über das Versagen der Reiterei, daß er eigenhändig zwei fliehende kaiserl. Cüraffiere nieder=

29 Infanterie=Bataillone, mit welchen er den ganzen linken Flügel des feindlichen Heeres umfassen und zurücktreiben sollte. Wirklich drang das Fußvolk Eugens mit ausgezeichneter Standhaftigkeit allmälig bis in die Höhe von Lutzingen vor; doch war die Lage desselben ungemein gefährdet, da die Franzosen und Baiern noch dieses Dorf, dann Oberglauheim und die zwischen beiden Orten liegende Bachstrecke beherrschten.

Unterdessen erfolgte aber im Centrum durch Marlborough der entscheidende Stoß. Neuerdings führte er die vor dem Nebelbache stehende Cavallerie (8.000 Mann) zwischen Blenheim und Glauheim zum Angriffe gegen die französische vor, welche, obgleich ungefähr um 2.000 M. stärker, es gar nicht zum Handgemenge kommen ließ, sondern nach Abgabe einer wirkungslosen Salve davonjagte. Hiebei theilte sich selbe in zwei wirre Massen, wovon die eine auf Höchstädt hineilte und unter starken Verlusten von GL. Hompesch verfolgt wurde; die andere wandte sich gegen Sonderheim und damit an die Donau, wurde hier aber von Marlborough, der ihr persönlich gefolgt war, niedergehauen, in den Fluß gesprengt oder gefan= gen genommen; letzteres Schicksal traf auch den Marschall Tallard. — Durch dieses Manöver Marlboroughs war das Centrum der Franzosen vollkommen ge= sprengt; Blenheim, in welches bei der letzten Katastrophe noch die 9 Ba= taillone der Reserve sich warfen, war jetzt vollkommen isolirt; ebenso lief der Flü= gel unter Marsin und dem Kurfürsten Gefahr, daß hinter dem eigenen Rücken die Reiterei Marlboroughs und das Fußvolk Eugens sich die Hand bieten und den Rückweg vollkommen abschneiden würden. Diese Möglichkeit trat um so näher, als Eugen bei dem Anblicke der im Centrum eingetretenen Wendung mit unwider= stehlicher Kühnheit vorzudrängen anfing. Marsin und Max Emanuel räumten demnach die Dörfer, nachdem sie selbe in Brand gesteckt hatten und traten eilig, jedoch in guter Ordnung am Fuße der Waldberge den Rückzug auf Mörschlingen an. Bei dieser Gelegenheit wurden sie nur durch ein Mißverständniß ihrer Gegner vor größeren Verlusten geschützt. Während nämlich die endlich wieder sich auf= raffende Reiterei Eugens den weichenden Franzosen und Baiern auf dem Nacken saß, beorderte Marlborough die Division Hompesch, welche eben von der Verfol= gung rückkehrte, zum Flankenangriffe auf Marsin. Kurz vor der Ausführung widerrief Marlborough aber den Befehl, indem er die französischen Bataillone

---

schoß. Ueber den Werth der österr. Reiterei hatte nicht lange vor dieser Zeit (1678) ein venetianischer Gesandter dieses glänzende Urtheil seinem Senate abgegeben: „É certo che la militia delle Corrazze ... é cosí singolare, che da piu disinteressati vien detto, ch'a fronte di pari numero senza dubbio riporterebbe vittoria." Der gleiche Ruhm, von anderen unerreicht zu sein, blieb der österr. Cavallerie bis zu den schlesischen Kriegen.

irrthümlich für kaiserliche hielt. — Von dem ganzen Heere der Gegner waren am Abende bloß mehr die 24 Bataillone, dann 12 Escadronen Dragoner auf dem Schlachtfelde, nämlich in Blenheim zurückgeblieben. Dieselben waren vollkommen abgeschnitten, wurden von allen Seiten eingeschlossen und angegriffen. Trotzdem setzten sie lange die Vertheidigung fort, doch war dieselbe einschließlich der gemach= ten Versuche, sich durchzuschlagen, ohne Erfolg. Nachdem die Britten den Ort in Brand zu schießen und gleichzeitig einzelne Zipfel desselben zu erstürmen anfingen, mußte die ganze noch übrige Besatzung sich kriegsgefangen ergeben.

Die Schlacht bei Höchstädt oder Blenheim endete mit einer derartigen Niederlage des einen Theiles, wie in Europa, von dem türkischen Schauplatze abgesehen, seit dem Tage von Pavia (1525, gleichfalls von den Franzosen verlo= ren) eine gleiche nicht vorgekommen war. Die Verluste an Todten und Verwun= deten waren auf Seite der Franzosen nur ungefähr um die Hälfte größer als bei den Alliirten; diese zählten daran im Ganzen 11.757 M., worunter 865 Offi= ciere; hievon entfiel auf Eugens Flügel die größere Hälfte, obgleich er an Zahl der schwächere gewesen war und nicht eigentlich die Entscheidung herbeigeführt hatte; diese Erscheinung deutet auf die großen Schwierigkeiten hin, mit welchen der Prinz zu kämpfen gehabt hatte, und beweist ferner noch, daß auch zu dieser Zeit schon das Infanteriegefecht viel mörderischer war als das der Reiterei. Die Franzosen und Baiern hatten 20.000, nach anderen Angaben gegen 30.000 M. auf dem Felde liegen gelassen; außerdem waren 985 Officiere und 10.186 M. gefangen worden. Die Sieger hatten ferner 47 Geschütze, 17 Pauken, 224 Fah= nen und Standarten, die Kriegscassa, 3600 Zelte, 5400 Fuhrwerke, 25 Pon= tons ꝛc. erbeutet. Nebst der übrigen Beute wurden auch 34 Kutschen mit Damen des Hofes von Versailles abgefangen, welche eigends herbeigekommen waren, um die vermeintlichen Triumphe ihrer süßen Freunde in der Nähe mit anzuschauen. Die Sieger betrachteten diese Beute aber als werthlos und ließen sie fahren. — Uebrigens vergrößerten sich die Verluste der Geschlagenen auf dem weiteren Rück= wege durch die zahlreichen Deserteurs, von welchen, sowie auch von den Gefange= nen, sehr viele zu den Siegern übertraten; darunter waren auch 3000 Schweizer.

Mit den spärlichen Resten ihrer Truppen flohen Max Emanuel und Marsin nach der Schlacht bei Höchstädt dem Rheine zu, hinter welchem Strome sie bei dem Heere Villeroy's Deckung fanden. Die Alliirten aber waren der Meinung, daß die geschlagenen Gegner allenfalls bei Ulm wieder Halt machen oder bei dem weiteren Rückzuge durch das Entgegenkommen Villeroy's sich verstärken würden. Es schien deshalb den Ersteren nothwendig, zu ihren weiteren Operationen auch das Corps Ludwigs von Baden heranzuziehen und demzufolge wurde die Belagerung von

Ingolstadt aufgehoben; doch blieben zur Beobachtung dieses Platzes 5 Caval=
lerie=Regimenter zurück. Desgleichen wurde vor Ulm, wo die Verbündeten am
31. August eintrafen, der FM. Thüngen mit ungefähr 15.000 M. belassen, um
den Platz zu belagern. Schon zu Anfang September stand das alliirte Heer am
Rheine, überschritt diesen auf zwei Brücken abwärts von Philippsburg, und traf am
8. Sept. mit einer Stärke von beiläufig 50.000 M. in einem Lager bei Speier
ein. Nur in einer Entfernung von zwei Meilen nahm Villeroy mit 60.000 M. eine
unangreifbar scheinende Stellung hinter der Queich, die Flügel an die Plätze
Landau und Germersheim gelehnt. Die Entmuthigung der Franzosen war jedoch
so groß, daß Villeroy auf die Kunde von dem Anrücken der Alliirten hinter die
Lauter und bald auch bis Hagenau zurückging. Marlborough und Eugen mar=
schirten dagegen bis Weißenburg an der Lauter und Ludwig von Baden unter=
nahm mit 20.000 M. die Belagerung von **Landau**. Dieses Corps wurde bald
um mehr als die Hälfte verstärkt; es war nämlich Ulm mit seinen 226 Geschützen
durch FM. Thüngen erobert worden (11. Sept.) und die Abtheilung dieses Ge=
nerals rückte mit Ausnahme weniger Truppen zum Heere des Markgrafen ein
(Ende Sept.) Zur selben Zeit übernahm der hochbegabte römische König Joseph,
ältester Sohn Leopold's, persönlich den Oberbefehl über die Armee der Alliirten.
Er vermochte jedoch nicht, in die Belagerung von Landau den gewünschten Schwung
zu bringen, da es an allen Bedürfnissen und sogar an Ingenieurs fehlte. Erst
nach einer 69tägigen Belagerung ging Landau in die Hände des Angreifers über
(25. Nov.) Diese Festung war im laufenden Kriege jetzt bereits zum dritten Male
belagert und erobert worden. Während Markgraf Ludwig die Belagerung führte,
Eugen sie deckte, hatte Marlborough mit 12.000 M. eine Excursion an die Mosel
gemacht und eroberte daselbst die Plätze Trier, Trarbach und Saarbrück; damit
war das Erzbisthum Trier wieder gewonnen, welches vermöge seiner geographi=
schen Stellung zu Frankreich und Belgien, dann als Verbindungsglied zwischen
Mitteldeutschland und den Niederlanden eine namhafte strategische Wichtigkeit
besaß. Auch Eugen war, während er an der Lauter stand, keineswegs müssig ge=
blieben. Im Einverständnisse mit dem kaiserl. Festungs=Commandanten zu Frei=
burg hatte er in meisterhafter Weise einen Plan zum Ueberfalle von Neu= und
Alt=Breisach entworfen, wobei Soldaten, als Heu=Fuhrleute verkleidet, eine
Hauptrolle zu spielen hatten. Der Entwurf war schon halb ausgeführt, als ein
Zufall ihn scheitern machte (10. Nov.) Einer der vermeintlichen Fuhrleute erhielt
nämlich von einem franz. Commissär ein paar Streiche mit dem Stocke; zufällig
war der Mißhandelte aber ein Oberstlieutenant, welcher die Schläge mit seiner
Standesehre nicht für vereinbar hielt, deßhalb rasch eine Pistole unter dem Heu

24 *

hervorzog und den Beleidiger niederschoß. Darüber entstand natürlich Lärm, und die Oesterreicher wurden, nicht ohne namhafte Verluste, wieder vertrieben.

Baiern war nach der Flucht seines Beherrschers der Willkür der wenigen dort zurückgebliebenen kaiserl. Truppen preisgegeben. Die Gemalin des Kurfür=sten führte die Regierung; sie war vernünftig genug, einzusehen, daß die Rück=eroberung dieses Landes durch die Franzosen so bald nicht zu hoffen und daß es demnach das Gerathenste sei, mit dem Kaiser einen Vertrag einzugehen. Dieser wurde am 7. Decb. geschlossen und nach einigen Schwierigkeiten auch ausgeführt. Ihm zufolge wurden alle von den Baiern besetzten Plätze, alle Geschütze und Kriegsvorräthe den Kaiserlichen überliefert, das im Lande stehende kurfürstliche Militär mit Ausnahme einer kleinen Leibwache aufgelöst, die Verwaltung des Landes wurde einer österreichischen Commission überwiesen, welche auch über die Staats=einkünfte zu verfügen hatte; der Kurfürstin blieb als Residenz und zu ihrem Un=terhalte nur das Rentamt München bestimmt. Mit diesem Vertrage war Baiern provisorisch zur österr. Provinz gemacht, welche gleich den Erblanden, ja sogar noch in höherem Grade, Beiträge an Geld und Rekruten für die habsburgische Sache leisten mußte. Von den entlassenen bairischen Soldaten traten viele sogleich in die kaiserlichen Dienste ein; die Officiere deutscher Nationalität, welche trotz der kaiserl. Abmahnungsschreiben ungezwungen an der Seite des Reichsfeindes gestan=den hatten, wollte Eugen anfänglich nach der Strenge der Kriegsgesetze behandeln lassen; doch ließ er bald eine mildere Ansicht gelten und nahm viele in die öster=reichischen Dienste auf. Das Landvolk in Baiern hing mit zäher Treue an seinem Kurfürsten und bezeugte vom ersten Augenblicke an eine große Mißstimmung über die eingeführte österreichische Verwaltung.

90. Kriegsjahr 1704 in Ungarn, Italien, in den Nieder=landen und zur See. In Ungarn nahmen die Angelegenheiten Oesterreichs im J. 1704 einen schlimmen Verlauf. Die Streitkräfte des Kaisers waren der Menge der Rebellen an Zahl durchaus nicht gewachsen; überdieß waren die Truppen so schlecht gehalten, daß man stündlich darauf gefaßt sein mußte, sie massenhaft zum Feinde übertreten zu sehen. Der commandirende General in Ungarn, Graf Hei=ster, beging mancherlei Fehler; er traute sich Anfangs zu viele Kraft zu und ging zu rasch im Lande vor, als daß er sich weiterhin daselbst hätte behaupten können; durch seine übergroße Strenge leistete er der Revolution nur Vorschub. Dabei wuchs die Macht Rakoczy's, welchen seine Anhänger als Fürsten Siebenbürgens ausriefen, von Tag zu Tag an; obgleich die Ausdrücke, womit Kaiser Leopold in einem Schreiben die Kuruzen belegte, als „flüchtig treuloses rauber Gesinde", im Ganzen nur zu sehr gerechtfertigt waren, traten doch mehrere der ersten ungari=

schen Magnaten neuerdings dem Aufstande bei. Die kaiserlichen Truppen vermochten ihren Gegnern nirgends beizukommen; letztere hatten sich in vier größere Corps und zahlreiche Parteien getheilt; drangen die Oesterreicher irgendwo gegen ein Corps vor, so wich dieses vor ihnen eilig zurück, während in ihrem Rücken andere Schaaren der Rebellen sich gefahrdrohend ausbreiteten. Die festen Plätze waren schwach ausgerüstet, schwach besetzt und wurden schwach vertheidigt; so gelang es den Rebellen, in ganz Ungarn, besonders aber längs den Karpathen, dann rechts von der Donau und an der Theiß die Oberhand zu gewinnen. Nebst vielen anderen Plätzen fielen Stuhlweißenburg, Güns, Kanischa, Erlau, Tokay und Kaschau in die Gewalt der Rebellen. Kroatien blieb dem Kaiser treu; auch in Siebenbürgen behauptete Rabutin die Plätze, obgleich Graf Forgács mit 14.000 M. in das Land einfiel und daselbst übel hauste, keineswegs aber sich als tüchtigen Feldherrn bewies.

Die Keckheit der Rebellen in Ungarn wuchs besonders zu jener Zeit, als zwei französische Marschälle in Baiern sich mit dem Kurfürsten vereinigt hatten und Oesterreich mit dem Untergange bedrohten. In Wien selbst sah man die Rauchsäulen brennender Dörfer, ja sogar in die Vorstädte drangen einmal die Kurutzen ein. Auch nach der Niederlage ihrer Beschützer bei Höchstädt griffen Rakoczy und seine Freunde immer weiter um sich. Neuhäusel wurde in ziemlich regelrechter Weise belagert, obgleich Heister nicht allzuferne stand und nach der Wendung der Dinge in Baiern von dort her einige Verstärkung erhielt. Als der kais. Feldherr zum Entsatze von Neuhäusel heranrückte, ging ihm Rakoczy entgegen und es kam bei Thyrnau zum ersten größeren Treffen; die Kurutzen waren weitaus zahlreicher als die Gegner, diesen aber weder an Disciplin, noch an Taktik und guter Führung zu vergleichen. Wirklich erfochten die Oesterreicher auch einen vollständigen Sieg (26. Decb.), konnten aber keine großen Vortheile daraus ziehen. In nächster Zeit schon waren die Schaaren Rakoczy's zahlreicher als vor der Schlacht und setzten ihre Streifungen fort, wobei sie jedoch den regulären Truppen möglichst auszuweichen bedacht waren.

Fast noch ungünstiger als auf diesem Schauplatze hatten sich die Angelegenheiten Oesterreichs in Italien gewendet. Nach dem kühnen Marsche Starhembergs zur Vereinigung mit dem Herzog von Savoyen am Schlusse des Jahres 1703 waren nun allerdings 30.000 M. in Piemont versammelt; dagegen waren im Fürstenthume Mirandola bloß 8.000 M. unter Trautmannsdorf, später unter dem Grafen von Leiningen zurückgeblieben. Diesem gegenüber eröffnete der Großprior von Vendôme, Bruder des Marschalls, mit 15.000 M. im April 1704 die Operationen. Bald mußten die Kaiserlichen ihre Stellungen südlich vom Po aufgeben und sich auf die allerorts durch Sümpfe gedeckten Landschaften zwischen dem Po und Tartaro beschränken. Wie traurig die Lage der Oesterreicher, wie erschwert ihnen die Subsistenz war, läßt sich leicht vorstellen; trotzdem hielten sie sich den ganzen Sommer hindurch auf ihren Posten, mußten aber dann, nachdem der Großprior mit Verletzung des päbstlichen Gebietes sie umging, in das Triden= tinische weichen. Nach der Schlacht bei Höchstädt stießen einige Tausend Mann als Verstärkung zu dem Corps Leiningens und dieser General drang nun in das Thal der Chiese vor. Seine Absicht aber, bis über den Po zu gelangen und das seit längerer Zeit belagerte Mirandola zu entsetzen, wurde vom Großprior durch eine gut gewählte Aufstellung bei Medole vereitelt. Freund und Feind bezogen später Winterquartiere in den Gegenden südlich vom Gardasee.

Mittlerweile hatten die Franzosen in Piemont und Savoyen mächtig um sich gegriffen. Mit einem Corps von 15.000 M. ging der Herzog von La Feuillade auf die Alpenpässe los und eroberte die meisten dort befindlichen Plätze, darunter Susa, Pignerol, Aosta und Fort Barb. Hierauf vereinigte er sich wieder mit dem Marschalle Vendôme, welcher mit nahe an 50.000 M. in der Zwischenzeit den Herzog Victor Amadäus vom linken Pouser vertrieben, Vercelli in der verhält= nißmäßig kurzen Zeit von vier Wochen, ferner noch Ivrea nach dreiwöchentlicher Belagerung erobert hatte (Juli, Aug.). Dem Herzoge von Savoyen blieb von allen seinen Landen nicht viel mehr übrig als die Grafschaft Nizza und die festen Plätze Turin, Verrua und Chivasso, dann das verschanzte Lager von Crescentino. In das letztere hatten sich die Alliirten seit dem Frühjahre zurückgezogen; durch eine Brücke mit Brückenkopf stand dieses Lager in Verbindung mit der Festung Verrua, vor welcher die beiden französischen Feldherren zu Anfang November die Belagerung eröffneten. Die Alliirten benützten ihre Verbindung mit dem Platze, um zeitweise Truppen von Crescentino rasch in denselben zu werfen und mit ihnen kräftige Ausfälle zu machen. Bei einer derartigen Unternehmung, welche Star= hemberg mit 4.000 M. in der Nacht zum 27. Decb. ausführte, vernagelte er alle Geschütze der Angreifer und richtete in den Tranchéen eine solche Verwüstung an, daß die Franzosen die Belagerung ganz von Neuem beginnen mußten. Obgleich Verrua in solcher Weise die Fortschritte der Franzosen ungemein aufhielt, schien doch der Augenblick nahe gerückt, wo die letzten Bollwerke und die spärlichen Trup= pen der Alliirten in Italien vernichtet werden konnten. Es war aber zu befürchten, daß der Herzog von Savoyen einen solchen Ausgang nicht abwarten, sondern früher noch von der Allianz sich trennen werde. Dieß wäre ein sehr schwerer Schlag gewesen; um ihn durch Absendung beträchtlicher Verstärkungen abzuwenden, ent= falteten Eugen als Hofkriegsrathspräsident und Marlborough als englischer Be= vollmächtigter bei den deutschen Höfen am Schlusse des Jahres ihre ganze Thätigkeit

In den Niederlanden war nach dem Abzuge Marlborough's an die Donau der holländische FM. Overkirk an der Spitze von 40.000 M. zurückgeblieben; er war ein Feldherr von vieler Umsicht und großer Ausdauer, ermangelte aber der zu einer kräftigen Initiative erforderlichen Entschlossenheit. Uebrigens waren ihm die Gegner an Zahl bedeutend überlegen, namentlich zu Anfang des Feldzuges. Villeroy that aber nichts Ernstes, um seinen Gegner in Verlegenheit zu bringen; als er später durch den Zug Marlborough's sich an die Mosel und schließlich bis in den Elsaß locken ließ, war insoferne ein Gleichgewicht der Kräfte auf dem niederländischen Schauplatze hergestellt, als die Franzosen ihre Kraft nicht am besten zusammenhielten. Sie hatten bis in den Mai fast unbeweglich ein verschanztes Lager bei Wasseige (Provinz Lüttich) innegehalten, verließen selbes aber zu Anfang Juni, ohne sich gerade gegen Overkirk hin zu wenden. Der Letztere faßte nun den Entschluß, die französischen Linien durch Ueberraschung zu nehmen; bereits waren ein paar tausend Reiter ohne viele Mühe in dieselben eingedrungen, als der Feldherr, wieder unschlüssig geworden, sie zurückrief. Er sah später den gemachten Fehler wohl ein, trotzdem aber scheiterten die noch zweimal wiederholten Versuche auf das Lager bei Wasseige abermals an seiner Unentschlossenheit (4. u. 19. Juni). Die Belagerung des wichtigen Platzes Namur, zu welcher Overkirk von den Generalstaaten befehligt wurde, ergab kein Resultat. Noch im höheren Grade unthätig verhielten sich die französischen Generale Lamotte und Bedemar; sie blieben auch im Sommer und Herbste behaglich hinter ihren Linien liegen. Später rückten Villeroy und der Kurfürst von Baiern mit einem Theile jener Truppen ein, welche im Elsaß vor den Alliirten ohne Kampf zurückgewichen waren und der Wegnahme von Landau unthätig zugesehen hatten. Trotz der dringenden Ermahnungen des Kurfürsten und trotz der jetzt wieder sehr beträchtlichen Uebermacht ließ sich Villeroy bis zum Schlusse des Feldzuges in keine namhafte Unternehmung ein.

Auf der pyrenäischen Halbinsel war im J. 1704 der Krieg gleichfalls in Gang gekommen. Allein die Mächte, welche ihn daselbst vorzugsweise zu führen hatten, Spanien und Portugal, waren beide in einem gleichmäßig erbärmlichen Zustande. Erst nachdem Ludwig XIV. seinem Enkel Philipp V. ungefähr 20.000 Franzosen unter dem Marschall Berwick zur Unterstützung gesandt hatte, standen daselbst 40—50.000 M. für den Feldkrieg zur Verfügung. Auf der anderen Seite hatte der König Portugals, Peter II., wohl versprochen, gegen ansehnliche Subsidien 28.000 M. in das Feld zu stellen; aber es blieb bei dem guten Vorsatze des schwachen Königs, der nicht einmal seine eigenen Minister zu lenken wußte. Die portugiesischen Truppen waren nicht genügend, um nur die Festungen

ordentlich zu besetzen; überdieß waren sie, sowie auf der anderen Seite die spani=
schen Soldaten, weit mehr Jammerbilder als Helden, schlecht gekleidet, schlecht
genährt, schlecht ausgebildet, schlecht geführt; die Officiere ermangelten fast jedes
Begriffes von Kriegskunst, waren aber dafür um desto eingebildeter und wollten
von den fremden Waffengenossen weder Befehl noch Belehrung annehmen. Mit
Karl III. (§. 87) landeten gleichzeitig einige Britten und Holländer unter den Be=
fehlen Schomberg's in Lissabon (9. März 1704). Bei dem Zustande der portu=
giesischen Armee mußte man auf den früher gehegten Plan eines Einfalles nach
Spanien Verzicht leisten und durfte froh sein, wenn man nur die sehr verwahrlosten
Plätze mit den nöthigen Garnisonen zu versehen vermochte. Ueberdieß gab Schom=
berg selbst Veranlassung zu mancherlei Zerwürfnissen in der eigenen Generalität.

Um so leichter fiel es dem bourbon'schen Heere, im April 1704 die Offen=
sive zu ergreifen. Kleine Corps sollten von Altcastilien und von Andalusien
aus nach Portugal eindringen; auch das Hauptheer theilte sich wieder, indem Ber=
wick mit 18.000 M. auf dem rechten, Tilly mit 10.000 M. auf dem linken Ufer
des Tajo vorzurücken hatte; diese Operation würde den Franzosen wohl übel aus=
gefallen sein, wenn Schomberg nur so viele Truppen gehabt hätte, um mit Ueber=
legenheit zuerst auf das eine, dann auf das andere Corps sich zu stürzen. Weil
dieß aber unterblieb, vereinigten sich Berwick und Tilly auf dem linken Ufer des
Tajo und eroberten Portalegre nebst anderen Grenzplätzen, welche geschleift wurden.
Die große Hitze, unter welcher besonders die ausländischen, also gerade die Kern=
truppen beider Theile litten, führte von selbst eine längere Waffenruhe herbei,
während welcher Berwick seine Truppen an die Grenze zurückzog. Gleichzeitig trat
an die Stelle Schomberg's, welcher nach England zurückkehrte, der Lord Galloway,
ein französischer Refugié. Derselbe brachte endlich 23.000 M. für Operationen
im Felde zusammen und wollte mit ihnen über die Agueda nach Spanien einfallen;
aber theils die Gegenanstalten Berwicks, theils auch die Trägheit der Portugiesen
vereitelten die Ausführung des Unternehmens. Am Schlusse des Jahres war die
bourbon'sche Armee an der Grenze Portugals durch die Entsendung von 8000 M.
gegen Gibraltar abgeschwächt worden, so daß dort das Gleichgewicht hergestellt war.

Wir müssen noch auf die theilweise sehr wichtigen Ereignisse zur See
einen Blick werfen. Der englische Admiral Rooke (spr. Ruhk) behielt, nachdem er
den König Karl III. an das Land gesetzt hatte, noch 2.000 M. Landungstruppen
an Bord. Prinz Georg von Hessen=Darmstadt befehligte die letzteren; er war ehe=
mals Gouverneur von Barcellona (spr. Barßeljona) gewesen, in welcher Stadt,
wie überhaupt in Catalonien eine große Neigung für das Haus Habsburg herrschte.
Rooke erschien vor Barcellona und gedachte die Stadt durch Ueberraschung zu ge=

winnen; allein der Statthalter Belasco traf so energische Gegenanstalten, daß jener ohne weiteren Versuch wieder absegelte. Ebenso vermochte Rooke nicht, das Einlaufen der Flotte von Brest in den Hafen von Toulon durch rechtzeitiges Entgegentreten zu verhindern. Rooke wartete nun durch einige Zeit, ob die Franzosen nicht vielleicht zur Annahme einer Schlacht auslaufen würden; als dieß nicht geschah, segelte er ab, warf am 1. August 1704 Anker vor **Gibraltar** und brachte nach einem sechsstündigen Feuer die Batterien des Platzes zum Schweigen. Diese Festung, die stärkste in ganz Europa und seit diesen Tagen der wichtigste Punkt, den England in allen Weltmeeren besitzt, war von der spanischen Regierung in einer unglaublichen Weise vernachlässigt worden. Die Garnison zählte 100 M., welche selbstverständlich nicht einmal zur Bedienung der Geschütze genügend waren. Dem Prinzen von Darmstadt fiel es demnach nicht allzu schwer, nach bewirkter Landung diese von Spanien hingeworfene militärische Perle zu erobern (2. Aug.). Nun endlich ging die französische Flotte in der Stärke von 50 Linienschiffen, 8 Fregatten und 23 Galeeren unter dem Grafen von Toulouse aus dem Hafen von Toulon hervor, um die etwas schwächeren Britten aus den südeuropäischen Meeren zu vertreiben. Am 24. August fand eine blutige Seeschlacht bei Malaga statt und endete mit dem Rückzuge der Franzosen. Uebrigens ging auch Rooke bald nach England zurück, es verblieb jedoch ein ansehnliches Geschwader unter Leake (spr. Lihk) bei Lissabon.

Spanien hatte zu spät den Fehler eingesehen, den es mit der Vernachlässigung von Gibraltar begangen. Es rief deshalb den General Villadarias (spr. Wilja) mit 8.000 M. von der operirenden Armee herbei, welcher am 21. October die Laufgräben vor dem Platze eröffnete. Gleichzeitig wurde, sobald Rooke das Meer freigegeben hatte, der Hafen von einem Theile der Touloner Flotte eingeschlossen. Allein diese Blocade erwies sich nicht wirksam genug, indem von Zeit zu Zeit Leake in den Hafen einlief, um Lebens= und Kriegsmittel zu bringen. Die Belagerung dauerte den Winter hindurch fort. Marschall Tessé, der jetzige Obercommandant der Franzosen in Spanien, brachte im folgenden Jahre die Festung wirklich bis nahe an die Capitulation, als Leake, nachdem er mittlerweile größere Kräfte gesammelt hatte, zu Ende März 1705 wieder vor dem Hafen erschien, das Blocadegeschwader durchbrach und theilweise eroberte und den Platz wieder mit allem Nöthigen versah. Jetzt verzweifelte auch Tessé an dem Gelingen weiterer Angriffe auf der Landseite und deshalb begnügte er sich, vor Gibraltar nur ein mäßiges Blocadecorps stehen zu lassen. Diese Weltfestung war und blieb bis heute den Spaniern verloren.

91. Veränderungen zu Wien im Jahre 1705, Anfang des Feldzuges in Italien. Zu Anfang des J. 1705 zeigten sich im Ver=

gleiche zu den ersten Jahren dieses Krieges die Heere der Bourbons auf dem deut=
schen Schauplatze entschieden in Nachtheil, in Italien dagegen ebenso bestimmt in
Vortheil gesetzt; auf den anderen Schauplätzen war bis jetzt so ziemlich das Gleich=
gewicht erhalten, nur in Ungarn stand die kaiserliche Sache auf schwachen Füßen.
Es wäre zu dieser Zeit sehr schwer gewesen, den Verlauf des Krieges in den wei=
teren Jahren vorherzusagen; so viel war aber doch ersichtlich, daß die Bour=
bons die zahlreicheren Heere, Oesterreich und England dagegen die besseren Feld=
herren besaßen. — Prinz Eugen verbrachte den Winter wieder in Wien, wo er die
außerordentlichste Mühe hatte, um die während seiner Abwesenheit wieder in Ver=
fall gerathenen Geschäfte in besseren Gang zu versetzen. Die Minister des Kaisers
sowie dieser selbst waren alt, gingen ihren Schlendrian fort und schienen der Mei=
nung zu sein, daß das Glück Oesterreichs sich von selbst machen werde, gleichwie
es bis jetzt sich gemacht hatte. Ohne sich viel um die strategischen Fragen zu küm=
mern, wollten sie höchstens für die Beruhigung Ungarns einige Anstrengungen sich
zugemuthet wissen; diese Beruhigung verstanden sie aber in keinem anderen Sinne
als durch militärisches Niederschlagen. Eugen mußte fast allein überall eingreifen, um
etwas Leben in die schwerfällige Staatsmaschine zu bringen. Von allen Seiten, aus
Ungarn, Italien, Baiern, vom Rheine her liefen Klagen und Bitten ein, überall war
die Abhilfe dringend geboten, sollte nicht Alles zu Grunde gehen. Dabei aber fehlte
es dem Hoffkriegsrathe an allen Mitteln und die Civilregierung ließ sich durch die
begründetsten Vorstellungen nicht aus ihrem alten Geleise bringen. Zu wiederholten
Malen drohte Eugen, sich ganz in das Privatleben zurückzuziehen, und nur mit die=
ser ernstgemeinten Drohung erreichte er es, daß der Kaiser auf die Minister, diese
auf die Collegien, letztere auf die Landesregierungen, schließlich die hier theils auf die
Stände, theils auf die untergeordneten Aemter eine etwas lebhaftere Pression aus=
übten. Langsam und schwerfällig wurden Rekruten und Gelder aufgebracht, endlich
aber doch beides im reichlicheren Maße, als dieß sonst gewöhnlich geschehen war.

Die mißlichen Verhältnisse in Ungarn und Italien wurden bereits dar=
gestellt; für beide Länder waren Zufuhren von Geld, Kriegsbedürfnissen aller Art
und Verstärkungen in bringendster Weise geboten. Für Ungarn konnte die Monar=
chie das Auslangen leisten; aber dann blieb für Italien nicht genug übrig. Im
Einverständnisse mit Eugen war deshalb Marlborough zu Ende des J. 1704 nach
Preußen abgegangen und hatte den König bei seiner schwachen Seite gepackt. In
seiner Eitelkeit geschmeichelt durch den Gedanken, daß drei Großmächte ihn als
Nothanker für die Rettung der Allianz aus großen Gefahren erklärten, willigte
Friedrich I. in die Absendung von 8.000 M. nach Italien ein. Sein Bedenken
über den großen nordischen Krieg zwischen Schweden, Polen ꝛc. beschwichtigte

Marlborough durch die von England und Holland gebotene Garantie der preuß=
schen Neutralität gegenüber den nordischen Staaten.

Große Sorge machten dem Prinzen Eugen die Verhältnisse in Baiern.
Die Marschälle Gronsfeld und Herbeville fungirten daselbst als Generalgouver=
neure; die Lage Oesterreichs machte es zur Nothwendigkeit, die Hilfsquellen des
eroberten Landes, welches dereinst doch wieder zurückzugeben war, nach Möglichkeit
auszubeuten. Man benützte Baiern zum Winterquartiere zahlreicher Truppen,
man zog aus demselben Geld, Naturalien, Waffen, Pferde und Rekruten, so viel
man nur vermochte. „Man mueß halth zihen, was man kann," schrieb Eugen an
die Statthalter, zugleich empfahl er ihnen aber eindringlich, jede Ausschreitung
ferne zu halten und das Volk recht glimpflich zu behandeln. Diese Anempfehlung
hatte trotz der angedrohten strengen Strafen nicht den gewünschten Erfolg; Grons=
feld selbst schritt nicht mit dem besten Beispiele voran und so war es auch leicht
begreiflich, daß Officiere und Soldaten das Volk über die Gebühr belästigten;
insbesondere scheinen die dort zahlreich bequartierten Preußen sehr übel gewirth=
schaftet zu haben. Eugen ordnete zwar strenge Untersuchungen an, welchen selbst
der FM. Gronsfeld unterzogen werden sollte; leider war der Prinz verhindert,
diese Nachforschungen persönlich zu leiten. Der harte Druck, welchem das bairische
Volk unterzogen blieb, konnte um so folgenschwerer werden, als dasselbe mit treuer
Liebe an seinem Kurfürsten hing. Zahlreiche abgedankte Soldaten hatten sich bei
den Bauern in die Kost gethan; die letzteren, dann die Studenten zu Ingolstadt
begannen schon seit dem Winter unruhig zu werden und im Geheimen sich zu be=
waffnen; der Hof der Kurfürstin zu München hatte gleichfalls die Hand im Spiele.
Und da man von Wien aus die Ursachen der Unzufriedenheit nicht gründlich zu
beseitigen vermochte, so mußte man auf einen Aufstand in Baiern umso mehr ge=
faßt sein, als mit dem Beginne des Feldzuges die dort stationirten Truppen größ=
tentheils ausmarschirten. — Prinz Eugens Thätigkeit war ganz außerordentlich; in
den wenigen Monaten seiner Anwesenheit zu Wien traf er die nöthigen Anstalten,
daß nicht nur für die oben erwähnten Schauplätze, sondern auch für die Armee
Ludwig's von Baden, dann für die bessere Ausrüstung der verschiedenen Festungen,
besonders Landau's, für Montur= und Verpflegs=Wesen, für Lieferungs= und
Anlehens=Verträge die nöthigen Voranstalten getroffen wurden. Dabei blieb er
fortwährend ohne die wünschenswerthe Unterstützung der meisten anderen Mini=
ster, ja fand bei diesen fortwährend nur Hindernisse. Begreiflich ist es, daß der
Hofkriegsrath allein, besonders bei dem beständigen Geldmangel nicht alles Nöthige
leisten konnte und daß die kaiserlichen Truppen überall in einem keineswegs benei=
denswerthen Zustande sich befanden.

Graf Leiningen hatte zu Anfang des Jahres 1705 nach dem Eintreffen zweier neu angekommener Regimenter erst bei 11.000 Streiter, darunter ein Drittel Reiter, zur Verfügung. Diese Macht war in zwei abgesonderten Corps, das eine um Gavardo im Thale der Chiese, das andere bei Verona aufgestellt. Den Oesterreichern gegenüber stand der Großprior Vendôme mit überlegenen Kräften. So dringend Prinz Eugen auch wünschte, daß Leiningen eine Bewegung zu Gunsten der seit dem vorigen Jahre von den Franzosen eingeschlossenen Festung Mirandola wage, Leiningen getraute sich vor dem Eintreffen der preußischen Hilfstruppen nicht in das Feld. Diese aber, in der Stärke von 7.000 M. trafen erst einige Tage nach der Ankunft des Prinzen Eugen in Italien ein; letztere war gegen Ende April erfolgt. In welchem Zustande der Prinz die Armee fand, geht aus einem Berichte an den Kaiser ddo. Roveredo am 26. Apr. hervor, in welchem es unter Anderem heißt: „Bey diser Beschaffenheith nun" (von Mirandola, welches auf dem Punkte stand, ausgehungert zu sein) „solte Ich dahinwerths zu succuriren über Halß und Kopf Eillen, wie Ich es aber mit nakhet=bloß= und Erhungerten Leithen, ohne Kreitzer geldt, ohne Zelter, ohne Brodt, ohne Fuhrwesen, und ohne Artillerie werde in die Weege richten khönen, khombet schier auf eine impossibilität hinauß, weillen allenthalben, wo mich nur hinwende, nichts als lamentiren, noth, und miserien siehe, inmassen dann alles in Eine solche Kleinmüthigkheith verfallen, daß khein Mensch weder zu rathen, noch zu helffen waiß; — Will Regimenter seyndt dergestalt bismundirt, daß Sye Zerrissener, und miserabler als Ein Bettler auf der straßen aussehen, also zwar, daß sogar die officier sich schämen, dieselbe zu commandieren: Wann man ein commando nur von 100 Mann ausschicket, und dises nur Eine stundt weith gehet, so bleibet gewiß der halbe Thaill darvon aus mattigkheit auf der straßen ligen, weillen die leith dergestalt ausgehungert, daß Sye mehrers Ein schathen als lebenden Menschen ähnlich seyndt, dessen sich auch umb so weniger zu verwundern ist, als Sye schon über 6 Wochen lang kheine Wochengeldter bekhomben, und bey bloßen wasser und nit Einmahl genugsamben Brodt sich betragen mießen." In demselben Berichte erwähnt Eugen ferner, wie bei dem schwachen Stande binnen 4 Tagen oft bis 200 Mann zum Feinde überlaufen, ferner daß bloß fünf Proviantwägen, und auch diese schlecht, vorhanden sind, und daß die ganze Artilleriebespannung nur eben hinreicht, um allenfalls acht Regimentsstücke (Dreipfünder) fortzubringen. Aus einem kurze Zeit später erlassenen Referate wird ersichtlich, daß die Officiere seit 15 Monaten und mehr keinen Heller vom Staate empfangen und deswegen ihre Habseligkeiten aus Noth verschleudert hatten; selbst höhere Officiere waren ohne ein Pferd, während sonst sogar den Fähnrichen die Mittel zum Halten einer Equipage gegeben waren.

Während demnach die Aussicht, dem Herzog von Savoyen Hilfe zu bringen, gleich Nulle war, sah der Letztere sich bereits am Rande des Verderbens angelangt. In der Nacht zum 2. März hatten die Franzosen den schwach besetzten Brücken- kopf, durch welchen die Verbindung zwischen dem Lager von Crescentino und der Festung Verrua hergestellt war, mit Sturm genommen, worauf der letzt- genannte Platz jeder Hoffnung auf Entsatz beraubt war. Demungeachtet hielt sich der General Freisingen noch einen Monat lang, sprengte dann, nachdem alle Le- bensmittel aufgezehrt waren, die Werke in die Luft und ergab sich nebst der sehr geschmolzenen Besatzung am 18. April. Victor Amadäus und Starhemberg hat- ten mit den 12.000 M., welche ihnen von 30.000 noch übrig geblieben waren, von Crescentino sich unter die Kanonen von Chivasso zurückgezogen, wo ein festes Lager aufgeschlagen war. Diese Stadt und Turin, dessen Besatzung von 2250 M. kaum nur einen flüchtigen Anlauf abzuwehren hinreichte, waren fast Alles, was dem Her- zoge Savoyens von seinen weiten Besitzungen noch übrig geblieben war. Auch die Grafschaft Nizza mit ihren Festungen war im Frühjahre durch den Herzog von La Feuillade erobert worden. Die Lage der Dinge in Italien war geradezu ver- zweiflungsvoll; Mirandola und die letzten Festungen Piemonts konnten in den nächsten Tagen fallen; ein Succurs durch das Heer Eugens schien fast unmöglich, es war vielmehr wahrscheinlich, daß der Herzog auf kaiserlicher Seite dasselbe Schicksal erleiden werde, welches bei der französischen Partei dem Kurfürsten von Baiern widerfahren war, nämlich als ein Fürst ohne Volk und Land sein Brod in der Fremde suchen zu müssen. Bei dem Charakter des Herzogs von Savoyen war es aber viel wahrscheinlicher, daß er einer solchen Katastrophe durch die Ver- läugnung der bisher festgehaltenen Sache zuvorkommen werde. Zum Glücke gönnte der Marschall Vendôme nach den jüngsten Ereignissen seinen Truppen einige Ruhe und vermeinte, weil er vor Verrua allein 17.000 M. verloren hatte, Verstär- kungen aus Frankreich zu benöthigen.

Während Eugen noch das Eintreffen einiger Tausend Mann aus Baiern er- wartete, um sodann eine offensive Bewegung zu wagen, war Kaiser Leopold I. am 5. Mai 1705 im 65. Lebensjahre gestorben. Seine 48jährige Regierung war großentheils von Kriegen ausgefüllt, welche zu den glänzendsten der österr. Ge- schichte, militärisch betrachtet zu den denkwürdigsten aller Zeiten gehören. Kaiser Leopold hatte die größere Hälfte der ungarischen Lande, dann ganz Siebenbürgen erobert. In den letzten Tagen seines Lebens hatte er die Freude, seinen alten Tod- feind, Ludwig XIV. für so manche Frevelthaten durch wiederholte Niederlagen der französischen Armee gezüchtigt zu sehen, wenngleich eine materielle Abnahme der Bourbon'schen Macht vorderhand noch mehr in den Bereich der frommen

Wünsche als der Wahrscheinlichkeiten gehörte. (Ueber den Charakter Leopolds und die Staatsverwaltung zu seiner Zeit haben wir das Wichtigste im §. 80 gebracht).

Trotz der Herzensgüte des verstorbenen Kaisers und vielleicht eben wegen derselben hätte bei einem längeren Walten Leopolds der damalige Krieg wohl kaum die günstige Wendung nehmen können, die ihm durch den ältesten Sohn und Nachfolger des Hingeschiedenen, Joseph I., gegeben wurde. Dieser 27jährige Fürst, welcher von früher her bereits römischer König war, demnach auch ohne Anstand deutscher Kaiser wurde, hatte im Unterschiede von seinen vier letzten Vorfahren seine Erziehung nicht von den Jesuiten, sondern unter der Leitung des edlen Fürsten Salm empfangen. Kaiser Leopold selbst hatte den Erziehern aufgetragen, seinen Prinzen die Staatengeschichte, dieses geistige Lebenselement für Fürsten und Staatsmänner, ohne Vorurtheile und ohne Beschönigung beizubringen. Diesem Umstande hatte der junge Kaiser zu danken, daß er frei und unbefangen in die Welt hinausblickte, daß sein Auge offen war für die altererbten Mängel der Verwaltung, für die Anforderungen der Zeit und für die Bedürfnisse der Völker, daß er, begabt mit einem edlen feurigen Herzen und mit einem kräftigen Verstande, nicht leicht durch den Schein der Dinge sich blenden ließ, sondern ihnen auf den Grund zu gehen liebte. Wir werden von der inneren Regierung dieses Fürsten, welche leider nur zu kurz währte, später zu sprechen haben; hier wollen wir nur erwähnen, daß er vom ersten Augenblicke an die Lage seiner Armeen nicht aus dem Munde der Höflinge, sondern aus den unverhüllten Berichten der Feldherren zu erfahren trachtete und mit äußerstem Eifer bestrebt war, alles Nöthige herbeizuschaffen.

Sobald Eugen durch das Eintreffen des Prinzen von Anhalt mit dem preußischen Hilfscorps eine Stärke von 18.000 M. zusammengebracht hatte, beschloß er, obgleich selbst fast jeder Hoffnung entbehrend, einen Versuch zur Rettung von Mirandola. Das Heer der beiden Vendômes — denn auch der Marschall fand sich auf die Kunde von Eugens Eintreffen hier ein — war beträchtlich stärker und hatte überdieß feste Stellungen an beiden Ufern des Mincio in Besitz. Eugen faßte bei dieser Sachlage folgenden Plan: mit 6000 M. sollte der FZM. Bibra im Chiese-Thale gegen Calcinato (bei Lonato) vorgehen, und nach Umständen entweder den Feind auf sich locken oder umgekehrt, wenn die Straßen daselbst frei gegeben waren, über den Mincio sich mit Eugen vereinigen. Der Letztere führte den Rest seines Corps am 8. Mai auf einer Kriegsbrücke über die Etsch und stand drei Tage später bei Salionze am Mincio. Da aber die Franzosen in namhafter Stärke längs dem Flusse aufgestellt waren, so schien der behufs Vereinigung mit Bibra nothwendige Uebergang um so weniger zu forciren möglich, als Eugen wegen Mangel an Bespannungen keine Artillerie als vier Regimentsstücke und nur so viel Infanterie-Munition mit sich hatte, um allenfalls ein zweistündiges Gefecht durchführen zu können. Deßhalb ging Eugen nach ein paar Tagen wieder aufwärts an das linke Ufer des Gardasees zurück, während Bibra auf dem anderen Ufer das Gleiche that. In dieser Woche (um den 14. Mai) war durch drei Tage bei der Armee nicht ein Laib Brob vorhanden und mit Noth wurden einige Früchte angekauft, um den hungrigen Mägen wenigstens den Titel einer Speise zu bieten. Eine Fortführung der Unternehmung gegen Mirandola hin wäre ohnedem gegenstandslos gewesen, indem dieser Platz nach einer ausdauernden Vertheidigung durch 900 M. unter Königsegg am 11. Mai capituliren hatte müssen. Eugen faßte bei dieser Sachlage den Entwurf, möglichst tief in die Lombardie einzubringen, um die feindlichen Streitkräfte auf sich zu ziehen und damit dem Herzog von Savoyen Luft zu machen. Deßhalb eilte er, die an der Etsch stehende Division über den Gardasee auf das Ostufer hinüber zu bringen. Allein nur die Infanterie konnte zu Schiff transportirt werden, wogegen die Cavallerie um den ganzen See nordwärts herum marschiren mußte. Vor ihrem Anlangen führten die beiden Vendômes einmal ihre Truppen gegen die von Saló bis Gavardo stehende Infanterie Eugens heran, begnügten sich aber mit einer bald wieder abgebrochenen Kanonade (22. Mai). Zu Ende Mai rückte dann endlich auch die Cavallerie und was nicht minder wichtig war, ein Theil des benöthigten Fuhrwesens im österr. Lager ein, welches aber gerade zu dieser Zeit von den Franzosen sehr eingeengt wurde; nach den Rathschlägen seines jetzt wieder nach Westen zurückkehrenden Bruders, des Marschalls, führte der Großprior seine Truppen in eine Stellung vom Gardasee bis Bedizzole, parallel zum österr. Lager in der Entfernung von kaum einer Meile heran. Auch jenseits der Chiese errichteten die Franzosen einen befestigten Posten, zugleich zerstörten sie alle Wege, welche von Eugens Lager nach dem Brescianischen führten. Am 1. Juni machte Eugen auf den französischen Posten jenseits der Chiese einen Angriff, stand aber bald davon ab, weil die Franzosen in Massen zur Unterstützung heranzogen und eine allgemeine Schlacht eröffnen zu wollen Miene machten. Dagegen wurde in der nächsten Zeit der kleine Krieg zum Vortheile der Kaiserlichen weiter geführt und gleichzeitig die Stärke derselben allmälig nach ihrem rechten Flügel bei Gavardo concentrirt; zur Sicherung der Zufuhren über den Gardasee wurde Saló leicht befestigt.

In der Mitte Juni hatte Eugen einige Verstärkungen bekommen und führte dann in der Nacht zum 23. Juni einen kühnen Marsch in der Verlängerung der bisherigen rechten Flanke über Caino und Nave gegen Brescia hin aus. Auf die Nachricht von dieser Bewegung erwachte der Großprior aus seiner gewohnten Schläfrigkeit, indem er sich, freilich zu spät, überlistet erkannte und sehr leicht Eugens Absicht errieth, nämlich möglichst rasch, daher mit Vermeidung von Kämpfen Piemont zu erreichen und daselbst die Vereinigung mit Victor Amadäus zu be= wirken. Um dieß zu hindern, marschirte nun auch der Großprior in aller Eile nach dem Oglio hin, den er unweit Robecco überschritt (28. Juni); hiebei hoffte er, daß der von früher her zur Bewachung des Oglio bei Urago unweit Chiari zu= rückgelassene General Toralba mit seinen 4,000 Spaniern die Oesterreicher so lange aufhalten werde, bis der Großprior mit seinem Corps heranrücke. Prinz Eugen war aber schon am 27. Juni vor Urago angelangt, vertrieb durch das Feuer von 30 Geschützen sehr rasch seinen Gegner und ließ drei Brücken für die Infanterie schlagen, während die Cavallerie durch eine Furth setzte. Dieselbe er= eilte die fliehenden Spanier unweit Bergamo und nahm einen großen Theil der= selben gefangen. Eine noch wichtigere Beute machte Eugen durch die Wegnahme vieler längs dem Oglio vertheilten Magazine.—Da Eugen mit diesen Operationen, mit der Ausforschung seines Gegners und den dadurch bedingten Detaschirungen ein paar Tage Zeit opfern mußte, so gelangte der Großprior in den ersten Tagen des Juli früher über den Serio, als Eugen diesen Fluß überschreiten konnte. Wollte der letztere unaufgehalten seinen Weg nach Westen fortsetzen, so hatte er zu befürchten, daß ihm der Großprior fortwährend schlagbereit in Flanke oder Rücken bleibe und daß gleichzeitig der Herzog von Vendôme den Oesterreichern irgendwo wieder die Front versperren werde. Dem Prinzen Eugen schien es daher nothwendig, den Großprior näher gegen den Süden hin zu verlocken, wonach ihm dann vielleicht in ähnlicher Weise, wie es von Gavardo aus geschehen, wieder ein beträchtlicher Vorsprung nach Westen hin abgewonnen werden konnte. Am 11. Juli bezog Eugen ein Lager mit der Front gegen Süden zwischen Romanengo und Soncino; an demselben Tage langte der Herzog von Vendôme, welcher in die Weisheit seines Bruders nicht viel Vertrauen setzte, mit Verstärkungen bei dem Heere des Letzteren an und führte das Gros in eine dem kaiserlichen Lager auf 1½ Meilen Entfernung parallele Stellung bei Soresina; gleichzeitig war aber der Marschall vorsichtig genug, um einen Theil seiner Uebermacht zur Be= setzung einzelner Posten an der Abda zu verwenden. Eugen, der eben zu dieser Zeit die letzten ihm für dieses Jahr zugesicherten Verstärkungen erhielt, und jetzt im Ganzen ungefähr 30,000 M. zählte, ließ einige Bewegungen längs dem Oglio abwärts ausführen, wodurch es ihm auch wirklich gelang, die Aufmerksam= keit des Feindes nach dieser, der östlichen Seite zu lenken.

Damit hatte der Prinz erreicht, was er wollte. So gefährlich es auch immer war, den weiten Weg durch feindliches Land einzuschlagen und dabei einen über= legenen Gegner fortwährend neben und hinter sich zu fühlen, — Eugen mußte sich

zu diesem Mittel entschließen, dem einzigen, durch welches den Piemontesen viel=
leicht Luft gemacht werden konnte. In aller Stille brachen die Kaiserlichen am
Abend des 10. August auf und ließen den Franzosen das Nachsehen. Marschall
Vendôme hatte am 11. August kaum die Leere des österreichischen Lagers erblickt,
als er beschloß, den Prinzen um jeden Preis an der Ueberschreitung der Abba zu
hindern. Deshalb ging der Marschall mit einem Corps von 10.000 M. bei Lodi
über diesen Fluß und dann eilig am rechten Ufer aufwärts, während der Groß=
prior mit einer etwas stärkeren Macht den parallelen Weg am linken Ufer einzu=
schlagen hatte. Mittlerweile hatte Prinz Eugen ungefähr an jener Stelle, wo der
Brembo mit der Abba sich vereinigt, den Brückenschlag begonnen. Ein Zufall
aber, nämlich die Beschädigung einiger Pontonswagen, verursachte die Verzöge=
rung des Unternehmens und gab dem Marschall Vendôme Gelegenheit, gegen=
über dieser Brücke sich aufzustellen und zu verschanzen (13. und 14. August).
Eugen sah damit seinen Plan hierorts wieder vereitelt, ließ aber trotzdem am 15.
sogar noch einen Brückenkopf anlegen und ein paar tausend Mann daselbst stehen.
Damit wollte er den Gegner aber nur „amusiren," nämlich seine Aufmerksamkeit
auf diesem Punkte festhalten, ihn hier ohne weiteren Zweck beschäftigen.

92. Schluß des Feldzuges 1705 in Italien. Prinz Eugen,
welcher von verläßlichen Spionen, darunter sogar von einem spanischen General=
lieutenant bedient war, wußte für gewiß, daß der Marschall Vendôme das ganze
zuletzt von ihm selbst commandirte Corps, über 10.000 M., gegenüber der öster=
reichischen Kriegsbrücke, also am rechten Ufer der Abba, concentrirt habe, während
dagegen der Großprior Vendôme mit etwa 15.000 M. auf dem linken Flußufer
bei **Cassano** stand. Zwischen den beiden französischen Feldherren lag ein halber
Tagemarsch und der Fluß, der nur über eine einzige Brücke, eben bei Cassano,
zu passiren war. Daß an diesem wichtigen Uebergangspunkte am diesseitigen (lin=
ken) Ufer seit langer Zeit von den Franzosen ein starker Brückenkopf angelegt
war, entging der Berechnung Eugens keineswegs; bei der Tapferkeit seiner Trup=
pen konnte er aber immerhin folgende Alternative als wahrscheinlich aufstellen:
entweder, der Großprior zog sich bei dem Anrücken von Eugens ganzer Macht
ohne Kampf zurück und ließ den Brückenkopf ohne Unterstützung, oder der Groß=
prior nahm mit seinen 15.000 M. den Kampf vor, in und neben der erwähnten
Schanze gegen die 25.000 M. Eugens auf, und in diesem Falle war die Nieder=
lage der Franzosen, ihr Rückzug am Oglio abwärts fast gewiß. In beiden Even=
tualitäten hatte Eugen die weitere Aussicht, die beiden Flügel der Gegner für
immer zu trennen, zwischen ihnen hindurch die Beherrschung der beiden Abba=
Ufer zu gewinnen und dann den einen Vendôme nach dem anderen aufzureiben.

Man sieht, dieser Plan war genial und ganz eines Eugens würdig. Es gab aber noch eine dritte Eventualität, die unwahrscheinlichste von allen: die nämlich, daß der Marschall Vendôme gegen seine bisherige Gewohnheit den in den jüngsten Tagen bewerkstelligten Brückenschlag Eugens als das Phantom, das es zuletzt war, rechtzeitig erkannte und mit seinem eigenen Corps vor dem entscheidenden Momente zur Unterstützung des Großpriors bei Cassano eintraf. Diese Eventualität, die unwahrscheinlichste von allen, ist wirklich eingetroffen und verwandelte die vernichtende Niederlage, welche anderen Falles den Franzosen geworden wäre, in eine Art von Erfolg, größer als er sonst jemals über Prinz Eugen erkämpft wurde. So sorgfältig dieser gewaltige Feldherr im Allgemeinen seiner nächsten Umgebung, ja manchmal sogar dem kaiserlichen Hofe seine Entwürfe von einem Tage zum andern zu verhehlen pflegte, gerade diesmal, in einem so entscheidenden Momente, transpirirte eine Vermuthung davon in das feindliche Hauptquartier, u. z. sonderbarer Weise durch jene italienischen Edelleute, welche wegen ihres Franzosenhasses auf österr. Seite sich geschlagen hatten!

Es ist eine bekannte Sache, daß alle großen Feldherren der Geschichte ihren Ruhm zweien Dingen zugleich, ihrem Genie und ihrem Glücke verdankten, welche sich in ihnen gegenseitig bedingten und ergänzten, welche eine Einheit darstellten wie Leib und Seele. Eugen ist vielleicht der einzige große Heerführer, welchem jenes unbegreifliche Etwas, Zufall genannt, fast immer abhold war, und der den Schicksalslaunen zum Trotz seine Ziele zu erreichen wußte. Man darf ihn einen Titanen nennen, dessen Geist den Fehdehandschuh der Schicksalsmächte aufnahm und sie unter seine Gewalt beugte. Bei Cremona, Luzzara, Höchstädt (unglaubliches Versagen der Cavallerie), schließlich wieder bei Cassano war er entschieden das, wofür wir in den 150.000 Worten der deutschen Sprache vergebens nach einem edleren Ausdrucke suchen und nur den Provincialismus „Pechvogel" gebrauchen können, und alle diese widerwärtigen Umstände, von welchen einer zehn große Feldherren klein gemacht haben würde, vermochten ihn in seiner Siegesbahn nur zu hemmen, keineswegs ihn zu vernichten.

Prinz Eugen marschirte am 16. August 1705 früh Morgens auf Cassano hin, vor welchem Orte der Großprior seine Aufstellung genommen hatte. Das Städtchen Cassano liegt am rechten Ufer der hier in zwei Arme getheilten und damals ziemlich hochgehenden Adda; beinahe parallel mit dem linksseitigen Arme und von diesem 12—1500 Schritte entfernt, führt ein tiefer Kanal, die große Ritorta, der eine Viertelstunde oberhalb Cassano von der Adda sich abzweigt. Die beiden Flußarme und die große Ritorta waren überbrückt und es ging hier die Chaussée Cassano-Treviglio. Vor der zweiten Brücke, jener nämlich über den linksseitigen Flußarm, war ein starker Brückenkopf angebracht, welcher ungefähr 3000 M. aufzunehmen vermochte. Diese Brücke hier war von jener unmittelbar vor Cassano 500, von der anderen über die große Ritorta gegen 1500 Schritte entfernt. 1500 Schritte abwärts von der Brücke über die große Ritorta zweigten sich von dieser zwei andere Kanäle ab; die kleine Ritorta, welche fast geraden Laufes, also in kurzer Linie zu dem linksseitigen Flußarme lief, und die Pandina, welche in einer Entfernung von bloß 150—500 Schritten parallel mit der großen Ritorta und rechts von ihr nach Süden floß. Der Raum in und vor dem Brückenkopfe, eine Insel zwischen dem linksseitigen Arme, dann der großen und kleinen Ritorta war der Hauptaufstellungsplatz der Franzosen; diese Insel bildete ein Dreieck, dessen Basis längs dem Flußarme 3000 Schritte lang war, während jede der beiden anderen Seiten bei 1600 Schritte maß. Zwischen dieser Insel und Cassano lag aber noch eine zweite, schmale Insel, welche durch die beiden Flußarme gebildet war. Das Wasser in den beiden Ritorten und in der Pandina war bei 5' tief; dadurch war der Stellung der Franzosen hinter diesen Gewässern eine fast unangreifbare Festigkeit gegeben.

In zwei Casinen vor der großen Ritorta lagen acht französische Grenadier-Compagnien, welche aber nach einem heißen Kampfe von da vertrieben wurden. Sofort erstürmte Leiningen in wiederholten Angriffen die Brücke über den erwähnten Kanal, fand aber in dem heftigen Kampfe den Tod. Eugen führte nun persönlich den rechten Flügel, welcher abermals zum Weichen genöthigt war, zum dritten Hauptsturme vor und drang bis an den Brückenkopf, ja theilweise sogar bis in denselben hinein. Ein ungemein erbitterter Kampf entspann sich an diesem Punkte; zahlreiche Abtheilungen der Franzosen wurden in die Abda geworfen und fanden daselbst den Tod. Andererseits ließ der Marschall Vendôme, der noch vor Beginn des Gefechtes mit einigen Truppen zur Unterstützung des Großpriors herangekommen war, mehrere auf der Abda-Insel befindliche Geschütze fortwährend mit Kartätschen in die dichtgedrängten Sturmcolonnen der Kaiserlichen feuern und letztere erlitten hiedurch große Verluste. Der Marschall und Eugen standen in der Mitte des Handgemenges; beide wurden leicht verwundet, Eugen sogar zweimal [1]). Für die Franzosen handelte es sich bei diesem Kampfe am

---

[1]) In den Mémoiren des Herzogs von St. Simon wird es als eine angeblich allgemein bekannte Thatsache angeführt, daß der Marschall Vendôme zur Zeit, als die Kaiserlichen unaufhaltsam gegen die Schanze anstürmten, die Schlacht verloren gehalten und unter dem Vorwande, für den Rückzug Anstalten zu treffen, in ein entlegenes Haus sich begeben habe. Während seiner Abwesenheit stellte Le Guerchois an der Spitze der Marine-Brigade das Gefecht wieder her. Um dieß zu melden und neue Verhaltungsbefehle zu holen, ging Gr. Chemerault den Marschall zu suchen und traf ihn, wie er mitten während der Katastrophe einer höchst gefährlichen Schlacht — behaglich bei

Brückenkopfe um ihre ganze Existenz; denn gelang es ihren Gegnern, an der Brücke über den Abba=Arm sich festzusetzen, so waren alle französischen Abtheilungen der Alternative ausgesetzt, entweder in den Strom sich zu werfen oder sich gefangen zu geben. Obgleich nun Anfangs die Oesterreicher entschieden | Terrain gewonnen hatten, sahen sie sich doch später zu einem allmäligen Weichen genöthigt, weil Vendôme durch das allmälige Eintreffen seines Corps in den Stand gesetzt wurde, immer mehrere und frische Truppen in das Gefecht zu bringen. FZM. Bibra, welchem Eugen, als er sich verbinden lassen mußte, das Commando übergeben hatte, brachte erst an der Brücke über die große Ritorta das Gefecht wieder zum Stehen und behauptete diesen wichtigen Punkt, ohne welchen der Rückzug höchst gefährlich geworden wäre.

Während dieser wechselvolle Kampf am rechten Flügel der Deutschen sich fortspann, war auch ihre Mitte unter dem Prinzen von Württemberg und der linke Flügel (Preußen) unter dem Prinzen von Dessau in die Aufstellung der Franzosen eingedrungen. Mit unbeschreiblichem Heldenmuthe überschritten diese Truppen die große Ritorta, dann theilweise auch noch die Pandina und die kleine Ritorta, wo das Wasser den Soldaten überall bis an die Achsel oder bis an das Kinn reichte. Drüben angekommen sahen sich die Reichstruppen aber erst in der größten Nothlage; das Wasser hatte ihnen fast ihre ganze Munition verdorben und mit dem Bajonette allein konnte man den aus dichten Reihen feuernden Feinden nicht weiter beikommen. Während die Deutschen hier standhaft in einem hoffnungslosen Kampfe sich hielten, ließ Eugen in aller Eile hinter ihnen Brücken schlagen und beorderte die Truppen dann zum Zurückgehen. — Die Schlacht, von österr. Seite vorzugsweise mit dem Bajonette durchgeführt, was sonst in jenen Zeiten sehr selten war, hatte vier Stunden gewährt, wonach Eugen seine Truppen auswärts der Ritorta wieder sammelte. Man darf diese Schlacht als eine der blutigsten dieser Epoche ansehen; die Kaiserlichen verloren an Todten 2027, an Verwundeten 2102 M. Unter den Ersteren waren drei Generale, Leiningen, Bibra und Prinz Josef von Lothringen, — verwundet waren vier, unverletzt bloß ein General. Auf Seite der Franzosen waren die Verluste vielleicht noch einmal so groß und betrugen nach Eugens wohl zu hoch gegriffener Annahme 7000 M. an Todten allein, also mehr als ein Viertel des ganzen Standes. Bei der Ueberlegenheit der Franzosen durch ihre Position und ihr Feuer erklären sich ihre großen

einer wohlbesetzten Tafel saß. Erst auf die erhaltene Meldung kehrte der Marschall in das Gefecht zurück und übernahm wieder die Leitung. Zwischen ihm und seinem Bruder, dem Großprior, ergaben sich aus Anlaß der Schlacht bei Cassano ernste Zerwürfnisse, welche schon in der nächsten Zeit Anlaß zur Absetzung des als Mensch und Heerführer gleich erbärmlichen Großpriors wurden.

Verluste nur durch die Menge der zu Anfang der Schlacht in die Abba gedräng=
ten Truppen. Die Kaiserlichen verloren mehrere hunderte an Gefangenen. Sie
waren fast alle verwundet und bei ihrer schon in den nächsten Tagen erfolgten
Auswechslung zur Mehrzahl dem Sterben nahe, da die Franzosen sie bis in den
fünften Tag unverbunden gelassen hatten. Eugen aber hatte zahlreiche Fahnen
erobert und einen großen Theil des französischen Gepäckes zerstört.

Beide Theile betrachteten die Schlacht von Cassano als Sieg, sie war es
aber für keinen. Eugen sah seinen ursprünglichen Plan, die Gegner zu trennen
und die Abba zu überschreiten, vereitelt und mußte weichen, jedoch nur in die
Stellung, die er vor dem Angriffe inne hatte. Andererseits wagten es die Fran=
zosen nicht, ihm über die Ritorta zu folgen, was ihnen gar nicht schwer gewesen
wäre; auch blieb Eugen im Besitz der jüngst errungenen Vortheile, nämlich eines
ausgedehnten Fouragirungsbezirkes auf dem Lombardischen Gebiete. Am Tage
nach der Schlacht errichtete Eugen gegenüber von Cassano bei Treviglio ein Lager,
welches er stark verschanzte. Er hatte daselbst noch 20.000 M. — Die Franzosen,
deren Zahl nach Abschlag der zahlreichen Besatzungen und Detaschirungen hier
an der Abba bloß um ein paar Tausende größer blieb, nahmen ihr Lager bei Ri=
volta, am rechten Ufer des Flusses. Bis in den October beschäftigte man sich
hier nur mit dem kleinen Kriege.

Wir müssen hier auf die Ereignisse in Piemont während des Sommers
1705 zurückblicken. Nachdem das schwache Heer des Herzogs von Savoyen und
Starhembergs in das Lager bei Chivasso sich gezogen hatte, wurde vor diesem
Platze von den Franzosen eine Streitmacht von 32—35.000 M. versammelt,
welche Anfangs vom Marschall Vendôme, später aber, als dieser an die Abba
abgegangen war, von La Feuillade befehligt war. Schon am 22. Juni wurden
die Piemontesen aus ihren Stellungen in den Platz gedrängt und in der zweit=
folgenden Nacht eröffneten die Franzosen vor diesem die Laufgräben. Die Feld=
truppen des Herzogs von Savoyen mußten wieder weiterziehen, um nicht mit dem
Platze selbst ganz eingeschlossen zu werden. Chivasso fiel am 30. Juli. Der Her=
zog von La Feuillade, welcher sein Heer durch neue Verstärkungen auf 40.000
Mann gebracht sah, hätte jetzt wohl am besten gethan, wenn er das winzige Häuf=
lein seiner Gegner zu erdrücken und gleichzeitig Turin ernstlich zu belagern ge=
trachtet hätte; aber der Herzog, der nur durch seine Frau, die Tochter des franzö=
sischen Kriegsministers, Armee=Commandant geworden war, besaß eben so wenig
militärisches Talent wie menschliche Tugenden. Victor Amadäus hatte sich mit
seinem Corps auf **Turin**, so ziemlich seinen letzten Platz, zurückgezogen. La
Feuillade nahm im Norden dieser Stadt, bei dem Lustschlosse La Veneria Stellung

und hatte die Absicht, Turin zu belagern. Er fing die Sache aber so ungeschickt an, daß er nicht einmal eine eigentliche Absperrung des Platzes zuwege brachte. Daher blieb der Herzog Victor Amadäus, welcher mit Starhemberg im eigenen Lande ohne festen Besitz gleichsam wie ein Zigeuner herumstreifte, den ganzen Feldzug hindurch in Verbindung mit seiner Hauptstadt. Durch einen Zufall gelangte er noch in den Besitz einer anderen wichtigen Festung. La Feuillade wollte aus dem unbedeutenden Orte Acqui die dortigen Truppen an sich ziehen; auf den Befehl wurde aber Asti statt Acqui gesetzt. Der Commandant des bedeutenden Platzes Asti vollzog auf die erhaltene Weisung ohne vieles Grübeln den Ausmarsch; kaum war Starhemberg dessen gewahr geworden, als er in die verlassene Festung gemächlich einrückte. — Trotz aller Ungeschicklichkeiten des Marschalls La Feuillade hätte aber der Herzog von Savoyen sich nimmer zu behaupten vermocht, wenn nicht das Genie seines Vetters Eugen auf fernem Schauplatze für ihn thätig geblieben wäre; nun aber verlangte Vendôme so dringend Verstärkungen nach der Lombardie, daß La Feuillade zu Ende Sept. ihm 10.000 M. zusenden mußte. Weiteres von großer Bedeutung ergab sich in Piemont während dieses Feldzuges nicht mehr; die schwächliche Blocade von Turin dauerte fort, ein Versuch der Franzosen gegen Asti wurde mit Verlust zurückgewiesen. Am Schlusse des Jahres wurde FM. Guido Starhemberg von Wien aus auf einen andern Schauplatz berufen und statt seiner befehligte der FML. Graf Wirich Daun die Oesterreicher in Piemont. Dieß war in mancher Beziehung als ein Glück zu bezeichnen: Starhemberg war zwar einer der tüchtigsten Feldherren seiner Zeit; aber sein finsterer, reizbarer und unverträglicher Charakter ließen ihn als Mensch ebenso abstoßend erscheinen, wie er andererseits wegen seiner festen Grundsätze und seiner hohen Begabung höchst achtungswerth erschien. Er gehörte in jene Classe von Menschenfeinden, welche ein großes und edles Herz sich bewahrt haben.

Seit dem Anlangen verschiedener Verstärkungen bei Vendôme, der gegen Ende October wieder 40.000 M. zur Verfügung im freien Felde hatte, sah sich Prinz Eugen mit seiner Streitmacht von weniger als 20.000 M. im Herbste in eine sehr mißliche Lage versetzt. Er durfte nicht warten, bis es den Gegnern einfiel, einen entscheidenden Schlag zu versuchen, sondern mußte trachten, durch kluges Manövriren die Zeit bis in den tieferen Winter hinein auszufüllen. Hiebei durfte er ziemlich sicher darauf rechnen, daß sein Gegner, hinter jeder Bewegung eine offensive Absicht fürchtend, ihm so ziemlich auf Schritt und Tritt nachfolgen werde. Wirklich blieb Vendôme durch den ganzen Monat October den Oesterreichern, welche längs dem Serio hin und wider marschirten, zur Seite; der einzige Vortheil, den er hiebei gewann, war die Wegnahme des Postens Soncino.

mit 500 Kaiserlichen, welche die richtige Zeit zum Ausmarsche versäumt hatten.
Im November ging Eugen wieder langsam und doch vorsichtig über den Oglio und
die Chiese zurück. Beide Heere bezogen sodann Winterquartiere; jene der Oester=
reicher waren ungefähr dort, wo sie zu Anfang des Feldzuges gewesen, nur etwas
weiter nach Süden ausgedehnt, — auch war ihren Parteien die Streifung in das
Brescianische unbenommen. Südöstlich von ihnen zwischen dem Gardasee und der
Chiese lag das Gros der Franzosen. — Bedenkt man, daß die Heere der Bour=
bons in Italien auch in diesem Jahre den Alliirten an jedem einzelnen Punkte
immer mindestens um die Hälfte, in der Gesammtheit aber um fast das Doppelte
(77.000 M. im Felde gegen 42.000) überlegen waren, so muß man über den
Gang des Feldzuges 1705 erstaunen, in welchem der Herzog von Savoyen zwar
ein paar namhafte Festungen verlor, trotzdem aber mit seinem winzigen Heere sich
behauptete, während auf der anderen Seite Prinz Eugen fortwährend die Initia=
tive behielt und zum Schlusse wenigstens noch einen ziemlich ausgedehnten Raum
für die Verproviantirung und die freie Bewegung inne hatte.

**93. Feldzug 1705 in Ungarn, Baiern, am Rheine und in
Spanien.** Kaiser Josef I. hatte kaum die Regierung angetreten, als er ernstlich
darauf bedacht war, durch billige Zugeständnisse die Ruhe in Ungarn herzustellen.
Vor Allem wurde FM. Heister vom Commando abberufen, welcher, obgleich ein
tapferer Soldat, wegen seiner Grausamkeit allgemein verhaßt war und überdieß
auch von Eugen nicht ohne Grund beschuldigt wurde, daß er seine Truppen zu
Grunde richte. Den Oberbefehl erhielt der aus der Oberpfalz berufene FM. Her=
beville. Mit Rakoczy wurden Verhandlungen eingeleitet; es kam auch wirklich ein
Friedenscongreß zu Thyrnau zu Stande, blieb aber resultatlos. Was die
Malcontenten verlangten, war nichtsweniger als die altbeliebte legitime Anarchie
und konnte selbstverständlich nicht bewilligt werden. Zu gleicher Zeit mit diesen
Verhandlungen ließ Rakoczy andere in Konstantinopel führen und spendete von
den spärlichen Mitteln der Revolution manches Pfund Gold, um die Großwür=
denträger der Pforte zu bestechen; unausgesetzt waren diese gleichzeitig von den
französischen Geschäftsträgern in die Arbeit genommen. Aber die Herren Beziere
dieser Zeit waren gar gute Herren: sie nahmen sich allenfalls die Mühe, die ihnen
gebotenen Geldsummen freundlich einzustreichen, sich dabei wohlgefällig den Bart
zu streichen und ließen im Uebrigen die Dinge gehen, wie sie eben wollten. Alle
Versuche der Kurutzen und der Franzosen, die Pforte gegen Oesterreich zum
Kriege zu reizen, blieben erfolglos, obgleich derselbe nie wieder unter so guten
Aussichten eröffnet werden konnte. Auch von ihren französischen Protectoren
hatten die ungarischen Rebellen wenig Ursache erbaut zu sein: Ludwig XIV.

machte ihnen zwar glänzende Versprechungen, schickte ihnen aber dabei nur einige Officiere und etliche Geldsummen; Alles, was er ihnen versprochen hatte, brauchte er dringender für sich selbst.

Mittlerweile nahm der Krieg in Ungarn seinen Fortgang. Rakoczy glaubte, daß ihm in diesem Jahre gegen den gutmüthigen und altersschwachen Herbeville gelingen werde, was ihm vor wenigen Monaten gegen den eisernen Heister mißrathen war: bei Pudmeritz wagten die Rebellen eine offene Schlacht, wurden aber mit einem Verluste von 30 Geschützen und 46 Fahnen gänzlich geschlagen. Sie waren auch jetzt noch trotz ihrer französischen Instructoren tüchtige Soldaten nur dort, wo kein Feind stand. In dieser Selbsterkenntniß verlegten sie sich von nun an wieder auf Streifungen, mit welchen sie der kaiserlichen Partei sehr unangenehm fielen. Auch hoffte Rakoczy mit seiner großen Uebermacht den FM. Rabutin ohne Mühe aus Siebenbürgen verdrängen zu können, aber dieser General mit seinen wenigen Truppen trat jenem im Passe Sibo (östlich von Zilah im Samos-Thale) entgegen und erfocht einen entscheidenden Sieg (11. Nov. 1705), in Folge dessen Rakoczy eiligst wieder Siebenbürgen verließ.

Es ist im §. 91 der Unzufriedenheit gedacht worden, welche in Baiern seit der Besitznahme durch die Oesterreicher herrschte. Mittlerweile war zwar den Uebergriffen der Soldaten durch die Einsetzung des Grafen Löwenstein als Civilgouverneur einiger Maßen gesteuert, gleichzeitig war aber die Zahl der Truppen im Lande sehr unbeträchtlich geworden. Bedeutende Naturalleistungen und Rekruten-Aushebung lasteten auf dem Volke; als nun auch das Gerücht sich verbreitete, daß die kurfürstlichen Prinzen von München weggeführt werden sollten, brach im Herbste der Aufstand an vielen Punkten zu gleicher Zeit aus; bald standen 30.000 Landleute unter den Waffen, welchen die Regierung nur sehr wenige Truppen entgegenzustellen vermochte. Eiligst wurde, was in den benachbarten Ländern an Soldaten aufgebracht werden konnte, nach Baiern dirigirt. Trotzdem hätte der Aufstand nicht so bald unterdrückt werden können, wenn nicht viele Edelleute und Beamte, welche von den Insurgenten in das Vertheidigungs-Comité berufen wurden, den Kaiserlichen absichtlich in die Hände gearbeitet hätten. Uebrigens kämpften die Baiern überall mit großem Muthe, mußten aber schließlich der überlegenen Kriegskunst der Generale Wendt und Kriechbaum erliegen. Als größere Gefechte sind jene von Sendling (knapp bei München, 25. Dec.) und Aidenbach (SW. von Vilshofen) zu bemerken; im ersteren wurden den Insurgenten 1500, im zweiten 4000 M. erschlagen. Zugleich verfuhren die Oesterreicher mit eiserner Strenge, namentlich mit Decimation, gegen diejenigen, welche mit den Waffen in der Hand gefangen wurden. Diese Schärfe auf der einen Seite und die angekündete Amnestie auf der anderen brachten im Verlaufe des Winters die Beruhigung des Landes zum Abschlusse. Ueber den Kurfürsten Max Emanuel, welcher sein Volk aufgereizt zu haben nicht mit Unrecht beschuldigt wurde, und über seinen Bruder, den Kurfürsten von Köln wurde jetzt endlich die Reichsacht ausgesprochen; ihre Länder erklärte man als verwirkt.

Auf den Schauplätzen längs dem Rheine herunter war zu Anfang des J. 1705 folgende Vertheilung der Streitkräfte gewesen: Marsin mit 26.000 M. im Elsaß; ihm gegenüber Ludwig von Baden und FM. Thüngen mit 20.000 M.; Villars mit 55.000 M. an der Mosel, deffen Gegner Marlborough im Juni erst 42.000 M. ftatt der verfprochenen 90.000 beifammen hatte; endlich in Flandern und an der Maas der Kurfürft Max Emanuel und Villeroy zufammen mit 60.000 M., wogegen FM. Overkirk kaum 20.000 M. zur Verfügung im Felde behielt.

Die Abficht der Alliirten war es von Anfang an gewefen, daß Marlborough im Frühjahre 90.000 M. zwifchen der Mofel und Saar verfammeln und über Lothringen in das gerade hier am ehesten verwundbare Frankreich eindringen folle. Ludwig von Baden, deffen Armee gleichfalls auf eine beträchtliche Höhe veran= fchlagt worden war, follte einerfeits Marfin zurückhalten, anderentheils durch Ope= rationen an die Saar und Einfchließung von Saarlouis die Unternehmungen des brittifchen Feldherrn unterstützen. Diefer energifche Kriegsplan kam aber nur auf dem Papier zur Ausführung; als Marlborough zu Ende Mai an der Mofel ein= traf, hatte er erft 30.000 M. ftatt der verfprochenen dreifachen Zahl unter feinen Befehlen; die Generalftaaten, in weit höherem Grade aber die deutfchen Reichs= ftände ließen ihre Contingente fehr langfam, die letzteren großentheils auch gar nicht zum Heere einrücken. Zu Anfang Juni zählte Marlboroughs Armee endlich 42.000 M. und ging nun, ohne auf die von Ludwig von Baden zu fendenden Verftärkungen zu warten, gegen Villars los, welcher bereits eine Vorwärtsbewe= gung in dem engen Winkel zwifchen der Mofel und Saar begonnen hatte. Als aber Marlborough am 3. Juni bei Konz gleichfalls auf dem linken Saarufer er= fchien, ging Villars trotz feiner Uebermacht in eine faft unangreifbare Stellung bei Sierk zurück. Vergebens wartete Marlborough auf die Mitwirkung Ludwigs von Baden; ftatt gegen die Saar vorzurücken und dadurch Villars von der Seite her zu bedrohen, hielt fich der deutfche Feldherr wie unbeweglich in der Rheinpfalz; wahr ift es freilich, daß auch fein Heer keineswegs auf den verfprochenen Stand gebracht, noch auch in genügender Weife ausgerüftet war. Hiezu kam noch, daß der Markgraf wegen Erkrankung den Heeresbefehl für einige Zeit an den FM. Thün= gen abgeben mußte. Nun konnte Marlborough für jetzt um fo weniger an die Fortfetzung der Operationen gegen Lothringen denken, als mittlerweile aus den Niederlanden die bringendften Bitten um feine Rückkehr laut wurden.

Dort hatten der Kurfürst und Villeroy Huy erobert (10. Juni), Lüttich besetzt und die Belagerung der hierortigen Citadelle begonnen, ohne daß Overkirk mit seinem bei Maestricht stehenden, schwachen Corps daran denken durfte, sie irgendwie zu stören. Bei dieser Sachlage glaubten die Generalstaaten schon, daß es ihnen unmittelbar an den Kragen gehe, und deßhalb wurde Marlborough zurück= berufen. Bei seinem Abgehen von der Mosel ließ er den General Aubach mit 7000 Pfälzern zur Deckung der im Trier'schen befindlichen reichen Magazine zurück, 16.000 Preußen und Würtemberger sandte er zur Verstärkung an Thüngen ab, mit dem Reste von 30.000 M. ging er selbst am 17. Juni nach der Maas ab. Eiligst hob Villeroy die Belagerung von Lüttich auf und zog sich in die Linien von Wasseige zurück; dagegen eroberten Marlborough und Overkirk binnen fünf Tagen (6.—11. Juli) Huy zurück. Nun dachte der brittische Feldherr an die Wegnahme der französischen Linien, obgleich die ängstlichen holländischen Ge= nerale sie für uneinnehmbar erklärten.

Diese Linien von **Wasseige** hatten schon seit dem J. 1704 eine Rolle ge= spielt (§. 90). Sie begannen mit ihrem rechten Flügel an die Maas, eine Meile abwärts von der starken, im Besitze der Franzosen befindlichen Festung Namur. Von dort gingen sie in nördlicher Richtung bis Wasseige an der Mehaigne, von hier an die kleine Geete und an dieser, sodann an der großen Geete abwärts fort bis zur Einmündung derselben in die Demmer; nun wandten sie sich längs dem letzteren Flusse westlich bis nach Aerschot; von dieser Stadt weiter gegen Abend lagen nur noch einzelne Posten zur Verbindung mit Antwerpen. Die ganze Länge der Linien bis Aerschot betrug nicht weniger als 11 Meilen; die heutige Strategie würde derartig ausgedehnte Werke von vorne herein als unhaltbar er= klären; damals war aber fast noch alle Welt darüber einig, daß die vor der Front befindlichen versumpften Flüsse, die Moräste und die an den zugänglicheren Stellen angelegten starken Verschanzungen jeden Gedanken, hier durchbrechen zu wollen, als maßlos verwegen erscheinen ließen. Von diesem Standpunkte aus hatten diese Linien dann allerdings für Frankreich einen ungemeinen Werth, weil sie im Vereine mit Namur und Antwerpen den Alliirten jeden Weg zum Angriffe auf Belgien und die französische Nordgrenze versperrten. — Der Versuch Marlboroughs gegen die Linien wurde am 18. Juli mit dem besten Erfolge ausgeführt. Mit der Wegnahme der verschanzten Ortschaften Neerwinden, Elixhem und Wanghe bra= chen die Alliirten gerade gegen die Mitte der gesammten Linien herein, überschrit= ten die kleine Geete, füllten dann die Gräben vor dem feindlichen Walle mit den von den Reitern mitgenommenen Heubündeln aus und drangen in das Innere der Schanzenreihe ein, ohne auf einen sehr starken Widerstand gestoßen zu sein.

Die Franzosen hatten nämlich den Angriff viel weiter südlich erwartet gehabt. Jetzt erst gelang es den französischen Feldherren, 15.000 M. den Eingedrungenen gegenüber zu vereinen; allein die Letzteren blieben Sieger und sollten nach dem Plane Marlborough's den Geschlagenen auf den Fersen bleiben, um die Vereinigung der beiden getrennten französischen Flügel zu verhindern. Die holländischen Generale, unter welchen besonders Schlangenberg (§. 87) sich unangenehm bemerklich machte, wetteiferten jedoch an Aengstlichkeit, Trägheit, Eigensinn und Ungehorsam, um ja alle großen Unternehmungen des Oberfeldherrn zu durchkreuzen. So durfte Villeroy ganz ungestört seine Streitkräfte hinter der D y l e wieder sammeln und hier neue Linien aufwerfen, welche in der Front, nämlich nach Osten hin, bald noch fester waren, als die eben verlorenen.

Die Ereignisse vom 18. Juli, an welchem Tage 70.000 Franzosen in ihren sogenannten „unangreifbaren" Linien mit einem Verluste von 1200 Gefangenen, 7 Standarten und 18 größeren Geschützen durch bloß 50.000 Angreifer ohne viel Mühe und Verlust geschlagen wurden, hätten jedermann belehren sollen, was von solchen weit ausgedehnten Werken zu halten sei. Demungeachtet weigerten sich die holländischen Generale und Rathsdeputirten, den einsichtsvollen Oberkirk ausgenommen, an einem Angriffe auf die dermaligen Linien der Franzosen hinter der Dyle theilzunehmen. Marlborough hoffte, die Holländer nachzuziehen, sobald er nur einmal den Anfang gemacht haben würde. Mit seinen britischen und deutschen Truppen forcirte er an zwei Punkten, bei Corbeck und Neer-Ysche, die Dyle und drang in die Linien ein. Damit war das Schwerste gethan; trotzdem blieben die holländischen Generale unbeweglich wie geräucherte Stockfische und der Feldherr mußte die bereits errungenen Vortheile ohne Nöthigung durch den Feind wieder aufgeben. Marlborough versuchte noch ein letztes Mittel: konnte er die Holländer auch nicht zum Schlagen zwingen, so hatte er doch das Recht, sie zum Marschiren zu beordern. Am 14. August trat er mit dem ganzen Heere einen Flankenmarsch nach links (südwärts) an, wendete sich an den Quellen der Dyle westwärts und erreichte am 16. die Stellung von G e n a p p e bis an den Wald von Soigne. Diese Bewegung zeichnete sich durch ihre Kühnheit aus: Marlborough hatte jetzt das Gesicht gegen Norden, demnach zwischen sich und seiner Basis den Feind. Einen starken Tagmarsch hinter seinem Rücken lagen die feindlichen Festungen Namur und Charleroi. Dafür hatte er aber auch die Franzosen von ihren Hauptverbindungen abgetrennt und gleichzeitig die Front ihrer Linien umgangen. Am 17. lieferte er in der aus späterer Zeit (1815) so berühmt gewordenen Ebene von Waterloo mit Erfolg ein kleines Treffen; für den folgenden Tag ordnete er die weitere Vorrückung an. Es war einleuchtend, daß eine Schlacht unter solchen Umständen, da ein Heer auf den Verbindungen des anderen stand, den entscheidendsten Erfolg herbeiführen mußte; die Aussichten für die Alliirten waren günstig; sie hatten hier keine großen Schwierigkeiten im Terrain zu besiegen und standen ihren Gegnern fast in der Flanke. Aber auf alles Zureden beharrte Schlangenberg bei seiner Meinung, Marlborough's Vorhaben sei „Mord und Metzelei" und nach einer 3stündigen nutzlosen Debatte mußte der Oberfeldherr die Truppen wieder zurücknehmen. Da weiter hier eine Offensive nicht mehr gut denkbar war, ging Marlborough im Septb. gegen die Maas zurück und verlegte schon zu Ende October die Truppen in die Quartiere, nachdem er früher die Linien von Wasseige demolirt hatte.

Zu dieser Zeit hatte das deutsche Reich von Marlborough, nachdem er in den Niederlanden nichts Wichtiges mehr unternehmen konnte, einige Mitwirkung zu den Operationen Ludwig's von Baden verlangt. Allein der brittische Feldherr war auf diesen seinen deutschen Collegen, sowie auf die Reichsfürsten überhaupt nicht gut zu sprechen; nicht mit Unrecht hatte er bei Beginn der diesjährigen Operationen an der Mosel, als fast alle Reichscontingente ausgeblieben waren, nach London geschrieben: „Man möge daraus ersehen, welch' ein erbärmliches Ding ein deutsches Reichsheer sei." Auch jene 7000 M. unter Aubach, welche die Magazine an der Mosel hartnäckigst vertheidigen sollten, hatten den Unwillen des brittischen Feldherrn gegen das liebe deutsche Reich nur erhöht, da sie bei dem Anrücken schwacher feindlicher Abtheilungen die Plätze an der Mosel mit ihren reichen Magazinen ihrem Schicksale überließen und sich aus dem Staube machten. Nach allen diesen Erfahrungen und getäuschten Hoffnungen war es dem Britten wohl zu verzeihen, wenn es während des Herbstes 1705 ein paar Wochen gab, in welchen er keine Hand für die Allianz rühren wollte.

Am Mittelrheine war durch lange Zeit nichts von Bedeutung vorgefallen: Thüngen hielt sich hinter den Linien an der Lauter, Marsin hinter den seinen an der Motter. Als Marlborough im Juni von der Mosel nach den Niederlanden abging, schickte er an Thüngen einige Verstärkungen ab. Größer waren aber zur selben Zeit jene der Franzosen, indem Villars selbst mit einem großen Theile seines Heeres zu Marsin stieß (4. Juli). Bei dem Anrücken der beiden Marschälle räumte Thüngen rechtzeitig die Weißenburger Linien und zog sich in eine feste Stellung bei Lauterburg. Villars griff hier erfolglos an (10. Juli) und begnügte sich dann, die aufwärtigen Linien an der Lauter zu zerstören und das Land zu brandschatzen. Mit Ende Juli übernahm Ludwig von Baden wieder den Befehl über die kais. Armee, welche allmälig bis zu 50.000 M. angewachsen war. Villars verließ nun seine Stellungen bei Weißenburg, ging aber unweit

Straßburg über den Rhein. Anfangs folgte ihm der Markgraf, jedoch mit der Schläfrigkeit, welche ihn mit dem Alter zugleich befallen hatte. Weil aber die Klagen über den Markgrafen immer lauter wurden, England offen seine Entlassung verlangte und der Kaiser selbst bereits sich ungehalten zeigte, so raffte sich der Feldherr plötzlich wieder zu Entschlüssen auf, welche an die Tage seiner Jugend erinnerten. Er ging wieder in den Elsaß, eroberte die Linien an der Motter (28. Aug.), weiter noch die Plätze Drusenheim und Hagenau (6. Oct.); Villars wurde unter den Schutz von Straßburg gedrängt; die Kaiserlichen nahmen ihre Quartiere auf dem Boden Frankreichs. — Im Winter war Marlborough wieder auf dem Wege der Diplomatie beschäftigt, wobei ihm seine Geschmeidigkeit sehr zu Statten kam. Sein Aufenthalt in Wien und Berlin diente dazu, um die zwischen beiden Höfen eingetretene Spannung zu beseitigen. Zugleich erwirkte er an beiden Orten, dann in Hannover und Amsterdam Zusicherungen für eine kräftigere Fortführung des Krieges. Für Oesterreich vermittelte er Anlehen im Betrage von 100.000 Kronen und 250.000 Pfd. Sterling, weiter noch die Zusicherung von neuen Hilfstruppen für Italien. In England schwärmten alle Parteien für die Größe des heimischen Feldherrn und bewilligten deßhalb große Subsidien für die Fortführung des Krieges. Eine besondere Genugthuung war es dem Herzog, daß die Generalstaaten dem Unwillen des holländischen Volkes über seine Generale Gehör schenkten und mehrere derselben, namentlich Schlangenberg absetzten.

Auf der pyrenäischen Halbinsel befehligte Lord Galloway die Streitkräfte der Alliirten und eroberte ein paar Plätze an der Grenze. Größere Erfolge wurden durch die in der Generalität fortdauernden Zwistigkeiten und durch die Hitze des Sommers gehemmt. Erst im Herbste kamen die Verbündeten wieder hervor und belagerten Badajoz (sp. —chos), wurden aber daselbst von Tessé mit einer geringeren Macht geschlagen (14. Oct.) und unternahmen auf dieser Seite nichts Ernstliches mehr. — Dagegen ergaben sich auf der Ostküste Spaniens bedeutende Veränderungen. Die Regierung Philipp's V. war vom Anbeginn wegen des harten Steuerdruckes, den sie auf dem Volke lasten machte, und wegen einer am Hofe mächtigen Camarilla in vielen Gegenden, am meisten aber im Osten sehr unbeliebt geworden. Im August 1705 erhob ein gewisser Basset die Fahne des Habsburgischen Hauses im Königreiche Valencia (spr. —lenßia), eroberte Denia und gewann einen zahlreichen Anhang. Zur selben Zeit erschien eine englische Flotte unter Shovel (spr. Schowwel, — er war ehemals Schusterjunge gewesen); durch das Hinzutreten des Geschwaders von Leake erhielt diese Flotte eine Stärke von 73 Linienschiffen; auf derselben befanden sich 8000 M. Landtruppen unter dem Prinzen Georg von Darmstadt und Lord Peterborrough (spr. Pit'rborro).

Diese Flotte erschien im August vor Barcellona, welche Stadt mit einer Besatzung von 5000 M. versehen war. Die Alliirten unterstützt durch ein paar tausend Gebirgsbewohner, eroberten nach einer kurzen Belagerung das Fort Monjuich (spr. Monchuitsch, 17. Sept.), vor welchem Platze aber der Prinz von Hessen sein Leben ließ. Nun wurde die Stadt selbst in Angriff genommen und mußte, nachdem durch eine Mine ein Theil des Hauptwalles eingestürzt war, am 7. Oct. capituliren. Karl III., welcher der Belagerung beigewohnt hatte, wurde mit Jubel als König begrüßt; ganz Catalonien und Valencia huldigten ihm und die meisten festen Plätze dieser Provinzen, darunter Gerona (spr. Cher—), Tarragona und Tortosa, wurden ihm ohne Kampf überliefert.

94. Feldzug 1706 in den Niederlanden. Eroberung derselben für Karl III. Marlborough erhielt für den Feldzug 1706 zwar nicht, wie er es wünschte, die Genehmigung, an der Seite Eugen's in Italien die Sache der Allianz auf einen besseren Fuß zu setzen, aber es wurden ihm wenigstens größere Vollmachten gegeben, um den Feldzug in den Niederlanden nach seinem Sinne und somit erfolgreicher durchzuführen. Er und Eugen wurden jetzt endlich erst in die Lage gesetzt, ihr Genie freier walten zu machen: Marlborough, indem er nicht mehr bei jedem Schritte jeden untergeordneten General gehorsamst um seine Meinung fragen mußte, — Eugen aber dadurch, daß er sammt seinem Heere nicht von Tag zu Tag verhungern zu müssen fürchten durfte. Diesem freieren Flügelschlage des Genies beider Feldherren waren dann auch die Ereignisse entsprechend. Bis 1705 war die Wage des Totalerfolges fortwährend im Schaukeln geblieben; selbst der Riesensieg der Alliirten bei Höchstädt hatte nichts Weiteres zuwege gebracht, als das verlorene Gleichgewicht wieder herzustellen. Aber mit dem Jahre 1706 ändert sich die Scene: mit einem einzigen Siege erobert Marlborough dem Habsburgischen Bewerber um die spanische Krone ein Königreich, — Eugen aber, ebenfalls mit nur einem Siege, ein zweites. Die Hoffnungen der Bourbons gerathen entschieden in's Sinken.

Auf dem niederländischen Schauplatze stand Marlborough wieder dem Kurfürsten von Baiern und dem Marschall Villeroy gegenüber. Der eigentliche Commandant des franz. Heeres war der letztere; Max Emanuel war, was Verräther ihres Vaterlandes gewöhnlich zu werden pflegen, seit dem ersten Tage des Unglücks (Höchstädt) in den Augen seines Gönners nur mehr eine ausgepreßte Citrone; man hatte ihm viel zu danken gehabt und hatte ihn seitdem in's Elend geführt, — damit war er eine unbequeme Erscheinung geworden, ein Gast, den man eben nur noch duldete. Obgleich Max Emanuel ein weitaus besserer Feldherr war als Villeroy, hatte doch letzterer allein die Entscheidung, die Führung der Armee. Diese hielt sich zu Anfang des Feldzuges in den Linien hinter der Dyle und zählte daselbst 62.000 M. Fast genau ebenso stark war das Heer der Gegner, nur war dasselbe nicht gleich zu Anfang schon concentrirt. — Um die Vereinigung der einzelnen Heerestheile in Muße zu bewirken und gleichzeitig die Feinde zu Fehlern zu verleiten, setzte Marlborough im Mai 1706 mit scheinbarer Glaubwürdigkeit das Gerücht in Umlauf, daß er es auf einen Ueberfall von Namur abgesehen habe. Als nun wirklich das alliirte Heer am linken Maasufer im scheinbaren Flankenmarsche auf bloß 4—5 Meilen Entfernung vor dem französischen Lager vorbeizuspazieren anfing, erblickte Villeroy hierin einen strafbaren Fehler seines Gegners und zugleich die beste Gelegenheit, um den eigenen, schon längst anrüchig gewordenen Feldherrnruhm wieder in den schönsten Glanz zu setzen. Die Weisung des Königs, vor der Ankunft von beträchtlichen Verstärkungen sich in keine Schlacht einzulassen, machte den Wunsch nach einem großen Siege nur noch reizender.

Am 19. Mai ging Villeroy aus den Linien hinter der Dyle hervor und bezog eine Stellung bei **Ramillies,** in der Hoffnung, von dort sich auf irgend eine von Marlborough gebotene Blöße herunter zu stürzen. Aber dieser schlaue Feldherr hatte nur das Hervorbrechen der Franzosen aus ihren Linien abgewartet, um fast im selben Momente seine 60.000 M. zu vereinen und unter Einem durch den Aufmarsch in die rechte Flanke die dem Gegner parallele Schlachtstellung zu gewinnen. — Die Position der Franzosen war nach dem geographischen Substrate, wenn auch nicht nach der Ausnützung desselben, eine der schönsten, die man sich denken kann. An der Grenze der Provinzen Namur und Lüttich befindet sich ein niederes Plateau in Form eines gewellten Rückens, von welchem die Kleine und die Große Geete, die Dyle, die Ornéau und die Mehaigne ihren Ursprung nehmen. Der flache Höhenzug, auf welchem die Quellen dieser Flüsse sich finden, hat ungefähr drei Meilen gekrümmter Länge. Die Platte des Rückens selbst ist von mehrfachen Mulden durchfurcht; nur zur Großen Geete sind scharfe Abfälle, sonst ist das Terrain überall flach geneigt und die Quellen der gedachten Flüsse selbst gehen aus Sumpfland hervor. Der höchste Punkt dieser Gegend war auf dem Raume zwischen der Mehaigne und den Quellen der Kleinen Geete. Hier stand der äußerste rechte Flügel der Franzosen, ihre Schlachtlinie hielt sich auch weiterhin längs der höchsten Erhebung und machte demnach im Allgemeinen Front gegen Südwest. Im Bereiche der französischen Stellungen bildete der Höhenzug aber einen concaven Bogen, so daß das Centrum der Franzosen hinter den beiden Flügeln versagt blieb. Von diesen war der linke beiläufig unangreifbar, selbst aber auch zur Unthätigkeit verurtheilt, indem er die starken Sümpfe der Kleinen Geete vor der Front hatte. Vor der Mitte der Franzosen lag Ramillies, welches gleich

ben übrigen Dörfern in der Stellung stark mit Infanterie besetzt war. Die Cavallerie war in zwei Treffen auf dem Rücken postirt. Sobald Marlborough am
23. Mai in zehn Colonnen gegen die feindliche Aufstellung herangerückt war, ging
er sogleich in die Schlachtstellung über. Hiebei formirte er starke Angriffscolonnen
gegenüber dem äußersten linken Flügel der Gegner. Nun hätte ein besserer Feldherr, als Villeroy war, sogleich erkennen müssen, daß es hier entweder nur auf
einen Scheinangriff abgesehen war, oder daß die Absicht der Britten, falls sie
wirklich ernstlich gemeint war, an der Natur des bortigen Sumpflandes scheitern
mußte. Für beide Erwägungen hatte aber Villeroy kein Auge, sondern beorderte
fast seine ganze Infanterie-Reserve nach dem scheinbar bedrohten Flügel. Während
kurz nach Mittag die Kanonade von beiden Seiten eröffnet wurde, bewirkte das
erste Treffen des rechten Flügels der Alliirten knapp hinter dem Rande einer
schwachen Bodenerhebung seinen Aufmarsch und begann das Feuergefecht; das
zweite Treffen und die Reserven, welche Villeroy früher der ersten Linie folgen gesehen hatte, waren ihm jetzt durch eine Einfaltung des Bodens verborgen. Nun
zog sich aber diese sanft gedehnte Mulde parallel mit der ganzen französischen
Linie bis zu ihrem äußersten rechten Flügel fort und Marlborough benützte diese
Terrainbeschaffenheit, um alle Reserven, welche früher seinem rechten Flügel gefolgt waren, ganz unbemerkt bis an das Ende des linken marschiren zu lassen.
Man sieht aus diesem einen Beispiele, wie die unbedeutendsten Formen im Terrain in den Augen des tüchtigen Führers einen unermeßlichen Werth besitzen, wie
entscheidend der geübte Blick und die Terrainkunde im Kriegsleben sind.

Während Villeroy von Augenblick zu Augenblick seinen äußersten linken
Flügel heftig angegriffen zu sehen erwartete, war es auf einmal der rechte, gegen
welchen ungemein starke Massen der Alliirten zugleich anrückten. Dieser Punkt,
welcher vermöge seiner größeren Erhebung als Schlüssel der ganzen Stellung anzusehen und theilweise durch die Mehaigne gedeckt war, würde kaum von den Angreifern zu nehmen gewesen sein, wenn nicht Villeroy selbst die Reserven früher
weit hinweg geschickt hätte. Zwar hielten die in Ramillies und den anderen Dörfern vertheilten Bataillone, dann die Cavallerie der Franzosen den Angriff ungemein standhaft aus, ja sie brachten die Alliirten sogar in eine solche Bedrängniß,
daß Marlborough alle seine Geistesgegenwart und Kühnheit nöthig hatte, um
seine Truppen nicht in voller Flucht weichen zu sehen. Es gelang ihm aber, frische
Truppen nachrücken zu machen und somit allmälig das entschiedene Uebergewicht
zu erlangen. Mit einer großen Attake wurde schließlich die französische Reiterei
des erwähnten Flügels und der Mitte ganz aus dem Felde geschlagen und damit
war eigentlich schon die Schlacht entschieden. Bevor Villeroy von seinem linken

Flügel die dort ganz unnützen Reserven wieder herbeiziehen konnte, war auch seine Infanterie nach einem erbitterten Kampfe aus den Dörfern mit großen Ver= lusten vertrieben worden. Nach einem bloß dreistündigen Gefechte waren der rechte Flügel und das Centrum der Franzosen ganz aus einander gesprengt und die Versuche Villeroy's, weiter rückwärts, mit Festhaltung jedoch des bisherigen lin= ken Flügels, also in einer schiefen Linie eine neue Aufstellung zu gewinnen, stei= gerten nur noch die Unordnung, indem die Truppen= und Train=Colonnen in den Hohlwegen durch einander geriethen. Als nun Marlborough nach Wiederherstellung der auch bei seinen Truppen gelockerten Ordnung eine erneute Vorrückung mit seinem gesammten Heere antrat, liefen alle französischen Abtheilungen derart aus einander, daß Villeroy mit Mühe ein paar Schwadronen bis zum Einbruche der Nacht beisammen behielt. In kleinen und großen Haufen liefen die Franzosen ohne Aufenthalt den 4 Meilen langen Weg bis Löwen fort, in dessen Wällen sie nach Mitternacht Zuflucht fanden. Die Verluste der Sieger betrugen nur 3633 M., dagegen hatten die Franzosen 7000 M. auf dem Felde liegen gelassen, und 6000 Gefangene, 52 Kanonen, 80 Standarten und den gesammten Troß eingebüßt.

Die Folgen der Schlacht bei Ramillies waren ungeheuer: die spanischen Niederlande waren der Preis des Sieges. Das französische Heer eilte nämlich fast ohne Aufenthalt bis in die Grenzen des eigenen Landes zurück; Brüssel empfing mit Jubel die Sieger (28. Mai) und Carl III. wurde von den Ständen als König ausgerufen. Dieselben erließen gleichzeitig an die verschiedenen Städte die Weisung, dem legitimen Herrscher zu huldigen. Die meisten Landschaften und Städte kamen dieser Aufforderung zuvor; nur in den Festungen, welche mit star= ken Garnisonen versehen waren, mußte man auf Widerstand gefaßt sein. In Ant= werpen, diesem größten Waffenplatze der Niederlande, dann in Oudenarde, Gent und Brügge war die Besatzung aus Franzosen und Belgiern gemischt; die Letzteren nahmen nach dem Aufrufe der Brabanter Stände eine so entschieden feindliche Haltung an, daß die Franzosen ohne Schwertstreich diese wichtigen Fe= stungen räumen mußten. Für das Haus Bourbon blieben vorläufig nur wenige Plätze erhalten, deren Belagerung von den Siegern nach der Reihe eröffnet wurde. — Den Anfang machten sie mit Ostende; bekanntlich hatte dieser Platz dem großen Spinola einen dreijährigen Widerstand entgegengesetzt (III. Bd., S. 212 bis 215). Er war jetzt mit einer Besatzung von 6000 M. und reichen Vorräthen ausgerüstet; trotzdem dauerte die Belagerung bloß 9 Tage (28. Juni bis 7. Juli); Marlborough hatte dieselbe durch eine Aufstellung bei Rousseläre gedeckt. — So= nach kam Menin an die Reihe; eines der größten Meisterwerke Vauban's hatte dieser an der Lys gelegene Platz einen ungemein großen Inundationsbezirk; zum

Glücke für die Alliirten herrschte durch den ganzen Sommer eine ungemeine Dürre; daher schritt die Belagerung, welche am 30. Juli eröffnet wurde, ziemlich rasch vorwärts. Es war aber zu befürchten, daß die französische Armee dieselbe stören würde; durch die vom Rheine und aus dem inneren Frankreich gezogenen Verstärkungen hatte diese Armee wieder eine Zahl von 90.000 M. erreicht; zugleich war an die Stelle von Billeroy, dem die längst verdiente Muße endlich geworden war, Vendôme aus Italien hieher berufen worden. Es schien um so wahrscheinlicher, daß dieser unternehmende Feldherr den Entsatz von Menin versuchen werde, als Marlborough im Ganzen bloß 70.000 M., davon 20.000 bei der Belagerung, den Rest zur Deckung derselben bei Helchin aufgestellt hatte. Allein Vendôme fand die Armee moralisch herabgekommen und so desorganisirt, daß er im ganzen weiteren Verlaufe dieses Feldzuges die Alliirten nicht ernstlich zu stören wagte. Letztere erstürmten, allerdings mit einem Verluste von 1400 M., am 18. August den bedeckten Weg, und fünf Tage darauf mußte der Platz mit 65 Geschützen und sehr großen Vorräthen capituliren. Von hier aus beobachtete man die feindlichen Festungen Ypern, Lille und Tournay und setzte bereits die französische Grenze in Bedrohung.

Auch Dendermonde wurde in der kürzesten Zeit erobert (5. Sept.), obgleich Ludwig XIV. behauptet hatte, die Alliirten müßten eine Armee von Enten haben, um es zu nehmen. Er hatte damit auf die ungeheuern Ueberschwemmungsbezirke dieses Platzes angespielt, welche aber bei dem fast unerhört niedrigen Stande der Schelde und Dender diesmal ihren Ruf nicht rechtfertigten. Ueberhaupt war das Glück dem brittischen Feldherrn besonders günstig; nur, als er nach der Eroberung von Ath (4. Okt.) auch noch die Belagerung von Mons unternehmen wollte, verweigerten die Generalstaaten die hiezu nöthigen Mittel. Dieser Fehler war um so größer, weil Mons, eines der wichtigsten Bollwerke vor der französischen Grenze, dermalen wahrscheinlich ohne große Opfer zu nehmen gewesen wäre, während drei Jahre später derselbe Platz nur nach einer ungemein blutigen Schlacht und mit großer Mühe zu bezwingen war. — Im Ganzen hatten die Franzosen während dieses Feldzuges die gesammten Niederlande mit Ausnahme von ein paar Festungen, 40.000 M. an Gefallenen, Verwundeten und Deserteurs, 20.000 M. an Gefangenen verloren, — und dieß Alles nur in Folge der einen Schlacht bei Ramillies.

95. Feldzug 1706 am Rheine, in Ungarn und in Spanien.

Mit Ausnahme der Niederlande und Italiens wiesen die gesammten Kriegsschauplätze im J. 1706 keine sehr bedeutenden Ereignisse auf, obgleich Ludwig XIV. vor dem Beginne gerade dieses Feldzuges die riesigsten Anstrengungen zur möglichsten Vermehrung der franz. Heere gemacht hatte. Im vorhergegangenen Winter waren nämlich von Frankreich 30 neue Inf.=Regmtr., allerdings nur mit zusammen 35 Baons. errichtet, es war jede Comp. der Garde und der Schweizer um 20, jede andere Comp. um 5 M. erhöht und es war im Ganzen die Kriegsmacht von Frankreich bis auf 300.000 M. gebracht worden. Faßt man Alles zusammen, was die Alliirten in den Niederlanden, am Rheine, in Italien und Spanien an Truppen stehen hatten, so wird man nur sehr wenig über 200.000 M. herausbringen. Das Uebergewicht, welches demungeachtet die Alliirten am Schlusse dieses Kriegsjahres erlangten, ist demnach nur erklärlich durch die energische Initiative, mit welcher Marlborough und Eugen den Gegner zum Aufgeben der eigeneuen Offensivabsichten zwangen, dann durch ihre glänzenden Siege, denen eine große Entmuthigung der Gegner folgte.

Die Franzosen hatten zu Anfang des J. 1706 am Rheine ein Heer unter Villars, an der Mosel ein kleineres unter Marsin stehen. Ludwig von Baden verfügte bloß über 29.000 M., wovon 13.000 zur Besetzung der Linien an der Motter benöthigt waren. Am 1. Mai erschien Villars mit 30.000 M. bei Weihersheim, Marsin mit 12.000 bei Zabern, um von zwei Seiten her jene Linien anzugreifen. Solcher Streitmacht fühlte sich Ludwig von Baden nicht gewachsen; er räumte die Stellungen und ging über Drusenheim auf das rechte Rheinufer zurück. 2.000 Sachsen aber, welche aus Mangel an Pferden den Rückzug nicht rechtzeitig antreten konnten, wurden zu Hagenau eingeschlossen und mußten nach tapferer Vertheidigung sich ergeben (9. Mai). Nun breiteten sich die Franzosen weithin am linken Rheinufer aus und bedrohten sogar Landau. Weil aber mittlerweile die Schlacht bei Ramillies starke Entsendungen nach den Niederlanden nöthig machte, sah Villars sein Heer bald auf nur kaum 20.000 M. geschmolzen. Andererseits gingen aber auch vom kaiserlichen Heere wieder Truppen nach Ungarn ab und Thüngen, welcher nach der Erkrankung des Markgrafen das Commando führte, sah sich erst im Herbste wieder so weit verstärkt, daß er, unter Zurücklassung von 10.000 M. in den Stollhofner Linien, mit 20.000 M. in den Elsaß einzudringen vermochte, wo er seine Gegner in die Linien von Lauterburg drängte und schließlich Quartiere bezog. — Kurz darnach (4. Jänner 1707) starb Markgraf Ludwig von Baden, dessen ehemals erworbener Kriegsruhm im Alter einige Einbuße erlitten hatte; nicht mit Unrecht wurde ihm der Vorwurf gemacht, daß er das ihm anvertraute Heer weniger dazu benützte, um dem Feinde Schaden zuzufügen, als wie viel mehr nur, um sein eigenes Ländchen mit aller Vorsicht vor jedem Schaden zu bewahren. Markgraf Ludwig war wie Prinz Eugen zu Paris geboren (1655), galt aber durch lange Zeit als einer der gefährlichsten

26 *

Gegner seines Taufpathen Ludwig's XIV. In seinen späteren Jahren war er kränklich, sehr reizbar und eifersüchtig auf den Kriegsruhm seiner jüngeren Waffengenossen geworden und diese Eigenschaften hatten selbstverständlich die harmonische Leitung der Operationen im großen Ganzen nur um so mehr erschwert, als Markgraf Ludwig in seiner Eigenschaft als Generallieutenant (Stellvertreter) des Kaisers einen höheren Rang als der Hofkriegsrathspräsident Prinz Eugen und jeder andere General der Allianz bekleidete.

In Ungarn hatte der aus Italien berufene FM. Graf Guido Starhemberg den Befehl über die kais. Armee übernommen. Der Anfang des Feldzuges war nicht glücklich; Rakoczy eroberte mit Hilfe seiner französischen Ingenieurs die wichtige Festung Gran; der Commandant dieses Platzes, welcher die Stelle nur seinem Gelde zu verdanken gehabt hatte, verstand so wenig von seinem Amte, daß er den Rebellen die Arbeit ungemein erleichterte. Bei besserer Vertheidigung wäre Gran gar nicht gefallen, da gleich darauf Starhemberg daselbst erschien, nun aber, statt die Kurutzen aus dem Felde schlagen zu können, auf die Wiedereroberung des Platzes sich beschränken mußte. Gleichzeitig vertrieb General Palffy die Kurutzen aus der Insel Schütt und FM. Rabutin wurde aus Siebenbürgen, welches Land damals bereits gesichert schien, nach Ungarn hereinbeordert. Dieser General begegnete aber auf seinem Marsche großen Schwierigkeiten, namentlich bezüglich der Verpflegung; so fanden die Kaiserlichen bei ihrem Einrücken in das sonst so volkreiche Debreczin nicht eine Seele vor. Obgleich Rabutin nicht in die Gelegenheit kam, den Gegnern einen Schlag beizubringen, erwirkte doch sein Erscheinen in Ostungarn einen gewissen moralischen Erfolg, indem die Kurutzen bis nun in diesen Gegenden als eigentliche Herren und ungestört sich gefühlt hatten. Während Rabutins Abwesenheit hatten einige tausend Kurutzen wieder in Siebenbürgen räuberisch zu hausen angefangen, wurden aber durch den in dieses Land zurückgesandten General Tige bald wieder zu Paaren getrieben. — Obgleich der ungarische Feldzug von 1706 kein entscheidendes Resultat ergab, zeigte es sich doch bereits, daß die Rebellion auf den eigenen Füßen nur sehr schwach bestand und im Wesentlichen von dem Waffenglücke der Franzosen abhängig war.

In Spanien hatten zu Anfang des J. 1706 die Angelegenheiten sich derart angelassen, um bald die gänzliche Eroberung dieses Reiches für Carl III. hoffen zu lassen. Später aber änderte sich wieder die Sachlage. Ursache an diesem Wechsel waren theils die Verstärkungen, welche Philipp V. aus Frankreich erhielt, theils die Zerfahrenheit zwischen den verschiedenen Generalen der Allianz und endlich auch die Ueberstürzung, mit welcher sie sich zur Wegnahme größerer Landstriche verleiten ließen, als mit ihren mäßigen Kräften behauptet werden konnten.

Es wurde in dieser Weise nach und nach der Kampf fast über das ganze Spanien ausgedehnt. Mit Beginn des Feldzuges traf Philipp V. Anstalten, um die im vorigen Jahre ihm entrissenen Königreiche Valencia und Catalonien zurück zu erobern. In dem ersteren Lande blieben aber die Truppen der Bourbons gegen die nicht einmal halb so starke Abtheilung des Lord Peterborough entschieden im Nachtheile. — Zur selben Zeit waren in Toulon, Roussillon und Spanien von den Bourbon'schen Höfen große Streitkräfte angesammelt worden, um **Barcellona,** die zweitgrößte Stadt des spanischen Reiches, wieder zu gewinnen. In derselben lagen unter Gnrl. Uhlefeld bloß 3500 M., welchen aber 8.000 Miquelets (freiwillige Gebirgsschützen) sich anschlossen. Carl III. bewies hier an der Seite der Vertheidiger, Philipp V. auf jener der Angreifer persönlich die größte Entschlossenheit. Zu Ende März berannte Marschall Tessé mit 20.000 M. die Stadt von der Landseite, während der Graf von Toulouse sie zur See blokirte. Nach einem heftigen Angriffe (4.—25. April) gewannen die Bourbonisten das Fort Monjuich; sogleich begannen sie von da an die Arbeiten gegen die Stadt und hatten für den 7. Mai bereits einen Generalsturm vorbereitet, als ihre Flotte die Seeblokade aufgab und davonsegelte. Schon am folgenden Tage erschien nämlich Leake mit einer brittischen Flotte, welche im Vorübergehen auch 3.000 M. des Lords Peterborough aufgenommen hatte. Tessé, welcher vor Barcellona bereits 6.000 M. eingebüßt hatte, säumte nicht länger mit dem Abmarsche (11. Mai) und zwar gegen Frankreich hin.

An der portugiesischen Grenze stand der französische Marschall Berwick (geborner Britte, Neffe Marlborough's) gegen Lord Galloway (Franzose von Geburt und Abstammung). Das Heer des letzteren, aus Britten, Holländern, Deutschen und Portugiesen sehr bunt zusammengesetzt, war der Zahl nach das stärkere; es bezwang ein paar Plätze im nördlichen Estremadura und hätte mit etwas mehr Eile schon jetzt Madrid zu nehmen vermocht; weil aber die Portugiesen darauf bestanden, daß früher Ciudad Rodrigo genommen werden müsse, so vergingen wieder bei zwei Wochen, während welcher Philipp V. nach seinem Abzuge von Barcellona gegen Madrid eilte und daselbst Berwick's Corps nebst anderen in der Nähe befindlichen Abtheilungen vereinigte. Trotzdem waren die Bourbonisten noch zu schwach, um ihren Gegnern die Spitze zu bieten; Erstere zogen sich am Henares aufwärts bis an die Grenze von Altcastilien, und am 25. Juni hielt Galloway seinen Einzug zu Madrid. Während nun, den Beispielen von Valencia und Catalonien folgend, auch Arragon Carl III. als König aufnahm, erklärten sich umgekehrt die Bewohner der beiden Castilien und Andalusiens für den Gegenkönig Philipp V. Indem diese central gelegenen Provinzen die östlichen Länder von

Portugal isolirten, hatten hier die Bourbonisten eine wichtige strategische Stellung, von welcher aus sie nach Belieben auf eine der peripherisch gelegenen Basen ihrer Gegner zu wirken vermochten. Zudem waren die Letzteren bei ihrem Verweilen in Castilien durch zahlreiche Guerillas auf allen Seiten beunruhigt und endlich wurde auch die reguläre Armee Philipps V. nach und nach ansehnlich verstärkt. Nur unter einer starken Escorte vermochte Carl III. aus Arragon den Weg nach Madrid einzuschlagen. Galloway brach nun allerdings auf, um das Heer der Bour- bons aufzusuchen, fand es aber bereits so stark, daß er sich vor demselben auf das linke Ufer des Henarez in eine feste Stellung ziehen mußte. An diesem Flusse stan- den sich neuerdings die beiden Gegenkönige persönlich gegenüber; unter Einem ließ Philipp V. Madrid wieder wegnehmen (4. Aug.). Damit war die Verbin- dung Carl's III. mit Portugal unterbrochen, was ihn zum Abmarsche gegen den Tajo (spr. Tacho) zwang. Als er hier eine Verstärkung von 3.000 M. erhalten hatte, war er nicht abgeneigt, eine Schlacht zu wagen; plötzlich zogen aber die Portugiesen unter Dasminas ohne Befehl ab und in Eile gegen Osten fort; eine Schlacht sowohl als auch der Rückzug auf ihr eigenes Vaterland hin schien ihnen bereits zu bedenklich. Nothgedrungen mußten ihnen die Alliirten folgen; als diese aber zum zweiten Male zur Annahme einer Schlacht sich anschickten, machten sich die tapferen Südländer abermals heimlich aus dem Staube. So sah sich Carl III. ganz gegen seinen Willen bis nach Valencia gezogen, wo er die Truppen in Quartiere verlegte. Wohl hatte während dieser Vorfälle die alliirte Flotte einige Eroberungen an der Küste gemacht; doch wurde die Mehrzahl derselben im Herbste durch die Landtruppen Philipps V., welche jetzt entschieden im Uebergewichte wa- ren, zurückgewonnen. Ueberhaupt waren mit Schluß des Jahres den Alliirten von ihren jüngsten Eroberungen nur Ciudad Rodrigo und Alicante verblieben.

96. Feldzug 1706 in Italien, Belagerung von Turin.

In der Kriegsgeschichte stoßen wir zeitweise auf Operationen, welche nach der Art ihrer Inscenesetzung und nach der Größe ihrer Erfolge als allein für sich bestehend bezeichnet werden müssen. Im Verlaufe vieler Jahrtausende bietet sich uns ent- schieden nichts, welches jenen phänomenalen Erscheinungen nur ähnlich genannt werden könnte. Und doch sind die großen Fundamentalsätze der Kriegskunst durch alle und alle Zeiten unverändert geblieben! Der beschränkte Geist des Spießbür- gers — und ein solcher Geist wohnt nur zu oft auch unter dem Federhut des Feld- herrn, — der Kleinigkeitskrämer und der Pedant des Systemes, sie alle werden es unvereinbar finden, daß das Gesetz ewig dasselbe und dennoch die Anwendung des Gesetzes nur in einer ganz vereinzelten Form die allein richtige gewesen sei. Sie werden auf der Karte die Truppen aufstellen wie Schachfiguren auf einem

Brette, sie werden jedem Zuge auf gegnerischer Seite gemächlich einen noch schö=
neren auf der dießseitigen folgen lassen und schließlich werden sie uns beweisen,
wie man unfehlbar siegen müsse, — nur den einen Nebenumstand dabei voraus=
gesetzt, daß man die Figuren des Gegners im Felde ebenso übersehe wie die hier
auf dem Brette, — daß jene ebenso wenig selbst wollen, fühlen und brauchen, als
diese hier, — und daß man es auch im Kriege nur mit 64 Feldern, alle gleich groß,
alle gleich schwarz oder gelb, zu thun habe. Sieht man über derlei Unterscheidun=
gen hinweg, so haben unsere Gelehrten vollkommen Recht. — Der wirkliche Krieg
ist aber etwas ganz Anderes als eine mathematische Rechnung. Es gibt Nichts,
absolut Nichts in allen Gebieten menschlicher Thätigkeit, in welchem alles Wissen
derart erst im Charakter der Persönlichkeit zur That sich krystallisirt, in welchem
die ewig unumstößlichen Grundsätze sich so mannigfach bedingen, durchkreuzen und
theilweise sogar ausschließen als im Kriege. Alle Gesetze der Kriegskunst sind wie
chemische Extracte: in der Hand des Stümpers sind sie wirkungslos oder die ge=
fährlichsten Gifte, — in der Hand des Berufenen erzeugen sie magische Erscheinun=
gen. — Daher ist es der gefährlichste Irrthum, das Wissen mit dem Können
zu verwechseln, die Kunst des Gedächtnisses als gleichbedeutend mit der Gabe der
Selbstschöpfung, das Wiederkäuen von großen Gedanken mit der selbstthätigen
Gedankenbildung zu verwechseln. Und doch kommt dieser Irrthum nur zu häufig
und zu beherrschend vor; nur zu vielfach wird die Vollpfropfung des Hirnkastens,
durch gute Zeugnisse von Hochschulen deutlich nachweisbar, für wirklichen Reich=
thum an Hirn und Geist genommen. — Als eine jener Operationen, welche schein=
bar alle Regeln der Kriegskunst über den Haufen werfen, bei tieferer Prüfung sie
aber nur bestätigen, — welche deutlich zeigen, wie der Genius allein zwischen Form
und Wesen des strategischen Gesetzes zu unterscheiden wisse, erscheint der Feldzug
von 1706 des Prinzen Eugen. Es ist dieß eines jener Meisterstücke menschlichen
Scharfsinnes, wie sie in ihrer Art durch den Lauf von Jahrtausenden nur einmal
vorzukommen pflegen. Wir werden uns mit ihm näher befassen müssen.

Prinz Eugen hatte den Winter in Wien zugebracht, wo er für die Herbei=
schaffung der Armeebedürfnisse mit gewohntem Eifer thätig gewesen war. Den
Oberbefehl über sein Corps in Italien führte unterdessen der dänische General
Reventlow. Die gesammte Streitmacht der Kaiserlichen betrug hier 19.000 M.;
davon lag das Gros mit 11.000 M. Inft. und 4.000 Reitern zu Anfang des
J. 1706 in einem verschanzten Lager, welches am linken Ufer der Chiese von
Montechiaro bis Calcinato sich erstreckte. Ihm gegenüber stand am Mincio
und bis zur Chiese die Armee des Marschalls Vendôme mit einer Stärke von nahe
an 50.000 M. In Piemont lagen 9470 M. als Besatzung von Turin unter dem

Befehlen des Generals Daun, ferner noch gegen 5.000 Reiter zu Operationen im Felde unter dem persönlichen Commando des Herzogs Victor Amadäus. Dagegen befehligte der Marschall La Feuillade eine Armee von 50.000 M. mit 172 Kanonen und 65 Mörsern, mit welchen die Belagerung von Turin nun endlich ernstlich durchgeführt werden sollte.

Vendôme hatte die Absicht, noch vor der Ankunft Eugens einen Schlag auf das Lager bei Calcinato auszuführen. In aller Stille versammelte er 40.000 M. und rückte mit ihnen in der Nacht zum 19. April gegen die Kaiserlichen an. Es scheint, daß Reventlow den Sicherheitsdienst nicht gut gehandhabt habe, indem es sonst unerklärlich wäre, wie die Franzosen bis auf ein paar Tausend Schritte vom Lager unbemerkt herankommen konnten. Als Reventlow endlich von der Anwesenheit der Gegner benachrichtigt und gleichzeitig gewahr wurde, daß selbe seinen strategischen Flügel, nämlich die Umgebung von Calcinato mit Macht anzufallen die Absicht hatten, besetzte er sogleich die Höhen nördlich von diesem Orte mit 8 Bataillons und der gesammten Reiterei und beorderte den Rest seiner Truppen, sich gleichfalls eiligst auf Calcinato hinzuziehen; mit dem Verluste dieses Punktes wäre nämlich die Möglichkeit des Rückzuges sehr zweifelhaft geworden. Mit 35 Bataillons und einer Dragoner-Brigade griff Vendôme die beherrschenden Höhen an und vergebens war alle Mühe Reventlows, seine 4000 Reiter und 8 Bataillone diesem mächtigen Angriffe entgegen zu stellen. Mehrere Truppentheile, u. z. namentlich preußische, wandten sich zur Flucht, und das ganze Corps der Deutschen verlor nach einiger Zeit Ordnung und Haltung, weil jede Abtheilung trachtete, so rasch als möglich über die vorhandenen zwei Brücken zu gelangen. Eben in dem Augenblicke, als die Truppen in voller Flucht längs der Chiese hinaufeilten, traf Prinz Eugen in dieser Gegend ein; er war wenige Tage früher in Roveredo angekommen (14. April), hatte aber die Zwischenzeit zu verschiedenen wichtigen Vorkehrungen verwenden müssen. Auf die Kunde von der eben erfolgten Niederlage eilte Prinz Eugen in die Mitte der Fliehenden hinein. So ungeheuer groß ist der moralisch kräftigende Einfluß eines geliebten und ruhmreichen Führers, daß ihm oft das scheinbar Unmögliche noch gelingt. Auch jetzt ward die Unordnung der weithin zerstreuten Flüchtlinge wie mit einem Zauberschlage wieder beseitigt, die Soldaten sammelten sich unter ihren Fahnen und wiesen den Gegnern eine so feste Haltung, daß diese ihre Verfolgung, welche von früher her schon ziemlich matt gewesen war, nun gänzlich einstellten. Uebrigens hatte dieses unglückliche Gefecht von Calcinato dem schwachen österr. Heere mehr als 3.000 M., ferner 36 Fahnen und Standarten gekostet.

Eugen vereinigte Alles, was an kaiserlichen Truppen in diesen Gegenden vorfindlich war, in einem festen Lager unweit Gavardo, wo auch der vorige

Feldzug seinen Anfang genommen hatte. Allein Vendôme rückte im gerechtfertigten Vertrauen auf die eigene Uebermacht in eine Stellung vor, welche unter anderen Umständen gefährlich gewesen wäre: er schob sich nämlich zwischen den linken Flügel der Kaiserlichen und den Gardasee herein. Eugen mußte nun fürchten, von seinen Depôts zu Saló und gleichzeitig von seiner Hauptrückzugslinie im Etsch= thale abgeschnitten zu werden. Daher räumte er sein Lager in der Nacht zum 24. April und begann einen sehr kühnen Abmarsch nach der Etsch: die ganze Rei= terei, das Geschütz und dessen Bedeckung hatten für sich allein den Weg durch die Val Sabbia und um den Gardasee herum gegen Verona anzutreten, während das Gros der Inft. von Saló und Garguano aus eingeschifft wurde. Bei dieser Thei= lung der ohnedem geringen Kräfte mußte jede der beiden Colonnen mit äußerster Eile und doch mit aller Umsicht ihre Bewegungen durchführen, weil es sonst den Franzosen nur zu leicht gewesen wäre, sie aufzureiben. Wirklich lieferten sie unter General Albergotti der österr. Nachhut bei Maderno ein lebhaftes sechsstündiges Gefecht, wurden aber mit Verlust zurückgewiesen. Nicht besser erging es demselben General, als er einige Tage später von Rivoli aus gegen den Monte Baldo und die Chiusa vordringen wollte, um diese wichtigen Pässe vor den Oesterreichern zu besetzen; obgleich er 13.000 M. bei sich hatte, wurde er doch durch die wenigen Bataillone des Generals Harrach zurückgewiesen.

Mittlerweile langte allmälig das gesammte Fußvolk Eugens und nach eini= ger Zeit auch die zweite Colonne in dem Etschthale an. Hier wollte Eugen die ihm zugesagten Verstärkungen, die Kriegsbrücken und andere nothwendige Dinge ab= warten, um dann den lang ersehnten Zug zur Rettung Turins zu wagen. Vorder= hand mußte der Prinz damit zufrieden sein, daß die Franzosen ihn in seiner engen, durch See und Gebirge vertheidigten Stellung nicht so leicht anzugreifen wagten. Unterdessen aber erfaßte der große Heerführer bereits seinen Plan, welcher in den ersten Zügen einige Aehnlichkeit mit jenem von 1701 (§. 82) besaß. Nur konnte Eugen diesmal den Ausgang aus den Alpen in die Ebenen ohne große technische Schwierigkeiten gewinnen, und um dieses Vortheils sicher zu sein, zog der Feldherr seine Truppen bis in die Umgebung von Verona herab; das Hauptquartier war eine Meile von dieser Stadt zu S. Martino; vom rechten Flügel blieben der Mte. Baldo und die Chiusa besetzt, während einzelne Posten des linken Flügels weit längs der Etsch herunter verstreut waren. In diesen Stellungen erwartete Eugen mit Ungeduld die ihm unerläßlich nothwendigen Nachschübe; glücklicher Weise wurde ihm von Vendôme die nöthige Zeit hiezu belassen. Dieser hochbegabte Feld= herr war nach seinen jüngsten Erfolgen wieder einer Anwandlung von Trägheit verfallen; statt entweder nördlich um den Gardasee herum oder über das Plateau von Paſtrengo mit aller Kraft gegen Eugens ſchwächſte Seiten zu operiren oder überhaupt irgend etwas zu unternehmen, verlegte ſich der Marſchall trotz ſeiner doppelten Ueberlegenheit auf die Defenſive und vertheilte ſeine Truppen in einen Cordon, welcher viele Aehnlichkeit mit jenem des Catinat vom J. 1701 hatte. Es lagerten ſich nämlich im Mai 1706 weſtlich vom Gardaſee 8.000, vom See bis zur Etſch 15.000, längs dieſer abwärts bis Legnago 12.000, endlich noch weiter hinunter am ſelben Strome 6.000 Franzoſen. Der ganze Cordon hatte eine Länge von 20 Meilen. In dieſer Stellung blieb Vendôme durch faſt zwei Monate unbe= weglich liegen, ſo lange nämlich, bis Prinz Eugen ſeine Verſtärkungen erhalten und damit die Möglichkeit zu einer Offenſivbewegung gewonnen hatte.

Wir müſſen nunmehr der Ereigniſſe gedenken, welche in Piemont vorgin= gen. Schon ſeit dem vorigen Jahre hatte der Herzog von La Feuillade Aufſtellung bei Turin genommen; doch brachte er es nur zu einer Beobachtung, nicht zu einer vollſtändigen Cernirung dieſer Feſtung. Für den dermaligen Feldzug erhielt der Marſchall von Ludwig XIV. den gemeſſenen Auftrag zur regelrechten Bela= gerung von Turin, mit deſſen Eroberung dann auch jene von ganz Piemont und Savoyen als abgeſchloſſen zu betrachten war. Hieraus iſt die große Wichtigkeit dieſer Unternehmung zu erſehen, welche übrigens von den Franzoſen recht gut ſchon in einem der beiden letzten Feldzüge durchzuführen geweſen wäre. Mit dem Falle von Turin wäre jeder weitere Verſuch der Oeſterreicher in Italien, wenn nicht mit bedeutender Uebermacht unternommen, als hoffnungslos zu bezeichnen geweſen. Es iſt weiter oben bemerkt worden, daß dem Herzog von La Feuillade mehr als genügende Mittel zu einem kräftigen Angriffe gegeben waren. Auch den größten Fortificateur aller Zeiten, den Marſchall Vauban, wollte der König ihm beigeſellen; aber La Feuillade war von ſeiner eigenen Feldherrnweisheit ſo durch= drungen, daß er von einem derartigen Beiſtande nichts wiſſen wollte und vielmehr einen Belagerungsplan vorlegte, mit welchem Vauban ſich gewiß niemals einver=

IV. ſtanden erklärt haben würde. — **Turin** (ſiehe Plan) liegt am linken Ufer des Po, etwas aufwärts von der Stelle, wo die Dora Riparia in den Strom mündet. Auf ein paar Tauſend Schritte von der letzteren fließt parallel mit ihr die Stura gleichfalls dem Po zu. Das linke Ufer des Po, auf welchem die Stadt liegt, iſt eben, zugleich aber auch in mancherlei Weiſe bedeckt und durchſchnitten; auf der anderen Seite befinden ſich ausgedehnte Höhen. Die Stadt war weitläufig, alter= thümlich, dabei aber doch ſehr ſtark befeſtigt; ſie hatte 19 Baſtions, zahlreiche Ra= velins, Halbmonde und Fleſchen, ferner einen bedeckten Weg. An der ſüdweſtlichen Ecke lag die Citadelle, welche, obgleich aus dem J. 1565 ſtammend, ein ziemlich regelmäßiges Fünfeck von 170 Toiſen äußerer Polygonſeite, mit Caſematten, vor=

gelegten Werken 2c. darstellte, überhaupt eine sehr große Festigkeit hatte. Auf der Nordwestseite lag ein Hornwerk und der Raum zwischen diesem und der Citadelle war durch eine Enveloppe noch besser abgeschlossen. Von dem Hornwerk bis zur Dora zog sich als Schutz für die dortige Vorstadt eine passager angelegte Linie. Ebenso waren zwischen der Ostseite und dem Po vorgelegte Werke errichtet. Jenseits des Po auf dem Kapuzinerberge war ein ausgedehntes verschanztes Lager, welches in drei permanent erbauten Forts seine Stützpunkte hatte. Die Besatzung zählte, wie schon erwähnt, gegen 10.000 M. unter General Gf. Daun; für Lebensmittel war reichlich gesorgt. Die Artilleristen und Ingenieurs, unter diesen besonders ein Advocat Namens Bertola, waren ihrem Geschäfte trefflich gewachsen. — Anders war es bei den Angreifern. Zwischen Artilleristen und Genie-Officieren herrschte hier fortwährend Zwist und der Marschall selbst gebrauchte seine Autorität nur zu oft, um gerade das Ungeschickteste durchzuführen. Seit der Mitte Mai nahm das franz. Heer seine Aufstellung näher an der Stadt u. z. nordwestlich von ihr. Die Einschließung des Platzes war lange später noch immer nicht vollendet, so daß der Herzog Victor Amadäus noch am 16. Juni sich unbehelligt zu seiner in der Gegend vor Carmagnola lagernden Reiterei begeben konnte. Unterdessen hatten aber die Franzosen schon früher (Nacht zum 23. Mai) ihre Annäherungsarbeiten begonnen, bald folgten dann die weiteren Tranchéen (2. zum 3. Juni) und gleichzeitig wurden auch die Circum= und Contravallations=Linien vollendet, mit welchen die Belagerer sich sichern zu sollen für nöthig hielten.

Die Angriffsarbeiten waren aber schon im Principe ganz verfehlt. Um etwas recht Geniales zu leisten, um seine Zeitgenossen Vauban und Coehorn zu verdunkeln, und zu beweisen, daß eine kecke Ignoranz über die tiefsinnige Wissenschaft den Sieg davontrage, ging La Feuillade, der natürlich keinen Dunst vom Festungskriege hatte, mit seinem Angriffe gerade auf die Citadelle vor, d. h.: nicht auf die schwächste Seite, wie sonst üblich, sondern auf die stärkste. Es will uns scheinen, als ob ein Angriff von den Höhen herab auf das verschanzte Lager das leichteste Mittel gewesen wäre, um Turin — selbst bei der geringeren Portée der damaligen Geschütze — in der kürzesten Zeit zu bezwingen. Wie dem immer sei, trotz ihrer großen technischen Gewandtheit, trotz ihrer trefflichen Oberleitung, ihrer ungemeinen Energie und Ausdauer hätten die Vertheidiger nach ein paar Wochen unterliegen müssen, wenn nicht die aufgeblasene Ignoranz des commandirenden Protectionskindes im feindlichen Lager ihr kräftigster Bundesgenosse gewesen wäre.

Ohne in das Détail der Belagerung einzugehen, wollen wir nur erwähnen, daß die Franzosen am 26. August die im Graben vor der Citadelle gelegenen Werke durch Minen großentheils in Schutt gelegt und an diesen Punkten Breschen erzeugt hatten. Tags darauf wurde der bedeckte Weg an diesen Orten eingestürzt und damit die Gangbarkeit der Bresche hergestellt. Abends wurden zwei Stürme daselbst mit großer Bravour ausgeführt, doch wurden die eingedrungenen Franzosen durch die heldenmüthigen Vertheidiger wieder herausgetrieben. Ein Zufall veranlaßte die Explosion von Pulvermagazinen in den angegriffenen Werken; die hierüber nothwendig eingetretene Verwirrung wurde von den Belagerern zu einem dritten Sturme benützt; aber sogar in diesem Momente gelang es ihnen nicht, sich auf den bereits genommenen Werken zu behaupten. Der 28. August verging so ziemlich ruhig. Mittlerweile war aber, wie wir weiterhin im Zusammenhange berichten werden, die Operation des Prinzen Eugen zum Entsatze von Turin schon in verhängnißvolle Nähe herangerückt. Die Franzosen concentrirten demnach ihre größte Thätigkeit in die nächstfolgenden Tage. Am 28. August traf der Herzog von Orleans, welcher an Vendômes Stelle Obercommandant des franz. Heeres in Italien geworden war, vor Turin ein; am nächsten Tage folgten ihm 20.000 M. seiner Armee, welche Verstärkung dem Belagerungscorps umso nöthiger schien, als dasselbe vor Turin bereits 13.000 M. verloren hatte; seit dem 29. August waren wieder 47.000 M. innerhalb der Circumvallation vereinigt. Tags darauf erneuerten die Franzosen ihre Stürme und hatten sich bereits auf dem angegriffenen Halbmonde eingenistet, als Daun mit einigen österr. Truppen sie im heißen Kampfe wieder herauswarf. Unmittelbar darauf ließen die Vertheidiger eine Miene unter einer Angriffs=Batterie springen und erzielten eine ungeheure Wirkung. — Trotzdem wurde das Feuer der Franzosen immer heftiger; nur die Stürme, welche sie zu wiederholten Malen vornahmen, ergaben wieder kein Resultat. Bei alledem waren die Stunden bereits zu berechnen, durch welche die Festung noch behauptet werden konnte. Als am 7. September die Entsatzschlacht bei Turin stattfand, hatte die Garnison bereits ihr letztes Faß Pulver angegriffen und es blieb ihr nach dem glänzenden Siege dieses Tages gerade noch so viel übrig, um das übliche Victoria=Schießen zu leisten. Nicht um einen Tag länger hätte Turin sich zu halten vermocht. Es hatte eine der glänzendsten Vertheidigungen geleistet, deren die neuere Geschichte gedenkt, und dieses Verdienst gebührte in erster Linie dem trefflichen Commandanten Daun, dann den tüchtigen Ingenieuren, insbesondere aber den paar Tausend Oesterreichern, welche unter der Führung ihres Feldherrn immer wieder zurückgewannen, was von den anderen Truppen bereits aufgegeben war.

97. Der Entsatz von Turin. Zu Anfang Juli hatte Prinz Eugen einen Theil der ihm zugesagten Verstärkungen, u. z. namentlich 7.000 Pfälzer und 4.000 Gothaer zu seinem Heere bekommen. Letzteres zählte jetzt etwas über 30.000 M. Noch waren die zugesagten hessischen Truppen ausständig, aber so

dringend erscholl bereits der Schmerzensschrei des in seiner ganzen Existenz be=
drohten Herzogs von Savoyen, daß Eugen keinen Augenblick mehr verlieren, son=
dern lieber das unmöglich Scheinende wagen wollte. Fast jeder andere Feldherr
würde den bloßen Gedanken, Turin noch retten zu wollen, als eine strafbare Toll=
kühnheit verworfen haben. Man braucht sich nur zu erinnern, daß Vendôme mit
40.000 M. den Kaiserlichen im offenen Felde gegenüberlag und die Uebergänge
der Etsch bewachte, daß wenigstens 20.000 Feinde in den verschiedenen festen
Plätzen dieß= und jenseits des Po vertheilt lagen, daß mit diesen Festungen alle
die zahlreichen Flußlinien als gesperrt zu betrachten schienen, daß überhaupt alle
natürlichen und künstlichen Stärken im Terrain nur auf Seite der Franzosen
waren; man muß sich ferner in die Vorstellung rufen, wie bei der bekannten Feld=
herrnbegabung Vendômes daran nicht gedacht werden konnte, in den festen Stel=
lungen, die er beziehen konnte, und bei seiner numerischen Ueberlegenheit ihm eine
vernichtende Niederlage beizubringen und dadurch das Feld frei zu bekommen;
ferner daß ein kunstvoller Manövrirkrieg, wenn er überhaupt auf die ungeheure
Distanz von Verona bis Turin durchzuführen möglich gewesen wäre, viel zu viele
Zeit beansprucht hätte, als daß Turin damit zu retten gewesen wäre; andererseits
muß man sich gegenwärtig halten, daß selbst nach einem Durchbruche der feind=
lichen Cordons=Aufstellung, wenn er gelang, das weitere Voreilen durch die Lom=
bardie auf dem geraden Wege gegen Turin hin mit der Gefahr, vernichtet zu
werden, verbunden blieb, weil man auf diesem Wege (36 Meilen in Luftlinie)
durch Ströme und Festungen fortwährend aufgehalten, unterdessen aber zwischen
dem wieder gesammelten und nacheilenden Heere Vendômes von rückwärts, von
La Feuillade in der Front, demnach mit erdrückender Uebermacht und auf einem
nicht selbst zu wählenden Punkte angefaßt werden konnte; man muß ferner daran
denken, daß Eugen, was immer für einen Weg er auch einschlug, nirgends eine
ihm geöffnete Brücke (die wichtigeren waren alle durch Festungen gesperrt), nicht
den mindesten Stützpunkt für seine Bewegungen, nicht ein einziges Magazin oder
Depôt besaß, dazu bei jedem Schritte von seiner einzig denkbaren Rückzugslinie,
dem südtirolischen Etschthale, sich weiter entfernte, letztere dem Feinde Preis gab
und sich selbst vollständig in die Luft stellen mußte. Es schien also nach gewöhn=
licher Berechnung nirgends ein Weg vorhanden, um nach Turin zu gelangen, und
— wenn es einen solchen Weg gab, so durfte er nur mit der vollen Gewißheit zu
siegen beschritten werden, weil die mindeste Schlappe hingereicht hätte, um alle
Streitkräfte der Alliirten in Italien dem Untergange zu weihen. Letztere betrugen,
Alles bei Verona und Turin zusammengerechnet, nur 50.000 M., während die
Zahl der im Besitze des ganzen Zwischenlandes und der trefflichsten Defensivlinien

stehenden Gegner in der Gesammtsumme mehr als doppelt so groß war. Welch Riesenbewußtsein der eigenen Kraft mußte in der Brust des kaiserlichen Feldherrn ruhen, um gegen solche Uebermacht den Kampf auf Sieg oder Untergang zu wagen! Welche wunderbare Combinationsgabe mußte ihm eigen sein, um zwischen den oben nur angedeuteten, unzähligen und ungeheuren Schwierigkeiten hindurch noch einen möglichen Weg zum Siege zu erblicken.

Was seine Gegner nie geträumt hätten, was dem bloßen Grübler nach Regeln niemals in den Sinn kommen würde, das Unwahrscheinlichste, im Principe fast Unmögliche, war in diesem Falle das Zuverlässigste. Sich ganz außer die eigene Basis versetzen, die größten Terrainlinien zwischen sich und ihr lassen, dem Feinde Flanke, Rücken und Verbindungen bloßstellen, dabei im weiten Bogen den Gegner strategisch umgehen, die größte Gefahr über sich selbst herauf beschwören, zu gleicher Zeit sie aber auch wieder bannen durch die fortgesetzte Ueberraschung, welche den Gegner gar nicht zum Bewußtsein seiner Vortheile, zur Besinnung und zum Entschlusse kommen ließ, — bei allen diesen kühnen Wagnissen die vorsichtigste Erwägung jeder Eventualität, die sorgsamsten Vorkehrungen gegen die möglichen Maßregeln des Feindes nehmen, — solche wunderbare Vereinigung einer rücksichtslosen Kühnheit mit der tiefsten Combination war es, was den Feldzug Eugen's im Sommer 1706 zu einem der denkwürdigsten aller Zeiten machte. Derselbe wird wohl durch Jahrhunderte ohne Nachahmung bleiben, denn nur, wer selbst ein Feldherr ist, wie es Eugen war, dürfte ohne Furcht vor dem gewissen Untergange bei gleichen Verhältnissen den gleichen Vorgang wagen.

Der Weg durch die Lombardie war dem kaiserlichen Heere offenbar durch Vendôme versperrt und konnte erst nach heißen Kämpfen und mit vielem Zeitverlust möglicher Weise eröffnet werden. Eugen faßte demnach den Entschluß, die zahlreichen Wasserlinien Benezïens in südlicher Richtung zu passiren und auf dem r e c h t e n P o = U f e r nach Piemont vorzudringen. Hiebei war es denkbar, daß man den Feind nicht in der Front vor sich treffen werde; aber um so gewisser war es, daß man ihn fortwährend in der Flanke oder im Rücken haben werde. Es war also Zeitgewinn, aber auch erhöhte Gefahr vorauszusehen; diese wurde noch gesteigert durch das gänzliche Aufgeben der Verbindungen, durch die zahlreichen Festungen, an welchen man vorbei mußte, durch die französischen Brückenköpfe am Po. Andererseits schien gerade der Po, welcher doch auch von den Herren seiner beiden Ufer nur an einzelnen Stellen überschritten werden konnte, für die bedrohteste Seite der Oesterreicher, nämlich für ihre rechte Flanke einige Sicherheit zu gewähren, sie so ziemlich vor Ueberraschungen zu sichern.

Schon am 4. Juli begann Eugen die Operationen längs der E t s c h herun=

ter. Hinter diesem Strome war die Hauptstärke des feindlichen Cordons aufgestellt, der Uebergang demnach schwer zu erwirken. Aber Bendôme hielt sich nur an das Wahrscheinliche und erwartete demnach die Uebergangsversuche der Kaiserlichen in der Gegend von Verona. Jedoch schon am 7. Juli hatte der österr. General Battée die Etsch in den unteren Gegenden, u. z. bei Rotta nuova, (nördlich von Adria) überschritten. Damit erleichterte er einer anderen Abtheilung unter Eugens persönlichen Befehlen den Uebergang, welcher nach einem kurzen Gefechte bei Badia stattfand. Nun ließ der Prinz die Truppen, welche bis jetzt noch bei Verona gehalten hatten, eilig nachrücken und schon am 14. Juli stand die ganze kaiserliche Armee auf dem rechten Ufer der Etsch. Nur 8000 M. unter General Wetzl hatten auch fernerhin auf dem linken Ufer dieses Stromes zu verbleiben, um wenigstens eine lockere Verbindung mit Südtirol so lange als möglich zu erhalten und gleichzeitig auch das Eintreffen der 10.000 Hessen abzuwarten. Mit dem Etschübergange war nur die erste Schwierigkeit überstanden. Ohne Aufenthalt ging Eugen über den Canal Bianco (15. Juli bei Castel Guglielmo), ließ dann bei Polesella über den Po eine Brücke schlagen, welche am 18. Juli vollendet war, überschritt auch diesen Strom und stand am 21. in einem Lager unweit Bondene am Panaro.

Einige Tage früher war der Herzog von Orleans zu Mantua eingetroffen, um den Befehl über das französische Heer in Italien statt Bendômes zu übernehmen; letzterer wurde nämlich in Folge der Schlacht von Ramillies zum Heerführer in den Niederlanden bestimmt. Als Rathgeber war dem Herzog von Orleans der Marschall Marsin beigeordnet. Die Ankunft dieser Ablösung mochte dem Herzog von Bendôme sehr willkommen sein; er hatte nämlich so wenig an die Möglichkeit einer Ueberschreitung des Po's durch die Oesterreicher gedacht, daß diese schon wohlbehalten jenseits des Stromes standen, ehe die Franzosen die geringsten Anstalten gegen diese Eventualität getroffen hatten. Bendôme überließ es seinen Nachfolgern, wie sie weiter sich zurechtfinden wollten und reiste eiligst ab. Auch Orleans und Marsin wußten sich in der Sachlage nicht sogleich zu orientiren; zwei Operationen wären für sie gleich vortheilhaft gewesen: entweder sich auf Wetzl stürzen, diesen aufreiben und damit den Oesterreichern den Rückweg versperren, eventuell sodann diese vom Rücken her angreifen; oder rasch die ganze französische Armee nach rückwärts concentriren, den Po überschreiten und hinter einem der Apenninenflüsse oder in dem hochwichtigen Defilé von Stradella (SO. von Pavia) dem Prinzen Eugen mit überlegener Kraft entgegentreten. Im ersteren Falle wäre möglicher Weise die Belagerung von Turin für einige Zeit unterbrochen worden, um so wahrscheinlicher wäre dafür später die Vernichtung der gesammten österreichischen und piemontesischen Streitkräfte erfolgt. Statt einer von diesen beiden gleich

vortheilhaften Operationen verfiel Orleans auf einen Entwurf, welcher vollkom=
men den Stempel der Unentschiedenheit trug und nur in einer nutzlosen Versplit=
terung der Kräfte bestand. Er verstärkte sich durch Truppen aus Piemont bis auf
weit mehr als 50.000 M., davon ließ er aber 11.000 M. unter Medavi dem
General Wetzl gegenüber am Mincio stehen, verwendete einige andere Truppen zur
Besetzung der festen Punkte und der Magazine westlich vom Mincio, stellte ein kleines
Beobachtungscorps jenseits des Po auf und bezog selbst mit 26.000 M. ein Lager
unweit Borgoforte am Po, ohne jedoch den letzteren Strom zu überschreiten.

Die Rast, welche Prinz Eugen vom 21. bis 27. Juli seinen Truppen in
der Stellung hinter dem Panaro gab, war durch die Nothwendigkeit bedingt, genaue
Nachricht über die dermaligen Pläne des Gegners einzuziehen. Sobald die Gewißheit
gewonnen war, daß Orleans zu keiner auf die Vernichtung abzielenden Unterneh=
mung den Entschluß gefunden hatte, brach Eugen am 28. Juli über den Panaro
vor, ohne hiebei auf einen ernsten Widerstand zu stoßen. Nun endlich schien Orleans
etwas Bestimmtes machen zu wollen; er kam nämlich auch über den Po herüber und
faßte Stellungen im Süden von Guastalla. Dieses Schreckmittel hatte keinen
Erfolg, indem Eugen am 1. August näher heranrückte, um eine Schlacht aufzu=
suchen. Aber Orleans trat schon in der nächsten Nacht seinen Abmarsch gegen We=
sten an und ging einige Tage später bei Cremona auf das linke Po=Ufer zurück.
Eugen war bei und zwischen den feindlichen Festungen, die auf seinem Wege lagen
(darunter Mantua, Ostiglia, Borgoforte, Guastalla, Mirandola), kühn hindurch=
gegangen. Eine solche geringe Werthschätzung von Plätzen, welche momentan keinen
größeren Einfluß auf die Operationslinien haben konnten, verdient um so mehr
Bewunderung in einem Zeitalter, da berühmte Feldherren all' ihre Kunst und
große Heere ganze Feldzüge hindurch nur dazu anwendeten, um eine armselige
Festung, deren Andenken heutzutage fast verschollen ist, zu erobern oder umgekehrt
sie zu decken. In Wahrheit hat Prinz Eugen in dem Vorbeigehen an den strate=
gisch unwichtigen Festungen keinen Nachahmer gefunden bis zu dem großen Na=
poleon. Letzterer wird gewöhnlich als Erfinder dieses neuen Grundsatzes der
Kriegskunst gepriesen, obgleich, wie man sieht, solches Verdienst dem weit älteren
österreichischen Feldherrn gebührt.

Nachdem Eugen von der Veroneser Gegend bis an die Grenzen des Par=
mesanischen bereits einen Weg von 26 Meilen zurückgelegt hatte, mußte er trotz
aller Eile daran denken, sich eine wenn auch nur nothdürftige Zwischenbasirung
anzulegen, um seine Kranken und einige Vorräthe unterzubringen, gleichzeitig auch
einen halbwegs festen Stützpunkt zu gewinnen. Daher verwendete Eugen die Zeit
vom 2. bis 14. August, um die festen Punkte Carpi, Coreggio, Finale und Reggio

(letzteres das bedeutendste von allen) zu bezwingen. In dieser Zeit waren auch die Hessen unter dem Erbprinzen von Kassel bei dem General Wetzl eingetroffen, worauf der Mincio von den Kaiserlichen überschritten, Goito ohne Mühe erobert und auch hier die Offensive ergriffen wurde. Selbstverständlich waren Orleans und Marsin jetzt noch weniger als früher eines kräftigen Entschlusses fähig; Medavi erhielt den Auftrag, die Ostgrenzen der Lombardie bestens zu vertheidigen; gleichzeitig wurden in die wichtigeren Plätze dieser Gegenden 14 Bataillone zur Verstärkung gelegt. Dem Prinzen Eugen fiel es aber gar nicht ein, sich mehr als unbedingt nöthig um die festen Plätze zu bekümmern. In der Nacht zum 15. August trat er seinen Weitermarsch gegen Westen an. Der ungemein heiße Sommer machte das Marschiren am hellen Tage fast unmöglich; überdieß waren fast alle Quellen und Flüsse ausgetrocknet, weßhalb die Märsche ungemein beschwerlich und von mäßiger Länge waren; andererseits kam diese Trockenheit den Kaiserlichen wieder zu gute, da sie ohne Anstand über die zahlreichen von den Apenninen kommenden Torrenten hinwegschreiten konnten. Eugen marschirte auf der einen, Orleans auf der anderen Seite des Po aufwärts; der französische Feldherr hatte die Absicht, in dem Passe von Strabella, wo die Ausläufer der Apenninen bis auf 2000 Schritte an den Po herantreten, den Oesterreichern den Weg zu versperren. Der Herzog von La Feuillade ließ sich aber durchaus nicht bewegen, von dem Turiner Belagerungs-Corps noch weitere Truppen an Orleans abzugeben; letzterer war jedoch durch seine vielen Detachirungen so geschwächt, daß er sich den Kräften Eugens nicht gewachsen glaubte. Uebrigens wären die Franzosen zur Besetzung des erwähnten Defilés wahrscheinlich auch zu spät gekommen; Eugen hatte nämlich die Vorsicht gebraucht, auf zwei Tagemärsche vor seinem Gros den General Kriechbaum mit 8000 M. zu senden, welche sich bei Strabella um jeden Preis halten und in die Umgebung patrouilliren sollten. Am 21. August traf auch das Gros der Oesterreicher unbeanständet in dieser Gegend ein, vor welcher Prinz Eugen schon viele Monate früher die gegründetste Besorgniß gehabt hatte. Am 23. und 24. August sammelte sich seine Armee, erschöpft von den Anstrengungen des Marsches, in einem Lager bei Voghera, wandte sich von da gegen Südwesten und stand am 27. bei Castellazzo, südlich von Alessandria.

Hier sah sich Prinz Eugen wieder vielfältig, insbesondere in seiner rechten Flanke durch starke Festungen der Feinde bedroht. Dergleichen waren, von den kleineren abgesehen: Pavia, Tortona, Alessandria, Valenza und Casale. Mitten zwischen Tortona und Alessandria, welche nicht einmal drei Meilen von einander entfernt sind, nahm er seinen Weg; ebensowenig kümmerte er sich um die Vorbereitungen, welche Orleans neuerdings mit der scheinbaren Absicht zu einer Schlacht traf. Am 28. überschritten die Kaiserlichen die Bormiba, zwei Tage barauf ben Tanaro unb standen am 31. bei Villa Stellone, 2½ Meil. SSO. von Turin, wo der Herzog von Savoyen sie bereits erwartete. Derselbe hatte durch neue Aushebungen seine Streitmacht im Felde wieder bis auf 12.000 M. erhöht, so daß das ganze Heer der Alliir=ten jetzt wieder 34.000 M. betrug. Andererseits hatte der Herzog von Orleans den Gedanken, die Vereinigung Eugens mit den Piemontesen zu hindern, schon längst aufgegeben und war nur darauf bedacht, möglichst rasch mit großen Ver=stärkungen in das Lager vor **Turin** einzurücken. La Feuillade und Marsin hatten diesen Plan von früher her befürwortet und der Prinz hatte seine bessere Ansicht ihrer schlechteren untergeordnet. Indem er seine Infanterie großentheils mit Vor=spann befördern ließ, verstärkte er seit dem 28. August das Belagerungsheer bis nahe an 50.000 M. (nach anderen Berichten 60.000); alle drei Marschälle waren hier anwesend. Nun erst gingen die Belagerer daran, ihre Circumvallation zu vollenden; auf der südlichen und östlichen Seite war sie von früher her sehr fest gewesen und wurde nun beinahe unangreifbar gestaltet; dagegen war die ungefähr 1200 Klftr. breite Halbinsel zwischen der Stura und Dora ganz vernachlässigt geblieben und erhielt auch jetzt nur einen schleuderhaft aufgeführten, stellenweise bloß 3' hohen Erdwall, welcher mit einzelnen Redans verstärkt wurde, ferner noch an der Dora in dem Schlosse Lucento einen starken Stützpunkt besaß und überdieß auch noch aus den Batterien jenseits der Dora theilweise bestrichen wer=den konnte. Daß aber gerade dieser Theil von den Franzosen mehr als jeder andere vernachlässigt worden war, erklärt sich aus seiner abgelegenen Situation; ein Angriff durch die Kaiserlichen auf dieser Seite, wo sie mit dem Rücken vor den Alpenpässen und auf dem Wege nach Frankreich standen, hatte allerdings scheinbar die geringste Wahrscheinlichkeit.

Obgleich eben in diesen Tagen die Noth Turin's schon auf das Höchste stieg, mußte Eugen doch ein paar Tage noch in seinem Lager bei Villa Stellone mit den Vorbereitungen zu den entscheidenden Operationen verbringen. Gleich=zeitig hatte er durch eine Recognoscirung von den Höhen bei Superga aus sich überzeugt, wo die Schwäche der feindlichen Linien liege. Sowie er bisher im vol=len Siegesbewußtsein und bei der Nothwendigkeit, das Außerordentliche zu leisten, die gewöhnlichen Rücksichten auf Basis und Verbindungen über Bord geworfen hatte, so beschloß er auch jetzt, den Feind anzugreifen, wo er am besten anzugrei=fen war, mußte man dabei auch, so zu sagen, mit verkehrter Front fechten. So ging denn das alliirte Heer am 4. Septb. über den Po, lagerte Tags darauf am rechten Ufer der Dora und führte bei **Pianezza** einen Angriff gegen einen von Susa kommenden Transport der Franzosen mit vollständigem Erfolge aus.

Gleichzeitig hatte die Besatzung von Turin das zu ihrer Rettung heranziehende Heer bereits im Auge und fühlte sich dadurch so sehr moralisch gekräftigt, um noch die wenigen Stunden bis zur Entscheidung trotz der scheinbar bereits eingetretenen Unmöglichkeit sich zu halten. — Am 6. Septb. ging das Heer der Alliirten über *Tab. IV.* die Dora und wandte gleichzeitig die Front gegen Osten. Endlich am 7. Septb. mit Tagesanbruch wurde der Marsch gegen die Schanzen in der Ordnung angetreten, daß 8 Colonnen der Infanterie voran waren, von welchen immer eine für das 1., die andere für das 2. Treffen bestimmt war; es folgte sodann das 1. Treffen der Reiterei in 6 und das 2. in 5 Colonnen. Zwischen den Colonnen hatte der nöthige Raum für die Artillerie aufgespart zu bleiben. Wenn das erste Treffen auf Kanonenschußweite vor den Linien anlangte, sollte es Halt machen, sich entwickeln und ausrichten; die anderen Treffen hatten Distanzen von je 3—400 Schritten einzuhalten, übrigens in gleicher Weise sich zu benehmen. Schon auf dem Marsche machten sich einige Abweichungen von dieser Ordnung nothwendig und insbesondere konnte der rechte Flügel nicht im Alignement mit den anderen Theilen bleiben, weil er einige Terrainhindernisse zu überwinden hatte, weiterhin aber auch durch das heftige Feuer aus Lucento und von den Batterien des rechten Dora-Ufers zurückgehalten wurde. — Die französischen Generale hatten in den letzten Tagen einen großen Kriegsrath abgehalten, in welchem die falschen Ansichten der beiden Marschälle über die bessere Einsicht des Herzogs von Orleans den Sieg behielten. Noch am 6., als die Kaiserlichen bereits die Dora überschritten, glaubten die Franzosen an keinen wirklichen Angriff; daher standen am Tage der Schlacht Anfangs bloß 12.000 M. Infanterie, 6000 Reiter und 30 Geschütze in dem Raume zwischen der Stura und Dora, während von letzterer bis zum Po die eine, rechts vom Po die andere Hälfte des Gros vertheilt blieb und gelassen die Belagerung von Turin fortsetzte.

Ungefähr um 9 Uhr Morgens langte das Heer der Alliirten auf Kanonenschußweite vor den feindlichen Linien an und entwickelte sich hier unter dem Schutze von 15 vorgenommenen Geschützen. Der Aufmarsch erforderte nicht weniger als zwei Stunden, während welcher die Kaiserlichen von den Batterien der Feinde ziemlich viel zu leiden hatten. Endlich setzte sich die Schlachtlinie in Bewegung, wobei der rechte Flügel abermals etwas zurückblieb. Statt auf denselben und auf weitere Befehle zu warten, brach der fast nur aus Grenadieren bestehende linke Flügel unter dem Prinzen von Anhalt=Dessau unaufhaltsam, das Gewehr im Arme, bis an die Schanzen vor, wurde aber hier durch ein furchtbares Musketenfeuer zurückgeworfen; zweimal erlitten diese tapferen Truppen noch dasselbe Schicksal; endlich beim vierten Male brachen der linke Flügel und ein Theil des Centrums in die Schanzen ein und trieben die Gegner zurück. Im Vereine mit den Oesterreichern verrichteten die Preußen, welche das bei Calcinato gegebene üble Beispiel glänzend auslöschen wollten, wahre Wunder der Tapferkeit. In dem genommenen Theile der Linien wurden sogleich breite Oeffnungen ausgebrochen, durch welche die Reiterei hereinrückte. Aber sowohl diese als auch die Infanterie befaßten sich nicht viel damit, die taktische Ordnung wieder herzustellen, sondern verlegten sich auf eine hitzige Verfolgung der Franzosen. Mit gewohnter Kaltblütigkeit war aber Eugen darauf bedacht, in dem eben eroberten Theile der Schanzen wenigstens eine schwache Reserve zu formiren. Zu solchem Behufe rief er aus dem zweiten Treffen eiligst das Regiment Max Starhemberg herbei. Diese Vorsicht des Feldherrn war gerade im rechten Momente durchgeführt. Die unter dem Prinzen von Anhalt den Franzosen heftig nachdrängenden Brigaden kamen nämlich hiebei etwas aus einander, stießen in solchem Zustande auf die feindlichen Reserven, die in der letzten Zeit durch etliche Tausend M. verstärkt worden waren, und sahen sich zum Weichen genöthigt. Nun gingen die Franzosen ihrerseits angriffsweise vor und ohne den energischen Widerstand, welchen das Regiment Starhemberg ihnen leistete, würden sie wahrscheinlich die verlorenen Werke auch wiedergewonnen haben. Das genannte Regiment ermöglichte es aber seinen Waffengenossen, die Ordnung wieder herzustellen und neuerdings die Franzosen zurückzudrängen.

Der rechte Flügel der Alliirten war von dem mächtigen Feuer der Gegner durch längere Zeit zurückgehalten worden. Erst nach dem Anfangserfolge des linken Flügels wurde in der Nähe von Lucento eine Casine und die dortige Schanzenlinie von den Kaiserlichen erstürmt. Die Franzosen hielten sich überhaupt nur noch bei Lucento und in dem Raume vor der benachbarten Dorabrücke Um unnöthiges Blutvergießen vor diesen Objecten, deren Schicksal trotz ihres starken Feuers nach dem Rückzuge der franz. Schlachtlinie bereits entschieden war, einen Truppen zu ersparen, ließ Prinz Eugen seinen rechten Flügel die Angriffe auf Lucento einstellen, dagegen ein stärkeres Artilleriefeuer dahin richten. Unterdessen war bei dem zweiten Vordringen des linken Flügels und Centrums die kaiserliche Cavallerie abermals zu hitzig den Feinden gefolgt, so daß sie schließlich dem Fußvolke weit voran war und an der Contravallation der Franzosen einem heftigen Musketenfeuer ausgesetzt war, ohne gegen selbes etwas unternehmen zu können. Dieser erneute Widerstand der Franzosen hatte aber nur den Zweck, etwas Zeit zu gewinnen; bei dem Nachrücken des kaiserlichen Fußvolkes lösten sich die Abtheilungen der Franzosen gänzlich auf und jeder rettete sich wohin er konnte: die Einen nach der Stura oder nach der Dora hin und weiterhin über den Po, Andere geraden Weges über diesen Strom, Alle aber in der Richtung nach Osten.

Bei dieser Flucht verloren viele Haufen die Richtung auf die Brücken und konnten dann nur entweder unter großen Verlusten schwimmend die Gewässer übersetzen oder sich gefangen ergeben. Die Bedrängniß der Flüchtigen wurde noch vergrößert durch einen Ausfall, welchen Daun von dem Palastthore aus (Nordseite) kräftig ausführte.

Nachdem die Schlacht vollends entschieden war, fanden es auch die Vertheidiger von Lucento gerathen, den Rückzug über die Dora nach Süden hin anzutreten. Sie thaten dieß mit solcher Eile, daß 30 abgesessene Schwadronen Dragoner hiebei um ihre Pferde kamen. Bis zum Einbruche der Nacht war der Kampf ganz beendet. Während die Franzosen in einem kleinen (ungefähr dem 9.) Theile ihrer Linien eine entscheidende Niederlage erlitten, wurde von ihnen in den übrigen Werken das Feuer gegen die Festung ununterbrochen den ganzen Tag hindurch fortgesetzt und blieb daselbst die größere Hälfte ihres Heeres vertheilt. Als nun aber am Abend Prinz Eugen mit seinen Truppen den Eingang in Turin erkämpft hatte und von hier aus jeden beliebigen Theil des französischen Lagers mit vernichtender Uebermacht bedrohte, mußte Orleans sein Heer, obgleich es noch immer zahlreicher war als jenes der Alliirten, sogleich aus den Laufgräben ziehen. Dieser Rückzug geschah so eilig, daß das ganze Belagerungsgeschütz, bestehend aus 118 Kanonen und 55 Mörsern, den Siegern überlassen wurde. Letztere erbeuteten ferner noch 40 Feldgeschütze, viele Fahnen und Standarten, mehrere Tausend Pferde und fast das gesammte Gepäcke der Feinde. An Gefallenen und Verwundeten hatten die Franzosen nur 3200 M. (todt Marsin, Orleans zweimal verwundet), die Alliirten dagegen 3246 M. verloren; der Verlust der Franzosen erhöhte sich aber durch die vielen Ertrunkenen, dann durch 5265 Gefangene, worunter 5 Generale und 210 Officiere waren.

98. Ende des Feldzuges 1706, die Kaiserlichen erobern Oberitalien. Nach der großen, seinerseits so ziemlich unverschuldeten Niederlage von Turin glaubte Orleans, den Rückzug gegen Alessandria antreten zu sollen, um, auf die vielen Plätze gestützt, in Italien festen Fuß zu behalten und gleichzeitig die Verbindung der Alliirten von Turin mit Tirol zu unterbrechen. Aber die jüngst noch mit stolzer Siegeszuversicht erfüllten franz. Generale hatten nun ganz den Kopf verloren; sie sahen die eigene Lage viel schwärzer als sie war und erblickten in einem eiligen Rückzuge bis knapp an die Alpenpässe das einzige Mittel zur Rettung ihrer Truppen. Daher wurde am 8. September von dem gesammten Heere ein eiliger Marsch nach dem Engthale von Pinerolo hin angetreten. Mit Freuden erblickte Prinz Eugen diese Verzagtheit seiner Gegner und nützte sie kräftigst aus. Streifparteien umschwärmten die Franzosen auf allen Seiten; in kleinen Gefechten und durch die einreißende Desertion sah Orleans seine Armee bis auf 25.000 M. herabsinken. Diese Truppen, welche übrigens in der nächsten Zeit wieder namhafte Verstärkungen aus Frankreich erhielten, wurden in die Thäler vom Mt. Genèvre bis zum Mt. Cenis, dann in Savoyen vertheilt und sollten sich nur vertheidigungsweise verhalten. Als später die Hauptmacht der Alliirten nach der Lombardie sich gewendet hatte, versuchten die Franzosen allerdings ein paar Einfälle nach Piemont herunter, aber ohne rechte Energie und demnach auch ohne allen Erfolg. — Prinz Eugen hatte nach seinem großen Siege die Wahl zwischen zwei Operationen: er konnte die Gegner über die Gebirge bis nach Frankreich hinein verfolgen und hier Eroberungen machen; oder er hatte vor Allem die Eroberung von Oberitalien zu vollenden. Erstere Unternehmung hätte den Gegner vollends beugen, den Krieg mit überraschender Eile zum Ende führen können, dieß jedoch nur in dem Falle, daß die Alliirten mit unwiderstehlicher Uebermacht einzubrechen vermochten; fehlte ihnen aber solche, so liefen sie die Gefahr, mit einer einzigen Niederlage nicht nur aus Frankreich zurückgeworfen, sondern auch in Oberitalien aufgerieben zu werden, weil die Festungen und damit die Operationslinien dieses Landes fast sämmtlich noch in der Gewalt der Bourbons waren. Aus guten Gründen gab daher Prinz Eugen diesmal dem systematischen Vorgange den Vorzug und verlegte sich im Herbst und Winter fast bloß auf den Festungskrieg.

Bevor wir auf die Resultate des letzteren eingehen, müssen wir nach dem Schauplatz am Mincio uns zurückwenden, wo der Prinz von Kassel und General Wetzl mit 16.000 M. einem gleich starken franz. Corps unter Medavi gegenüber standen. Nach der Einnahme von Goito begann der Prinz die Belagerung von Castiglione delle Stiviere, ging aber dann, als Medavi zum Entsatz heranrückte, dem Letzteren bis Solferino entgegen; in einem Treffen am 9. September wurden die Kaiserlichen mit einem Verluste von 2000 M. geschlagen und zum Abzuge von Castiglione genöthigt. Glücklicher Weise traf eben jetzt die Nachricht von der Turiner Schlacht ein und Medavi sah sich mit einem Male in eine peinliche Lage versetzt. Ganz allein und verlassen stand er mit seinem mäßigen Corps in der weiten Po-Ebene, sollte daselbst zahllose feste Plätze schützen, durfte aber weder vor noch zurück und mußte sich auf Kreuz- und Querzüge beschränken, um seinen Gegnern möglichst aus dem Wege zu gehen. Er löste seine Aufgabe mit vieler Gewandtheit; immerhin war seine Existenz während des folgenden Winters nur eine Galgenfrist, die ihm von Prinz Eugen gewährt wurde, indem dieser Feldherr vorderhand mit wichtigeren Dingen als mit der Vernichtung Medavi's sich zu beschäftigen hatte. Selbst die hessischen Truppen wurden theilweise auf andere Schauplätze, nämlich zum Belagerungskriege berufen.

Da die meisten Festungen der Franzosen in Italien nur mit schwachen

Garnisonen versehen waren und zur Mehrzahl auch keine nachhaltige Vertheidi=
gung leisteten, so können wir das Détail dieser zahllosen Blocaden und Belage=
rungen füglich bei Seite lassen. Es genügt zu sagen, daß Eugen mit gewohntem
Scharfsinne seine Anstalten derart traf, um möglichst viele Plätze gleichzeitig in
Angriff zu nehmen und doch auch jedem Rückschlage, ob er nun von Orleans oder
von Medavi versucht werden sollte, mit Kraft zu begegnen. Wir wollen hier nur
die Reihe jener Plätze aufzählen, welche im Verlaufe des Winterfeldzuges von
den Franzosen theils freiwillig geräumt, theils mit Capitulation übergeben oder
wohl auch gegen Sturmangriffe verloren wurden. Dergleichen waren: Vercelli
(14. Sept.), Chivasso (16., mit 1400 M.), Fort Barb, Novara (20.), Crescen=
tino, Lodi, Como, Pavia (1. Oct., mit 2000 M.), Verrua, Tortona (15. Oct.
die Stadt, Ende Nov. die Citadelle), Alessandria (17.—22. Oct.), Fuentes,
Seravalle, Asti (alle gegen Ende Oct.), Pizzighettone (5.—29. Oct.), Mortara, Mo=
dena (Mitte Nov., durch Wetzl mit Ueberfall genommen), Casale (6. Nov. bis 6. Dec.,
2000 Gefangene und 70 Kanonen als Preis des Sieges), das Kastell von Mo=
dena (2. Decb.) 2c. 2c. Am längsten hielt sich die Citadelle von Mailand. Unter
großem Jubel hielt Prinz Eugen seinen Einzug in dieser Stadt und empfing da=
selbst, vom Kaiser zum Generalgouverneur ernannt, im Namen Karl's III. die
Huldigung der Stände. In der Citadelle lag aber der spanische General Florida mit
1500 M. und leistete einen energischen Widerstand, obgleich bis zum März 1702
seine Truppe auf 800 M., darunter 500 Officiere geschmolzen war; letztere,
größtentheils Reconvalescenten u. dgl. leisteten mit größter Hingebung den Dienst
der gemeinen Mannschaft. — Außer der Citadelle zu Mailand blieben bis in den
März noch Cremona, Mantua, Valenza, Nizza und drei kleinere Plätze von den
Franzosen behauptet, obgleich sie alle seit längerer Zeit enge umschlossen waren.

Eugen vervollständigte seine militärischen Erfolge durch zweckmäßige poli=
tische Einrichtungen im Herzogthume Mailand. Jenen Fürsten Italiens, welche
bisher nur allzu offenkundig zur französischen Partei sich gehalten hatten, legte er
schwere Contributionen auf. Damit waren dann auch die Mittel geschaffen, um
die Soldaten für ihre früheren Entbehrungen einiger Massen zu entschädigen. In=
zwischen hatte aber Ludwig XIV., dessen Absichten auf Oberitalien durch die
jüngsten Ereignisse gänzlich geschwunden waren, mit Eugen bereits wegen eines
Räumungsvertrages zu unterhandeln angefangen. Den Franzosen mußte daran
gelegen sein, den noch immer zahlreichen Rest ihrer italienischen Armee (22.000
M.) herauszubekommen, während ihrerseits die Kaiserlichen wieder ganz zufrieden
waren, wenn sie Festungen wie Mantua, Cremona, Valenza und andere ohne die
zeitraubenden und kostspieligen Belagerungen gewinnen konnten. Im Grunde gin=

gen Frankreich und Oesterreich von demselben Gedanken aus, nämlich im Pothale sich möglichst zu begagiren und die dortigen Streitkräfte für andere Schauplätze verwendbar zu bekommen. Es war hier einer der seltenen Fälle, wo Freund und Feind durch ein gleichartiges Interesse geleitet wurden. Daher kam denn auch der beabsichtigte Räumungsvertrag am 13. März 1707 ohne große Schwierigkeiten zum Abschluß. Die Franzosen übergaben nun im Laufe der nächsten Wochen alle die festen Plätze, welche sie bisher behauptet hatten, mit dem wichtigeren Theile der darin vorhandenen Kriegsmittel an die Kaiserlichen; dagegen erhielten sowohl die bezüglichen Garnisonen als die Truppen Medavi's den freien Abzug über Susa gegen Frankreich, und durften Waffen, Feldgeschütz, Gepäcke, Proviant und Privateigenthum unbeschränkt mit sich nehmen. — Im Vollzuge dieses Vertrages verschwanden die Truppen Frankreichs gänzlich vom Boden Italiens, nur Savoyen noch ausgenommen. Wie Belgien durch die Schlacht bei Ramillies, so war das Herzogthum Mailand durch die Schlacht bei Turin dem Hause Habsburg bleibend erobert worden. Ja, der Rückzug der Franzosen aus Oberitalien eröffnete dem kaiserlichen Hause noch größere Aussichten: das Königreich Neapel lag jetzt von Frankreich ganz isolirt, ebenso konnte der Kaiser mit den ihm feindlich gesinnten Staaten auf der Halbinsel nunmehr nach Belieben schalten. Vergleicht man diese riesigen Erfolge der Kaiserlichen mit ihrer bedrängten Lage zu Anfang des Feldzuges, als sie — nach dem Treffen bei Calcinato — in ein paar winzigen Winkeln von Italien ärmlich zusammengekauert saßen, so kann man nicht umhin, die großartige Kraft einer ebenso kühnen als berechnenden Feldherrnbegabung, mit anderen Worten die Zauberkünste des Genies zu bewundern. Im Frühjahre 1706 waren die Franzosen bereits Herren über Italien gewesen, einige armselige Quadratmeilen ausgenommen; im Frühjahre 1707 war gerade die entgegengesetzte Erscheinung zum Abschlusse gelangt. Und ein solches Wunder hatte Prinz Eugen zu Stande gebracht, obgleich alle Vortheile der Stärke und der Stellungen durch den ganzen Feldzug auf Seite seiner Gegner gewesen waren!

Reichlich waren die Belohnungen, welche einzelnen Leitern der Ereignisse von 1706 gewährt wurden. Den Eroberer der Niederlande, Marlborough, erhob der Kaiser zum Reichsfürsten; Großbrittanien schenkte ihm eine ausgedehnte Domäne, auf welcher seither das Schloß Blenheim erbaut wurde; außerdem erhielt Marlborough eine Leibrente von 5000 Pf. — Dem Herzog von Savoyen wurden von Karl III. und von Joseph I. die jenseits des Ticino gelegenen Landschaften der Lombardie, nämlich die Lomellina, die Val die Sesia, Alessandria und Valenza für immer abgetreten. — Nur Eugen von Savoyen ging so ziemlich leer aus; er verlangte auch nicht nach äußerer Ehre, da er an innerer reich genug war, — und eine

Vermehrung seines Einkommens wäre mittelbar doch nur wieder dem Staate zu gute gekommen, da der Prinz den größten Theil seiner Einkünfte zum Besten der Armee zu verwenden pflegte. Seine Spione z. B. bezahlte er meistens nur aus dem Eigenen.

99. Feldzug 1707 in Italien. Im J. 1707 begannen die Interessen Oesterreichs und der Seemächte theilweise auseinander zu gehen, was selbstverständlich der Freundschaft nicht als neuer Kitt dienen konnte. Bis zum J. 1706 hatte man sich gegenüber der ungezähmten Eroberungslust des Hauses Bourbon vorwiegend nur abwehrend verhalten; seitdem aber das Glück auf die Seite der alliirten Mächte sich gewendet hatte, trachtete jede derselben, den eigenen Vortheil als Leitstern für die zu wählenden Operationen zu bezeichnen. Ein solcher Anlaß zu Meinungsverschiedenheiten zeigte sich auch zu Anfang 1707 in Italien: Kaiser Joseph legte das Hauptgewicht auf die Eroberung des Königreiches Neapel, dagegen waren Victor Amadäus und die Seemächte für einen Einfall in das südliche Frankreich mit dem Endziele Toulon, welches man wegzunehmen hoffte. Der Herzog von Savoyen dachte damit eine Vormauer, vielleicht wohl gar eine Vergrößerung für seine Staaten zu gewinnen; den Seemächten hinwieder war viel daran gelegen, Frankreichs wichtigsten Kriegshafen zu zerstören. Schließlich gab der Kaiser nach, behielt sich aber vor, die Expedition nach Neapel trotzdem in's Werk zu setzen. — Im Ganzen zählte das kaiserliche Heer in Italien gegen 40.000 M., halb so stark war jenes der Piemontesen, nach Abschlag der Besatzungen. Von französischer Seite waren ungefähr 50.000 M. unter dem Marschall Tessé längs den Alpen in den Grenzprovinzen aufgestellt, u. z. ein Viertel des Ganzen in und bei den Grajischen=, etwas mehr bei den Cottischen=Alpen, der Rest theils längs des Meeres, theils in Reserve mit dem Hauptquartier zu Briançon. Marschall Tessé hatte die schwierige Aufgabe, eine bei 80 Meilen lange Hochgebirgs= kette, von der sich mancherlei Zweige als Thalscheiden in das eigene Hinterland erstrecken, zu bewachen und zu vertheidigen. Er verrammelte und besetzte deßhalb möglichst alle Pässe, stellte an den Kreuzungspunkten größere Abtheilungen auf, blieb aber dabei in Ungewißheit, ob die Gegner aus ihren engeren Aufstellungen zwischen Coni und Ivrea gegen Nizza, gegen die Cottischen Alpen oder gegen Savoyen sich wenden würden. Er muthete ihnen die Ungeschicklichkeit zu, daß sie in allen drei Richtungen zugleich vorgehen sollten.

Weil die kaiserlichen Truppen erst im Laufe des Frühlings vollzählig wurden, verzögerte sich ihre Invasion nach Frankreich um so mehr, da unterdessen auch FM. Daun mit 10.000 M. zur Eroberung von **Neapel** abging. Die Truppen der Bourbons in diesem Lande waren nicht sehr zahlreich; die Bevölkerung jauchzte den Oesterreichern entgegen; innerhalb dreier Monate war Daun Herr des ganzen

Landes, das einzige Gaeta ausgenommen. Nach längerer Belagerung mußte dieser tapfer vertheidigte Platz mit Sturm genommen werden (30. Sept.). So war demnach bereits das dritte von den spanischen Reichen für Karl III. erobert worden und auch dieses, sowie kurz vorher Mailand, in Folge des einen Sieges von Turin.

Zu Anfang Juli 1707 setzte sich das oberitalische Heer der Alliirten in Bewegung. Es zählte, weil ansehnliche Abtheilungen in Piemont zurückgelassen werden mußten, wenig über 30.000 M. Der Oberbefehl war in diesem Jahre aus Höflichkeit dem Herzog Victor Amadäus übertragen worden und Prinz Eugen hatte nur die wenig beneidenswerthe Rolle, die deutschen Truppen, aus denen das Heer vorwiegend bestand, zur Vollziehung von Befehlen anzuhalten, welche weder ihnen noch ihm selbst sehr weise erschienen. Das Heer, in 4 Corps getheilt, ging mit Marschstaffeln über den damals noch ziemlich beschwerlichen Col di Tenda (5.—9. Juli) und eroberte am 11. Juli die Verschanzungen, welche von den Franzosen zur Vertheidigung des Bar-Ueberganges bei St. Laurent angelegt waren. Auch weiterhin wurde der Marsch der Alliirten auf der Küstenstraße, jedoch unter manchen Verzögerungen fortgesetzt. Eine wesentliche Unterstützung wurde diesen Operationen gegeben durch die brittische Flotte unter Shovel, welche in einer Stärke von 48 Kriegs- und 60 Transportschiffen die Armee cotohirte, den Belagerungspark und einigen Proviant für selbe mit sich führte, überdieß die Blocade verschiedener feindlicher Häfen übernahm. Ohne die Mühewaltung der Engländer hätten die Deutschen fast verhungern können, da der Herzog von Savoyen für die Verpflegung sehr mangelhafte Voranstalten getroffen hatte. Ueberdieß waren die Bewohner der französischen Grenzdistrikte von einem solchen Vorurtheil gegen die Deutschen erfüllt, daß die Ortschaften längs dem Wege der alliirten Armee großentheils verlassen standen und die Truppen in einer beinahe wüsten Landschaft der Sommerhitze, dem Durst und Hunger in gleich hohem Grade ausgesetzt waren. Erst am 26. Juli stand die Armee bei La Valette, ½ Stunde vor Toulon, nachdem sie zu den 30 Meilen Weges vom Bar bis hieher die unter den erwähnten Umständen als kurz zu bezeichnende Zeit von nur 12 Tagen gebraucht hatte.

Es ist früher erwähnt worden, wie das französische Heer auf einer weiten Linie vertheilt gewesen war, den Angriff der Alliirten in verschiedenen Richtungen erwartend. Nun haben bekanntlich Stellungen an Hochgebirgen für den Vertheidiger den Vortheil, daß sie die Annäherung des Feindes erschweren und auf wenige Punkte beschränken; sie haben aber gleichzeitig fast immer den Nachtheil, daß die vielen von ihnen sich herunter senkenden Widerlager dem Vertheidiger bei der Vereinigung seiner Streitkräfte mehr Zeitverlust verursachen, als dem Angreifer durch Forcirung des Hauptkammes geworden ist. Daher kommt es, daß Hochgebirge, welche ebenso wie große Ströme dem Laien die mächtigsten Barrièren im Terrain zu sein scheinen, es in Wirklichkeit oft am wenigsten sind. Diese Erfahrung mußte auch Tessé machen. Die Gegner hatten eine Art Umgehung seiner Defensivstellung in Muße vollendet, lange bevor er seine Streitkräfte vereinigt und auf ihre Operationslinie gebracht hatte. Als die Alliirten vor **Toulon** erschienen, waren daselbst kaum 6000 Franzosen zur Abwehr versammelt und die Werke des Platzes schienen keineswegs im besten Zustande. Die Kriegsschiffe bereiteten sich zum Gefechte gegen die Hafenbatterien, die deutschen Truppen voll Kampfeslust zum Stürmen, — aber der Herzog Victor Amadäus befahl Lagerung, Ausschiffung des schweren Geschützes, Tracirung der Arbeiten! Höchst wahrscheinlich wäre dieser Weltplatz durch einen Handstreich zu gewinnen gewesen. Als Grund für die Systematik des Herzogs, welche, wie jede Uebertreibung gerade das entgegengesetzte Resultat von dem gewünschten zur Folge hatte, wird hie und da ein Zerwürfniß mit dem brittischen Admiral Shovel angegeben; dieser Zwist, der vielen Tausenden unnützer Weise das Leben kostete und den ganzen Feldzug scheitern machte, hatte eine gemeine Geldgier des Herzogs Victor Amadäus zur Grundlage.

Die Flotte der Alliirten nahm vor dem Eingange zur großen Rhede (1 Meile Luftlinie von Toulon), das Landheer auf der östlichen Seite der Festung in einer Entfernung von 5000 Schritten Stellung. Wir werden bei einer späteren Gelegenheit (1793, erstes Auftreten Buonaparte's) ausführlicher auf die Situation von Toulon zu sprechen kommen; hier genügt es zu sagen, daß der Platz von der Seeseite fast uneinnehmbar ist, dagegen zu Lande einen Kranz von Höhen vor sich hat, deren Abfälle von dem Platze durchschnittlich nicht über 2000 Schritte entfernt liegen. Wenn die Alliirten sich dieser Hügelreihe früher bemächtigten, als die Franzosen sich daselbst zu verschanzen vermochten, so war es sehr wahrscheinlich, daß die Stadt binnen wenigen Tagen durch ein einfaches Bombardement zu bezwingen war; die erwähnte Distanz war nämlich keineswegs außerhalb der Portée des damaligen Positionsgeschützes; überdieß war die Festung Anfangs noch in einem sehr verwahrlosten, die Garnison in einem ziemlich entmuthigten Zustande. Nun beliebte es aber dem Herzoge von Savoyen, ohne Rücksicht auf die Verhältnisse zuerst Linien vor seinem Lager zu errichten und überhaupt ganz systematisch vorzugehen. Damit gab er den Gegnern die Zeit, aus allen benachbarten Provinzen in immer größeren Mengen herbeizuströmen, die Werke auszubessern und auf den beherrschenden Anhöhen in kurzer Zeit drei stark verschanzte Lager aufzuwerfen. Gleichzeitig sammelten sich einige französische Abtheilungen fast im Rücken der Angreifer und das Landvolk widersetzte sich den Fouragirungen der Letzteren mit bewaffneter Hand. Ja es schien sogar ein förmlicher Volkskrieg ausbrechen zu wollen.

Nachdem die Alliirten die günstigen Momente verpaßt hatten, waren ihre Vortheile, welche sie weiterhin noch erfochten, nur von vorübergehender Natur. Es wurden zwar ein wichtiges Fort (St. Catherine, 30. Juli) und mehrere Strand= Batterien (16—19. Aug.) erobert, aber gleichzeitig sahen die Alliirten die Zahl ihrer Gegner in einer sehr bedenklichen Weise anwachsen. Schon am 19. August begannen Victor Amadäus und Eugen in aller Stille die Rückeinschiffung des Parkes und der Kranken und am 22. nach Mitternacht trat das Heer seinen Ab= marsch an, während gleich darnach das eroberte Fort in die Luft gesprengt wurde. Dagegen blieben 14 Geschütze in den Batterien als Beute der Franzosen zurück. Der Rückzug der Alliirten mußte der großen Hitze wegen vorwiegend zur Nacht= zeit erfolgen; er war im höchsten Grade mühsam und zugleich gefährlich, indem bewaffnete Banden überall das Heer umschwärmten, während Tessé und Medavi mit ihren überlegenen Truppen dasselbe einzuholen trachteten. Aber ohne irgend ein größeres Gefecht und fast ohne Verlust kamen die Alliirten über den Var zurück.

Prinz Eugen wandte sich ohne Zeitverlust zu einer neuen Unternehmung; bei dem Räumungsvertrage war Susa in den Händen der Franzosen belassen worden; da an diesem damals stark befestigten Punkte die Straßen über den Mt. Cenis und den M. Génèvre sich vereinen, so blieb den Franzosen damit die Ge= legenheit, zu jeder beliebigen Zeit mit großen Massen im Pogebiete zu erscheinen. Eben deßhalb eilte Tessé, zur Rettung dieses Platzes, der seit dem 21. Sept. von den Deutschen belagert wurde, eine Truppenmacht zu versammeln, von welcher die größere Hälfte am Col de Fenestrelles, die kleinere bei Fort Exilles sich auf= stellte. Obgleich beide Corps zusammen bald gegen 40.000 M. zählten, wollte Tessé doch erst nach dem Eintreffen von weiteren 15 Bataillonen den Entsatz ver= suchen. Mittlerweile hatten aber die Alliirten fast ohne Schwertstreich die Stadt Susa und nach einem ziemlich heißen Kampfe auch die Citadelle bereits einge= nommen und im Ganzen 32 Geschütze erbeutet (3. Octb.) Beide Heere bezogen bald darauf Winterquartiere. Tessé, der das Mißfallen des Königs nicht ohne Grund sich zugezogen hatte, wurde für immer vom Heeresbefehle entfernt. Auf dem Festlande Italiens behielten am Jahresschlusse die Franzosen nichts mehr als Savoyen und die östlichen Abfälle des Mt. Génèvre.

100. Kriegsjahr 1707 auf den Schauplätzen außer Italien.

Die militärischen Ereignisse in Ungarn waren während des J. 1707 nicht sehr bedeutend, weßhalb wir sie im Zusammenhange mit jenen der nächstfolgenden Zei= ten berichten werden. — In Deutschland hatten dagegen seit dem J. 1706 einige folgenreiche Ereignisse stattgefunden. Wie mehrfach schon erwähnt wurde, war zur gleichen Zeit mit dem spanischen Erbfolgekrieg über die andere Hälfte Europa's der zweite nordische Krieg im lebhaftesten Gange. Karl XII. von Schweden hatte in sechs Feldzügen unglaubliche Erfolge über Dänemark, Rußland und Polen erfochten; da aber August, der König von Polen, zugleich Kurfürst von Sachsen war, so brach der schwedische König im Herbste 1706 auf das deutsche Reichsgebiet herein und erzwang den Altranstädter Frieden (24. Sept.), in welchem August auf die polnische Krone Verzicht leistete. Trotzdem blieben die Schweden durch längere Zeit noch in Sachsen liegen und es war zu befürchten, daß sie ihre Rolle aus dem 30jährigen Kriege wieder aufnehmen, sich zu Verbündeten Frankreichs machen und damit dem südeuropäischen Kriege eine andere Wendung geben würden. Besonders die norddeutschen Fürsten geriethen nunmehr in ernste Besorgnisse und wollten ihre Truppen zurück haben. Der Kaiser Joseph war eben nicht sehr geneigt, dem hochmüthigen Könige Schwedens ein großes Entgegenkommen zu zeigen; dagegen glaubte England unter solchen Umständen keine Anstrengung zur Erhaltung des Friedens mit Schweden scheuen zu dürfen. Der diplomatischen Gewandtheit Marlborough's gelang es, bei einem kurzen Aufenthalte in Sachsen Karl XII. ganz für sich zu gewinnen (Frühjahr 1707), so daß dieser weit mehr der Großen Allianz als dem französischen Interesse sich geneigt erklärte. Uebrigens unterließ es Marlborough nicht, diese günstige Stimmung Schwedens durch Spendung von Geldsummen und Pensionen an einflußreiche Diener Karl's XII. zu kräftigen.

Das Erscheinen Karls XII. brachte nur eine vorübergehende Gefahr für die Allianz mit sich. Schwerer wiegend war die Zerfahrenheit, welche jetzt bereits zwischen den Theilnehmern des großen Bundes sich zu äußern anfing. Eine gewisse Spannung und Eifersucht trat zwischen den Höfen von Wien und Berlin bei wiederholten Anläßen zu Tage. Aus den Briefen Eugen's, des venetianischen Gesandten zu Wien und anderer Personen geht klar hervor, daß Preußen, obgleich dem Anscheine nach mit Uneigennützigkeit dem kaiserlichen Hofe ergeben, doch im Geheimen bereits den Plan festhielt, bei günstiger Gelegenheit um den Vorrang in Deutschland mit Oesterreich zu rivalisiren, und daß es demnach nur auf die geeignete Zeit wartete, um sich auf Kosten Oesterreichs zu vergrößern. Ebenso waren die Generalstaaten keineswegs abgeneigt, aus den mit ihrer Hilfe eroberten spanischen Niederlanden den möglichsten Vortheil herauszuschlagen, ja wohl gar das Ganze für sich zu behalten. Auf diesen Eigennutz der Holländer rechnete Ludwig XIV., indem er sie mit dem Vorschlage zu einem Separatfrieden zu ködern suchte. Da Frankreich damals an Geld und Menschen schon ungemein erschöpft war, so wäre es für Ludwig XIV. allerdings das Erwünschteste gewesen, wenn seine altgewohnte Politik diesmal wieder gefruchtet hätte, nämlich einen Gegner nach dem anderen zum Abfalle von der Allianz zu bewegen und dann den zuletzt

Uebrigbleibenden die härtesten Bedingungen aufzuerlegen. Glücklicherweise wußte die festgeschlossene Trias großer Staatsmänner, Marlborough, Heinsius und Prinz Eugen, diese Plän Frankreichs für jetzt wenigstens noch zu durchkreuzen. Den Be= mühungen dieser großen Männer gelang es auch, die bereits wieder zur alten Schläfrigkeit geneigten Fürsten Deutschlands zur mäßigen Fortsetzung ihrer An= strengungen für die Ehre des Reiches anzuspornen, sowie die kleinlichen Eifersüch= teleien und Eigennützigkeiten dieser Duodezstaaten zu beschwichtigen. — Dagegen wurde bei dem Herzoge von Savoyen die ererbte Zweideutigkeit seines Hauses seit der Wiederbefreiung seiner Staaten immer deutlicher bemerklich.

Unter den angedeuteten Verhältnissen hatte der Feldzug von 1707 weder in Mitteldeutschland noch in den Niederlanden eine große Lebhaftigkeit. Am Mit= telrheine blieben die Streitkräfte der Deutschen weit unter dem festgesetzten Aus= maße und betrugen im Ganzen bloß 35.000 M. unter den Befehlen des Mark= grafen von Baireuth, welcher trotz seiner bekannten Unfähigkeit von Seiten des Reiches nur deßhalb zum Reichsfeldherrn erwählt worden war, weil nach dem Tode des Markgrafen von Baden, eines Katholiken, die Reihe zur Besetzung der erwähnten wichtigen Stelle einen protestantischen Fürsten zu treffen hatte. Bai= reuth hielt sich mit 20.000 M. in den Linien von Stollhofen, welche gegen die 45.000 M. des Marschalls Villars recht gut vertheidigt werden konnten. Die Franzosen kamen im Frühjahre über den Rhein und eroberten am 23. Mai die Schanzen von Stollhofen ohne viele Mühe, nachdem Baireuth bei ihrem An= rücken nicht rasch genug zu einem vernünftigen Gedanken zu kommen wußte. 170 Geschütze und große Vorräthe fielen hier den Siegern wohlfeilen Kaufes in die Hände. Villars ließ die Werke schleifen, drang dann hinter den fliehenden Geg= nern nach Württemberg ein und hauste hier mit Schrecken und Brandschatzung. Da er sogar Baiern, dessen Volk noch immer zum Aufstande bereit schien, mit einer Invasion bedrohte, so ordnete Kaiser Joseph I. den FM. Heister dem Mark= grafen von Baireuth als Rathgeber bei. Nun machten die Kaiserlichen eine rasche Bewegung gegen Mainz und Philippsburg, um dadurch die Franzosen für ihre Rückzugslinie in Besorgniß zu versetzen. Villars zog sich jetzt allerdings näher an den Rhein heran, ging aber erst im Herbste in den Elsaß zurück, nachdem eines seiner Corps bei Offenburg von dem kaiserlichen General Mercy überfallen und geschlagen worden war (24. Sept.). Dieses Gefecht hatte nicht mehr unter dem Oberbefehle des Markgrafen von Baireuth stattgefunden, indem letzterer kurz vor= her vom Commando abberufen und durch den etwas besser befähigten Kurfürsten Georg von Hannover ersetzt worden war.

Besonders schlaff war der Gang des Krieges in den Niederlanden, ob=

gleich Marlborough's Heer über 70.000 M. zählte, jenes seiner Gegner sogar noch etwas stärker war. Bendôme, welcher theils aus Besorgniß für seinen Feld= herrnruhm, theils aber auch wegen seiner immer mehr überhandnehmenden Be= quemlichkeit jeden Zusammenstoß mit Marlborough zu vermeiden trachtete, sprengte absichtlich das Gerücht von einer ungeheuern numerischen Ueberlegenheit seines Heeres aus und fand hiefür unter den ängstlichen Holländern zahlreiche Gläubige. Hiezu kamen noch die früher erwähnten politischen Mißhelligkeiten, und in Folge dieser Umstände sah sich Marlborough während des ganzen Feldzuges auf eine höchst unbedeutende Thätigkeit beschränkt; einige Märsche, mit welchen ein Theil den anderen zu überlisten trachtete, waren die einzigen Lebenszeichen der beiden großen Armeen.

Weit schärfer ging es in Spanien her. Obgleich der dermalige König von Portugal, Johann V. (seit 9. Dec. 1706), mit etwas größerem Feuer als sein Vorgänger für die Sache der Allianz eintrat, war diese doch seit der zweiten Hälfte des vorjährigen Feldzuges ganz entschieden in's Sinken gerathen. Hiezu kam noch, daß Ludwig XIV. nach dem Verluste von Belgien, Mailand und Nea= pel wenigstens Spanien für seinen Enkel um so kräftiger behaupten wollte und zu diesem Behufe neuerdings 16.000 M. unter dem Herzog von Orleans dahin ab= schickte. Die Alliirten waren jetzt in jeder Beziehung weit schwächer als der Feind und die Zanksucht ihrer Generale machte diese Nachtheile um so empfindlicher hervortreten. Einer der unverträglichsten, leider aber zugleich der geschicktesten unter ihnen, Peterborough, verließ den Kriegsdienst, worauf Galloway und Dasminas ohne weiteres Bedenken zur Offensive übergingen. Sie wandten sich von Valencia aus gegen Murcia, überschritten den Xucar (spr. Chu—) und griffen am 25. April den Herzog von Berwick in einer guten Stellung bei **Almanza** (spr. —ßa) an. Jedes der beiden Heere zählte bei 32.000 M., in jenem der Bourbons waren aber die Franzosen, im alliirten Heere dagegen die Landeseingebornen überwie= gend. Dieser Umstand war entscheidend, denn mit Ausnahme der portugiesischen Infanterie liefen auf beiden Seiten die aus Söhnen der Halbinsel gebildeten Re= gimenter augenblicklich davon, sobald sie feindliche Waffen in ihrer Nähe blitzen sahen. In solcher Weise standen die wenigen Regimenter der Britten, Holländer und Deutschen nach kurzer Zeit vereinzelt hie und da auf dem Schlachtfelde; nach= dem sie durch einige Zeit heroischen Widerstand geleistet, wurden auch sie zersprengt oder gefangen. Im Ganzen verlor das alliirte Heer 5000 M. auf dem Felde, 8000 M. an Gefangenen, ferner 120 Standarten, alles Geschütz (24 Stück) und das Gepäcke. Durch Desertion kam das geschlagene Heer derart herunter, daß von seiner Infanterie, die vor der Schlacht 24.000 M. gezählt hatte, nach der= selben bloß 2500 M. nebst 3500 Reitern wieder gesammelt werden konnten.

Wie heftig das Schlachtgetümmel an einzelnen Punkten gewesen sei, läßt sich daraus erkennen, daß der eine Ober-Commandant der Alliirten, Galloway, durch
zwei Säbelhiebe schwer verwundet wurde, während dem andern, Dasminas, seine
als Amazone mitfechtende Geliebte unmittelbar neben ihm getödtet wurde.

Die Schlacht von Almanza, welche den Siegern kaum 2000 M. gekostet
hatte, gestaltete die Sache Karl's III. in Spanien fast hoffnungslos. Außer dem
sogenannten Hauptheere von bloß 10.000 M., welches er zum Schutze von Catalonien verwendete, und den vorwiegend portugiesischen Truppen in Westen, waren
nur die spärlichen Besatzungen der verschiedenen festen Plätze zur Fortführung des
Kampfes gegen das Haus Bourbon vorhanden. Wohl traten an verschiedenen
Orten, insbesondere in Valencia und Catalonien, die Einwohner mit Erbitterung
gegen die Franzosen auf, vermochten aber den zahlreichen und schärferen Waffen
der Bourbons auf die Dauer nicht zu widerstehen. Letztere setzten sich, obgleich
theilweise erst nach heißen Kämpfen, wieder in den Besitz von Valencia, Murcia
und Arragon, dann auch der Festung Ciubad Rodrigo an der portugiesischen
Grenze und mehrerer Plätze in Catalonien. Dieses Land mit seiner wichtigen
Hauptstadt Barcellona und mit Tortosa, dann die südlicheren Seefestungen Denia
und Alicante bildeten so ziemlich Alles, was dem österr. Fürsten von den früheren
Eroberungen vorläufig noch verblieb.

101. Politische Verhältnisse im J. 1708. War in den letzten
sieben Jahren ganz Europa von dem Gebiete der Wolga bis zum Tajo in einen
einzigen Kriegsschauplatz verwandelt gewesen, so hatte es im J. 1708 den Anschein, als ob neue Verwicklungen den Knoten der herrschenden Weltfragen noch
unlöslicher schürzen sollten. Es eröffneten sich hie und da Aussichten auf Frieden,
so namentlich von Frankreich her, welches seit dem Schlusse des J. 1708 statt der
bisherigen arglistigen Lockungen mit aufrichtigen Anträgen hervortrat. Aber das
brittische Cabinet konnte aus Gründen besonderer Art, aus einem gewissen Zwange
der Selbsterhaltung, den weitgehenden Anerbietungen Frankreichs gegenüber sich
nur ablehnend verhalten. Dieß erklärt sich aus der Stellung der Parteien in
England, von welcher wir jetzt zu sprechen haben.

Nach der Vertreibung der Stuarts waren die Whigs, oder, wenn man so-
sagen will, die Liberalen in England an's Ruder gekommen (§. 48). Auch die
Königin Anna hatte ihr Ministerium aus dieser Partei gebildet, deren maßvolle
Häupter Marlborough und der Großschatzmeister Godolphin waren; als eine
gleichbedeutende Stütze der Partei hatte man weiter noch die Lady Marlborough
zu nennen. Sie war von Jugend auf die vertraute Freundin der nunmehrigen
Königin gewesen und übte am Hofe durch lange Zeit einen fast unumschränkten

Einfluß. Während aber die beiden männlichen Häupter der gemäßigten Whigs durch ihre politischen und militärischen Siege, durch ihre Weisheit und patriotische Selbstverläugnung der Königin sowie dem Lande die größte Achtung abzwangen, war die Herzogin von Marlborough, obgleich von einem scharfen Geiste erfüllt, doch ein Weib von der Sorte derjenigen, welche mit ihrem Hochmuthe und ihrer Anmaßung den eigenen Freunden nach und nach entweder gefährlich oder verhaßt werden müssen. Zur Zeit schon, als noch ganz England vor ihrem Einflusse sich beugte, war auch fast ganz England von Ingrimm über ihre Herrschsucht und Anmaßungen erfüllt. Die Königin selbst, von jeher im Geheimen zur Partei der Tory's sich neigend, übertrug den Haß gegen die einstige Freundin auf die ganze Partei der Whigs. Aber die Königin selbst wagte nicht offen mit ihren veränderten Neigungen hervorzutreten; wohl aber strebte sie darnach, die Whigs immer mehr durch Tory's zu verdrängen. Zwei der Letzteren, Harley und St. John (spr. Harlih und Sent Dschohn) waren von Marlborough und Godolphin selbst in's Ministerium erhoben worden, um eine Ausgleichung der Parteien anzubahnen. Sie erwiesen sich aber eben so undankbar gegen ihre Gönner als zwei Verwandte der Lady Marlborough, welche von letzterer in die Umgebung der Königin gebracht worden waren (Ehepaar Masham). Die Abneigung der Königin gegen die Whigs trat bereits so unverhohlen hervor, daß die Letzteren nunmehr einen entscheidenden Kampf im Parlamente herbeiführten. Die Königin erlitt hierin eine vollkommene Niederlage und mußte ihre beiden Tory-Minister durch Whigs ersetzen. Aber „die in ihrem Stolze wie in ihren Gefühlen verwundete Königin nahm ihre Zuflucht zu geheimen Intriguen. Sie leistete ihren Ministern keinen Widerstand, sie fügte sich in Alles, was dieselben vorschrieben; — aber sie wich nur der bittern Nothwendigkeit, sie sann bereits auf Mittel zu ihrem Verderben"[1]. Vielleicht würde schon zu Anfang des J. 1708 der Sturz Marlboroughs und der anderen Whig-Minister erfolgt sein, wenn nicht der Oberbefehlshaber gerade um diese Zeit sein Ansehen im brittischen Volke noch mehr als durch seine letzten glänzenden Siege gehoben hätte. Ludwig XIV. rüstete sich nämlich zu einer Invasion auf Großbrittanien zu Gunsten des Chevaliers v. St. George; so nannte sich nämlich Jakob (III) Stuart, der Sohn des im Exile verstorbenen Jakob's II. Die Tory's von Schottland, besonders die Häuptlinge in den Hochlanden versprachen für den Erben der Stuarts 30.000 M. aufzubringen. Schon zitterten die Engländer vor der Rückkehr einer nur dem Namen nach constitutionellen Regierung, sie fürchteten wieder die papistisch gesinnten Bischöfe. Allein Marlborough befreite sie von

---

[1] Archibald Alison „der Herzog von Marlborough," 5. Cap.

diesem Alpdrücken durch so zweckmäßige Verfügungen über Heer und Flotte, daß der Chevalier von St. Georges nach Frankreich zurückkehren mußte, ohne eine Landung bewirkt zu haben. — Ein anderes großes Verdienst des Whig=Ministeriums stammte aus der im J. 1707 bewirkten Vereinigung der Reiche England und Schottland, welche bis dahin abgesonderte Regierung gehabt hatten, zu einem einheitlichen Staate unter dem Namen Großbrittanien. Besonders das englische Volk hatte Ursache, mit diesem wichtigen Akte zufrieden zu sein, während umgekehrt die Schotten mit der Vertretung im Parlamente und mit dem Einflusse auf die gesammte Staatsverwaltung etwas stiefmütterlich bedacht wurden.

Obgleich Marlborough der Königin mehr Charakter zutraute, als sie wirklich hatte, fühlte doch auch er, daß seine Stellung und die der Whigs überhaupt im hohen Grade erschüttert war und daß es vorläufig zur Behauptung des eigenen Ansehens im Inlande kein anderes Mittel gab, als entweder sich ganz unentbehrlich hinzustellen oder durch die schlagendsten Erfolge der Politik eine so imposante Geltung im Dankgefühle der Nation zu erringen, daß die Königin selbst dagegen nie mehr ankämpfen dürfte. Beides war nur in einer Fortsetzung des Krieges bis zur völligen Niederwerfung von Frankreich denkbar. Marlborough selbst glaubte den Frieden nicht fürchten zu sollen; dagegen waren seine Collegen im Ministerium mit größter Entschiedenheit gegen jede Friedensverhandlung; aus Freundschaft für das brittische Cabinet, wie auch bei dem gerechtfertigten Bestreben, Frankreich für längere Zeit unschädlich zu machen, mußten Prinz Eugen und Kaiser Joseph gleichfalls zur Verwerfung der französischen Anträge geneigt sein. Aber gerade das Haus Habsburg hatte einige Jahre später diese fortgesetzte Kriegslust mit dem Opfer mancher Vortheile zu bezahlen. Im Gegensatze zu Marlborough und Eugen waren die Holländer eben aus denselben Gründen dermalen zum Frieden geneigt, aus welchen die Whigs ihn scheuten. Mit schlauer Berechnung sahen sie voraus, daß die Whigs früher oder später doch fallen mußten und daß ihre Erben, die Tory's, sodann das eigentliche Staatsinteresse Englands, damit aber auch zugleich die alliirten Mächte im Stiche lassen würden. Diese Befürchtung der Holländer ist ein paar Jahre später zur Wahrheit geworden.

Wir mußten diese Verhältnisse ausführlicher niederlegen, weil sie den schließlichen Ausgang des Krieges bereits im Keime enthielten. Weit gefährlicher für gewöhnliche Augen mochten die neuen Zerwürfnisse zwischen Schweden und dem Kaiser erscheinen. Karl XII., der auch im J. 1708 noch durch längere Zeit in Sachsen verweilte, trat, nicht sowohl aus Feindseligkeit, als wie aus angebornem Hochmuthe gegenüber dem kaiserlichen Hofe in einer Weise auf, welche die Geduld des letzteren allerdings erschöpfen mußte. Nebst anderen Anmaßungen erlaubte sich der König, als unberufener Anwalt der Protestanten in Schlesien aufzutreten und sogar einige Regimenter gleichsam als Execution gegen den Kaiser in die gedachte Provinz zu verlegen. Nur über vieles Zureden der englischen Regierung ließ sich Joseph I. bewegen, den schwedischen Forderungen nachzugeben. In Folge dieser Verwicklungen wurden den Protestanten Schlesiens ansehnliche Freiheiten eingeräumt. So sehr zu dieser Zeit ganz Deutschland vor den 40.000 Schweden auf dem Boden Sachsens in Besorgniß stand, so zeigte es sich doch bald, daß letztere eigentlich ziemlich unbegründet war. Es hatte nämlich zu dieser Zeit Rußland so bedeutende Fortschritte gegen Schweden gemacht und sich derart gekräftigt, daß die Freundschaft des Czars dem Kaiser vortheilhafter sein mußte, als die Feindschaft Karl's XII. gefährlich. Dieser König vermochte, als er endlich von Sachsen aufbrach, sich gegen Rußland allein nicht mehr zu behaupten, — wie hätte er es dann gegen die beiden vereinigten Kaiserreiche gekonnt!

In Deutschland wurde über dringendes Ansuchen des Kurfürsten von der Pfalz diesem das Erztruchsessen-Amt und die Oberpfalz zurückgegeben; bekanntlich waren diese Besitztitel im 30jährigen Kriege an Baiern gefallen. — Wichtig waren die Aenderungen, welche zur selben Zeit in der Karte Italiens vorgenommen wurden. Nach dem Rückzuge der Franzosen aus der Halbinsel hatten sich die Oesterreicher in den verschiedenen Herzogthümern längs dem Po ausgebreitet. Wegen der Verläugnung seiner Pflichten als deutscher Reichslehensträger wurde Karl IV., Herzog von Mantua, in die Acht erklärt, starb aber bald darauf als der letzte des Hauses Gonzaga-Nevers (5. Juli 1708). Das Land Mantua blieb fortan mit der Lombardie vereinigt. In ähnlicher Weise wurde die Dynastie Pico ihres Herzogthumes Mirandola entsetzt, letzteres aber an Modena verliehen. — Sehr ernstlich waren die Verwicklungen, welche sich zwischen dem Wiener Hofe und dem päpstlichen Stuhle ergaben. Clemens XI. glaubte auch den Kaiser Joseph I. ungestraft reizen zu können, wie er durch das Verhalten in der spanischen Erbfolgefrage den verstorbenen Kaiser schwer gekränkt hatte. Aber weder in gewissen kirchlichen Rechten, welche der Papst dem Kaiser beschränken wollte, noch in der Anweisung von Marsch- und Winter-Quartieren der Truppen auf dem Boden des Kirchenstaates wollte Joseph I. nachgeben; als jetzt gewaltiger Gebieter in Italien verlangte der Kaiser von allen dortigen Fürsten dasjenige imperatorisch, was sie früher seinen Feinden freiwillig geleistet hatten. Als nun gar preußische Truppen in die Herzogthümer Parma und Piacenza einrückten, daselbst protestantischen Gottesdienst hielten und von jedermann, also auch von der Geistlichkeit beträchtliche Abgaben einhoben, stieg die Erbitterung der Curie auf das Höchste; sie betrachtete nämlich jene Herzogthümer, seitdem sie im Besitze des Hauses

Farnese waren, als Lehen der Kirche, während umgekehrt die Kaiser sie von jeher als Reichslehen behandelten.

Wegen des Bannes, der von Clemens XI. über die kaiserlichen Generale in seiner Nähe ausgesprochen wurde, ließen sich dieselben keine grauen Haare wachsen; im Gegentheile, sie besetzten nunmehr bleibend Commacchio und andere päpstliche Gebiete. Immer heftiger wurde der Notenwechsel zwischen Rom und Wien. Eines dieser Schreiben des Papstes enthielt, nachdem früher mit Bann und weltlichen Waffen gedroht wurde, noch folgende charakteristische Ansprache an den Kaiser: „Wenn du dich nicht schämst, die Kirche, ja Gott selbst anzutasten und von der uralten österreichischen Frömmigkeit abzugehen, die vormals in der eifrigen Ergebenheit eines Leopold für den heiligen Stuhl sich kund gethan hat, so wird derselbe Gott, welcher Königreiche gibt, sie wieder hinwegnehmen [1]." Papst und Kaiser wurden von den äußersten Schritten nur durch ihre Freunde abgehalten. Die Cardinäle verhinderten den Bannfluch, der sonst über Oesterreich ausgesprochen worden wäre, — andererseits waren die protestantischen Alliirten des Kaisers dafür, daß nicht allzu gewaltsame Schritte gegen den Papst in Ausführung gebracht wurden. Sie fürchteten nämlich einen gefährlichen Rückschlag auf die Stimmung der katholischen Völker in Oesterreich und Südeuropa. In Wirklichkeit war das Verfahren des Kaisers gegen Rom nicht ohne bedeutende Einwirkung auf die Angelegenheiten in Spanien, dessen fanatisch katholisches Volk von früher her die protestantischen Hilfstruppen Karl's III. mit Widerwillen geduldet hatte und nun dem Gerüchte weite Verbreitung gewährte, daß Spanien selbst eine ketzerische Regierung erhalten sollte. — Im Uebrigen wurde Clemens XI. mittlerweile durch verhältnißmäßig sanfte Mittel zum Nachgeben gezwungen. FM. Daun mußte fast bloß durch Manöver die ziemlich zahlreichen aber feigen päpstlichen Truppen gegen Rom zurückzudrängen und sonach einen Vertrag zu erwirken, in welchem der Papst sich den Anforderungen des Kaisers fügte und diesem sogar Comacchio zugestand (Herbst 1708).

102. Kriegsjahr 1708 in Italien, Deutschland, Ungarn und Spanien. Die Ereignisse in Italien waren, nachdem Prinz Eugen wieder auf einen anderen Schauplatz berufen war, von keinem großen Gewichte. Victor Amadäus hatte mit den Hilfstruppen der Alliirten eine Macht von 35.000 M. zusammengebracht und war über den Mt. Cenis und den Kleinen St. Bernhard nach Savoyen eingedrungen (August). Es war ihm aber nicht sehr darum zu thun, den Franzosen ernstlich zu Leibe zu gehen. Villars behauptete ohne Mühen

---

[1] Ueberjetzung des Breves in K. A. Menzel: „Neuere Geschichte der Deutschen," 9. Bd.

Savoyen, nachdem der Herzog in nächster Zeit über die Alpen zurückging. Die einzigen Früchte dieses Feldzuges, von welchem die Alliirten Großes erwartet hatten, waren die kleinen Festungen am Ostabhange der Cottischen Alpen, mit deren Wegnahme Victor Amadäus den Besitz von Piemont zum Abschluß brachte. — Was dann fernerhin im Herbste von Daun gegen den Kirchenstaat ausgeführt wurde, ist schon oben berichtet worden.

Am Rheine verlief das ganze Jahr ohne irgend ein namhaftes Ereigniß, indem die vom bairischen Kurfürsten befehligte Armee Frankreichs durch Absendungen nach den Niederlanden sehr geschwächt wurde, wogegen das Reichsheer sehr langsam zu einer Stärke von 30.000 M. anwuchs und einen äußerst jämmerlichen Anblick bot. Der Kurfürst von Hannover verhielt sich daher ganz unthätig dießseits des Rheines.

Die Angelegenheiten in Ungarn hatten seit dem J. 1706 allmälig einen besseren Gang angenommen (§. 95). Umso leidenschaftlicher wurden aber jetzt die Anstrengungen der Kurutzen. Im J. 1707 berief Rakoczy nach Maros=Vásárhely einen Landtag für Siebenbürgen und ließ sich daselbst von den Exaltirten zum Fürsten erwählen (28. März), obgleich gerade in diesem Lande die kaiserlichen Waffen schon von früher her am kräftigsten gewesen waren. Auch jetzt hatten sie bald den neuen Fürsten sammt seinem Anhang aus dem Lande vertrieben. — Ein ungarischer Reichstag der Kurutzen zu Onod im Borsoder Comitat verlief in höchst tumultuarischer und verrückter Weise (Mai 1707). Das Haus Habsburg wurde des Thrones verlustig verklärt. Nicht lange sollte der Taumel der Rebellen währen. Im J. 1707 blieben die Versuche der Generale Starhemberg, Palffy und Rabutin, ihren Gegnern irgendwo beizukommen, noch ziemlich erfolglos; die Kurutzen wichen überall aus und machten sogar Streifungen bis Mähren. Weil Starhemberg im J. 1708 nach Spanien abging, übernahm Heister neuerdings das Commando der kaiserlichen Armee und bewies jetzt mehr Beherrschung seiner heftigen Natur, überhaupt mehr Umsicht wie vordem. Als Rakoczy die Festung Trencsin aushungern wollte, kam Heister eilig heran und erfocht einen vollständigen Sieg über die an Zahl weitaus überlegenen Ungarn. Letztere wurden gänzlich zerstreut und konnten sich von diesem Schlage nie wieder erholen (1708). — Von dem Tage bei Trencsin sah Rakoczy seine Angelegenheiten sichtlich sinken; viele seiner Anhänger traten offen auf die Seite Oesterreichs über. Vergebens wandten sich die Kurutzen wieder um Hilfe an die Pforte und an Frankreich; beide Mächte hatten schwer genug für sich selbst zu sorgen. Theils die Waffen der österreichischen Generale, theils die vom Kaiser gewährte Amnestie führten fortwährend neue Bezirke und Plätze zu dem Gehorsam gegen die rechtmäßige Regierung zurück. Es

wäre zu ermüdend und unfruchtbar, mit dem Détail dieser Ereignisse sich zu be=
fassen. Wir eilen daher zu den Resultaten: Rakoczy, Bercsényi und einige andere
Häupter des Aufstandes wurden immer enger in die Karpathen zusammengedrängt,
bis sie endlich genöthigt waren, die Waffen wegzuwerfen und nach Polen, später
nach Frankreich zu entfliehen. Ihre Rolle war für immer ausgespielt. Mittlerweile
versammelten der kaiserliche General Palffy und Gf. Karolyi, dieser vormals selbst
ein Haupt des Aufstandes, einen Convent beider Parteien, auf welchem endlich
der Friede von **Szathmar** zum Abschlusse kam und die vollkommene Beruhi=
gung Ungarns im Gefolge hatte (Apr. 1711). Im Wesentlichen wurden hier ganz
dieselben Rechtszustände wie vor dem Aufstande hergestellt, doch hatte das Land wäh=
rend dieser zehn Jahre eine ungemeine Einbuße an Volkszahl und Vermögen erlitten.

Der Oberbefehl über die alliirten Heere in **Spanien** war seit dem Jahre
1708 dem FM. Starhemberg übertragen. Einschließlich von 5500 Oesterreichern,
welche ihm dahin folgten, betrug das Heer Karl's III. in den östlichen Provinzen
bloß 16.000 M. Dagegen hatten die Bourbons eben daselbst drei verschiedene
Corps aufgestellt, welche zusammen einen Stand von 40—50.000 M. erreichten,
später aber durch verschiedene Entsendungen wieder abgeschwächt wurden. Ueber=
haupt unterließen es die Franzosen, ihre große Uebermacht gehörig auszunützen.
Ihre Hauptoperation war die Belagerung von **Tortosa**; ein Seesieg der Britten
unter Leake auf der Höhe von **Menorca** (22. Mai) verzögerte jedoch den An=
fang der erwähnten Umschließung bis zum 12. Juni; nach einer ziemlich matten
Vertheidigung ließ Tortosa die weiße Fahne auf seinen Wällen wehen (13. Juli).
Weiterhin eroberten die Franzosen im Spätherbste noch Denia und Alicante. Von
größeren Fortschritten in den östlichen Reichen wurden sie hauptsächlich durch die
Geschicklichkeit Starhembergs, theilweise aber auch durch die Zerwürfnisse ihrer
eigenen Generale und durch den ziemlich verwahrlosten Zustand ihrer Truppen
abgehalten. — Vollkommen schläfrig und erfolglos war der Krieg an den Grenzen
Portugals geführt worden. Außer dem Seesiege bei Menorca hatte die englische
Flotte in diesem Jahre noch ein paar andere Erfolge aufzuweisen. Dergleichen
waren die Eroberung von Cagliari auf Sardinien (15. August), jene von Fort
Philipp und von Mahon auf Menorca (25. Sept.), und, von einem anderen Ge=
schwader erfochten, ein Seesieg kleinerer Gattung am 8. Juni über die Spanier.

**103. Anfang des Feldzuges 1708 in den Niederlanden
bis zur Schlacht bei Oudenarde.** Prinz Eugen, welcher den Winter hin=
durch wieder dem Hofkriegsrathe zu Wien präsidirt hatte, begab sich im Frühjahre
nach dem Haag, um mit den Generalstaaten und mit Marlborough den Feldzugs=
plan festzusetzen. Dieser war seinem Wortlaute nach darauf hinausgehend, daß

der brittische Feldherr wie gewöhnlich in Brabant, Eugen dagegen an der Mosel aufwärts operiren sollte. Im Geheimen wurde aber die Idee in Anschluß gebracht, daß Eugen plötzlich, sobald die Feinde getäuscht sein würden, von der Mosellinie abspringen und mit Marlborough sich vereinigen sollte. Letzterer hatte 112 Bataillone, 180 Escdr. und 113 Geschütze, ungefähr 70.000 M. zur Verfügung; das franz. Heer unter den Herzogen von Burgund und Vendôme stehend, war um 15 Bataillone und 24 Escdr. stärker, doch hatten die Abtheilungen der Franzosen einen etwas geringeren Stand. — Das Heer Eugens an der Mosel war auf eine Stärke von 35.000 M. veranschlagt; aber selbst im Juni waren 10.000 M. aus der Pfalz noch nicht eingetroffen, weil der Kurfürst dieses Landes vor der Gewährung der an den Kaiser gestellten Forderungen (§. 101) selbe nicht marschiren ließ. Mittlerweile hatte aber der franz. Marschall Berwick nach Zurücklassung eines Corps an der Lauter mit seinem Gros von 35.000 M. den Marsch nach der Mosel angetreten und man war nicht sicher davor, daß diese Truppen zur Armee Burgund's abgehen und Marlborough vor der Ankunft Eugens schlagen konnten. Der kaiserliche Feldherr brach daher am 9. Juni aus seinem Lager unweit Koblenz auf, eilte mit der Reiterei den übrigen Truppen voraus und beschleunigte von Mastricht aus (3. Juli) seine Reise zu Marlborough derart, daß er nur mit einem kleinen Gefolge bei diesem eintraf. Seinen Truppen hatte Eugen den Befehl hinterlassen, nach bewirkter Sammlung ihm wieder rasch zu folgen.

Mittlerweile hatten sich auf dem Schauplatze in Flandern entscheidende Ereignisse vorbereitet. Obgleich der jugendliche Herzog von Burgund die Anordnungen seines erfahrenen Adlatus Vendôme gerne zu durchkreuzen pflegte, war doch zu Beginn des Feldzuges von letzterem ein Plan in's Werk gesetzt worden, dessen vollständige Durchführung die früheren Erfolge der Alliirten in den Niederlanden umzustoßen vermocht hätte. Man muß sich hier der schmutzigen Selbstsucht erinnern, welche von den Holländern seit der Eroberung Belgiens in der Erhebung schwerer Abgaben geäußert wurde. Noch schrecklicher war aber den Wallonen und Blamändern der Gedanke, daß sie möglicher Weise wohl gar bleibend an Holland fallen könnten. Es war den Franzosen demnach nicht zu schwer, in verschiedenen Städten Einverständnisse anzuknüpfen und so die Rückeroberung des Landes vorzubereiten. Durch ein schlaues Manöver erreichte es Vendôme, einen Theil dieses Planes sogleich durchzuführen. Nachdem das französische und das alliirte Heer bis zu Ende Mai zwischen Mons und Brüssel sich gegenüber gestanden waren, machten Burgund und Vendôme plötzlich eine Bewegung um die linke Flanke der Alliirten und bedrohten Löwen (5. Juni). Nur durch einen äußerst beschwerlichen Marsch kam Marlborough noch zum Schutze dieses Platzes zurecht.

Die Franzosen hatten aber gar keine andere Absicht gehabt, als den Gegner hieher zu locken. Während die beiderseitigen Heere durch mehrere Wochen unthätig einander gegenüber lagen, brachen kleine französische Corps, denen am 4. Juli ihr Gros folgte, rasch nach G en t, B r ü g g e und ein paar kleineren Plätzen auf, deren sie sich mit leichter Mühe bemächtigten. Große Vorräthe an Geld, Waffen und Munition fielen hier den Franzosen in die Hände; selbst Brüssel und die flandrischen Städte schienen vor ihnen keineswegs mehr sicher. Die genommenen Plätze hatten einen großen strategischen Werth, weil sie Knotenpunkte der wichtigsten Wasserlinien waren. Noch schwerer wiegend war aus den gleichen Gründen O u d e n a r d e, welches gleichzeitig mit Brüssel durch die dermaligen Bewegungen der Franzosen bedroht schien. Mit dem Verluste von Oudenarde, welches auf einer weiten Strecke an dem mächtigen Strome der Schelde nunmehr der einzige Rochirplatz der Alliirten war, hätten diese gleichzeitig die Aussicht eingebüßt, Westflandern und die Plätze an der Lys zu behaupten. Man braucht diese große Gefahr nur mit der schwierigen Stellung Marlboroughs gegenüber seinen ängstlichen Freunden in Holland und seinen lecken Feinden in England zu vergleichen, um die verzweiflungsvolle Stimmung, welche nach den letzten Nachrichten sich des englischen Feldherrn bemächtigt hatte, vollständig zu begreifen. Es war ein großes Glück, daß Prinz Eugen, allerdings noch ohne Truppen, am 7. Juli bei Marlborough eintraf und ihm darstellte, wie eigentlich fast gar nichts noch verloren war.

Am 7. Juli standen Burgund und Vendôme bei A a l s t am linken Ufer der Dender, wo sie Brüssel, Dendermonde und Oudenarde zugleich bedrohten sowie nicht minder auch Gent deckten. Die Alliirten standen bei Asche, 2 Meilen östlich von Aalst, traten aber gleich nach Eugens Ankunft eine kühne Bewegung an, durch welche sie Brüssel zwar ziemlich ungedeckt ließen, dafür aber ihre Gegner zur Schlacht zwingen konnten. Daß eine solche unbedingt nothwendig sei, um nicht noch viel mehr als in der letzten Woche zu verlieren, sahen jetzt sogar die holländischen Rathsdeputirten ein und sie gaben daher einem Plane ihre Zustimmung, welcher, allerdings auf einem anderen Terrain, eine Wiederholung desjenigen vom J. 1705 war; wie damals bei Waterloo, wollte sich jetzt Marlborough bei Oudenarde auf die Verbindungslinien der Franzosen setzen, freilich zugleich auch die eigenen für einige Zeit in Frage stellen; eine Schlacht, die nur mit dem vollendeten Siege des einen Theiles enden konnte, hatte die unvermeidliche Folge zu sein. Meisterhaft leiteten die beiden Freunde Marlborough und Eugen die Bewegungen des Heeres, so daß dieses am 10. Juli bei L e s s i n e s die Dender überschritt, bevor die Franzosen es zu hindern oder Oudenarde wegzunehmen vermochten. Orleans und Vendôme waren darüber einig, daß eine Schlacht in diesem Raume für sie sehr große Gefahren brächte, weniger, weil sie mit dem Gesichte nach der eigenen Basis standen — denn fast das Gleiche war auch bei den Alliirten der Fall —, mehr aber durch die Beschränktheit des franz. Gefechtsfeldes durch große Stromdesilés. In ihren Stellungen zwischen Gent und Aalst hatten sie links neben sich die Dender, rechts aber und hinter sich die Schelde. Der fast quadratische Raum, welcher von den zwei genannten Flüssen und dem Feinde eingerahmt war, hatte bloß drei Meilen Seitenlänge; ein Rückzug aus demselben nach einer verlornen Schlacht war fast nicht denkbar, da er nur in der Verlängerung der rechten Flanke durch den Winkelpunkt Gent geschehen hätte können. Es schien demnach unbedingt gerathen, in den doch immerhin freieren Manövrirraum jenseits der Schelde überzugehen. Sobald Vendôme am 10. Juli gegen seine bisherige Meinung die Gewißheit erlangt hatte, daß die Alliirten ihn im weiten Bogen strategisch umgangen und Stellungen zwischen der Dender und Oudenarde bezogen hatten, ordnete er für den nächsten Tag den Scheldeübergang an.

Als geniale Feldherrn, die sie waren, erriethen Marlborough und Eugen den beabsichtigten Uferwechsel der Gegner und eilten, gerade dieses Mittel, welches der Feind zur Rettung aus der Gefahr hervorsuchte, ihm zum Schaden zu wenden. Es handelte sich darum, welche von beiden Armeen früher als die andere am linken Scheldeufer schlagfertig dastehen werde. Daher ließen die Feldherren der Alliirten am Morgen des 11. Juli unterhalb **Oudenarde** vier Brücken über die Schelde schlagen, welche in der für damals überraschend kurzen Zeit von zwei Stunden vollendet waren. Um Mittag ging die Vorhut der Alliirten, beiläufig 10.000 M. zählend, auf das andere Ufer über. Noch war aber das Gros der Armee, in vier Colonnen marschirend, beträchtlich zurück. — Zur selben Zeit begannen die Franzosen, ohne nur eine Ahnung von dem stattfindenden Uebergang ihrer Feinde zu haben, selbst auch in ununterbrochenen Colonnen die Ueberschreitung der Schelde, u. z. bei Gavre, 1 Meile abwärts von den Alliirten. Oudenarde und Gavre liegen in der Niederung der mit vielen Krümmungen süd= nördlich fließenden Schelde. Diese Niederung ist beiderseits vom Flusse im Durchschnitte nur einige Hundert Schritte breit und erhebt sich dann mit theilweise ziemlich scharfen Rändern zu einem meistens flach verlaufenden Rücken. Die Gewässer bilden, da sie überall ziemlich tief eingeschnitten sind, namhafte Abschnitte. Hier sind folgende zu erwähnen: der Eynebach, dessen Mündung 4000 Schr. unterhalb Oudenarde ist; die eine seiner Quellen ist $\frac{1}{2}$ Meile von der Mündung westlich und umschließt mit dem zweiten, auf 2000 Schr. nach Norden zu ihr parallelen und erst später im rechten Winkel sich herunterbiegenden Quellbache eine Art natürlicher Redoute, die aber nach Westen gegen Oyke offen und zugleich dominirt ist, indem die Linde von Oyke den höchsten Punkt der ganzen Gegend einnimmt. Etwas nördlich vom Eynebach fließt der Norkenfluß, dessen linkes Ufer besonders scharf ansteigt. Dieses Flüßchen hat die Richtung nach Nordost und ist von der nördlichen Quelle der Eyne bloß 1000 Schr. entfernt, während die beiderseitigen Mündungen (jene der Norken ist bei Gavre) auf fast eine Meile von einander abstehen. Dieser Raum zwischen Eyne und Norken, im Westen sehr schmal, im Osten breit, ist der Hauptschauplatz der großen Schlacht vom 11. Juli. Sowohl in den Einsenkungen längs den Gewässern als auf dem Rücken finden sich zahlreiche Ortschaften, einzelne Gehöfte, Windmühlen, überall um die Gebäude Einzäunungen, lebendige Hecken und Baumpflanzungen, die mitunter sich zu Gebüschen verdichten. Die Ufer der Gewässer sind theilweise auenartig bewachsen.

Als die Avantgarde der Alliirten unter dem brittischen Generalstabs-Chef Cadogan nahe bei der Eynemündung das linke Ufer der Schelde erreichte, sah sie gerade nördlich vor sich auf ¼ Meile Entfernung bei dem Dorfe Heurne die Vorhut der Franzosen und warf nach längerem Kampfe dieselbe zurück. Der Besitz von Heurne war ebenso wie jener des Viereckes zwischen den beiden Eynequellen für beide Theile von höchster Wichtigkeit, weil jenes Dorf den Franzosen zur Sicherung ihres linken, das Viereck aber zum Schutze des rechten Flügels bei der Ueberschreitung der Norken unerläßlich war. Vendôme hatte, sehr zu seiner Ueberraschung, kaum Kunde von dem stattfindenden Schelde-Uebergange der Alliirten gehört, als er folgenden Plan entwarf: Heurne stark zu besetzen und unter dem Schutze dieses Punktes das ganze Heer längs dem rechten Norkenufer aufwärts zu ziehen, so daß der rechte Flügel in gleiche Höhe mit Oudenarde zu stehen komme. Gelang dieses Manöver, so war das alliirte Heer bei seinem Debouchiren über die Brücken in der Nähe der Eyne-Mündung von der amphitheatralischen Höhenstellung der Franzosen umfaßt, mußte dann den Rücken vor dem Strome behalten und konnte, bevor es die nöthige Ausbreitung gewann, durch die concentrischen Angriffe der Franzosen leicht in die Schelde zurückgeworfen werden. Dieser Plan wäre, wie man sieht, ganz trefflich gewesen, wenn nicht die Frage um die Zeit dazu getreten wäre. Der äußerste rechte Flügel der Franzosen hätte nämlich bis an den angewiesenen Punkt 1½ Meilen zu marschiren gehabt; das Gros der Alliirten hatte aber — wenigstens mit der Spitze seiner Colonnen — nach diesen westlicheren Theilen des Schlachtfeldes den kürzeren Weg. Uebrigens begannen beide Armeen mit ihren Gros beiläufig um 2 Uhr N. M. den Stromübergang, u. z. die Franzosen bei Gavre, die Alliirten theils durch Oudenarde, theils über die vier Brücken oberhalb der Eynemündung. Es war ersichtlich, daß das Debouchiren der Alliirten und ihr allmäliger Aufmarsch rascher als bei den

Gegnern vor sich gehen mußte, ebendeßhalb war der Plan Vendôm's, wenn gleich im Prinzipe ganz richtig, dennoch praktisch unausführbar. Noch schädlicher, als die Inscenesetzung dieses Planes möglicherweise gewesen wäre, mußte die Durchkreuzung desselben durch den Herzog von Burgund sein. Der junge Prinz, nicht mit Unrecht gegen Vendôme aufgebracht, dessen Trägheit in den letzten Tagen die dermalige gefahrvolle Lage verschuldet hatte, erließ Befehle, welche jenen seines Adlatus gerade entgegen lauteten. Nach allen Richtungen kreuzten sich die Gallopins des einen und des anderen Commandanten und brachten die eigenen Truppen in eine heillose Verwirrung, so daß die einen vormarschirten, während andere wieder zurück. Da nun zur selben Zeit Eugen und Marlborough (ersterer mit 60 Bataillons am rechten Flügel) in vollständigster Harmonie des Denkens, Einer gleichsam den Anderen errathend und ergänzend, ihre Truppen, wie sie successive die Brücken überschritten, sogleich an die wichtigsten Punkte dirigirten, so konnte der Ausgang der Schlacht kaum lange zweifelhaft bleiben.

Wir wollen auf das Detail der Kämpfe um die vielen Oertlichkeiten nicht eingehen, sondern nur die entscheidenden Momente hervorheben: Vendôme hatte 7 Schweizer-Bataillone nach Heurne geworfen, aber Burgund beorderte die Unterstützungen zurück und jene Bataillone wurden theils gefangen, theils zersprengt. Nach dem Plane Vendômes sollte sich die eigene Schlachtstellung auf 1½ Meilen mit der Front gegen SO. erstrecken; aber die ganze Schlachtlinie wurde nur ¾ Meilen lang, hatte die Front gegen Süden und ließ die Gegend westlich von den Eyne-Quellen vollkommen frei. Hier (über die Kuppe von Oycke) drang nun der linke Flügel Marlboroughs (Overkirk) ohne Widerstand bis an die Norken vor, schwenkte rechts ein, eröffnete daselbst sein Feuer auf den Rücken der Franzosen und schloß sie in solcher Weise immer mehr ein. Zu gleicher Zeit drang Eugen mit dem rechten Flügel vor und schwenkte denselben theilweise links. Mit Einbruch der Nacht hatte das alliirte Heer, ohne dabei den eigenen Zusammenhang zu verlieren, ihre Gegner, obgleich diese an Zahl etwas stärker waren, wie mit einer Zange umfaßt. Es kam der außerordentliche Fall vor, daß die beiden Flügelspitzen der Alliirten im Rücken der Feinde aufeinander trafen und durch längere Zeit sich anfeuerten. Eben deßhalb wurde um 9 Uhr Abends den Truppen der Befehl gegeben, das Feuern gänzlich einzustellen, da Freund und Feind nicht mehr zu unterscheiden war. Nun eilten die Franzosen überall, wo sie noch eine Lücke erspähten, aus dem umschließenden Kreise sich heraus zu stehlen; wäre das Gefecht noch bei Tageslicht zum Abschlusse zu bringen gewesen, so würde vielleicht die größere Hälfte des bourbon'schen Heeres gefangen worden sein. Prinz Eugen brauchte die Kriegslist, von einigen seiner Trommler die Vergatterung (Appel) der Franzofen schlagen zu laffen und damit viele Flüchtlinge zwischen feine verstedt liegenden Schaaren herein zu locken und gefangen zu nehmen. Die Verlufte der Verbündeten bei Oudenarde betrugen 3033, jene der Franzofen einschließlich der 12.000 Gefangenen und Ueberläufer im Ganzen 20.094 M., worunter 11 Generale; ferner ließen die Geschlagenen 108 Fahnen, 9 Paar Pauken und 5 Geschütze in den Händen der Sieger. Der geringe Verluft an Geschützen erklärt sich daher, weil beide Heere faft ohne Artillerie gekämpft hatten; letztere hatte nämlich bei ihrer damaligen Schwerfälligkeit und bei den vielen Terrainhinderniffen dem eiligen Aufmarsche der Truppen nicht zu folgen vermocht.

104. Belagerung von Lille (1708). Nach der Niederlage bei Oudenarde flohen die Franzofen in großer Unordnung durch Gent bis hinter den Brügge-Gent-Canal, hinter welchem fie fich erft wieder ordneten. In der Front durch den Canal, an den Flügeln durch die Feftungen Gent und Brügge geschützt, konnten fie in ihrem verschanzten Lager bei Lovenbeghem nicht leicht angegriffen werden; außerdem hatten fie dafelbft den Vortheil, über Weftflandern in einiger Verbindung mit Frankreich zu verbleiben und die in ihrem Rücken gelegenen holländischen Provinzen durch Streifungen fehr zu beunruhigen. Trotz der Schlacht von Oudenarde war die Lage der Alliirten nicht fehr beneidenswerth, da es äußerft schwierig war, irgend etwas zu unternehmen. Am 15. Juli traf zwar endlich das Armeecorps Prinz Eugen bei Brüffel ein, aber unmittelbar hinter demfelben war auch Marschall Berwid mit feinen 30.000 Franzofen von der Mofel her aufgebrochen und langte, da er den kürzeren Weg zu beschreiben hatte, eben jetzt bei Lille an. Marlborough ließ, um die Verbindung Berwids mit der französischen Hauptarmee zu erschweren, die feindlichen Linien zwischen der Lys und Yperle zerftören (14. Juli), fein eigenes Heer führte er aber in ein Lager zwischen Menin und Commines an der Lys. Die Truppen Eugens hingegen wurden großentheils zwischen diefem Lager und Brüffel ungefähr in der Weife von fliegenden Corps vertheilt, um die Verbindungen zu fichern. Noch immer waren, wie man fieht, die beiden Haupttheere mit verkehrter Front ftehend. Den Anfichten Marlborough's, daß man jetzt an den Feftungen vorbei geraden Weges auf Paris losgehen könne, war felbft der fo kühne Eugen entgegen, und mit Recht: wenn Burgund und Vendôme mit Berwid fich vereinigten, fo wäre dem vorrückenden Heere der Alliirten ein ftärkeres ihrer Gegner auf dem Fuße gefolgt und hätte, wenn es nicht unfinnige Fehler begieng, erfteres leicht aufzureiben vermocht. Deßhalb schlug Eugen ein anderes Unternehmen vor, welches nicht minder riefenhaft groß, aber dabei doch nicht gar fo halsbrecherifch war. Dieß war nämlich die Belagerung von **Lille.** Diefen Platz, das ftärkfte Meifterwerk von Vauban, wegzunehmen, während mächtige feindliche Armeen auf der Seite und im

Rücken standen, mochte gewöhnlichen Menschen als eine Unmöglichkeit erscheinen. Vendôme z. B. wollte nicht früher an die Belagerung glauben, als bis sie bereits in Gang gesetzt war. Bis dahin bezeichnete er jeden solchen Gedanken als Unsinn, den man einem Feldherrn wie Eugen gar nicht zutrauen dürfe.

Brüssel war der Sammelpunkt für das Gepäcke und den ganzen Park zur Belagerung; Menin, kaum 2 Meilen von Lille gelegen, sollte als befestigtes Depôt dienen. Aber es war ungeheuer schwierig, die ungeheuren Convois von Brüssel nach Menin zu bringen; der Weg, den man einschlagen mußte (über Soignies, Ath, Helchin) war bei 18 Meilen lang; diese gekrümmte Linie war unumgänglich nöthig zu wählen, weil man einerseits vor der französischen Hauptarmee, anderentheils vor Berwick, welcher sich jetzt vor St. Amand aufgestellt hatte, und vor der Festung Tournay, demnach in beiden Flanken sich in Acht zu nehmen, mitten zwischen den Feinden sich durchzuwinden hatte. In den letzten Tagen des Juli wurde ein großer Transport nach Menin gebracht, endlich in der Zeit vom 6. bis 12. August der ganze Belagerungspark, aus 94 schweren Kanonen, 60 Mörsern und 5000 Fuhrwerken bestehend. Derselbe war von solcher Länge (3 Meil.), daß die Tête immer schon die neue Station erreichte, bevor die Queue noch aus der alten ausmarschirt war. Man mag sich vorstellen, mit welcher Vorsicht Eugen das mitgenommene Hauptcorps von 20.000 M. und die zahlreich vorgeschobenen kleineren Detachements leiten mußte, um diesen kostspieligen Train gleichsam durch eine Allee von Feinden defiliren zu machen, und dieß ohne Verlust eines einzigen Wagens. Noch einige gleich meisterhafte Deckungen von Convois sind im Laufe dieses Feldzuges vorgekommen; da sie uns aber zu weit von dem Hauptgegenstande ablenken würden, so müssen wir uns begnügen, den wißbegierigen Leser auf die Werke von Kausler, Bauer, Coxe, Alison und Quincy hinzuweisen.

Mit Mühe erlangte Marschall Boufflers, der greise Gouverneur von Lille, von Ludwig XIV. die Erlaubniß, die Festung, deren Bedrohung von den Meisten noch immer bezweifelt wurde, in guten Vertheidigungszustand zu setzen, wobei ihm der GL. Dupuy-Vauban, Neffe des berühmten Erbauers, als Genie-Director an der Seite stand. Die Besatzung des Platzes wurde durch Bewaffnung vieler Freiwilligen und durch einige Verstärkungen bis auf 15.000 M. gebracht. Alles wurde auf den besten Stand gesetzt und der tapfere Boufflers half, wo die Staatsmittel spärlich bewilligt waren, mit seinem eigenen Vermögen kräftig nach. Er nahm sich seine Aufgabe derart zu Herzen, daß er trotz seiner 64 Jahre während der 62tägigen Belagerung vielleicht nur drei Nächte im Bette, die übrigen alle auf den Wällen zubrachte. Am 13. August erschien ein Theil des alliirten Heeres gegenüber von Lille. Es waren dieß 40.000 M. unter Eugen; dieser Feldherr wollte die

Belagerung führen, Marlborough dagegen mit 50.000 M. sie decken. Letzterer bezog zu diesem Behufe vorläufig eine Stellung bei H e l ch i n an der Schelde zwischen Courtray und Tournay. — Lille bildet ein längliches Viereck mit zahlreichen Bastions und Außenwerken. An der schmalen Westseite befindet sich die Citadelle, ein regel= mäßiges Fünfeck; die Südseite ist wegen der dortigen Inundationen unangreifbar, die schmale Ostseite hat noch eine besondere Verstärkung durch zwei große Horn= werke. An der Nordseite befinden sich vor der Hauptumfassung zwei Hornwerke und in ihrer Mitte ein großes Zangenwerk, durch welches die Deule aus der Stadt hervorfließt. Gegen diese letzterwähnten drei Werke richtete Eugen seinen Angriff; doch wurde die ganze Stadt eingeschlossen und rings um selbe, außer wo namhafte Wasserlinien waren, eine Circumvallation gegen Entsatzversuche errichtet; diese Linien hatten eine beiläufige Ausdehnung von 3 Meilen; ihr Graben war 9′ tief und 15′ breit; zu ihrer Herstellung wurden 12.000 Landleute requirirt. In der Nacht zum 23. August wurden die Laufgräben eröffnet und ungeachtet der kräf= tigen Ausfälle der Besatzung rüstig vorwärts getrieben; in der Nacht zum 27. Aug. wurden bereits 63 Kanonen, 16 Haubitzen und 20 Mörser in Batterie einge= führt; am folgenden Morgen feuerte Prinz Eugen selbst den ersten Kanonen= schuß ab. Am 2. Sept. waren die Sappeurs nur mehr 50—60 Schritte von den Spitzen der beiden Hornwerke entfernt. Am folgenden Tage standen bereits 200 Feuerschlünde in Thätigkeit.

Mittlerweile hatten sich aber nach dreimal ergangenem Befehle des Königs die Herzoge von Burgund und Vendôme doch endlich zum Behufe eines Entsatz= versuches in Bewegung gesetzt (27. August). Am 30. August brachten sie durch die Vereinigung mit Berwick unweit Lessines ihr Heer auf eine Stärke von 100.000 Mann. Am 2. Sept. lagerten sie jenseits Tournay und waren nur durch das Flüßchen Marque von den Alliirten getrennt. Marlborough war jetzt mit seinem Heere in die nächste Nähe von Lille gerückt und bot, von Eugen mit einem Theile des Belagerungscorps trefflich unterstützt, den Franzosen überall die Stirne. Letz= tere, von drei im Range fast gleichen und einander feindlichen Generalen befehligt, kamen zu keinem Entschlusse. Da ihnen die Stellung der Alliirten hinter der Marque zu stark war, marschirten sie an die Quellen dieses Flüßchens und in den Raum von hier bis zur Deule (4., 5. Sept.). Hier standen sie wieder unbeweglich und schauten zu, wie die Alliirten auf den beherrschenden Höhen dieser Gegend einen 12′ breiten und 6′ tiefen Graben aushoben und jeden geeigneten Punkt bestens verschanzten. Nun traf zwar der Kriegsminister Chamillart persönlich bei dem französischen Heere mit dem gemessenen Befehle des Königs ein, daß endlich angegriffen werden solle. Trotzdem erkühnten sich die Franzosen nur zu ganz un=

bedeutenden Gefechten (10.—14. Sept.) und marschirten in den nächsten Tagen auf das rechte Schelde=Ufer zurück. Somit hatte Lille auf keinen Entsatz mehr zu hoffen. Marlborough aber führte die Deckungs=Armee wieder bis an die Schelde vor. — Während die feindlichen Marschälle bis auf $1\frac{1}{2}$ Meilen vor Lille ge= drungen waren, um später wieder umzukehren, hatte Prinz Eugen am 7. Sept. schon den ersten großen Sturm ausgeführt; derselbe wurde nur zur theilweisen Krönung des Glacis das vorbereitende Mittel, kostete aber den Angreifern 3.000 Mann. — Ueberhaupt zeigten die Ingenieurs Oesterreichs und der Alliirten ihrer Kunst sich nicht so gewachsen, wie es zur Beschleunigung der Arbeiten nothwendig gewesen wäre. Zu diesen Zeiten war es, daß Eugen den Plan zur künftigen Grün= dung einer Ingenieur=Akademie faßte.

In der Nacht zum 21. Sept. wurde von 11.000 Grenadieren und 3000 anderen Männern ein neuer Sturm auf alle vorspringenden Winkel der ange= griffenen drei Außenwerke ausgeführt. Es ging hier so hitzig her, daß Eugen per= sönlich die wankenden Schaaren wieder vorführte; hiebei erhielt er einen Streif= schuß ober dem linken Auge. Der mit dem Verluste von 2000 M. erkaufte Erfolg dieses Tages beschränkte sich auf den Besitz einiger Theile des gedeckten Weges gegenüber der Hauptumfassung. — Marlborough führte jetzt durch einige Tage das Commando über beide Armeen gleichzeitig. Ein dritter Sturm (23. Sept.) ergab nur ein sehr geringes Resultat. Mittlerweile waren den Angreifern ihre meisten Vorräthe, namentlich an Munition, fast gänzlich ausgegangen. Aus den Niederlanden über Brüssel konnte man dieselben unmöglich beziehen, weil jetzt die französischen Heere auf allen dahin führenden Verbindungen sich aufgestellt hatten. Daher wurden diese Bedürfnisse aus England nach Ostende gebracht; es ent= stand aber die weitere Frage, wie sie von dort aus bis vor Lille geleitet werden könnten, da die Franzosen die Hauptstraße durch Oeffnung einiger Schleußen überschwemmt hatten. Die Alliirten errichteten nun einen verschanzten Posten bei Leffinghe (1 Mle. S. von Ostende) und brachten unter sorgfältiger Bedeckung mehrere Transporte glücklich an ihr Ziel. Ein neuer größerer Convoi wurde durch den französischen General La Motte, der sich mit 22.000 M. bei Wynendale auf= stellte, im hohen Grade gefährdet. Aber der englische General Webb brachte durch gute Terrainbenützung und insbesondere durch ein kräftiges Tirailleurfeuer dem überlegenen Gegner eine Schlappe bei (28. Sept.). Bald erschien Vendôme selbst in den Umgebungen von Brügge, wo er mit 40.000 M. die Verbindung zwischen Ostende und Menin zu unterbrechen hoffte. Allein bald wich auch er wieder zurück, zum Theile weil Marlborough mit einem starken Corps gegen ihn im Anmarsche stand, theilweise aber auch, weil das Lagern im freien Felde unmöglich geworden war. Bendôme hatte nämlich neuerdings einige Schleußen öffnen laffen; dadurch wurde die Ueberschwemmung über alles Tiefland im westlichsten Flandern ausgedehnt und reichte an vielen Orten bis an die Krone der Dämme. Was aber die Transporte der Alliirten zu hindern bestimmt war, gereichte ihnen zum Vortheile: sie fuhren nunmehr auf Flößen über die Inundationen, wobei zwischen ihnen und einigen französichen Abtheilungen, welche auf das gleiche Mittel verfielen, mehrere Seeschlachten en miniature vorkamen. Mit aller Schlauheit erreichten es die Franzosen nicht, ihren Gegnern den Weg Ostende-Menin zu sperren.

Während dieser Vorfälle im Felde hatte Lille unvermuthet eine kleine Verstärkung bekommen. Mit 2500 Reitern, deren jeder 60 Pfund Pulver, 3 Gewehre und einige Feuersteine aufgeladen hatte, schlich sich der Chevalier von Luxemburg von Süden her in die Circumvallation der Belagerer und wurde erst ganz in der Nähe der Festungswerke als Franzose erkannt. In einem kurzen Gefechte, das hier noch stattfand, wurden zwar einige Reiter durch die Explosion ihrer von Kugeln getroffenen Pulversäcke schaurig zerrissen, aber 1800 M. kamen glücklich in die Stadt. Vor dieser übernahm Prinz Eugen nach der Genesung von seiner Wunde wieder den Befehl; am 3. Oct. ließ er den 4. Hauptsturm ausführen u. z. am hellen Mittag gegen das Zangenwerk; mit mäßigen Opfern setzten sich die Angreifer hier fest. Sie hatten zu dieser Zeit mit ihren Batterien bereits mehrere ausspringende Winkel des Hauptwalles in Trümmer gelegt, konnten aber nicht zum entscheidenden Sturme schreiten, weil der Graben 10′ tief mit Wasser gefüllt war; auch eilte Boufflers, die Breschen mit Baumstämmen zu verbauen. Den Angreifern blieb nichts übrig, als mit mühseliger Arbeit das Wasser des Grabens in die Deule abzuleiten (19. Oct.) und dann sorgsam Abfahrten und Uebergangsdämme herzustellen. Während die Alliirten sich zu dem letzten Sturme vorbereiteten, meldete Boufflers am 22. Oct. die Capitulation der Stadt an. Es wurde ausbedungen, daß die Reiter frei entlassen werden sollten, wogegen die übrigen regulären Truppen in die Citadelle sich zurückzogen. Sie waren nur mehr 5000 M. stark, eine etwas größere Zahl hatten sie an Todten und Verwundeten. Die Angreifer zählten deren 12.000. Am 25. Oct. zogen die Alliirten in die Festung ein und bereiteten sich demnächst zum Angriff auf die Citadelle vor. — Während der Belagerung war der wackere holländische FM. Overkirk gestorben.

Mittelbar wurde die Eroberung von Lille die Veranlassung zu dem Verluste des kleinen, aber wichtigen Postens zu Leffinghe. Der Platz hatte schon durch einige Tage eine förmliche Belagerung ruhmreich bestanden, als die Eroberung der Festung Lille bei den Vertheidigern einen aus Freude und Spirituosen gemengten Taumel erzeugte, welcher von den Franzosen zu einem Ueberfalle benützt wurde (26. Oct.). Der Verlust dieses Platzes war den Alliirten sehr empfindlich, denn er unterbrach ihre Verbindungen mit Ostende und machte ihnen die Verpflegung ungemein schwierig. Da die französische Hauptarmee, auf einer ziemlich ausgedehnten Linie am Schelde-Ufer vertheilt, auch die Communication mit Brüssel sperrte, so waren die alliirten Truppen nur auf die spärlichen Resultate der Requisitionen angewiesen.

Die Belagerung der Citadelle von Lille machte Anfangs nur langsame Fortschritte. Auf den meisten Seiten war dieses mächtige Werk durch eine 5—8' tiefe Ueberschwemmung geschützt und daher nur von der Stadtseite angreifbar. Hier befanden sich aber wechselweise hinter einander zwei bedeckte Wege und zwei Gräben, diese mit einer Wassertiefe von 12—15'. Die Alliirten führten ihren Angriff ungemein systematisch, näherten sich langsam dem äußeren Graben und gelangten erst am 8. Novb. dahin, die Bären mit den Schleußen einzustürzen; somit begann das Wasser des Grabens nach der Deule hin abzufließen. Am 17. Nov. waren die Angreifer nach wiederholten Stürmen zur Festsetzung im äußeren, zwei Tage darauf auch im inneren bedeckten Wege gelangt.

Während dieser Vorgänge hatte der Kurfürst von Baiern, welcher auf dem mittelrheinischen Schauplatze den ganzen Feldzug hindurch in voller Muße geblieben war, seine Truppen in die Winterquartiere verlegt, zog aber später ganz in der Stille bei Mons ein Corps von 15.000 M. zusammen und erschien am 22. Nov. unerwartet vor Brüssel. Diese altartig und schlecht befestigte Stadt hatte eine Besatzung von bloß 9 Bataillonen; zwar leistete General Pascal einen ausgezeichneten Widerstand, aber ohne einen schleunigen Entsatz durch die Hauptarmee der Alliirten hätte die Hauptstadt der spanischen Niederlande in den nächsten Tagen verloren gehen müssen. Ohne Säumniß trafen Marlborough und Eugen die nöthigen Voranstalten, um einen so schweren Schlag abzuwenden. Wohl glaubten die Gegner, ihre Stellungen hinter der Schelde seien nicht zu durchbrechen; um die Ueberschreitung dieses Stromes noch zu erschweren, waren an verschiedenen Stellen Dämme durch denselben gezogen oder vielmehr versucht worden; das Resultat war aber mehr lächerlich als furchtbar: es bestand nämlich nicht in der Inundation der Ufer längs dem ganzen Strome, wie Vendôme erwartet hatte, sondern in einigen ganz unwesentlichen Tümpeln. — Marlborough und Eugen hätten der fürgewählten kunstvollen Bewegungen mit drei Colonnen vielleicht gar nicht bedurft, um den Scheldeübergang zu bewirken (27. Nov.), ihre Armee vorwärts von Oudenarde zu vereinen und damit die ganze französische Aufstellung vollkommen zu durchbrechen. Die Herzoge von Burgund und Vendôme wichen in großer Unordnung bis nach Douay zurück; ebenso mußte Max Emanuel von Brüssel eiligst gegen Namur abziehen, nachdem er auf erstere Stadt in einer einzigen Nacht (28. bis 29. Nov.) nicht weniger als neun Stürme ausgeführt hatte, alle jedoch ohne Erfolg.

Prinz Eugen war unmittelbar nach dem gelungenen Durchbruche der französischen Cordonsstellung nach Lille zurückgekehrt (29. Nov.); erst am 8. Nov. übergab Boufflers, und auch da erst in Folge eines ausdrücklichen Befehls von seinem Könige, die Citadelle. Somit war das Unglaubliche erreicht. Lille, zu jener Zeit die Königin aller Festungen von Frankreich, war nach 117 Tagen der tapfersten Vertheidigung in die Gewalt der Angreifer übergegangen, obgleich die letzteren es nicht mit der Festung allein, sondern mit einer operirenden Armee, stärker als die eigene, zu thun gehabt hatten. Freilich aber konnten mit echten Feldherren, wie die Alliirten sie hatten, jene der Gegner sich nicht vergleichen! — Während Eugen und Marlborough das Gros ihrer Gegner auf den Boden Frankreichs — nach Douay — zurückscheuchten und gleichzeitig die stärkste Festung im nordwestlichen Frankreich eroberten, waren sie bedacht, noch vor Jahresschluß dasjenige wiederzugewinnen, was zu Beginn des Feldzuges durch eine schlaue Bewegung Vendômes ihnen verloren gegangen war. Mit der gewohnten Sicherheit der Berechnung begannen die Alliirten zu einer Zeit, wo sonst immer schon tiefste Ruhe zu herrschen pflegte (Mitte Dec.), die Belagerung von Gent, welches von La Motte nur mittelmäßig vertheidigt und am 2. Jänner 1709 schon übergeben wurde. Zur selben Zeit wurde auch Brügge von seiner Garnison verlassen, ohne daß selbe einen Angriff abgewartet hätte. Die französischen Feldherren aber hatten gar keinen Versuch gemacht, um diese schweren Unglücksfälle abzuwenden; die verschiedenen Persönlichkeiten, denen gleichzeitig höchstentscheidende Stimmen eingeräumt waren, Ludwig XIV., Chamillart, Burgund, Vendôme und Berwick repräsentirten ebenso viele verschiedene Meinungen und zum Unglücke Frankreichs hatte, wie dieß bei Camarilla-Regierungen nur zu gewöhnlich ist, von fünf vorhandenen Meinungen die des am meisten Befähigten (Berwick) gerade das mindeste Gewicht. Uebrigens wurde Chamillart jetzt endlich aus dem Ministerium verdrängt, aber seine Nachfolger waren nicht tüchtiger als er.

105. Feldzug 1709 in den Niederlanden. Zu Anfang des J. 1709 schien Europa Aussicht auf die Herstellung des Friedens zu besitzen. Die Minister und Höflinge zu Versailles waren nicht länger im Stande, ihrem Könige das grenzenlose Elend Frankreichs zu verhehlen. Die Truppen waren oft durch lange Zeit des Soldes entbehrend und äußerst kümmerlich verpflegt; da sie trotz ihrer Stärke und ihrer Tapferkeit sich immer besiegt, da sie immer dieselben ungeschickten Anführer an ihrer Spitze sahen und da sie von diesen in's Verderben getrieben wurden, ohne daß nachträglich irgend eine Untersuchung und Bestrafung

der Schuldigen erfolgte, so hatte Verdrossenheit und Entmuthigung in der Armee
eingerissen; denn nichts kann verderblicher auf die Loyalität und den moralischen
Geist braver Soldaten einwirken, als wenn sie sich durch schlechte Anführer hin=
geopfert und dann nachträglich noch mit Verläumdung und Schmach bedeckt füh=
len, während ihre und des Vaterlandes Schlächter nach wie vor mit hohen Würden
prunken. — Die Finanzkraft Frankreichs war vollkommen erschöpft, die Verschlech=
terung der Münze trug zu dem Verfalle der bürgerlichen Gewerbe und des Han=
dels das ihrige bei. Die Noth des Volkes steigerte sich noch durch den ungemein
strengen Winter 1708—9, in welchem die Wintersaaten, Weinstöcke und Frucht=
bäume an vielen Orten ganz zu Grunde gingen. Der drohenden Hungersnoth
konnte durch Einfuhren aus Afrika nur theilweise gesteuert werden, da die Geld=
mittel des Volkes kaum zum Ankaufe hinreichten, überdieß die Seetransporte durch
die feindlichen Schiffe gefährdet waren. Ludwig XIV. konnte sich fernerhin der
Ueberzeugung nicht verschließen, daß durch seinen grenzenlosen Ehrgeiz Frankreich
bis an den Rand des Verderbens gebracht worden sei. Vor der Gewalt der vor=
liegenden Thatsachen beugte sich sein Hochmuth derart, daß er die demüthigsten
Friedensanerbietungen machen ließ. Allein die Generalstaaten sowohl wie auch
das englische Ministerium gingen mit ihren Anforderungen viel weiter, als dem
französischen Könige zu gewähren möglich war. In den meisten Geschichtswerken
findet man die Sache so dargestellt, als ob Marlborough und Eugen, besonders
aber der Erstere, aus übertriebener Kriegslust die Verhandlungen scheitern gemacht
hätten; nach authentischen Schriftstücken ist in neuesten Zeiten diese Ansicht jedoch
gründlich widerlegt worden; die beiden großen Freunde wollten das Haus Bour=
bon wohl unschädlich machen, keineswegs aber durch übergroße Erniedrigung
bis zur Verzweiflung treiben.

Bei den Verhandlungen im Haag während des Frühjahres 1709 stellten
die Vertreter der alliirten Mächte immer neue und neue Anforderungen. Die spa=
nische Monarchie in allen Welttheilen sollte vollständig an Karl III. übergehen;
den Holländern müßte eine ausgedehnte Barriere, nämlich das Besatzungsrecht in
vielen Festungen der spanischen Niederlande, eingeräumt werden; Lille, Valencien=
nes, Straßburg, Landau und andere Plätze sollten von Frankreich wieder abge=
trennt, Dünkirchen geschleift werden; England verlangte nach einem für Frankreich
sehr nachtheiligen Handelsvertrage, noch Neufundland und der Hudsonsbai. Vier=
zig Artikel waren in dem am 28. Mai von den Alliirten unterzeichneten Ultimatum
aufgestellt und Ludwig XIV. hätte sie wahrscheinlich sämmtlich angenommen, mit
Ausnahme des 37., welcher allzu schmachvoll für ihn gewesen wäre. Derselbe for=
derte nämlich nicht nur, daß binnen zwei Monaten alle Theile der spanischen

Monarchie von Philipp V. und seinen Truppen geräumt seien, sondern er stellte überdieß an Ludwig XIV. das Verlangen, daß derselbe die eigenen Truppen gegen seinen Enkel verwenden sollte, falls letzterer dem Frieden nicht unbedingt beitreten würde. Dieser Artikel war nur von der Schadenfreude, nicht von politischer Weisheit eingegeben: sobald Ludwig XIV. mit Frankreichs Macht seinen Enkel einfach nicht weiter unterstützte, wäre letzterer ohnedem schon ohnmächtig und durch die Uebermacht der Alliirten leicht zu vertreiben gewesen. — Die Gier nach Rache für frühere Demüthigungen, welche von den beiden Seemächten hier so unverblümt ausgesprochen wurde, sollte ihnen noch viele Opfer an Geld und Menschen kosten und schließlich einen weit minder vortheilhaften Frieden im Gefolge haben. Jedes Uebermaß von Leidenschaft rächt sich — an Staaten ebenso wie an einzelnen Menschen. — Ludwig XIV., durch den Hohn der Alliirten zur Verzweiflung getrieben, wandte sich mit der Darstellung seiner vergeblichen Bemühungen vertrauensvoll an sein Volk; ganz Frankreich, vor Kurzem noch nach dem Frieden schreiend, gerieth in gerechte Entrüstung und machte zur Fortsetzung des Krieges die gewaltigsten Anstrengungen. Jedermann schränkte sich ein, um dem Staate Opfer zu bringen: das königliche Haus schickte sein Silber in die Münze, viele hochadelige Familien, an ihrer Spitze Frau von Maintenon, lebten durch lange Zeit von Haferkuchen, und von allen Seiten strömten Rekruten in Menge unter die königlichen Fahnen. Auf diese Weise wurde das Heer in den Niederlanden, dermalen unter den Befehlen des Marschalls Villars stehend, auf die früher kaum jemals erreichte Höhe von 112.000 M. gebracht.

Villars glaubte sich vorwiegend in der Vertheidigung halten zu müssen. Er nahm deshalb seine erste Aufstellung hinter Linien, welche sich in der ungeheuern Länge von mehr als 20 Meilen über St. Benant an der Lys, Marchienne an der Scarpe, Condé an der Schelde, Mons an der Haine bis Maubeuge an der Sambre erstreckten. Später wurden diese Linien links bis an das Meer bei Gravelines erweitert; doch waren Schanzen nur an solchen Punkten errichtet, wo nicht Moräste und versumpfte Flüsse eine natürliche Deckung gewährten. — Marlborough und Eugen hatten erst am 22. Juni ihre Armee, welche bis zu 170 Bataillonen und 273 Escd. (beiläufig 130.000 M.) anwuchs, etwas nördlich von Lille versammelt. Sie machten sonach eine Bewegung südwärts gegen die feindlichen Linien, als ob sie diese angreifen wollten; ganz wider Vermuthen erschienen sie aber am 27. Juni vor **Tournay** und begannen sofort die Belagerung dieser Festung ersten Ranges. Dieselbe wurde von den Zeitgenossen mit Lille in Parallele gesetzt, war mit einer Menge von Außenwerken umgürtet und hatte als Citadelle ein regelmäßiges Fünfeck, welches mit seinen Vertheidigungs-Casematten für je 5 Geschütze, mit seinen fünf Rabelins und den ihnen vorgelegten Lunetten als das Meisterstück Megrigny's galt. Besonders das Minensystem war um den ganzen Platz herum, am meisten aber vor der Citadelle in einer vollendeten Weise durchgeführt. Am rechten Ufer der Schelde war die Stadt überdieß noch durch eine Inundation streckenweise geschützt. Aber die Besatzung des Platzes war kaum 8.000 M. stark und an Lebensmitteln war nur ein mäßiger Vorrath aufgespeichert. Marlborough leitete die Belagerung, während Eugen dieselbe deckte. Die französische Besatzung unter Surville leistete einen namhaften Widerstand, vorzugsweise durch Ausfälle und Minen; trotzdem mußte, nachdem in der Stadt großer Mängel eingetreten war, dieselbe am 29. Juli übergeben werden. Umso kräftiger führte Surville von da an die Vertheidigung der Citadelle. Besonders im Minenkriege waren die Franzosen den Alliirten weitaus überlegen und brachten ihnen ungemeinen Schaden bei. Als aber endlich alle Vorräthe der Vertheidiger bis auf drei Pferde verzehrt und gangbare Breschen vorhanden waren, sah sich Surville zur Capitulation genöthigt (3. September).

Während dieser ganzen Zeit hatte Villars ein paar Posten der Alliirten wegnehmen lassen und war dann in eine Stellung zwischen Douay und Valenciennes vorgerückt (Anfangs August). Da aber Eugen ihm durchaus keine Blöße bot, ließ Villars den Fall von Tournay geschehen, ohne eine Schlacht zu wagen. Nun beschlossen die Alliirten, noch eine namhafte Festung, nämlich Mons wegzunehmen. Dieser Platz lag in der Mitte des rechten Flügels der französischen Verschanzungen; um also nichts weiter zu thun, als Mons zu umschließen, war es unbedingt nothwendig, die französischen Verschanzungen zu durchbrechen. Indem die alliirten Oberfeldherren zu dieser Unternehmung den Erbprinzen von Hessen-Kassel mit nur 11.000 M. voranschickten, zeigten sie deutlich die geringe Achtung, welche sie vor übermäßig großen verschanzten Stellungen hatten. Wir können nicht umhin, hier auf eine uns unerklärlich erscheinende Anomalie der beiden Feldherren Eugen und Marlborough hinzuweisen. Bekanntlich huldigten dieselben keineswegs dem Grundsatze der überschwänglichsten Systematik und gingen sonst, im Gegensatze zu den ererbten Anschauungen, oft an bedeutenden und wichtig gelegenen Festungen vorüber; beide hatten zu wiederholten Malen die sogenannten „unangreifbaren Stellungen" ihrer Gegner entweder durch Umgehung oder Durchbruch ohne viele Mühe überwunden. Im Feldzuge von 1709, der übrigens von vielen Militärgelehrten außerordentlich bewundert wird, sehen wir die beiden Feldherren fortwährend ihren ganzen Scharfsinn nur auf Unternehmungen untergeordneten Ranges verschwenden. Ihnen konnten die gegen 30 Meilen langen verschanzten Stellungen der Gegner keineswegs ein Schreckmittel, vielmehr nur eine Lockung sein, um irgendwo durchzubrechen und Flanke oder Rücken des Feindes zu erfassen. Nachdem Courtray, Menin und Lille von früher her in ihren Händen waren, brauchten sie, wenn sie recht vorsichtig sein wollten, nur noch Arras und entweder Bethune oder Douay zu nehmen, um nach einer siegreichen Feldschlacht den Weg nach Paris offen zu haben. Tournay lag schon so ziemlich, Mons gänzlich außer dieser Operationslinie; beide Plätze waren nicht so besetzt, um Detachements auf mehr als höchstens ein paar Meilen aussenden zu können. Beide Plätze verdienten demnach keine andere Beachtung, als daß man, mit dem Gros der Armee in süd= licher Richtung vorgehend, ein Corps von einigen Tausenden ihnen gegenüber zur Beobachtung zurückzulassen gehabt hätte. Für die Thatsache nun, daß das alliirte Heer den ganzen Feldzug nur den abgelegenen Plätzen Tournay und Mons schenkte, sind wir keine Erklärung zu geben im Stande. Das Gleiche gilt auch be= züglich der beiderseitigen Einleitung zur Schlacht bei Malplaquet.

Am 6. Sept. überschritt der Erbprinz von Kassel die Haine 1 Meile östlich von Mons, sowie weiter noch die Trouille. Ihm folgte einen Tagmarsch später das ganze Hauptheer der Alliirten und nahm am 7. seine Stellungen südlich von Mons, den Rücken an die Haine gelehnt. Somit hatten die Alliirten die feindli= chen Linien an der Trouille ohne Gefecht durchbrochen und zugleich die Festung Mons isolirt. Villars kam zu spät zur Einsicht über die Bewegungen der Gegner; hätte er bis zum 6. seine Streitmacht bei Mons zu concentriren gewußt, so würde er die Alliirten, deren Heer damals noch beiderseits der Haine stand, flügelweise zu schlagen vermocht haben. So aber hatten Villars und Boufflers (letzterer, ob= wohl der rangsältere Marschall, freiwillig unter Villars dienend), erst am 7. ihr Heer gegenüber jenem der Alliirten vereinigt und führten dasselbe am folgenden Tage weiter rechts in eine Stellung bei **Malplaquet.** Die Franzosen, welche bei 80.000 M. zählten (um 10—15.000 M. weniger als die Alliirten), standen auf der Wasserscheide zwischen den Quellbächen des Hogneau und der Trouille. Der niedere Rücken daselbst war großentheils bewaldet, dabei ziemlich breit und flach; die Abfälle gegen Nordost dagegen, wo die Alliirten später anrückten, waren vorwiegend offenes Getreideland, nur streckenweise mit Hecken und Gebüschen be= deckt; auch war die Neigung bis zur Trouille hin durchaus sanft und nur längs den zahlreich abfließenden Bächen fanden sich steilere Abfälle. Die Stellung der Franzosen erstreckte sich auf dem bewaldeten Rücken ungefähr durch 8000 Schr. Länge; der rechte Flügel, südlich von Malplaquet, und der linke Flügel waren ganz im Wald vergraben, während in der Mitte in der Breite von ungefähr 2000 Schr. eine offene und flachgewölbte Stelle befindlich war. Hier brachten die Fran= zosen mehrfache Linien von Redans, Fleschen und Batterien an, ließen aber zur

Benützung für die Reiterei, welche nur an dieser Stelle Geltung erlangen konnte, ansehnliche Lücken ausgespart. Auch an den beiden Flügeln ließen die beiden Marschälle ganze Reihen von Werken, insbesondere aber Verhaue anbringen. So mochte die ganze Stellung den Taktikern jener Zeiten vielleicht als unangreifbar erscheinen, während man heutzutage dieselbe Position als sehr schwach bezeichnen würde. Beide Flügel der Franzosen hatten nämlich keine andere Anlehnung als den fortlaufenden bewaldeten Rücken, auf welchem, da er einige Tausend Schritte breit und selbst an den Abfällen gangbar ist, mit ganzen Armeen in den Rücken der Vertheidiger manövrirt werden konnte. — Eben deshalb ist es uns auch unerklärlich, warum die Alliirten, welche bisher ihren rechten Flügel westlich von Mons an die Haine lehnten und daselbst noch kurz vor der Schlacht den befestigten Uebergang St. Ghislain wegnahmen, — nunmehr von dort sich nach Süden wegzogen und sich vollständig den Franzosen parallel setzten. Hätten sie einfach ihren rechten Flügel verstärkt und dann vorgenommen, so wäre ihnen der Wald in der linken Flanke des Bourbon'schen Heeres und damit der Rücken des letzteren unbedeckt dagelegen. Die Linksschiebung des alliirten Heeres gab außerdem den Franzosen volle Muße, um ihre Werke möglichst stark zu gestalten. Die Feldherren der Alliirten gingen also wie mit Absicht darauf aus, sich selbst die Sache schwierig und blutig zu machen. Man kann daher nur vermuthen, daß sie keine richtige Vorstellung von dem Terrain gehabt haben, was bei der damaligen Beschaffenheit der Karten ziemlich begreiflich wäre, — oder daß sie um jeden Preis ihrer Cavallerie eine, wennauch nur beschränkte Action zuweisen wollten.

Aus den abweichend und größtentheils verworren lautenden Berichten über die Schlacht bei Malplaquet am 11. Sept. geht so viel hervor, daß die Alliirten den Stier bei den Hörnern faßten. Der linke Flügel unter dem FM. Tilly und dem Prinzen von Oranien, dann der rechte Flügel unter Prinz Eugen drangen in die vorderste Reihe der feindlichen Verhaue ein, konnten aber nicht weiter vorwärts gehen, so lange die eigene Mitte noch zurück war. Schon um diese Zeit drang General Whiters mit ungefähr 10.000 M. vom Norden her ohne alle Mühe, ja fast ohne Gefecht bis hinter die Mitte der französischen Aufstellung vor und behauptete sich daselbst bis zum Ende der Schlacht. Diese Demonstration ergab gar kein greifbares Resultat; ganz anders wäre es gekommen, wenn statt jener Division ein starkes Corps oder wohl gar die ganze Armee die bezeichnete Richtung genommen hätte. Erst nachdem die französischen Marschälle ihre Mitte durch Entsendungen nach den heftig angegriffenen Flügeln abgeschwächt hatten, vermochte Marlborough Nachmittags im Centrum einiges Terrain zu gewinnen. Seine Infanterie drang in die feindlichen Linien, ihr folgte die Cavallerie und begann eine

Reihe von Attaken, welche zu den hartnäckigsten der Geschichte gehören. Endlich wurden die Franzosen geworfen und damit war das Schicksal des Tages entschieden, indem ihre beiden Flügel nunmehr fast ohne Verbindung waren. Noch vor dem Abend befahl Boufflers, welcher nach der schweren Verwundung des Villars Oberbefehlshaber geworden, den allgemeinen Rückzug, der in meisterhafter . Ordnung ausgeführt wurde.

Die Schlacht bei Malplaquet war eine der blutigsten des 17. Jahrh.; die Sieger verloren 5920 Todte und 13.257 Verwundete, während der Verlust der Franzosen kaum halb so groß gewesen ist. Unverwundet Gefangene waren nicht mehr als 570; 17 Geschütze und 46 Fahnen wurden die Beute der Alliirten. Aus ihrem theuer erkauften Siege erwuchs ihnen kein Resultat, als daß sie die Belagerung von **Mons** nun ungestört eröffnen konnten. Dieses Unternehmen verlief in den gewöhnlichen Formen und endete am 20. Oct. mit der Einnahme der namhaften Festung. Nachdem heftige Regengüsse, welche auch die Belagerung sehr erschwert hatten, ferneren Operationen im Felde noch größere Hindernisse zu bereiten drohten, so wurden die Truppen schon zu Anfang November in die Winterquartiere verlegt. — Die Franzosen, zuletzt unter den Befehlen des Marschalls Berwick stehend, verhielten sich ganz unthätig, wozu sie einestheils schon durch ihre beständige Noth an Lebensmitteln gezwungen waren.

106. Feldzug 1709 am Rheine, in den Westalpen und in Spanien. Seitdem Prinz Eugen nach den Niederlanden abgegangen war, wurde weder von Seite der Alliirten noch von Frankreich auf die Schauplätze am Rheine und in Italien ein großes Gewicht gelegt. Man fragte fast gar nicht mehr nach den Vorfällen in diesen Gegenden und in Wirklichkeit kamen beinahe auch nie welche vor. In Italien war es die unverläßliche Gesinnung des Herzogs von Savoyen, in Deutschland die klägliche Reichs- und Kriegsverfassung, wodurch jede namhafte Anstrengung von vorneher ausgeschlossen war. Beispielsweise sei erwähnt, daß die vom Reichstage dem mittelrheinischen Heere sehr spärlich zugewiesenen Geldbeiträge (für 1707 blos 200.000 Thaler; für 1708 eine Million) selbst am Schlusse der Feldzüge noch nicht flüssig zu sein pflegten. Dafür herrschte aber an den zahllosen Höfen und Höfchen ein maßloser Prunk, welcher jährlich viele Millionen verschlang. Nicht ganz mit Unrecht schrieben die holländischen Deputirten, daß die meisten deutschen Fürsten das Geld mehr liebten als ihre Ehre und die ihrer Fürsorge anvertrauten Völker.

Für das Jahr 1709 war von den alliirten Mächten ein vielversprechender Plan entworfen worden, welcher von Piemont und Mitteldeutschland her gleichzeitig zur Ausführung gelangen sollte. Von beiden Seiten hätten nämlich Corps nach Frankreich einfallen, in der Franche Comté sich vereinigen und derart eine ausgiebige Diversion machen sollen. Allein die Beschaffenheit der deutschen Truppen am Mittelrheine war derart, daß sie bis in den Sommer sich vollständig unthätig verhielten und sogar eine zweiwöchentliche Ausplünderung des Breisgaues durch die Franzosen (Juni) ruhig geschehen ließen. Endlich langte der Kurfürst Georg von Hannover nach langer Zögerung bei dem Heere an, welches damals ungefähr 30.000 M. zählte, während die unter Harcourt im Elsaß stehenden Franzosen durch Entsendungen nach den Niederlanden bis auf 24.000 M. herabgekommen waren. Um nun den früher erwähnten Plan zur Ausführung zu bringen, rückte der Kurfürst am 9. August bei Philippsburg über den Rhein und schien die feindlichen Stellungen hinter der Lauter angreifen zu wollen. Gleichzeitig brach der kaiserl. FML. Mercy mit einem Corps von 10.000 M. aus dem Donauthale über den Schwarzwald hervor, passirte den Rhein bei Rheinfelden (21. Aug.) und drang gegen Frankreich ein. Harcourt war aber durch die Demonstration des Kurfürsten nicht getäuscht worden, sondern hatte rechtzeitig 6000 M. unter Dubourg gegen Mercy abgeschickt. Bei Rumersheim im südlichen Elsaß wurden die schlecht geführten Kaiserlichen trotz ihrer Mehrzahl mit einem beträchtlichen Verluste geschlagen (26. Aug.) und eilten, kaum noch 5000 M. stark, über den Rhein zurück. Indem nun auch der Kurfürst Georg auf das rechte Stromufer zurückkehrte, trat in diesen Gegenden wieder die gewohnte schläfrige Ruhe ein.

In Italien schob Victor Amadäus aus Ursache von Reibungen mit dem österreichischen Hofe die Eröffnung des Feldzuges von Tag zu Tag hinaus. An seiner Stelle übernahm endlich FM. Daun den Oberbefehl über die verbündeten Truppen, welche bei 40.000 M. stark waren, und ließ sie in drei Colonnen gegen Savoyen und Briançon vorrücken. Ihm gegenüber commandirte Berwick eine beiläufig gleich starke und an vortheilhaften Punkten vertheilte Macht. Im Juli und August gewann Daun einiges Terrain; als er aber erkannte, daß Berwick durchaus keine Blößen bot, und als er ferner noch die von den Mittelrhein-Truppen bei Rumersheim erlittene Niederlage erfuhr, glaubte auch er, den ursprünglich festgesetzten Kriegsplan nicht weiter verfolgen zu können und zog deßhalb gegen Ende September seine Truppen über den Hauptkamm der Alpen zurück.

Die Ereignisse in Spanien blieben im Ganzen wenig beträchtlich, da die größere Zahl auf Seite der Bourbons, der größere Genius aber an der Seite Oesterreichs, nämlich bei Starhemberg stand. In solcher Weise glichen sich die Erfolge so ziemlich aus; ja es blieb sogar noch ein kleines Plus für den habsburgischen Prinzen, obgleich gerade zu dieser Zeit die Sache seines Gegners aus politischen und religiösen Gründen (§. 101) populär zu werden anfing. Starhemberg eroberte fast im Angesichte der zahlreicheren Feinde Balaguer und hielt sich sonach in unangreifbaren Stellungen. Auf der anderen Seite errang Noailles einige Vortheile über die deutschen Kreistruppen in Nord-Catalonien und eroberte Figueras. Ein Sieg, welchen das Heer der Bourbons bei Gudina unweit der portugiesischen Grenzen über die Britten und Portugiesen erfocht (7. Mai), hatte keine weiteren Folgen, weil die Engländer durch eine kräftige Diversion von Gibraltar aus die Aufmerksamkeit Philipps V. nach dem Süden lenkten.

107. Feldzug 1710 in den Niederlanden. Nachdem die Anstrengungen Frankreichs während des letzten Feldzuges wieder zu keinem erwünschten Resultate geführt hatten, erneuerte Ludwig XIV. seine Friedens-Anerbietungen und ging damit wirklich bis an die Grenzen des Möglichen. Allein der zu Gertruidenburg zusammengetretene Congreß ging abermals ohne Erfolg auseinander (25. Juli), nachdem die alliirten Mächte, und diesmal darunter auch Oesterreich, (Minister Sinzendorf jun.), allzu überspannte Forderungen aufstellten. Während die Diplomatie der Alliirten Frankreich gänzlich niedergeworfen sehen wollte, ging die Strategie derselben noch immer nur auf die Vorbereitungen zu einem entscheidenden Schlage aus, keineswegs aber auf diesen selbst. Zur Zeit, als die Franzosen zur Mehrheit noch in den Winterquartieren lagen, sammelten Eugen und Marlborough in der Mitte April bei Tournay ein Heer von 60.000 M., mit welchem sie, ohne auf den Rest zu warten, in vier Colonnen gegen **Douay** aufbrachen. Wieder einmal erwies sich die Nutzlosigkeit weitläufiger verschanzter Linien, indem die Alliirten ohne Schwierigkeiten in jene ungeheure Schanzenreihe eindrangen (21. April), welche der ganzen französischen Nordgrenze einen sicheren Schutz gewähren hätte sollen. Marschall Montesquiou, der in der Abwesenheit des Villars die Franzosen befehligte, mußte, nachdem seine Armee ohne Gefecht durchbrochen war, in größter Eile auf Cambray hin zurückweichen. Ohne Zweifel hätten die Alliirten am besten gethan, ihre überraschten Gegner gar nicht wieder zur Besinnung kommen zu lassen, sondern ihre einzelnen Corps anzugreifen und zu schlagen, bevor aus diesen eine ganze Armee gesammelt werden konnte. Allein man hatte sich einmal schon mit Leib und Seele dem unglücklichen Wahne hingegeben, daß die Wegnahme einer Festung an und für sich schon ein großer Erfolg sei, ein größerer sogar, als ein bedeutender Vortheil im offenen Felde. Daher benützten die Alliirten ihre augenblickliche Uebermacht nur dazu, um mit aller Muße Douay einzuschließen (24. April) und regelrecht zu belagern. Da man vor diesem Platze schon mitten in Feindesland stand, mußte diesmal von der Ausscheidung einer besonderen Deckungsarmee Umgang genommen werden. Es war vielmehr das ganze Heer mit Belagerung und Deckung zugleich beschäftigt, wobei allerdings große Vorsichtsmaßregeln nothwendig waren. Die in einer sehr niedrigen Gegend befindliche Festung mußte auf beiden Ufern der S c a r p e in einem weiten Umkreise eingeschlossen werden; weil aber die Franzosen von verschiedenen Richtungen her zum Entsatze anrücken konnten, so war links wie rechts der Scarpe eine mächtige Circumvallation nothwendig, welche eine Gesammtlänge von mehreren Meilen hatte. Eine große Verstärkung erhielt diese Einfassung der Angriffslager durch verschiedene natürliche Sümpfe, dann durch Ueberschwemmungen, welche die Alliirten im Süden der Scarpe erzeugten. Ueber diesen Fluß wurden von den Angreifern nicht weniger als zwanzig Brücken, dazu Colonnenwege — theilweise durch die Sümpfe — hergestellt. Derartige Vorbereitungen waren nothwendig, um nöthigenfalls binnen wenigen Stunden die ganze Armee an irgend einem Punkte dieß- oder jenseits des Flusses vereinigen zu können. Die Belagerung der Festung, welche Vauban zu einem der stärksten Plätze in Frankreich gemacht hatte, war um so schwieriger, als der Angreifer überall durch Sumpfland eingeengt war und zahl- reiche Werke nebst zwei nassen Gräben zu überwinden hatte. Während die Arbei- ten der Alliirten daselbst im besten Gange waren, begann Villars mit einer Armee von mehr als 100.000 M., welche sich langsam bei C a m b r a y gesammelt hatte, am 24. Mai die Entsatz-Operationen. Er suchte die Aufmerksamkeit der Alliirten im Osten festzuhalten, warf sich aber in der Nacht zum 26. Mai mit einem Marsch- von 5 Meilen plötzlich nach A r r a s. Erst am 30. vermochte er aber auf der Ebene von Lens gegen die Westseite der Circumvallation anzurücken. Da die Alliirten von jedem Punkte ihres Lagers nach irgend einem anderen hin auf der Sehn- des Kreises marschiren konnten, während Villars außerhalb der Peripherie sich bewe- gen mußte, so konnte er gar nicht ernstlich daran denken, daß seine Gegner ihm ir- gendwo eine Blöße geben würden. Einen forcirten Angriff auf die starken Stellun- gen des alliirten Heeres, welches durch Nachschübe auf die Stärke von weit mehr als 100.000 M. gelangt war, glaubte Villars nicht wagen zu dürfen. Er führt- daher am 4. Juni sein Heer wieder zurück, machte dann ein zweites, gleich resul- tatloses Manöver gegen die Südfront der Circumvallation, und that schließlich dasselbe, was die französischen Feldherren schon früher bei der Gefährdung von Lille, Tournay und Mons gethan hatten: an der Spitze einer mächtigen Armee schaute er müßig zu, wie der Platz endlich fiel, und entschuldigte sich damit, daß eine Angriffsschlacht gegen den Belagerer zu gefährlich gewesen wäre.

Douay, dessen Besatzung unter Albergotti während der 52tägigen Belage- rung 32 Ausfälle gemacht und überhaupt sehr wacker sich gehalten hatte, wurde am 26. Juni übergeben. Da dieser Platz so ziemlich schon der innersten Verthei- digungslinie von Frankreich angehörte, so hätte wenigstens jetzt endlich die gerade

Operation auf das Hauptobject Paris angetreten werden können, ohne daß man befürchten mußte, so leicht von der eigenen Basis abgeschnitten zu werden. Die Stellungen, welche Villars mit der französischen Armee angenommen hatte, und welche wieder mit dem Titel „unangreifbar" beehrt wurden, hatten die Deckung der Festungen Arras, Cambray, Bouchain und Valenciennes zum Ziele; zu diesem Behufe war die Armee in drei größeren Corps und zahlreichen Posten auf einer Strecke von 9 Meilen vertheilt. Da die eine Hälfte dieser Strecke (Arras-Cambray) in östlicher, die andere in nördlicher Richtung verlief, Douay aber auf dem Kreuzungspunkte der beiden Senkrechten liegt, die man sich aus der Mitte jener beiden Hälften gezogen denken kann, so ist es ersichtlich, daß die alliirte Armee von Douay aus nach jedem Punkte der feindlichen Linien nicht mehr als einen Marsch (3—4 Meil.) benöthigte und daher den Gegner mit Uebermacht überraschen konnte. Es wäre also, wie so oftmals in früheren Fällen, das Forciren der Linien und damit der Durchbruch des feindlichen Heeres keineswegs als sehr schwierig anzusehen gewesen, man hätte dann die getrennten Flügel der Franzosen nach einander schlagen und nach weiteren drei Wochen den Frieden in Paris dictiren gekonnt. — Wie groß auch der Feldherrnruhm von Eugen und Marlborough dasteht, so kann man doch nicht läugnen, daß ihre gemeinschaftlichen Operationen seit 1709 von einer gewissen Aengstlichkeit angekränkelt sind. Die Ursache dieser befremdenden Erscheinung ist ohne Zweifel außer ihnen, nämlich nur in dem großen Kriegsrathe zu suchen, der ihre Entwürfe zu prüfen hatte: die holländischen Rathsdeputirten waren aber von jeher jedem kühn scheinenden Schritte höchst abgeneigt und hatten keine größere Sehnsucht, als einen mehrfachen Gürtel von recht vielen Festungen um ihr eigenes Vaterland gezogen zu sehen. So dürfte es zu erklären sein, daß auch nach der Einnahme von Douay kein Schlag gegen die Feldarmee der Feinde versucht wurde; ja selbst an die vier Festungen, welche Villars deckte, wollte man sich nicht wagen; da er aber die Plätze westlich von Douay ohne Unterstützung beließ, so hielten die Alliirten sich zunächst wieder an diese, wobei allerdings jeder Gedanke an eigene Gefahr beinahe ausgeschlossen war.

Gleich nach der Eroberung von Douay machte das alliirte Heer eine Bewegung gegen Arras. Als aber Villars rechtzeitig herbeikam und sich neben diesem Platze in eine starke Position begab, begnügten sich die Verbündeten mit der Belagerung des kleinen Platzes Bethune. Schulemburg und Fagel leiteten diese Operation, welche von dem ganzen Heere gedeckt wurde. Während dieser Zeit vollführte Villars, nachdem er einen Theil der entfernteren Corps an sich gezogen hatte, in nächster Nähe von dem Flügel Marlborough's, dabei aber unbemerkt bleibend, einen kühnen Flankenmarsch von kurzer Erstreckung; derselbe hatte keinen anderen Zweck, als das Land westlich von Arras besser zu decken (30. Juli). Die neuen Stellungen der Franzosen erstreckten sich vom Ursprung der Canche bis Arras. So lange dieselben noch nicht gehörig verschanzt waren, hätten die Alliirten die beste Gelegenheit zum Angriffe gehabt; auch diesmal kam man zu keinem derartigen Entschlusse. Am 29. August mußte GL. Dupuy-Bauban nach tapferer Vertheidigung die Schlüssel von Bethune übergeben. Marlborough und Eugen vollzogen nun einen meisterhaften Abmarsch — nach rückwärts; sie bezogen näm= lich neue Stellungen, um die gleichzeitig unternommene Belagerung von Aire und St. Venant zu decken. Ersterer Platz war nur von mittlerer Bedeutung, letzterer nicht einmal dieß. Beide Festungen sind an der Lys, abseits von der Haupt=Operationslinie gelegen. Es ist schwer zu begreifen, warum Frankreich eine so ansehnliche Truppenmacht (zusammen 11.000 M.) anwendete, um sie zu ver= theidigen, — noch schwerer aber ist es zu fassen, warum die Verbündeten ihr gan= zes Heer durch drei Monate wegen solcher Nester unter den Waffen hielten. Nach tapferer Vertheidigung wurde St. Venant übergeben (30. Sept.). Weit schwerer ging es mit der Eroberung von Aire, wo der tüchtige GL. Goesbriant befehligte. Es begegnete nämlich den Belagerern ein Unfall, durch welchen die Beschießung des Platzes sehr verzögert wurde. Während ein großer Wassertransport mit Pul= ver und anderen Bedürfnissen von Gent die Lys heraufkam, ließ der Commandant der französischen Festung Ypern, Villars (Sohn), ein Detachement unter General Ravignan in aller Stille hervorbrechen. Ebenso kühn als schlau stahl sich Ra= vignan an den feindlichen Festungen Menin und Courtray vorbei, überfiel den Transport bei Eloy vive (3 Mln. unter Courtray) und vernichtete ihn vollständig. Die Explosion von 23 Schiffen mit Pulver war so gewaltig, daß das genannte Dorf in Trümmer stürzte und der wasserreiche Fluß sich ein neues Bett suchte (19. Sept.). Ravignan kehrte auf einem anderen Wege glücklich und fast ohne Verlust nach Ypern zurück. Sein keckes Unternehmen erscheint wie eine Blume in dieser monotonen Wüste von Belagerungen und verschanzten Stellungen. — Da die Alliirten die nöthige Munition aus ihren eigenen nächsten Festungen beziehen konnten, so ergab ihr Unfall von Eloy vive keine dauernden Folgen. Am 8. Nov. capitulirte Aire und damit war der Feldzug zu Ende. Derselbe hatte den Alliirten nicht weniger als 32.319 M. gekostet, — so viel, als sie allenfalls in zwei großen Schlachten verloren hätten. Wie ganz anders wäre aber der Erfolg von solchen gewesen! — Beide Heere gingen im November in weit verstreute Quartiere.

Während dieses Feldzuges war in England eingetreten, was schon längst zu befürchten gewesen war und was zu noch größeren Befürchtungen Anlaß geben mußte. Das Ministerium der Whigs war gestürzt, die Königin hatte ihr Cabinet aus entschiedenen Tory's, Gegnern Marlborough's und der ganzen Kriegführung, zusammengesetzt. Es waren ganz gemeine Weiber-Intriguen, von der Mistreß Masham angesponnen und von Harley praktisch durchgeführt, wodurch die charakterschwache Königin zur Verläugnung ihrer bisherigen, so ungemein ruhmreichen Politik verleitet wurde. Einer der früheren Minister fiel nach dem andern; am Schlusse des Jahres war kein einziger Whig mehr in einem Staatsamte als nur Marlborough, der Oberbefehlshaber des Heeres. Auch dieser wurde mit Verläumdung überhäuft und seine Absetzung wäre wahrscheinlich schon jetzt erfolgt, wenn nicht Holland, der Kaiser und das brittische Volk selbst auf das Wärmste sich seiner angenommen hätten. Das neue charakterlose Ministerium, dem an Englands Ehre wenig gelegen schien, warf aber dem Feldherrn fortwährend Prügel in den Weg und wartete nur auf die Gelegenheit, um ihn zu stürzen. Zum Unglücke fielen die neuen Parlamentswahlen im Sinne des Ministeriums aus; das frühere war nämlich entschieden kriegerisch gewesen, während nunmehr die Mehrheit des Volkes sich herzlich nach Frieden sehnte. Dieß ist auch sehr begreiflich; vor kaum 20 Jahren hatten die von den Gemeinen bewilligten Gelder jährlich bloß 2 Millionen Pfund betragen, jetzt waren aber 6—7 nothwendig. Die Staatsschuld, früher kaum 664.000 Pfund betragend, wurde jetzt bereits auf 34 Millionen veranschlagt. Diese Summe, welche heute dem brittischen Volke eine Bagatelle wäre, hatte damals einen gewaltigen Klang.

108. Feldzug 1710 in Deutschland, Italien und Spanien.
Am Mittelrheine befehligte Gronsfeld 24.000 Deutsche, Bezons ein etwas stärkeres französisches Heer. Bis zum Juli lagen beide Armeen ganz unthätig dieß und jenseits des Rheines. Als aber dann die Franzosen Landau zu bedrohen schienen, ging Gronsfeld über den Rhein (18. Juli) und blieb bis in die Mitte des Novembers im Elsaß stehen. Beide Heere beobachteten sich und gingen schließlich in die Winterquartiere.

Da der Herzog von Savoyen mit dem Wiener Hofe grollte, so führte FM. Daun in Italien den Oberbefehl; mit 50.000 M. wollte er in die Dauphiné einfallen, wobei gleichzeitig auf eine neue Schilderhebung der erst jüngst unterdrückten Protestanten in den Cevennen gerechnet wurde. Aber Berwick erstickte den Aufstand, bevor er zum Ausbruche kam, und vertheilte seine Streitmacht von 35.000 M. sehr vortheilhaft in verschiedenen festen Stellungen hinter den Alpen. Daun gewann nun zwar den Eingang nach Frankreich, glaubte aber die Positionen des Gegners nicht forciren zu können und kehrte im August nach Piemont zurück. Ein schwächlicher Landungsversuch der Engländer in Languedoc mußte gleichfalls rasch wieder aufgegeben werden. Andererseits wurde aber auch ein Plan

der Bourbons, Sardinien wieder zu gewinnen, durch die brittische Flotte ver=
eitelt. Am Schlusse des Jahres stand jede Partei ebenso wie zu Anfang desselben.

Aus Spanien waren seit dem vorigen Jahre die Truppen Frankreichs
gänzlich zurückgezogen worden. Philipp V. glaubte auch ohne dieselben bereits sich
halten zu können, nachdem die spanische Kriegsmacht in der letzten Zeit auf einen
besseren Fuß gebracht worden war. Der Zahl nach blieb sie auch dann noch dem
Heere der Alliirten beträchtlich überlegen, als letzteres durch einige österreichische
Regimenter von Italien her verstärkt wurde. Starhemberg stand nunmehr mit
24.000 M. in Catalonien, hielt Anfangs mit Erfolg sich in der Defensive, fing
aber dann die Armee Philipp's V. derart zu bedrohen an, daß selbe, obgleich
etwas stärker der Zahl nach, gegen Arragon weichen wollte. Rasch aber folgte
Starhemberg dieser Bewegung und warf bei Almenara die Reiterei Philipp's V.
auf sein Fußvolk, so daß auch dieses in voller Unordnung bis unter die Kanonen
von Lerida floh (27. Juli). Philipp V. zog erst Verstärkungen aus verschiedenen
Gegenden herbei, bevor er sich wieder in das freie Feld wagte. Trotzdem folgte
ihm auch dießmal Starhemberg auf dem Fuße und lieferte am 20. August fast
unter den Mauern von Saragossa eine Schlacht, in welcher das Heer Phi=
lipp's V. gänzlich geschlagen und zersprengt wurde. Karl III. hielt nun unter
lautem Jubel seinen Einzug in der Hauptstadt Arragons. Zu seinem Unglücke
herrschte aber in seinem Hauptquartiere große Zwietracht. Stanhope (spr. Stä=
nopp), der Commandant der Britten, glaubte, des Bourbon'schen Staates letztes
Stündlein sei gekommen und verlangte, daß man unmittelbar auf Madrid ziehe.
Der klügere Starhemberg hingegen meinte, daß solche überstürzte Eroberungen
in Provinzen, die eher für den Gegner eingenommen waren, keine Dauer haben
könnten, wobei er sich auf das Beispiel von 1706 berufen mochte; er war dem=
nach dafür, daß man zuerst in den Nordprovinzen sich vollkommen basiren und zu
diesem Behufe Pamplona wegnehmen müsse. Mit dieser Eroberung wäre
Karl III. in einen ziemlich gesicherten Besitz des ganzen Ebrothales gelangt; nun
hat aber dieses Thal strategisch für Spanien eine ähnliche Bedeutung wie für
Italien das Thal des Po; es war ferner noch zu berücksichtigen, daß Karl III.
mit dem Besitze der Festungen am Fuße der Pyrenäen alle Landverbindungen
zwischen Frankreich und Spanien entzwei schnitt, so daß Philipp V. der mächti=
gen Unterstützung durch seinen Großvater ganz zu berauben gewesen wäre. So
wohlbegründet auch die Ansichten Starhembergs waren, dennoch gewannen die
Luftschlösser Stanhopes und der Spanier die Oberhand. — Nun hielt Karl III.
allerdings seinen Einzug in Madrid (28. Sept.), wurde aber daselbst sehr kalt
empfangen. Ueberdieß weigerten sich die Portugiesen, ihre Grenzen zu verlassen.

und zu den entscheidenden Schlägen gegen die Bourbon'sche Macht beizutragen. Letztere wuchs sehr rasch wieder an; wichtiger als die neu angeworbenen Spanier waren die französischen Truppen, welche Ludwig XIV. seinem bedrängten Enkel nun doch wieder zur Unterstützung sandte. Den Oberbefehl über das Heer Philipp's V. führte jetzt der uns wohlbekannte Herzog von Vendôme. An der catalonischen Grenze rückte der Herzog von Noailles mit einem französischen Corps vor. Die Hauptschläge hatten jedoch im eigentlichen Kerne der Halbinsel, in Neu-Castilien zu erfolgen, wo Vendôme im Herbste eine Macht von 30.000 M. sammelte. Mit dem Gros stellte er sich bei Almaraz (spr. —ras) am Tajo und schnitt hiedurch den Deutschen die Verbindung mit Portugal ab; auch auf den anderen Richtungen sahen sich die Letzteren von spanischen Abtheilungen bedroht und geneckt.

Die Lage der Verbündeten war nach der kurzen Freude der Herrschaft in Madrid nunmehr so gefährlich geworden, daß Karl III. mit 2000 Reitern sich eiligst gegen Catalonien auf den Weg machen mußte, um der Gefahr der Gefangenschaft zu entgehen. Selbstverständlich trachtete auch Starhemberg, mit dem Heere, welches noch 17.000 M. zählte, den Ausweg nach dem Ebro hin zu gewinnen. Rasch kam aber auch Vendôme zur Verfolgung heran. Nun mußten die Alliirten an den Quellflüssen des Tajo und über das iberische Scheidegebirge sehr mangelhafte Communicationen benützen und deßhalb mit drei Colonnen auf Tagesdistanz von einander marschiren. Die letzte dieser Colonnen, aus 4000 Britten unter Stanhope bestehend, hielt sich unvorsichtiger Weise zu lange in Brihuega auf. Als sie am nächsten Tage ausmarschiren wollte, sah sie sich von den Feinden vollständig eingeschlossen. Mit ungemeiner Tapferkeit vertheidigte sie sich bis zum nächsten Tage, mußte aber endlich die Waffen strecken (9. Dec.). Die erste Kunde von der gefahrvollen Lage, in welche Stanhope, der Anstifter des unglücklichen Zuges nach Madrid, durch eigene Schuld gerathen war, hatte genügt, um Starhemberg sogleich zur Umkehr mit den beiden vorderen Colonnen zu veranlassen. Trotz aller Eile kam er aber schon zu spät; die Bourbonisten hatten bereits nach der Bezwingung der Britten bei Villa Viciosa (spr. Wilja Wißi—) eine starke Stellung bezogen und erwarteten hier ihre Gegner. Diese waren bedeutend schwächer; trotzdem konnte Starhemberg der Schlacht nicht ausweichen. Obgleich nun die spanischen Truppen in seinem Heere großentheils gänzlich versagten und damit den Bourbonisten Einfallsthore in die Schlachtstellung eröffneten, ihnen gleichzeitig Gelegenheit zur doppelten Ueberflügelung boten, standen doch die wenigen österreichischen und holländischen Bataillone wie Mauern in einem furchtbaren Kreuzfeuer und gegen Angriffe, welche fast gegen jede Abtheilung von mehreren Seiten zugleich erfolgten. Ja noch mehr: sie behaupteten durch den ganzen Tag ihre Stellung, eroberten sogar einige feindliche Geschütze, und zwangen den Feinden das laute Geständniß ab, ähnliche Standhaftigkeit noch nie gesehen zu haben (10. Dec.). Da aber Vendôme von Stunde zu Stunde bedeutende Verstärkungen erhalten konnte, durfte Starhemberg nicht daran denken, die Schlacht angriffsweise zu erneuen. Er blieb zum Beweise seines Sieges noch den ganzen folgenden Tag (11. December) auf dem Schlachtfelde stehen, trat aber dann mit seinen arg geschmolzenen Schaaren eilig den Marsch gegen Arragon an. Auf diesem gefährlichen Rückzuge bewiesen die Truppen abermals die unerschütterlichste Haltung.

Die entschiedenste Niederlage hätte den Verbündeten keine größeren Nachtheile bringen können, als sie der Sieg bei Villa Viciosa oder, besser gesagt, der ganze Zug nach Madrid brachte. Die entschiedene Ueberlegenheit des Hauses Bourbon war seither wieder hergestellt und stetig im Wachsen, die Kerntruppen Karl's III. waren zur Hälfte aufgerieben. Es war einleuchtend, daß sie Arragon und Catalonien nicht mehr lange würden halten können. In das letztere Land war übrigens bereits der Herzog von Noailles eingerückt und eroberte nach längerer Belagerung (15. Dec. bis 23. Jänner) Gerona. Starhemberg hatte, obwohl zu Anfang Jänner nach Catalonien zurückgekehrt, aus Ursache seiner allzu schwachen Streitmacht den Fall der wichtigen Festung nicht zu hindern vermocht. Noailles hatte nämlich 20.000 M. unter sich.

109. Tod Josephs I. Feldzug 1711 in Nordfrankreich.

Obgleich Marlborough bei seiner Anwesenheit in London während des Winters 1710—11 von der Königin, ja sogar von dem neuen Parlamente ungnädig aufgenommen wurde, sah sich doch die Regierung veranlaßt, den großen Feldherrn vorläufig noch in seinem Amte zu belassen. Der Ruhm der letzten Feldzüge war zu bedeutend, als daß nicht ein beliebiger General aus der Zahl der Torys als Ablöser Marlboroughs sich allzu kläglich ausgenommen hätte. Es ließ sich aber eine Art Uebergang anbahnen, indem man im nächsten Feldzuge die Feldherrengewalt des Herzogs arg einschränkte und ihn dadurch zu einer matten Haltung zwang. Unter so unangenehmen Verhältnissen hätte Marlborough sogleich alle seine Würden niedergelegt, wenn ihn nicht die Bitten des Kaisers, der Holländer und besonders des Prinzen Eugen davon abgehalten hätten. Im Geheimen fing das brittische Ministerium, die Allianz verläugnend, bereits mit Frankreich zu unterhandeln an.

Eugen hatte den Winter hindurch in Wien vollauf zu thun. Er bereitete Alles vor, um wenn möglich im J. 1711 den entscheidenden Schlag zu führen. Gemeinschaftlich mit Marlborough hoffte er noch Arras wegzunehmen und dann in das Innere Frankreichs vorzudringen. Durch den Congreß zu Szathmar

30

(§. 102), welcher eben jetzt dem Aufstande in Ungarn ein Ende machte, wurde ein Theil der dort stehenden Truppen verfügbar und nach dem Westen dirigirt.

Als Eugen nach Beendigung seiner Wiener Geschäfte kaum abgereist war, starb nach kurzer Krankheit Kaiser Josep h I. im 33. Lebensjahre an den Blattern (17. April 1711). Auf das Walten dieses edlen Fürsten müssen wir einen kurzen Rückblick werfen. Gut unterrichtet, selbst in späteren Jahren noch eifrig im Ler= nen, Meister in sechs Sprachen und wohl bewandert in allen Wissenschaften war Joseph I. ein Fürst mit rascher Auffassung, lebhafter und selbstthätiger in seinem Auftreten, als Leopold I. gewesen war. Eine große Vorliebe für prunkvollen Hof= staat, Abgeschlossenheit vor den unteren Classen, eine gewisse Schwäche für das schöne Geschlecht und Voreingenommenheit für altadelige Namen, daher Unlust zur Rücksichtnahme auf verdiente Männer niederer Abkunft, dieß waren die einzigen Mängel, die man allenfalls an diesem Kaiser rügen konnte. Dafür aber war er kräftig im Entschlusse und ausdauernd, aufgeklärt und ein echter Diener der Staatsinteressen. Mit welcher Entschiedenheit er der Kirche dort entgegentrat, wo sie ihm politisch sich in den Weg stellte, wie er hiebei nicht einmal vor dem ange= drohten Bannfluche zurückschreckte, ist uns von früheren Orten her bekannt (§. 101); auch wurde unter ihm dem Clerus strenge verboten, Anzüglichkeiten und Schmä= hungen gegen den Protestantismus vorzubringen. Joseph I. reformirte in vielen Beziehungen die Staats= und Kriegs=Verwaltung; hätte er länger oder in ruhi= geren Zeiten regiert, er würde diese schwerfällige, altersmorsche Maschinerie nach und nach vielleicht ganz im zeitgemäßen Sinne umgestaltet haben. Insbesondere war er darauf bedacht, das Staatseinkommen durch eine einfachere Verwaltung etwas besser zu stellen. Die Tortur, die Hexenprocesse und die grausamen Stra= fen früherer Zeiten erfuhren unter ihm einige Einschränkung. — Zum großen Un= glücke für die Ansprüche des Hauses Habsburg hinterließ Joseph I. bloß zwei Töchter, Maria Josepha und Maria Amalie. Karl III. war der einzige noch lebende Prinz des Hauses Habsburg, in seiner Person vereinigten sich alle An= sprüche auf die spanische wie auf die österreichische Monarchie und zugleich auch auf das deutsche Reich. Er hätte demnach dieselbe Macht, ja noch eine größere zu vereinigen gehabt, als welche einst unter Karl V. die Welt in Schrecken gesetzt hatte. Selbst das Whig=Ministerium Englands, wenn es noch am Ruder geblie= ben wäre, würde ebenso wenig wie Holland ein derartiges Anwachsen der Habs= burgischen Macht begünstigen gekonnt haben; denn man muß sich erinnern, daß die beiden Seemächte eben nur aus dem Grunde so ungeheure Opfer in diesem Kriege gebracht hatten, um eine Universal=Monarchie zu verhindern. Hier lag die Principienfrage; ob das Haus der Weltregierung Bourbon oder Habs=

burg hieße, hatte für die dritten Mächte nur eine untergeordnete Bedeutung. Es ist also recht gut begreiflich, wie mit dem Todesfalle Josephs I., eine auffallende Schwenkung in der Politik der Westmächte eintreten konnte und mußte; daß Eng= land hierin über die Grenzen des Nothwendigen schritt, daß es fortan um die Gunst Frankreichs förmlich buhlte und die eigenen Verbündeten verrieth, dieß wäre allerdings nicht unter den Whig=Ministern möglich gewesen, wohl aber unter den jetzigen charakterlosen Ausgeburten der Hofkabale.

Nach dem von früher her entworfenen Plane sollten Marlborough und Eugen auch im J. 1711 gemeinschaftlich von den Niederlanden aus operiren und die innerste Vertheidigungslinie Frankreichs wegzunehmen trachten. Das Heer, welches sie in den ersten Maitagen südlich von Douay aufmarschiren mach= ten, war ungefähr 100.000 M. stark. Noch etwas größer war die Zahl der Fran= zosen unter Villars. Dieser Heerführer hatte von seinem Könige den Befehl erhal= ten, sich nur in der Defensive zu verhalten; Ludwig XIV. hoffte auf diplomatischem Wege, nämlich von dem brittischen Ministerium, größere Vortheile zu erlangen, als sie selbst durch ein paar glückliche Ereignisse im Felde zu gewinnen sein moch= ten. Um die Vertheidigung der französischen Grenze nach den Ansichten der Zeit noch nachhaltiger zu gestalten, wurden die Linien, welche sich vom Meere bis Na= mur in einer Länge von beiläufig 40 Meilen erstreckten, über den Winter noch ansehnlich verstärkt. An vielen Orten bildeten Flüsse und Sümpfe ohne weiteres Zuthun eine genügende Abwehr; hie und da wurden künstliche Ueberschwem= mungen hergestellt; durch einen eigens neu gegrabenen Kanal war das Wasser der Scarpe oberhalb Douay großentheils in die Censée abgeleitet und umgekehrt wurde wieder, damit das Wasser nicht in die Scarpe zurückfließe, der Schifffahrts= kanal zwischen ihr und der Censée von Douay nach Arleux durch einen Stein= damm unweit vom letzteren Orte verbaut. An geeigneten Uebergangspunkten der verschiedenen Gewässer wurden befestigte Posten, an ganz offenen Stellen aber zusammenhängende Verschanzungen errichtet. Villars glaubte in solcher Weise, wie er sich ausdrückte, „dem Uebermuthe Marlboroughs Schranken gesetzt, auf denen geschrieben stand: Nec plus ultra." (nicht weiter).

Der Mai 1711 verlief ruhig, ausgenommen ein paar Streiche des kleinen Krieges, welche den Franzosen gelangen. Minder glücklich waren die Alliirten bei ihren wiederholten Versuchen, den festen Posten Arleux zu überfallen (4., 7., 11. Mai). Mittlerweile aber sammelte Frankreich eine drohende Macht am Rheine, weshalb vom Wiener Hofe und vom deutschen Reiche die Rückberufung Eugens mit den österreichischen und pfälzischen Truppen, zusammen 18.000 M. Fußvolk und 5000 Reiter, als dringend geboten erachtet wurde. Diese Truppen marschir=

ten in der Mitte Juni über Brüssel nach Süddeutschland ab. Obgleich nun in den
nächsten Zeiten auch Villars einige Truppen nach den anderen Schauplätzen ent=
senden mußte, blieb das französische Heer in den Niederlanden durch den ganzen
Feldzug jenem der Alliirten an Zahl überlegen.

Nach dem Abgange der Kaiserlichen zog sich Marlborough in die offene
Gegend zwischen Douay und Lens; Villars stellte sich ihm parallel, blieb aber
hinter seinen Schanzen. Am 6. Juli ließ der brittische Feldherr den jetzt schwach
bewachten Posten der Franzosen bei Arleux erstürmen und durch Eröffnung des
den Schiffahrtskanal sperrenden Dammes die Scarpe von Douay abwärts wieder
den Fahrzeugen zugänglich machen. Zur Unterstützung der in Arleux nunmehr
aufgestellten Besatzung vertheilte Marlborough einige tausend Mann von jenem
Punkte bis nach Douay. Die geringe Wachsamkeit dieser Abtheilungen wurde von
den Franzosen zu einem Ueberfalle benützt, den sie über Bouchain in der Nacht
zum 11. Juli glücklich ausführten. Das Unternehmen, zu welchem 35 Schwadro=
nen und 2000 Grenadiere unter Gassion verwendet wurden, verursachte den Alliir=
ten ziemlichen Schrecken, hatte aber keine weiteren Folgen.' In der nächsten Zeit
wetteiferten die beiderseitigen Heere, sich zu überlisten. Von Seite Frankreichs
schien ein selbstständiges Corps unter D'Estaing von der Sambre aus einen Ein=
fall nach Brabant im Schilde zu führen; Marlborough ließ sich aber nicht täu=
schen und begnügte sich damit, die dortigen Plätze, besonders aber Brüssel, gegen
Handstreiche zu sichern. Die Wiedereinnahme von Arleux durch die Franzosen
(23. Juli) hatte keine große Bedeutung, weil die zerstörte Absperrung des Schiff=
fahrtskanales nicht sogleich wieder hergestellt werden konnte. Marlborough verfolgte
seit längerer Zeit den Plan, die feindlichen Linien an der Censée zu durchbrechen
und sodann zur Belagerung von Bouchain zu schreiten. Hiezu war es vor Allem
nothwendig, die Aufmerksamkeit des Feindes nach anderen Richtungen zu lenken.
Diese Absicht erreichte der brittische Feldherr, indem er nach verschiedenen anderen
Bewegungen am 4. August gegenüber dem französischen Heere aufmarschirte, welches
hinter seinen Schanzen in der Weise zur Annahme der Schlacht sich vorbereitete, daß
das Centrum beiläufig 2 Meilen westlich von Arras stand. Obgleich man es als eine
Tollkühnheit des brittischen Feldherrn erklärte, daß derselbe einen Frontalstoß gegen
den an Zahl stärkeren Gegner und dessen furchtbare Schanzen im Schilde führe, so
waren doch nicht nur die französischen, sondern sogar die Generale der Alliirten davon
überzeugt, daß den letzten Bewegungen Marlborough's kein anderer Zweck zu Grunde
gelegen habe. Diese Meinung hatte der große Feldherr eben nur erwecken wollen.

Während er scheinbar zur Schlacht sich vorbereitete, hatte er ganz in der
Stille verschiedene Truppenkörper gegen Douay dirigirt, welche von dort aus an die

in diesem Augenblicke von den Franzosen schlecht bewachte Linie der Censée rückten, diesen Fluß mehrfach überbrückten und nun die jenseits gelegenen feindlichen Werke, da sie ohne Besatzung waren, anstandslos besetzten. Am selben Abend (4. August) trat nun auch das Haupttheer Marlborough's so geheim als möglich den Flankenmarsch nach links an, marschirte die Nacht hindurch und entfaltete sich am nächsten Mittag in voller Schlachtordnung auf den Südufern der Censée, nachdem es binnen 16 Stunden 8 Meilen zurückgelegt hatte. Diese wohlüberlegte Eile der Alliirten war um so nothwendiger, als Villars schon zwei Stunden nach dem Abmarsche Marlborough's aus seiner gestrigen Stellung Nachricht erhalten und allsogleich die eigenen Truppen nach Osten hin in Bewegung gesetzt hatte. Villars kam aber zu spät; seinem Heere behufs Recognoscirung voransprengend, gerieth er mitten zwischen die Außentruppen der Feinde und vermochte nur durch seine Geistesgegenwart sich zu retten: er ließ nämlich das Gefolge die eine Richtung verfolgen, während er allein eine zweite einschlug. Die feindlichen Reiter jagten dem Gefolge nach und nahmen viele davon gefangen, indessen der Marschall glücklich entwischte. Als dieser am Nachmittag seine eigenen Colonnen heranrücken sah, waren die Alliirten schon in voller Schlachtordnung und Villars konnte demnach nichts Anderes thun, als mit der Anlehnung an Cambray und an die Schelde eine neue Aufstellung zu nehmen. Wieder einmal waren solche „unüberwindliche" Linien dem Angreifer ohne Kampf, bloß durch einen flinken Marsch, zur Beute geworden. Es ist geradezu unbegreiflich, wie nach so vielen ähnlichen Erfahrungen das Hirngespinnst solcher ungeheurer Absperrungs-Linien noch bis gegen Schluß des 18. Jahrhunderts seine gläubigen Schäflein besitzen konnte.

Marlborough's weitere Unternehmungen hatten nur die Belagerung von **Bouchain** zum Ziele. Es ist fast Schade um den vielen Scharfsinn, welcher von den beiderseitigen Heerführern wegen eines so unbedeutenden Gegenstandes, als diese Festung ist, in das Spiel gesetzt wurde. Insbesondere hatte Marlborough ebenso viele Kühnheit als Ueberlegung nothwendig, um die schweren Gefahren bei diesem Unternehmen zu besiegen. Da nämlich die großentheils sumpfige (inundirte) Umgebung des Platzes durch die Arme der Schelde und Censée in mehrere Partien zerschnitten ist, so war es außerordentlich schwierig, im Angesichte eines fast auf Kanonenschußweite stehenden Heeres die Berennung des Platzes zu bewirken und gleichzeitig die eigenen Corps derart zu vertheilen, daß sie sich gegenseitig noch unterstützen konnten. Wir wollen auf die ungemein combinirten Manöver, welche zu diesem Ziele führten, aus dem Grunde nicht näher eingehen, weil sie der vielen angewandten Mühe wirklich nicht werth waren und noch viel weniger zur Nachahmung empfohlen werden könnten. Es scheint uns sogar gewiß, daß bei aller tiefen Erwägung der Détails die beiderseitigen Feldherren im großen Ganzen die ungeheuersten Fehler begingen. Was Marlborough betrifft, so lud er eines sehr unbedeutenden Zieles wegen die Gefahr der Vernichtung über sein Haupt; sein Heer stand rings um Bouchain in Linien, welche einen Gesammt= umfang von fast vier Meilen hatten; jeder Zollbreit derselben konnte möglicher Weise von Villars angegriffen werden; die Unterstützung des einen Corps durch das andere war aber wegen der zwischenliegenden Wasserlinien jedenfalls zeitrau= bend. Daß die Circumvallation der Angreifer aber gleich anderen Arten von Linien gar nicht so schwer zu nehmen war, bewies ein Versuch der Franzosen am 31. Aug. Bloß mit ein paar tausend Mann ließ Villars die Schelde, also gerade das stärkste Vertheidigungsmittel der Circumvallation überschreiten, jenseits ein paar Posten wegnehmen und einige Gefangene machen, ohne daß die Alliirten dem allen recht= zeitig entgegen treten konnten. Daß Villars dieses Detachement sogleich wieder zurückzog, statt ihm mit dem ganzen Heere zu folgen, ist beinahe unbegreiflich; es war ja deutlich sichtbar, daß hier das Belagerungsheer noch viel leichter aus= einander gesprengt werden konnte, als wie jenes der Franzosen im J. 1706 vor Turin. Aber Villars bewies sich hier keineswegs als ein Prinz Eugen. Er hatte zwar allerdings den gemessenen Befehl, sich nur zu vertheidigen; jedoch einen an= ständigen Sieg hätte Ludwig XIV. gewiß verziehen. Wäre aber wider alle Wahr= scheinlichkeit Villars geschlagen worden, so hätte die Niederlage keine andere Folge gehabt, als daß die Alliirten die Belagerung fortsetzten. Demnach konnten die Franzosen bei einem Angriffe Ungeheures gewinnen und fast gar nichts verlieren.

Am 14. September mußte Bouchain nach einer fünfwöchentlichen Umschlie= ßung, während welcher das französische Heer auf weniger als eine Meile entfernt stand, den Alliirten seine Thore öffnen. Die beiden Heere blieben noch durch einige Wochen in diesen Gegenden liegen und bezogen sodann die Quartiere.

110. Feldzug 1711 auf den südlichen Schauplätzen. Der Bruch der Allianz. Der Tod Kaiser Joseph's I. und die Abwesenheit seines Bruders in Spanien schien dem Könige Frankreichs Gelegenheit zu bieten, nach alter Gewohnheit im Trüben zu fischen. Im Grunde konnte ihn nichts erwünsch= ter sein, als daß der österreichische Thronerbe Karl zum deutschen Kaiser gewählt würde, denn um so gewisser war es, daß England dann die Ansprüche dieses Fürsten auf die spanische Monarchie nicht weiter unterstützen mochte. Trotzdem gab sich Ludwig XIV. die Miene, als ob er die Erhebung des Habsburgers in die Kaiserwürde mit Gewalt verhindern wollte; er machte zu diesem Behufe größere Rüstungen für die Rheingegenden und ließ durch seine unglücklichen Schützlinge, die Kurfürsten von Baiern und Köln, im Vorhinein gegen die Kaiserwahl Protest erheben. Mit diesen Demonstrationen erreichte Ludwig XIV. vollkommen seinen nächsten Zweck: Eugen, dessen Mitwirkung dem diesjährigen Feldzuge in den Niederlanden leicht eine entscheidende Wendung geben gekonnt hätte, wurde mit einem Theile der deutschen Truppen nach dem Rheine zurückberufen, um den Wahlconvent zu Frankfurt gegen das französische Heer zu schützen.

Bevor Eugen aus den Niederlanden heaufrückte, waren die Ereignisse am Mittelrheine matt wie gewöhnlich verblieben. Die Reichsarmee und das französische Heer waren in einem gleich erbärmlichen Zustande, jedes ungefähr 30.000 M. zählend. Marschall Harcourt machte zwar Miene, am rechten Rheinufer sich festsetzen zu wollen, zog sich aber auf die Kunde von Eugens Annäherung in das befestigte Lager an der Lauter zurück. Sein Heer erreichte zur selben Zeit sowie auch jenes der Gegner eine Stärke von 50—60.000 M. Prinz Eugen, welcher am 29. Juli bei Karlsruhe eingetroffen war, überschritt am 27. August den Rhein bei Philippsburg und bezog eine Stellung bei Speyer. Dadurch war nun der Wahlconvent zu Frankfurt vollkommen geschützt und am 12. October wurde der einzige noch lebende Habsburg als Karl VI. (als König Spaniens Karl III.) zum deutschen Kaiser ausgerufen. Kurz vorher (27. Sept.) hatte sich derselbe in Barcellona auf einer englischen Flotte eingeschifft und wurde, nachdem er sich dann durch einige Zeit in Mailand aufgehalten, am 22. Decb. mit der Kaiserkrone geschmückt. Früher schon hatten sowohl Eugen als Harcourt nach einem sehr bedeutungslosen Feldzuge ihre Truppen in die Winterquartiere verlegt.

Der Krieg in Italien hatte gleichfalls keine große Gestalt angenommen. Zu Anfang Juli rückte der Herzog Victor Amadäus mit beträchtlichen Streitkräften in zwei Colonnen vor: die eine über Susa, die andere über Aosta. Berwick, welcher nur 24.000 M. unter sich hatte, zog sich allmälig in das feste Lager bei Barraux, durch welches er die Straße nach Grenoble und Lyon deckte. Später bekam er Verstärkungen und stellte das Gleichgewicht wieder her. Schon zu Anfang Septb. stieg der Herzog von Savoyen wieder in die Ebenen Piemonts herunter.

In Spanien zählte das Heer Karls III. zu Beginn des Feldzuges bloß 13.000 M. Die Gegner nützten aber ihre ungeheure Uebermacht gar nicht aus. Erst als Starhemberg's Armee durch Nachschübe aus England und Italien wieder bis auf 30.000 M. angewachsen war, setzte Vendôme sein noch immer zahlreicheres Heer in Bewegung (Juli); er konnte aber auch jetzt seinem Gegner keine Blöße abgewinnen und begnügte sich damit, im November Cardona belagern zu lassen. Als der Platz schon auf dem Punkte war zu fallen, erschienen, von Starhemberg abgeschickt, 5000 M., zwangen den französischen General zum Rückzuge und nahmen ihm sein Geschütz ab (22. Dec.) — Wie früher erwähnt, hatte Karl III.

zu dieſer Zeit den ſpaniſchen Boden bereits verlaſſen, wo er ſeine Gemahlin an der Spitze der Regentſchaft zurückließ. Wie gut auch die junge Fürſtin ihre Aufgabe auffaßte, ſie vermochte doch nicht, den Gang der Dinge beſſer zu wenden. Die Erwählung ihres Gemahls zum deutſchen Kaiſer ſchadete ihm in den Augen der Spanier, da dieſe vor Allem einen König im eigenen Lande haben wollten.

Während noch der Feldzug von 1711 im Gange war, hatte das brittiſche Cabinet eine Treuloſigkeit gegen die verbündeten Mächte begangen und den voll=ſtändigen Bruch der Großen Allianz vorbereitet. Am 27. Sept. 1711 wurden nämlich von Frankreich und England — ohne Mitwiſſen der Verbündeten — Präliminarien unterzeichnet, laut welchen Philipp V. im Beſitze der ſpaniſchen Hauptlande dieß= und jenſeits des Oceans verbleiben ſollte. England gab ſomit den Gedanken auf, für welchen es ſeit vielen Jahren ſo ungeheure Opfer gebracht hatte, den Gedanken nämlich, daß die ſchönſten Küſtenländer Europas und die herrlichſten Colonien jenſeits des Oceans nicht unter derſelben Dynaſtie vereinigt werden dürften. Es war vorauszuſehen, daß bei unbefangener Betrachtung alle Parteien in England das Miniſterium, von welchem ein ſolcher Vertrag unter=zeichnet worden, des Hochverraths an der Nation beſchuldigen würden. Dieß iſt in der Folge auch wirklich geſchehen u. z. von den Schriftſtellern aller Parteien. Die Regiſſeure dieſes ſchmählichen Werkes hatten dabei von keinem Menſchen eine ſo ſchlagende Enthüllung ihrer gemeinſchädlichen Pläne zu befürchten als von Marlborough, jenem Feldherrn, welcher das brittiſche Heer ſo ruhmreich geführt, das wahre Staatsintereſſe ſo glänzend verfochten hatte. Weil ſie vor dieſem Manne ſich fürchteten, ſannen die Miniſter darauf, ihn zu verderben. Sie wählten dazu das niedrigſte Mittel, die Verläumbung. Marlborough wurde zuerſt nur gerücht=weiſe, bald aber öffentlich im Unterhauſe der Unterſchlagung bedeutender Geld=ſummen (63.319 und 282.366 Pfund Sterling) angeſchuldigt. Er bewies, daß ihm dieſe Summen für geheime Fonds bewilligt waren, ohne daß er eine Rech=nungslage dafür ſchuldig war, weil ſie zur Bezahlung der Spione, zur Beſtechung feindlicher Staatsdiener beſtimmt waren. Die Anklage muß als eine durchaus grundloſe, erbärmliche Rabuliſtik bezeichnet werden; leider fand ſie damals nur zu viele Gläubige, — denn das Gemeine liebt es, nach dem Ausdrucke des Dich=ters „das Strahlende zu ſchwärzen." Ueberdieß war Marlborough von früher her als ziemlich geldgierig, mitunter ans Schmutzige ſtreifend, bekannt. Die Miniſter wagten es gegenüber der offenbaren Unantaſtbarkeit Marlborough's zwar nicht, der Anklage auch das eigentliche Proceßverfahren folgen zu laſſen. Aber ſie hatten ihren Zweck erreicht: der große Feldherr war in der leicht beweglichen Volks=

meinung vernichtet und die Königin durfte ohne Scheu denselben aller seiner Aemter in der kränkendsten Weise entheben (31. Decb.) [1]).

Am 16. Jänner 1712 erschien Prinz Eugen im Auftrage des Kaisers zu London, einestheils um zu Gunsten Marlborough's sich zu verwenden, andererseits aber, um England von dem beabsichtigten Verrathe an seinen Verbündeten wieder abzubringen; der Prinz wurde von allen Classen angestaunt und höchst ehrenvoll aufgenommen; aber gegenüber der Königin, die nichts Anderes mehr war als ein altes Weib gewöhnlicher Sorte, und gegenüber den leitenden Staatsmännern mit ihrer anrüchigen Moral vermochte der edle Prinz nichts auszurichten; der ganze Hof fühlte sich beengt und gedrückt durch die Gegenwart eines Mannes, der ehrenhaft und groß zugleich — und daher den gemeinen Creaturen doppelt unerreichbar war. Die Königin und ihre Umgebung waren herzlich froh, als der erhabene Mann, tief bekümmert über die traurige Wendung der Dinge, den Boden Englands wieder verließ. — Am 29. Jänner 1712 wurden die Friedensverhandlungen zu Utrecht eröffnet. England stand öffentlich noch bei den Alliirten, während es im Geheimen mit Frankreich schon so ziemlich sich verständigt hatte. Daher fing das Letztere an, statt der Demuth, welche es seit 1708 bewiesen hatte, jetzt allmälig den Hochmuth früherer Zeiten herauszukehren. Der kaiserliche Gesandte Sinzendorf hielt fest an den Bedingungen, wie sie ursprünglich von den verbündeten Mächten verabredet worden waren. Die Generalstaaten und die sonstigen Verbündeten Oesterreichs neigten sich zu seinen Anschauungen, ließen sich aber bald durch das ebenso treulose als kecke Benehmen der englischen Staatsmänner aus der Fassung bringen. Man trachtete zu einem Frieden zu kommen, sollte er auch nicht so vortheilhaft sein, als man vor ganz kurzer Zeit noch erwartet hatte.

Selbst ein bemerkenswerther Zufall, welcher verhängnißvolle Nachwirkungen haben konnte, blieb ohne merklichen Einfluß. Nachdem im J. 1711 der Dauphin gestorben war, folgten ihm in den ersten Monaten des J. 1712 zwei seiner Söhne in das Grab, so daß Ludwig XIV. nur noch zwei Nachkommen am Leben sah. Diese waren Philipp V. von Spanien und dessen Bruder Ludwig (XV.) von Anjou. Letzterer war erst zwei Jahre alt und so kränklich, daß man damals allgemein sein baldiges Ende fürchtete. In diesem Falle wäre der dermalige König Spaniens zugleich Erbe von Frankreich geworden und die Universal-Monarchie stand also wieder in Aussicht. Obgleich durch diese Eventualität in Verlegenheit gesetzt, beharrten die englischen Minister dennoch auf dem Zusammengehen mit Frankreich.

---

[1]) Marlborough verließ, erbittert über die vielen Kränkungen, sein Vaterland und kehrte erst am Todestage der Königin Anna dahin zurück. Ihr Nachfolger Georg I. setzte ihn in alle früher bekleideten Würden wieder ein. In Folge eines Schlagflußes wurde der Herzog später stumpfsinnig und starb in einem Alter von 72 Jahren am 17. Juni 1722.

111. Kriegsjahr 1712. Im J. 1712 führte Prinz Eugen den Oberbefehl über das Heer der Alliirten, welches 145 Bataill., 295 Escadr., 136 Feldgeschütze und 40 Pontons, zusammen 120.000 M. zählte; um ein Geringes schwächer war die französische Armee unter Villars. Noch vor der eigentlichen Eröffnung des Feldzuges führten die Alliirten ein paar glückliche Streiche aus; in der Stille versammelten sich über 20.000 M. unter Albemarle in Douay, erschienen unerwartet vor Arras und setzten durch ein mehrstündiges Bombardement einige große Magazine der Feinde in Brand (2. März 1712); rasch zogen sie sonach wieder ab. Zur selben Zeit zerstörte ein anderes Streifcorps von Mons aus die Schleußen an der Sambre, machte damit diesen Fluß für einige Zeit unschiffbar und erschwerte somit den Franzosen die Verpflegung. Im Mai versammelte dann Eugen sein ganzes Heer hinter der Scarpe; die Franzosen dagegen nahmen ihre Aufstellung an der Schelde von Cambray aufwärts. — Da die Holländer, mehr auf den wohlfeileren Transport als auf die strategische Lage Rücksicht nehmend, das Städtchen Marchienne zum Hauptdepot für die ganze Armee machten, so mußte Prinz Eugen bei seinem Vorrücken aus der dortigen Gegend besondere Vorkehrungen zum Schutze der leicht bedrohbaren Magazine treffen. Er ließ deßhalb den holländischen GL. Albemarle mit ungefähr 16.000 Mann zurück und gab ihm die Weisung, eine starke Schanzenlinie von Denain an der Schelde bis an die Scarpe bei Marchienne (gegen 2 Meilen) aufzuwerfen. Mit dem Gros des Heeres rückte Prinz Eugen auf das rechte Scheldeufer (26. Mai) mit der Absicht, die Stellungen der Franzosen im Süden zu umgehen und eine Schlacht zu suchen. Als aber der Prinz die nöthigen Befehle ausgeben wollte, erklärte der Herzog von Ormond, dermaliger Obercommandant der brittischen Truppen, er habe von seiner Regierung den bestimmten Befehl, an keiner Feindseligkeit gegen die Franzosen theilzunehmen. Die ganze Zweizüngigkeit des brittischen Cabinets lag jetzt offen zu Tage; es wurde bekannt, daß Ormond mit Villars bereits in schriftlichem Verkehre stehe; ja es war sogar zu befürchten, daß die Britten eines Tages mit den Franzosen gemeinschaftliche Sache machen würden, um die Deutschen und Holländer einzuschließen und zu einer Capitulation zu zwingen, welcher ein zum entschiedenen Nachtheile dieser Nationen lautender Frieden gefolgt wäre. Prinz Eugen mußte demnach fortwährend auf der Hut sein, um nicht diesem in der Geschichte beispiellosen Verräthe durch die englischen Freunde zum Opfer zu fallen. Zum Glücke konnten die brittischen Minister ihre schändliche Handlungsweise nicht ganz so weit treiben, als sie gewollt hatten, indem das Parlament, obgleich zur großen Mehrheit ministeriell gesinnt, an einer derartigen Schurkerei keinen Gefallen finden wollte; noch entscheidender aber war es, daß sämmtliche deutsche Truppen im englischen Solde durch ihre Generale offen und entschieden erklärten, keinen Antheil an dem Verrathe der Britten nehmen zu wollen, sondern in diesem Falle mit oder ohne Sold unter dem Feldherrn des Kaisers gegen dessen Feinde, wer sie immer seien, kämpfen zu wollen.

Obgleich das von England beabsichtigte heimtückische Verfahren gleich von Anfang an unter der moralischen Entrüstung aller ehrlichen Leute einen großen Theil seiner Gefährlichkeit verlor, war es doch natürlich, daß Eugen's Arme von dem Augenblicke der Entdeckung an halb gelähmt waren. Nichts kann dem Kräftigsten mehr Beunruhigung geben, mehr seine Schritte hemmen, als wenn er den lauernden Verrath unmittelbar an seiner Seite schleichen fühlt, ohne ihn suchen und erdrücken zu dürfen. Noch versuchte Eugen, die Britten wenigstens als Figuranten zu benützen. Da an eine Schlacht jetzt nicht mehr zu denken war, begann Eugen die Einschließung von Le Quesnoy (8. Juni), während Ormond sich zu dem Versprechen herbeiließ, an der Deckung der Belagerung mitzuwirken. Gleichzeitig ließ Prinz Eugen leichte Schaaren bis auf wenige Meilen von Paris streifen; sie verbreiteten so großen Schrecken, daß zu Versailles die Frage ernstlich ventilirt wurde, ob der Hof nicht an die Loire hin sich flüchten sollte. — Auch von der Rhein-Armee fanden zur selben Zeit Streifungen bis gegen Metz statt. — Inzwischen hatte das englische Ministerium mit Frankreich einen Waffenstillstand geschlossen und den General Ormond angewiesen, mit allen seinen Truppen nach Dünkirchen, welches der französische König den Britten einräumte, abzumarschiren. Ormond konnte diesem Befehle nicht vollkommen Genüge leisten; die deutschen Generale hatten ihm, wie oben erwähnt, förmlich den Gehorsam aufgekündet und auch die Britten konnten sich nicht sogleich in Bewegung setzen, weil die Generalstaaten ihnen den Durchmarsch durch die geschlossenen Orte und die Verpflegung verweigerten. Dank ihrer Regierung spielten die englischen Truppen nach so vielen Ruhmesthaten jetzt eine klägliche, ja lächerliche Rolle; wie unnütze Möbel lagen sie zwischen den beiden streitenden Heeren und waren diesen, aber auch sich selbst zur Last. Sie waren von nun an so gut wie nicht vorhanden. Am 16. Juli endlich traten sie in der Stärke von ungefähr 15.000 M. über die von den Franzosen besetzten Gebiete den Abmarsch nach Dünkirchen an. Die Entrüstung der gemeinen Soldaten im englischen Heere war so groß, daß die Officiere sich Anfangs kaum vor ihnen zu zeigen wagten. Von den Officieren reichten viele augenblicklich ihre Quittirung ein.

Am 4. Juli ergab sich Quesnoy; gleich darauf (16. Juli) eröffnete Prinz Eugen die Belagerung von Landrecies. Marschall Villars vermochte jetzt Verstärkungen an sich zu ziehen und mit dem französischen Heere, zum ersten Male seit vielen Jahren, die Offensive zu ergreifen. Es konnte ihm nicht unbekannt sein, daß die Holländer seit dem Abfalle der Britten wieder mehr als je in Aengstlich= keit verfallen waren und dem Prinzen Eugen, obgleich er an Zahl noch immer den Franzosen gewachsen war, jeden kräftigen Schritt, noch mehr aber jede Angriffs= schlacht auf das Entschiedenste verwehrten. Villars hatte anfangs Lust, die Alliir= ten in ihren Stellungen bei Landrecies anzugreifen; da er diese aber zu stark fand, gab er sich den Anschein, als ob er die Alliirten umgehen und von Süden her an= fallen wollte. Plötzlich trat der Marschall dann den Linksabmarsch an und mas= kirte denselben in ausgezeichneter Weise; die Franzosen überschritten die Schelde, griffen den verschanzten Posten des Generals Albemarle zu Denain ohne alles Schießen mit dem Bajonette an und eroberten die Linien mit sehr geringem Ver= luste (24. Juli); die Truppen der Alliirten thaten an diesem Tage sehr schlecht ihre Schuldigkeit, liefen vielmehr gleich nach dem Eindringen der Franzosen in vollster Unordnung davon; 8000 M. vom Corps des holländischen Generals fielen, ertranken oder wurden gefangen. Letzteres Loos traf den Oberanführer nebst drei anderen Generalen; zwei Generale fanden den Tod in der Schelde. Prinz Eugen war auf die erste Kunde von der Bedrohung der Linien herbeigeeilt, konnte aber keine Hilfe hinüber werfen, nachdem die Schiffbrücke über die Schelde unter dem Andrange der Flüchtigen einbrach.

Diesem ersten Unfalle der Alliirten folgten bald noch andere. Die Franzo= sen nahmen mehrere kleine Posten und endlich nach einer viertägigen Belagerung auch Marchienne (30. Juli); hier erbeuteten sie ungeheure Vorräthe von Pro= viant und Munition, eine große Kriegscassa und 90 Geschütze. Der Fall dieses an sich unbedeutenden Postens, vor dessen Wahl Eugen die Holländer vergebens gewarnt hatte, war an Bedeutung fast einer Niederlage gleich zu schätzen, denn die Alliirten litten nunmehr Mangel an den Bedürfnissen großer Unternehmungen. Auch war ihre Zahl durch den Abfall der Engländer und durch die letzten Unfälle um wenigstens 30,000 M. heruntergekommen, während das Heer Villars sich mittlerweile nur noch verstärkt hatte. Selbstverständlich hob jetzt Prinz Eugen die Belagerung von Landrecies auf (29. Juli) und trat über Mons und Tournay den Marsch bis in die Gegend südlich von Lille an. Zur gleichen Zeit aber erschien Villars vor Douay und eroberte diese beträchtliche Festung am 10. Sept. — Das gleiche Schicksal traf dann auch Le Quesnoy (19. Sept. bis 5. Oct.), wo die Franzosen nicht weniger als 200 Geschütze vorfanden. Endlich wurde auch noch Bouchain zum Falle gebracht (9.—18. Oct.). Villars verfuhr bei diesen Unternehmungen gerade so, wie es Marlborough und Eugen früher ihm gegen= über gethan hatten; er umschloß sein Heer mit einer starken Circumvallationslinie und kümmerte sich nicht um die drohenden Stellungen, welche die Gegner in der Nähe annahmen. Wirklich war Eugen zu wiederholten Malen gegen die Belagerer angerückt, ging aber immer wieder ohne Kampf zurück. Uebrigens würde weder die numerische Stärke der Franzosen, noch ihre sorgfältige Einschließung dem Prinzen genügende Motive zur Unthätigkeit gegeben haben, wenn nicht die holländischen Deputirten wie Bleigewichte an seine Arme und Beine sich gehängt hätten. Aus der eigenen Natur des Prinzen wäre es durchaus nicht zu erklären, wie er ein Vierteljahr hindurch bei der Wegnahme seiner Festungen und Depots zuschauen konnte, ohne ihnen irgendwo einen schlimmen Streich zu spielen oder nur zu versuchen. — Die Plätze, welche den Alliirten eben jetzt verloren gegangen waren, hatten für sie eigentlich schon von dem Augenblicke an den Werth verloren, als die Franzosen durch die Schwenkung der Britten in die Uebermacht gelangt waren. Jene Festungen nämlich, der innersten Vertheidigungslinie Frankreichs angehörig, waren wohl in den Händen der Alliirten den Franzosen gefährlich gewesen, — keineswegs aber umgekehrt. Wichtiger als die strategischen Nachtheile der Alliirten waren die financiellen und die moralischen; letztere äußerten sich in dem frechen Hochmuthe, mit welchem die Franzosen von jetzt an auf dem Friedenscongresse auftraten.

In Mitteldeutschland wurde der Rhein von dem Reichsheere bei Philippsburg überschritten (25. Juli). Der Heerführer, Herzog Eberhard Ludwig von Württemberg, wollte die schwächere Armee des Marschalls Harcourt in den Weißenburger Linien angreifen; Prinz Alexander von Württemberg, ein anerkannt tapferer General, wurde mit 5 Baons. und 9 Escadr. der Kreistruppen in der Nacht des 15. August zu einer Umgehung abgeschickt, um einen entlegeneren Theil der Linien zu überfallen. Bei dieser Gelegenheit wurde ein schlagendes Beispiel von dem Werthe der kleinen Reichscontingente geliefert. Als nämlich die Umgehungscolonne bei ihrem Marsche um 2 Uhr Nachts zufällig zwei Hunde in einem Gehöfte anschlagen hörte, fing die ganze Truppe ohne allen Grund auf einmal nach allen Richtungen zu schießen an und lief, die Gewehre wegwerfend, nach allen Richtungen auseinander. Prinz Alexander ließ die Flüchtigen durch seine Reiter mit dem blanken Pallasch zusammentreiben und es zeigte sich nun, daß die Colonne 80 Todte und Verwundete hatte, ohne einen Feind gesehen zu haben. Selbstverständlich war an die Ausführung des Ueberfalles nicht weiter zu denken. Die Reichsarmee ging im November wieder über den Rhein in die Winterquartiere zurück.

In Italien konnte schon aus dem Grunde nichts Bedeutendes erfolgen, weil der Herzog von Savoyen der Politik Englands in einer ähnlich zweideutigen Weise sich anschloß. — In Catalonien war Starhembergs Heer durch österreichifche Nachſchübe wieder bis auf 30.000 M. gebracht worden. Die Gegner waren weit ſtärker, verhielten ſich aber unter den Nachfolgern des eben verſtorbe= nen Herzogs von Vendôme (10. Juni) ganz unthätig. Starhemberg war gerade auf dem Marſche, um eine Schlacht aufzuſuchen, als hier wie gleichzeitig in den Niederlanden die Engländer von der Allianz ſich trennten. Nun mußte Starhem= berg umkehren, ſetzte aber trotzdem die Belagerung von Gerona fort. Nachdem die wichtige Feſtung dem Falle ſchon ganz nahe gebracht war, ſandte Ludwig XIV. den Marſchall Berwick mit einem neuen Heere über die Pyrenäen. Dadurch ſahen ſich die Deutſchen gezwungen, von Gerona abzulaſſen und auf Barcellona zurück= zugehen (Jänner 1713). — An Portugals Grenzen geſchah auch in dieſem Jahre nichts, außer daß der König Johann nach dem Vorbilde Englands mit dem Hauſe Bourbon einen Waffenſtillſtand ſchloß (Nov.).

112. Der Frieden von Utrecht. Deutſchland ſetzt den Krieg fort. Die Unterhandlungen zu Utrecht wurden während des J. 1712 eifrig fortgeſetzt; eigentlich führten bloß England und Frankreich daſelbſt die Sprache, indem die Geſandten der übrigen Mächte faſt gar nicht angehört wurden und vergebens ihre Proteſte erhoben. Uebrigens hatte auch das brittiſche Miniſte= rium bald Anlaß, ſeinen Verrath an der Allianz zu bereuen. Es hatte ſich damit in eine ſo ſchiefe Lage gegenüber dem eigenen Volke gebracht, daß es nur durch einen baldigen und für England halbwegs günſtigen Frieden vor dem Untergange ſich retten konnte. Ludwig XIV., eben nur durch dieſes auswärtige Miniſterium aus einer verzweifelten Lage befreit, bezeugte demſelben wenig Dankbarkeit; er wußte, daß dieſes Cabinet nicht neuerdings den Krieg aufnehmen konnte, weil es damit ſich ſelbſt verleugnet und geſtürzt hätte. Eben deßhalb konnte die Regierung Frankreichs ſogar den Britten gegenüber wieder mit beliebiger Unverſchämtheit auftreten. Gemäßigt wurde dieſelbe nur durch die Erwägung Ludwig's XIV., daß die Wiedereinſetzung der Whigs neue Niederlagen der Franzoſen zur Folge haben würde. — Im Verlaufe der Unterhandlungen traten auch Spanien, Sa= voyen, Portugal und Holland den verabredeten Bedingungen bei; die General= ſtaaten ſahen ſich, wiewohl mit großem Widerſtreben, durch den Ausgang des letzten Feldzuges zur Nachgiebigkeit veranlaßt. Nach unendlichen Schwierigkeiten wurde von allen kriegführenden Mächten, nur Oeſterreich und das deutſche Reich ausgenommen, am 11. April 1713 der Friede zu Utrecht unterzeichnet. Die Hauptbedingungen waren folgende: Frankreich und Spanien dürfen nie unter einem Monarchen vereinigt ſein; Philipp V. bleibt König in Spanien und in deſſen Colonien, es beſteht demnach eine zweite regierende Linie des Hauſes Bour= bon; die europäiſchen Nebenlande Spaniens werden abgetrennt, u. z. fallen Me=

norca und Gibraltar an England, Sicilien an das Haus Savoyen, Sardinien an den Kurfürsten von Baiern, die spanischen Niederlande, Mailand und Neapel an das Habsburgische Haus; die Generalstaaten bekommen das Monopol der Schiffahrt in den Schelde-Mündungen (Sperrung der Schelde), wodurch der Handel von Flandern, besonders aber von Antwerpen ganz lahm gelegt wurde; ferner erhalten die Holländer das Besatzungsrecht in den gewünschten Barrière-plätzen, u. z. in Menin, Tournay, Furnes, Warneton, Ypern, Fort Knoke und Dendermonde[1]); bis zum Abschlusse des Friedens mit dem Kaiser bleibt die Ver-waltung der spanischen Niederlande den Generalstaaten überlassen; die von den Alliirten im nördlichen Frankreich eroberten Festungen werden zurückgegeben; Dünkirchen bleibt französisch, wird aber geschleift; Frankreich tritt an Groß-brittanien die Hudsonsbai, Neuschottland bis auf Cap Breton, die Inseln Terre Neuve und St. Christophe ab; bezüglich des Handels gilt der Grundsatz: freie Flagge macht frei Gut; England erhält das Recht, durch 30 Jahre Negersklaven in die spanischen Colonien einzuführen (Assiento-Vertrag). Zwischen Frankreich und dem deutschen Reiche sollte von der Lauter aufwärts der Rhein die Grenze bilden. Diese letzte Bestimmung, sowie Alles, was sich auf das Haus Habsburg und auf das deutsche Reich bezog, gelangte, weil diese dem Utrechter Frieden nicht beitraten, vorläufig noch nicht zur Ausführung.

Wenn man diesen Friedensschluß betrachtet, so möchte man fast glauben, daß das Haus Bourbon es war, welches seit zwölf Jahren eine Reihe der glän-zendsten Siege erfochten hatte. Alles, was seine siegreichen Gegner gewannen, war klein gegen die Errungenschaften, die den früher so gedemüthigten Bourbons wurden. Die Vortheile der Alliirten standen in keinem Verhältnisse zu ihren Sie-gen und zu den darauf verwandten Kosten. England, das sich tief in Schulden vergraben hatte, gewann außer Gibraltar keinen Landstrich von Wichtigkeit; Hol-land fühlte noch immer die drohende Nähe des mehr als je mächtigen Hauses Bourbon und hatte mit den 600 Millionen Gulden, welche ihm der Krieg gekostet, das Recht der Barrière-Plätze jedenfalls hundertmal zu theuer erkauft; Portugal gewann nichts, hatte aber auch nicht viel mehr verdient. Nur Savoyen kam gut aus dem Handel. Was Frankreich betrifft, so hatte das Volk dabei ebenso viel

---

[1]) Ueber die Barriereplätze wurden die genauen Vereinbarungen zwischen Hol-land und dem Kaiser erst im J. 1715 getroffen. In Dendermonde hatte die Besatzung gemischt, in allen übrigen Plätzen bloß holländisch zu sein. In den Habsburgischen Niederlanden sollten beständig 35.000 Mann unterhalten werden, u. z. drei Fünftheile Oesterreicher, der Rest Holländer. Für den Unterhalt der holländischen Truppen hatte der Kaiser jährlich 500.000 Reichsthaler beizusteuern. Venloo und ein paar kleine Ge-biete wurden in das Eigenthum der Generalstaaten abgetreten.

verloren, als die Dynastie gewonnen. Der Staat Frankreich war nämlich durch den Krieg beinahe zu Grunde gerichtet und hatte denselben schließlich noch mit einigen Abtretungen zu bezahlen. Von Seiten des brittischen Ministeriums war dieser Frieden das erbärmlichste Machwerk, welches nur jemals in der Geschichte sich zeigt, und ganz England stimmte später dem Ausspruche des großen William Pitt bei, welcher diesen Vertrag als den unauslöschlichen Schandfleck der brittischen Geschichte bezeichnet. Im engherzigen Parteigeiste hatten die englischen Minister nicht nur die Vortheile, sondern auch die Ehre Englands geopfert. Erst ein Jahrhundert später, in den Kriegen gegen Napoleon, erreichten es die Britten, den Glauben an ihre Treue und Ehrlichkeit in Staatsbündnissen wieder unversehrt hinzustellen.

Obgleich der Kaiser und das deutsche Reich dem Utrechter Frieden nicht zustimmten, wurde doch zwischen ihnen und Frankreich ein Neutralitäts= und Räumungs=Vertrag zum Abschlusse gebracht (14. Mai 1713), laut welchem der Kaiser alle seine Truppen aus Spanien zurückzog und bis zum endgiltigen Frieden Italien und die Niederlande als neutral gelten ließ. In Folge dieses Vertrages war demnach der fernere Krieg nur auf die Rheingegenden zwischen Deutschland und Frankreich beschränkt. Prinz Eugen machte über den Winter ungeheure Anstrengungen, um eine furchtbare Macht am Rheine aufzubringen. Auch der Kaiser Karl VI. war geneigt, Anstrengungen in dieser Richtung sich aufzuladen. [1] Man hoffte, gleich zu Anfang 100.000 M. daselbst beisammen zu haben und später dieselben noch durch die aus den neutralisirten Ländern einrückenden Regimenter zu vermehren. Leider war diese Rechnung ganz falsch wie gewöhnlich jede solche, in welcher die Mitwirkung der Reichsfürsten nach Maßgabe ihres Vermögens veranschlagt wurde. Aus Ursache des noch immer fortdauernden nordischen Krieges wurden so ziemlich die zahlreichsten und besten Reichstruppen, nämlich die Sachsen, Brandenburger und Hannoveraner nach dem Norden hin abgezogen, weil die bezüglichen Fürsten es für vortheilhafter erachteten, auf Kosten Schwedens für sich selbst Eroberungen zu machen als den fernen Südwesten Deutschlands gegen Frankreich zu vertheidigen. Die kleineren Reichsfürsten hatten immer Vorwände, um die Stellung ihrer Contingente zu verzögern, wenn sie von Amtswegen solche stellen sollten; dagegen waren sie reich an Soldaten, falls man ihnen einen guten Miethlohn zahlte. So nahm der Kaiser im J. 1713 von Württemberg, Kassel, Münster und Gotha zusammen 13 Bataillons und 11 Escadronen zu leihen und hatte durchschnittlich einen Miethlohn von 50.000 fl. für ein Bataillon und

---

[1] Wie Karl VI. für das Heerwesen besorgt gewesen sei, beweiset folgende kräftige Stelle aus einem Schreiben an Eugen, ddo. 8. Mai 1711: „man such auf alle weif das der fundus der Unterhaltung (der Truppen) nicht manquire, wann ich auch mir von maul sparen solt welches gern zu disen endt thun werdt."

20.000 fl. für eine Schwadron in den Säckel des bezüglichen Landesvaters zu zahlen. Ebenso lässig wie mit der Beistellung der vorgeschriebenen Contingente, welche theilweise erst gegen Ende des Feldzuges und auch da nicht vollzählig ein= rückten, zeigten sich die Reichsstände mit der Einlieferung der Geldbeiträge. Für das J. 1713, wo doch Deutschland selbst von Frankreich her bedroht war, sollte das Reich 4 Millionen Thaler beisteuern; im Monat September, also gegen Ende des Feldzuges, waren erst 250.000 Thaler, gerade $\frac{1}{16}$ der Vorschreibung einge= flossen. Daß Oesterreich für sich allein nach den aufreibenden Kriegen 1683—99, und 1701—1713 den Kräften Frankreichs keine genügende Kraft entgegensetzen konnte, war einleuchtend. Das Staatseinkommen Frankreichs zu dieser Zeit betrug ungefähr 56, jenes Oesterreichs bloß 12 Millionen Gulden; mit fremden Subsidien wie bisher vermochte das Haus Habsburg 80.000 M. und mehr noch immer in das Feld zu stellen, keineswegs aber jetzt, wo es selbst noch Anderen beispringen sollte.

Es scheint, daß die deutschen Staatsmänner und darunter auch Eugen nicht genugsam bedacht hatten, wie die bisherigen Siege zwar wohl fast ausschließlich durch deutsche Soldaten, aber mit fremdem Golde erkämpft worden waren; daß die deutschen Soldaten, d. h. die Reichscontingente sehr spärlich zu sein pflegten, wenn sie nicht von auswärts reichlich bezahlt wurden; ferner, daß umgekehrt Frank= reich, welches auf so vielen Schauplätzen mächtige Heere unterhalten hatte, jetzt diese ganze Kraft auf dem engen Schauplatze am Rheine concentriren konnte; endlich daß die französischen Feldherren und Soldaten durch den letzten Feldzug und den Utrechter Frieden wieder mit frischem Selbvertrauen erfüllt waren, wäh= rend von den deutschen Anführern nur die gewöhnliche Zerfahrenheit und von den Kreistruppen die landesübliche Schläfrigkeit zu erwarten war. Hätten der Kaiser und der Reichstag diese Verhältnisse genau erwogen, so würden sie gewiß lieber den Utrechter Frieden, so ungerecht er auch war, angenommen haben, statt in einem fortgesetzten Kriege noch die erübrigten Vortheile und den wohlverdienten Ruhm der früheren Feldzüge zu gefährden.

113. Feldzug 1713. Friedensschlüsse von Rastatt und Baden. Schicksal Cataloniens. Im Frühjahre 1713 schied der Rhein wie gewöhnlich den strategischen Aufmarsch der beiderseitigen Armeen; als vor= geschobene Bollwerke Deutschlands auf dem anderen Ufer galten die Festungen Landau und Mainz und zwischen ihnen der unbedeutende Brückenkopf bei Mann= heim. Als Eugen im Mai von Wien her bei Karlsruhe anlangte, fand er nur spärliche Anfänge seiner großen Armee vorhanden, da viele Regimenter auf dem Anmarsche aus den früheren Kriegsschauplätzen und noch sehr weit entfernt waren. Eugen mußte sich deßhalb damit begnügen, die von den Franzosen bedrohten Fe=

ſtungen zu verſtärken und ein Corps von 12.000 M. unter Baubonne in den ſüdlichen Schwarzwald zur Bewachung der Päſſe und Unterſtützung der Feſtung Freiburg zu entſenden. Baubonne bezog eine dem Anſcheine nach ſehr ſtarke ver=ſchanzte Linie auf dem Roßkopfe, den linken Flügel an die Werke von Freiburg gelehnt. Mit dem Gros der Armee, das aber kaum 60.000 M. zählte, bezog Eugen das verſchanzte Lager von Ettlingen (zwiſchen Raſtatt und Karlsruhe). Von dort aus mußte er unthätig zuſehen, wie Villars nach der Anſammlung einer Armee von mehr als 130.000 M. zu Anfang Juni ſeine Operationen begann. Dieſe beſtanden zuerſt in einer demonſtrativen Bewegung gegen die Ettlinger Linien, worauf die Franzoſen aber raſch nach der Rheinpfalz ſich umwandten. Eine fran=zöſiſche Abtheilung erſchien jetzt gegenüber von Philippsburg, ſetzte ſich auf dem linken Rheinuferbe im Dorfe Holland feſt (5. Juni) und verſchanzte ſich daſelbſt. Der Verluſt dieſes Punktes mußte inſoferne dem Prinzen Eugen empfindlich ſein, als er daſelbſt am bequemſten auf das linke Stromufer überzugehen vermocht hätte, vorausgeſetzt, daß er je die zur Offenſive benöthigte Stärke gewann. Am 19. Juni erſchien Albergotti vor dem Brückenkopfe von Mannheim, deſſen Be=ſatzung von 460 M. durch 10 Tage einen tapferen Widerſtand leiſtete, dann aber über die fliegende Brücke ihren Rückzug in die Feſtung nahm. Damit war den Kaiſerlichen der zweite ihrer Rheinübergänge genommen (28. Juni). Zur ſelben Zeit mußte auch die Beſatzung von Kaiſerslautern (700 M.) ſich ergeben.

Die Hauptunternehmung der Franzoſen war die Belagerung von Landau, vor welchem Platze ſie am 24. Juni die Laufgräben eröffneten. Die Beſatzung von 8000 M., unter Alexander von Würtemberg, leiſtete durch 56 Tage eine tapfere Vertheidigung, verlor hierin über 3000 M., mußte ſich aber endlich kriegsgefan=gen geben (20. Aug.). Nunmehr erſchien das franzöſiſche Heer, welches bereits eine Geſammtſtärke von nahe an 160.000 M. erreicht hatte, über Kehl am rechten Rheinufer (16. Sept.), bedrohte zum Scheine die Ettlinger Linien, wandte ſich dann aber raſch ſüdwärts gegen **Freiburg** hin. Die Linien des Generals Bau=bonne wurden im erſten Anlaufe durchbrochen (20. Sept.) und die geſchlagenen Kaiſerlichen nahmen erſt bei Billingen eine neue Stellung, wo ſie, um den Ur=ſprung des Donauthales gehörig bewachen zu können, von Eugen anſehnlich ver=ſtärkt wurden. Villars hatte aber nicht den ihm zugetrauten kühnen Plan, geraden Weges längs der Donau vorzudringen und hiebei die kaiſerliche Armee im Rücken zu behalten. Er wollte nur eines von zwei Dingen : entweder das ſchwache Heer Eugens aus ſeinen Schanzen hervorlocken und dann ſchlagen, oder Freiburg bela=gern. Eugen war aber zu vorſichtig, um gegen Villars, welcher mit mehr als 100.000 M. bei Freiburg ſtand, die einzige vorhandene Armee des deutſchen

Reiches auf das Spiel zu setzen. Er baute lieber auf den bekannten Heldensinn des österr. FML. Harsch, welcher die 10.000 M. der Besatzung befehligte. Wirklich gestaltete er mit seinen Truppen die Vertheidigung zu einer der heldenmüthigsten, deren die Geschichte gedenkt. Am 26. Sept. wurde die Stadt nebst den östlich von ihr auf einem steilen Berge gelegenen Werken (unteres und oberes Schloß, dazwischen das Salzbüchsle ꝛc.) von den Franzosen eingeschlossen. Die Beschaffenheit des im Westen niedrigen, im Gebirge aber felsigen Bodens, dann die häufigen und kühnen Ausfälle der Belagerten erschwerten sehr die Fortschritte des Angriffes. Erst nach fünf Stürmen gelangten die Franzosen in den Besitz der kleinen „Lochredoute" (13. Oct.), wurden aber dennoch wieder hinausgetrieben. Noch größere Mühe machte ihnen die Eroberung einer kleinen, noch unvollendeten Lunette, welche der angegriffenen (westlichen) Stadtfront vorgelegt und bloß mit 150 M. besetzt war. Ein Zufall wollte es, daß am 14. Oct. Abends, als 800 M. der Besatzung einen Ausfall antraten, die Angreifer im selben Augenblicke einen Hauptsturm eröffneten. Nachdem schließlich bis über 20.000 M. bei diesem Sturme in Verwendung kamen, wurden die Ausgefallenen aufgerieben; die 200 M. der Besatzung in der Lunette nahmen keinen Pardon und fielen mit Ausnahme von sieben, welche sich durchschlugen, bis auf den letzten Mann. Bei dieser Gelegenheit setzten sich die Franzosen im bedeckten Wege der Hauptumfassung. Der Uebergang über den nassen Graben kostete den Angreifern sehr viele Mühe und Opfer; um sein Wasser sinken zu machen, mußten sie sogar die Dreisam in ein anderes Bett leiten und unter großen Gefahren die Uebergänge bauen. Die Aufforderung der Franzosen zur Uebergabe der Stadt, widrigenfalls sie der Besatzung keinen Pardon geben und nicht das Kind im Mutterleibe schonen würden, wurde von Harsch ablehnend beantwortet mit dem Zusatze: „was die Drohung wegen des Kindes im Mutterleibe betreffe, so sei er darüber ganz unbesorgt, indem sich keiner seiner Soldaten schwanger befinde." Erst als bereits gangbare Breschen vorhanden waren, welche länger nicht mehr zu halten schienen, räumte Harsch am 1. Novb. die Stadt und zog sich mit dem Reste der Besatzung in die beiden Schlösser. Villars, welcher in der Stadt viele Officiersfrauen, verwundete und kranke Soldaten vorfand, sperrte sie sämmtlich, 5000 an der Zahl, in ein Kloster gegenüber dem unteren Schlosse, ließ sie dort gänzlich ohne Nahrung und verbot den Bürgern bei Lebensstrafe, ihnen Lebensmittel zu verkaufen; ja er trieb diese mehr als mongolische Grausamkeit so weit, daß er am 11. Nov. viele von den armen Verwundeten, nachdem sie durch ein paar Tage keinen Bissen gegessen hatten, mit Schlägen bis vor die Mauern des unteren Schlosses treiben ließ, damit sie entweder dort verhungerten oder von der Besatzung der Burg aufgenommen würden. Mit diesem

31 *

viehischen Verfahren wollte der Marschall erzwecken, daß die deutschen Truppen ihre armen Angehörigen bei sich aufnehmen und somit ihre Vorräthe um so rascher aufzehren sollten. Jedoch Harsch blieb unbeweglich wie eine Felsmauer; seine Soldaten aber erboten sich freiwillig, ihre karg zugemessenen Rationen mit den Mißhandelten zu theilen. — Während die Franzosen einen kräftigeren Angriff gegen die Schlösser vorbereiteten, traf ein Befehl Eugens ein, nach welchem die Festung den Franzosen übergeben wurde (16. Nov.). Vier Tage später marschirte die Besatzung mit allen kriegerischen Ehren ab. Sie hatte durch die Belagerung über 5000, der Angreifer aber 15.000 M. verloren. Eugen hatte den obigen Befehl erlassen, weil es gleichgiltig war, ob die Festung jetzt oder ein paar Wochen später fallen würde. Die brave Vertheidigung von Landau und die heldenmüthige von Freiburg hatte die Franzosen einen ganzen Feldzug hindurch beschäftigt und sie nicht zur Ausnützung ihrer großen Ueberlegenheit gelangen lassen. Ob Eugen in diesem Kriegsjahre nicht vielleicht zu vorsichtig war, ob er im Herbste nach einer Vereinigung der Truppen aus dem Ettlinger Lager mit jenen bei Villingen nicht stark genug gewesen wäre, um die Franzosen anzugreifen und zu schlagen, dieß ist eine Frage, welche wir nicht zu beantworten wagen. Uebrigens wäre auch mit einem Siege nicht viel mehr zu ändern gewesen, da das deutsche Reich und Ludwig XIV. sich schon herzlich nach dem Frieden sehnten und bereits in Unterhandlungen getreten waren.

Mit dem Friedenswerke betraut trafen Prinz Eugen und Villars am 26. Nov. zu Rastatt zusammen. Ludwig XIV. machte immer neue Schwierigkeiten, welche selbst Villars als unbillig bezeichnete. Da aber die Deutschen einen künftigen Feldzug jedenfalls mit größerer Kraft eröffnen konnten und deßhalb schließlich ein Ultimatum überreichten, da ferner die schwere Erkrankung der Königin Anna einen baldigen Regierungs= und Systemwechsel in England erwarten ließ, so entschloß sich Frankreich endlich zu einigen Ermäßigungen. Die bereits von einander gegangenen Bevollmächtigten traten wieder zusammen und unterzeichneten am 6. März 1714 den Frieden zwischen dem Kaiser und Frankreich. — Für das deutsche Reich, das an diesen Verhandlungen keinen Antheil genommen hatte, war ein neuer Friedenscongreß nothwendig. Mit gewohnter Langsamkeit wurden die geringen noch übrigen Schwierigkeiten bewältigt, indem der am 7. Sept. 1714 zu Baden in der Schweiz unterzeichnete Friede sich an die vorhergegangenen Verträge anlehnte. — Eine Abänderung des Utrechter Friedens fand nur insoferne statt, als die Insel Sardinien nicht dem Kurfürsten von Baiern, sondern dem Hause Oester=reich überlassen wurde. Weiter waren die geächteten Kurfürsten von Baiern und Köln wieder in alle ihre Länder und Würden einzusetzen. Zwischen Frankreich und

Deutschland wurden die Grenzen wie vor dem Kriege hergestellt; Landau blieb bei Frankreich, dagegen gab dieses die eroberten Plätze Altbreisach, Freiburg und Kehl dem Reiche zurück. Ebenso hatte Frankreich alle auf dem rechten Rheinufer angelegten Werke zu schleifen. Wie man sieht, hatte der Kaiser durch die Fortsetzung des Krieges über den Utrechter Frieden hinaus Landau verloren, dafür aber Sardinien gewonnen. Dieß war mehr, als man nach dem Gange des Feldzuges 1713 hätte erwarten sollen.

Philipp V. von Spanien war keinem der Friedensschlüsse von Utrecht, Rastatt und Baden beigetreten, doch acceptirte er schweigend die Bedingungen derselben. In seinen Landen fand noch ein blutiges Nachspiel des Krieges statt. Nach dem Abzuge der Kaiserlichen aus der Halbinsel blieb Catalonien seinem Schicksale überlassen. Karl VI., von großer Vorliebe für das tapfere und treue Volk erfüllt, hatte vergebens auf den drei Friedenscongressen sich bemüht, Amnestie und Verbürgung der Landesfreiheiten für Catalonien zu erwirken. Ein Erfolg war nicht gut zu erreichen, da Spanien nicht förmlich an den Verhandlungen Theil nahm. Unterdessen entschlossen sich aber die Catalonier zu einem zwar hoffnungslosen, aber energischen Widerstande. Nachdem Ludwig XIV. den Herzog von Berwick mit 20.000 Franzosen den Spaniern zur Hilfe sandte, erreichte das Belagerungsheer eine Stärke von 35.000 M. Andere 16.000 waren im Lande vertheilt, um die gefährlichen Miquelets ferne zu halten. Das brittische Cabinet setzte seinen Schändlichkeiten die Krone auf, indem es ein Geschwader an der Blocade von **Barcellona** mittelbaren Antheil nehmen ließ. Die Bürger von Barcellona entfernten ihre Greise und Kinder auf die Balearen und brachten durch allgemeine Bewaffnung die Vertheidigung auf eine Stärke von 30.000 Mann; die Frauen wurden gleichfalls in angemessener Weise nach Abtheilungen geschieden und im Dienste verwendet. Barcellona rüstete eine Flottille von 14 leichten Schiffen, verstärkte seine Festungswerke und richtete die Straßen, ja sogar einzelne Häuser zur letzten Vertheidigung ein. — Im Nov. 1713 begann die Blocade, die eigentliche Belagerung aber erst im Juni 1714. Nachdem bis zum 10. Sept. sieben breite Breschen vorhanden waren, die Belagerten aber jede Capitulation verweigerten, fand am folgenden Tage einer der erbittertsten Stürme statt, deren die Geschichte gedenkt. Der heißeste Kampf war in den Straßen der Stadt selbst. Erst nach einem 10stündigen Gefechte erklärten sich die Vertheidiger zur Uebergabe bereit. Am 12. hielten die Franzosen ihren Einzug in die Stadt, wobei als besondere Merkwürdigkeit berichtet wird, daß kein Soldat seine Reihen verlassen und geplündert habe. Berwick bemühte sich, von dem keineswegs zur Sanftmuth geneigten Philipp V. möglichste Schonung für die Catalonier zu erwirken; das Land wurde aber seiner alten Privilegien beraubt. — Nachdem kurze Zeit später auch noch Mallorca seine Unterwerfung ankündete, war der österreichische Adler für immer aus dem Boden Spaniens verscheucht. — Damit fand der große spanische Erbfolgekrieg sein Ende.

114. Der 2. nordische Krieg bis zum Altranstädter Frieden, 1700—1706. Im J. 1697 hatte der erst 15jährige Karl XII. den Thron von Schweden bestiegen und in nächster Zeit schon der Vormundschaft sich entledigt. Der schwedische Staat umfaßte damals bekanntlich viele heutzutage russische Provinzen an der Ostsee und ansehnliche Gebiete in Deutschland; er galt als die eigentliche Großmacht im Norden. Durch den letzten König, Karl XI., war die Verwaltung, das Heer und die Flotte wieder auf einen vorzüglichen Fuß gebracht worden (§. 41). Die Jugend Karl's XII. und ein sehr unverdienter Ruf von geistiger Beschränktheit, in welchem er damals stand, schienen den benachbarten Mächten treffliche Gelegenheiten zu bieten, um sich auf Kosten Schwedens zu bereichern. Friedrich IV. von Dänemark wollte seinen Vetter, den mit Schweden im engen Bunde stehenden Herzog von Holstein=Gottorp der Souveränität berauben; August II., König von Polen und Kurfürst von Sachsen hoffte, die ehemals polnisch gewesenen Provinzen Liefland und Esthland wieder zu gewinnen; endlich hatte Peter I. von Rußland die Absicht, seinem Staate um jeden Preis die Ostsee zugänglich zu machen, zu welchem Behufe die Eroberung der schwedischen Provinzen am finnischen Busen geboten schien. Diese drei Mächte schlossen deßhalb ein Angriffsbündniß gegen Schweden (1699) und hofften den glänzendsten Erfolg. Aber keine der drei Mächte war derart beschaffen, um mit großer Kraft auftreten zu können: Dänemark war im Verhältnisse zu Schweden nur ein ganz kleiner Staat; Rußland war eben mitten in seinen Reformen stehend und zeigte nur unvollendete Gestaltungen; insbesondere war sein Heer fast nur aus wilden Horden bestehend, welche weder die Disciplin noch die Taktik Europas kannten und kennen wollten; man hatte ihnen aber Deutsche, Britten und Franzosen als höhere Officiere vorgesetzt; letztere verstanden es nicht sogleich, den Russen auf gut russisch zu behandeln, und so konnten sie denn auch ihre höhere Kunst und Einsicht noch nicht zur Geltung bringen, weil sie nicht der Herrschaft über ihre Banden sicher waren. Endlich war das sächsisch=polnische Reich ein wahrhaft klägliches Staatswesen; Polen war bei seiner trostlosen Zerfahrenheit nicht wohl im Stande und hatte gar nicht die Thatkraft, um für den Wiedergewinn der ehemals verlorenen Provinzen nur eine mäßige Anstrengung sich aufzubürden; fast die ganze Last des Krieges war demnach den armen Sachsen aufgebürdet, welche Liefland und Esthland kaum dem Namen nach kannten und dafür nun bluten und zahlen sollten, überdieß noch von ihrem maßlos eitlen und verschwenderischen Landesfürsten in der grausamsten Weise ausgesogen und bedrückt, endlich auch noch vom deutschen Reiche für den eben in Gang kommenden spanischen Erbfolge= krieg ein wenig in Anspruch genommen wurden.

Dänemark und Polen brachen, ohne gerade auf das beste gerüstet zu sein, vor dem Frühling 1700 los, noch ehe Rußland sein Heer von den türkischen Grenzen nach dem Norden gebracht hatte. Während die Polen — besser gesagt die Sachsen, denn von jenen war fast nichts vorhanden — die Belagerung von Riga begannen, fiel Friedrich IV. in Schleswig ein und belagerte Tönningen. Unangenehm überrascht wurde er aber durch die Energie seines jugendlichen Vet= ters von Schweden und durch die Haltung der europäischen Mächte. Der Kaiser, dann England und Holland waren für den Herzog von Holstein=Gottorp; der niedersächsische Kreis rüstete sogleich Truppen, die Seemächte aber sandten eine Flotte zur Unterstützung der Schweden in die Ostsee. Allen diesen Mächten war es nämlich darum zu thun, daß bei dem eben ausgebrochenen spanischen Succes= sionskriege die Streitkraft Deutschlands nicht nach verschiedenen Richtungen ver= splittert, sondern zum Kampfe gegen das Haus Bourbon verfügbar gehalten werde. — Mit überraschender Schnelligkeit war Karl XII. auf der Insel Seeland ge= landet und bedrohte Kopenhagen. Die Seemächte, welche am liebsten den bisheri= gen Stand der Dinge erhalten wollten, vermittelten den dieß bezweckenden Frie= den zu Travendahl (18. August 1700). Somit war bereits eine der drei ver= bündeten Mächte durch die schwedischen Waffen wieder unschädlich gemacht.

Mittlerweile waren die Sachsen nach Liebland eingebrochen und vor Riga erschienen. August II. rechnete viel auf die Unzufriedenheit der lievländischen Ritterschaft, von welcher ihm Patkul, ein in sächsische Dienste getretener Lievländer (S. 100), goldene Berge versprach. Allein in Liebland regte sich keine Seele, und nach einer fruchtlosen Belagerung von Riga ging das polnisch=sächsische Heer nach Kurland in die Winterquartiere. — Peter I. hatte im Sommer 1700 ein mächti= ges Heer versammelt, damit Ingermanland überschwemmt und die Belagerung von **Narwa** begonnen. Im Herbste erschien nun Karl XII. in Liebland und wandte sich, weil die Sachsen bereits abmarschirt waren, gegen die Russen, welche er in ihren Schanzen bei Narwa angriff. Die Schlacht vom 30. Nov. ist, was die Zahlenunterschiede der beiderseitigen Heere und der beiderseitigen Verluste betrifft, einzig dastehend in der gesammten neuen Geschichte. Das russische Heer unter dem Herzog von Croy hatte nämlich eine Stärke, welche in einigen Berichten mit 40.000, in anderen mit 80.000 M. angegeben wird; die Schweden zählten da= gegen 13.000 oder gar bloß 8.200 M. In einem furchtbaren Schneegestöber, welches kaum vor sich hinzublicken erlaubte, aber nach der Windrichtung den Schweden günstig war, stürmten diese mitten in die feindlichen Verschanzungen hinein, durchbrachen die Russen, drängten deren rechten Flügel gegen und theilweise in die Narwa und zwangen ihn, die Waffen zu strecken. Am nächsten Morgen wurde auch noch der linke Flügel der Russen, welcher nicht rechtzeitig einen Ausweg gesucht hatte, von den Schweden angepackt und in ähnlicher Weise behandelt. Nach jenen Berichten, welche die glaubwürdigeren scheinen, hatten die Schweden über eine zehnfache Uebermacht gesiegt; sie selbst verloren nur 600 M., während die Russen 18.000 Getödtete und Ertrunkene, 40.000 Gefangene, 177 Geschütze und 170 Fahnen in Abgang zu bringen hatten. Mit anderen Worten: der Verlust der Geschlagenen war siebenmal größer, als die Zahl der Sieger von Anfang gewesen war. Karl XII. wollte sich mit der Unzahl der Gefangenen nicht belästigen und ließ sie, die Officiere ausgenommen, in nächster Zeit wieder laufen. Begreiflich ist die absolute Verachtung, die er nach diesem Siege dem russischen Heere bewies; doch hatte er dieses Gefühl später theuer zu bezahlen. Peter I. war über die Niederlage seiner Truppen, deren elende Haltung seit den Perserzeiten beispiellos dasteht, weder erstaunt noch bestürzt. Er meinte, die Schweden würden noch so oft über die Russen siegen, bis diese selbst auch Soldaten nach schwedischen, d. h. civilisirten Mustern geworden wären und dann ihrerseits zu siegen wüßten. Bis dahin baute der Czar rüstig an seinem verjüngten Staate weiter und wartete den rechten Moment ab.

Karl XII. war ein geistvoller Mensch, aber auch nichts weiter; er war ungeheuer unternehmend, ritterlich verwegen, ermangelte aber der kalten Erwägung und demgemäß auch der Selbstbeschränkung; er war ein kühner Bandenführer, aber kein Feldherr, noch viel weniger ein Staatsmann; er konnte wie in alten Zeiten Alexander der Große alle oberflächlichen Geister mit einem Scheine unerreichbarer Größe blenden, weil er rücksichtslos vorwärts ging, so lange seine Feinde — vor ihm davonliefen; er mußte aber scheitern, sobald ihm ein tüchtiger Gegner in den Weg trat. Alles an diesem Könige war wie an dem großen Makedonier nur hohle Schale, ungemessene Eitelkeit; selbst seine kriegerische Rauheit, wie er denn die Kost des gemeinen Soldaten aß, einen ganzen nordischen Winter in einem einfachen Strohzelte verlebte, tagelang zu Fuß durch Sümpfe watete, eine unscheinbare, sogar schmutzige Kleidung trug, — alle diese Rauheit war nichts als Eitelkeit; wie Alexander schmeichelte auch Karl XII. dem Soldaten nur, um ihn desto ärger zu mißbrauchen, ihn wie eine Maschine zu benützen und ihn verächtlich zur Seite zu werfen, wenn sich die menschliche Natur mit ihren Bedürfnissen und ihrem Selbstwillen regte. Im Zorn und Haß waren beide Fürsten beinahe gleich unzurechnungsfähig; aber Karl XII. hatte doch eine Ader höheren Werthes, indem er weder ein Trunkenbold noch ein Weiberknecht, vielmehr in diesen Dingen von einer eisernen Strenge gegen sich selbst und dabei sehr gottesfürchtig war. Was aber einen Karl XII. im Unterschiede von dem antiken Vorbilde schließlich zum Untergange führte, dieß war, daß die Russen keine Perser waren und Peter I. kein Darius. Vernünftiger Weise hätte Karl XII. den Sieg bei Narwa ausnützen und Rußland für lange Zeit unschädlich machen sollen. Wenn ein großer Feldherr und Staatsmann, Prinz Eugen, zu diesen Zeiten schon die künftige Gefährlichkeit Rußlands für Oesterreich bestimmt voraussagte, obgleich diese beiden Staaten damals beinahe noch wie durch ein Weltmeer von einander geschieden waren, so hätte Karl XII. als nächster Nachbar und als alter Rivale der Moskowiter um so mehr deren rasches Emporwachsen im europäischen Geiste erkennen und beobachten sollen. Ihm aber bei seinem kleinlich beschränkten Blicke war es nur darum zu thun, das schon längst als lächerlich schwach bekannte Polen zu züchtigen, auf daß er sich mit dem Ruhme brüsten könnte, binnen Jahresfrist alle drei nordischen Mächte besiegt zu haben.

Karl XII. ließ zur Abwehr gegen Rußland 6000 M. unter Schlippenbach in Lievland, 8000 M. unter Kronhjort in Ingermanland zurück; mit dem Gros des schwedischen Heeres ging er selbst im Frühling 1701 gegen die Polen und Sachsen, welche neuerdings vor Riga die Rolle des Ritters Toggenburg spielten. Karl setzte über die Düna, schlug die Gegner am 20. Juni und drang hinter ihnen nach Litthauen, endlich nach Polen ein (Dec. 1701). Vergebens bewarb sich August II. in seinem jetzigen Schrecken um den Frieden; den jungen Schwedenfürsten nach sich selbst beurtheilend, schickte er die wegen ihrer Schönheit berühmte Gräfin Königsmark mit einer Botschaft an Karl XII.; sie wurde aber bei diesem gar nicht vorgelassen. Der polnische Reichstag machte die Lage noch gefährlicher, indem er auf die Entfernung der sächsischen Truppen drang, ohne eigene dafür anzubieten; die Verwirrung im Lande stieg auf einen echt polnischen Grad. Karl XII. machte sich dieselbe zu Nutzen und drang ohne Widerstand in Warschau ein. Er verfolgte sodann die sächsisch-polnischen Truppen, siegte in einer Schlacht bei Klissow (20. Juli 1702) und eroberte Krakau, die eigentliche Hauptstadt Polens.

Vergebens beschworen die schwedischen Staatsmänner ihren König, sich nicht weiter mit dem polnischen Staatschaos zu befassen, sondern lieber gegen Rußland sich zu wenden. Der Czar benützte nämlich trefflich die ihm gegebene Muße, um seine Soldaten von Zeit zu Zeit mit Ueberlegenheit gegen schwedische Abtheilungen in Karelien und Lievland auftreten zu machen und so ihren moralischen und taktischen Werth zu erhöhen. Zwei kleine Siege (1702) blieben nicht ohne bedeutende Nachwirkung; Peter I. eroberte Nöteborg, das von nun an Schlüssel=burg genannt und vermöge seiner Lage am Ausflusse der Newa aus dem Lado=gasee eine damals sehr wichtige Festung wurde. Bald darauf drang Peter I. an den lang ersehnten finnischen Busen vor und ließ sich hier sogleich häuslich nieder; am 28. Mai 1703 wurde der Grund zu einer noch heute vorhandenen hölzernen Hütte gelegt, um welche rasch eine neue Weltstadt, **Petersburg,** erwuchs. Mitten in kalten Nordlandssümpfen, in einer unfreundlichen, aber für den Weltverkehr höchst bedeutsamen Lage, auf einem Boden, der dem Czar eigentlich noch gar nicht ge=hörte, entstand mit überraschender Schnelligkeit Rußlands neue Hauptstadt. Alle Mittel altrussischer Barbarei wurden angewendet, um die Metropole neurussischer Civilisation begründen zu helfen. Auf 200 Meilen in der Runde wurden die Leib=eigenen herdenweise herbeigetrieben; selbst Tataren und Kalmüken mußten heran; dem Hunger und der Kälte schutzlos preisgegeben arbeiteten Hunderttausende bei Tag und Nacht und Tausende von ihnen erlagen dem Elende. Große, welche bei dem Czar sich einschmeicheln wollten, erbauten ganze Stadttheile. Nach zwei Jah=ren waren die Sümpfe verschwunden, die damals noch hölzernen Häuser mit theils freiwilligen, theils gezwungenen Einwohnern angefüllt, die Festungswerke armirt. Auch die Insel Retusari, wo bald darnach die Hauptfestung des Nordens, Kron=stadt, angelegt wurde, kam jetzt in die Hände der Russen (1703). Im J. 1704 eroberte Peter I. Narwa und Dorpat; die Siege, welche der schwedische General Löwenhaupt oft über große Mengen der Russen erfocht, konnten die Fortschritte der Russen niemals auf die Dauer hemmen. Ganz bezeichnend sind die Worte, welche der Czar nach einer von seinem General Scheremetjew bei Gemaurthof in Kurland erlittenen Niederlage (26. Juli 1705) äußerte: „Ich kann immer 2 oder 3 Russen gegen einen Schweden verlieren." Ingermanland war den Schweden bereits ganz verloren; in Esthland, Liefland und Kurland vermochten sie durch das Aufgebot der äußersten Tapferkeit und Kriegskunst sich nur mühsam zu be=haupten. Ein Versuch ihrer Flotte, um die eben im Werden begriffenen Festungsanlagen von Kronstadt zu zerstören, mußte nach großen Verlusten aufgegeben werden (1705).

Unbekümmert um diese Bedrohung seiner ererbten Staaten trieb sich Karl XII. in Polen herum. Im J. 1703 siegte er bei Pultusk (1. Mai) und eroberte sodann Polnisch=Preußen mit Thorn. Der polnische Adel hatte in diesen Wirren gleich vom Anfang an den Kopf vollständig verloren und gab sich zum willenlosen Werk=zeuge des eingedrungenen Fremdlinges her. Der Reichstag vom J. 1704 erklärte auf schwedisches Geheiß den rechtmäßigen König Polens, August II. als abgesetzt (21. Jän.) und erhob, nachdem ein junger Sobiesky die Wahl anzunehmen sich weigerte, den Wojwoden von Posen Stanislaus Leszczynski auf den Thron

(19. Juli). Die Schweden eroberten im J. 1704 noch Danzig, Elbing und Lemberg und verfolgten dann ein sächsisches Corps, welches unter dem tüchtigen General Schulemburg bis Warschau vorgedrungen war. Die Sachsen bestanden sonach mit Glück ein Rückzugsgefecht bei Punitz (21. Oct.) und entkamen nach Schlesien. Noch aber hielten einzelne Landschaften Polens sich unter der Fahne des sächsischen Fürsten. — Nicht belehrt durch das Beispiel seines Vorfahren Karl X., der auch im Handumdrehen Polen erobert, aber nur durch kurze Zeit behauptet hatte (S. 92 2c.), glaubte auch Karl XII. den Thron seines Schützlings Leszczynski vollkommen gesichert, weil die Waffen der Schweden bald an den Mündungen, bald am Ursprunge der Weichsel, an der Düna oder am Dnjestr siegreich geglänzt hatten. Endlich im J. 1706 wandte sich Karl XII. gegen die Russen. Sein unerwartetes Erscheinen in Litthauen in der strengsten Winterkälte setzte die Moskowiter in große Bestürzung; eiligst verschwanden sie aus Kurland und auch der General Ogilvy zog sogleich von Grodno ab, nachdem er früher sein Geschütz im Niemen versenkt hatte. Karl XII. folgte diesem russischen Heere durch die endlos flachen Landschaften Poblachien und Wolhynien, welche in dieser Jahreszeit — während der Schneeschmelze — in einen einzigen Sumpf oder See verwandelt schienen. Ganze Tage hindurch wateten die Soldaten bis an die Kniee, ja oft bis an die Hüften im eisigkalten Wasser; die Russen zeigten sich diesen Strapazen weniger gewachsen und blieben haufenweise liegen, wo sie dann von den Verfolgern ohne Gnade niedergemacht wurden. Was Karl XII. mit diesem Nachlaufen eigentlich wollte, ist schwer zu errathen; das Gros der Russen war nicht einzuholen und die Verluste an Nachzüglern, welche sie erlitten, waren dem Czar nicht halb so empfindlich, als dem schwedischen Könige die Keime zu Krankheiten, welche seine gemarterten Soldaten hier sich holten, und ihre Mißstimmung über die nutzlose Hetzjagd. Im Sommer kehrte dann Karl XII. über den Bug an die Weichsel zurück.

Während der König im Winter gegen Ogilvy marschirt war, hatte Schulemburg ein sächsisches Corps nach Polen hereingeführt und durch russische Schaaren bis auf 20.000 M. gebracht. Bei Fraustadt in Posen traten ihm 12.000 Schweden unter Rhenskjöld entgegen und erfochten einen vollständigen Sieg (13. Febr. 1706), nachdem Schulemburgs linker Flügel, aus Russen bestehend, sich feige benommen hatte. Als nun Karl XII. aus Wolhynien zurückkehrte, beschloß er, Sachsen gänzlich unschädlich zu machen. Mit 22.000 M. brach er über Schlesien, also mit Verletzung des österreichischen Gebietes, nach Sachsen ein und erzwang von dem geängsteten Kurfürsten den Frieden von Altranstädt (24. Sept. 1706). Die Zweideutigkeit, mit welcher sich August II. fortwährend benahm, mußte von seinem Volke theuer gebüßt werden. Die Hauptbedingungen jenes Friedens waren, daß August II. jedem gegen Schweden gerichteten Bündnisse entsagte und den Stanislaus Leszczynski als König von Polen anerkannte. Auch mußten die Schweden, welche ihre Winterquartiere in Sachsen bezogen, auf Kosten des Landes verpflegt werden; überdieß hatte Sachsen eine Contribution von 23 Millionen Thalern zu zahlen. Das Land wurde von den Feinden, welche erst zu Ende August 1707 von dort wieder abzogen, in einer furchtbaren Weise ausgesogen; auch wurden über 20.000 Rekruten aus dem Lande genommen, welche dem schwedischen Könige umso nothwendiger waren, als er seine alten Kerntruppen mit seiner barbarischen Manier der Kriegführung schon größtentheils aufgerieben hatte.

Sachsen hatte die gewissenlose Eitelkeit seines Kurfürsten und den leichtsinnig angefangenen Krieg, der mit den sächsischen Interessen nicht das Mindeste gemein hatte, sehr theuer zu bezahlen. Man berechnet die Kriegsschäden Sachsens bis zum J. 1707 auf mehr als 100 Millionen Thaler, 800 (?) Kanonen und 36.000 M. Die Zügellosigkeit und das Wohlleben, worin die Schweden während ihres Aufenthaltes in Sachsen verfielen, trug aber zugleich den Keim zur künftigen Strafe in sich. Die schwedischen Truppen konnten von da an nicht mehr lange für die besten ihrer Zeit gelten. — Wie zwischen dem Kaiser und dem schwedischen Könige ernste Verwicklungen ausbrachen und wie dieselben durch die Bemühungen Marlboroughs beigelegt wurden, ist an früheren Orten (§. 100, 101) dargestellt worden. Hier muß noch erwähnt werden, daß die sächsischen Staatsmänner, welche überhaupt weniger durch Weisheit als durch Charakterlosigkeit sich bemerklich machten, auch den dermaligen Gesandten Rußlands, Patkul, der Rache Karl's XII. lieferten. Als gebornen schwedischen Unterthan (Lievländer) ließ ihn der König in der grausamsten Weise viertheilen (10. Oct. 1707).

115. Der 2. nordische Krieg bis zur Schlacht bei Pultawa, 1707—1709. Karl XII. glaubte mit Rußland ebenso leicht in's Reine zu kommen, wie er bis jetzt bereits zwei Königreiche niedergeworfen hatte. Im Herbst 1707 ging er aus Sachsen nach Polen zurück; in diesem Lande mehrten sich die Anzeichen, daß die Herrschaft der schwedischen Waffen kaum noch von langer Dauer sein werde: an vielen Orten erhoben sich die Bauern gegen die als Eindringlinge und als Ketzer gleich verhaßten Schweden und erschwerten diesen außerordentlich die Behauptung ihrer Verbindungen. Daß Polen unter den Waffen seiner Freunde wie unter jenen der Gegner gleichmäßig mißhandelt wurde, ist wohl selbstverständlich. — Ohne sich viel um den Insurrectionskrieg in Polen zu bekümmern, ging Karl XII. zu Anfang 1708 auf neue, weitgehende Kriegsfahrten aus. In der Winterkälte drang er über die Weichsel und den Njemen nach Wilna vor, wo er wieder trotz der besseren Jahreszeit ein paar Monate unthätig liegen blieb. Diesem Beweise seiner Planlosigkeit folgte bald ein neuer, indem er im Juni, die frühere Richtung wieder aufnehmend, die Beresina überschritt und am 3. Juli bei Golowczin (3 Meilen N. von Mogilew) das russische Heer des Schereinetjeff angriff; dasselbe stand in mächtigen Verschanzungen und glaubte seine Front durch tiefe Sümpfe ungangbar gestaltet. Allein Karl XII. trieb nach Gewohnheit seine Truppen mitten in die Hindernisse und Gefahren hinein und nach achtmaligem Anlaufe nahmen diese unübertroffenen Krieger die feindlichen Linien weg. Nun hatte Karl XII. zwar den Weg in's innere Rußland frei und drang auch wirklich über Mohilew nach Smolensk vor; hier aber wußte er erst recht nicht, was weiter anzufangen. Schon bei Beginn des Feldzuges hatte er dem General Löwenhaupt den Auftrag gegeben, mit allen seinen Truppen, 16.000 M., Kurland, das er so lange rühmlich behauptet hatte, zu räumen und einen großen Convoi an den Dnjepr zu geleiten. Dieß hieß: das Sichere aufgeben, um einem Ungewissen nachzujagen. Daß Karl XII. mit seiner Streitmacht von kaum 30.000 M. nicht daran denken durfte, an das noch 50 Meilen entfernte Moskau vorzudringen und dabei große feindliche Heere im Rücken zu lassen, schien ihm selbst einzuleuchten; aber gegen den Rath aller seiner Generale faßte er einen Plan, dessen Gefahren nicht minder groß und dessen Ziele dabei nur von untergeordneter Bedeutung waren. Es hatte sich nämlich Mazeppa, der Hetman der Ukrainischen Kosaken, bei dem Schwedenkönige eingefunden, um diesem die Schönheit seines Landes und die Unzufriedenheit seiner Stammgenossen mit der russischen Regierung zu schildern. Karl XII. ließ sich richtig überreden und wandte sich nach Süden, also in eine Richtung hin, die unmöglich ein entscheidendes Operationsobject einschließen konnte. Seinen Abmarsch von Smolensk bewirkte er mit solcher unüberlegter Eile, daß er das Eintreffen des Generals Löwenhaupt nicht erwartete und diesen damit den größten Gefahren preis gab. Der General hatte, fortwährend von den Russen umschwärmt, den Weg bis an den Dnjepr sich gebahnt, traf aber hier den König nicht mehr an und trachtete nun, ihm eiligst zu folgen. Bei dem Dorfe Leszno (Liesna, Bezirk Czaussi, Provinz Mogilew) wurde Löwenhaupt am 9. October von 40.000 Russen angegriffen; er schlug die Gegner zurück, mußte aber, um vorwärts zu kommen, sein Geschütz und den ungeheuern Train den Feinden zur Beute lassen. Mit nur 6000 M. rückte Löwenhaupt nach einem wunderbar ausgeführten Marsche zum Heere des Königs ein.

Karl XII. fand die paradiesisch geschilderte Ukraine als eine menschenarme Wüste, und die 30.000 Kosaken, welche Mazeppa ihm versprochen hatte, mit bloß 7000 Körpern ausgerüstet (Ende October). Statt nun die Leichtfertigkeit dieses Unternehmens einzusehen und möglichst rasch gerade westwärts nach Polen in die

Winterquartiere zu rücken, hielt sich Karl XII. in den elenden Unterkünften der Ukraine. Nun war der Winter 1708—9 der strengste des 18. Jahrhunderts; viele brave Krieger fielen der Kälte und dem Hunger zum Opfer. Wieder schlug Karl XII. alle vernünftigen Rathschläge der Generale, welchen sogar Mazeppa jetzt beistimmte, in den Wind und wandte sich zu nur noch tolleren Versuchen. In einer furchtbaren Kälte belagerte und nahm er die Festung Weprik (links vom Pßiol, 7. Jän. 1709) und führte nach einiger Zeit sein Heer gegen die Hauptstadt **Pultawa.** Obgleich die Festungswerke altartig waren, mochten sie doch gegenüber den 18 Kanonen und dem geringen Pulvervorrathe der Schweden als uneinnehmbar gelten. Trotzdem begann Karl XII. die Belagerung (10. Mai) und setzte sie auch dann noch fort, als rings um sein Heer schon starke russische Schaaren sich ansammelten und die nahe Katastrophe durch tägliche Scharmützel ankündeten. Endlich führte Peter I. persönlich sein Heer von 65.000 M. gegen die 28.000 Schweden heran, welche, weil ihr König am Fuße verwundet war, von Rhenskjöld geführt wurden. Diese Schlacht bei Pultawa am 8. Juli 1709 blies mit einem Male den bisherigen Feldherrnruhm Karl's XII. wie ein Kartenhäuschen um und stürzte mit ihren Folgen die bisherige Großmacht des Nordens, um eine neue, jene Rußlands zu begründen. Vergebens waren alle Anstrengungen der Schweden gegen die ungemeine Uebermacht der Russen, welche in den letzten Jahren sich zu ziemlich guten Soldaten herangebildet hatten. Die eine Hälfte des schwedischen Heeres wurde am Flecke erschlagen oder gefangen, 14.000 M. unter Löwenhaupt zogen sich unter beständiger Verfolgung bis an den Dnjepr, mußten aber endlich aus Mangel an Munition, Proviant und Uebergangsmitteln an Menzikow sich gefangen ergeben. Somit war das ganze Hauptheer der Schweden vernichtet. Nur das kleine Gefolge, welches der Kutsche Karl's XII. sich angeschlossen hatte, rettete sich aus dem allgemeinen Verderben; über vieles Bitten seiner Krieger hatte der König nach eingetretener Entscheidung sich zur Flucht herbeigelassen. Lebhaft folgten ihm die feindlichen Kosaken und ereilten ihn in dem Augenblicke, als er den Bug, den Grenzfluß der Türkei erreichte. Ueber diesen Fluß durften die Russen, damals noch von Respect für die Pforte erfüllt, dem Könige nicht folgen, doch räumten sie mittlerweile unter seinem zurückgebliebenen Gefolge auf.

Jeder unserer Leser dürfte im Geiste bereits eine Parallele zwischen Karl XII. und den anderen berühmten Feldherren jenes Zeitalters gezogen haben. Vor seiner Vernichtung bei Pultawa hielten die meisten Zeitgenossen den jungen Schwedenkönig wohl gar für den größten damaligen Heerführer. Ein einziger Tag stürzte diesen Ruhm in das verdiente Nichts zurück, während mehrfache Schläge, von welchen die deutschen, brittischen oder französischen Feldherren hohen Rufes nach einander getroffen wurden, sie niemals ganz zu brechen vermochten. Dieß erklärt sich aus den beiderseitigen Kriegssystemen. Die abendländischen Feldherren cultivirten den strategischen Gedanken sogar bis zum Nachtheile des taktischen; Karl XII. aber kümmerte sich gar nicht um Strategie, um Basirung und Abwägung der geographischen Linien nach ihrem Werthe; daher konnte er wohl flink erobern, aber das Eroberte nur bis zum ersten Momente des Unglückes behaupten. Daß der Positionskrieg der Abendländer an übertriebener Systematik und Zaghaftigkeit kränkelte, wogegen das militärische Herumzigeunern des Schwedenkönigs ohne sicheres Hinterland und ohne sicheren Plan alles Andere früher heißen konnte, als Kriegskunst, daß zwischen diesen beiden Extremen ein Drittes als das einzig Beste in der Mitte lag, dieß dürfte aus den gegebenen Prämissen klar ersichtlich sein.

116. Der zweite nordische Krieg bis zu seinem Schlusse. 1709—1721. Nach seiner Flucht auf das türkische Gebiet wurde Karl XII. zu Bender von der Pforte gastfreundlich aufgenommen. Obgleich nun mittlerweile die Angelegenheiten Schwedens durch die Waffen der Russen und durch das Auftreten neuer Feinde eine äußerst ungünstige Wendung nahmen, war Karl XII. doch nicht zur Abreise in die Heimath zu bewegen. Auch den Türken war der kostspielige Gast bald sehr lästig; er erbettelte von ihnen nämlich ungeheure Summen und verwendete sie hauptsächlich dazu, um die Beamten der Pforte zu bestechen. Der Lieblingstraum Karl's XII. war es jetzt, an der Spitze eines osmanischen Heeres in Moskau einzuziehen. Endlich gelang es dem Könige doch, die Pforte zum Kriege gegen Rußland zu bestimmen (Nov. 1710). Peter der Große hatte aber früher schon Unterhandlungen mit den Hospodaren der Moldau und Wallachei angeknüpft. Auf ihre Versprechungen bauend, schickte er den General Scheremetjeff in die Wallachei voraus, während das Gros der russischen Armee unter der Anführung des Czars über den Pruth in die Moldau einrückte. Der Großvezier Baltaschi Mohamed führte aber eine Armee von 200.000 Türken mit solcher Gewandtheit heran, daß er Scheremetjeff von dem Haupttheere zu trennen drohte. Peter I. wagte sich unvorsichtig zu weit vor und bezog ein Lager bei **Faltschi** am Pruth (Juli 1711), wo er trotz wiederholter Versuche, durchzubrechen, von den Türken auf allen Seiten eingeschlossen, von einem furchtbaren Geschütz beschossen und der Verpflegung beraubt war. Der Augenblick, in welchem der Czar sich den Türken gefangen geben mußte, schien unabwendbar. Die List seiner Gemalin Katharina [1]) brachte ihm unverhoffte Rettung; diese kluge Frau raffte von Juwelen

---

[1]) Sie war von niederer — deutscher oder schwedischer — Abkunft; wahrscheinlich hieß sie früher Martha Rabe und war die Tochter eines schwedischen Unterofficiers. Im J. 1701 heirathete sie einen schwedischen Dragoner, wurde aber im nächsten Jahre von den Russen gefangen genommen und wanderte nun als bewegliches Eigenthum

zusammen, was sie nur konnte und wußte damit und durch ihr einschmeichelndes Benehmen den Großvezier zu bestechen. Es wurde am 23. Juli der Frieden von Huc z (Kusch) abgeschlossen, in welchem der Czar erklärte, daß er diesen Vertrag als eine Gnade von den Türken empfange; auch mußte er sich zur Zurückgabe von Asow und zur Schleifung dreier anderen Festungen verpflichten.

Karl XII., mit dem Ende des Krieges höchst unzufrieden, erwirkte die Be= strafung der bestochenen Würdenträger und bewog die Pforte noch zweimal zu Kriegserklärungen (1711 u. 1712). Obgleich nun Peter I. noch immer säumte, die Bedingungen des Vertrages von Huc z zu erfüllen, ließ sich die Pforte immer wieder durch die Seemächte zur Erneuerung des Friedens noch vor Ausbruch der Feind= seligkeiten bestimmen. Karl XII. sah demnach die Aussichten immer mehr schwinden, welche ihn bisher in der Türkei festgehalten hatten, dennoch und gegen sein aus= drückliches Versprechen war er nicht weiter zu bringen. Endlich ging die Langmuth der Türkei zu Ende; 2000 Janitscharen griffen sein befestigtes Haus zu Bender an, erschlugen einen Theil seiner tapferen Freunde und bezwangen endlich den König, welcher sich durchzuschlagen versucht hatte (13. Febr. 1713). Auch jetzt noch wurde er mit aller Artigkeit behandelt und auf ein Lustschloß (Demirtasch) bei Adriano= pel gebracht. Hier hielt ihn die Pforte etwas knapper; er machte aber Schulden, so viel er nur konnte und blieb eigensinnig auch dann noch sitzen, als er keinen Kredit mehr fand und der Nothschrei aus seiner Heimat immer dringender erscholl. Einer Deputation des schwedischen Reichsrathes gab er die Antwort: „wenn sie regieren wollten, werde er ihnen einen seiner Stiefel senden." Weil er sich schämte, ohne reiche Kleider und ohne Hofstaat fremde Personen empfangen zu sollen, so blieb er einmal durch zehn Monate im Bette. Endlich kam er aber doch zur Einsicht, daß die Pforte sich nicht weiter um ihn kümmern werde. Reichlich von ihr beschenkt, trat er im Herbste 1714 die Heimreise an. Als ob er die fünf Jahre, welche er in der Türkei unnütz zugebracht hatte, in wenigen Tagen einbringen wollte, ritt er als „Hauptmann Frisch" mit einem Begleiter (Düring) den Weg von der Wallachei über Wien, Nürnberg, Braunschweig nach Stralsund in einer Eile, die ihn allen

durch die Hände der Generale Scheremetjeff, Bauer und Menzikow, bis endlich Peter der Große selbst sie in Beschlag nahm. Nun trat sie unter dem Namen Katharina Alexiewna von der lutherischen zur griechischen Kirche über (1703) und gebar dem Czar drei Töchter, von welchen Anna die Mutter Peter's III. und Elisabeth selbst Kaiserin wurde. Im J. 1711 vermählte sich Peter I. mit Katharina, welche damals 29 Jahre zählte; im Jahre 1718 wurde sie öffentlich als Kaiserin erklärt. Sie war eine Frau von großer Schönheit, von einem scharfen und entschiedenen Geiste, die weise Rath= geberin und Gehilfin ihres Gemahls, dem sie später auf dem Throne folgte. An Feh= lern war sie übrigens auch nicht arm, die sich wohl aus ihrem früheren unstäten Leben erklären lassen. Peter I. hielt sie mehrmals im Verdacht der Untreue, auch gab sie sich in ihren späteren Jahren dem Trunke hin.

Sportsmen ehrwürdig machen muß. Durch 16 Tage kam er in kein Bett und ritt die erwähnte Strecke von 280 Meilen in nicht mehr als 14 Tagen.

Die Ankunft des Königs in Stralsund (22. Nov. 1714) erfüllte ganz Schweden mit Jubel, denn durch die Abwesenheit desselben war der Staat bis an den Rand des Verderbens gebracht worden. August II. und Friedrich IV. kehrten sich nicht weiter an die Verträge von Altranstädt und Travendahl, sondern begannen gleich nach der Schlacht von Pultawa den Krieg neuerdings. Obgleich August II. die aus Sachsen erpreßten Steuern zur Mehrzahl in Lustbarkeiten vergeudete und seine Kerntruppen gegen gute Bezahlung den Seemächten in den Niederlanden auslieh, war doch die geringe Kraft, welche von den Sachsen und Polen angewendet wurde, ganz genügend, um Stanislaus Leszczynski aus dem Lande zu vertreiben. Dieser wandte sich vergebens an Karl XII. mit der Bitte, die polnische Krone wieder niederlegen zu dürfen; er kam in dieser Angelegenheit gerade zurecht nach Bender, um mit seinem Beschützer zugleich von den Türken gefangen zu werden. Rußland griff in Verfolgung des Sieges von Pultawa am eifrigsten um sich; schon im J. 1710 eroberten die Moskowiter Wiborg, Riga, Dünamünde, Pernau, Kexholm und Reval; ganz Ingermanland, Lievland, Esthland und die Insel Oesel blieben von nun an in der Gewalt des Czaren. In den J. 1711 und 1712, da die Russen zuerst in der Türkei, dann in Deutschland zu thun hatten, trat ein Stillstand ein; jedoch in den Feldzügen 1713 und 1714 eroberten sie wieder Helsingfors, Nyslot, überhaupt einen großen Theil von Finnland, obgleich General Armfield mit geringen Kräften einen starken Widerstand geleistet hatte. Am 27. Juli 1714 erfochten Czar Peter und Apraxin den ersten Seesieg Rußlands, u. z. bei der Insel Åland über 7 schwedische Schiffe.

Gleichzeitig mit Dänemark, welches die Provinz Schonen und die deutschen Lande Schwedens im J. 1709 angriff, rüsteten sich Preußen, Mecklenburg, Hannover und Münster, um alle schwedischen Besitzungen diesseits der Ostsee an sich zu reißen. Ein solcher voraussichtlich langer Krieg in Deutschland konnte dem Kaiser und den Seemächten nicht genehm sein, weil man die Streitkräfte der bezüglichen Staaten lieber gegen das Haus Bourbon zur Verfügung behielt. Die drei Großmächte schlossen deshalb das Haager Concert, womit die schwedischen und dänischen Besitzungen in Deutschland als neutral erklärt wurden (31. März 1710). Allein Karl XII. beging in seinem lächerlichen Trotze die Unklugheit, von Bender aus diesem Concerte die Zustimmung zu verweigern. In die somit für vogelfrei erklärten deutschen Lande Schwedens brachen von allen Seiten die Dänen, Russen und Sachsen herein; doch erzielten nur die ersteren einen dauernden Erfolg, indem sie Bremen und Verden eroberten. Sie verkauften dasselbe aber in der nächsten Zeit um 877.000 Thaler an Hannover, dessen Kurfürst zugleich König von England, dessen Beistand demnach ungemein wünschenswerth war (1715). General Stenbock vertheidigte die schwedische Sache in Deutschland mit Kraft, überfiel mit 8400 M. bei Gadebusch in Mecklenburg 20.000 Dänen und brachte ihnen eine empfindliche Niederlage bei (20. Dec. 1712). Statt aber sich auf die noch getrennt stehenden Sachsen oder Russen zu werfen, gab Stenbock nur seinem Nationalhasse gegen die Dänen Gehör und fiel verwüstend nach Holstein ein, wo er Altona verbrannte, (9. Jän. 1713). Mittlerweile vereinigten sich seine Feinde, drängten ihn in die Gottorp'sche Festung Tönningen und zwangen ihn, sich kriegsgefangen zu geben (6. Mai 1713). Holstein wurde in diesen Händeln auf eine schauerliche Weise hergenommen, am meisten natürlich von den Russen. Auch Preußen griff jetzt nach langem Schwanken zu und eroberte Stettin, Usedom und Wollin.

Als Karl XII. in seine Staaten zurückkehrte, fand er mit Ausnahme des Stammlandes Schweden die meisten anderen Provinzen bereits in den Händen der zahlreichen Feinde. Der völlige Verlust dieser Lande schien eben so unabwendbar als der Staatsbankerott. Von beiden Dingen wurde Schweden vorläufig noch durch den Minister Görz bewahrt. Dieser knüpfte Unterhandlungen mit dem gefährlichsten Feinde, Peter dem Großen, an und Letzterer ließ sich gegen zugesicherte Vortheile bereitwillig finden, seine Alliirten zu verlassen, auch wohl zu bekriegen. Der Abschluß der Verhandlungen wurde aber durch die nachfolgenden Katastrophen unmöglich gemacht. Durch die verworrenen Ränke, welche Görz fast an allen bedeutenden Höfen augenblicklich anspann, leistete er der Sache seines Herrn ebenfalls große Vortheile: das gegenseitige Mißtrauen hinderte die Feinde an einer gemeinsamen Entfaltung ihrer Kraft. Endlich gewährte Görz seinem Herrn wieder die Mittel zur Fortführung des Krieges, u. z. durch Einführung des Papiergeldes und der Zwangsanleihen, sowie durch Münzverschlechterung.

Im J. 1715 eroberten die Preußen die Insel Rügen, bei deren Vertheidigung Karl XII. selbst nur mühsam sein Leben rettete. Die Dänen erfochten die Seesiege bei Fehmarn und Rügen (25. April, 25. Sept.). Endlich wurde der wichtigste Platz der Schweden in Deutschland, Stralsund, von den vereinigten Gegnern mit aller Kraft belagert (5. Oct. bis 24. Dec.). Karl XII. leitete selbst die Vertheidigung und nur mit Mühe konnte er zwei Tage vor dem Falle des Platzes über das Meer hin sich retten. Im folgenden Jahre fiel mit Wismar der letzte Rest der schwedisch-deutschen Besitzungen in die Gewalt der Feinde (April). Ein Einfall der Schweden nach Norwegen verursachte ihnen nur bedeutende Verluste. Nachdem das Jahr 1717 ohne bedeutende Vorfälle vergangen war und nur die früher erwähnten Machinationen des Ministers Görz baldige Resultate erwarten

ließen, fiel Karl XII. im J. 1718 nach einer kurzen Periode der Selbstüberwin=
dung in seinen früheren Hang zu stürmisch unüberlegten Eroberungen zurück.
Statt den Rest seiner Erblande zu vertheidigen oder in den jüngst verlornen wie=
der sein Glück zu versuchen, faßte der König den Gedanken, das gut dänisch ge=
sinnte Norwegen erobern zu wollen. Er rüstete zu diesem Behufe zwei Corps von
ansehnlicher Stärke aus, setzte sie aber beide leichtsinniger Weise zu einer Zeit in
Bewegung, wo man selbst in gemäßigten Gegenden sich nach Ruhe zu sehnen an=
fängt. Das eine Corps unter Armfeld ging im August gegen Trondheim ab;
da es über die skandinavischen Hauptgebirge zu gehen hatte, konnte es keinen Bela=
gerungspark mit sich nehmen. Vor der auf drei Seiten mit Wasser umflossenen
Festung angekommen, machten die Schweden erst die Entdeckung, daß dieselbe nicht
so ohne Umstände mit der blanken Waffe weggenommen werden könne. Armfeld
trat nun einen Rückzug an, welcher in seiner Art der schauerlichste in der Geschichte
sein dürfte. Mitten im Winter (Jänner 1719) marschirten die Schweden über
jene furchtbaren Gebirge, in welchen oft erst nach ein paar Tagen Weges eine
Hütte zu erblicken ist; meistens führt die Straße über die platten Kuppen der
Berge (so das 8 Meilen lange Eisfeld des Dovre=Fjeld), senkt sich über die scharf
abgeschnittenen Hänge in das enge Thal eines wilden Bergstromes oder Sees,
um ebenso steil wieder auf eine neue Platte sich zu erheben. In dieser grauenvollen
Wildniß von Schnee und Eis, welche im Winter nie eines Menschen Fuß zu be=
treten pflegt, sahen sich die Schweden seit vielen Tagen jeder Unterkunft, oft sogar
der Lagerfeuer entbehrend und endlich genöthigt, das Leben mit dem Verluste der
Freiheit zu erkaufen. Sie sandten Boten nach Trondheim, um sich kriegsgefangen
zu melden, dafür aber Hilfe in ihrer Noth zu erbitten. Augenblicklich liefen 300
Schlittschuhläufer und 150 leichte Schlitten an die Stätte des Elendes ab, kamen
aber trotz aller Eile zu spät. Ganze Regimenter lagen wie in Schlachtordnung im Eis
erstarrt, — noch mehrere Jahre später waren in dieser Gegend die meisten Wölfe
zu finden. Armfeld mit 500 M., dem Reste von 13.000, erreichte die Heimat,
aber auch diese Geretteten waren beklagenswerthe Krüppel.— In ähnlich unsinniger
Weise, der Natur Trotz bietend, hatte Karl XII. mit einem anderen Corps im
November 1718 die Belagerung von Friedrichshald am Christians=Fjord
begonnen. Die tief gefrorene Erde verhinderte ungemein die Fortschritte der Ar=
beiten. Als nun Karl XII. in der Nacht des 11. December die Laufgräben besich=
tigte, trennte er sich von den zwei ihn begleitenden Ingenieurs und kam nicht
wieder. Man fand ihn erschossen in der Trenchée liegen. Die Volksstimme be=
schuldigte die beiden Officiere (Siquier und Mégret, besonders ersterer war ver=
dächtig), daß sie im Einverständnisse mit der Adelspartei den absolutistisch gesinn=

ten König ermordet hätten. Die nachfolgenden Ereignisse nebst der sorgfältigen Vermeidung jeder Untersuchung über den Tod des Königs gaben dem erwähnten Gerüchte allerdings einen Schein der Begründung.

Fast im selben Augenblicke, da Karl XII. starb, vollzog sich in Schweden eine tief eingreifende Staatsumwälzung. Der Senat schloß den zunächst erbberech= tigten und beim niederen Volke beliebten Herzog von Holstein=Gottorp von der Thronfolge aus und verlieh die Krone ganz eigenmächtig der Schwester des ver= storbenen Königs, Ulrike Eleonore, welche mit dem Erbprinzen Friedrich I. von Hessen=Kassel vermählt war. Doch war und blieb die neue Königin nichts als eine Ziehpuppe in den Händen des Reichsrathes; dieser, aus 24 Personen bestehend, besaß fortan die ganze Regierungsgewalt und leitete dieselbe nur im Interesse seiner Kaste, des Adels. Wie dieser früher (1675 2c.) Schweden zum Gespötte der Welt gemacht hatte, so sorgte er auch jetzt dafür, daß die auswärtigen Angelegen= heiten zum äußersten Nachtheile des Staates gewendet wurden. Den herrschenden Oligarchen war nämlich die vom Minister Görz angebahnte Freundschaft mit Rußland ein Gräuel, weil der Volksliebling Gottorp zugleich ein Günstling des Czaren war. Deßhalb wurde Görz, der es wegen anderer Thaten allerdings ver= dient hatte, jetzt hingerichtet (13. März 1719) und die Fortsetzung des Krieges mit Rußland beschlossen, während man mit allen übrigen Gegnern sich rasch ab= zufinden trachtete. — Der Hauptgesichtspunkt war den dermaligen Staatsleitern der Gewinn von Geld. Es wurden demnach folgende Verträge geschlossen: 1) Hannover (beziehungsweise England) behielt gegen Zahlung von 1 Million Thaler Bremen und Verden (Juli 1719); 2) Preußen vergrößerte sich durch Vorpommern bis an die Peene, einschließlich von Stettin, Usedom und Wollin, hatte aber für alles dieses 2 Millionen Thaler zu zahlen (Febr. 1720); 3) Sach= sen und Polen gewährten dem Leszczynski den leeren Titel als König; 4) Däne= mark gab seine Eroberungen (Wismar, Stralsund, Rügen 2c.) zurück, behielt aber den Gottorp'schen Antheil an Schleswig, erhielt 600.000 Thaler von Schwe= den und durfte fortan auch von den Schiffen des letzteren Staates den Sundzoll erheben (Juli 1720). — Nur mit Rußland, dem mächtigsten Gegner, wollte sich die Oligarchie Schwedens nicht abfinden. Als eine Partei, die nur sich selbst als den Staatszweck betrachtete, hatte sie ungeachtet des fortzuführenden Krieges gegen Rußland die eigene Flotte und Armee herabgemindert, weil deren Mit= glieder der Mehrzahl nach nicht für die neue Regierungsform eingenommen waren. Diesen Umstand benützte Peter I., um eine Flotte von 30 Kriegsschiffen und 220 kleineren Fahrzeugen an die Küsten Schwedens zu führen und daselbst furchtbare Verwüstungen zu verüben. Nun mußte sich die herrschende Partei zu weit schlim=

meren Bedingungen einverstehen, als sie früher von Görz verabredet gewesen wa=
ren. In dem Frieden von **Nystädt** wurden ganz Lievland, Esthland, Ingerman=
land, Karelien, Kexholm, die Insel Oesel und ein Theil von Wiborg an Rußland
abgetreten (10. Sept. 1721). Dieser Staat war jetzt endlich in den Besitz einer
ausgedehnten Küste gekommen und damit zur Entwicklung als europäische Groß=
macht befähigt worden. Dagegen war Schweden theils durch die leichtfertigen
Operationen und die Halsstörrigkeit des verstorbenen Königs, theils durch die kleinliche
Selbstsucht der jetzt herrschenden Kaste in den letzten Friedensschlüssen auf Schwe=
den, Finnland und einen kleinen Theil von Pommern, dann auf Wismar beschränkt
worden; es hat für alle kommenden Zeiten aufgehört, eine Großmacht zu heißen.

117. Der Türkenkrieg 1714—1718. Die schweren Nieder=
lagen, welche die Pforte von 1683 bis 1699 durch die Waffen Oesterreichs er=
litten hatte, bewirkten bei ihr eine derart friedfertige Stimmung, daß sie die Be=
drängniß des Kaisers während des spanischen Erbfolgekrieges, ja sogar den Auf=
stand in Ungarn nicht auszunützen wagte. Sultan Mustapha II. (seit 1694) hatte
übrigens seine Friedensliebe theuer zu bezahlen; es brach eine Empörung aus und
ein Heer von 50.000 M., welches gegen die Rebellen nach Adrianopel zu mar=
schiren hatte, ging selbst zu ihnen über; nun wurde Mustapha abgesetzt und sein
Bruder Achmed III. bestieg den Thron (24. April 1702). Auch er blieb für den
Frieden gestimmt, bis später mit dem Großvezier Baltaschi Mohamed die kriegs=
lustige Partei an's Ruder kam. Der glänzende Erfolg, welchen Baltaschi am
Pruth über den Czar erfocht (1711) und die von den christlichen Mächten der
Pforte bewiesene Beachtung erweckten die Osmanen wieder zu ihrem ehemaligen
Dünkel. Aus unbedeutenden Anlässen erklärte die Pforte der Republik Venedig
den Krieg (7. Dec. 1714). Im Laufe des J. 1715 eroberten die Türken Morea
sowie die Reste der Insel Candia, obgleich mehrere Plätze einen tapferen Wider=
stand geleistet hatten; vergebens wartete die zu dieser Zeit schon ziemlich verfallene
Flotte der Venetianer auf eine Gelegenheit zum Schlagen. Nach Dalmatien bra=
chen die Türken gleichfalls ein; in einem fünfstündigen Sturme auf die Festung
Sign (14. August) und bei dem Rückzuge über die Cettina erlitten sie aber einen
Verlust von 8000 M., hauptsächlich durch die Waffen der Morlaken.

In Folge des Karlowitzer Friedens war der Kaiser Garant der Besitzungen
von Venedig. Obwohl nun die Republik im spanischen Erbfolgekriege sich eben
keine Verdienste um Oesterreich erworben hatte, nahm der Kaiser, von Venedig
hierum gebeten, doch jene Verpflichtung vollkommen ernst und suchte den Frieden
zu vermitteln, ließ aber gleichzeitig zum Kriege rüsten. Beiderseits waren die Heere
bereits in Bewegung gesetzt, als endlich von Seite der Pforte eine mit Höflichkeit

beginnende und mit maßloser Grobheit schließende Kriegserklärung erlassen wurde (Sommer 1716). Oesterreich erhielt von Venedig Subsidien, dagegen ließ sich das deutsche Reich nicht bewegen, dem Kaiser Unterstützung zu gewähren. Die öster=reichische Armee hatte damals den noch nie erreichten Stand von 113.300 M. Infanterie und 35.960 Reitern. Demnach zählte das Heer, welches sich im Juli 1716 bei Futak unweit Neusatz versammelte, 66 Bataill., 52 Grenadier=Comp. und 165 Schwadr., zusammen mit 41.500 M. Infanterie und 22.700 Reitern. Außerdem waren noch 8000 M. zur Bewachung der nächsten Magazine verwen=det. Zur Sicherung Ungarns und zur Deckung der bedrohten Grenzen waren 55.000 M. an anderen Orten aufgestellt. Die türkische Hauptarmee zählte über 150.000 M., darunter 40.000 Janitscharen, 30.000 Spahis, der Rest von den verschiedenen zinsbaren Völkern beigestellt. Hievon wurden 30.000 M. zur Deckung von Temesvar vorausgesendet. Außer dem Hauptheere standen 40.000 Mann, welche als Besatzung in Belgrad verblieben.

Am 24. Juli ließ der Großvezier Kumurdschi Ali eine Brücke über die Save schlagen; am 28. bewirkte das Heer den Uebergang. FM. Palffy beobach=tete es an der Spitze von 3000 Reitern, wurde aber von einer mehr als sechs=fachen Uebermacht angegriffen und nach vier Stunden Kampfes zum Rückzuge auf Peterwardein genöthigt (2. August). Nachdem Eugen nun sichere Kunde über die Marschrichtung der Türken hatte und erkannte, daß die 30.000 Türken bei Te=mesvar keine Vorhut, sondern ein selbstständiges Corps vorstellten, ging die kai=serliche Armee sogleich auf das rechte Donauufer über und bezog eine Stellung vor **Peterwardein.** Bevor aber die Kaiserlichen ganz ihren Aufmarsch voll=ziehen konnten, langte auch das osmanische Heer daselbst an. Hätte es noch an diesem Tage (3. August) angegriffen, so würde es wahrscheinlich die eben aufmar=schirenden Oesterreicher mit Verwirrung in die Festung zurückgeworfen haben. Allein den Osmanen waren die Erinnerungen aus dem letzten Kriege noch zu gut im Gedächtnisse, als daß ihnen nicht die höchste Vorsicht geboten geschienen hätte. Dieses Uebermaß von Vorsicht gereichte ihnen jetzt nur zum Nachtheile. Der Großvezier blieb am 3. und 4. August auf eine Stunde Entfernung vor dem Lager der Deutschen stehen, bombardirte es mit seinem schweren Geschütze und ließ förm=liche Laufgräben gegen dasselbe ziehen. Einzelne Spitzen der Tranchéen waren am Morgen des 5. August nur mehr 50 Schritte vom Graben des österreichischen Lagers entfernt. Das Gros des türkischen Heeres blieb auf den Höhen bei Karlo=witz und hatte sein Lager nur mit einer Wagenburg umschlossen. Die Oesterreicher fanden südlich von Peterwardein noch jene Verschanzungen vor, in welchen Ca=prara vor 22 Jahren von den Türken belagert worden war. Diese Linien waren zweifach gezogen, hatten eine Ausdehnung von ½ Meile mit der Front nach Süden und lehnten sich rechts an den steilen Abfall zur Donau, links an eine feuchte Niederung. Der Raum zum Gefechtsaufmarsche war demnach knapp vor dem Lager sehr beengt, überdieß durch die türkischen Laufgräben stark zerschnitten, erweiterte sich aber hinter diesen bis zum Lager der Türken auf die Breite einer Meile. Alle diese Umstände bereiteten den Christen, wenn sie selbst zum Angriffe hervorbrechen wollten, große Schwierigkeiten und namentlich auch die Gefahr, bei dem späteren fächerartigen Auseinanderziehen die Verbindung an einzelnen Orten zu lockern. Trotzdem beschloß Prinz Eugen den Angriff und ließ denselben am 5. August Morgens um 7 Uhr beginnen.

Prinz Alexander von Württemberg ging mit 6 Bataill. links neben dem eigenen Lager über den sumpfigen Grund vor, ihm folgte der größte Theil der Cavallerie. Der Prinz vollführte seine Aufgabe trefflich, nämlich den rechten Flügel der Türken zu umfassen und damit die türkischen Laufgräben von der Flanke her zu bedrohen. Die Osmanen kümmerten sich aber anfangs wenig um diese vorgeschobenen Abtheilungen der Deutschen, sondern richteten ihre Aufmerksamkeit nur auf die Front des Lagers. Um ein Namhaftes später als der äußerste linke Flügel waren die übrigen 8 Colonnen des österreichischen Heeres aus ihrer Verschanzung hervor in die türkischen Laufgräben eingebrochen. Nun wurden zwar die Janitscharen rasch aus diesen verdrängt, fanden aber Zeit sich zu sammeln, da die Kaiserlichen sich nicht schnell und sicher genug aus dem Labyrinth der Tranchéen herauszuwinden vermochten. Bei dem nunmehr erfolgenden Aufmarsche zeigten sich große Lücken am rechten Flügel und augenblicklich brachen hier die Türken mit furchtbarem Geheule durch beide Treffen der Christen herein, trieben diese zurück und erstiegen die erste, ja sogar ein Stück der zweiten Verschanzung. Die Schlacht war in ein höchst bedenkliches Schwanken gerathen. Prinz Eugen gab aber jetzt dem FM. Palffy, welcher hinter dem Prinzen Württemberg und demnach bereits weit links vorwärts vom Lager stand, den Befehl, mit 2000 Reitern rechts zu schwenken und auf die rechte Flanke der Janitscharen zu fallen. Diese trefflich ausgeführte Bewegung war entscheidend. Das kaiserliche Fußvolk fand Zeit, sich wieder zu sammeln, brach dann neuerdings unaufhaltsam zwischen den Laufgräben vor und jagte die Türken in die Flucht. Um Mittag war der Sieg entschieden. Die Kaiserlichen geben ihren Verlust mit 4400, jenen der Gegner mit 30.000 Mann an. Unter den Todten waren der Großvezier, viele türkische und 5 österreichische Generale. Die Sieger erbeuteten 168 Kanonen, 5 Roßschweife und 160 Fahnen, ferner das gesammte Lager mit seinen großen Kostbarkeiten; viele Soldaten erwarben sich an diesem Tage ein anständiges Vermögen. — Bemerkenswerth in dieser Schlacht ist die vom Anfang an festgehaltene und zum Schlusse auch siegreich ausgeführte Tendenz des Prinzen Eugen zur Flankenumgehung.

Während die Türken erst hinter Belgrad wieder in Ordnung gebracht wurden, wandte sich Eugen gegen **Temesvar**, um diesen Platz zu belagern. Als Hauptstadt des Banates, der noch türkisch war, und vermöge ihrer Lage zwischen Südungarn und Siebenbürgen hatte die Festung eine sehr große Wichtigkeit. Sie war in einem sehr guten Zustande, mit 136 Kanonen und 10 Mörsern, dann mit einer Garnison von 18.000 Mann versehen. Wäre das J. 1716 nicht besonders trocken gewesen, so hätte man gegen den Herbst zu gar nicht mehr an eine Belagerung denken dürfen, indem die Bega zu jenen Zeiten das Land weithin zu überschwemmen pflegte. Die Einschließung von Temesvar wurde zu Ende August bewirkt; der Angriff geschah von der Nordseite her, stieß aber auf bedeutende Schwierigkeiten. Am 23. Sept. rückte ein Corps von 28.000 Türken heran, um den Entsatz zu versuchen, wurde aber mit dem Verluste von 4000 M. in die Flucht geschlagen. Am 1. Oct. erstürmten die Kaiserlichen unter bedeutenden Verlusten die Große Palanke (befestigte Vorstadt); 13 Tage später veranlaßten sie durch ein furchtbares Geschützfeuer die Uebergabe des Platzes. Die Garnison, nur noch 12.000 M. stark, erhielt freien Abzug; unter den Artikel, worin der Pascha das Gleiche für die bei ihm befindlichen Kurutzen (von früherer Zeit her) erbat, setzte Eugen eigenhändig die Worte: „La Canaglia puó andare dove vuole" (— kann gehen, wohin sie will). — Die Eroberung von Belgrad hatte den Oesterreichern weit mehr Leute gekostet als der Sieg bei Peterwardein. Dafür war aber jetzt auch der ganze Banat für den Kaiser erobert. Mehadia, Pancsowa und Uj-Palanka wurden von den Türken gleich nach dem Erscheinen der Oesterreicher geräumt. Während des Winters vollführten die Letzteren einige Streifzüge bis nach Bosnien, nach Bukarest und Jassy. Jener besonders, welchen 1200 Serben unter Dettin (geborner Baier) in die Wallachei ausführten, verbreitete weithin großen Schrecken, nachdem der Hospodar Maurokordato sammt seiner Familie mitten in seiner Hauptstadt aufgehoben und nach Oesterreich gebracht wurde.

Gegen die Venetianer eroberten die Osmanen im J. 1716 noch die zwei letzten Plätze im Peloponnes: Modon und Malvasia. 30.000 Osmanen belagerten hierauf Corfu, welches von dem ehemals sächsischen General Schulemburg in ausgezeichneter Weise vertheidigt wurde. Als der Platz endlich dem Falle nahe war, erschien eine Flotte von venetianischen, spanischen, päpstlichen und maltesischen Schiffen. Nach 42 tägiger Belagerung mußten die Türken mit einem Verluste von 15.000 M. und 64 schweren Geschützen abziehen (22. August). Schulemburg zerstörte ihnen in der nächsten Zeit noch einige Verschanzungen in Albanien.

118. Der Türkenkrieg 1714—1718, Schluß. Nach dem Feldzuge 1716 wurden dem Kaiser ansehnliche Geldbeisteuern von Seiten des deutschen Reiches, vom Papste die Bewilligung, einen dreijährigen Zehent von der Geistlichkeit erheben zu dürfen, und von den deutschen Erbländern eine Summe von 13 Millionen Gulden bewilligt. Mit diesen ansehnlichen Geldmitteln gelang es dem Prinzen Eugen, den Stand des kaiserlichen Heeres bis auf 160.000 M. zu erhöhen und für eine treffliche Kriegsausrüstung zu sorgen. An Truppen leistete das deutsche Reich auch im nächsten Jahre keine Beihilfe, ausgenommen einige Bataillone Baiern. Das Interesse an dem nächsten Feldzuge unter Eugens Leitung war aber so groß, daß bei 30 Prinzen aus regierenden Häusern als Volontärs in Ungarn sich einfanden. Mittlerweile wurden sowohl von Seiten der Pforte als Oesterreichs die kräftigsten Vorbereitungen getroffen: jene gedachte Temesvar zurückzugewinnen, dieses hatte seine Absichten auf Belgrad gerichtet. Mit äußerster Sorgfalt ließ Prinz Eugen die Flußlinien und die Landschaften an der Donau und Temes herunter bis nach Belgrad recognosciren; Hindernisse im Wasserverkehre wurden beseitigt, über ausgedehnte Sumpfstrecken wurden Straßen hergestellt.

Das Hauptheer der Oesterreicher mit einer Stärke von 80.000 M. wurde wie im vorigen Jahre bei Peterwardein und Futak versammelt. Immer war bis jetzt die Hauptoperationslinie sowohl der Türken als der Christen auf dem rechten Donauufer gewesen; die Abweichung, welche die Türken im J. 1697 sich erlaubt hatten, war durch die Niederlage bei Zenta ihnen für immer verleidet worden. Sie waren daher auch jetzt, trotz der am linken Donauufer hergestellten Colonnenwege und trotz der großen Magazine an der Temes, vollkommen davon überzeugt, daß die Oesterreicher, wenn sie überhaupt offensiv vorgehen wollten, die gewöhnliche Straße von Peterwardein nach Semlin und über die Save einschlagen würden. Auf dieser Route hatten auch die Osmanen, obgleich ihr Hauptheer sehr langsam sich versammelte, ganz gute Vorkehrungen getroffen. — Eben deshalb entschied sich Eugen dennoch für die Operation links von der Donau, wobei noch zwei andere wichtige Gründe mit in Erwägung traten: einestheils die Verpflegung eines so zahlreichen Heeres, andererseits die unbedingt nothwendige Mitwirkung der Flottille bei dem Angriffe auf Belgrad. Für Beides waren Wasserlinien nothwendig; auf dem rechten Ufer der Donau waren aber keine zu ihr parallelen vorhanden und sie selbst war durch die Kanonen von Belgrad beherrscht; dagegen war links von der Donau durch die Theiß, Bega, Temes und Dunavicza eine Wasserstraße hergestellt, auf welcher selbst große Schiffe bis unterhalb Belgrad wieder in die Donau gelangen konnten.

Am 9. Juni 1717 begann der Marsch der österreichischen Armee aus Peter-

warbein; über Bilova, Titel, Opova gelangte sie nach Pancsowa (14. Juni).
Unter dem Schutze von 3 großen Kriegsschiffen und mehreren Tschaiken wurden
zuerst 24 Grendr.-Compg. auf das andere Ufer gebracht, worauf bis zum 16. Juni
die Brücke mit 48 großen Pontons vollendet wurde. Am 18. hatte die ganze Ar=
mee Stellungen südlich der Donau bezogen; nur 6000 M. waren zum besseren
Schutze der Brücke und des eventuellen Rückzuges am linken Ufer verblieben. Das
Gros der Armee bezog ein Lager im Süden von **Belgrad,** den rechten Flügel
an die Donau, den linken an die Save gelehnt. Da Belgrad eine Besatzung von
30.000 M. hatte, so mußte man auf kräftige Ausfälle gefaßt sein; es war dem=
nach die Errichtung einer Contravallation nöthig. Ebenso mußte man erwarten,
daß in nicht ferner Zeit eine türkische Armee zum Entsatze heranrücken werde;
darum erschien auch eine starke Circumvallation nothwendig, welche mit einer
Länge von 1½ bis 2 Meilen von der Donau bis zur Save sich erstreckte und von
den äußersten Werken der Stadt ¾ bis 1 Meile entfernt blieb. Die beiden
Schutzlinien des Lagers bestanden aus einem 16′ breiten und 12′ tiefen Graben,
dann aus einer Brustwehre von 6′ Höhe und 10′ Dicke. Zahlreiche Redouten er=
höhten die Festigkeit der Linien; die Ausfallslücken wurden durch vorgelegte Fle=
schen gedeckt. An den Flüssen ober= und unterhalb der Festung wurden Batterien
für schweres Geschütz hergestellt, um der türkischen Flottille, welche mehr als 50
größere Schiffe zählte, die Beherrschung des Stromes zu verwehren. Die öster=
reichische Flottille postirte sich vor der Mündung der Temes; die früher in jener
Gegend geschlagene Brücke wurde abgebrochen, dafür aber eine neue, aus 127
Schiffen bestehend, bei dem rechten Flügel der Armee hergestellt (vollendet am
25. Juni). Ebenso wurde am linken Flügel gleichzeitig eine Brücke über die Save
geschlagen und jenseits dieses Stromes ein eigenes Corps zur Herstellung der Blo=
cade auf der westlichen Seite verwendet; dieses Corps hatte zugleich auch Semlin
zu beobachten, welche Stadt aber schon am 1. Juli von ihrer türkischen Garnison
verlassen wurde. Endlich wurde noch ein 3. Corps von der Armee Prinz Eugens
ausgeschieden, um das linke Ufer und die Inseln der Donau nach Vertreibung
der Türken zu besetzen und damit die Einschließung auch auf der Nordseite zu bewirken.

Diese verschiedenen Lagerarbeiten beanspruchten eine Zeit von 20 Tagen.
Durch zahlreiche kräftige Ausfälle hatten die Türken keine wesentliche Störung zu
bewirken vermocht. Ebenso war ihre Flottille nicht im Stande, an den Strand=
batterien vorbei zu laufen; sie konnte es sogar trotz eines heftigen Gefechtes
5. Juli) nicht verhindern, daß zwei große kaiserliche Schiffe (Fregatten) unter
dem Schutze der Strandbatterien Stellung zwischen den Inseln faßten. Die An=
griffsarbeiten, welche der Oberingenieur Le Boeuf leitete, richteten sich vorzugs=

weise gegen jenen Theil der Wasserstadt, wo die Save sich mit der Donau vereinigt; hier waren die Werke des Platzes am schwächsten. Später wurden auch einige Batterien auf den Höhen gegenüber der Raitzenstadt, nämlich im Süden der Festung, errichtet. Uebrigens machte die Belagerung nur langsame Fortschritte; die Ausfälle der Türken verursachten den Angreifern oft beträchtlichen Schaden; noch größeren hätte, da die Oesterreicher fast überall tiefer standen, die ungemein zahlreiche Artillerie des Platzes anrichten können, wenn sie besser bedient gewesen wäre.

Gegen Ende Juli war ein türkisches Heer von 200.000 M. im Anzuge. Ein Corps von 30.000 M. streifte in den Banat und nahm nach dem 3. Sturme das tapfer vertheidigte Mehadia (28. Juli). Das türkische Corps schien auch Temesvar bedrohen zu wollen, rückte aber dann zum Heere des Großveziers vor Belgrad ein. Langsam war dieser von Semendria herangerückt und bezog am 1. August auf den Höhen südlich von Belgrad ein Lager, welches jenes der Oesterreicher in der Entfernung von ungefähr 3000 Schr. halbkreisförmig umschloß und sich gleichfalls von der Donau bis zur Save erstreckte. Aber statt die Belagerer sogleich anzugreifen, entschieden sich die Türken wie im vorigen Jahre aus lauter Vorsicht zu einer förmlichen Belagerung, weshalb sie die Front ihres Lagers mit verschiedenen Werken befestigten und von hier aus mit Laufgräben gegen die feindliche Circumvallation vorgingen. Zugleich errichteten sie zahlreiche Batterien, und da diese sowie jene der Festung den Vortheil der Ueberhöhung für sich hatten, war jeder Punkt im Lager der Christen einem mächtigen Kreuzfeuer ausgesetzt, welches viele Opfer forderte. Ueberhaupt wurde die Lage der Oesterreicher bald derart, daß das ganze Vertrauen der Soldaten in das Genie ihres Feldherrn nothwendig war, um nicht Entmuthigung einreißen zu lassen.

Gleichzeitig mit dem Landheere kam auch ein neues Flußgeschwader der Türken, bestehend aus 13 Galeeren und 40 Tschaiken die Donau herauf und legte sich unweit der kaiserlichen Flottille vor Anker. Man konnte vermuthen, daß die türkischen Schiffsofficiere die Aufgabe hatten, am Tage einer Landschlacht auch ihrerseits vorzudringen, die Donaubrücke der Oesterreicher zu zerstören, dann mit dem Belgrader Geschwader sich zu vereinigen und sonach auch die andere Rückzugslinie der Deutschen, jene über die Save, ernstlich zu gefährden. — Die Hoffnung auf einen günstigen Ausgang mußte im Lager Eugens umso tiefer sinken, als die eben ausgebrochene Ruhr fast die Hälfte der Streiter kampfunfähig machte, während auch die Pferde zu Hunderten einer Seuche erlagen. Endlich ging der Großvezier mit einer solchen Behutsamkeit vor, daß man auf eine von ihm zu bietende Blöße kaum rechnen durfte. Einer seiner Paschas soll beim Anblicke der österreichischen Linien gesagt haben: „Belgrad wird durch ein zweites Belgrad gelagert." Nun war aber um dieses zweite auch noch ein drittes Belgrad durch den Großvezier errichtet, und Eugen befand sich in der sonderbaren Lage, Belagerer und zugleich belagert zu sein. In Wirklichkeit konnte die österreichische Armee, da sie die Ströme und die feindliche Festung im Rücken hatte, als eingeschlossen gelten. Aber dieser Umstand beugte die Siegeszuversicht des kaiserlichen Feldherren ebenso wenig als die feindlichen Approchen es vermochten, welche in der Mitte des August schon bis auf Pistolenschußweite an den Graben der Circumvallation vorgetrieben waren. — Durch einen ungarischen Renegaten erhielt der Prinz sichere Kunde, daß der Großvezier den 17. Aug. für die Schlacht, mit welcher gleichzeitig ein großer Ausfall aus der Festung stattfinden sollte, angesetzt habe. Sogleich erließ Eugen seine Anordnungen, um die Türken einen Tag vor ihrem Vorhaben selbst anzugreifen.

Am Abend des 15. Aug. verdoppelten alle Positionsbatterien ihr Feuer gegen Belgrad. Um Mitternacht rückte die Reiterei des österreichischen rechten Flügels unter Palffy ganz in der Stille aus der Circumvallation hervor. Der Zufall wollte es, daß die Türken gerade in den letzten Stunden eine neue Schanze auf dem Wege, den Palffy nehmen mußte, angefangen hatten; der FM. stieß demnach auf diese Arbeiter und griff sie an, wurde aber in eine sehr gefährliche Lage versetzt, als die Spahis ihrer Infanterie zu Hilfe eilten. Aber auch von österreichischer Seite erschienen neue Abtheilungen und endlich auch die Infanterie des rechten Flügels unter dem FM. Starhemberg auf dem Kampfplatze. Unter einem heißen und wechselvollen Gefechte drang dieser Flügel stetig vorwärts. Sonderbar ist es, daß das Gros der türkischen Armee durch dieses Gefecht sich noch nicht allarmiren ließ; jedenfalls glaubte der Großvezier, es hier nur mit einer stärkeren Recognos cirung oder einem Ausfalle zu thun zu haben. Mittlerweile hatten auch das Centrum und der linke Flügel der Oesterreicher ihre Vorrückung begonnen. Die Contra- und Circumvallation blieben mit 20 Bataillonen, 7 Reiter-Regimentern, ferner mit den unberittenen Cavalleristen und der maroden Mannschaft besetzt. Das ausfallende Gros der Armee gerieth aber sehr bald in die Laufgräben der Türken und wieder wie bei Peterwardein ergab sich aus diesem Anlasse, wohl auch aus Ursache der Dunkelheit eine breite Lücke im Centrum, durch welche die nun bereits in Schlachtordnung getretenen Osmanen mit aller Macht hereinbrachen. Sie hatten den Vortheil, daß das Gefecht auf einem ihnen weit besser als den Gegnern bekannten Terrain sich abwickelte. Dieser Umstand kam ihnen deshalb außerordentlich zu Gute, weil das Morgengrauen durch einen sehr dichten Nebel verdüstert wurde. Erst gegen 8 Uhr wurde es klarer. Da erkannte Prinz Eugen mit einem Blicke, daß sein rechter Flügel zu weit vorgekommen, sein Centrum gänzlich versagt und dessen erste Linie durchbrochen war, daß demnach die hier massenhaft hereinströmenden Gegner schon in die inneren Flanken der beiden österreichischen Flügel zu fallen anfingen. Es war ein kritischer Moment, in welchem eine gänzliche Niederlage und damit die Vernichtung des deutschen Heeres schon an das Wahrscheinliche grenzte. Allein Eugen vertraute auf die Tapferkeit seiner Truppen; persönlich führte er das Centrum des zweiten Treffens zum Sturme vor, den er bald darauf durch einen Flankenangriff der Reiterei unterstützte. Die Türken wollten ihren Vortheil durchaus nicht aufgeben und wehrten sich wie verzweifelt. Prinz Eugen trieb sie aber dennoch zum Schlusse zurück, schaffte damit seinen bedrängten Flügeln wieder die Verbindung mit dem Ganzen, eroberte sodann mit dem Bayonette die im Centrum der Türken befindliche Hauptbatterie und schlug endlich die letzten Abtheilungen der Feinde gegenüber den eigenen Flügeln auch noch aus dem Felde. Nach 9 Uhr Morgens war diese denkwürdige Schlacht beendet; von österreichischer Seite dürften nicht mehr als 40.000 M. im Gefechte gewesen sein, welche demnach über eine beiläufig vierfache Uebermacht einen vollendeten Sieg davontrugen. Ungeheuer war die von den Oesterreichern gemachte Beute: man zählte darin 131 Kanonen, 35 Mörser, 59 Fahnen, 9 Roßschweife und 3000 Wagen mit reichem Kriegsmateriale der verschiedensten Art. Der Verlust an Mannschaft dürfte auf deutscher Seite mit 5000, auf türkischer mit 20.000 M. zu veranschlagen sein; dabei sind aber jedenfalls die während der Belagerung Gebliebenen oder an Krankheit Verstorbenen nicht mitgerechnet, deren Zahl auf österreichischer Seite sehr beträchtlich war. — Zwei Tage nach der Schlacht (18. August) ergab sich auch die Festung Belgrad; in diesem Platze sowie auf dem Geschwader der Türken fanden die Sieger noch weitere 700 Geschütze (in Belgrad 606) und große Vorräthe vor. Das geschlagene Heer lief in voller Unordnung bis an den Balkan. Umso leichter war es den Kaiserlichen, noch in diesem Jahre Semendria, Schabacz und Orsowa zu erobern, sowie die eigenen Provinzen von den hie und da erschienenen feindlichen Streifcorps zu säubern.

Nicht ganz so glücklich als Oesterreich kämpfte Benedig. In Dalmatien und in Montenegro, welches sich mit Benedig verbündete, wurden die Angriffe der Türken zurückgewiesen. Zur See kam es endlich zu einer größeren Schlacht bei Lemnos und Tenedos (12., 13. und 16. Juni); die Venetianer behielten den Sieg. Das Gleiche war in einer Schlacht bei Koron der Fall (19. Juli). Die übrigen Kämpfe beider Parteien waren von keinem großen Gewichte. Nach den Erfahrungen der beiden letzten Jahre war die Pforte zu Friedensunterhandlungen geneigt. Der Wiener Hof kam bereitwillig entgegen, weil eben damals Spanien die österreichischen Besitzungen in Italien angriff. Im J. 1718 blieben deshalb das kaiserliche und das türkische Heer fast unbeweglich an der Donau und am

Balkan stehen, während unter der Vermittlung der Seemächte der Frieden zu Paſſarowitz verhandelt und am 21. Juli unterzeichnet wurde. In demselben erhielt Oeſterreich den Banat und den bisher türkiſch gebliebenen Theil von Slawonien (Syrmien), ferner Belgrad mit einem anſehnlichen Gebiete von Serbien, dann die kleine Wallachei, nämlich das Stück weſtlich der Alt. Venedig verlor Morea und Candia, blieb aber im Beſitze der in Dalmatien gemachten, allerdings nur unbeträchtlichen Eroberungen. Für Oeſterreich war dieſer Frieden der rühmlichſte und vortheilhafteſte, den es jemals geſchloſſen: ſeine damaligen Grenzen im Südoſten reichten weit über die heutigen hinaus. Vielleicht wäre es für Oeſterreich beſſer geweſen, wenn es die von Spanien bedrohten italieniſchen Provinzen (Sardinien, Neapel) mit ihren entnervten Bevölkerungen fahren gelaſſen und dafür ſeine im Orient gewonnene Ueberlegenheit zur Vertreibung der Osmanen aus Europa und Ausbreitung der öſterreichiſchen Herrſchaft über die ganze Balkanhalbinſel benützt hätte. Daß Prinz Eugen und ſeine Truppen ſolche Arbeit zu leiſten vermochten, kann kaum bezweifelt werden.

119. Alberoni und die Quadrupel-Allianz. Philipp V., der erſte König Spaniens aus dem Hauſe Bourbon, war ebenſo ſchwach an Geiſt und Charakter, als es ſeine unmittelbaren Vorfahren geweſen. Ein bigotter Hypochonder wurde er mit dem zunehmenden Alter für die Geſchäfte immer weniger tauglich und überließ ſich der Leitung ſeiner jeweiligen Gemalin. Die erſte, eine Prinzeſſin von Savoyen, war ganz von der ränkevollen Fürſtin Orſini beherrſcht, welche ſich und die Regierung den Spaniern ſehr verhaßt machte. Witwer geworden heirathete Philipp V. ſogleich die Prinzeſſin Eliſabeth von Parma (1714); die neue Königin ließ die Orſini aus Spanien verbannen und ſtellte einen italieniſchen Prieſter, Alberoni, an die Spitze der Regierung. Letzterer, bald darnach Cardinal geworden, hatte die vermeſſene Idee, der Richelieu Spaniens ſein zu wollen: er glaubte, Zwietracht in ganz Europa ſäen, die Cabinete gegen einander hetzen, alle herausfordern und eines nach dem anderen berauben oder demüthigen zu können. Nun iſt es nicht zu läugnen, daß Alberoni mit großer Thätigkeit das ſpaniſche Volk aus ſeinem zweihundertjährigen Schlafe aufrüttelte, neue Finanzquellen eröffnete, und die Land- wie die Seemacht in kurzer Zeit auf einen unerwartet beſſeren Fuß brachte. Er wäre alſo ein Wohlthäter für Spanien geweſen, wenn er ſich damit und mit dem Abwarten günſtiger Gelegenheiten begnügt hätte; er glaubte aber, dieſe Gelegenheiten den Großmächten zum Trotze ſelbſt ſchaffen zu können und dazu waren Spaniens Kräfte keineswegs ausreichend. Der Cardinal wollte zu gleicher Zeit Oeſterreich in Italien berauben, den damaligen Regenten Frankreichs ſtürzen oder gar in höchſt abenteuerlicher Weiſe entführen laſſen, die hannöveriſche Dynaſtie in England durch die Stuarts verdrängen; hiebei rechnete er auf keine anderen Verbündeten als allenfalls auf Schweden und Rußland, welche Mächte aber damals noch im nordiſchen Kriege einander feind= lich gegenüber ſtanden. Alle dieſe Entwürfe Alberonis ſollten nur den ehrgeizigen Plänen der Königin Eliſabeth zu Gute kommen, indem dieſe Fürſtin für ihre Kin= der ſelbſtſtändige Reiche erwerben wollte. Alberoni wählte einen ſcheinbar günſti= gen Zeitpunkt, indem er im Sommer 1717 14.000 M. auf Sardinien landen ließ; dieſe Inſel fiel faſt ohne Widerſtand in die Hände der Spanier. Faſt zur ſelben Zeit ſchon erfocht aber Prinz Eugen ſeinen glänzenden Sieg bei Belgrad und die Erwartungen Alberoni's, daß der Kaiſer Jahre hindurch im Oſten feſtge= halten würde, ſanken von Tag zu Tag tiefer. Es kam jetzt überdies noch eine Quadrupelallianz zwiſchen England, Frankreich, Oeſterreich und den General= ſtaaten zu Stande (2. Aug. 1718), welche die Spanier wohl von der weiteren Verfolgung ihrer Pläne hätte abſchrecken ſollen. Trotzdem aber ließ Alberoni auch die Inſel Sicilien angreifen und erobern, welche ſeit dem Utrechter Frieden dem Herzoge von Savoyen gehörte. Von ihrem Vorhaben, auch nach Neapel überzu= gehen, wurden die Spanier jedoch abgeſchreckt durch die vernichtende Niederlage, welche der Flotte von einer engliſchen unter Byng bei Meſſina beigebracht wurde (11. Aug. 1718). Mit einem franzöſiſchen Heere drang Berwick über die Pyre= näen als Feind Philipps in jene Gegenden ein, in welchen er für denſelben König früher oftmals geſtritten hatte. Gleichzeitig konnte auch Oeſterreich nach dem Ab= ſchluſſe des Paſſarowitzer Friedens ein ſtärkeres Corps in Neapel aufſtellen, wel= ches unter Mercy nach Sicilien überſetzte und binnen wenigen Monaten mit Aus= nahme von Palermo die ganze Inſel eroberte.

Da ſonach die Entwürfe Alberoni's ſchmählig geſcheitert und Quellen großer Gefahren für Spanien geworden waren, wurde der Miniſter geſtürzt und ver= bannt. Die Königin Eliſabeth erreichte aber dennoch theilweiſe ihre Abſichten, da die verbündeten Mächte in dem Haager Frieden (17. Febr. 1720) dem Sohne der Königin, Don Carlos, die Anwartſchaft auf das Erbe in Toscana und in Parma mit Piacenza zugeſtanden. Der Kaiſer Karl VI. machte bei dieſen Gele= genheiten einen vortheilhaften Tauſch, indem er nämlich Sardinien an das Haus Savoyen abtrat, dafür aber Sicilien behielt. Von dieſer Zeit an führten die Herzoge von Savoyen den Titel als Könige von Sardinien. — Philipp V., des eigenen Handelns längſt ſchon überdrüſſig, legte im J. 1724 die Regierung gänzlich in die Hände ſeines Sohnes, des Prinzen Ludwig von Aſturien nieder. Da aber dieſer nach ſechs Monaten ſtarb, übernahm Philipp auf Zureden der Prieſter die Leitung des Staates wieder, überließ ſie aber in Wirklichkeit während der nächsten Zeit dem holländischen Barone Ripperda. Dieser trat mit Oesterreich in Freundschaft (1725) und hoffte, eine Vermälung des spanischen Kronprinzen mit Maria Theresia, der Erbin Karl's VI., zu Stande zu bringen, wodurch dann der Weltstaat Karl's V. wieder hergestellt worden wäre. Da aber das Wiener Cabinet die Spanier nur mit halben Versprechungen hinhielt, wandte sich die Regierung Philipps V. bald wieder zu den Gegnern Oesterreichs hin, bei welchen es sowohl im polnischen als im österreichischen Thronfolgekriege verblieb.

120. Frankreich, England und die Niederlande vom Utrechter Frieden bis 1740. Ludwig XIV. überlebte den Utrechter Frieden nicht lange; die Regierung dieses Königs war durch die längste Zeit außerordentlich vom Glücke begünstigt gewesen, was aber nicht hindert, daß der von den Zeitgenossen aufgebrachte Name Louis le Grand wie eine Ironie auf wahre Regentengröße erscheint. Der spanische Erbfolgekrieg hatte den Ruhm Ludwig's und zugleich seiner Heere wanken gemacht, er hatte wohl einem Nachkommen Ludwigs ein eigenes Reich verschafft, zugleich aber auch mehr als den halben Ruin von Frankreich herbeigeführt. Ludwig XIV. sah bei seinem Tode (1. Sept. 1715) das Land entvölkert und schlecht bebaut, Gewerbe und Handel, dann den ganzen Kredit zu Grunde gerichtet, die Staatsschuld bis auf den unerschwinglich hohen Werth von 2000 Millionen Livres angewachsen, das Landvolk unter dem härtesten Drucke schmachtend, den Adel und das Beamtenthum rücksichtslos nach Bereicherung und Ansehen auf Kosten des Gemeinwohles jagend, in den gebildeten Klassen eine große Sittenlosigkeit überhandnehmend. Für all' dieses Elend mochten die unter Ludwig XIV. eifrig gehegte Bigotterie und die eben culminirende schöngeistige Literatur kaum als Ersatz gelten.

Nach dem Tode dieses zuletzt allgemein verhaßt gewordenen Königs stürzte sein Vetter, Herzog Philipp II. von Orleans das Testament des Verstorbenen um und trat, unterstützt vom Parlamente, als Regent an die Spitze des Staates. Der Urenkel und Nachfolger des hingeschiedenen Königs, Ludwig XV., war nämlich erst fünf Jahre alt. Orleans und sein früherer Erzieher, Dubois, welcher nunmehr zum Minister und Cardinal emporstieg, waren sehr geistvolle Männer, dabei aber grenzenlos leichtfertig und in einer Weise sittenverderbt, welche ihre Regierung als eine der schlechtesten in der Geschichte der modernen Staaten erscheinen läßt. Offenbar betrachteten die beiden Männer die Regierung nur als ein Mittel, um sich zu unterhalten und zu bereichern; was späterhin aus Frankreich werden sollte, schien ihnen kein Gegenstand der Erwägung zu sein. Der Regent wußte Anfangs sich einiges Vertrauen im Volke zu erwerben; er gab den Parlamenten wieder größere Gewalt, verjagte die Jesuiten (— rückberufen 1722 —), vermin=

derte das Heer um 25.000 M. und strebte den Frieden zu erhalten. Gleichzeitig aber steuerte Frankreich dem finanziellen Verderben entgegen; die Reduction der Staatsschulden, dann die den Finanzpächtern abgepreßte Summe von 220 Millionen, wovon jedoch das Meiste von dem Regenten, seinen Maitressen und Zechbrüdern vergeudet wurde, — endlich die Herabminderung der Münzen und die anderen gewagten Finanzoperationen halfen dem Staatskredit nicht mehr auf die Beine. Ein furchtbares Verderben brach über den Nationalwohlstand herein, als der Schotte John Law (spr. Lah) ganz Frankreich in seinen Schwindel hineinzuziehen wußte. Er errichtete im J. 1716 unter dem Schutze des Regenten eine Zettelbank und bald darauf eine Mississipi-Gesellschaft; letztere hatte die Aufgabe, in der unter Ludwig XIV. begründeten (1698) und nach ihm benannten Colonie Luisiana die angeblich ungeheuern Schätze des Bodens zu heben und zu verwerthen. Auf Befehl des Regenten, der an dem ganzen Schwindel thätigen Antheil nahm, wurden dieser Gesellschaft mehrere ältere vereinigt und ihr überhaupt ungemeine Vorrechte gegeben. Durch Börsenmanöver der schlechtesten Art wurden die Curse auf eine fabelhafte Höhe getrieben; es kam ein Moment, in welchem eine Actie von 500 Livres Nennwerth um 20.000 in Geld verkauft wurde. Wer zur rechten Zeit losschlug, wurde ungemein reich; wer aber jenen kurzen Moment verpaßte, sah sich schließlich gänzlich ruinirt. Trotz aller Bemühungen Law's und des Regenten waren die Actien am Schlusse des J. 1720 auf 1 Percent ihres Nennwerthes, daher im Verlaufe von etwa drei Jahren von 20.000 auf 5 Livres gefallen. Der Bankerott Law's hatte das gänzliche Verarmen vieler ehemals reichen Familien, eine endlose Reihe von Fallissements, ein grenzenloses Elend im ganzen Lande zum Gefolge. Der Staat selbst war nach allen diesen Operationen nur noch mehr verschuldet als früher und mußte überdieß noch Pensionen im Betrage von 20 Millionen an die zu Bettlern gewordenen Adeligen bezahlen.

Während dieser Vorgänge hatte Alberoni gegen die Regentschaft mancherlei Ränke und Verschwörungen begonnen. Darüber traten die beiden Höfe der Bourbons gegen einander in Feindschaft, die aber mit dem Sturze Alberoni's und dem Haager Frieden ihr Ende fand. Dem jungen König Ludwig XV. wurde die spanische Infantin, Maria Anna, obgleich erst vier Jahre alt, verlobt und von da an in Frankreich erzogen. Im J. 1723 starb Dubois und bald darnach auch der Regent (2. Decb.), worauf Ludwig XV., vor Kurzem bereits großjährig erklärt, die Regierung seinem Erzieher Fleury überließ. Es war dieß ein Mann von achtungswerthem Charakter, ohne große Leidenschaften, aber auch ohne Schwung in seinen Bestrebungen. Im Anfange war seine Macht durch jene des Herzogs von Bourbon beschränkt. Dieser und seine Maitresse suchten dem jungen Könige eine fromme und schwache Gemalin, durch welche man ihn auch fernerhin beherrschen zu können hoffte. Als eine solche erschien die sanfte Maria Leszozynska, Tochter des vertriebenen Polenkönigs, welcher dermalen sehr zurückgezogen im Elsaß lebte. Die Vermälung des Königs mit Marien hatte die Zurücksendung der Infantin Maria Anna und damit eine tödtliche Beleidigung des spanischen Hofes zur Folge (1725). Doch brachte der Cardinal Fleury nach der Entfernung des bisherigen Premiers bald wieder eine Aussöhnung der beiden Linien des Hauses Bourbon zu Stande (1729). Trotz seiner Friedensliebe mußte Cardinal Fleury den Hofparteien nachgeben, welche im J. 1733 und 1740 zum Kriege gegen Oesterreich drängten. Nach dem ersteren, dem sogenannten polnischen Thronfolgekriege, erwarb Frankreich die Anwartschaft auf Lothringen. Die gemessene Politik des Cardinals brachte wieder einige Ordnung in den Staatshaushalt; seine Bemühungen, auch die Sittlichkeit in den höheren Kreisen wieder herzustellen, waren nur durch kurze Zeit von Erfolg begleitet, indem Ludwig XV. sehr bald in weit höherem Grad als irgend einer seiner Vorgänger der Spielball schamloser Maitressen wurde.

In Großbrittanien kam nach dem Tode der Königin Anna (1. Aug. 1714), deren 17 Kinder alle vor ihr gestorben waren, mit Georg I. das Haus Hannover zur Regierung, welches dieselbe bis zum heutigen Tage behielt. Georg I. berief wieder die Whigs zur Regierung und leitete gegen die Minister, welche den Utrechter Frieden herbeigeführt hatten, ein Strafverfahren ein; doch mußten sie sich durch die Flucht zu retten. Als Seele des Whig-Ministeriums unter Georg I. galt Robert Walpole (spr. Uahlpohl), einer der bedeutendsten Staatsmänner Englands, obgleich er persönlich sich einige Male Betrügereien zu Schulden kommen ließ und die Bestechung von Mitgliedern des Parlamentes, um in diesem die Majorität sich zu sichern, bis zum Systeme erhob. Unter ängstlicher Wahrung der constitutionellen Formen verstand es Walpole, dem Willen der Krone eine entscheidende Geltung zu verschaffen. Georg I. war nicht der Mann dazu, um sich die Achtung und die Zuneigung der Britten zu erwerben. Mit äußerer Frömmigkeit verband er ein sittenloses Leben; was ihm aber in den Augen der Engländer mehr schadete, war seine zur Schau getragene Vorliebe für sein Stammland Hannover, dem die brittischen Interessen zu wiederholten Malen dienstbar werden mußten. Georg hatte es nicht einmal der Mühe werth gefunden, die Sprache seines neuen Hauptvolkes zu erlernen. Im Uebrigen war die Regierung dieser Zeiten dem Erblühen Englands ungemein förderlich; die Staatsschuld wollte zwar nicht mehr kleiner werden, aber es stiegen, durch eine weise Staatsverwaltung begünstigt, die Gewerbe, der Handel, der Nationalreichthum und das politische Ansehen Großbrittaniens in noch rascherer Progression, als alle diese Dinge bei den Holländern zu sinken begannen. Gleich nach Georgs I. Thronbesteigung hatte Jakob III., der letzte Stuart, mit Unterstützung durch Spanien, wieder einen Versuch gemacht, um sich des Reiches seiner Väter zu bemächtigen. Mit ein wenig weltlicher Klugheit hätte er vielleicht sich wieder auf den Thron schwingen können; aber dem Prinzen lagen die von den Jesuiten ihm eingeprägten Grundsätze zunächst am Herzen, und für diese vermochten allerdings die Engländer sich nicht zu begeistern. Immerhin war die Gefahr der Dynastie Hannover im J. 1715 sehr groß, da dieselbe Anfangs sehr wenig Truppen zur Verfügung hatte und den bunt zusammengewürfelten Schaaren der Gegner ebenfalls Milizen entgegenstellte. Der Graf von Mahr (spr. Mehr) in Schottland, der Herzog von Ormond in England und einige andere Torys verschafften Anfangs der Sache des Hauses Stuart gute Aussichten; sobald aber die Regierung eigene und holländische Truppen den Aufständischen entgegenzustellen vermochte, wurden letztere bald niedergeschlagen und durch große Gütereinziehungen bestraft. Eine wichtige Verfassungs-Aenderung wurde jetzt von der Regierung durchgesetzt; es hatten nämlich in Hinkunft die Mitglieder des Unterhauses nicht mehr auf drei, sondern auf sieben Jahre gewählt zu werden; damit war es dem jeweiligen Ministerium um so leichter gemacht, die Majorität des Parlamentes durch Aemter und Bestechung auf ihre Seite zu bringen.

Kurz nach dem Abschlusse des Bündnisses von Sevilla zwischen England, Frankreich und Spanien starb Georg I. (22. Juni 1727) und hinterließ die Herrschaft seinem Sohne Georg II. Dieser behielt das System und Ministerium seines Vorgängers bei, daher auch der Wohlstand Großbrittaniens im steten Wachsen war. Die Freundschaft mit den bourbon'schen Höfen wurde von England nach einiger Zeit wieder aufgegeben; einem bedeutungsarmen Kriege wegen Handelsinteressen gegen Spanien (1739) folgte gleich darauf der österreichische Erbfolgekrieg, in welchem England treu an der Seite des Hauses Habsburg-Lothringen stand.

Die Niederlande hielten sich im Wesentlichen an die Politik Englands und trachteten möglichst den Frieden zu bewahren. Noch immer war eine große technische und commercielle Thätigkeit im Lande herrschend, doch sah es sich bereits von England überflügelt.

121. Rußland nach dem nordischen Kriege. Peter I. hatte seinen Staat in die Reihe der Großmächte erhoben und die Elemente der Civilisation dahin verpflanzt. Den Widerstand der Altrussen gegen die Neuerungen wußte der Czar mit der dämonischen Kraft eines genialen Despoten zu brechen. Nach dem letzten Strelitzen-Aufstand (S. 110) ließ er viele Tausende hinrichten, ja er legte sogar bei solchen Executionen, sowie bei Ertheilung von Prügelstrafen nur zu häufig selbst Hand an; die eigene Schwester und seine Gemalin sperrte Peter, weil sie dem Altrussenthume anhingen, in kerkerähnliche Klöster und noch Schlimmeres widerfuhr aus dem gleichen Anlasse dem einzigen Sohne des Czaren, Alexis. Derselbe wurde wegen seiner halsstörrigen und barbarischen Gesinnung zum Tode verurtheilt; doch begnügte sich der Czar, ihn der Thronfolge verlustig zu erklären und in einen Kerker zu werfen (1718); hier erlag Alexei seiner unbändigen Trinksucht. Die Strenge und Kraft des Czars, die von ihm neu geschaffene Kriegs= und Seemacht, dabei aber auch der Ruhm und die Ausbreitung, die er dem Staate verschafft hatte, machten schließlich den Widerstand des Volkes gänzlich verstummen; als asiatische Sklaven, welche sie bisher immer gewesen waren, ließen sich die Großen wie eine willenlose Herde auch auf die Bahn der Cultur treiben und wurden zu gesitteten Menschen — auf Befehl.

Nach dem Frieden von Nystadt nahm der Czar den Titel als Kaiser aller Reussen an. Ungeheuer waren die Fortschritte, welche im ganzen Staatswesen in verhältnißmäßig kurzer Zeit durchgeführt wurden. Eine eigentliche Volksbildung konnte allerdings unter den Russen Peters nicht gedeihen und hat bis zum heutigen Tage daselbst noch keine rechten Wurzeln gefaßt. Die Stiftung einer Akademie der Wissenschaften und ähnlicher Anstalten konnte in diesem Lande kaum eine große Wirkung üben. Im Ganzen ist es nur der Firniß europäischer Gesittung, welcher von den Czaren ihrem Volke gegeben werden konnte. Wenn noch heute daselbst Ueberverfeinerung und Barbarei sich überall mengen und durchdringen, so mag man sich ein Bild von jenem seltsamen Conglomerate der sonderbarsten Contraste entwerfen, wie Peter der Große, dieser Dschingiskhan der Cultur, es in seinem Volke herstellte. Als erste Gehilfen des Kaisers an dem großen Werke wirkten Katharina und Menzikow. Letzterer war ein arger Gauner, welcher wegen Bestechlichkeit und Betrügereien zu wiederholten Malen auf Befehl des Kaisers halb todt geprügelt wurde und doch immer wieder in seine Diebereien verfiel; obgleich nun überdieß das Verhältniß dieses neurussischen „Fürsten" zur Kaiserin dem Czar keineswegs ganz gefallen wollte, wurde Menzikow doch immer wieder zu Gnaden aufgenommen, weil er im großen Reformwerke durch keinen anderen Mann ersetzlich schien. Eine Hauptsache war es dem Kaiser, die im russischen Volke so mächtige Geistlichkeit ganz unter seinen Willen zu beugen; dieß gelang ihm vollkommen, indem er sich und seinen jeweiligen Nachfolger zum Oberhaupt der Kirche erklärte und die heilige Synode einführte. Auch dem zweiten, bisher gleich mächtigen Stande, dem Erbadel ging der Czar im Interesse des Staates scharf zu Leibe, indem er den von ihm eingesetzten und in 14 Classen (Tschin) getheilten Dienstadel jenem der Geburt voranstellte. Das Heer wurde fortwährend verbessert und hoch in der allgemeinen Achtung hingestellt, der Soldat von der Leibeigenschaft befreit. Die neugeschaffene Marine, Peters Lieblingsschöpfung, wuchs in erstaunlich rascher Weise empor. Der Handel, als dessen Metropole Petersburg besonders begünstigt wurde, erwachte zu einem regeren Leben; bereits wurde durch Anlage von Kanälen die Verbindung von einem Meere zum anderen angebahnt. Ebenfalls des Handels wegen wurde im J. 1723 ein Krieg gegen Persien begonnen, welcher dem russischen Reiche die Ausbreitung am Kaspischen Meere verschaffte (Ghilan, Mazenberan, Asterabad, im J. 1727 wieder an Persien zurückgegeben). Der Krieg, welcher wegen der persischen Eroberungen gegen die Pforte auszubrechen drohte, wurde durch Frankreichs Vermittlung abgewendet (1724). Auf Schweden und verschiedene deutsche Staaten, namentlich Holstein und Meklenburg, dann auch auf das Herzogthum Kurland übte der Czar einen mächtigen Einfluß. So war Peter in der vielfältigsten Weise thätig, um Rußland unter den Staaten Europas immer höher zu heben. Mit seiner wahrhaft imperatorischen Kraft bildete die Einfachheit seines Auftretens und seines Haushaltes einen umso schöneren Contrast, da damals die Fürsten im civilisirten Europa zur Mehrzahl ohne alle eigene Seelengröße waren und ihre Würde in einem sinnlosen Pompe zum großen Nachtheile ihrer Völker äußern zu müssen glaubten. — Ein lange nachwirkendes Uebel in Rußland war es, daß Peter die alte Erbfolgeordnung abgeschafft und keine festbestimmte für künftige Zeiten eingeführt hatte. Als Peter der Große im Alter von 53 Jahren den Folgen seines unmäßigen Trinkens erlag (28. Febr. 1725), war die Frage offen, ob ihm sein Enkel Peter II., (Sohn des verstorbenen Alexej) oder die Kaiserin Katharina I. in der Herrschaft zu folgen habe. Letztere setzte sich aber sogleich mit List und Gewalt die Krone auf und regierte in Gemeinschaft mit ihrem Freunde Menzikow ganz im Systeme des verstorbenen Kaisers. Nur in einem Punkte wich sie hievon ab, indem sie nämlich die Freundschaft Oesterreichs suchte und fand. Katharina I. folgte übrigens ihrem Gemale rasch in den Tod (17. Mai 1727), dessen Keime sie ebenfalls im Becher geholt zu haben scheint.

Der neue Czar Peter II. zählte erst 13 Jahre. Menzikow war unumschränkter Regent, bis nach einiger Zeit die Familie Dolgoruki ihn stürzte und nach Sibirien verbannte. Die ehrgeizigen Pläne der Dolgorukis wurden aber vereitelt durch das baldige Hinscheiden des jungen Kaisers an den Pocken (Februar 1730). Mit ihm erlosch der Mannsstamm des Hauses Romanow. Da Peter II. keine Bestimmung wegen der Nachfolge getroffen hatte, so glaubten jetzt die Dolgoruki's und andere Bojaren, eine Adelsrepublik mit einer monarchischen Spitze wie allenfalls in Polen sich einrichten zu können. Sie beriefen daher Peters des Großen Nichte, Anna, verwittwete Herzogin von Kurland, auf den Thron, ließen sie jedoch früher eine sehr beengende Wahlcapitulation unterschreiben. Kaum waren aber ein paar Tage nach der Thronbesteigung der neuen Kaiserin verflossen, als selbe einer Versammlung von Großen eine Erklärung abzwang, durch welche die Unumschränktheit der Krone wieder hergestellt war. Nun wurden die Dolgorukis und 20.000 andere Personen nach Sibirien verbannt. Anna überließ die Regierung gänzlich ihrem Geliebten Biron (Bühren); da derselbe aber, unbeschadet seiner sonstigen Fähigkeiten, in geistigen Dingen eine Nulle war, so stellte er zwei Deutsche von ausgezeichneter Begabung an die Spitze der ganzen Staatsverwaltung. Der Eine, Ostermann, leitete vorzugsweise die auswärtigen Angelegenheiten, während sein Amtsgenosse, Münnich, das Heerwesen neu organisirte und auf einen trefflichen Fuß brachte. Die Einmengungen in die Angelegenheiten P o l e n s , wodurch dieser verfallene Staat fast gänzlich von Rußland abhängig wurde, waren das Werk Ostermanns (1733—35); die Erfolge in einem Kriege gegen die Pforte (1736—40), während das mit Rußland verbündete Oesterreich damals nur Schmach erndtete, waren wieder dem FM. Münnich zu danken. Von diesen Ereignissen wird in den nächsten §§. die Rede sein. Hier soll nur noch erwähnt werden, daß Anna ihren Einfluß auf Polen benützte, um in dem dahin lehenspflichtigen Herzogthume K u r l a n d nach dem Aussterben der Familie Kettler, welcher auch der Gemal der Kaiserin angehört hatte, ihren Günstling Biron zum Herzoge wählen zu lassen (1737). Doch blieb derselbe fortwährend in Petersburg an der Seite seiner Gönnerin und wurde später von ihrer Nachfolgerin Elisabeth nach Sibirien verbannt (1740); Kurland wählte dann nach einander zwei Herzoge aus deutschen Fürstenhäusern, mußte aber im J. 1763 den von Rußland amnestirten Biron wieder als Herrscher aufnehmen. — Unter der Kaiserin Anna wurden verschiedene Entdeckungen im östlichen Asien, darunter jene der Behringsstraße und der Aleutischen Inseln gemacht. Die Kaiserin bestimmte den Sohn ihrer Nichte Anna von Braunschweig, den eben erst geborenen Iwan zu ihrem Nachfolger. Bei dem bald darnach (28. October 1740) erfolgten Tode der Kaiserin Anna wurde dieser Iwan als Kaiser ausgerufen.

122. Gipfelpunkt der österreichischen Macht. Die pragmatische Sanction. Nach den Friedensschlüssen zu Rastatt, Passarowitz und im Haag war Oesterreich zu einer äußeren Machtfülle gekommen, welche es seither nie wieder erreicht hat. Man kann die damalige Größe des Habsburgischen Staates auf beiläufig 14.000 ☐Meilen und 24 Millionen Einwohner schätzen. Bezüglich der Bevölkerung muß man sich aber vor Augen halten, daß bei der stetigen Zunahme derselben die oben angegebenen Ziffern einem heutigen Stande von 40 bis 48 Millionen Seelen entsprechen würden. Oesterreich hätte demnach die erste

Großmacht Europas sein und bleiben sollen; aber zahlreiche äußere wie innere Verhält=
nisse traten einem solchen gedeihlichen Verhältnisse hindernd entgegen. Entscheidend
war in erster Linie die geographische Lage und die Verfassung der einzelnen
Kronländer. Mit Ausnahme von Ungarn, Tirol und den Niederlanden waren
vor Karl VI. oder wurden unter ihm die landständischen Körper zu bloßen Schatten
heruntergedrückt, welchen kaum irgend ein anderes Recht verblieb, als die von der
Regierung ihnen vorgelegten Fragen mit einem einstimmigen Ja zu beantworten.
Gerade aber jenen Ländern, welche der landesfürstlichen Gewalt die größte Stütze
gewähren konnten, den Niederlanden mit ihren Reichthümern, dem ungarischen
Reiche mit seiner ansehnlichen Bevölkerung war das Recht belassen, in Fragen
des Gesammtstaates sich nach Belieben passiv zu verhalten. Sie übten dieses
Recht nur in allzu umfassender Weise aus.

In Ungarn waren die Bürgerkriege und der religiöse Hader beigelegt; die
Verwaltung wurde nach dem Wunsche der Stände in der altconstitutionell con=
fusen Weise eingerichtet; die Aristokratie und der Clerus waren im Besitze aller
ihrer Rechte, ein Mittelstand existirte nicht und hatte kein Recht zu existiren außer
in den privilegirten deutschen Gemeinden und königlichen Städten. Ganz Ungarn,
auf seiner goldenen Bulle vom J. 1222 fußend, war ein geharnischter Ritter —
an Zipperlein und Marasmus leidend. Es war kein Staat im modernen politi=
schen Sinne. Ungarn hatte es nicht ungerne gesehen, daß die „Schwaben" mit
unermeßlichen Blutopfern im zweihundertjährigen Kampfe die Zwingherrschaft der
Türken über Ungarn brachen, aber Ungarn hatte dieses Blutopfer der Deutschen
gleichsam wie einen schuldigen Tribut hingenommen. Von einer Gegenleistung der
magyarischen Reiche an die deutsch = erbländischen Provinzen oder gar an die
Schwaben, Baiern, Sachsen, kurz an das deutsche Reich, welchem ungefähr die
Hälfte des in Ungarn für Ungarn vergossenen Blutes angehörte, war nicht im
Entferntesten die Rede. Ungarn trat mit Deutschland in gar kein, mit Deutsch=
Oesterreich bloß in ein dynastisches Verband; es glaubte, schon etwas ganz Außer=
ordentliches geleistet zu haben, als es die regelrechte Erbfolge zugestanden und
endlich im J. 1715 zur Aufstellung einiger stehender Truppen sich bereit erklärt
hatte. Was die letzteren betrifft, so war ihre Zahl verschwindend klein neben jener
der deutschen Provinzen. Allerdings bestand in Ungarn auch noch die Insurrection
fort, aber dieselbe hatte keinen viel höheren Werth, als man ihn heutzutage den
Bürgermilizen einräumen könnte. Im Ganzen betrachtet, hatte Ungarn das Recht,
zu seiner Vertheidigung die gesammten Kräfte von Deutsch=Oesterreich und Deutsch=
land zu beanspruchen, wie es dieß seit zwei Jahrhunderten gethan hatte; seine Ge=
genleistung war und blieb dagegen so ziemlich dem eigenen Belieben anheimgestellt.

Aehnlich verhielt es sich mit den **Niederlanden.** So reich sie waren und
so sehr sie eine ausgiebige Begünstigung ihrer Erwerbsquellen und ständischen Pri=
vilegien verlangten, so wenig zeigten sie sich geneigt, für die anderen Lande sich
irgendwie in Unkosten zu versetzen. In militärischer Beziehung waren sie vermöge
ihrer isolirten und längs Frankreich hingestreckten Lage für Oesterreich weit mehr
eine Quelle der Gefahr als der Kräftigung. Das Letztere war in ebenso hohem
Grade mit den italienischen Provinzen der Fall, von welchen Mailand nur über
Venezien in Verbindung mit den Erblanden stand, Neapel und Sicilien hingegen
ohne den Besitz einer Flotte keinesfalls für längere Zeit zu halten waren. Die Be=
völkerung dieser drei Reiche hatte seit Jahrhunderten sich daran gewöhnt, immer
mit demjenigen zu sympathisiren, welcher augenblicklich nicht der Herr im Lande
war. Die Regierung glaubte sich diese Sympathien aus dem Erbfolgekriege durch
Schonung und geringe Anspannung der Bevölkerungen auch fernerhin bewahren zu
können; damit erzielte sie aber nichts weiter als eine gewisse flaue und nichtssa=
gende Stimmung in jenen Landen. Besser wäre es gewesen, man hätte weniger
diesen Nullpunkt des Patriotismus in Italien, mehr aber ein reiches Staatseinkom=
men von dorther angestrebt. In staatsökonomischer und in militärischer Beziehung
waren die Lombarden noch halbwegs, die Süditaliener gar nicht mitzuzählen[1]).

Die große Macht Oesterreichs war demnach mehr scheinbar als wirklich.
Ein unter allen Umständen zuverlässiges Fundament derselben war nur in den
alten deutschen Erblanden und in den seit dem 30jährigen Kriege beruhigten böh=
mischen Provinzen zu erblicken, welche alle von jeher für die größten Leistungen die
kleinsten Rechte genossen hatten. Trotz der seither gewonnenen Ausdehnung war
Oesterreich auch jetzt nicht viel besser consolidirt in Europa, als zur Zeit Maximi=
lians I. — Ein ebenso zerfahrenes Staatswesen wie der größere Theil von Oester=
reich war das deutsche Reich; nur durch das treue Zusammengehen der einen Länder=
gruppe mit der anderen, welche zusammen über ein Viertel der europäischen Total=
Bevölkerung ausmachten, waren sie im Stande, den anderen dem Anscheine nach weit
schwächeren Staaten an der Peripherie Europas einiger Maßen zu imponiren.

Die Staatsverwaltung in Oesterreich, um ein Jahrhundert hinter der Ent=
wicklung der Zeit zurückgeblieben, glich einem Fuhrwerke mit solcher Reibung der

[1]) Der ausgezeichnete General Traun, Militärgouverneur von Sicilien, schilderte
das dortige Volk mit folgenden Worten: „di suo naturale invidioso, avido, di
poca fede, pigno nel travaglio, di spirito vivo ma tutto inclinato al male e
al fraudare il prossimo, senza commercio per ragione della gran diffidenza
che ha e della poca fede nel contrattare, per altro modo timido e poltrone."
Ob die Ereignisse der neuesten Zeit dieses nicht eben reizende Bild entkräftet oder viel=
mehr bestätigt haben, mag Jedermann selbst beurtheilen.

Räder und solcher Schwerfälligkeit, daß die vorgespannten Zugkräfte, — die getreuen Völker —, alle Mühe hatten, den leeren Kasten von der Stelle zu bringen, nicht aber auch noch große Lasten zu bewegen. Es bestanden nur zwei Ministerien für das gesammte Reich; diese waren der Hofkriegsrath und die Hofkammer, beide unter der Leitung tüchtiger, aber unter einander uneiniger Männer, nämlich des Prinzen Eugen und des Grafen Gundaker Starhemberg. Die meisten anderen Minister waren Männer von mittelmäßigen Fähigkeiten, ohne rechte Energie und ohne Erkenntniß für die großen Bedürfnisse der Zeit. Sie faßten den Staat echt bureaukratisch auf, erblickten seine Geschichte und seine Zukunft nur in den eigenen Exhibit=Protokollen, kümmerten sich nicht um das Zusammenwirken im großen Ganzen und dachten nicht im Entferntesten daran, daß diese oder jene Einfüh= rung, welche man von den Vorgängern ererbt hatte, bei anderen Nationen schon längst durch einfachere und zweckmäßigere Mittel ersetzt sein könnte. Man hat überhaupt in Oesterreich zu allen Zeiten stark dem Chinesianismus von der Vor= trefflichkeit der eigenen Zustände gehuldigt und das eigene Land als ein „Reich der Mitte" betrachtet, das gar nicht nöthig habe, von anderen etwas zu lernen. In dieser Beziehung sollte man den Feinden des Staates für die zeitweise uns beigebrachten Niederlagen noch dankbar sein, denn ohne eine tüchtige Tracht Prü= gel ließ sich Oesterreich niemals gerne dazu bewegen, nachzusehen, wie es denn draußen bei anderen Nationen und wie es überhaupt in der Zeit aussehe. Von der Schwerfälligkeit der Staatsverwaltung mag man sich einen Begriff machen, wenn man hört, daß in Wien nicht weniger als sechs Ministerien des Innern be= standen. Diese waren: der Reichshofrath, der niederländische, der spanische hohe Rath (letzterer für Italien), die böhmische, die ungarische und die siebenbürgische Hofkanzlei. Diese und zahlreiche andere Hofstellen, welche von keinem einheitlichen Geiste geleitet wurden, schienen eigens wie geschaffen, um einander gegenseitig zu hemmen und jede ernste Reform von Haus aus unmöglich zu machen.

Trostlos sah es im Finanzwesen aus. Das Staatseinkommen wurde auf 12—14 Millionen Gulden geschätzt (1725); mit Sicherheit konnte man aber in manchem Jahre kaum auf das Drittel der veranschlagten Summe rechnen. Im J. 1721 betrug das Budget für den Hofkriegsrath 8, für die anderen Ministerien 3½, für den Hofstaat nicht weniger als 2 Millionen. Man berieth damals über Ersparnisse; keiner der Minister glaubte solche in seinem Fache noch möglich — und über die Zumuthung, daß am Hofstaate etwas herabgemindert werden könnte, zeigte sich der Kaiser im hohen Grade indignirt. So blieb es beim Alten: man machte fleißig Schulden und ließ das Volk zahlen und leben so gut es wollte, ohne Verkehrsmittel, ohne Unterstützung der Industrie, ohne Volksschulen.

Zur Belebung des Handels wurden ein paar Versuche gemacht. Triest wurde zum Freihafen erklärt; in Wien entstand eine orientalische, in Ostende eine ostindische Handels=Compagnie. Letztere erblühte so ungemein rasch, daß sie im hohen Grade die Eifersucht der Holländer und Britten erregte. Eben deshalb mußte Karl VI. sehr bald jene Gesellschaft opfern, um seiner geliebten pragmatischen Sanction Anerkennung zu verschaffen. Sogar ein Anfang zu österreichischen Colonien kam unter Karl VI. vor, indem der Handelscapitän De La Merveille im J. 1719 mit Genehmigung des betreffenden Nabobs den Hafen von Coblon, 5 Meilen von Madras entfernt, für den Kaiser in Besitz nahm. Doch wurde das hier erworbene Recht nicht weiter ausgenützt, wie es bei dem gänzlichen Mangel einer Seemacht leicht erklärlich ist. Eine solche wäre insbesondere auch zur Behauptung der südita= lienischen Provinzen nothwendig gewesen; wirklich gehörte die Schöpfung einer ansehnlichen Marine auch zu den Lieblingsgedanken Karl's VI.; aber bis zu seinem Tode und noch ein Jahrhundert darüber hinaus blieb diese Schöpfung auch nicht viel mehr als ein Gedanken, da man das wenige vorhandene Geld für andere Dinge brauchte.

Bald nach Beendigung des spanischen Erbfolgekrieges begann der Einfluß des Prinzen Eugen zu sinken. Letzterer hatte erkannt, daß seine wohlgemeinten und aufrichtigen Rathschläge unter der Regierung dreier Kaiser selten beachtet worden waren und daß man noch seltener seiner Schilderung von Uebelständen Gehör ge= schenkt hatte. Einige unbedeutende Höflinge, darunter z. B. Gf. Althann, dessen Gemalin beim Kaiser hoch in Gunsten stand, dann mehrere Spanier setzten eine Menge von Sachen durch, mit welchen ein scharfsichtiger Staatsmann wie Eugen sich nicht einverstanden erklären konnte. Weil man ihm überhaupt selten aufmerk= sames Gehör zu schenken pflegte, so verzichtete er allmälig darauf, sich so wie frü= her bei mancherlei Anlässen eingehend und mit scharfer Kritik vernehmen zu lassen. Eugen zog sich, obgleich er Hofkriegsrath und Conferenzminister blieb, halb und halb von den Staatsgeschäften zurück; er ließ schweigend geschehen, was er nicht ändern konnte. Selbst im eigenen Departement vermochte er nicht immer seine Gedanken durchdringen zu machen; so kam es dann, daß gerade unter seiner Prä= sidentschaft die Armee nach einer Reihe der glänzendsten Kriegsthaten in einen Zustand des Verfalles gerieth und in ihren höheren Kreisen sehr viele Protections= kinder ohne Geist, Kenntnisse, Erfahrung und Charakter vertreten sah. — Prinz Eugen lebte in den späteren Jahren vorwiegend nur sich selbst, den Künsten und Studien, dann dem Umgange mit seiner schönen Freundin, der Gräfin Stratt= mann=Batthiany, zu welcher er, jetzt bereits ein alter Herr, sich etwas mehr als gerade nöthig hingezogen fühlte.

Kaiser Karl VI. besaß nach dem Tode eines Sohnes als Haupterbin nur eine Tochter: Maria Theresia, geboren am 13. Mai 1717. Da die Kränklichkeit der Kaiserin jede Aussicht auf weitere Nachkommenschaft ausschloß, so war Karl VI. eifrigst bemüht, seiner Tochter die Erbschaft in Oesterreich zu sichern. Er erließ demnach ein Staatsgrundgesetz, die pragmatische Sanction genannt und gewann in den Jahren 1720—24 in allen österreichischen Landen die Zustimmung zu dieser Erbfolgeordnung. Es wurde hierin festgesetzt, daß nach Karl VI. die Monarchie seiner ältesten Tochter und deren Nachkommen zufallen sollte, — nach dem Aussterben dieser Linien sollten die Geschlechter der anderen Töchter Karls und erst nach ihrem Erlöschen die Töchter Josephs I. erbberechtigt sein, — Alles dieß nach dem Rechte der Erstgeburt. Die Töchter Josephs I. hatten schon früher bei ihrer Vermälung an die Kurprinzen von Baiern und Sachsen jedem Erbanspruche in Oesterreich entsagt. — Seiner pragmatischen Sanction die Zustimmung und Gewährleistung durch die übrigen Mächte Europas zu verschaffen, war von nun an der einzige Gedanke, welcher die Politik Karl's VI. beherrschte. Vergebens äußerte Prinz Eugen seine Ansicht, ein wohlgefüllter Schatz und eine tüchtige Armee seien fremden Staaten gegenüber mehr werth als hunderttausend solcher Verträge. Der Kaiser, viel zu sehr eingenommen von der vermeintlichen Unverletzlichkeit der schwarz auf weiß gegebenen Versprechungen, ließ die Staatsfinanzen und die Armee verfallen und opferte gleichzeitig wichtige Interessen seiner Staaten, um von den europäischen Cabineten Garantien zu erhalten, welche unmittelbar nach seinem Tode als werthlose Fetzen Papier sich erwiesen.

Die erste Macht, welche den österreichischen Staatsact garantirte, war Spanien, u. z. in Folge des Friedensvertrages vom J. 1725, in welchem Karl VI. und Philipp V. gegenseitig den durch den Utrechter und Rastätter Frieden geschaffenen Besitzstand anerkannten. Weil aber in diesem Vertrage, der bald vollinhaltlich in die Oeffentlichkeit drang, ein geheimer Artikel gegen Großbrittanien feindlich lautete, schlossen letzteres, dann Frankreich und Preußen das gegen Oesterreich und die Sanction gerichtete Bündniß von Herrenhausen (3. Febr. 1725), welchem später auch Hessen=Kassel und Holland beitraten. Preußen ließ sich bald wieder für Oesterreich gewinnen und erklärte sich als Garanten der Sanction; das Gleiche geschah von Rußland. Zwischen Spanien und Oesterreich auf der einen Seite und den Verbündeten von Herrenhausen stand bereits ein Krieg dem Ausbruche nahe; ja Spanien begann denselben thatsächlich mit der Belagerung von Gibraltar. Endlich aber trat wieder Spanien, nachdem es guten Grund hatte, die Aufrichtigkeit des österreichischen Cabinetes zu bezweifeln, mit England, Frankreich und Holland in ein engeres Bündniß zu Sevilla (Nov. 1729). Auch Sa=

voßen schloß sich dieser Partei an und der Kaiser sah sich endlich ganz isolirt, nachdem Rußland, Preußen und das deutsche Reich vor der Zahl und Macht der Allianz von Sevilla zurückschreckten. Nun suchte Karl VI. zuerst mit England sich auszusöhnen. Indem er zum großen Nachtheile der Niederländer die ostindische Gesellschaft aufhob und den Spaniern ihre Ansprüche auf einige italienische Länder neuerdings bestätigte, erreichte er im sogenannten zweiten Wiener Traktat die Anerkennung der pragmatischen Sanction durch England, Spanien und Holland. Als nun am 20. Jänner 1731 der Herzog Anton von Parma und Piacenza, der letzte des Hauses Farnese starb, sollte den Verträgen gemäß der spanische Infant Don Carlos die Herrschaft daselbst antreten. Mittlerweile ließ aber der Kaiser das Land besetzen, erklärte jedoch zugleich, daß damit dem Erbschaftsrechte des Infanten kein Abbruch geschehen solle. Spanien war aber bereits mißtrauisch, und da es eben damals aus Ursache der polnischen Thronfolgefrage von Frankreich zum Kampfe gegen Oesterreich aufgefordert wurde, war es hiezu um so mehr geneigt, als Kaiser Karl VI. gar keine Anstalten gegen den heraufziehenden Sturm getroffen hatte.

123. Der polnische Thronfolgekrieg. August II., König von Polen und Kurfürst von Sachsen, starb am 1. Febr. 1733. Um den nunmehr erledigten polnischen Thron stritten sich mit Aussicht auf Erfolg vorzugsweise zwei Bewerber: der Sohn des verstorbenen Königs, ebenfalls August genannt, und der Schwiegervater des Königs von Frankreich, Stanislaus Leszczynski, welcher schon einmal die Krone Polens getragen hatte. Die Wahl des Letzteren wurde von den beiden Bourbon'schen Höfen unterstützt; dagegen standen Oesterreich und Rußland für den Kurfürsten von Sachsen ein, u. z. Oesterreich bloß aus dem Grunde, weil derselbe eine Tochter des Kaisers Joseph zur Gemalin hatte und eben deßhalb die pragmatische Sanction anzuerkennen bisher keine Neigung zeigte. Um einen Mittelstaat wie Sachsen diesem Staatsacte günstig zu machen, beleidigte Oesterreich die beiden Bourbon'schen Höfe, und dieß in einem Augenblicke, da man erst vor Kurzem die Armee um 40.000 M. verringert und in vielfacher Beziehung verschlechtert hatte. Der Wiener Hof schien der Meinung zu sein, daß sein Ansehen allein hinreiche, um Staaten wie Frankreich und Spanien von jedem Angriffsplane zurückzuschrecken. In Frankreich herrschte aber damals ein junger König, der gerne einige Lorbeerreiser um seine Krone gewunden hätte, während wieder der geistesschwache Philipp V. von Spanien ganz von seiner ehrgeizigen Gemalin Elisabeth Farnese beherrscht war. Der polnische Reichstag wählte mit entschiedener Mehrheit den Stanislaus Leszczynski zum König. Nun rückten im Einverständnisse mit Oesterreich 20.000 Russen nach Polen ein (Sept. 1733) und ver-

anlaßten eine verhältnißmäßig kleine Partei in Polen, den Kurfürsten von Sach=
sen, August III., als König auszurufen. Lesczynski flüchtete sich nach Danzig, wo
er Hilfstruppen aus Frankreich erwartete. Diese kamen aber in sehr geringer Zahl
und die stärkste Abtheilung derselben wurde überdieß, bevor sie Danzig erreichte,
durch die Russen und Sachsen eingeschlossen und zur Waffenstreckung gezwungen
(24. Juni 1734). Deßhalb trachtete Lesczynski wieder in das Ausland zu ent=
kommen, wonach Danzig den Russen sich ergeben mußte (9. Aug. 1734). Letztere
unter Lascy und Münnich verbreiteten sich jetzt als Herren über ganz Polen und
lieferten hier schon ein Vorspiel zu jenen Einmischungen in die Angelegenheiten
des polnischen Reiches, durch welche das letztere noch vor dem Schlusse des Jahr=
hundertes vollends zu Grunde gerichtet wurde. Wären die Wiener Staatsmänner
noch so klug gewesen, als 22 Jahre früher (1711), wo die Minister=Conferenz
die künftige Bedrohung Oesterreichs durch die russische Macht ganz klar vorher=
sagte, so hätte der kaiserliche Hof ganz gewiß weit eher die russische Einmengung
in Polen verhindert, anstatt sie selbst hervorzurufen. Uebrigens folgte diesem Feh=
ler der Politik die Strafe auf dem Fuße.

Am 10. Oct. 1733 erklärte Frankreich aus Anlaß der österreichisch=russi=
schen Einmengung in Polen dem Kaiser den Krieg. Spanien folgte mit einer nicht
minder gesuchten Begründung diesem Beispiele, ebenso auch Sardinien. Der erste
König dieses rasch angewachsenen Staates, Victor Amadäus I., hatte im J. 1730
die Regierung zu Gunsten seines Sohnes Karl Emanuel I. niedergelegt; schon
nach Jahresfrist wollte er derselben sich wieder bemächtigen und faßte den Plan,
— gewiß ein seltener Fall — gegen seinen Sohn eine Empörung anzuregen.
Letzterer ließ aber den Vater in einen Kerker setzen, wo selber bald darnach starb
(1732). Der neue König, Karl Emanuel, fand bald eine Gelegenheit, die altbe=
rüchtigte Arglist seines Hauses in einem grellen Lichte zu zeigen. Durch Verhand=
lungen über ein Bündniß mit dem kaiserlichen Hofe erreichte er es, daß der Gou=
verneur von Mailand ihm aus den dortigen Magazinen Kriegsvorräthe verschie=
dener Art liefern mußte. Auf diese Weise mit Hilfe Oesterreichs zum Kriege ge=
rüstet, brach er dann plötzlich — nicht gegen Frankreich, sondern gegen Oesterreich
los. Dieses hatte ihm nämlich bloß einige Stücke von Mailand, Frankreich dage=
gen das ganze Land versprochen. — Die Machtverhältnisse in diesem Kriege wa=
ren sehr ungleich; Frankreich und Sardinien waren von jeher im Besitze einer
zahlreichen und gut organisirten Kriegsmacht, Spanien hatte die seinige in der
letzten Zeit tüchtig reorganisirt und verfügte jetzt über eine ansehnliche Seemacht
und über 80.000 M. zu Lande. Oesterreich hatte eigentlich gar keine Alliirten, da
Rußland noch nicht in der Lage war, auf große Entfernungen außer den eigenen

Grenzen mit Kraft aufzutreten. Die Seemächte aber gaben dem Wiener Hofe auf seine Allianz-Anträge eine Antwort ungefähr des Inhaltes, er solle die Suppe selbst ausessen, die er gegen ihren Rath sich eingebrockt habe. Nicht viel anders verhielt sich das deutsche Reich, in welchem drei Kurfürsten, Köln, Baiern und die Pfalz, neutral zu bleiben beanspruchten; nach mehrmonatlichen Verhandlungen brachte es das Reich, dessen Gebiet längst schon von Frankreich verletzt war, zu einer Kriegserklärung (20. Febr. 1734), aber die Leistungen des großen Staaten-bundes erwiesen sich weit mehr lächerlich als furchtbar. Oesterreichs Kriegsmacht, welche jüngst noch die Welt mit ihrem Ruhme erfüllt hatte, zeigte sich sowohl in der Zahl als in der Beschaffenheit sehr zurückgegangen. Die Armee zählte im J. 1734—157 Batail. und 35 Caball.-Rgmt., mit einem Sollstande von 153.000 Mann. Die wirkliche Stärke war aber weit geringer, so daß nach Abschlag der Besatzungen kaum 40.000 M. für das Feld zur Verfügung blieben. Die in der letzten Zeit eingerissene Vernachlässigung der Armee und das Protectionsunwesen hatten den moralischen Werth der Truppe sehr bedeutend herabgedrückt; denn der Fluch der Cliquen und der Protection ist nicht einfach der, daß an viele Stellen Leute gelangen, welche nicht entsprechen und ihre Abtheilungen verderben, — son-dern der weit größere Nachtheil ist es, daß die wirklich tüchtigen Männer, wenn sie durch jene hohlen Nippfigürchen sich zurückgesetzt sehen, darüber verdrossen und zu der Frage veranlaßt werden: „Wozu sich anstrengen?" So reißt dann Indo-lenz im großen Ganzen ein, der edle Wetteifer um Verdienst verwandelt sich in einen Wetteifer um Damen-, Schranzen- und Pfaffengunst, und der Kriegsstand, der gottgesegnete Hort freier und edler Männlichkeit, wird allgemach zu einem Pfuhl der Unselbstständigkeit und Duckmäuserei. — Im Herbst 1733 hatte Oester-reich am Rheine noch nicht die Anfänge eines Heeres aufgestellt, als bereits 52.000 Franzosen unter dem Herzog von Berwick den Strom passirten. Kehl wurde von ihnen beinahe überrascht, hielt sich aber wacker vom 14. bis 29. Oct. Für die Misère damaliger Kriegseinrichtungen spricht unter anderen die Thatsache, daß in Kehl eine große Menge Kugeln vorhanden waren, hier aber nicht verwendet wer-den konnten: sie waren nämlich eigentlich nach Breisach bestimmt gewesen, kamen aber irrthümlich nach Kehl, paßten nicht zu dem Kaliber der hierortigen Geschütze und fielen nun den Franzosen in die Hände. — Die Franzosen begnügten sich für dieses Jahr mit der Eroberung von Kehl und mit der Besetzung des Herzogthumes Lothringen. Erst gegen Jahresschluß langte ein österreichisches Corps in den Rhein-gegenden an und arbeitete dann den Winter hindurch an der Herstellung der Linien von Ettlingen und Stollhofen.

In Oberitalien betrugen die österreichischen Streitkräfte im Herbst 1733 im Ganzen bloß 16.000 M. Gegen diese brach zuerst der König von Sardinien los und ihm folgte bald Villars mit 50.000 Franzosen. Im ersten Anlaufe nahmen die Gegner Oesterreichs das ganze Herzogthum Mailand weg, in welchem nur einige schwach besetzte Plätze bis in den Winter hinein sich tapfer vertheidigten. Zu Anfang des J. 1734 waren nur noch Mantua und Mirandola von den Kaiserlichen gehalten, ersteres wurde aber auch bereits blocirt. — Bis zum Frühjahre 1734 verstärkte sich das österreichische Heer in Oberitalien auf 49.950 M. und außerdem standen noch 11.500 M. in und um Mantua. Der altbewährte und unternehmende General Mercy führte den Oberbefehl. Obgleich die Gegner durch die Ankunft eines starken spanischen Corps verstärkt waren, ging Mercy über den Po, entsetzte bei dieser Gelegenheit Mantua und drängte die Feinde in's Parmesanische. Ein Gefecht bei Colorno ergab kein entschiedenes Resultat. Das Heer der alliirten Mächte wurde jetzt nach dem Abgange des Marschalls Villars, der auf der Heimreise im Alter von 80 Jahren zu Turin starb, von Karl Emanuel commandirt; derselbe nützte seine Uebermacht nicht gehörig aus, sondern zerstreute dieselbe dies= und jenseits des Po. Auf diesen Umstand bauend rückte Mercy abermals vor, stieß bei **Parma** auf die Gegner, welche daselbst sich gesammelt hatten, und griff sie an (29. Juni). Das Unglück wollte, daß Mercy gleich anfangs tödtlich, sein Nachfolger im Commando schwer verwundet wurde; ohne einheitliche Leitung setzten die Oesterreicher den Kampf durch 10 Stunden fort und wurden schließlich Meister der starken feindlichen Stellungen. Da aber die Generale unter einander nicht darüber einig wurden, was jetzt zu geschehen habe, zudem auch mit der Verpflegung in Verlegenheit waren, so zogen sie sich am nächsten Tage nach Reggio zurück;· in der Schlacht bei Parma waren nicht weniger als 8 österreichische Generale gefallen. Königsegg, welcher nach einiger Zeit als kaiserlicher Feldherr in Italien anlangte und einige Verstärkungen mitbrachte, endete eine längere Pause der Ruhe durch einen Ueberfall auf ein französisches Corps bei Quistello; der Streich gelang so vollkommen, daß eine Menge Franzosen gefangen wurden und ·der Marschall Broglio, um nicht das gleiche Schicksal zu erfahren, im bloßen Hemd sich auf ein Pferd werfen und davonjagen mußte (15. Sept.). Die Bourbonisten zogen sich nunmehr in ein verschanztes Lager bei Guastalla, wo sie von den Oesterreichern neuerdings angegriffen wurden (19. Sept). Letztere verloren hier 6000 M., konnten aber die feindliche Stellung nicht nehmen. Dagegen gewannen sie im Spätjahre den Gegnern einige Vortheile ab.

Während dieser Vorfälle in Oberitalien war ein spanisches Heer unter Montemar in Toscana gelandet und war von dort in das Königreich Neapel vorgedrungen. Die Streitmacht Oesterreichs in diesem Lande war so schwach, daß der sonst sehr kühne General Traun der Ansicht war, man müsse sich auf die Vertheidigung der festen Plätze beschränken. Es siegte aber der Rath des Grafen Caraffa, wonach zwei schwache Corps zur Verwendung im Felde bestimmt wurden. Diese vermochten die Fortschritte der Spanier kaum um einige Tage zu verzögern; schon am 10. April 1734 zogen letztere in Neapel ein und eroberten nach der Reihe die schlecht besetzten Plätze des Landes. Nun hatte man von österreichischer Seite die Kühnheit, alle verfügbaren Truppen, 9000 M., zusammenzuziehen und bei Bitonto gegen eine große Uebermacht die Schlacht zu wagen. Mehr als die Hälfte der Kaiserlichen blieb auf dem Platze (25. Mai), der Rest warf sich in die Festungen. Letztere fielen nach einander, so Gaeta am 6. August, und Capua nach einer ungemein tapferen Vertheidigung durch Traun am 24. Nov. — Montemar setzte nun nach Sicilien über; diese Insel war noch schlechter besetzt als Neapel und nur Messina unter dem Fürsten Lobkowitz leistete einen sehr kräftigen Widerstand, mußte sich aber auch schließlich ergeben (1735). So waren zwei Königreiche von den Spaniern ohne sehr große Anstrengung erobert worden und am 3. Juli 1735 ließ sich der Infant Don Carlos als König beider Sicilien krönen.

Von Italien kehren wir nach Deutschland und zum Kriegsjahre 1734 zurück. Das deutsche Reich, welches sich endlich zur Kriegserklärung an Frankreich entschloß, versprach dem Kaiser 120.000 M. aufzustellen; davon war aber bei Beginn des Feldzuges kaum der zehnte Theil wirklich vorhanden. Oesterreich konnte aber gleichfalls keine große Macht hier aufstellen, da es Verstärkungen nach Italien und in die Niederlande entsenden, überdieß auch gegen den französisch gesinnten Kurfürsten von Baiern auf der Hut sein mußte. Was die Niederlande betrifft, so blieben sie vom Kriege so gut wie gar nicht berührt, — ohne Zweifel deßhalb, weil Frankreich sich hütete, durch einen Angriff auf die Barrière-Plätze die Seemächte herauszufordern. — Das französische Heer am Rheine unter dem Marschall von Berwick war etwas über 100.000 M. stark und stand in drei Corps von Speier bis an die Mosel hin echellonirt. An diesem Flusse wurde Trarbach zu Anfang des Feldzuges von den Franzosen belagert und nach tapferer Vertheidigung (9. April bis 2. Mai) genommen. Mittlerweile concentrirte Berwick das Gros seiner Armee und ließ es zu Anfang Mai in zwei Colonnen, bei Fort Louis und Kehl, über den Rhein gehen; er verfolgte hiebei die Absicht, die Linien von Ettlingen von Süden und vom Gebirge her anzugreifen. Prinz Eugen, welcher das nur 40.000 M. zählende Reichsheer befehligte, glaubte damit das Ettlinger Lager und die Stellungen im Rheinthale nicht behaupten zu können. Auf die Kunde der Annäherung Berwicks mit ungefähr 70.000 Franzosen zog Eugen seine Armee in die starke Stellung bei Heilbronn zurück (8. Mai). Berwick säumte nicht, die verlassenen Linien zu zerstören und sodann mit seiner Armee eine Stellung bei Bruchsal zu beziehen, um damit die Belagerung von Philippsburg zu decken. Am 23. Mai wurde diese wichtige Reichsfestung, nebst Mannheim die einzige von Mainz am Rheine aufwärts, auf beiden Ufern des Stromes von den Franzosen eingeschlossen; am rechten Rheinufer errichteten dieselben eine starke Circumvallation von ungefähr 1½ Meilen Länge, beiderseits an den Strom gelehnt. Die Besatzung von Philippsburg zählte gegen 4500 M. unter dem FML. Wutgenau. Sie leistete einen ungemein tapferen Widerstand, was aber die Franzosen nicht hinderte, zuerst den Brückenkopf links vom Rheine (3. Juni), dann die Außenwerke auf der Nordseite des Platzes zu nehmen (bis 30. Juni) und endlich dem Noyau mit den Breschebatterien an den Leib zu rücken.

Unterdessen war die Reichsarmee auf 74.000 M., also auf eine dem französischen Deckungsheere zum Allermindesten gleiche Stärke angewachsen; die letztere wurde jetzt, nachdem Berwick vor Philippsburg erschossen war (12. Juni), vom Marschall Asfeld befehligt. Prinz Eugen ließ am 19. Juni seine Armee von Heilbronn aufbrechen und erschien sieben Tage später bei Bruchsal. Von hier war die französische Deckungsarmee schon seit ein paar Wochen näher an Philippsburg in die Circumvallation abmarschirt und hatte von Oberhausen bis Knaudenheim diese von Natur aus starke Stellung in tüchtiger Weise verstärkt. — Prinz Eugen recognoscirte nach seiner Ankunft bei Waghäusel (1. Juli) die ganz nahen Linien, konnte aber nicht zum Angriffe sich entschließen; er verfiel vielmehr auf jenen sonderbaren Vorgang, für welchen er wohl nirgends Vorbilder als bei den Türken gesehen haben mochte — und jedesmal mit unglücklichem Ausgange (Peterwardein, Belgrad). Die kaiserliche Armee fing nämlich an, dem feindlichen Lager, das man nicht kurz und gut anzugreifen sich erkühnte, mit Laufgräben sich zu nahen. Lange bevor diese zu irgend einem Resultate führen konnten, sah sich Wutgenau nach einer 53tägigen Vertheidigung zu einer Capitulation genöthigt, laut welcher die Garnison mit allen kriegerischen Ehren nach Mainz abziehen durfte (18. Juli). An demselben Tage, da die Besatzung von Philippsburg ausmarschirte (22. Juli), begann auch Prinz Eugen, anfangs von den Franzosen verfolgt, seinen Rückmarsch und wandte sich dann am Rheine abwärts bis Trebur unweit Mainz. Berwick gab sich nämlich nach der Einnahme von Philippsburg den Anschein, als ob er zunächst Absichten auf Mainz habe. Bald aber wandte er sich nach Süden zurück, überschritt den Rhein an zwei Stellen und lebte durch mehrere Wochen auf Kosten der Gegenden zwischen der Murg und Kinzig. In diesem Vergnügen wagten die Deutschen ihn abermals nicht zu stören, und nach unbedeutenden Streifzügen bezogen beide Heere im November ihre durch den Rhein getrennten Quartiere. Jene der Deutschen erstreckten sich von Köln bis Villingen in einer Linie von beinahe 60 Meilen. Wäre es damals üblich gewesen, während des Winters zu operiren, so hätten die Franzosen an einem beliebigen Punkte fast ohne Widerstand nach dem Donauthale durchzubrechen oder die Flügel ihrer Gegner zu trennen vermocht. Im J. 1735 zählte das kaiserliche Heer 144 Bataill. und 210 Schwadr., die französische Armee unter Marschall Coigny war um 4 Bataill. stärker und um 28 Schwadr. schwächer; die beiden Heere waren also einander beiläufig ganz gleich. Gegen Ende August trafen dann noch 13.000 Russen unter Lascy bei der Armee Eugens ein; ihnen sollten noch weitere 17.000 M. folgen. Das Erscheinen der Russen trug wesentlich zum schnelleren Abschlusse des Friedens bei. Ueber einen solchen war nämlich schon durch den ganzen Winter verhandelt worden; der Cardinal Fleury, der den Krieg gegen seine eigene Neigung hatte eröffnen müssen, verständigte sich insgeheim mit Oesterreich, ohne viel um Spanien und Sardinien zu fragen. Diese fortgesetzten Friedensverhandlungen veranlaßten die beiderseitigen Feldherren in Deutschland, während des ganzen Feldzuges 1735 mit einander nur Comödie zu spielen. Nach einer Menge ganz bedeutungsloser Streifzüge kam es erst am Schlusse des Feldzuges zu einer etwas kräftigeren Action, indem der aus der Obhut des kaiserlichen Feldherrn entlassene General Seckendorf mit ungefähr 40.000 M. an die Mosel drang und daselbst dem französischen Oberfeldherrn Coigny trotz seiner Ueberlegenheit (60.000 M.) bei Klausen (2 Meilen westl. von Bernkastel, — 20. Oct.) eine Schlappe beibrachte. Dieß war die einzige Waffenthat im offenen Felde, welche während eines mehr als zweijährigen Krieges dem kaiserlichen Heere in Deutschland einige Ehre brachte.

Es gibt viele Schriftsteller, welche in allen historischen Charakteren entweder nur Ideale oder nur Zerrbilder hinzustellen lieben. Das ewig Menschliche, jenes Gemenge von Gut und Schlecht, von Kraft und Schwäche, jenes Spiel der Disharmonien, die doch harmonisch in Eines zusammenfließen, bleibt ihnen unfaßlich; sie pflegen jeden Charakter nur mit einer einzigen Farbe zu malen. Derartige Autoren sieht man sich drehen und winden, um zu beweisen, daß Eugens mittelrheinischer Krieg in seiner Art ebenso ein Meisterstück gewesen sei als irgend etwas aus seinem früheren Leben. Sie behaupten nämlich: die Reichsarmee sei in einer so schlechten Haltung gewesen, daß mit ihr nichts Großes zu unternehmen war; weiter sei diese Armee, wenngleich den Feinden an Stärke gleich, die einzige gewesen, welche man den Franzosen entgegenstellen konnte und ihr Untergang hätte diesen den Weg bis tief nach Deutschland herein eröffnet. Auf diese Entschuldigungen muß man entgegnen: die Reichsarmee war bunt und theilweise schlecht organisirt, — aber war sie dieß nicht seit Jahrhunderten? — und wenn die

Oesterreicher nicht so tüchtig waren als in früheren Zeiten, traf da nicht ein nam=
hafter Theil der Schuld den Hoffkriegsrathspräsidenten Prinzen Eugen, der den
einschleichenden Mißbräuchen mit einem starren Entweder=Oder von Anfang an
entgegentreten konnte? Uebrigens lauten die Berichte jener Zeit aus dem deutschen
Lager keineswegs so trostlos, schildern vielmehr den Zustand der Armee vorwie=
gend in schönen Farben. Endlich ist auch noch aus der Geschichte die Bemerkung
zu abstrahiren, daß die Deutschen und Oesterreicher vermöge ihrer angebornen
militärischen Begabung unter einer halbwegs tüchtigen Führung im Felde sich nur
vervollkommnen und zu wiederholten Malen aus bloßen Wachparade=Puppen zu
trefflichen Kriegern sich umgeformt haben. Die Behauptung nun, daß die Truppen
gerade in diesem einen Kriege schlechter gewesen seien als sonst, ist durch keine ein=
zige Thatsache erwiesen; im Gegentheile: bei den wenigen Gelegenheiten, wo man
sie mit dem Feinde in Berührung kommen ließ, haben sie sich sehr brav gehalten.

Nicht besser ist es mit dem zweiten Entschuldigungsgrunde bestellt, daß näm=
lich Eugen außer den eigenen Truppen keine anderen im Rückhalte gehabt habe.
Würde man dieses Argument als stichhältig gelten lassen, so würde in Jahrhun=
derten kaum eine Schlacht vorkommen können, denn jeder Staat pflegt, was er an
verfügbaren Streitkräften besitzt, augenblicklich an den Grenzen zu verwenden;
geht es dort schief, wird das einzig vorhandene Heer aufgerieben, so muß der Staat
eben sein Aeußerstes thun, er muß improvisiren und zaubern. Hat übrigens Eugen
selbst jemals ein anderes Heer im Rückhalte gehabt? — Ich glaube nicht. Hätte
er sich an einen solchen Gedanken festgehalten, so wären alle seine Schlachten, am
meisten aber jene von Zenta, Carpi, Chiari, Höchstädt, Turin und Belgrad, un=
geschlagen geblieben. — Man thut dem ehrlich erworbenen Feldherrnruhme des
Prinzen Eugen keinen Eintrag, wenn man offen gesteht, daß seine letzten Kriegs=
unternehmungen der Kraft des Entschlusses und der Initiative ermangeln; sie
waren einzig auf dem Momente der Vorsicht aufgebaut, ein Moment, das wohl
eine große passive, aber durchaus keine aktive Kraft in sich schließt. Man darf
darüber dem Prinzen keinen Vorwurf machen; er hatte nur der Menschlichkeit
seinen Tribut gezollt: als ein Greis von 70 Jahren besaß er nicht mehr jenen
Schwung, jene Frische und Elasticität des Geistes, welche eines der wesentlichsten
Elemente der Feldherrngröße bilden, dabei aber von hundert großen Heerführern
kaum Einen bis in das hohe Alter begleiten. Schon seit einer Reihe von Jahren
hatte Eugen die Abnahme seiner einstigen Größe deutlich genug gezeigt, wie denn
die mitunter selbst in Dienstessachen eingreifende Schwäche des einstigen Weiber=
feindes gegen die Gräfin Batthiany, — seine passive Haltung, eine Art Sich=
gehenlassen in Staats= und Heeres=Veränderungen, deren Schädlichkeit er er=

kannte, den Verfall seiner mächtigen Männlichkeit genugsam bekundeten. Er selbst scheint gefühlt zu haben, daß er nicht mehr der Alte sei, denn in seinem letzten Feldzuge ließ er sich nur über die dringendsten Bitten zum Verbleiben in der Feld=herrnstelle bewegen. Ob die anderen österreichischen Feldherren, wie sie damals waren, nicht bloß passiv wie Eugen, sondern geradezu schlechter operirt hätten, dieß kommt hier nicht in Frage. Wir wollten hier nur den ungeheuern Unter=schied andeuten, welcher zwischen Eugen, dem blühenden Manne, und Eugen, dem Greise, uns entgegentritt.

Wir haben noch die Ereignisse in Oberitalien seit dem J. 1735 nach=zutragen. Die österr. Streitmacht unter dem General Königsegg war daselbst bis auf 26.000 M. geschmolzen, während die Gegner 75—100.000 M. zählten. Als Noailles und Karl Emanuel im Juni vorzurücken begannen, mußte Königsegg ohne Kampf bis in das Tridentinische zurückweichen. Vor Mantua und Mi=randola, den einzigen Plätzen in Italien, welche noch österreichisch geblieben waren, erschienen jetzt die Feinde. Mantua wurde nur ziemlich flau von ihnen blocirt, aber vor Mirandola eröffnete Montemar die eigentliche Belagerung; erst nach 44 Tagen bezwang er diesen Platz, dessen Besatzung blos 1300 M. gezählt hatte (Ende Aug.). Nachdem im Herbste der Friede zwischen Frankreich und Oe=sterreich verkündet wurde, ließen Noailles und Karl Emanuel sogleich eine Waffen=ruhe eintreten; die Spanier wollten aber weder von dieser noch vom Frieden etwas wissen. Da brachen die Oesterreicher plötzlich aus Tirol hervor, warfen die Spa=nier bis nach Toscana zurück und schienen sogar Neapel wieder bedrohen zu wollen. Endlich trat nun auch Montemar dem Waffenstillstande bei. Am 3. Oct. 1735 wurde zu Wien der Präliminarfriede zwischen Frankreich und Oesterreich unterfertigt. Die Verhandlungen über denselben waren so geheimnißvoll betrieben worden, daß alle anderen Mächte im hohen Grade über dieses Resultat verwun=dert waren. Dieser Vertrag bestimmte, daß August III. König von Polen bleibe, da=gegen Lesczynski den Königstitel fortführen, das Herzogthum Bar sogleich, Lothrin=gen dagegen nach der Versetzung seines Herzoges in die Herrschaft über Toscana in Besitz nehmen solle; nach dem Tode des Stanislaus Lesczynski hatten Lothringen und Bar an Frankreich zu fallen. Das Herzogthum Toscana sollte nach dem in näch=ster Zeit zu erwartenden Aussterben des Hauses Medici an die Dynastie Lothringen gelangen; dieser Fall trat im J. 1737 ein und hatte den oben angedeuteten Wechsel der Dynastien in Lothringen und Toscana zur Folge. Sardinien erhielt die Gebiete Novara, Tortona und Vigevano nebst einigen anderen Herrschaften; im Uebrigen wurde das Herzogthum Mailand dem Kaiser zurückgestellt. Dagegen verlor dieser das Königreich beider Sicilien, welches dem spanischen Infanten Don Carlos (III.)

als Eigenthum verblieb. Als eine kleine Entschädigung hatte der Letztere seine bis=
her innegehabten Herzogthümer Parma und Piacenza an das Haus Habsburg ab=
zutreten. Wie man sieht, so hatte Oesterreich in diesem ohne rechten Zweck ange=
fangenen Krieg zwei Königreiche verloren und nur zwei Herzogthümer gewonnen;
ebenso war der mit dem Hause Habsburg eben innigst sich verbindende Herzog
von Lothringen gezwungen, sein deutsches Stammland mittelbar an den Erbfeind
seines Hauses, an Frankreich zu überlassen. Die Anerkennung der pragmatischen
Sanction durch Frankreich, Spanien und Sardinien schien aber dem Kaiser ein
so werthvoller Gewinn, daß ihm damit die Schmälerung der habsburgischen und
lothringischen Reiche vollkommen ersetzt schien. So sehr gerade die spanische Linie
des Hauses Bourbon Ursache hatte, mit diesem Friedensschlusse zufrieden zu sein,
dennoch wollte sie oder eigentlich die ränkevolle Königin Elisabeth demselben nicht
beitreten. Sie war unverschämt genug, nach den leichten Erfolgen der spanischen
Truppen im letzten Kriege auch noch Toscana, Parma und Piacenza zu beanspru=
chen. Es dauerte ein paar Jahre, bis die spanischen und sardinischen Anmaßungen
beseitigt und die definitiven Friedensverträge abgeschlossen wurden (1738—39).

**124. Verhältnisse im Orient und in Oesterreich. Der Krieg
der drei Kaiserstaaten. (1736—39.)** Im J. 1722 war in Persien
die Dynastie der Sofi's durch die Khane der Afghanen verdrängt worden (§. 61).
Die Anhänger der Sofi's erhoben aber Krieg gegen die Afghanen; hiebei wurden sie
von Rußland und der Türkei gleichzeitig unterstützt, welche Staaten bei dieser Gele=
genheit mehrere Provinzen Persiens eroberten (1723 ꝛc., §. 121). Rußland trat
jedoch bald wieder in Freundschaft mit Persien, während die Pforte die fortdauernden
Unruhen des Nachbarstaates zur Fortsetzung des Krieges benützte. Mittlerweile kam
im J. 1729 mit Thamasp das Haus der Sofi's wieder zur Herrschaft und erneuerte
mit Kraft den Kampf gegen die Türken. Der Geiz des Sultans Achmed III. be=
günstigte die Fortschritte der Perser, erweckte aber gleichzeitig einen Aufstand in
Konstantinopel, in Folge dessen Achmed III. die Herrschaft an seinen Neffen Mah=
mud I. überlassen mußte (1730). Dieser schloß nach glücklichen Kriegsthaten einen
Frieden mit Persien, durch welchen Armenien und Georgien der Pforte abgetreten
wurden. Aufgebracht über diesen Friedensschluß erregte Khuli Khan, der bisher
getreue und oftmals siegreiche Feldherr der Sofi's, eine Empörung gegen Tha=
masp und erhob dessen Sohn Abbas III. auf den Thron (1732). Gleichzeitig
erneuerte Persien den Krieg gegen die Türken, schlug diese zu wiederholten Malen
und erzwang einen Frieden, in welchem es alle verlorenen Provinzen zurück erhielt
(1736). Kurz vorher hatte mit Abbas III. die Dynastie der Sofi's nach einem
Bestande von 230 Jahren ihr Ende gefunden, und der bisherige Feldherr Khuli

Khan bestieg unter dem Namen Nadir Schah den Thron (1735). Im Kriege gegen Bokhara eroberte er Balkh und Kandahar (1736), weiter nahm er dem Großmogul einen großen Theil von Indien mit der Hauptstadt Delhi weg (1739) und war noch einmal glücklich in einem Kriegszuge gegen die Türken (1746). Aber mit der Größe Nadir Schah's verband sich ebenso viele Grausamkeit; diese hatte seine Ermordung, gleichzeitig aber bedeutende Unruhen und den Abfall Afghanistans sowie der anderen östlichen Lande vom persischen Reiche, überhaupt einen länger dauernden Zerfall des letzteren im Gefolge (1747).

Der Sultan Mahmud I. war kaum mit dem persischen Kriege fertig geworden, als ein weit gefährlicherer in Europa gegen ihn sich erhob. Die Niederlagen der Pforte in ihrem letzten Kriege gegen Oesterreich und die jüngste Abschwächung ihrer Macht im Kampfe gegen Persien verleiteten viele Staatsmänner in Europa zu dem Glauben, daß es nur noch eines energischen Angriffes auf die Türken bedürfe, um diese aus Europa zu vertreiben. In Rußland vertrat Biron, der allmächtige Günstling der Kaiserin Anna und durch ihre Vermittlung eben jetzt zum Herzoge von Kurland erhoben, die kriegslustige Partei. Ein Vorwand zum Kriege ist immer bald gefunden: diesmal wurde die Pforte als schuldig erklärt an den räuberischen Streifzügen einzelner Tatarenhorden aus der Krimm; übrigens hatten diese Tataren, welche allerdings Vasallen der Pforte waren, seit Jahrhunderten immer in einer Art von Fehde mit ihren Nachbarn gestanden; das Gleiche war ja auch längs den türkischen Grenzen gegen Oesterreich der Fall.

Ohne Kriegserklärung rückte der FM. Münnich im Frühling 1736 in das Land der Krimm'schen Tataren ein. Letztere hatten auf der schmalen Landenge von Perekop zu beiden Seiten der Festung Schanzenlinien errichtet, welche für ungemein stark gelten konnten. Allein hier ereignete sich dasselbe, was bei solchen Linien noch fast jedesmal eingetreten war. Münnich demonstrirte gegen den einen Theil der Werke und erstieg mittlerweile dieselben ohne großen Verlust an einem anderen Punkte (28. Mai 1736); zwei Tage später nahm er auch die Stadt ein. Nun hatte er den Weg in das Innere der Halbinsel offen und eroberte daselbst Baktschisarai, die Residenz des Khans. Ein großer Mangel an Lebensmitteln zwang die Russen am Schlusse des Feldzuges sich wieder in die Ukraine zurückzuziehen. Sie hatten, mehr aus Ermattung als durch das Schwert, 30.000 M. verloren. — Ein anderes russisches Corps unter Lasch hatte das wichtige Asow (4. Juli) und eine dritte Abtheilung Kinburn erobert. Ueber den Winter bemühte sich die Pforte, kräftigst zum Kriege sich zu rüsten. Schon seit längerer Zeit waren einige französische Officiere, besonders der Renegat Bonneval, an der Reform des osmanischen Heeres mit großem Erfolge thätig gewesen. Mitten in den

Vorbereitungen zum Kriege trachtete der Sultan den Frieden zu bewahren. Er wandte sich deshalb an die Seemächte, mit noch größerer Wärme an Oesterreich. Die Pforte hatte allen Grund, auf die Freundschaft des Wiener Hofes zu bauen: seit dem Paſſarowitzer Frieden hatte sie jede Gelegenheit benützt, um sich dem Kaiser gefällig zu erweisen. Nun bestand aber zwischen Oesterreich und Rußland seit dem J. 1726 eine Allianz, laut welcher ein Staat den anderen im Falle eines Krieges mit 30.000 M. zu unterstützen hatte. Die Pforte ging mit Bezug auf diesen Vertrag so weit in ihrer friedfertigen Haltung gegen Oesterreich, daß sie die Betheiligung dieses Hilfscorps an den Kämpfen der Ruſſen nicht als Kriegsfall ansehen zu wollen erklärte. Oesterreich konnte demnach seinen Verpflichtungen gegen Rußland getreu und doch gut Freund mit den Türken bleiben. Ohne jeden Grund zur Klage entschied es sich aber zum Kampfe mit ganzer Macht. Dieser Krieg dürfte in der österr. Geschichte der einzige sein, von dem man mit Bestimmtheit behaupten darf, er sei ungerecht angefangen worden. Es wird nothwendig sein, hier einen Blick auf die damaligen Verhältnisse am Wiener Hofe zu werfen. Die Stellung der Thronerbin, der Tod des Prinzen Eugen und die Mißwirthschaft der Cliquen übten auf den Verlauf des Krieges die zumeist bestimmenden Einwirkungen.

Für ganz Europa war es eine wichtige Frage gewesen, welchem Fürsten die Kronprinzeſſin Maria Thereſia ihre Hand reichen würde. Die Staatsweisheit, noch mehr aber ihr eigenes Herz entschied für den Herzog Franz von Lothringen, welcher von Kindheit auf am Wiener Hofe erzogen war. Kurz nach dem Wiener Frieden, durch welchen der Herzog sein Stammland verlor, um dafür Toscana zu bekommen, fand die feierliche Vermälung desselben mit Maria Thereſia statt (12. Febr. 1736). Die Prinzeſſin war 18 Jahre alt, lebhaft, geistreich und liebenswürdig, — eine der schönsten Frauen ihrer Zeit; der Herzog war verständig, ein trefflicher Oekonom, an Höhe des Geistes und Charakters seine Gemalin nicht erreichend, aber wohlwollend und gutmüthig, zugleich anerkannt der schönste Mann in Oesterreich und von seiner jungen Gemalin mit leidenschaftlicher Gluth geliebt. Mit der Verbindung dieses in so vieler Hinsicht ausgezeichneten Ehepaares beginnt das Haus Habsburg=Lothringen. Maria Thereſia übte sich zeitlich in den schwierigen Staatsfragen; schärfer blickend als ihr Vater ahnte sie es, daß sie nach dessen künftigem Hinscheiden andere Soldaten als die todten Buchstaben der pragmatischen Sanction bedürfen würde, um den ihr vererbten Thron zu besteigen. Sie war demnach im Principe dem Türkenkriege abgeneigt, der das Heer ohne Noth in Anspruch nahm. Natürlich transpirirte etwas von der Meinung der Prinzeſſin, so zurückhaltend sie hierin auch war, in einzelne Kreise des Hofes und da jedermann bedacht war, der künftigen Herrscherin sich dienst=

eifrig zu erweifen, fo ergab fich in den höchften Regierungskreifen ein Schwanken zwifchen der Kriegsluft des Vaters und der Friedensliebe der Tochter und konnte nicht ohne Einfluß auf die Leitung der auswärtigen Gefchäfte bleiben.

Schwerer wiegend war der Tod des Prinzen Eugenius von Savoyen. Am Morgen des 21. April 1736 fand man den 73jährigen Greis fanft ent= fchlummert in feinem Bette ruhen, nachdem er Abends vorher noch ziemlich rüftig in Gefellfchaft gewefen war. In ihm ftarb der größte Feldherr feiner Zeit, der größte, den Oefterreich jemals gehabt hat. Nicht minder bedeutend war er als Staatsmann, hochftehend als Förderer der Wiffenfchaft und Kunft, als Menfch und Staatsbürger. Mit Recht fagt fein trefflicher Biogragh Arneth; „das ift es aber, was den eigentlichen Maßftab liefert zur Beurtheilung der Größe Eugens, daß er nach jeder diefer verfchiedenen Richtungen hin unübertroffen daftand, daß fo viele Eigenfchaften in ihm vereinigt waren, deren jede für fich fchon den Ruhm eines Mannes begründet, und daß fie, was mit dem freudigften Stolze betont werden darf, von einem Charakter getragen wurden, deffen vollendete Reinheit und fittliche Größe auch nicht der leifefte Flecken trübt." (Bd. III. S. 504.) Wenn wir am Abende feines Lebens auch in Eugen einen leifen Anflug der Schwäche bemerken, fo kann diefes Muß der Natur keineswegs unfer Urtheil umftoßen, daß wir in ihm eine echt mannhafte Erfcheinung von folcher Erhabenheit des Geiftes und Gemüthes bewundern müffen, wie die Weltgefchichte nur wenig Aehnliche, faft keinen Gleichen uns aufweift. Seit feinem Eintritte in kaiferliche Dienfte war es fein Wahlfpruch: „Oefterreich über Alles", und er hat diefen Satz nicht bloß durch feine unfterblichen Siege, fondern auch durch die nicht minder große Kühnheit, mit welcher er den Erbübeln des Staates an den Leib ging, getreulich bekundet. Noch vor feinem erften großen Siege, Zenta, wies er die Aufforderung Ludwigs XIV., als Marfchall in die Dienfte Frankreichs zurückzutreten, mit den ftolzen Worten zurück: „Ich bin Feldmarfchall des Kaifers, das ift wohl ebenfo viel, als ein franzöfifcher Marfchall. Ich bedarf keiner Penfionen, fondern nur der Gelegenheit, im Dienfte meines Monarchen mich auszuzeichnen." Er hat es redlich gethan; dreizehn Wunden und unzählige Siege trug er davon im Dienfte dreier Kaifer, von welchen er fagte: „Leopold war mein Vater, Jofeph mein Bru= der, Karl mein Herr." Hatte felbft der Riefengeift Eugens, vor dem das Zwer= gengefchlecht alltäglicher Höflinge doch unwillkürlich fich beugte, in den letzten zwei Decennien das Einfchleichen der Mißbräuche und Mißgriffe in Regierungs= kreifen nicht abzuwehren vermocht, fo läßt fich vorftellen, wie mit dem Tode des großen Staatsmannes die letzte Schranke fiel und wie nun am Hofe des gutmü= thigen Kaifers der Wettftreit zwifchen diefer und jener Familienverbindung gleich

Staatsangelegenheiten betrachtet werden, mindestens auf die Führung derselben einen bestimmenden Einfluß gewinnen konnte. Schon seit längerer Zeit hatte der Nepotismus sein unverschämtes Haupt erhoben; nachdem kurz vorher Oesterreich noch der reichste Staat an vorzüglichen Truppenführern gewesen, hatte die österr. Armee jetzt blos einen einzigen höheren General, auf welchen sie mit vollem Vertrauen blicken konnte, und dieser Eine, Graf Traun, blieb in dem beginnenden Kriege ohne Verwendung. Der Kaiser selbst hatte so wenig Zuversicht in die Leistungs= fähigkeit seiner meisten Marschälle, daß er den als Protestant höchst mißliebigen Seckendorf aus dem Ruhestande an die Spitze der Armee berief. FM. Seckendorf, ein Charakter mit einem süßlichen Kerne unter rauher Schale, listig und lauernd unter schroffen Manieren, hatte vormals als Gesandter am preußischen Hofe das österr. Interesse trefflich vertreten, indem er den wunderlichen König Friedrich Wilhelm vollkommen zu leiten verstand; als Corps=Commandant im letzten Kriege hatte er ebenfalls sich sehr hervorgethan. Er verstand sich nur über die dringende Bitte des Kaisers zur Uebernahme des Befehles über ein Heer, das er in einem kläg= lichen Zustande des Verfalles vorfand. Für Unterkünfte, Proviant und Kriegs= bedürfnisse aller Art waren die mangelhaftesten Vorkehrungen getroffen; es fehlte überdieß an Geld, um das Fehlende nachzuschaffen; das Heer hatte einen gerin= gen Stand, war durch den letzten, wenig ehrenvollen Krieg moralisch niedergedrückt und entbehrte des Vertrauens in seine Führer; in allen Kreisen bestanden Fac= tionen zwischen den alten Verdienst= und den jugendlichen Protections=Officieren; die Generale, meistens Männer ohne hohen Charakter und ohne tiefes Urtheil, trugen ihre persönlichen Gehässigkeiten in den Dienst hinüber. Wenn unter solchen Umständen Oesterreich sich dennoch zum Kriege entschloß, statt früher den Augias= stall gehörig auszumisten und die Armee neu zu organisiren, — und wenn dann eine unerhörte Schmach die Strafe des frevelhaften Friedensbruches war, so trifft die Schuld an diesem nationalen Unglücke nur jene erbärmliche Zunft von halb bornirten und halb gewissenlosen Schmeichlern, welche es als ein Postulat des Patriotismus erklären, jedes grüne Blättchen zu einem ganzen Lorbeerhaine zu erheben, dagegen aber über ganze Gebirge von Uebelständen mit den Augen flüch= tig hinwegzugleiten und sie vornehm zu ignoriren. — Prinz Eugen mit seiner oft derben Wahrheitsliebe war diesen Hofscherwenzlern ein Dorn im Auge gewesen; — nun, da er fort war, hatten sie freies Feld, um zu beweisen, daß man Neapel und Sicilien im Oriente zurückerobern müsse; die jüngsten Unfälle des Staates wurden von ihnen erklärt mit dem gewöhnlichen Erklärungsgrunde des anmaßenden Blöd= sinnes, — mit dem widrigen Zufall; um so bestimmter gaben sie die Versicherung, daß die Armee nicht besser bestellt sein könne und nichts Eiligeres zu thun habe, als ebenſo wie einſt den Morgen von Karl's VI. Regierung nun auch den Abend durch den Glanz unſterblicher Siege zu verklären. Nur zu bald erkannte der Kaiſer den Unterſchied zwiſchen wahrheitsliebenden und ſchmeichelnden Rathgebern und nur zu ſehr gerechtfertigt war ſein Ausruf; „Iſt denn mit Eugen der Glücksſtern von mir gewichen?" Im Winter fuhr Oeſterreich mit ſeiner Friedensvermittlung fort, doch that es dieß nur zur Wahrung des Scheines, da es den Krieg bereits feſt beſchloſſen hatte. Trotz des freundlichſten Entgegenkommens von Seiten der Pforte rückten die kaiſerlichen Truppen am 12. Juli 1737 auf das türkiſche Gebiet vor.

125. Der Krieg der drei Kaiſerſtaaten, 1736—39. (Fort=ſetzung.) Die Streitmacht Oeſterreichs im Kriege gegen die Türken betrug wenig über 60.000 M. Fußvolk und 36.000 Reiter; hiezu kamen noch 50.000 M. unregelmäßiger Milizen, welche hauptſächlich nur im kleinen Kriege zu verwenden waren. Dieſes wenig beträchtliche Heer wurde von Seckendorf in eine Haupt= und zwei Seiten=Armeen vertheilt; im Verlaufe des Feldzuges 1737 fanden noch wei=tere Theilungen ſtatt. Es konnte demnach den Türken trotz ihres gleichzeitigen Krieges gegen Rußland nicht ſchwer fallen, in den Donauprovinzen mit genügen=der Macht aufzutreten. Anfangs verliefen die Ereigniſſe recht günſtig für Oeſter=reich: Seckendorf nahm die bedeutende Feſtung Niſſa (3. Aug.), während zur ſelben Zeit Graf Wallis einen großen Theil der Wallachei beſetzte und der Prinz von Hildburghauſen vor Banjaluka am Verbas erſchien (25. Juli). Als der Platz dem Falle nahe ſchien, erſchien ein türkiſches Corps zu ſeiner Rettung und trieb die Kaiſerlichen zurück; letztere verloren hiebei ein anſehnliches Kriegsmateriale. Un=terdeſſen hatte Seckendorf den General Khevenhiller zur Belagerung von Widdin ab=geſchickt; da aber die Türken beträchtliche Verſtärkungen in dieſen Platz warfen, ging Khevenhiller über den Timok zurück und erlitt ein paar Wochen ſpäter (28. Sept.) bei Radejowitz beträchtliche Verluſte. Bald darauf ſetzte er über die Donau und vereinigte ſich mit Wallis, der nach dem Rückzuge der Kaiſerlichen aus dem Thale des Timok ſeine eigene Stellung in der Wallachei zu ſehr gefährdet glaubte. Khe=venhiller und Wallis nahmen ſchließlich ihren Rückzug bis in die Gegend von Temesvar, wo ſie Winterquartiere bezogen. Während Khevenhiller am Timok ſtand, hatte Seckendorf mit dem Reſte der Hauptarmee ſich weſtlich gewendet. Mit der Eroberung des feſten Schloſſes Uſchitza (29. Sept.) bahnte er ſich nach Bos=nien den Weg und erſchien nun vor Swornik. Das Austreten der Drina verzö=gerte aber den Anfang der Belagerung und mittlerweile geſtalteten ſich die Dinge überall ſo ungünſtig, daß auch Seckendorf zum Rückzuge bis in ein Lager bei Schabatz ſich entſchließen mußte. Durch die Entſendung Khevenhillers an den Ti=mok und den Marſch des eigenen Corps an die Drina hatte Seckendorf nämlich die längs der Morawa befindliche Hauptoperationslinie freigegeben, wobei er wahrscheinlich auf die Wichtigkeit von Nissa Rechnung zog. Dieser Platz wurde aber durch den General Doxat entweder aus Feigheit oder Dummheit einem türkischen Streifcorps überliefert. Somit war auch die einzige werthvolle Eroberung, welche die Oesterreicher gemacht hatten, bereits wieder verloren gegangen. In Wien war man über den schlechten Ausgang dieses Feldzuges nicht wenig erstaunt und wußte sich denselben nicht anders zu erklären, als entweder durch absichtliche Verkehrtheiten Seckendorfs oder durch den Zorn des Himmels, welcher das von einem Ketzer angeführte Heer getroffen hatte. Letzteres war die Ansicht des gemeinen Volkes, welches den mißliebigen General am liebsten zerrissen hätte. Seckendorf wurde aber eingekerkert und blieb es bis nach dem Tode Karl's VI., obgleich der Herzog von Lothringen, welcher dem ganzen Feldzuge beigewohnt hatte, die Versicherung abgab, daß die Ausrüstung und Zahl des Heeres von Anfang an ungenügend gewesen sei. So richtig auch diese Bemerkung des Herzogs war, so hätte sie ihm doch beinahe die volle Ungnade des Kaisers zugezogen; denn der letztere war bereits gewöhnt, ausschließlich nur glänzende Berichte über Staats- und Heeres-Organisation zu vernehmen. Seckendorf's Schicksal war übrigens nicht ganz unverdient, insoferne er nämlich wirklich den Fehler einer zu großen Zersplitterung seiner Streitkräfte begangen hatte. Strenge, aber nicht ungerecht war die Behandlung des Generals Doxat; derselbe wurde enthauptet (1738). — Die Friedensverhandlungen wurden inzwischen fortgesetzt, noch immer aber ohne rechten Ernst.

Glücklicher als Oesterreich war Rußland im J. 1737 gewesen. Münnich erschien mit einem Heere von 70.000 M. und mit einer starken Flottille vor Oczakow, welches eine Besatzung von 20.000 M. hatte. Nachdem ein Pulvermagazin durch eine Bombe in die Luft gesprengt worden, fiel die Festung und damit die Beherrschung des Dnjepr-Limans in die Hände der Russen (13. Juli). Letztere setzten den Platz wieder in guten Zustand und vertheidigten ihn gegen ein türkisches Heer, welches ihn zurückgewinnen wollte, mit solchem Nachdrucke, daß die Angreifer nach einem Verluste von 10.000 M. wieder abzogen (Oct.). Auch in die Krimm waren die Russen unter Lascy eingedrungen und erfochten daselbst Vortheile, gingen aber später wieder in Winterquartiere am Don zurück. — Im J. 1738 waren auch die Russen unglücklich. Lascy erschien abermals tief in der Krimm, vermochte aber nicht der reichen Handelsstadt Kaffa (Feodosia) sich zu bemächtigen und hatte sonst nur unbedeutende Gefechte mit den Tataren. — Mit einem zweiten Heere (35.000 M.) war FM. Münnich über den Bug gegangen, schlug die Tataren und Türken in zwei Gefechten (11., 19. Juli), fand aber, als er endlich am Dnjestr anlangte (Mitte Aug.), hinter demselben 60.000 Türken in einem verschanzten Lager stehen; daher zog er sich mit seinem Heere, welches durch Entbehrungen und Krankheit auf weniger als die Hälfte geschmolzen war, bis in die Ukraine zurück. Die Russen hielten es nunmehr nicht für gerathen, Oczakow und Kinburn zu behaupten; sie schleiften diese Plätze, deren Eroberung ihnen über 20.000 M. gekostet hatte, und überließen die Mündung des Dnjepr wieder den Gegnern.

Die österreichischen Heere waren im J. 1738 dem Namen nach vom Herzog Franz von Lothringen, in Wirklichkeit aber vom FM. Königsegg befehligt. Da dieser seit Eugens Tod Präsident des Hofkriegsrathes war, so wäre es jetzt an ihm gewesen, durch große Siege die hochgerühmte Organisation und Stärke des Heeres zu beweisen. Dieß geschah aber keineswegs. Der Feldzug war sehr wechselvoll und drehte sich vorzugsweise um den Besitz der kleinen Festungen beiderseits der Donau; so wurde z. B. Mehadia dreimal in diesem einen Jahre erobert. Der Ausgang des Feldzuges war für die Oesterreicher unglücklich, indem ihnen die Plätze Uschitza, Neu- und Alt-Orsowa, Mehadia und Semendria verloren blieben. Die Türken hatten somit bereits festen Fuß dießseits der Donau gefaßt und machten verheerende Streifungen in den Banat. Herzog Franz von Lothringen, der durch seine Wahrheitsliebe nur Anstoß erregt hatte, zog sich seither von der Armee zurück. Königsegg verlor seine militärischen Aemter, wurde aber dafür, zum großen Mißfallen des Volkes und der Armee, mit einer hohen Hofcharge entschädigt.

Im Feldzug 1739 befehligte Gf. Wallis die Oesterreicher. Das Hauptheer war nicht über 40.000 M. stark. Durch falsche Kundschaften ließ sich Wallis zu dem Glauben verleiten, daß bei **Grotzka** (3 Meilen SO. von Belgrad) bloß die Vorhut des türkischen Heeres in der Stärke von 12.000 M. stehe und daß der Großvezier noch drei Tagemärsche zurück sei. Ohne sich in genauere Erkundigungen einzulassen, welche in diesem, damals österreichischen Theile Serbiens gewiß nicht schwierig sein konnten, ging Wallis bei Pancsowa auf das rechte Donauufer über, während Neipperg mit einem Corps von 10.000 M. nördlich vom Strome verblieb. Nun führten in der Richtung von Belgrad und Pancsowa auf Grotzka hin vier enge Straßen, alle als beschwerliche Defilés zu betrachten. Statt möglichst viele Colonnen, hier also vier, zu formiren, damit der Aufmarsch aus den Defilés beschleunigt und erleichtert werde, schob Wallis sein ganzes Heer in eine einzige lange, dünne Colonne zusammen und allmälig in den einen der Hohlwege hinein; um seiner Weisheit die Krone aufzusetzen, stellte er ohne Rücksicht auf das Terrain an die Tête der Colonne nichts als Cavallerie, diese aber fast in ihrer ganzen Zahl vereint (23. Juli). Bei einem so hirnlosen Vorgange hätten die Oesterreicher wahrscheinlich auch dann nicht zu debouchiren vermocht, wenn wirklich nur 12.000 Türken vor dem Ausgange des Defilés gestanden wären. So aber befand sich dort die ganze weit überlegene Macht des Großve= ziers. Was konnte da anders erfolgen, als daß jedes Cavllr.=Regmt., wie es vor dem Defilé aufmarschirte, sogleich auf die nächstfolgenden Abtheilungen geworfen wurde, ferner daß die vorderen Regimenter, weil sie nirgends sich zurückziehen und sammeln konnten, aufgerieben werden mußten, weiter, daß der Verlust der Oester= reicher (11.000 M.) größer sein konnte als die Anzahl der Mannschaften, welche wirklich in ein eigentliches Gefecht gekommen waren! Indem die Oesterreicher bei ihrem Rückzuge ebenso schmal und langsam, als ihre Colonne gekommen war, durch den Hohlweg sich zurückzuwinden, später aber entweder die Donau zu passiren oder den hier convex gekrümmten Weg nach Belgrad einzuschlagen hatten, wäre es dem Großvezier ein Leichtes gewesen, mit einer etwas kräftigen Verfolgung die ganze österreichische Armee aufzureiben. Man wird uns gestehen müssen, daß, wenn irgendwo eine Akademie für möglichst dumme Schlachteinleitungen bestehen würde, Gf. Wallis gerechten Anspruch auf den Präsidentenstuhl zu erheben gehabt hätte. Und trotz dieser seiner so ganz absonderlichen Begabung hatte ihn vordem (1704) das ungerechte Vaterland erst im Alter von 31 Jahren zum Regiments=Com= mandanten und wieder erst vier Jahre später zum General erhoben!

Nach der Schlacht bei Grotzka zog sich Wallis in anständige Entfernung von den Türken zurück. Die letzteren erschienen schon zwei Tage nach ihrem Siege vor Belgrad und begannen die Belagerung (25. Juli). Einen ernstlichen Ent= satzversuch wagten die Oesterreicher nicht, und die kleinen Operationen, welche sonst noch hie und da versucht wurden, verschwinden an Bedeutung gänzlich vor den um Belgrad jetzt gepflogenen Verhandlungen. Dieselben bilden auf österrei= chischer Seite ein derartiges Gewebe von Verwirrung, Intrigue und Kopflosigkeit der betheiligten Personen, daß es zu ekelhaft und zu zeitraubend wäre, sich damit näher zu befassen. Hier seien nur ein paar Anhaltspunkte zur Beurtheilung des Ganzen gegeben. General Wallis und ein Unterhändler desselben, Hptm. Gf. Groß, ferner General Neipperg führten zu gleicher Zeit und jeder so ziemlich auf eigene Faust die Verhandlung; das Hauptmännchen erlaubte sich, ohne höhere Ermächtigung den Türken Belgrad anzubieten, welches fast den Werth einer Pro= vinz hatte; Neipperg und Wallis waren wieder einander spinnefeind und suchten Einer dem Anderen zuvorzukommen. Wallis verhehlte, während er selbst fort= während mit dem Großvezier verhandelte, seinem Collegen Neipperg, daß dieser eigentlich hiezu bevollmächtigt wäre. Umso mehr beeilte sich Neipperg, als er zu= fällig Kunde von dieser Vollmacht erhielt, nun wieder dem Freunde Wallis in der Losschlagung österreichischen Gebietes den Rang abzulaufen. In diesem schönen Bilde erscheinen dann noch die Generale Succow und Schmettau. Es war näm=

lich die wichtigste Frage die, ob Belgrad durch mehrere Wochen, bis zur Ansammlung eines Entsatzheeres gehalten werden könne oder nicht. Succow, der Commandant von Belgrad, berichtete gleich in der ersten Zeit das Vorhandensein einer
großen Bresche, demnach die nahe Gefahr der Erstürmung; Schmettau, zur Be-
sichtigung von Belgrad eigens abgeschickt, hatte mit aller Anstrengung seiner ehrlichen Augen die Bresche nirgends gefunden; Neipperg endlich, mit seinen Vollmachten eigens über Belgrad in's türkische Lager reisend, nahm sich nicht die
Mühe, die Frage Bresche oder Nichtbresche durch den Augenschein zu erledigen
oder auch nur sich zu erkundigen, was bisher zwischen Wallis und dem Großvezier verhandelt worden sei. Was das Hauptmännlein Gf. Groß dem türkischen
Staatsmanne mündlich angetragen hatte, wurde von Gnrl. Gf. Neipperg ohne
viele Umstände als bindend zugestanden. Die ganze Friedensfrage wurde tout
cavalièrement erledigt; die Betheiligten hatten Studien über den Gegenstand
nicht als eigentlich nothwendig betrachtet, da ihnen ja das angeborne Savoir-
faire den nöthigen Ersatz gab; und in Wahrheit hätten ihre Köpfe noch schwächer
sein müssen, als sie waren, wenn einer derselben über die Anstrengung bei diesem
Friedensgeschäfte brechen hätte sollen.

Am 1. Sept. unterzeichnete Neipperg die Präliminarien; drei Tage darauf
hielt der Großvezier seinen Einzug in Belgrad. Nun hätte der Kaiser, der sich mit
Grund des hier geschlossenen Vertrages schämte, demselben gerne die Ratification
verweigert; da aber seine Unterhändler in ihrem Diensteifer Belgrad bereits den
Feinden überliefert hatten, so hätten die österreichischen Waffen diese Hauptfestung
zuerst wieder erobern müssen, um die Friedensfrage nur auf jenen Standpunkt
zurück zu versetzen, in welchem Wallis, Groß und Neipperg dieselbe vorgefunden
hatten. So gab denn der Kaiser dem Belgrader Frieden seine Genehmigung,
entschuldigte sich aber in einem Rundschreiben an die europäischen Höfe über die
schmählichen Bedingungen desselben. Auch ließ er sowohl Wallis als Neipperg in
Kerker setzen; beide wurden jedoch nur zu bald wieder der Freiheit und ihren früheren Wirkungskreisen zurückgegeben. Der Belgrader Frieden bestimmte die Save,
Donau und die südlichen Karpathen, beinahe ganz die heutige Trace, als die
Grenze zwischen der Pforte und Oesterreich. Letzteres hatte Belgrad nebst den im
Paßarowitzer Frieden gewonnenen Antheilen von Serbien und der Wallachei der
Pforte zurückzugeben. Die ungeheure Schmach dieses Krieges und dieses Friedens-
schlusses für Oesterreich beruht nicht auf der verhältnißmäßig nur geringen Ge-
bietseinbuße, sondern erstlich auf dem großartigen Contraste zu den zwei vorher-
gegangenen Türkenkriegen; weiter darin, daß Oesterreich nur eine einzige namhafte
Schlacht geliefert und diese in so kopfloser Weise verloren hat; dann in dem Um-

stande, daß der General, der diesen kläglichsten aller Streiche gespielt hat, zweien anderen im Heerbefehle gefolgt war, die ihrer Unfähigkeit wegen bereits entfernt worden; ferner, daß der abgeschlossene Frieden weit mehr die moralische und intellektuelle Unzurechnungsfähigkeit der höheren Truppenführer bekundete, als der vorhergegangene Krieg selbst; endlich, daß Oesterreich binnen drei Jahren drei Armee-Commandanten auf die Festung schicken, einen absetzen, einen höheren General enthaupten lassen mußte und als Gegenstück hiezu nicht einen General aufweisen konnte, der in diesem Kriege etwas wirklich Bedeutendes geleistet hatte. — Wo solche Erscheinungen sich zeigen, da darf man wohl mit Bestimmtheit die Behauptung aufstellen, daß das System seit längerer Zeit ein gänzlich verfehltes, daß der Staat in seinem Marke angefault gewesen sein müsse, und daß er die Entscheidung seiner künftigen Geschicke nicht auf die Verbindung des Könnens mit dem Sollen gegründet hatte, sondern auf den leidigen Zufall. Ein Staat, welcher ohne eingehende Prüfung der Individualitäten seine Aemter besetzt, ist der Baalspfaffe des Fatums. Wenn ein Mann auf einen Markt ginge, dort alle vorhandenen tausend Pferde zusammen kaufte, alle braunen zu Ackergäulen, alle Rappen zu Postkleppern und alle Grauschimmel zu Rennpferden bestimmte, — würde ihn da nicht jedermann einen Narren nennen? Was kein Mensch mit seinen Pferden thut — Anstellung ohne Prüfung der Individualität —, das thun nur zu viele Staaten mit ihren Männern! Der Renner zieht im Pfluge und der Pinzgauer soll fünf Schuh hohe Hürden springen.

Der Friede Oesterreichs mit der Pforte bemüßigte auch Rußland zur Einstellung der Feindseligkeiten. Die Heere der Kaiserin Anna waren im J. 1739 wieder vom Erfolg begleitet. Lascy hatte Asow und die Oberhand in der Krimm behauptet. Münnich war mit 65.000 M. am 30. Juli bei **Grodek** (unweit Zalesczyki) über den Dnjestr gegangen und griff am 28. Aug. die 90.000 Türken des Seraskiers unweit **Choczim** bei Stawutschan an. Diese hatten eine nach vorne in felsigen Hängen abfallende, rechts und links an Waldberge gestützte Stellung inne; Münnich demonstrirte gegen die Mitte, griff aber gleichzeitig den linken Flügel der Gegner an und erlangte trotz eines kräftigen Widerstandes einen vollen Sieg. Während die Osmanen nach Bender flohen, nahm Münnich die wichtige Festung Choczim (30. Aug.) und drang nun nach Jassy vor, wo er mit österreichischen Schaaren sich zu vereinigen hoffte. Statt ihrer langte die Nachricht an, daß der russische Bevollmächtigte zu Belgrad mit Ueberschreitung seiner Vollmachten, gerade so wie Neipperg, die Präliminarien abgeschlossen und daß die Kaiserin Anna, ganz gleich dem deutschen Kaiser, dieselben bestätigt hatte. Die Macht der Pforte war in diesem Kriege über alles Erwarten stark befunden worden; ohne

Oesterreichs Beihilfe glaubte Anna die errungenen Vortheile nicht behaupten zu können. Der Frieden, den Rußland mit der Pforte einging, brachte zwar auch fast keinen Gewinn, aber er war wenigstens ehrenhaft. Im Allgemeinen wurden die früheren Grenzen hergestellt; nur Asow hatte wieder bei Rußland zu verbleiben.

Wir haben noch über die letzten Tage Karl's VI. zu berichten. In seiner Kraft durch die traurigen Erfahrungen des letzten Krieges gebrochen, starb der letzte männliche Sprosse des Hauses Habsburg am 20. Oct. 1740 im Alter von 56 Jahren. Er war ein Fürst voll Wohlwollen und Milde gewesen, für alles Schöne erglühend, der eifrigste Freund und Schützer des Rechtes. Unablässig bemüht, das Wohl seiner Völker zu fördern, verfehlte der gutmüthige Kaiser nur zu oft die richtigen Wege. Er war voll Vertrauen in diejenigen, welche er seine Freunde glaubte; leider aber hielt er diejenigen am liebsten für seine wahren Freunde, welche ihm nur angenehme Dinge zu berichten wußten. Daher vermochte Eugen in seinen späteren Jahren nicht mehr gegen verschiedene Hofleute aufzukommen. Hören wir zum Schlusse das Urtheil Friedrichs des Großen über den letzten Habsburg: „Man muß sich wundern, wenn man die letzten Jahre der Regierung Karl's VI. (1736—40) so weit unter dem Glanze seines Regierungsantrittes sieht. Die Ursache hievon liegt einzig in dem Verluste des Prinzen Eugen. Nach dem Tode dieses großen Mannes fand sich niemand, der im Stande gewesen wäre, ihn zu ersetzen. Es fehlte dem Staate an Nachdruck, er gerieth allmälig in Verfall. Karl VI. hatte von der Natur alle Anlagen zum guten Bürger, aber auch nicht eine zum großen Manne erhalten. Er war großmüthig, aber ohne Unterscheidungskraft; er war beschränkt im Geiste und in Ansichten; er besaß Fleiß, aber ohne Genie, so daß er viel arbeitete, aber wenig that. . . . . Seine Minister beschäftigten und unterhielten ihn mit Urtheilsprechen, mit Kleinlichkeiten des Ceremoniels und mit der Etiquette des Hauses Burgund. Während er mit geringfügigen Dingen oder mit der Jagd sich beschäftigte, schalteten seine Minister als die eigentlichen Herren im Staate mit despotischer Gewalt ꝛc."

126. Preußen unter seinen zwei ersten Königen. Der erste König Preußens, Friedrich I. (§. 80), stand im spanischen Successionskriege getreulich auf der Seite des Kaisers; dabei zeigte aber der preußische Staat schon jetzt eine gewisse Tendenz, dereinst mit Oesterreich in die Schranken zu treten und als protestantische oder nördliche Vormacht Deutschlands mit der südlichen, katholischen, zu rivalisiren (§. 100). Da aber Friedrich I. kein sehr energischer Charakter war, so gaben diese vorübergehenden Anwandlungen von Großmachtgelüsten noch wenig Ursache zu ernsten Bedenken. Gleich den meisten Zeitgenossen glaubte Friedrich I. die Würde des Königthums mehr im äußeren Glanze, als in der

kräftigen und weisen Beförderung der Volksinteressen beruhend. Er brauchte dem=
nach sehr viel Geld zur Bestreitung des Hofstaates und belastete das Volk mit
einer Menge von neuen Abgaben; sogar auf Perrücken und Strümpfe wurden
Steuern erhoben. Friedrich I. that Manches für die Wissenschaften (Stiftung der
Akademie der Wissenschaften und der Universität Halle), — weniger aus innerem
Drange, als wie um auch in dieser Richtung Ludwig XIV. nachzuahmen. Das
Heer, welches Friedrich I. mit einer Stärke von 38.000 M. ererbt hatte, wurde
unter ihm in einem sehr guten Zustande erhalten und erwarb sich in den Kriegen
dieser Zeit einen großen Ruhm vermöge seiner Tüchtigkeit im Felde, keineswegs
aber durch gute Mannszucht gegenüber der Landesbevölkerung. Friedrich I. hatte
den Staat mit einer Größe von 2000 ☐Meilen übernommen und ererbte nach
dem Aussterben des Oranischen Hauptzweiges dann noch Neufchatel und Orange;
letzteres fiel aber im Utrechter Frieden an Frankreich, wogegen Preußen eine gute
Entschädigung in dem größeren Theile des Herzogthumes Geldern, dann auch in
Limburg erhielt. Noch einige andere kleine Gebiete wurden unter Friedrich I.
mit Preußen vereinigt.

Der Abschluß des Rastätter Friedens fiel jedoch schon in die Regierung
seines Nachfolgers Friedrich Wilhelm I. (1713—40). Dieser Fürst benützte den
nach der Schlacht von Pultawa eingetretenen Verfall der schwedischen Großmacht
zur Theilnahme am zweiten nordischen Kriege und vergrößerte in dem nachfolgen=
den Frieden seinen Staat durch den Erwerb von Vorpommern zwischen der Oder
und Peene nebst der Hauptstadt Stettin und den Inseln Usedom und Wollin
(1720). Unausgesetzt thätig war Friedrich Wilhelm für die Beförderung des
materiellen Gedeihens seiner Staaten; er siedelte 18.000 Protestanten, welche
von dem Erzbischof von Salzburg mit großer Härte aus dem Lande getrieben
wurden, in seinen Staaten an (1732), ebenso 15.000 Dissidenten aus Polen;
den Ackerbau und die Gewerbe belebte er so viel als möglich. Er war ganz im
Unterschiede von seinem Vorgänger und den Zeitgenossen ungemein ökonomisch
im Staate sowohl als im eigenen Hauswesen, im letzteren sogar knickerisch. Ein
eigentlicher Hofstaat war in Berlin jetzt nicht zu finden, vielmehr nur eine bürger=
liche Haushaltung; die Kleidung, die Tafel, das Auftreten der königlichen Familie
waren fast noch weniger als einfach, es war daselbst Alles auf Thaler und Gro=
schen berechnet. Vermöge seiner sorgsamen Gebahrung mit den Finanzen brachte
der König es dahin, den Steuerdruck, der auf dem Volke lastete, zu verringern,
dabei das Heer beständig zu vermehren und trotz alledem einen sehr beträchtlichen
Staatsschatz zu hinterlassen. — In den auswärtigen Angelegenheiten hielt sich
Friedrich Wilhelm I. enge an Deutschland und den Kaiser. Als im J. 1730 der

Kurfürst von Sachsen einen gegen den Kaiser gerichteten Fürstenbund in Vor= schlag brachte, erklärte der preußische König, er wolle lieber sein ganzes Land durch Brand verwüsten und sich selbst Glied für Glied abhauen lassen, bevor er von Kaiser und Reich sich trenne. Dem letzten Kriege Eugens am Mittelrheine wohnte der König durch einige Zeit als Zuschauer bei und ließ seinen Kronprinzen noch länger daselbst zurück, auf daß dieser unter einem berühmten Meister den Krieg kennen lerne. Vorübergehend brachte ein ungarischer Abenteurer, Clement, eine Entfremdung zwischen die Höfe von Wien und Berlin, indem er dem Könige das Mährchen aufzubinden wußte, der Kaiser verfolge den Plan, den König gefangen zu setzen und den Kronprinzen katholisch zu erziehen. Friedrich Wilhelm ließ aber den Verläumder, nachdem er ihn durchschaut hatte, hinrichten (1720) und trat wieder in das frühere freundliche Verhältniß zu Oesterreich. Wenn später zeitweise wieder eine Erkaltung der gegenseitigen Beziehungen einzutreten drohte, wußte der kaiserliche Gesandte FM. Seckendorf den König immer wieder herumzukriegen. Indem dieser schlaue Diplomat in alle Schwächen und Roheiten des Königs ein= ging, erlangte er eine solche Herrschaft über diesen, daß die Interessen Preußens schließlich ganz mit jenen Oesterreichs zusammenfielen und sogar die Familien= Verbindungen der Dynastie Hohenzollern, sehr zum Mißfallen der einzelnen Mit= glieder, durch den österreichischen Gesandten geleitet wurden.

Bei all' seiner eifrigen Thätigkeit für das Wohl seiner Unterthanen war Friedrich Wilhelm I. nichts als ein gekrönter Corporal oder ein Profoß im Her= melin. Er behandelte seine Unterthanen wie Leibeigene, verwaltete das Recht in barbarischer Weise und behandelte jede abweichende Meinung wie ein Staatsver= brechen. In keinem Lande der Welt dürfte jemals so viel geprügelt worden sein, wie unter Friedrich Wilhelm I. in Preußen; er selbst griff bei jedem Anlasse nach dem Stocke, sogar gegenüber der eigenen Familie. Der König verabscheute alles Wissen. Er trieb die Verachtung desselben so weit, daß er eine Art von Hofnarren, Gundling, der Akademie der Wissenschaften als Präsidenten vorsetzte. In noch höherem Grade haßte der König Alles, was französisch hieß; seine Söhne und Töchter bekamen ihre Neigung zu französischen Moden und Büchern oftmals schwer zu büßen. Ebenso waren ihm die schönen Künste zuwider; Oper und Ballet wurden abgeschafft und schlecht erging es dem Kronprinzen, wenn er sich bei dem Flötenspielen, das er mit Leidenschaft und Virtuosität betrieb, ertappen ließ. Ueberhaupt kannte der König nichts Schönes als seine Soldaten — und nichts Nützliches, außer was mit den Händen zu greifen war. Müßiggang, und dahin rechnete er auch die Pflege von Wissenschaft und Kunst, galt ihm ein Verbrechen; reiche Pflastertreter verurtheilte er zum Gassenkehren. Friedrich Wilhelm besaß einen gesunden, kräftigen Kern echt deutscher Natur, aber in der Ueberschätzung seines eigenen Urtheils, das er unfehlbar glaubte, gestaltete er sich gleichzeitig zum Pedanten und zum Despoten. — Die Staatsangelegenheiten wurden so wie jene der königlichen Familie ohne eine Befragung der dabei betheiligten Interessen verhandelt. Das eigentliche Reichsministerium Preußens war jetzt das sogenannte „Tabaks=Collegium." Allabends 5 Uhr versammelten sich 6—8 Freunde des Königs, tranken Bier und qualmten Tabak aus kurzen holländischen Pfeifen, machten die rohesten Späße über Gundling und verhandelten nebenbei die wichtigsten Staatsfragen. Der schlaue Seckendorf hatte es seiner anscheinenden Derbheit in dieser Kneip= und Rauch=Gesellschaft zu verdanken, daß er auf den König im Interesse Oesterreichs so großen Einfluß übte. — Besonders bemerkenswerth sind unter Friedrich Wilhelm die Familien=Verhältnisse und die Heeresorganisation. Häufig ließ der König seine nächsten Angehörigen den Stock spüren; seine älteste Tochter hätte er eines Tages vielleicht erstochen, wenn ihn nicht andere Personen abgehalten hätten. Er hatte mit dem Hause von England=Hannover Wechselheirathen verabredet; als er später wegen seiner Menschenräubereien mit jenem Hofe in Feindschaft trat, zwang der König unter Seckendorfs Zuthun die eigenen Kinder zu verhaßten Verbindungen; besonders dem Kronprinzen wurde das Leben in solcher Weise verleidet und mancher Keim schlimmerer Gemüths= anlagen dadurch erst geweckt. Die Jugendgeschichte dieses Kronprinzen müssen wir näher in das Auge fassen.

Friedrich, später mit dem Beinamen „der Große", war am 24. Jänner 1712 geboren. Seine Erzieherin brachte ihm eine leidenschaftliche Liebe für die französische Sprache, Wissenschaft, Kunst, Sitte und Mode bei. Da der König alle diese Dinge haßte und mit Gewalt zu unterdrücken strebte, der Prinz dagegen, durch die übermäßige Härte seines Vaters erbittert, immer weniger zu gehorchen geneigt war, so ergaben sich bald ernste Zerwürfnisse zwischen beiden; sie fingen an, was das Schlimmste in einer Familie sein muß, sich gegenseitig zu hassen oder zu verachten. Friedrich Wilhelm glaubte, daß sein Sohn nur Beruf habe, ein Geck und Modebengel zu werden, nicht aber ein Soldat, wie der König ihn träumte, nämlich starr, steif, in jedem Zoll ein ganzes Buch von Vorschriften. Prinz Friedrich lernte seine Officiers=Charge hauptsächlich nur im Arrest kennen. Endlich auf einer Reise, die er im J. 1730 mit seinem Vater machte, beschloß er nach England zu entfliehen; er wurde aber gefangen und in einen Kerker nach Wesel, später nach Küstrin gebracht. Einer seiner Mitschuldigen, Lieutenant Katte wurde hingerichtet; einem zweiten, Keith (späterer FM.), gelang es zu entfliehen. Der FM. Grumbkow präsidirte dem Kriegsgerichte, welches die Untersuchung über den

„Oberſtlieutenant Fritz" — ſo wurde der Prinz in den Acten genannt — zu füh=
ren hatte. Dieſes Gericht verurtheilte den Prinzen wegen Deſertion zum Tode
(25. Oct. 1730). Ungeachtet der dringenden Einſprache der angeſehenſten Ge=
nerale hätte Friedrich Wilhelm das Urtheil vollſtrecken laſſen, wenn nicht Karl VI.,
kräftiger als alle anderen Souveräne, ſich für den Kronprinzen verwendet hätte;
dieſer Fürſprache ſchuldete der Prinz das Leben. Man kann nicht gut behaupten,
daß der nachmalige König Friedrich II. in ſeiner Dankbarkeit gegen das öſterreichi=
ſche Haus keine Grenzen gekannt habe. — Dem Kronprinzen blieb zwar das Leben,
aber der König verlangte nunmehr von ihm, daß er auf ſein Erbrecht verzichte;
dazu war aber Friedrich durchaus nicht zu bewegen, Nach und nach gaben ſowohl
der König als ſein Sohn etwas von ihrer Halsſtörrigkeit auf, aber erſt im Jahre
1732 durfte dieſer wieder am Hofe erſcheinen. Im Jahre darauf erfolgte, ſehr
gegen ſeinen Willen, ſeine Vermälung mit einer Prinzeſſin von Braunſchweig=
Bevern. Friedrich war von nun an fügſamer und ſein Vater weniger roh gegen ihn,
ſo daß Beide ohne eigentliche Zuneigung neben einander fortzuleben vermochten.
Friedrich Wilhelm fing allmälig an zu glauben, daß hinter ſeinem Sohne viel=
leicht doch etwas mehr als der oberflächliche Geiſt des Stutzers ſtecke. In Wirk=
lichkeit war Prinz Friedrich ungemein ſchnell auffaſſend, reich an Geiſt und Phan=
taſie, an Thatkraft und Ruhmbegierde, äußerlich mit dem Lacke der franzöſiſchen
Philoſophie jener Tage angeſtrichen, im Kerne ſeiner Seele aber einer der größ=
ten Egoiſten, die es jemals gegeben hat und mit manchem moraliſchen Fehler be=
haftet. Er hatte in Wirklichkeit gar kein Gemüth und hat ſeit dem Mannesalter
nie einen Menſchen geliebt: was in ſpäteren Zeiten als Gemüth, als Liebe zur
Menſchheit und zu ſeinem Volke ſich gab, war nichts als Reflexion ſeines ſcharfen
Verſtandes, es war ein künſtliches Erzeugniß. Frühzeitig fing Friedrich zu ſchrift=
ſtellern an und trat mit großen Autoren in Verkehr, wobei er es an Schmeiche=
leien der dickſten Art nicht fehlen ließ. So ſchrieb er einmal an Voltaire: „deſſen
Beifall gelte ihm mehr als der des halben Menſchengeſchlechtes", — und ein an=
deres Mal: „Es gebe nur einen Gott und einen Voltaire." Mit derlei Mitteln
erreichte Friedrich, was er wollte: die großen Geiſter ſeiner Zeit waren von ihm
beſtochen und betrachteten ihn nur immer von der Lichtſeite.

Die größte Sorgfalt wandte Friedrich Wilhelm I. dem Heerweſen zu und
in dieſer Beziehung wurde er ebenſo wie ſein Großvater, der große Kurfürſt, Be=
gründer einer neuen Aera für Preußen. Im J. 1733 führte er die Kantons=
Eintheilung, eine Art von Stellungsbezirken ein, welche bis zum J. 1814 beibe=
halten blieb; dem Staate ward dadurch die Möglichkeit geboten, ein größeres
Heer aufzubringen und zu erhalten, als es durch die koſtſpieligen Werbungen allein,

die übrigens beibehalten wurden, möglich gewesen wäre. Die preußische Armee wurde in einer Weise organisirt und taktisch durchgebildet, daß sie bis zur französischen Revolution als Muster für ganz Europa galt. Freilich wurde hier wie auch sonst damals überall das intellectuelle und moralische Element als etwas Unwesentliches betrachtet und durch den starrsten Formalismus erdrückt. Preußen war das Paradies der Drillmeister, als deren Großkophta der Herzog Leopold von Dessau bewundert wurde. Nirgends waren die Zöpfe so echt heroisch gewunden, nirgends saßen die Fräcke so heldenmüthig enge am Leib, nirgends gingen die Frontmärsche ganzer Corps so imposant in schnurgerader Linie, nirgends hatten die Chargen so tiefe Kriegswissenschaft über die Zahl der Schritte, in welche der Kreisbogen einer Schwenkung zu zerlegen ist. Den ganzen Tag wurde daselbst exercirt, aber auch den ganzen Tag hindurch geprügelt. Die Behandlung der Soldaten war geradezu barbarisch und mußte jeden Funken von Ehrgefühl ersticken; es handelte sich ja aber auch nur darum, aus Menschen Maschinen zu machen, und dazu eignete sich jene Methode ganz trefflich. Leopold von Dessau machte das preußische Heer befähigt, etwas schneller als andere damalige Truppen zu manövriren und bedeutend schneller zu feuern; letztere Kunst wurde besonders durch die Einführung der eisernen Ladstöcke statt der sonst noch üblichen hölzernen begünstigt.

Hier müssen wir noch des militärischen Steckenpferdes gedenken, welches der König mit wahrer Leidenschaft tummelte. Als der echte Pedant, der er war, setzte Friedrich Wilhelm überall die Form über das Wesen, und daher war er auch fest überzeugt, daß sein Leibregiment aus Riesen die trefflichste Truppe auf Erden sei. So geizig er auch sonst war, für die Anwerbung irgend eines recht ungeschlachten Bengels scheute er keine Kosten; ein solcher irischer Hühne kam ihm einmal nur bis zum Eintritte in die Armee auf 1266½ Pfd. Sterling, für damals eine ungeheure Summe, zu stehen. Wollte ein auswärtiger Fürst von Preußen etwas Schwieriges erlangen, so brauchte man dem Könige nur ein halbes Dutzend solcher zweibeiniger Dromedare zu schenken. Aber Friedrich Wilhelm begnügte sich nicht mit der Preffung im Inlande und mit der Werbung, er setzte auch förmlichen Menschenraub in's Werk. Wurde irgendwo in einem Nachbarstaate eine besonders schöne militärische Größe entdeckt, so sandte der König seine Werber im Geheimen aus, welche den Gesuchten plötzlich überfielen, knebelten und über die Grenze brachten. Viele Staaten wollten diese afrikanischen Manieren des Nachbarkönigs sich nicht gefallen lassen, am wenigsten Hannover-England. Weil dieses fest auf seinem Landesrechte bestand, Friedrich Wilhelm aber lieber einen eigenen Finger als einen seiner Leibbären herausgegeben hätte, so war ein Krieg zwischen den zwei bisher innig befreundeten Fürstenhäusern ganz nahe bevorstehend; der Krieg wurde zwar abgewendet, aber die Gehässigkeit blieb zurück, — einiger Grenadiere wegen opferte Friedrich Wilhelm das Lebensglück seiner Kinder. — Friedrich Wilhelm mit seiner maßlosen Rohheit, mit seinem Hasse des Wissens und der Veredlung, mit seinem ganz seichten Geiste, der nur über Aeußerlichkeiten sich zu verbreiten vermochte, würde unter keinerlei Umständen selbst seinen Staat groß zu machen verstanden haben; aber er schuf in vollendeter Weise einem genialen Nachfolger die Mittel hiezu. Friedrich Wilhelm hinterließ bei seinem Tode (31. Mai 1740) das Land in einem blühenden Zustande, die Finanzquellen reichlich und ohne Mühe fließend, ferner einen Schatz von 8,700.000 Thalern — größer, als ein Jahreseinkommen des Staates. Die vier Hauptfestungen Wesel, Magdeburg, Stettin und Memel waren auf einen trefflich modernisirten, die anderen Plätze auf einen sehr guten Stand gebracht; die Heeresverwaltung war vereinfacht und tüchtig, die Armee galt als unübertroffen und zählte 98.000 M., beiläufig nur um ein Drittel weniger als jene Oesterreichs. In das Feld aber vermochte Preußen wenigstens ebenso viel reguläres Militär zu stellen als Oesterreich, obgleich ersterer Staat nach der Bevölkerung zum zweiten sich ungefähr wie 1 : 4 oder 1 : 5 verhielt.

In der Zeit von 1640—1740 ist Preußen aus einer Macht dritten, sogar vierten Ranges zu einer solchen des zweiten emporgewachsen; von 1740—45 wurde es Großmacht, seit 1762 rivalisirte es mit Oesterreich, seit 1866 hat es den Kaiserstaat aus Deutschland verdrängt. Blicken wir hier nur auf den ersten Zeitraum, auf die Periode 1640—1740, so zeigt sich uns folgende Regentenreihe: Kurfürst Friedrich Wilhelm, Begründer der Kriegsmacht und erster souveräner Herzog in Preußen; Friedrich I., der erste König, im Ganzen mehr Mann des Scheines als der That, doch aber ein mächtiger Erwecker des Wissens; endlich Friedrich Wilhelm I., der Organisator eines neuen Heeres, der Förderer der Gewerbe und des Nationalwohlstandes. Jeder dieser Fürsten ist in seiner Art fieberhaft thätig und greift mit eiserner Hand in die Räder des Staates, um sie zum kräftigeren Gange zu zwingen. Vergleichen wir damit Oesterreich, wo in der gleichen Periode nur einzelne Feldherren dem sausenden Fittiche der Zeit lauschten, während die Regenten nur in der Grandezza des alten Ruhmes schwelgten, die Staatsmänner in den vergilbten Protokollen entschlafener Jahrhunderte wühlten, und die Völker im faulen Phäakenthume ihre Zeit zwischen Fraß, Tanz, Messe und möglichst wenig Arbeit theilten! Begreiflich wird es uns dann sein, wie der eine Staat unaufhaltsam wachsen konnte auf Kosten des anderen.

Ende des vierten Bandes.

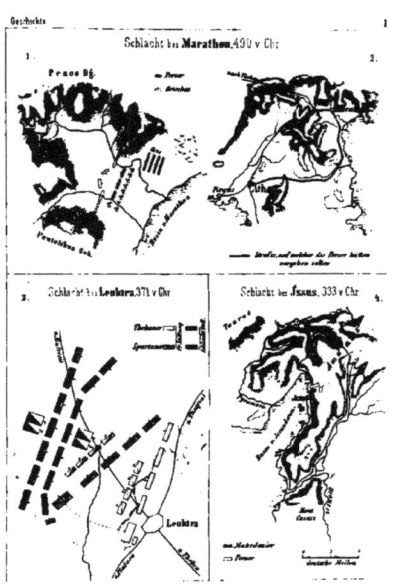

Schlacht bei **Marathon**, 490 v Chr.

Schlacht bei **Leuktra**, 371 v Chr

Schlacht bei **Issus**, 333 v Chr

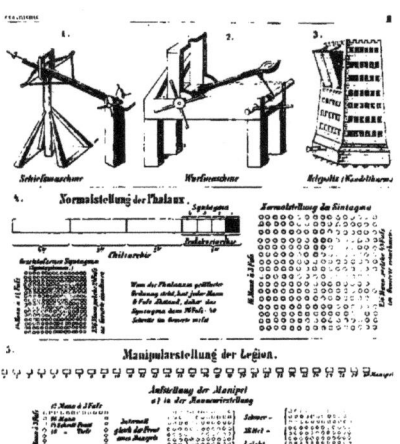

1. **2.** **3.**

Schiessmaschine — Wurfmaschine — Belagerie (Wandelthurm)

4. Normalstellung der Phalanx.

Normalstellung des Sintagma

Manipularstellung der Legion.

Aufstellung der Manipel
a) in der Manoeuvrirstellung

bei der Schlachtstellung

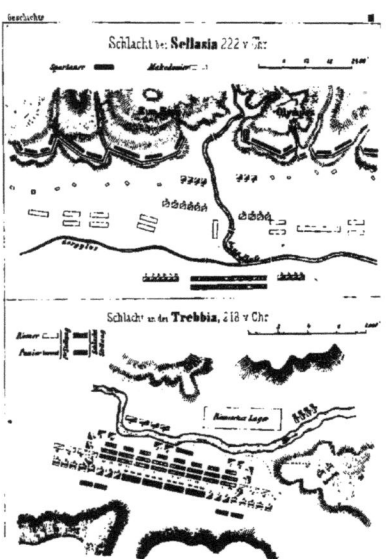

Schlacht am **Trasimenischen See**, 217 v.Chr.

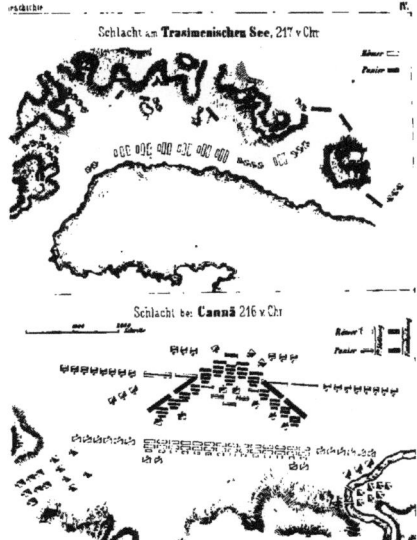

Schlacht bei **Cannä** 216 v.Chr.

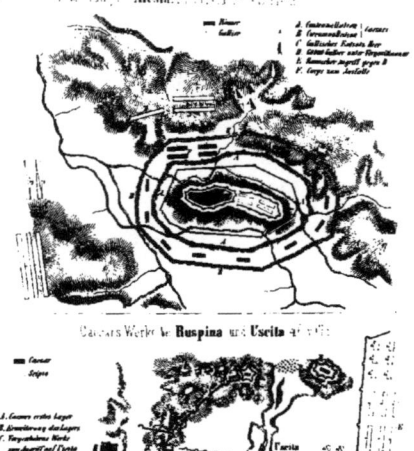

Cäsars Werke be **Ruspina** und **Uscita**

Caesar in Alexandrien.

Römer
Egypter

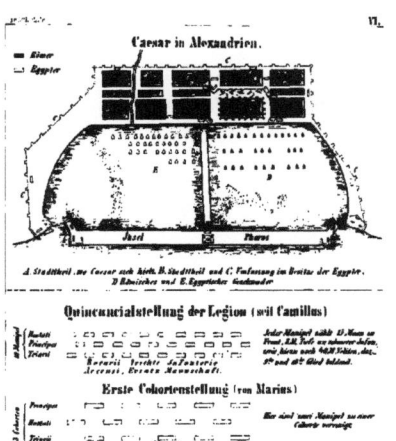

A. Stadttheil, wo Caesar sich hielt. B. Stadttheil und C. Umfassung im Besitz der Egypter.
D Römisches und E. Egyptischer Seehafen.

Jusel — Pharos

Quincuncialstellung der Legion (mit Camillus)

Hastati
Principes
Triarii

Hverarii, Verchte Infanterie
Accensi, Ersatz Mannschaft.

Jeder Manipel zählt 15 Mann an Front, XX Reih zu schwerer Infan- terie, hieran noch V&M Velites, das 1te und 2te Glied bildend.

Erste Cohortenstellung (von Marius)

Principes
Hastati
Triarii

Hverarii
Accensi und Terentrii

Hier sind zwei Manipel zu einer Cohorte vereinigt.

Zweite Cohortenstellung (von Caesar.)

Hier sind die Cohorten so leicht die Unterstützung an der Hoffen an Zahl der Mann- schaft unteinen wie wohl- mehr vergrößert.

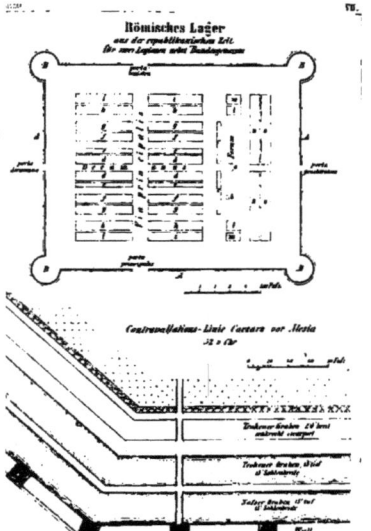

Römisches Lager
aus der republikanischen Zeit.
für zwei Legionen nebst Bundesgenossen